Praxisbuch der

NATUR heilkunde

Dr. med. Annette Eiden • Gernot Lehmann
Christine Pitzke • Dr. med. Barbara Pose • Dr. Nicole Schaenzler
Dr. med. Frank Schwebke • Herbert Schwinghammer

Praxisbuch der NATUR heilkunde

Natürlich gesund von A bis Z

SÜDWEST

Wie Sie dieses Buch benützen

Das »Praxisbuch Naturheilkunde« ist zunächst ein Wörterbuch für den medizinischen Laien. Von A bis Z gibt es Auskunft zu allen Begriffen – Anwendungen, Methoden, Fachausdrücken, Heillehren, den wichtigsten Heilpflanzen, Aromaölen etc. – in den Bereichen Naturheilkunde und alternative Heilkonzepte, eingeschlossen sind auch psychosomatische und psychotherapeutische Ansätze.
Darüber hinaus ist das »Praxisbuch Naturheilkunde« auch ein Ratgeber, denn in der alphabetischen Reihenfolge finden sich Alltagsbeschwerden und Erkrankungen und deren mögliche naturheilkundliche bzw. alternative Behandlung oder Zusatzbehandlung zur schulmedizinischen Therapie.

Stichwörter von A bis Z
Dieses Buch enthält über 1300 heilkundliche Stichwörter. Sie richten sich größtenteils nach der deutschen Schreibweise von Begriffen (also Kalzium; nicht Calcium) bzw. nach der deutschen Übersetzung von Krankheiten (also Blähungen; nicht Meteorismus) oder nach der deutschen Schreibweise von Heilpflanzen (also Fingerhut; nicht Digitalis). In einigen Fällen haben wir uns für die fremdsprachige Schreibweise entschieden – nämlich dann, wenn die Begriffe allgemein gebräuchlich sind: z. B. Diabetes mellitus (Sie finden natürlich auch einen Verweis bei »Zuckerkrankheit«) oder bei bestimmten Namen und Begriffen, die man in einem solchen Buch auch nachlesen können sollte, etwa Tokopherol (= Vitamin E) oder Polychrest (ein homöopathisches Arzneimittel). Sie finden aber in all diesen Fällen Verweispfeile (→), die Sie zum Stichwort, unter dem der Eintrag steht, führen.
Die Verweispfeile stehen auch noch an anderen Stellen. Beispielsweise finden Sie sie immer im Zusammenhang bestimmter Begriffe eines Eintrags (etwa Ayurveda, Akupunktur, Homöopathie, Bach-Blüten, Kneipptherapie, Aromatherapie). Unter den entsprechenden Stichwörtern steht dann ausführlich, um was es sich handelt. Teilweise schließt sich ein Special an, eine farblich abgehobene mehrseitige Einführung zu einem solchen Stichwort.

Specials zu den wichtigsten Themen
Die Specials dieses Buchs – insgesamt 32 – führen in wichtige naturheilkundliche Therapien, Heillehren und Themen ein; sie behandeln etwa Ayurveda, Homöopathie, Entsäuerung, Kraniosakraltherapie und Massagen. Diese farblich abgehobenen Specials erweitern das vorhergehende Stichwort und möchten Ihnen eine bessere Vorstellung des Themas geben, inklusive praktischer Anwendungen.

Piktogramme weisen Ihnen den Weg
Damit Sie sich schnell ein Bild machen können, haben wir in diesem Buch einige Piktogramme eingeführt. Es handelt sich dabei um die folgenden Zeichen.

☛ Dieses Zeichen finden Sie am Ende von Eintragungen zu Anwendungen und bestimmten Methoden (etwa Armbad, Fußreflexzonenmassage, Knieguss, Moorpackung etc.), die für die Selbstbehandlung geeignet sind.

! Dieses Warnzeichen finden Sie beispielsweise am Schluss von Heilpflanzen, wenn bei Dauergebrauch, Überdosierung u. Ä. gesundheitliche Schäden möglich sind. Ebenso finden Sie es bei Krankheiten; dort wird meistens darauf verwiesen, wann ein Arztbesuch notwendig ist bzw. wo die Grenzen einer Selbstbehandlung liegen.

Krankheiten und Selbstbehandlung

Von den normalen Stichwörtern heben sich die Erkrankungen und Beschwerden in roter Schrift ab. Bei einem solchen Stichwort, etwa »Appetitlosigkeit«, finden Sie noch weitere Piktogramme. Nach einer Kurzbeschreibung von Symptomen und Ursachen der Erkrankung und einem Warnhinweis (rotes Ausrufezeichen), wann unbedingt der Arzt aufgesucht werden sollte, beginnen die möglichen naturheilkundlichen und alternativen Behandlungsmöglichkeiten mit dem folgenden blauen Piktogramm – beispielsweise:

Kondurangowein, vor der Mahlzeit eingenommen, regt den Appetit und die Verdauung an • Ein Aperitif sollte möglichst Angelika oder Anis enthalten • Appetitanregend wirken Würzbrühe oder Bouillon vor dem Essen sowie Pflanzenextrakte aus Bitterstoffdrogen wie Enzian, Wermut und Chinarinde • Andorn, Benediktenkraut, Bitterklee, Engelwurz, Kalmus, Pfefferminze, Schafgarbe, Tausendgüldenkraut, Wegwarte und Weißdorn eignen sich zur Teezubereitung • Kalmustinktur ist auch Kindern schmackhaft zu machen (10 Tropfen in etwas Wasser geben und vor dem Essen einnehmen)

Die hier aufgeführten Heilpflanzen, Anwendungen, Vorbeugungsmaßnahmen, Tipps oder bisweilen auch Methoden stehen ohne Verweispfeile, um das Buch leserlich zu halten. All diese können Sie unter dem entsprechenden Stichwort (also z. B. Kalmus, Elektrotherapie, Mora-Therapie, Akupressur) nochmals genauer nachlesen. Allgemein können Sie auch unter den Oberbegriffen nachschlagen (z. B. Phytotherapie, Tee, Vitamine, Mineralstoffe, Spurenelemente u. Ä.).
Falls es für die entsprechende Erkrankung Sinn macht, finden Sie abschließend noch ein Teerezept mit einem Teetassenpiktogramm – beispielsweise:

Teemischung bei Appetitlosigkeit: Benediktenkraut und Kalmuswurzel zu gleichen Teilen mischen. 2 TL davon mit 1 Tasse kaltem Wasser übergießen und zum Sieden bringen. 2-mal täglich 1 Tasse des Tees 20 Minuten vor dem Essen trinken.

Heilpflanzen

Das »Praxisbuch Naturheilkunde« enthält etwa 300 Heilpflanzen, Aromaöle, die 38 Bach-Blüten sowie heilkräftige Nahrungsmittel. Bei den Heilpflanzen finden Sie einheimische Pflanzen und auch einige Exoten. Nach einer Beschreibung der Pflanze folgen die wichtigsten Inhaltsstoffe (Wirkstoffgruppen und Einzelwirkstoffe) und die Anwendungsgebiete. Wichtige Wirkstoffgruppen, etwa Alkaloide, Gerbstoffe, Saponine etc., können Sie unter diesen Einträgen nachschlagen.
Die allgemeinen Teezubereitungen finden Sie unter dem Oberbegriff »Tee«; die Dosierung von Aromaölen für die Aromatherapie finden Sie unter dem Stichwort »Aromatherapie« (im anschließenden Special), die der einzelnen Bach-Blüten im Special »Bach-Blüten«.
Erwähnt wird beim Eintrag auch, wenn die Pflanze als homöopathisches Arzneimittel zum Einsatz kommt. Auf eine Auflistung von Homöopathika wurde verzichtet; sie würde den Rahmen dieses Buchs sprengen – und allgemeine Angaben zu einem homöopathischen Arzneimittel widersprächen vor allem dem homöopathischen Prinzip, dass für jeden Menschen genau das für ihn richtige Arzneimittel, das Simile, gefunden werden muss.

Bescheid wissen wird immer wichtiger

Das »Praxisbuch Naturheilkunde« ist für die wichtigsten naturheilkundlichen Belange Wegweiser und Ratgeber in einem – ein Grundlagenbuch für jedermann. Gesundheit bekommt man zunächst geschenkt – dann muss man sie sich erhalten. Wir hoffen, dass dieses Buch Ihnen viele Anregungen dazu gibt.

A**BC-Pflaster** (Arnika-Belladonna-Capsicum-Pflaster): Es wird bei Gelenkschmerzen, Muskelverspannung und bei rheumatischen Beschwerden als Zugpflaster verwendet.

Abführmittel (lat. Laxanzien): Sammelbegriff für alle Mittel, die die Darmentleerung erleichtern. Laxanzien werden in verschiedene Gruppen eingeteilt, je nach ihrem Wirkungsort (im Dünndarm oder Dickdarm), nach ihrer Herkunft (pflanzlich oder synthetisch) und nach der Wirkungsweise. Man unterscheidet zwischen Gleitmitteln (z. B. Paraffinöl), Füll- und Quellstoffen (z. B. Leinsamen, Weizenkleie oder Agar-Agar), zucker- oder salzhaltigen Mitteln (z. B. Bittersalz, Glaubersalz, Karlsbader Salz, Laktulose, Mannitol, Sorbitol) und Substanzen, die Wasser im Darm zurückhalten, d. h. antiresorptiv wirken. Zu dieser letzten Gruppe gehören neben Rizinusöl auch die Heilpflanzen Sennes, Aloe, Faulbaumrinde und Rhabarber (oft unter dem Begriff »Anthrachinonabkömmlinge« zusammengefasst). Der Wirkstoff Anthrachinon verstärkt die Darmbewegung, reizt die Schleimhaut und regt sie zur vermehrten Schleimproduktion an. Gleichzeitig ist die Rückführung von Wasser und Salzen aus dem Darm vermindert, so dass der Stuhl flüssiger, weicher und gleitfähiger ist.

! Bei Daueranwendung sind alle Abführmittel, auch die pflanzlichen, gefährlich, weil sie dem Körper Mineralsalze entziehen, die Darmschleimhaut reizen und die natürliche Darmfunktion noch mehr einschränken. Sehr viel sinnvoller ist eine ursächliche und langfristige Therapie durch Änderung schädlicher Lebensgewohnheiten wie Bewegungsmangel und Fehlernährung (→ Verstopfung).

Abhärtung: Gesamtheit aller Maßnahmen zur besseren Bewältigung von körperlichen, aber auch seelischen Belastungssituationen. Abhärtung zielt darauf ab, den Organismus durch Wiederholung bestimmter Reize anpassungsfähiger zu machen und auf diese Weise das Immunsystem zu stabilisieren. Die wichtigsten Methoden sind Atemtherapie, Bewegung, Klimawechsel, Luft- und Sonnenbäder, Sauna, Sport und alle Formen von Wasseranwendungen. Alle Maßnahmen eignen sich nur zur Vorbeugung, nicht zur Behandlung bereits bestehender Störungen.

☛ Die meisten Abhärtungsmaßnahmen sind zur Selbstbehandlung geeignet.

Abklatschung: Behandlung des Rückens, der Lenden, der Arme und Beine mit einem zu einem Streifen gefalteten, feuchten Tuch, das aus kurzem Abstand auf die Haut geschlagen wird (unter Aussparung der Wirbelsäule). Dadurch werden eine gesteigerte Hautdurchblutung und vertiefte Atmung erreicht. Die Abklatschung dient u. a. zur Vorbeugung von Lungenentzündung. Da bei falscher Anwendung erheblicher Schaden entstehen kann, sollte sie nur von geschultem Personal durchgeführt werden.

Ableitung: auf die antike Säftelehre aufbauende Therapie, die davon ausgeht, dass gestaute oder falsch verteilte Körperflüssigkeiten und Ener-

Abhärtung – viele Kombinationen sind möglich

Jedes Programm zur Abhärtung sollte individuell zusammengestellt und auch mit dem Arzt besprochen werden – hier ein paar Möglichkeiten:

- Morgens: Tautreten, Trockenbürsten, Wechselduschen, Atemübungen im Freien, Gymnastik
- Mittags: kalte Armbäder oder Armgüsse
- Nachmittags: Luftbad und kurzes Sonnenbad, Wassertreten, Kneippgüsse, Gymnastik
- Abends: Ausdauersportart (z. B. Jogging) oder Spaziergang, Trockenbürsten, warmes Vollbad mit Kräuterzusätzen oder Sauna, Atemübungen

gieströme ab- oder umgeleitet bzw. ganz aus dem Körper entfernt werden können (→ Ausleitung). Man leitet z. B. bei Kopfschmerz und Migräne aus dem Kopf in Arme, Rumpf oder Beine und Füße ab. Zur Ableitung in die Füße dienen Tautreten, Wassertreten, Barfußlaufen oder Schenkelgüsse. Auch wenn die Säftelehre den heutigen Erkenntnissen der Wissenschaft nicht standhält, so sind doch eine Anregung des vegetativen Nervensystems und damit ein Heilerfolg dieser Maßnahme nachgewiesen.

Ableitungsdiät: Heilkost zur Vorbeugung und unterstützenden Therapie vieler Krankheiten durch Entlastung der Verdauungsorgane. Diese von F. X. Mayr und E. Rauch entwickelte Kost besteht im Wesentlichen aus basenreichen, nicht industriell verarbeiteten Lebensmitteln. Auch verzichtet sie auf ballaststoffreiche und fette Nahrungsmittel, Rohkost, Kaffee und andere Genussgifte. Die Ableitungsdiät ist eine gemäßigte Form der → Mayr-Kur.

Abreibung: Wasseranwendung, bei der Temperaturreiz und mechanischer Reiz der Massage sich in der Wirkung gegenseitig verstärken. Der ganze Körper oder bestimmte Körperteile werden in ein nasses Tuch gewickelt; eine zweite Person massiert mit klatschenden und streichenden Bewegungen. Anschließend wird der Körper mit einem trockenen Tuch kurz und intensiv gerieben, bis sich eine leichte Rötung zeigt. Die heiße Abreibung dauert nur kurze Zeit und dient zur Wärmezufuhr bei leichter Unterkühlung. Die kalte Abreibung darf nur bei warmem Körper durchgeführt werden, z. B. zur Abhärtung, zur Stabilisierung des Kreislaufs, zur Vorbeugung gegen Wundliegen oder zur Behandlung von Fieberpatienten. Eine noch bessere Hautdurchblutung erzielt man durch Zusatz von Kampfer oder Essig.

Abszess: abgekapselte eitrige Entzündung, meist durch bakterielle Erreger wie Staphylokokken oder Streptokokken hervorgerufen. Besonders häufig sind Abszesse der Haut. Typische Beschwerden sind Schwellung, Rötung

Tautreten auf der Wiese gehört zu den Abhärtungsmaßnahmen.

und klopfender Schmerz. Bei größeren Eiteransammlungen besteht die Gefahr, dass sie in tiefere Hautschichten oder ins Blutsystem vordringen.

Bei nur mäßiger Entzündung können feuchtheiße Umschläge die »Reifung« des Abszesses beschleunigen (100 g gemahlenen Leinsamen 3 bis 4 Minuten in 1/2 l Wasser kochen lassen, in ein Leinensäckchen geben; mehrmals täglich anwärmen und etwa 30 Minuten auflegen, bis der Abszess aufgeht; ebenso hilfreich: 1 EL gemahlenen Bockshornkleesamen mit abgekochtem Wasser zu einem dicken Brei verrühren, auf ein Mulltuch auftragen und warm auflegen) • Teebaumöl wirkt mild antibiotisch (1 bis 2 Tropfen pur auftragen oder 5 Tropfen auf einen feuchten Umschlag geben) • Auch eine Packung aus Heilerde und Teebaumöl unterstützt die Heilung • Entzündungshemmend wirkt Thymianöl (5 Tropfen in 1 Tasse mit lauwarmem, abgekochtem Wasser geben und den Abszess damit betupfen) • Bei stärkerer Entzündung helfen kühlende Arnikaumschläge, anschließend einen sterilen Wundverband auflegen

! Zur Vermeidung von Komplikationen sind möglicherweise ein Öffnen des Abszesses (durch den Arzt) und die Verabreichung von Antibiotika erforderlich.

Abwehrschwäche: Regulationsstörung des Immunsystems, oft verursacht durch seelische Überlastung, Fehlernährung (Mangel an Vitaminen und Bioaktivstoffen) sowie Bewegungsmangel. Sie äußert sich u. a. durch erhöhte Infektanfälligkeit. Störungen des Immunsystems können auch zu überschießenden Immunreaktionen, z. B. → Allergien, führen.

Alle Maßnahmen zur Abhärtung erhöhen die Belastbarkeit der Organismus • Die tägliche Ernährung sollte reichlich Vitamin C und Zink enthalten • Zur Stärkung von innen dienen Schwarzkümmel und Kombucha • Einreibungen mit Teebaumöl und Anwendungen der Aromatherapie wirken positiv von außen • Bei erhöhter Ansteckungsgefahr oder ganz zu Beginn einer Infektion helfen Immunstimulanzien (z. B. Echinaceapräparate)

Ackerschachtelhalm → Schachtelhalm

Adaption (lat.; auch Adaptation): Gewöhnung bzw. Anpassung an Reize oder veränderte Umweltbedingungen, z. B. Adaption des Auges an Lichtverhältnisse oder der Verdauungsorgane an veränderte Essgewohnheiten. Auch → Abhärtung beruht auf einem Adaptionsvorgang.

Aderlass: therapeutische, früher häufiger gebräuchliche Blutentnahme zur Entlastung des Kreislaufs, insbesondere bei Linksherzschwäche, Bluthochdruck, krankhafter Vermehrung der roten Blutzellen oder krampfartiger Gefäßverengung und dadurch bedingten Kopfschmerzen, Schwindel und Ohrensausen.

Aerosoltherapie: Einatmen gelöster und zerstäubter Medikamente zur Behandlung von Atemwegserkrankungen. So werden sekretlösende, entzündungshemmende oder antibakterielle Wirkstoffe direkt in die Atemwege eingebracht. Je größer die Schwebstoffe sind, desto weiter oben lagern sie sich ab. Um bis in die kleinen Lungenbläschen zu gelangen, dürfen sie nicht viel größer als fünf Mikrometer (tausendstel Millimeter) sein. Zur Anwendung kommen sie in Form von Dosieraerosolen und Ultraschallverneblern.

Aflatoxin: Gift eines Schimmelpilzes, der auf Lebensmitteln (insbesondere Nüssen und Getreide) wächst und stark Krebs erregend wirkt. Das Gift wird durch Erhitzen nicht zerstört, der einzige Schutz besteht daher in der konsequenten Kontrolle und Vernichtung verschimmelter Lebensmittel. Pilzkulturen zur Käseherstellung dagegen enthalten keine Aflatoxine.

Agar-Agar (malaiisch): getrockneter Schleim aus Rotalgen. Er quillt in Wasser auf, wird bei einer Temperatur von 98 °C flüssig und erstarrt bei 40 °C zu Gallert. Agar-Agar ist für den menschlichen Darm unverdaulich und wirkt daher mild abführend. Es wird als Trägersubstanz für Arzneien, zur Herstellung von Nährlösungen und immer häufiger als Gerinnungsmittel (anstelle von Gelatine) verwendet.

Agrimony (engl.): Odermennig, Stockbottle Nr. 1 der → Bach-Blüten. Agrimony hilft überempfindlichen Menschen und fördert Offenheit und Konfliktfähigkeit.

Ähnlichkeitsprinzip: Grundregel der → Homöopathie nach dem Hauptlehrsatz »Ähnliches wird mit Ähnlichem geheilt«. Die Methode geht davon aus, dass bei Krankheit ein Mittel anzuwenden ist, das beim gesunden Menschen Beschwerden verursacht, die den Krankheitssymptomen möglichst ähnlich sind.

Akkommodationsübungen → Augenübungen

Akne (griech.): eine häufig während der Pubertät auftretende Hauterkrankung. Hormonell oder auch genetisch bedingt, bilden sich durch übermäßige Fettabsonderung und Verstopfung der Talgdrüsen entzündliche Knötchen und eitrige Pusteln, meist im Gesicht und am Rücken. Bei schwerer Akne breiten sich am ganzen Körper entzündliche Knoten und Abszesse aus (mit Gefahr der Narbenbildung).

Teebaumöl wirkt bei entzündeten Stellen bakterienhemmend (5 Tropfen auf Wattebausch träufeln und Pusteln damit betupfen) • Auch getrocknete Bierhefe (Faex medicinalis) eignet sich zur äußerlichen Anwendung • UV-Licht trocknet und beruhigt fettige Haut, ebenso der Aufenthalt im Reizklima (Meer, Gebirge) • Zur Behandlung von innen hilft eine allmähliche Ernährungsumstellung (viel Vitamin A und B, viel Zink; auf denaturierte Fette, Schokolade und scharfe Gewürze verzichten)

Tee, äußerlich zur Gesichtsreinigung, innerlich zur Blutreinigung: 35 g Queckenwurzel, 20 g Stiefmütterchenkraut, 20 g Schachtelhalm und 15 g Brennnesselblätter mischen. 2 TL davon mit 1 Tasse Wasser aufbrühen, 10 Minuten ziehen lassen.

! Pickel nicht ausdrücken, eventuell von einer Kosmetikerin behandeln lassen.

Akupressur (lat. acus = Nadel, pressare = drücken): Methode der → traditionellen chinesischen Medizin (TCM). Dabei werden bestimmte Akupunkturpunkte gedrückt, beklopft oder kreisend massiert (siehe zu Akupressur das Special S. 10f.).

Die Akupressur eignet sich zur Selbstbehandlung.

Akupunktur (lat. acus = Nadel, pungere = stechen): Methode der → traditionellen chinesischen Medizin (TCM), die von ausgebildeten Therapeuten ausgeführt wird. Dabei werden an bestimmten Punkten der im Körper verlaufenden → Meridiane Akupunkturnadeln in die Haut gestochen (siehe zu Akupunktur das Special S. 12).

Alant (Inula helenium): Pflanze aus der Familie der Korbblütler (Asteraceae). Die Pflanze stammt ursprünglich aus Vorderasien. Im Mittelalter diente sie als Universalmittel gegen Vergiftungen, Pest, Magen- und Lungenkrankheiten sowie gegen Schlagfluss. Als Arznei wird die getrocknete und zerkleinerte Wurzel verwendet. Alant wird auch in der Homöopathie angewendet.

Inhaltsstoffe: ätherisches Öl mit Sesquiterpenlaktonen, Alantkampfer, das Polysaccharid Inulin (bis zu 44 Prozent), Pektine.

Anwendungen: Alant wird innerlich als Tee oder Elixier bei Erkrankungen der Atemwege, des Magen-Darm-Bereichs, der Nieren und Harnwege angewendet. Alant wirkt insbesondere auch krampf- und schleimlösend.

! Bei Allergie gegen Korbblütler kann es zu Schleimhautreizung und Überempfindlichkeitsreaktionen kommen; Erbrechen und Durchfall, Lähmung oder Krämpfe sind Zeichen einer Überdosierung.

Alaunessig → Tonerde

Alexander-Methode: von dem Schauspieler Frederick Matthias Alexander (1869–1955) entwickelte Methode zur Korrektur körperlicher Fehlhaltungen. Als seine Stimme immer schwächer wurde, fing Alexander an, den eigenen Körper und die Körperhaltungen intensiv zu beobachten und falsches Gehen, Sitzen, Liegen und Stehen zu korrigieren. Die Methode hilft bei Erschöpfung, depressiver Verstimmung, chronischen Angstzuständen, Verdauungsbeschwerden, Atemwegserkrankungen, Bluthochdruck, Gelenk- und Rückenschmerzen. Denn oft kommt es hier zur (verspannten) Schonhaltung oder zur (flachen) Schonatmung, was die Beschwerden langfristig verschlimmert. Die Methode ist von der wissenschaftlichen Medizin anerkannt, wird von ihr aber selten praktiziert.

Nach einem einführenden Kurs ist die Alexander-Methode zur weiteren Selbstbehandlung gut geeignet.

Blühender Alant: Als Heilmittel nimmt man die getrockneten und zerkleinerten Wurzeln.

Akupressur

Mit Fingerdruck Blockaden lösen

Die Akupressur ist ein in China seit etwa 6000 Jahren praktiziertes Verfahren, wie archäologische Funde zeigen. Erst später entwickelte sich daraus die Akupunktur. Grundlage dieser Druckmassage sind bestimmte Annahmen der traditionellen chinesischen Medizin (TCM). Die TCM geht davon aus, dass unsere Körper- oder Lebensenergie, das Qi, in eigenen Leitbahnen, den Meridianen, durch den Körper fließt. Solange das Qi ungehindert fließen kann, sind wir gesund. Ist der Fluss gestört, werden wir krank. Mit Akupressur werden Blockaden des Qi-Flusses aufgelöst, so dass die Selbstheilungskräfte des Körpers wieder aktiv werden können.

Grifftechniken der Akupressur

Es gibt inzwischen viele Grifftechniken, und jeder sollte seine eigene »Handschrift« entwickeln. Am gebräuchlichsten sind:

- Klopfen mit der Kuppe von Zeige- oder Mittelfinger
- Belasten mit der Fingerkuppe von Daumen, Zeige- oder Mittelfinger, ca. 30 Sekunden lang mit einem Druck, der etwa neun Kilogramm entspricht (auf der Waage ausprobieren)
- Effleurage, d. h. mit der Daumenkuppe an einer Linie oder Zone entlangfahren
- Stäbchentechnik, d. h. mit einem Rosenholzstäbchen drücken

Die Wirkung der Akupressur lässt sich verstärken, wenn die Behandlung zu einer bestimmten Tageszeit – die Meridiane sind zu bestimmten Zeiten des Tages oder der Nacht besonders aktiv – und unter Verwendung bestimmter Aromaöle erfolgt.

Man kann – je nach Beschwerden – bis zu dreimal täglich zwischen einer Minute und zehn Minuten akupressieren.

Sedieren und Tonisieren

Will man dämpfen und beruhigen (sedieren), z. B. bei Schmerzen, so führt man eine massierende Kreisbewegung im Uhrzeigersinn und von innen nach außen durch. Will man anregen (tonisieren), beispielsweise bei Müdigkeit und Erschöpfung, so kreist man entgegen dem Uhrzeigersinn und von außen nach innen.

Beschwerden lindern

Vor allem bei Allgemeinbeschwerden und chronischen Schmerzen zeigt die Akupressur gute Erfolge. Die folgenden Illustrationen zeigen die jeweilige Lage der Akupunkturpunkte, die akupressiert werden. Die Punkte sind nach den Meridianen benannt.

! Beachten Sie bitte, dass auch die Akupressur ihre Grenzen hat. Sie kann keinesfalls eine medizinische Behandlung oder einen notwendigen chirurgischen Eingriff ersetzen.

▶ ***Bei Atembeschwerden (nervöses Asthma, Bronchitis)***

DI (= Dickdarm) 4: Diesen Punkt findet man, wenn man den Daumen gegen den gestreckten Zeigefinger presst; dadurch bildet sich ein Muskelbauch. Der höchste Punkt dieses Muskelbauchs ist DI 4.

LU (= Lunge) 5: Er befindet sich an der Innenseite des Arms, in der Mitte der Ellbeuge.

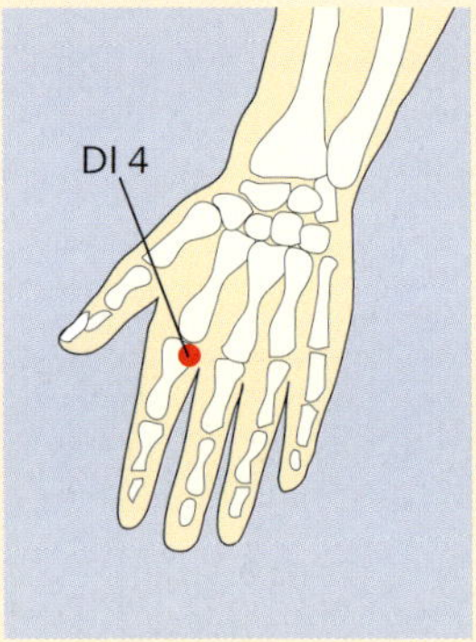

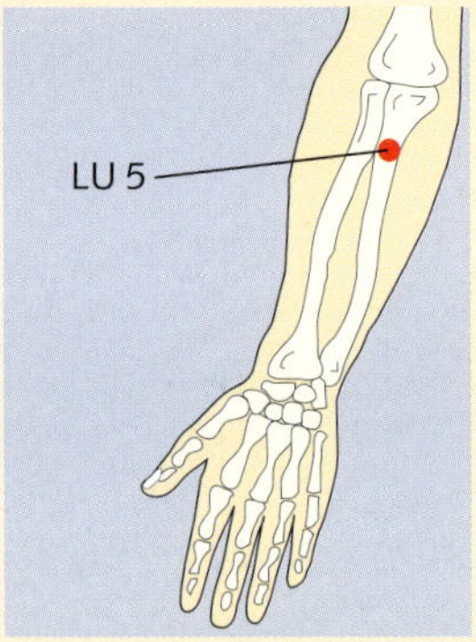

▶ *Bei Bauchschmerzen (Druck- und Völlegefühl, Verstopfung, Krämpfe)*

KS (= Kreislauf) 6: Dieser Punkt liegt an der Innenseite der Unterarmmitte, drei Querfinger von der Handgelenksfurche entfernt.

M (= Magen) 35: Dieser Punkt liegt an der Außenseite des Kniegelenks.

M (= Magen) 36: Dieser Punkt liegt an der Außenseite des Schienbeins.

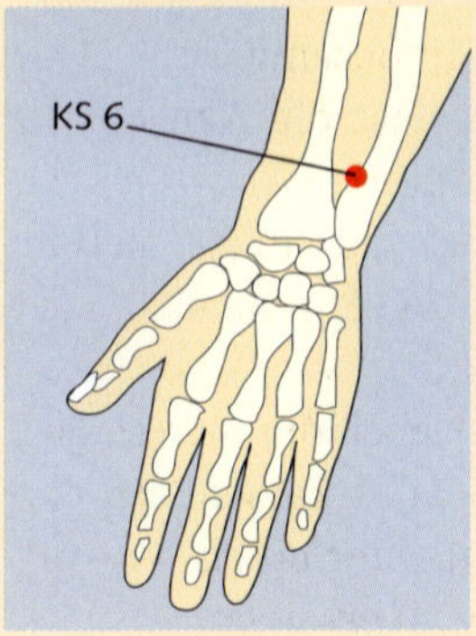

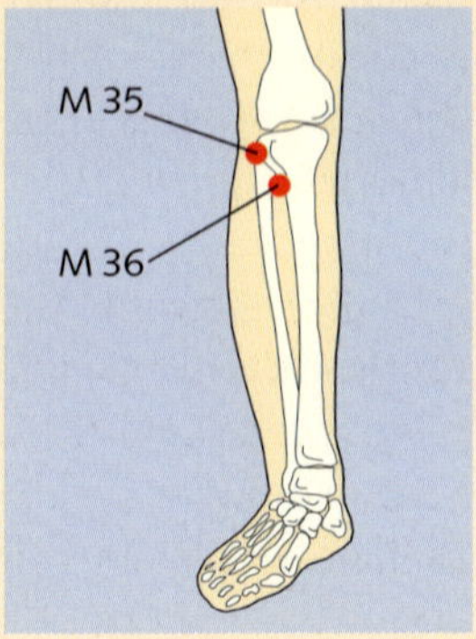

▶ *Bei Kopfschmerzen*

G (= Gallenblase) 20: Dieser Punkt liegt am Ende des Hinterkopfs, an der Stelle, wo die Halswirbel in den Schädel übergehen.

B (= Blase) 1: Dieser Punkt befindet sich genau an der Nasenwurzel.

LG (= Lenkergefäß) 26: Dieser Punkt liegt auf einem so genannten Gefäß (Nebenmeridian). Er befindet sich im Grübchen der Oberlippe.

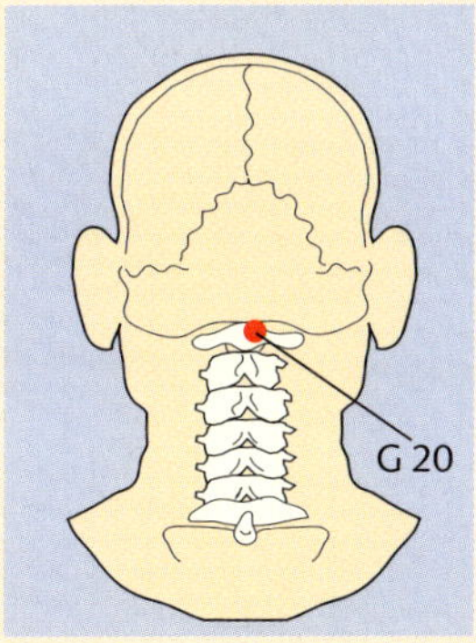

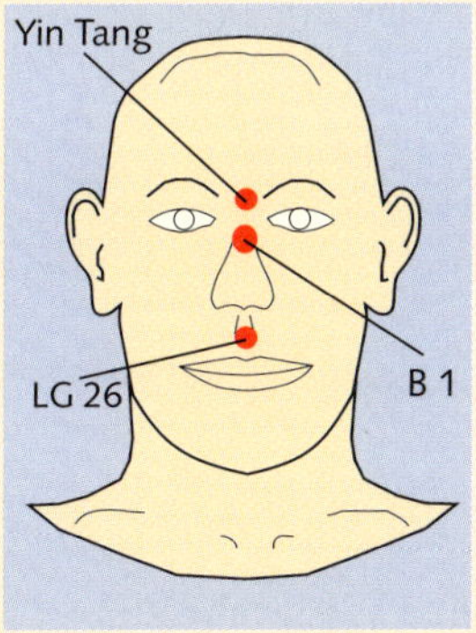

Yin Tang: Dieser Sonderpunkt liegt genau in der Mitte der Stirn zwischen den Augenbrauen. Er wird bisweilen auch als »drittes Auge« bezeichnet.

▶ *Bei Rückenschmerzen*

B (= Blase) 54: Dieser Punkt liegt auf der Rückseite des Beins – ziemlich genau in der Mitte der Kniekehle.

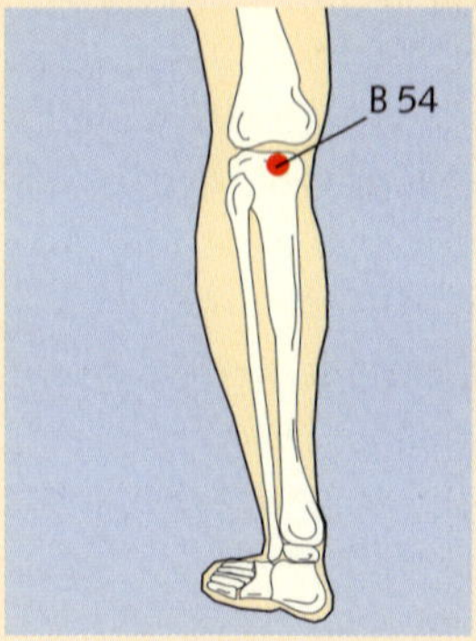

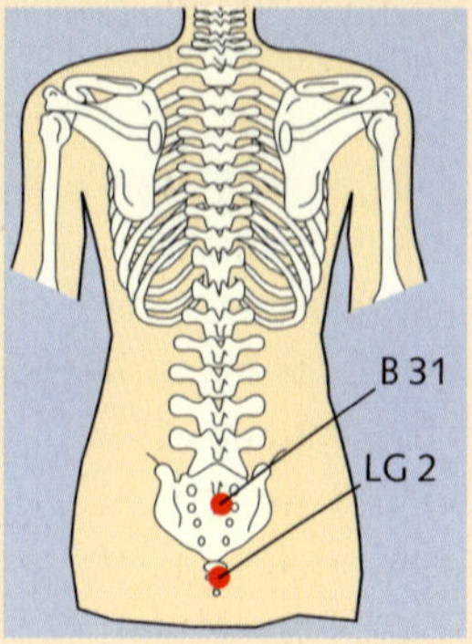

B (= Blase) 31: Dieser Punkt befindet sich auf dem Rücken – genau in der Vertiefung des Kreuzbeins.

LG (= Lenkergefäß) 2: Dieser Punkt liegt auf einem der beiden wichtigsten Gefäße, dem Lenkergefäß, das von der Oberlippe über Kopf und Rücken bis zum Dammpunkt verläuft. Der Akupressurpunkt befindet sich zwischen Kreuz- und Steißbein – am Ende der Pofalte.

Gegenanzeigen für Akupressur

- Keine Akupressur bei allen Verletzungen oder Entzündungen der Haut im zu behandelnden Bereich.
- Keine Akupressur bei Schwangerschaft, schwerer Herz-Kreislauf-Krankheit oder Entzündungen.
- Keine Akupressur in Kombination mit Alkohol, Drogen oder Schmerzmitteln.

Akupunktur

Über die Energiepunkte unter die Haut

Die Akupunktur entwickelte sich vermutlich aus der Akupressur. An die Stelle von Stäbchen, mit denen Druck auf bestimmte Punkte ausgeübt wurde, traten Nadeln, die in die Haut gestochen wurden. Durch dieses Einstechen von Nadeln an genau festgelegten Stellen (Foramina) werden Blockierungen gelöst, der Qi-Fluss wird verbessert und das Gleichgewicht von Yin und Yang wiederhergestellt. Die traditionelle chinesische Medizin kennt über 360 Hauptakupunkturpunkte.

Eine anerkannte Methode

Mehr als 100 Beschwerden, vor allem chronische Schmerzzustände und Regulationsstörungen des vegetativen Nervensystems, können mit Akupunktur behandelt werden. 1979 fand die Methode Anerkennung durch die Weltgesundheitsorganisation (WHO). Sie gab eine offizielle Liste von Krankheiten heraus, die mit Akupunktur behandelbar sind. Dazu zählen u. a.:

- Erkrankungen der oberen und unteren Luftwege, z. B. Nebenhöhlenentzündung, Erkältungen und Bronchitis
- Augenkrankheiten, z. B. Bindehautentzündung
- Verdauungsbeschwerden, z. B. Verstopfung, Durchfall und Bauchschmerzen
- Kopfschmerzen und Migräne
- Muskelschmerzen, Tennisarm, Ischialgie oder Schulterverspannung
- Übergewicht und Nikotinsucht

Klassisches Akupunkturbesteck der traditionellen chinesischen Medizin.

Unterschiedliche Formen

Neben der Körperakupunktur gibt es auch die Ohr-, Gesichts-, Nasen- und Kopfakupunktur, Hand- und Fuß- sowie Barfußarztakupunktur. Auch die Laserakupunktur findet immer mehr Verbreitung. Eine Variante der Akupunktur ist die Moxibustion, bei der zusätzlich Heilkräuter (meist Beifuß und Wermut) verbrannt werden. Insgesamt können über 1000 Akupunkturpunkte behandelt werden. 1958 wurde der Öffentlichkeit die erste Akupunktur-Schmerzbetäubung vor einer Operation präsentiert.

Die heilsamen Stiche

Akupunktur wirkt durch eine Reizung an der Körperoberfläche reflektorisch auf die inneren Organe oder Körperbereiche. Vermutlich werden dadurch körpereigene Endorphine aktiviert, die schmerzlindernd wirken.

- Üblich ist eine Behandlungsdauer von 20 bis 30 Minuten pro Sitzung.
- Akupunkturnadeln bestehen meist aus rostfreiem, biegsamem Stahl und haben einen Durchmesser von 0,5 bis 1,5 Millimetern.
- Wer sich behandeln lässt, sollte auch darauf achten, dass der Therapeut hygienisch arbeitet, denn durch verunreinigte Nadeln können Infektionskrankheiten wie Hepatitis oder AIDS übertragen werden.

! Akupunktur sollte nicht isoliert, sondern immer im Zusammenhang mit anderen Behandlungen stehen. In der TCM wird sie zusammen mit Kräutern, Ernährung und Bewegung angewendet.

Algen: artenreiche Gruppe der Thallophyten, die von Einzellern über fädige Formen bis hin zu Großtang reicht. Algen sind ursprünglich Wasserbewohner, doch sind viele auch an das Leben auf Felsen, Baumrinden oder im Boden angepasst und können extreme Lebensräume, z. B. schmelzende Gletscher oder auch heiße Thermen, besiedeln. Für die menschliche Ernährung und Gesundheit sind sowohl Mikroalgen (Spirulina und Chlorella) als auch Makroalgen (Kombu, Wakame, Hijiki, Arame, Mekabu oder Nori) von hohem Wert.

Inhaltsstoffe: große Mengen an hochwertigem Eiweiß, Kohlenhydrate, Zellulose, Alginsäure, wenig Fett und Kalorien, dafür viele Vitamine, Mineralstoffe und Spurenelemente, u. a. Jod, Brom, Eisen, Kalzium, Magnesium, Kalium, Kieselsäure, Kupfer, Selen, Zink.

Anwendungen: Makroalgen kommen als Nahrungsmittel, z. B. zur Zubereitung von Sushis, Mikroalgen meist in Pulverform für Getränke, Salatdressing, Saucen oder Brotaufstriche, während einer Fastenkur sowie äußerlich zur Hautpflege zum Einsatz. Gerade wegen ihres hohen Jodgehalts sind viele Makroalgen in Deutschland verboten und dürfen nicht als Nahrungsmittel, sondern nur als Badezusatz verkauft werden. Die getrockneten mittleren Thallusteile der Braunalgen (Laminaria hyperborea) werden bei Schilddrüsenüberfunktion eingenommen, außerdem in Form von Quellstiften zum Offenhalten bzw. zur Erweiterung von Wundkanälen verwendet. Algen gelten als wichtige Eiweißlieferanten der Zukunft.

Kombu-Champignon-Rezept: 4 Streifen Kombualgen etwa 3 bis 5 Minuten in warmem Wasser einweichen, dann im Schnellkochtopf ca. 7 Minuten kochen, abgießen und abschrecken. 150 g Champignons in Scheiben schneiden und in 2 EL Sesamöl anbraten. Kombu in Stücke schneiden und hinzufügen, mit Sojasauce abschmecken und kochen, bis alles gar ist. Bei Bedarf etwas Wasser zugeben und mit frischem Ingwer würzen.

Algen – Jodgehalt

Die Deutsche Gesellschaft für Ernährung (DGE) empfiehlt eine durchschnittliche Jodzufuhr von 200 Mikrogramm pro Tag. Die Makroalgensorten enthalten pro 100 Gramm Trockengewicht die folgende Menge an Jod:

- Nori ca. 8 mg
- Wakame ca. 10 mg
- Mekabu ca. 10 mg
- Hijiki ca. 30 mg
- Arame ca. 80 mg
- Kombu ca. 100 mg

Alginsäure: zelluloseähnlicher Inhaltsstoff von (Makro-)Algen. Alginsäure wird als Binde- und Eindickungsmittel verwendet, in der Pharmakologie u. a. zur Herstellung fettfreier Salben, medizinisch zur Blutstillung, als Wundverschluss und zur Behandlung von Refluxösophagitis (Entzündung der Speiseröhre durch Rückfluss von saurem Magensaft).

Alkalisierung: Maßnahmen zur Verschiebung des pH-Werts in den basischen Bereich (→ Säure-Basen-Haushalt, → Entsäuerung).

Alkaloide (arab.): stickstoffhaltige Substanzen, die starke pharmakologische Wirkung haben und schon in geringer Dosierung giftig sein können. Es sind bisher über 10 000 Alkaloide bekannt, darunter Atropin (→ Tollkirsche), Chinin (→ Chinarinde), Colchicin (→ Herbstzeitlose) oder Strychnin (→ Brechnuss). Auch Kokain und Nikotin zählen zu den Alkaloiden. In der Pflanze liegen sie meist in Form von wasserlöslichen Salzen vor (schnell wirkend), oder sie sind an Gerbstoffe gebunden (langsamer wirkend). Sie beeinflussen das vegetative und zentrale Nervensystem.

Alkohol: farblose, leicht entzündliche Flüssigkeit, die meist durch Vergärung von Zucker gewonnen wird. Alkohol hat suchterzeugende Wirkung (→ Sucht). Er dient aber auch als wichtiges Lösungsmittel zur Herstellung von

Tinkturen und Essenzen, von Haar- und Rasierwässern. Wegen seiner keimtötenden Eigenschaft dient er zur Desinfektion und zum Konservieren. Ein Verband mit 70- bis 90-prozentigem Alkohol verstärkt die Hautdurchblutung und lindert so die Beschwerden bei Venenentzündung oder Weichteilschwellung (nur auf der unverletzten Haut und nur kurze Zeit anwenden). Als Wadenwickel, vermischt mit kaltem Wasser, erzeugt er Verdunstungskälte und wirkt fiebersenkend.

Allergen (griech.): Substanz, oft pflanzlicher und auch tierischer Herkunft, die bei hierfür empfindlichen Menschen eine Allergie hervorruft.

Allergie: fehlgesteuerte Immunreaktion gegenüber körperfremden, oft unschädlichen Substanzen. Nach einem stummen Erstkontakt folgt die Sensibilisierungsphase (die mehrere Jahre dauern kann). Bei erneutem Kontakt reagiert das Immunsystem überschießend durch vermehrte Produktion von Abwehrstoffen (insbesondere von Immunglobulin E). Es kommt zur Entzündung beispielsweise an Haut oder Schleimhäuten mit den typischen Symptomen Rötung, Schwellung und Funktionseinschränkung. Mögliche Ursachen für eine Allergie sind erbliche Veranlagung oder eine Schwächung des Immunsystems durch Umweltschadstoffe. Eine Allergie kann auch als Folge zunehmender »Unterbeschäftigung« des Immunsystems entstehen, d. h., wenn Krankheiten medikamentös unterdrückt wurden (→ Ekzem, → Heuschnupfen, → Nesselsucht, → Neurodermitis, → Milchunverträglichkeit).

Einteilung der Allergene

Gruppe	Substanzen	Wie gelangen sie in den Körper?	Wo machen sie Beschwerden?
Inhalations-allergene	Z. B. Pflanzenpollen, Hausstaubmilben bzw. deren Kot, Tierepithel, Pilzsporen, Federn, Holz- oder Mehlstaub	Einatmung	Meist auf der Schleimhaut der Atemwege (Heuschnupfen, allergisches Asthma) und auf der Haut
Ingestions-allergene	Z. B. Beeren, Nüsse, Milch, Korbblütler, Fisch oder auch Medikamente	Nahrungsaufnahme und Aufspaltung im Verdauungstrakt	Verstopfung, (Brech-) Durchfall, Kolik, später auch Atemwegs- und Hautsymptome
Kontakt-allergene	Z. B. Wolle, Leder, (Schmuck-)Metalle	Hautkontakt	Spätreaktion an der entsprechenden Hautstelle
Injektions-allergene	Z. B. Gift von Bienen, Wespen, Quallen, Feuerkorallen, Feuerameisen, Seeanemonen sowie Medikamente (z. B. Penizillin), Impfstoffe oder Kontrastmittel (z. B. Jod)	Stich oder Biss in die Haut und Verteilung über die Blutbahnen im ganzen Körper	Bandbreite von lokalen (vor Ort) Reaktionen bis hin zu generalisierten Reaktionen des ganzen Körpers mit Kreislaufschwäche und Schock

Ist das Allergen bekannt, so sollte man es unbedingt meiden (Allergenkarenz) oder eine Desensibilisierung (Hyposensibilisierung) vornehmen lassen • Oft helfen auch Luftionisation und der Aufenthalt im Reizklima, z. B. im Hochgebirge oder am Meer • Besserung kann man mit Fasten, Entsäuerung, Eigenblut- oder Eigenurintherapie, Farbtherapie, Immuntherapie, Meso-, Molekular- und Mora-Therapie erreichen (nur unter Aufsicht eines erfahrenen Arztes oder Therapeuten) • Teebaumöl, Schwarzkümmel und Kombucha haben eine das Immunsystem harmonisierende Wirkung

Tee zur Stärkung des Immunsystems: 1 EL gemahlenen Schwarzkümmel mit 1 TL Süßholz und 1/2 TL Anis in eine große Tasse geben, mit 250 ml heißem Wasser überbrühen und 10 Minuten lang ziehen lassen. 4 bis 6 Wochen lang 3-mal täglich 1 Tasse Tee trinken. Schwarzkümmel eignet sich außerdem als Brotgewürz.

! Im Notfall helfen nur die stark wirkenden Medikamente der Schulmedizin (insbesondere Antihistaminika und Kortisonpräparate). Doch besser wäre es, durch rechtzeitige Gegenmaßnahmen zu verhindern, dass der Notfall eintritt. Natürliche Mittel wirken bei akuten Beschwerden oft zu schwach, dafür sind sie zur Dauertherapie und in der beschwerdefreien Zeit umso sinnvoller.

Allopathie (griech.): von Samuel Hahnemann in Abgrenzung zur → Homöopathie eingeführte Bezeichnung für die in der Schulmedizin übliche Form der Arzneitherapie. Anders als bei der Homöopathie wird bei der Allopathie diagnostisch immer ein messbarer, anatomisch-klinischer Befund erhoben; die Therapie setzt hauptsächlich chemische Präparate ein, die den Krankheitssymptomen entgegenwirken, sie abschwächen oder unterdrücken.

Almrausch (auch Almenrausch) → Alpenrose

Aloe (griech./hebr.): Gattung der Liliengewächse (Liliaceae) mit über 200 Arten, die nur in wärmeren Regionen, hauptsächlich in den Steppen und Gebirgen Afrikas, beheimatet sind. Sie haben fleischig saftige, dornig gezähnte, rosettenartig angeordnete Blätter. Aus einigen Arten werden auch Fasern zur Herstellung von Tauen und Seilen oder groben Geweben gewonnen. Für Heilzwecke eignet sich hauptsächlich die Aloe vera. Sie war schon in der Antike als Heilmittel, Räuchermittel und zur Salbenherstellung in Gebrauch; ihr bitterer Saft diente gelegentlich bei der Bierherstellung als Hopfenersatz. Aloe findet auch in der Homöopathie Anwendung.

Aloe vera gehört zu den ältesten Heilpflanzen der Welt.

Inhaltsstoffe der Aloe vera: Aloeresine, Anthrachinone, Saponine, ätherische Öle; Hauptwirkstoff ist das erst vor kurzem entdeckte Acemannan, das abwehrstärkend wirkt.

Anwendungen: Aloe gehört zu den wirksamsten pflanzlichen Abführmitteln bei Verstopfung. Sie hemmt die Rückführung von Salzen und Wasser aus dem Darm ins Blutsystem und macht dadurch den Stuhl gleitfähig. Viele Schlankheitspillen enthalten Aloe, und aufgrund ihrer antibakteriellen und entzündungshemmenden Eigenschaft wird die Pflanze auch zur Wundheilung sowie in der Kosmetikindustrie verwendet. Der Saft der Aloe sollte nur stark verdünnt und nur eine bestimmte Zeit lang eingenommen werden. Bei Missbrauch, Unverträglichkeit und Überdosierung kommt es zu krampfartigen Magen-Darm-Beschwerden und Durchfall. Hohe Dosierung oder chronischer Missbrauch kann zu Schäden im Darm und in den Nieren führen. Sinnvoller für eine Aloe-vera-Kur zur Stärkung des Immunsystems sind Frischzellenextrakte aus Aloe vera.

! Während der Schwangerschaft und Stillzeit ist Aloe verboten (kontraindiziert). Auch bei drohendem Darmverschluss (Ileus) sollte man auf jegliche Abführmittel verzichten.

Alpenfrauenmantel (Alchemilla alpina und Alchemilla conjuncta): Pflanzen aus der Familie der Rosengewächse (Rosaceae). Als Arzneimittel werden die zur Blütezeit gesammelten und getrockneten Pflanzenteile verwendet.

Inhaltsstoffe: Gerbstoffe, vor allem Phlopaphene.

Anwendungen: Alpenfrauenmantel wird traditionell bei Frauenleiden angewendet, außerdem als harntreibendes, herzstärkendes und krampflösendes Mittel.

Alpenrose (Rhododendron ferrugineum; auch Almrausch): Strauch aus der Familie der Heidekrautgewächse (Ericaceae). Die Alpenrose hat rotbraune Blätter und rosa Blüten, wächst in lichten Wäldern und auf trockenen Matten vor allem der Alpen, des Apennins und der Pyrenäen. Als Arznei werden die Laubblätter verwendet. Die Alpenrose wird auch als Homöopathikum eingenommen.

In nur fünf Minuten ist geschroteter Amarant gar – eine schnelle und gesunde Beilage.

Inhaltsstoffe: Flavonoide, Diterpene (insbesondere Azetylandromedol), Arbutin, Gerbstoffe.

Anwendungen: Alpenrose wird traditionell innerlich bei Bluthochdruck und Migräne angewendet, äußerlich bei rheumatischen Beschwerden, Muskel- und Nervenschmerzen.

! Von einer eigenmächtigen Einnahme der Droge ist dringend abzuraten, denn es kann bei dieser Heilpflanze sehr schnell zu Vergiftungserscheinungen kommen.

Alternativkost → Kostformen, alternative

Alternativmedizin (lat.): Sammelbegriff für diagnostische und therapeutische Verfahren, die sich von der Schulmedizin abgrenzen und von ihr nicht oder nur eingeschränkt anerkannt werden. Die Alternativmedizin ist geprägt von einer Sichtweise, die die Selbstregulation des Organismus und die Selbstheilungskräfte des Menschen in den Mittelpunkt stellt. Es gibt eine Vielzahl von alternativen Methoden, darunter die → Homöopathie, die → Bach-Blütentherapie und auch die → Naturheilkunde. Während die → Komplementärmedizin ergänzend zu und in Absprache mit der wissenschaftlichen Schulmedizin eingesetzt wird, versteht sich die Alternativmedizin als Methode anstelle der Schulmedizin.

Amarant (Rispenfuchsschwanz): Pflanzengattung aus der Familie der Amarantgewächse, die zu den Pseudozerealien gezählt wird. Streng botanisch betrachtet, ist Amarant, wie auch → Buchweizen und → Quinoa, kein Getreide. Amarant kommt ursprünglich aus Südamerika, und schon die Azteken kannten ihn als Grundnahrungsmittel. Eine Amarantpflanze bildet Blütenstände von bis zu 90 Zentimeter Länge, mit etwa 200 Blüten. Daraus entwickeln sich linsenförmige Samen von etwa einem Millimeter Durchmesser und, je nach Sorte, unterschiedlichen Farben (milchig weiß, gelb, rot, braun oder schwarz). Die Stärkemoleküle in Amarantkörnern sind besonders gut verdaulich; günstig ist auch die hohe Wertigkeit (→ Wertigkeit, biologische) von Amaranteiweiß (75 von 100). Amarant enthält mehr Eisen, Kalzium und Magnesium als Getreide; er ist glutenfrei und damit auch für Menschen, die an Sprue oder → Zöliakie leiden, geeignet. Mit dem Mehl und Schrot bindet man Suppen und Saucen, bereitet Frikadellen oder Frischkornbrei. Geschroteter Amarant hat eine Garzeit von nur fünf Minuten und ist damit eine der schnellsten Körnerbeilagen. Crèpes, flache Fladen und Pfannkuchen gelingen mit Amarantmehl allein, für Brot muss man glutenhaltiges Getreide untermischen.

Amarantrezept: 300 g Amarantkörner in 900 ml leicht gesalzenem Wasser kurz aufkochen und zugedeckt bei schwacher Hitze etwa 30 Minuten (Schrot nur 5 Minuten) garen. Inzwischen 1 Stange Porree, 2 kleine Zucchini und 2 Karotten putzen, waschen und in feine Ringe schneiden (die Karotten fein raspeln). 3 EL Pflanzenöl in einer großen Pfanne oder im Wok erhitzen, das Gemüse bei starker Hitze und unter ständigem Rühren anbraten, salzen, den gegarten Amarant zugeben und bei schwacher Hitze unter häufigem Rühren weitere 5 Minuten schmoren, dann 2 EL Sahne untermischen und mit Basilikum würzen.

Amarum (Mehrzahl: Amara) → Bittermittel

Aminosäuren: kleinste Bausteine der → Eiweiße (Proteine). Nahrungseiweiß wird durch Enzyme in Aminosäuren (auch Karbonsäuren genannt) aufgespalten und in körpereigenes Eiweiß umgebaut. Von den rund 20 Aminosäuren, die für den Aufbau der Körpereiweiße nötig sind, können mehr als die Hälfte vom menschlichen Organismus aus anderen Bausteinen zusammengesetzt werden (so genannte nicht essenzielle Aminosäuren). Acht Aminosäuren (bei Säuglingen zehn) kann der Organismus nicht selbst herstellen (so genannte essenzielle Aminosäuren).

Essenzielle Aminosäuren: Acht Aminosäuren müssen von außen mit der Nahrung zugeführt werden. Wenn eine dieser Aminosäuren fehlt, ist die Herstellung der körpereigenen Eiweiße beeinträchtigt. Bei länger andauerndem Mangel treten u. a. Enzym- oder Hormonstörungen auf. Die acht essenziellen Aminosäuren sind: Isoleuzin, Leuzin, Phenylalanin, Threonin, Methionin, Tryptophan, Lysin, Valin (→ Ernährung).

Ammei (Ammi visnaga): Pflanze aus der Familie der Doldengewächse (Apiaceae). Als Arznei werden die Früchte verwendet, die man auch als Khellafrüchte bezeichnet. Sie wirken krampflösend auf die glatte Muskulatur (z. B. auf die Muskulatur der Eingeweide und der Gefäße) und steigern ebenso die Durchblutung des Herzmuskels. Ammeifrüchte finden auch in der Homöopathie Anwendung.

Inhaltsstoffe: Khellin, Visnagin, Visnadin.

Aminosäuren – Pflanzeneiweiß kombinieren

Eiweiße tierischer Herkunft (Fisch, Eier, Milch und Milchprodukte, Fleisch und Innereien) liefern alle essenziellen Aminosäuren. Vegetarier bzw. Veganer müssen daher besonders auf die ausreichende Zufuhr von pflanzlichem Protein achten. Wer sich ausschließlich von Pflanzenkost ernährt, kann durch bestimmte Kombinationen für Ausgewogenheit sorgen. Kombinationen mit hoher Eiweißwertigkeit sind die folgenden:

- Weizen oder Hafer, kombiniert mit Nüssen oder Hefeflocken
- Sojaprodukte mit Reis
- Getreide mit Bohnen, Erbsen oder Linsen

Anwendungen: Ammei kommt als Tinktur oder Extrakt zur Begleittherapie bei leichter Angina pectoris und bei Atemwegsbeschwerden zum Einsatz. Die Pflanze dient außerdem als Grundlage für die synthetische Herstellung gefäßerweiternder Mittel.

Analyse, bioenergetische: von Alexander Lowen entwickelte ganzheitliche Methode der Psychotherapie, die die Arbeiten von Sigmund Freud und Wilhelm Reich weiterführt. Der Körper als Spiegelbild seelischer Vorgänge wird zum vorrangigen Arbeitsfeld; im Mittelpunkt steht dabei die Körpererdung des Bewusstseins, das so genannte → Grounding. Unbewusste innere Blockaden finden ihren Ausdruck in sichtbaren Blockaden des Energieflusses in Körperhaltung und Körpersprache. Dementsprechend nimmt in der Therapie die »Befreiung« des Atems eine Schlüsselfunktion ein.

Anämie → Blutarmut

Anamnese (griech.): Erinnern der Krankheitsgeschichte. Der Arzt oder Therapeut versucht zu ermitteln, ob eine erbliche Vorbelastung vorliegt und leibliche Verwandte an bestimmten Erkrankungen litten oder leiden (Familienanamnese). Er fragt nach Vorerkrankungen und früheren Beschwerden, nach Lebensgewohnheiten, z. B. Alkoholgenuss oder Medikamenteneinnahme. Auch das seelische Befinden und die soziale Situation eines Menschen werden berücksichtigt. Die Anamnese ist ein wichtiges diagnostisches Mittel in der Schulmedizin und mehr noch bei ganzheitlich orientierten Heilmethoden (→ Fallaufnahme, homöopathische).

Andorn (Marrubium vulgare): Staudenpflanze aus der Familie der Lippenblütler (Lamiaceae). Sie hat weiße Blüten und sieht der Taubnesselstaude ähnlich. Als Arznei werden die getrockneten oberen Pflanzenteile verwendet. Andorn wird auch als homöopathisches Mittel eingenommen.

Inhaltsstoffe: Flavonoide, Diterpen-Bitterstoffe (u. a. Marrubiin und Marrubenol), Gerbstoffe (bis zu 7 Prozent), ätherisches Öl.

Anwendungen: Man verwendet das frische zerkleinerte Kraut als Presssaft, das getrocknete Kraut als Tee; andere galenische Zubereitungen sind Bitterliköre oder Weine. Andorn wird zur Appetitanregung, bei Verdauungsbeschwerden ohne organische Ursache (so genannte Dyspepsie), bei Störungen der Gallensekretion und bei Entzündungen im Bereich der oberen Luftwege angewendet. Er eignet sich äußerlich zur Wundversorgung bei kleinen Hautverletzungen und zum Gurgeln bei Mund- oder Rachenentzündung.

Angelika (Angelica officinalis; auch Engelwurz): Pflanze aus der Familie der Doldengewächse (Apiaceae) mit ungefähr 50 Arten. Als Arznei werden die getrockneten Früchte, das Kraut und die Wurzeln verwendet. Angelika findet ebenso in der Homöopathie als Heilmittel Verwendung.

Inhaltsstoffe: Bitterstoffe, Furanocumarine (u. a. Bergapten, Angelizin und Archangelizin) und Cumarine; in den Wurzeln: 0,35 bis 1,3 Prozent ätherisches Öl sowie Gerbstoffe.

Anwendungen: Die zerkleinerte Wurzel als Aufguss, Likör oder andere galenische Zubereitung hilft bei Appetitlosigkeit, nervösem Magen und leichten Krämpfen; Kraut und Früchte verwendet man als schweiß- und harntreiben-

Bioenergetische Analysemethoden

Die bioenergetische Analyse geht in vier Arbeitsschritten vor:

- Verstehen von und Arbeiten mit muskulären Verspannungen
- Analyse u. a. von Träumen
- Verstehen des Heilungsprozesses als einer andauernden Spirale von Selbstwahrnehmung, Selbstausdruck und Selbstaneignung
- Betonung der ganzheitlichen Funktion von Sexualität als Ausdruck erwachsenen Liebens

des Mittel. Engelwurz wird traditionell innerlich bei Gastritis, Magen- oder Zwölffingerdarmgeschwür, Dünndarmentzündung, zur vermehrten Wasserausscheidung und bei nervösen Schlafstörungen verwendet, außerdem als keimtötendes und auswurfförderndes Mittel im Bereich der Atemwege. Äußerlich dient sie zur Zubereitung von Kräuterbädern und zur Einreibung bei rheumatischen Erkrankungen und Neuralgien.

! Die Furanocumarine von Angelika können Lichtüberempfindlichkeit verursachen, so dass es bei UV-Einstrahlung zu Hautentzündungen kommen kann.

Angelikaöl: ätherisches Öl der Angelika. Es riecht erdig würzig, wirkt stabilisierend, antidepressiv, antibakteriell und antiseptisch. Als Aromaöl (→ Aromatherapie) wirkt es erdend und hilft, festen Boden unter den Füßen zu bekommen. Es lässt sich in der Duftlampe gut mit anderen Ölen, z. B. Bergamotte, Lemongras oder Teebaum, mischen und hilft bei Nervosität, vegetativer Dystonie, depressiver Verstimmung, Müdigkeit und Abgeschlagenheit, Reizmagen und Muskelschmerzen.

Angina → Mandelentzündung

Angina pectoris (lat. Brustenge; auch Herzenge, Stenokardie, »Herzanfall«): akute Sauerstoffmangelversorgung des Herzmuskels mit plötzlich einsetzenden Schmerzen im Brustkorb, die oft in den Hals-Unterkiefer-Bereich oder in den Schulter-Arm-Bereich ausstrahlen. Sie werden oft durch eine Funktionsstörung der Herzkranzgefäße verursacht, die den Herzmuskel versorgen (u. a. bei Arteriosklerose). Mögliche Auslöser sind ungewohnte körperliche Anstrengung, Kälte oder Aufregung.

! Beschwerden, die auch schon bei geringer körperlicher Belastung auftreten, müssen immer als Vorboten eines Herzinfarkts ernst genommen werden. Eine ärztliche Behandlung (u. a. durch Nitropräparate) ist hier lebenswichtig. Nur bei stabiler Angina pectoris, d. h., wenn die Beschwerden über Monate konstant bleiben und ausschließlich bei größerer körperlicher Belastung auftreten, ist eine naturheilkundliche Begleittherapie ratsam. Doch auch hierbei gilt, dass alle Maßnahmen nur in Absprache mit dem Arzt durchgeführt werden sollten.

Angelika oder Engelwurz wächst auf den feuchten Wiesen der Mittelgebirge.

Bei stabiler Angina pectoris und in der beschwerdefreien Zeit macht man 2-mal täglich ein 15-minütiges heißes Fußbad, braust anschließend die Füße kurz kalt ab und zieht warme Socken an • Täglich mehrmals, insbesondere vor dem Zubettgehen, durchgeführte ansteigende Bäder der Hände und Unterarme sorgen für bessere Durchblutung • Heiße Umschläge erweitern die Gefäße und fördern ebenfalls die Durchblutung: dazu heiße, trockene Tücher oder ein Heizkissen über die Oberarme und auf die Brust legen • Lindernd wirken Teezubereitungen aus Ammei, Königin der Nacht, Oleander und Weißdorn • Darüber hinaus wird das Herz durch Reflexzonenmassage oder Periostmassage positiv beeinflusst • Eine der wichtigsten therapeutischen Maßnahmen: gegebenenfalls Übergewicht reduzieren und aufhören zu rauchen • Ebenfalls wichtig ist eine angemessene Ernährung, um die Cholesterinwerte zu senken und das Risiko einer fortschreitenden Arterienverkalkung zu vermindern: Obst, Salate, fettarm gedünstetes

Gemüse, Seefisch (→ Omega-3-Fettsäuren) und Haferflocken • Fastenkur oder Rohkostkur sollte unbedingt unter fachkundiger Aufsicht durchgeführt werden

Herztee: 30 g Weißdornblüten, 10 g Melissenblätter, 10 g Herzgespannkraut und 5 g Baldrianwurzel mischen. 1 TL davon mit 200 ml kochendem Wasser aufgießen und 10 Minuten ziehen lassen. Morgens und abends 1 Tasse Tee trinken.

Angst: emotionaler Zustand, den man als unangenehm empfindet, der aber lebensnotwendig ist, weil er Gefahr oder Bedrohung signalisiert. In aller Regel versucht man, diesen Zustand zu vermeiden oder abzuwehren, wodurch sich bestimmte seelische oder körperliche Begleitsymptome ergeben, z. B. Unruhe, Unsicherheit, Erregungszustände, Denkblockaden, Schweißausbrüche, Zittern, Übelkeit, erhöhte Atem- und Pulsfrequenz, vermehrte Harnblasen- und Darmtätigkeit, Durchfall. Vorübergehende Angst (z. B. vor einer Prüfung) oder Lampenfieber ist eine normale Reaktion. Im Körper wird dann vermehrt das Stresshormon Adrenalin ausgeschüttet, das bei der Bewältigung schwieriger Situationen hilft. Angst als Dauerzustand (Neurose oder Phobie) wird jedoch zu einem Problem. Für die so genannte frei flottierende Angst (Angst ohne Grund) gibt es keinen unmittelbaren Auslöser. Furcht dagegen stellt sich als Reaktion auf eine ganz konkrete Bedrohung ein.

Anis wird gern als Brotgewürz verwendet – und bei »Verdauungsschnäpsen«.

Autogenes Training, Biofeedback, Verhaltenstherapie oder bioenergetische Analyse hilft bei der Bewältigung von Angstsituationen • Homöopathie, Bach-Blütentherapie, Aromatherapie oder Akupunktur kann eine deutliche Besserung herbeiführen • Eine Vitamin-B-reiche Ernährung stärkt allgemein das Nervensystem • An Heilpflanzen empfehlen sich Baldrian, Ginseng, Hopfen, Johanniskraut, Kawa-Kawa, Lavendel, Passionsblume, Yohimbe und Ysop • Ein Lavendelkissen im Bett sorgt für erholsamen Schlaf

Beruhigungstee bei Angst: 1 bis 2 TL zerkleinertes Johanniskraut mit 200 ml Wasser überbrühen und 5 Minuten ziehen lassen. 2 bis 3 Monate lang morgens und abends 1 Tasse Tee trinken. Während dieser Zeit keine allzu ausgiebigen Sonnenbäder nehmen, weil Johanniskraut die Lichtempfindlichkeit erhöhen kann.

Anis (Pimpinella anisum): Pflanze aus der Familie der Doldengewächse (Apiaceae). Die Pflanze war ursprünglich in Vorderasien und Griechenland heimisch, wird inzwischen aber auch in Süd- und Mitteleuropa angebaut. Sie trägt auf dünnen Stängeln kurze weichhaarige Früchte, so genannte Spaltfrüchte, die schon seit der Antike als Gewürz und Arznei benutzt werden. Anis wirkt mild krampflösend, schleimlösend und antibakteriell.

Inhaltsstoffe: 2 bis 6 Prozent ätherisches Öl mit Athenol als Hauptbestandteil, 20 bis 30 Prozent weitere Öle, Cumarine (u. a. Pimpinellin), Bergapten, Umbelliprenin, Umbelliferon.

Anwendungen: Anis wird als Tee oder in Fertigarzneimitteln gegen Blähungen, Reizdarm und Verdauungsbeschwerden ohne organische Ursache (so genannte Dyspepsie) angewendet, außerdem zur Sekretlösung und Förderung des Auswurfs bei Bronchitis. In der Volksmedizin kommt er auch als Aphrodisiakum, Mittel zur Milchbildung und zur Regulierung der Monatsblutung zum Einsatz.

Anisöl: ätherisches Öl des Anis, das innerlich und äußerlich angewendet wird. Es riecht blumig, wirkt beruhigend, krampflösend und antiseptisch. Das Aromaöl (→ Aromatherapie) lässt sich in der Duftlampe gut mit anderen Ölen, z. B. Melisse, Kamille oder Neroli (Bitterorange), mischen. Es hilft bei vegetativer Dystonie, depressiver Verstimmung, Wetterfühligkeit, Schlafstörungen und Reizmagen. Anisöl ist auch Bestandteil vieler Hustensäfte und -bonbons.

Anorexie → Appetitlosigkeit

Ansteigende Bäder: Teil- oder Vollbäder zur Anregung des Kreislaufs (→ Bädertherapie). Das ansteigende Bad beginnt bei einer Wassertemperatur von 36 °C; nach 15 bis 20 Minuten steigert man auf bis zu 42 °C. Bei starkem Schwitzen oder bei einem Schweißausbruch wird die Anwendung beendet. Anschließend ruht man sich ungefähr 30 Minuten aus oder macht eine kühle Abwaschung.

Anthroposophische Medizin: Teil des von Rudolf Steiner (1861–1925) begründeten Lehrgebäudes, das den Menschen als leiblich-seelisch-geistige Einheit sieht und sich auch auf Pädagogik und Landwirtschaft (biologisch-dynamische Anbauweise) bezieht. Die Therapie stützt sich auf die Selbstheilungskräfte (und auch den Selbstheilungswillen) des Organismus. Unterstützend werden natürliche Stoffe eingesetzt, z. B. Metalle, Heilpflanzen oder Homöopathika. Zur weiteren Harmonisierung dienen → Eurhythmie, → Kunsttherapie und → Musiktherapie. Anthroposophisch arbeitende Therapeuten verfügen meist über eine solide medizinische Ausbildung und werden bei Bedarf auch konventionelle, stark wirkende Medikamente verordnen oder dem Patienten zu einer Operation raten. Die anthroposophische Ernährung soll nicht nur zur Heilung bzw. Gesunderhaltung des Körpers beitragen, sondern auch zur Bewusstseinsentwicklung und einem Leben im Einklang mit der Natur. Einheimische, saisonale und naturbelassene Lebensmittel mit einem Maximum an so genannten Bildekräften werden daher bevorzugt.

Anthroposophie und anthroposophische Medizin

Nach Steiners Lehre hat der Mensch nicht nur einen physischen Leib, sondern auch einen Ätherleib, einen Astralleib und den so genannten Ich-Leib. Diesen Wesensgliedern entsprechen die vier Elemente Erde, Wasser, Luft und Feuer; darüber hinaus sind ihnen Organsysteme zugeordnet. Ist das Gleichgewicht gestört, entsteht Krankheit.

- Das Bewegungs- und Verdauungssystem ist vor allem vom physischen und vom Ätherleib bestimmt.
- Das Nerven- und Sinnessystem wird vom Astralleib und vom Ich-Leib bestimmt.
- Das rhythmische System des Ätherleibs ist zuständig für den Wechsel der beiden ersten Systeme sowie für Atmung und Kreislauf.

In der anthroposophischen Medizin wird zwischen zwei Hauptgruppen von krankhaften Störungen unterschieden.

- Entzündliche oder fiebrige Erkrankungen entstehen, wenn das Bewegungs- und Verdauungssystem dominiert und auf den Körper »erhitzend« wirkt. Auch die Kinderkrankheiten zählen hierzu, dienen allerdings zur Stärkung des kindlichen Immunsystems.
- Degenerative Störungen (d. h. Verschleißkrankheiten) entstehen, wenn der Astralleib dominiert und den Körper »verhärtet«. Hierzu zählen auch alle Formen von Abwehrschwäche beim Erwachsenen sowie Überreizung, Erschöpfung, Konzentrationsstörungen, Angst und Schlaflosigkeit.

Antioxidanzien: zellschützende Substanzen, die gegen die Zerstörungen des Oxidationsvorgangs im Körper wirken. Sauerstoff dient dem Organismus zur Energiegewinnung (Oxidation) und für den Stoffwechsel in den einzelnen Zellen. Die Sauerstoffmoleküle werden dabei jedoch elektrochemisch in so genannte freie → Radikale verändert. Diese chemischen Verbindungen sind unvollständig, instabil und oft sehr aggressiv, denn sie versuchen, sich auf Kosten schon stabiler chemischer Verbindungen zu vervollständigen. Mögliche Folgen sind vorzeitiges Altern, arteriosklerotische Gefäßveränderungen, Abwehrschwäche, und im ungünstigsten Fall entartet eine Zelle zur Krebszelle. Während man früher natürliche und synthetische Antioxidanzien nur dazu verwendete, das Ranzigwerden von Fetten (ebenfalls ein Oxidationsvorgang) zu verhindern oder zu verzögern, weiß man heute um den allgemeinen gesundheitlichen Wert dieser Stoffe: Sie wirken als so genannte Radikalefänger und schützen die Zellen vor deren zerstörerischen Angriffen, denen wir tagtäglich ausgesetzt sind, denn freie Radikale, d. h. instabile Sauerstoffverbindungen, sind ständig um uns herum vorhanden.

Die wichtigsten Antioxidanzien

- Flavonoide
- Vitamin A, C und E
- Als Spurenelemente Selen, Zink, Mangan, Eisen und Kupfer (sie werden im Körper zur Bildung der hochwirksamen antioxidativen Enzyme Superoxiddismutase, Katalase und Glutathionperoxidase benötigt)

Antioxidanzien sind in Teeblättern und grünen Blattsalaten sowie generell in den Randschichten von Pflanzen enthalten, denn jede Pflanze bildet diese Stoffe, um sich selbst zu schützen. Ausgewogene und gesunde Ernährung versorgt am besten mit den notwendigen Antioxidanzien.

Apfel (Pyrus malus bzw. Malus domesticus): Frucht des zu den Rosengewächsen (Rosaceae) gehörenden Apfelbaums. Der Apfelbaum ist in zahlreichen Sorten weltweit verbreitet, in Europa der häufigste und wichtigste Obstbaum. Schon die Römer kannten das Pfropfen von Apfelbäumen und die Zubereitung von Obstwein. Für die menschliche Gesundheit in vielerlei Weise nützlich sind Apfel, Apfelschalen (als Tee) und Apfelschnitten.

Inhaltsstoffe: in der ungeschälten Frucht: Zucker (bis zu 16 Prozent), Fruchtsäuren, Pektin, Arabane, Galaktane, Gerbstoffe, Flavonoide, Mineralstoffe, Spurenelemente und Vitamine, vor allem Vitamin C.

Anwendungen: Frische, reife Äpfel, geschält, entkernt und geraspelt, helfen aufgrund ihres hohen Pektingehalts bei Durchfall, Darmkatarrh, Reizmagen, Reizdarm und entzündlichen Darmerkrankungen. Darüber hinaus sind Äpfel als tägliche Kost auch zu empfehlen bei Stoffwechselkrankheiten, z. B. erhöhtem Cholesterinspiegel, Diabetes mellitus und Gicht, bei Arteriosklerose, rheumatischen Erkrankungen, Nieren-, Leber- und Gallenblasenproblemen. Ein Tee aus getrockneten Apfelschalen sowie getrocknete Apfelschnitten wurden von Pfarrer Kneipp (→ Kneipptherapie) insbesondere bei Fieber und entzündlichen Erkrankungen verwendet.

Apfelessig: durch Gärung gewonnenes Würz-, Konservierungs- und Hausmittel. Grundlage für Apfelessig ist Apfelmost, also Apfelsaft, in dem sich Alkohol gebildet hat. Die anschließende Gärung erfolgt durch spezielle Essigbakterien. Apfelessig enthält fast alle wertvollen Inhaltsstoffe des Apfels und darüber hinaus antibakterielle, das Immunsystem stimulierende und darmfreundliche Substanzen, die erst durch die Gärung entstehen. Er eignet sich zur innerlichen Anwendung bei Abwehrschwäche, Stoffwechsel- und Verdauungsproblemen, bei bakterieller Blasen- oder Nierenentzündung sowie zur Entschlackung, zum Gurgeln bei Halsschmerzen, Rachenentzündung und Zahnfleischentzündung, äußerlich zur Hautpflege, zur Behandlung von Hämorrhoidalleiden und Hautausschlägen, zur Wundversorgung, bei Fußpilz und Körpergeruch. Apfelessigkuren können über einen längeren Zeitraum gemacht werden.

Apfel-Reis-Diät: kurzfristige, meist nur eintägige Diätform zur Entwässerung des Körpers. Sie eignet sich zur verstärkten Wasserausscheidung (Diurese) bei prämenstruellem Syndrom, Wassereinlagerung während der Schwangerschaft und Bluthochdruck, bei Ödemen, Nierenfunktionsstörungen und bestimmten Herzkrankheiten – hier jedoch nur nach Rücksprache mit dem Arzt und wenn die Ursache der Störungen bekannt ist. Hervorgerufen wird die vermehrte Diurese durch die hohe Kaliumzufuhr, in Form von Reis und Apfel, bei praktisch vollständigem Fehlen von Kochsalz (Natriumchlorid), das Wasser im Körper zurückhält.

Apfel-Reis-Diät

Eine Apfel-Reis-Diät sollten Sie nicht länger als zwei Tage durchführen. In den meisten Fällen reicht eine eintägige Diät vollkommen aus. So gehen Sie richtig vor:

- Morgens 1 Kaffeetasse Reis (poliert oder Vollkorn) in 2 Tassen ungesalzenem Wasser aufkochen und bei geringer Wärmezufuhr quellen lassen (Achtung: Das Kochwasser für den Reis darf nicht – wie gewohnt – gesalzen werden).
- Den gegarten Reis in 5 Tagesportionen aufteilen.
- Zu jeder Portion 1/2 oder 1 Apfel fein raspeln.
- Die Apfel-Reis-Portion langsam essen und gründlich kauen.
- Dazu über den Tag verteilt 1 1/2 bis 2 l stilles Mineralwasser, Hafertee oder einen anderen Kräutertee trinken.

Apfelessig – das alte Hausmittel ist heute populärer denn je.

Aphrodisiakum (Mehrzahl: Aphrodisiaka): Mittel, die die sexuelle Erregung und Potenz steigern sollen, benannt nach der griechischen Liebesgöttin Aphrodite. Zu den pflanzlichen Aphrodisiaka zählen Mittel, die die Harn- und Geschlechtsorgane anregen (z. B. Selleriekraut und Petersilie), Mittel zur Steigerung der Blutfülle in den Bauchorganen (z. B. Basilikum, Ingwer, Capsicum oder Chili), Mittel zur Regulation der Monatsblutung (z. B. Aloe, Muskat, Nelken oder Safran), kleine Mengen enthemmender Rauschdrogen (Alkohol, Haschisch), außerdem Damiana, Potenzholz, Yohimbe, die Düfte von Jasmin, Patschuli und Ylang-Ylang. Ginseng hat allgemein stärkende, stimulierende und entkrampfende Wirkung. Aphrodisiaka tierischer Herkunft sind Austern, Kantharidin (hergestellt aus der Spanischen Fliege) sowie exotische Mischungen getrockneter und pulverisierter Tierteile – Mittel, die teilweise gegen den Tierschutz verstoßen. Von enthemmenden Drogen und Stärkungsmitteln abgesehen, ist die Wirksamkeit der Aphrodisiaka wissenschaftlich nicht belegt. Auch weiß man, dass viele sexuelle Störungen keine organischen, sondern psychische Ursachen haben. Eine Psychotherapie ist hier in jedem Fall sinnvoller.

! Einige der genannten Aphrodisiaka sind alles andere als harmlos. So kann beispielsweise Ginseng bei Dauereinnahme den Blutdruck erhöhen. Kantharidin ist ab einer Dosis von etwa 0,03 Gramm tödlich. Darüber hinaus kann es durch entzündliche Reizung der Blasen- und Harnröhrenschleimhaut bei Männern zu schmerzhaften Erektionen führen.

Aphthen: entzündliche Schleimhautveränderung im Mund, an den Lippen, eventuell auch an den äußeren Geschlechtsorganen. Es bilden sich linsengroße, schmerzhafte Bläschen, oft als Begleitsymptom von Menstruations- oder Verdauungsstörungen. Sie können aber auch, ausgelöst durch eine bakterielle oder eine Pilzinfektion, chronisch auftreten.

Ein bewährtes Hausmittel bei Aphthen im Mund ist das langsame Kauen und Einspeicheln (30 Minuten) eines ungeschälten sauren Apfels (mehrmals täglich wiederholen) • Das Betupfen der betroffenen Stelle mit Myrrhe- oder Kamillentinktur (nicht schlucken!) sorgt für rasches Abheilen der Bläschen • Im Schambereich kann man die betroffene Stelle 1- bis 2-mal täglich mit einem feuchten Wattebausch, auf den man 2 Tropfen Teebaumöl gibt, betupfen • Mundspülungen mit Teebaumöl (auch zur Vorbeugung geeignet) sind sehr hilfreich: 3 bis 5 Tropfen Teebaumöl in 1 EL Milch auflösen und diese Emulsion in 1 Glas warmem Wasser verrühren; 1- bis 2-mal täglich den Mund damit spülen, am besten nach dem Zähneputzen • Zur Vorbeugung sollte man generell eine Zahncreme verwenden, die entweder Teebaumöl bzw. Extrakte von Myrrhe oder Salbei enthält; diese Wirkstoffe sorgen für eine intakte Mundschleimhaut, auf der sich schädliche Bakterien und Pilze kaum mehr ansiedeln können

Salbeitee: Zur Mundspülung mit Salbeitee 2 TL Salbeiblätter mit 1/4 l kaltem Wasser übergießen und langsam zum Kochen bringen, etwa 2 Minuten leicht kochen lassen, dann abseihen und abkühlen lassen. Mehrmals täglich den Mund damit spülen, den Tee nach dem Spülen ausspucken. Bei Aphthen an den äußeren Geschlechtsorganen kann man auch einen Wattebausch mit Salbeitee tränken und die betroffenen Stellen damit betupfen.

Appetitlosigkeit: Verlust des natürlichen Bedürfnisses nach Nahrungsaufnahme. Appetitlosigkeit ist bei fieberhaften Infekten oder Magen-Darm-Störungen eine normale Reaktion des Körpers, weil er seine Kräfte zur Regeneration benötigt bzw. auch den Verdauungsorganen Ruhe verschaffen will. Reichliche Flüssigkeitszufuhr ist hier wichtig. Naturheilkundliche Mittel eignen sich zur unterstützenden Behandlung. Die Pubertätsmagersucht (Anorexia nervosa) bei jungen Menschen, überwiegend Frauen, ist meist psychisch bedingt.

! Chronische Appetitlosigkeit hat möglicherweise organische Ursachen und muss ärztlich untersucht werden.

Kondurangowein, vor der Mahlzeit eingenommen, regt den Appetit und die Verdauung an • Ein Aperitif sollte möglichst Angelika oder Anis enthalten • Appetitanregend wirken Würzbrühe oder Bouillon vor dem Essen sowie Pflanzenextrakte aus Bitterstoffdrogen wie Enzian, Wermut und Chinarinde • Andorn, Benediktenkraut, Bitterklee, Engelwurz, Kalmus, Pfefferminze, Schafgarbe, Tausendgüldenkraut, Wegwarte und Weißdorn eignen sich zur Teezubereitung • Kalmustinktur ist auch schon kleinen Kindern schmackhaft zu machen (10 Tropfen in etwas Wasser geben und vor dem Essen einnehmen) • In der Küche sollten frisches Basilikum (z. B. zu Tomaten), junge Löwenzahnblätter (als Salat) und Koriander (als Brotgewürz) verwendet werden • Für Besserung sorgen Aromaöle wie Basilikum und Sandelholz

Teemischung: Benediktenkraut und Kalmuswurzel zu gleichen Teilen mischen. 2 TL davon mit 1 Tasse kaltem Wasser übergießen und zum Sieden bringen. 2-mal täglich 1 Tasse 20 Minuten vor dem Essen trinken.

! Die genannten Tees und Extrakte regen die Sekretion von Magensaft und Magensäure an. Sie sollten daher bei übersäuertem Magen, Reizmagen und einem Geschwür nicht eingenommen werden. Auch während der Schwangerschaft sollte eine Anwendung nur nach Rücksprache mit dem Arzt erfolgen.

Aprikose (Marille): Frucht des zu den Rosengewächsen (Rosaceae) gehörenden Aprikosenbaums, dessen Heimat ursprünglich Westasien war. In Mitteleuropa gedeiht er nur in warmen (Weinbau-)Gegenden (z. B. Wachau, Rheinhessen, Ungarn). Die Aprikose hat einen hohen Gehalt an Kalium, Eisen und Provitamin A (Beta-Karotin). Der Stein wird zur Herstellung einer marzipanähnlichen Substanz (Persipan) oder als Ersatz für Mandelöl verwendet.

Arbeitstherapie: Einsatz von körperlicher oder geistiger Arbeit als Mittel zur sozialen Integration oder Rehabilitation (z. B. für Diabetiker, Menschen mit rheumatischen Erkrankungen, Patienten nach einem Herzinfarkt und für psychisch kranke Menschen). Die Arbeitstherapie dient als Brücke zwischen Klinik bzw. Rehabilitationszentrum und Alltag. Geübt werden Fertigkeiten und soziale Kompetenz, um Belastbarkeit und Selbstwertgefühl (wieder) zu erlangen. Die Arbeitstherapie ist oft mit einer beruflichen Umschulung verbunden.

Armbad: Eintauchen eines oder beider Arme bis zur Mitte des Oberarms in mit Wasser gefüllte Wannen, eine der Wasseranwendungen der → Kneipptherapie. Beim kalten Armbad taucht man die Arme 20 bis 30 Sekunden in kaltes Wasser. Nach dem Kaltbad wärmt man die Arme durch schwingende Bewegungen oder durch Trockenbürsten wieder auf. Kalte Armbäder wie auch Wechselbäder der Arme eignen sich zur Steigerung der Durchblutung und zur Anregung des Kreislaufs, zur Behandlung von nervösen Herzerkrankungen, Schlafstörungen, Herzjagen und Kopfschmerzen. Darüber hinaus werden auch ansteigende Armbäder angewendet.

Das Armbad ist eine einfache und schnelle Anwendung der Kneipptherapie.

☛ Das Armbad ist zur Selbstbehandlung hervorragend geeignet. Allerdings sollte es bei Neigung zu krampfartiger Gefäßverengung nicht oder nur mit großer Vorsicht zum Einsatz kommen.

Hauffe-Schweninger-Armbad

Dieses ansteigende Armbad ist nach den beiden Berliner Ärzten Georg Hauffe und Ernst Schweninger benannt.

- Während des 15 bis 20 Minuten dauernden Bades steigert man die Temperatur von 32 °C auf etwa 39 °C (bei Schweißausbruch bitte beenden!).
- Man versucht dadurch, sowohl die lokale Durchblutung zu steigern als auch eine Erweiterung der Herzkranzgefäße und der Bronchien zu erzielen. Das Armband wird bei Gelenkerkrankungen, schlecht heilenden Hautwunden, aber auch bei Bronchitis und Arteriosklerose (nicht bei instabiler Angina pectoris) angewendet.

Die leuchtend gelbe Arnika steht unter Naturschutz und darf nicht gepflückt werden.

Armguss: eine der Wasseranwendungen der → Kneipptherapie. Der zu Behandelnde steht vornübergebeugt. Mit einem Wasserschlauch werden beide Arme bis hinauf zur Schulter begossen, bei der rechten Hand beginnend, über Handrücken und Arm bis zur Schulter (etwa zehn Sekunden) und dann wieder zur rechten Hand zurück. Derselbe Vorgang wird am linken Arm wiederholt, dann am rechten Arm, jedoch an der Innenseite, und anschließend an der Innenseite des linken Arms. Der Armguss wird als Wechsel- oder Kaltguss angewendet bei Abgeschlagenheit, Herzjagen, zur Anregung des Stoffwechsels, des Nervensystems und Kreislaufs (jedoch nicht bei instabiler Angina pectoris), außerdem bei Gelenkerkrankungen. Warme und heiße Armgüsse helfen bei Arteriosklerose und Durchblutungsstörungen (Raynaud-Syndrom). Die gebeugte Haltung führt möglicherweise zu Stauung in Hals, Nacken und Rücken oder Blutmangel im Kopf. Man sollte den Armguss dann bei aufrechtem Oberkörper durchführen (lassen).

☛ Der Armguss ist auch zur Selbstbehandlung geeignet.

Arnika (Arnica montana; auch Bergwohlverleih): Pflanze aus der Familie der Korbblütler (Asteraceae). Die Arnika kommt in Europa auf feuchten (Berg-)Wiesen vor. Als Arzneimittel verwendet werden Wurzel (selten) und Blätter sowie – am häufigsten – die im Juni und Juli gepflückten und getrockneten gelben Blüten. Arnika wirkt entzündungshemmend und keimtötend. Sie kommt auch in der Homöopathie zum Einsatz

! Gerade wegen ihrer Beliebtheit ist die Arnika inzwischen vom Aussterben bedroht. Wild wachsende Arnika darf nicht gepflückt werden. In der Naturapotheke finden nur Pflanzen aus Anbaukulturen Verwendung.

Inhaltsstoffe: u. a. ätherisches Öl mit Azulen und Thymol, Glykoside, Inulin, Gerbstoffe, Flavonoide, Gallussäure, Wachs, Harz, der gelbe Farbstoff Arnizerin, Sesquiterpenlaktone.

Anwendungen: Arnika hilft als Aufguss, alkoholische Tinktur oder Fertigarzneimittel äußerlich bei Entzündungen der Haut, der Mund- und Rachenschleimhaut sowie bei rheumatischen Beschwerden, Stauchung, Quetschung oder Prellung und bei leichter Venenentzündung. In der Volksheilkunde wurde Arnika auch innerlich angewendet, z. B. bei Menstruationsbeschwerden, Erschöpfungszuständen, Herzbeschwerden, Bronchialasthma und Gicht. Die Heilwirkung steht hier jedoch hinter den möglichen Risiken weit zurück, denn es kann bei Einnahme zu Übelkeit und Erbrechen, Herz- und Atembeschwerden kommen. Arnikatinktur sollte fester Bestandteil jeder Hausapotheke sein. Mit Wasser im Verhältnis 1:2 oder 1:3 verdünnt und äußerlich aufgetragen, hilft sie bei Gelenk- und Muskelbeschwerden, Quetschung, Verstauchung und Bluterguss.

Aromaöle: ätherische Öle, die seit Jahrtausenden als Heilmittel (Räucherung und Einreibung), als Duftspender in Salben und Parfüms sowie zur Konservierung (z. B. Mumifizierung von Toten in Ägypten) eingesetzt wurden. Zu

Beginn des 20. Jahrhunderts wurde die Heilkraft der ätherischen → Öle wieder entdeckt und der Begriff → Aromatherapie geprägt.

Aromastoffe: flüchtige Substanzen, die den unverwechselbaren Geschmack und Geruch eines Nahrungsmittels ausmachen. Sie werden von der Lebensmittelindustrie ganz gezielt als → Lebensmittelzusatzstoffe eingesetzt. Man unterscheidet zwischen natürlichen Aromastoffen (z. B. Vanillin), naturidentischen Aromastoffen (sie sind den natürlichen Substanzen in ihrem Aufbau gleich, jedoch synthetisch hergestellt) und künstlichen Aromastoffen. Untersuchungen zeigten aber inzwischen auch, dass unsere Sinnesorgane nur schwer zu überlisten sind. Langfristig »merkt« der Organismus sehr wohl, ob die Erwartung, die durch künstliche Aromastoffe im Mund geweckt wurde, im Magen auch wirklich eingelöst wird. Bei der handelsüblichen Fertigkost ist dies nur selten der Fall. Ein Gefühl der Sättigung stellt sich daher, trotz reichlicher Nahrungszufuhr, nicht ein.

Aromatherapie: Aufnahme von ätherischen Ölen und Düften über Haut und Schleimhäute, von wo aus sie über das Nervensystem ihre heilende Wirkung entfalten. Die Bezeichnung »Aromatherapie« geht auf den französischen Chemiker René-Maurice Gattefossé (1881–1950) zurück, der im Ersten Weltkrieg in Kriegslazaretten Verwundete mit ätherischen Ölen behandelte. Die Aromaöle verhinderten Wundbrand und wirkten außerdem schmerzlindernd und fiebersenkend (siehe zu Aromatherapie das Special S. 28ff.).

Die Aromatherapie ist zur Selbstbehandlung geeignet.

Arteriosklerose (im Volksmund: Arterienverkalkung): krankhafte Veränderung der Blutadern mit allmählicher Verhärtung, Verengung und Elastizitätsverlust des betroffenen Gefäßes. Als Ursachen werden entzündliche Prozesse und erbliche Vorbelastung diskutiert. Risikofaktoren sind u. a. Rauchen, erhöhte Cholesterin- und Blutfettwerte sowie Diabetes mellitus. Häufig betroffen sind die Nieren- und Beinarterien, die große Hauptschlagader, die Halsschlagader, die Herzkranzgefäße und die Gehirnarterien. Als Folge von Arteriosklerose kommt es zu Durchblutungsstörungen; im fortgeschrittenen Stadium besteht ein erhöhtes Infarktrisiko. Das weibliche Geschlechtshormon Östrogen hat für Frauen bis zu den Wechseljahren eine gefäßschützende Wirkung

Körperliche Bewegung, Verzicht auf Rauchen und Reduktion von Übergewicht sind hochwirksame »Medikamente« • Statt Fleisch und Wurst sollte man tierische Fette (in Maßen) in Form von Seefisch zu sich nehmen (Omega-3-Fettsäuren) • Generell sollte man auf ausreichende Versorgung mit Flavonoiden und anderen Bioaktivstoffen achten • Täglich zwei frische Knoblauchzehen senken den Blutdruck und wirken dem Fortschreiten der Arteriosklerose entgegen • Armgüsse fördern die Durchblutung • Als weitere pflanzliche Therapeutika eignen sich Bärlauch, Weißdorn, Mistel, Algen und Sonnentau • Grüner Tee und Kombucha wirken gefäßschützend

Grüner Tee: 2 TL grüne Teeblätter mit 1/4 l heißem Wasser (ca. 70 °C) übergießen und 5 Minuten ziehen lassen. Dieselben Blätter im Lauf des Tages noch 2-mal aufgießen.

Die gebräuchlichsten Aromaöle

- Angelikaöl
- Anisöl
- Basilikumöl
- Benzoeöl
- Bergamotteöl
- Eukalyptusöl
- Jasminöl
- Kamillenöl
- Lavendelöl
- Lemongrasöl
- Melissenöl
- Muskatellersalbeiöl
- Neroliöl
- Pfefferminzöl
- Rosenöl
- Rosmarinöl
- Sandelholzöl
- Teebaumöl
- Vetiveröl
- Ylang-Ylang-Öl
- Zedernöl
- Zitronenöl

Aromatherapie

Düfte für Gesundheit und Wohlgefühl

Die Aromatherapie verwendet stark duftende ätherische Öle, die durch Destillation aus Pflanzen gewonnen wurden. Diese Öle werden über die Atemwege oder die Haut aufgenommen, gelangen rasch ins Gehirn, beeinflussen insbesondere das vegetative Nervensystem und wirken – je nach Art des Öls – z. B. entspannend, schmerzlindernd oder stimulierend. Nicht nur in der Naturheilkunde, auch in der Schulmedizin und der Parfümherstellung weiß man diese Eigenschaften gezielt zu nutzen.

Flüchtig, intensiv und vielseitig

Aromaöle sind flüchtig, d. h., sie verdunsten rasch und lösen sich buchstäblich in Luft auf. Sie wirken auf das vegetative Nervensystem, das nicht unserem Willen unterliegt und u. a. für die Steuerung der Herz- und Eingeweidetätigkeit, für die Kreislauffunktionen, die Atmung und für unser seelisches Gleichgewicht zuständig ist. Das erklärt, weshalb Aromaöle in so vielfältiger Weise auf den menschlichen Organismus positiv wirken:

- Beruhigend und entspannend (z. B. Anis oder Zistrose)
- Krampflösend (z. B. Jasmin oder Salbei)
- Entzündungshemmend (z. B. Kamille)
- Kreislaufstimulierend (z. B. Kampfer oder Rosmarin)
- Antiseptisch (z. B. Basilikum oder Thymian)

Eine Duftlampe mit Aromaöl verbreitet schnell Wohlgeruch im ganzen Raum.

Anwendungsformen

Man kann Aromaöle einzeln anwenden oder, je nach gewünschter Wirkung, eine individuelle Mischung aus verschiedenen Ölen herstellen. Meist genügen schon wenige Tropfen.

- Für die Duftlampe werden 5 bis 8 Tropfen Aromaöl in das Wasserbehältnis der Lampe gegeben. (Übrigens: Der Abstand zwischen Teelicht und Verdunstungsschale sollte mindestens 10 cm betragen.)
- Für eine Inhalation gibt man 3 bis 5 Tropfen in 2 l heißes Wasser (bzw. die gleiche Menge in das Wasserbehältnis des Inhaliergeräts aus der Apotheke).
- Für Massageöl werden 15 bis 20 Tropfen in 50 ml neutralem Pflanzenöl (z. B. Avocado-, Weizenkeim-, Mandel-, Oliven- oder Sesamöl) gut verrührt.
- Für ein Vollbad nimmt man 15 bis 20 Tropfen, verrührt in 1 bis 2 EL Sahne, Milch, flüssigem Honig oder Neutralseife.
- Für das Haarshampoo gibt man etwa 10 bis 15 Tropfen ätherisches Öl in 100 ml pH-neutrales Shampoo.
- Für eine Hautcreme werden 15 bis 20 Tropfen in 50 ml neutraler Creme verrührt.
- Für ein Riechfläschchen werden wenige Tropfen Aromaöl bzw. ein paar Tropfen einer Aromaölmischung in ein dunkles Glasfläschchen mit 20 oder 50 ml Sonnenblumenöl gegeben und anschließend gut verschüttelt.
- Zum Gurgeln gibt man einige Tropfen Aromaöl in 1 Glas lauwarmes Wasser und spült damit 5 Minuten den Mund aus.

■ Für Kompressen genügen 5 Tropfen auf 1 Schüssel Wasser, in die man dann die Kompresse taucht.

Bewährte Mischungen

Bestimmte Öle oder Mischungen haben sich zur Linderung ganz bestimmter Krankheiten, Beschwerden oder Befindlichkeitsstörungen sehr bewährt. Die für einen selbst optimale Mischung erhält man durch Ausprobieren. Die folgenden Rezepte kann und sollte man auch variieren.

▶ ***Bei Spannungskopfschmerzen***

Je 2 Tropfen Lavendel-, Pfefferminz- und Lemongrasöl sowie je 1 Tropfen Muskatellersalbei- und Eukalyptusöl in die Verdunstungsschale der Duftlampe geben.

Für die rasche Hilfe gibt man 1 bis 2 Tropfen Pfefferminzöl auf ein Taschentuch und massiert damit sanft Schläfen und Nacken. Man kann den Duft auch einatmen.

▶ ***Bei Migräne***

3 Tropfen Lavendelöl, 2 Tropfen Pfefferminzöl und je 1 Tropfen Sandelholz-, Muskatellersalbei- und Eukalyptusöl in die Verdunstungsschale der Duftlampe geben.

Ein Spezialöl für die Schläfenmassage mischen aus 4 Tropfen Pfefferminz-, 2 Tropfen Lavendelöl, je 1 Tropfen Eukalyptus- und Rosenöl, verrührt in etwa 50 ml Mandelöl.

▶ ***Bei Konzentrations- und Gedächtnisstörungen***

Je 3 Tropfen Rosmarin- und Basilikumöl sowie je 1 Tropfen Muskatellersalbei- und Eukalyptusöl in die Verdunstungsschale der Duftlampe geben.

Dieselbe Mischung in 20 ml Sonnenblumenöl geben und ins Riechfläschchen füllen.

Das Riechfläschchen ist eine praktische Alternative zur Duftlampe.

▶ ***Bei Nervosität***

Je 3 Tropfen Lavendel- und Bergamotteöl sowie 2 Tropfen Neroliöl in die Verdunstungsschale der Duftlampe geben.

Oder ein Vollbad nehmen mit je 5 Tropfen Bergamotte- und Majoranöl, verrührt in 3 oder 4 EL süßer Sahne.

Für das Körperöl 6 Tropfen Neroli-, 2 Tropfen Lavendel- und 2 Tropfen Orangenöl mit 50 ml Jojobaöl vermischen.

▶ ***Bei vegetativer Dystonie***

Je 3 Tropfen Lavendel- und Basilikumöl sowie 2 Tropfen Angelikaöl in die Verdunstungsschale der Duftlampe geben.

Für das Vollbad je 5 Tropfen Majoran- und Basilikumöl in 3 bis 4 EL süßer Sahne verrühren und ins Badewasser geben.

Für das Körperöl 8 Tropfen Lavendelöl, 6 Tropfen Neroli- und je 2 Tropfen Orangen- und Bergamotteöl in ungefähr 100 ml Jojobaöl verrühren.

Aromatherapie

Düfte für Gesundheit und Wohlgefühl

Duftkerzen sind einfacher zu handhaben als Duftlampen – aber auch weniger intensiv.

▶ ***Bei depressiver Verstimmung***
4 Tropfen Kamillenöl und je 2 Tropfen Lavendel- und Angelikaöl in die Verdunstungsschale der Duftlampe geben.
Für das Riechfläschchen (dunkle Flasche) 4 Tropfen Kamillenöl, 2 Tropfen Lavendelöl sowie je 1 Tropfen Thymian- und Anisöl mit 20 ml Sonnenblumenöl mischen.

▶ ***Bei Schlafstörungen***
4 Tropfen Kamillenöl sowie je 2 Tropfen Lavendel- und Neroliöl in die Verdunstungsschale der Duftlampe geben und etwa 1 Stunde vor dem Schlafengehen im Schlafzimmer verdunsten lassen.
Für das Vollbad je 4 Tropfen Lavendel- und Neroliöl sowie 2 Tropfen Kamillenöl, in 3 bis 4 EL süßer Sahne verrührt, ins Badewasser geben.
Für das Körperöl 8 Tropfen Basilikumöl und je 6 Tropfen Lavendel- und Neroliöl mit 100 ml Mandelöl vermischen.

▶ ***Bei Müdigkeit und Erschöpfung***
Je 3 Tropfen Zistrosen- und Eukalyptusöl sowie 2 Tropfen Lavendelöl in die Verdunstungsschale der Duftlampe geben.
Für das Riechfläschchen 4 Tropfen Pfefferminz-, 2 Tropfen Eukalyptus- und je 1 Tropfen Thymian- und Rosmarinöl mit 20 ml Sonnenblumenöl mischen.

▶ ***Bei nervösem Magen***
Je 3 Tropfen Angelika- und Basilikumöl sowie 1 Tropfen Pfefferminzöl in die Verdunstungsschale der Duftlampe geben.

Das sollten Sie beachten

- Ätherische Öle sollten, von wenigen Ausnahmen abgesehen, nicht unverdünnt auf die Haut aufgetragen werden und auch nicht eingenommen werden.
- Aromaöle dürfen nicht gleichzeitig mit homöopathischen Mitteln angewendet werden.
- Auch Pflanzenöle können eine allergische Reaktion auslösen. Vor der Erstanwendung sollte man deshalb als Allergietest eine kleine Menge auf den Handrücken auftragen. Jucken, Hautquaddeln, auch Augentränen oder häufiges Niesen sind Hinweise auf eine Allergie.
- Es gibt bei Aromaölen erhebliche Qualitätsunterschiede, synthetisch hergestellte oder »gestreckte« Öle sind bei weitem nicht so wirksam wie natürliche Öle. Durch einen kleinen Test kann man selbst die Qualität prüfen: Dazu gibt man einen Tropfen Öl auf ein Blatt Papier – nach dem Verdunsten sollte kein öliger Fleck zurückbleiben.

Aromaöle und ihre Wirkungen

Aromaöl	**Duftnote**	**Wirkung auf Seele, Körper und Haut**
Angelika	Erdig würzig	Antidepressiv, antibakteriell, antiseptisch
Anis	Blumig	Beruhigend, krampflösend, antiseptisch
Basilikum	Würzig minzig	Beruhigend, entblähend, antiseptisch
Benzoe	Vanilleduft	Antidepressiv, antibakteriell, regenerierend
Bergamotte	Fruchtig zitronig	Euphorisierend, antiseptisch, reinigend
Eukalyptus	Kampferduft	Anregend, antiseptisch, regenerierend
Kamille	Kräuterduft	Antidepressiv, antibakteriell, antiseptisch
Latschenkiefer	Waldig frisch	Belebend, durchblutungsfördernd, antiseptisch
Lavendel	Kräuterduft	Anregend, antiseptisch, regenerierend
Lemongras	Frisch zitronig	Anregend, verdauungsfördernd, reinigend
Melisse	Zitronig frisch	Belebend, antiviral, antiseptisch
Muskatellersalbei	Nussig süß	Euphorisierend, krampflösend, desodorierend
Neroli (Bitterorange)	Würzig süß	Antidepressiv, entblähend, regenerierend
Pfefferminze	Minzduft	Anregend, krampflösend, antiseptisch
Rosmarin	Waldig	Anregend, herzstärkend, antiseptisch
Sandelholz	Balsamisch süß	Beruhigend, krampflösend, regenerierend
Teebaum	Kampferduft	Anregend, antibakteriell und -viral, antiseptisch
Thymian	Kräuterduft	Stimulierend, antibakteriell, antiseptisch
Wacholder	Würzig fruchtig	Beruhigend, verdauungsfördernd, antiseptisch
Zistrose	Würzig balsamisch	Entspannend, krampflösend, antiseptisch
Zitrone	Frisch zitronig	Anregend, antibakteriell, antiseptisch

Arthritis: Gelenkentzündung. Die häufigste Form ist die chronische Polyarthritis, umgangssprachlich oft als Rheuma bezeichnet. Typische Arthritissymptome sind Schwellung, Schmerz, Rötung, Überwärmung, eingeschränkte Beweglichkeit und Funktionsverlust am betroffenen Gelenk. Die Krankheit verläuft in Schüben und befällt nach den kleinen Gelenken der Hand auch die größeren von Knie, Hüfte, Ellbogen und Fuß. Als Ursache wird eine Störung des Abwehrsystems, eine so genannte → Autoimmunkrankheit, vermutet, bei der sich bestimmte Immunzellen gegen den eigenen Organismus richten.

! Gehen Sie bei Schmerzen zum Arzt, und klären Sie mit ihm die Behandlung.

Bei der unterstützenden Behandlung außerhalb der Schübe steht das Bemühen im Vordergrund, die Schmerzen und die Entzündungsreaktion zu lindern; dies versucht man durch mäßige Bewegung (bis an die Schmerzgrenze oder minimal darüber hinaus), durch Wärme- bzw. Kälteanwendung (Kältekammer) zu erreichen • Andere chronische Entzündungsherde im Körper, z. B. im Bereich der Zähne, der Mandeln oder Nebenhöhlen, müssen aufgespürt und behandelt werden • Durch Fasten, Milch-Semmel-Diät, Ausleitungstherapie, Vesikation, eine 4-wöchige Kur mit grünem Hafertee (täglich 1 l) oder mit Löwenzahnsaft (täglich 2 EL) wird der Organismus von Stoffwechselgiften befreit • Eine Auflage mit Bockshornkleesamen, Brunnenkresse oder Kohlblättern lindert die lokale Entzündung • Als Teeaufguss oder als andere galenische Mittel sind außerdem zu empfehlen: Birkenblätter, Bittersüß, Bohnenschalen, Brennnessel, Erdrauch, Klettenwurzel, Löwenzahnwurzel und -kraut, Schafgarbe, Schlüsselblume, Teufelskralle und Wacholder; ferner die kieselsäurehaltigen Pflanzen Ackerschachtelhalm, Vogelknöterich, Quecke, Hohlzahn und Heidekraut, die salizylsäurehaltigen Pflanzen Mädesüß, Weidenrinde und Stiefmütterchen sowie die schweißtreibenden Drogen Holunder- und Lindenblüten • Weihrauch wirkt entzündungshemmend

Schmerzlindernde und entschlackende Teemischung bei Arthritis: 30 g Bohnenschalen, 30 g Weidenrinde, 10 g Mädesüßblüten, 10 g Heidekraut und 10 g Schafgarbenkraut mischen. 2 EL davon mit 3 Tassen Wasser überbrühen, auf eine Menge von 2 Tassen einkochen und morgens und abends je 1 Tasse Tee trinken.

Arthrose: degenerative, d. h. verschleißbedingte Gelenkerkrankung. Sie befällt mit zunehmendem Alter Gelenke, die z. B. durch Fehlstellung oder einseitige Belastung mechanisch stark beansprucht werden. Die typischen Symptome sind morgendlicher Anlaufschmerz, Einschränkung der Beweglichkeit, Belastungsschmerz, der in Ruhe nachlässt. Man unterscheidet zwischen der ruhenden Form (die nur auf dem Röntgenbild zu erkennen ist) und der aktivierten Form von Arthrose (in dieser Phase auch mit Entzündung am Gelenk).

Vermeiden sollte man jede einseitige Belastung sowie Nässe, Kälte und Übergewicht • Krankengymnastik, Bewegungstherapie (bewegen, ohne zu belasten), Fango, verschiedene Massagearten helfen, die Funktion des Gelenks zu erhalten • Bei der aktivierten Arthrose sorgen Bädertherapie, Wärmeanwendungen, Elektro- oder Kryotherapie für Linderung • Geeignete naturheilkundliche Mittel sind Gelosentherapie, Vesikation, Segmenttherapie (z. B. mit weißen Senfsamen oder Mistel) sowie Kohlblätterauflagen • Die Auflage eines heißen Heublumensacks wirkt entkrampfend und schmerzlindernd, regt Stoffwechsel und Durchblutung an • Den Schmerz lindert auch eine Einreibung mit ätherischen Ölen, z. B. mit Cajeput, Fichtennadel, Rosmarin, Eukalyptus und Kampfer, oder das Aufbringen eines ABC-Pflasters • In der Volksheilkunde werden auch Zubereitungen aus Alpenrose und Kapuzinerkresse angewendet

Teerezept bei degenerativer Gelenkerkrankung: 25 g Brennnesselblätter, 25 g Löwenzahnwurzel mit -kraut, 15 g Schachtelhalmkraut, 10 g Birkenblätter und 10 g Hagebuttenfrüchte mischen. 2 TL davon mit 1 Tasse Wasser überbrühen und 10 Minuten ziehen lassen. 4 Wochen lang täglich 2 bis 3 Tassen Tee trinken.

Artischocke (Cynara scolymus): distelähnliche Pflanze aus der Familie der Korbblütler (Asteraceae). Ihre Heimat ist Nordafrika und der östliche Mittelmeerraum. Inzwischen wird sie auch in den warmen Regionen Südeuropas angebaut. Arzneilich verwendet werden die getrockneten Blätter sowie die kurz vor der Blüte geernteten Blütenköpfe mit Boden und den fleischigen Hüllblättern. Diese Köpfe bereitet man als Gemüse frisch zu. Artischocken steigern den Gallenfluss, senken den Blutfett- und Cholesterinspiegel und schützen, regenerieren und stimulieren die Leberzellen. Sie beschleunigen die Ammoniakentgiftung und regen die Nierentätigkeit an.

Inhaltsstoffe: Bitterstoffe, Chlorogensäure, Cynarin, Flavonoide, Inulin.

Anwendungen: Als Aufguss (Blätter), Extrakt, frisches Gemüse oder Presssaft hilft Artischocke bei Verdauungsbeschwerden, Brechreiz und Völlegefühl, Gallenblasenbeschwerden und dient zur Anregung des Leberstoffwechsels. In der Volksmedizin ist sie seit langem auch als allgemeines Tonikum und Kräftigungsmittel (in Form von Medizinalwein) bekannt.

! Bei Gallensteinen, Gallengangsverschluss und bei Allergie gegen Korbblütler darf man Artischocken weder frisch essen noch die Blätter als Tee zubereiten. Auch stillenden Müttern sind Artischocken nicht zu empfehlen, da sie den Milchfluss ungünstig beeinflussen.

Arzneiformen: Zubereitung von Heilmitteln. Sie sind meist an bestimmte pharmazeutische Trägersubstanzen gebunden oder darin gelöst (→ Galenik). Diese Mittel können unterschiedlich angewendet werden, je nachdem, wo und

Artischocken als wohlschmeckendes Gemüse senken die Blutfettwerte.

wie schnell sie wirken sollen. Sie werden auf die Haut aufgetragen oder inhaliert. Ferner unterscheidet man zwischen oraler Zufuhr (über Mund und Magen), parenteraler Zufuhr (durch Spritzen in die Haut, in die Muskulatur oder in die Vene) und rektaler Anwendung (durch Einführen in den Mastdarm).

Arzneimittelbild: Begriff aus der → Homöopathie, der die gesamte Symptomenreihe einer Arznei umfasst. Es beschreibt die Arzneimittelwirkung bzw. einen dazugehörigen Patienten- oder Konstitutionstyp. Die Zuordnung eines Arzneimittelbildes zur Patientensymptomatik ist die Voraussetzung für eine Verschreibung nach dem → Ähnlichkeitsprinzip. Dabei wird unterschieden zwischen → Polychrest, großem und kleinem Arzneimittel.

Arzneiformen

- Fest: Granulat, Pulver, Dragee, Tablette, Kapsel
- Halbfest: Zäpfchen, Salbe, Pflaster
- Flüssig: Saft, Öl
- Aufguss: Tee, Dekokt, Kaltauszug
- Durch Extraktion gewonnen: Tinktur, Medizinalwein
- Gasförmig: Aerosol, Inhalat

Asanas (sanskrit): Sammelbegriff für Yogastellungen, »in denen man sich wohl fühlt« – so die wörtliche Übersetzung (→ Yoga).

Aschner-Methode (Humoraltherapie): Sammelbegriff für insgesamt 13 meist ausleitende Methoden, benannt nach dem Arzt Bernhard Aschner (1883–1960). Seinem therapeutischen Ansatz liegt das Modell der antiken Säftelehre zugrunde, die in jeder Krankheit eine unausgewogene Zusammensetzung der vier Körpersäfte Blut, Schleim, gelbe und schwarze Galle sieht. Durch die Aschner-Verfahren versucht man, die Ausscheidung und Entgiftung zu verstärken, den Stoffwechsel zu entlasten, den Körper vegetativ umzustimmen und die Körperflüssigkeiten zu reinigen. Sie finden breite Anwendung bei chronischen Krankheiten und in der Schmerzbehandlung.

Askorbinsäure: wasserlösliches Vitamin (täglich benötigte Menge: 75 Milligramm). Vitamin C gehört zu den → Antioxidanzien und spielt bei der Vorbeugung von Infektionskrankheiten, der Heilung von Wunden, beim Zellschutz und bei der Krebsvorbeugung eine wichtige Rolle. Besonders viel Vitamin C findet sich in Zitrusfrüchten, Kiwis, Schwarzen Johannisbeeren, Sanddorn und Hagebutten (→ Vitamine).

Aspen (engl.): Zitterpappel, Stockbottle Nr. 2 der → Bach-Blüten. Aspen hilft, Angst abzubauen und Zuversicht zu gewinnen. Eine übersteigert sensible oder ängstliche Wahrnehmung wird durch Aspen realistischer.

Asthma bronchiale (griech. Bronchialasthma): anfallsweise auftretende Atemnot infolge einer Verengung der Bronchien. Verschiedene Faktoren können den Anfall auslösen, indem sie in der Bronchialschleimhaut eine Entzündung in Gang setzen: Allergie, Atemwegsinfekt, bestimmte Medikamente oder auch eine Stresssituation. Typischerweise ist vor allem das Ausatmen erschwert, und man hört ein pfeifendes, giemendes Atemgeräusch. Ärzte sprechen hier von einem hyperreaktiven, also einem überreagierenden Bronchialsystem.

Generell sollte der Asthmatiker unspezifische Reize, also verrauchte Räume (und das Rauchen), kalte Räume und das massive Einatmen von Abgasen meiden • Durch regelmäßige Messung des Peakflow und einen Medikamenten-Stufenplan lassen sich ein schwerer Anfall und der drohende Status asthmaticus verhindern • Solinhalationen fördern das Abhusten von Schleim • Klimatherapie und Behandlung in einer Klimakammer lindern die Beschwerden • Konsequent durchgeführte Atemtherapie, Atemtraining, autogenes Training, Hatha-Yoga sowie progressive Muskelrelaxation werden auch von der Schulmedizin als hilfreiche Behandlungsmethoden anerkannt • Weitere geeignete Verfahren aus dem Bereich der Natur- und Alternativheilkunde sind hämatogene Oxidationstherapie, Sauerstoff-Mehrschritt-Therapie, Qi Gong, Tai Chi Chuan, Reflexzonenmassage, (Elektro-)Akupunktur und Bioresonanztherapie • An Heilkräutern sind zu empfehlen: Andorn, Arnika, grüner Tee, Huflattich, Lapacho, Passionsblume, Primel, Schwarzkümmel, Schwertlilie, Sonnentau und Thymian • Kombucha wirkt ausgleichend auf das Immunsystem • Schwarzer und grüner Tee enthalten geringe Mengen

Aschner-Methode – die wichtigsten Ausleitungen

- Ausleitung über die Haut: Baunscheidt-Verfahren, Schröpfbehandlung, Kantharidenpflaster
- Ausleitung über den Darm: Glaubersalz, Rizinusöl, Einlauf
- Ausleitung über die Harnorgane: Trinkkur mit Heilwasser und harntreibenden Tees
- Blutentziehende Verfahren: Blutegel, Aderlass
- Ausleitung durch Schweißproduktion: Sauna, Schwitzkur, schweißtreibende Tees

Theophyllin, einen Wirkstoff, der auch als Asthmamedikament eingesetzt wird • Formen der Aromatherapie mit Teebaum-, Salbei-, Orangen- und Thymianöl eignen sich zur begleitenden Therapie

Asthmatee: 1 EL Schwarzkümmel, 1 TL Süßholz und 1/2 TL Anis gut zerkleinern und mischen, mit 1/4 l heißem Wasser aufgießen und zugedeckt 10 Minuten ziehen lassen. 4 bis 6 Wochen lang 3-mal täglich vor den Mahlzeiten 1 Tasse Tee trinken.

! Asthma muss sorgfältig ärztlich behandelt werden. Naturheilkundliche Mittel helfen teilweise recht gut zur Vorbeugung, jedoch nicht bei beginnendem Asthmaanfall. Beim akuten Anfall müssen Medikamente (Beta-Sympathomimetika) eingesetzt werden, die die Bronchien rasch erweitern. Wer sich zu lange mit pflanzlichen Mitteln selbst zu behandeln versucht, verschlimmert möglicherweise die Situation.

Atemtherapie: Verfahren zur intensiveren Belüftung aller Lungenabschnitte, Verbesserung der Atmung, darüber hinaus auch zur bewussten und ganzheitlichen Körperwahrnehmung. Die Atemtherapie umfasst physiotherapeutische Maßnahmen, z. B. Dehnungsübungen, Atmen gegen Widerstand und Hustentechniken, ferner Abklopfen und Vibration, Inhalations- und Aerosoltherapie. Die Therapie findet vor allem bei Atemwegserkrankungen, Formveränderungen des Brustkorbs oder der Wirbelsäule sowie in der Schwangerschaftsgymnastik Anwendung. Eine besondere Form ist die Atemtherapie nach Ilse Middendorf, entstanden auch unter dem Einfluss der Psychologie C. G. Jungs, die das bewusste Erleben des eigenen Atems in den Mittelpunkt stellt. Zwischen dem vom Willen geführten Atem und dem nicht beeinflussbaren Atemimpuls entsteht der rhythmische Atem, der durch Konzentration und gesteigerte Wahrnehmung die Einheit von Leib, Seele und Geist erfahrbar macht.

Atemübungen sind zur Selbstbehandlung geeignet.

Augenbad: Eintauchen der Augen in Wasser, oft mit einer Medikamentenlösung und unter Verwendung einer Augenbadewanne. Dabei werden die Augen mehrmals geöffnet und wieder geschlossen, etwa zehn Minuten lang. Augenbäder empfehlen sich bei Neigung zu Bindehautentzündung und Allergien, für Kontaktlinsenträger und Menschen, die in klimatisierten Räumen und/oder vor dem Computerbildschirm arbeiten. Augenbäder reinigen Hornhaut und Bindehaut, befeuchten das Auge, was vor allem bei staubiger Luft und Mangel an Tränenflüssigkeit sehr wohltuend ist. Auch das Einbringen eines Medikaments oder Pflanzenwirkstoffs erfolgt durch das Augenbad zuverlässiger als durch Einträufeln. Augenbadewannen gibt es in Apotheken; sie werden mit Quellwasser oder gefiltertem Leitungswasser gefüllt.

Das Augenbad ist zur Selbstbehandlung geeignet. Nach Rücksprache mit dem Arzt kann eine Abkochung aus Zinnkraut, Wermut, Fenchel oder Augentrost angewendet werden.

Das Augenbad ist eine Wohltat für Menschen, die viel vor Monitoren sitzen.

Augenbeschwerden: Es gibt eine Vielzahl von Erkrankungen der Augen, der Lider, Tränendrüsen, Tränenwege, der Augenmuskeln und Augenhöhlen. Man unterscheidet zwischen Sehschwächen einerseits (Kurzsichtigkeit, Weitsichtigkeit, Schielen) und Verletzungen, Infektionen, Ernährungsstörungen andererseits (→ Bindehautentzündung).

! Bei chronischen Augenbeschwerden oder eingeschränktem Gesichtsfeld bitte unbedingt zum Augenarzt gehen. Möglicherweise verbirgt sich dahinter eine gravierende Augenerkrankung. Der grüne Star (Glaukom) kann unbehandelt zur Erblindung führen. Eine schmerzfreie Untersuchung beim Augenarzt schafft Klarheit und ermöglicht rechtzeitig Gegenmaßnahmen.

Sehschwächen lassen sich durch Augenübungen (siehe Kasten S. 37) deutlich bessern • Augenbäder, -duschen, -kissen und -kompressen helfen bei trockenen, brennenden Augen, Entzündung oder Gerstenkorn • Yoga, Qi Gong und autogenes Training vermögen bei regelmäßiger Übung, den ganzen Körper auch innerhalb kurzer Zeit zu regenerieren • Bei augenschädigenden Stoffwechselerkrankungen, z. B. bei Diabetes mellitus, ist es wichtig, die Grundkrankheit sorgfältig zu behandeln, um Ernährungsstörungen des Auges möglichst zu vermeiden • Die Augen benötigen eine Vielzahl an Vitaminen (vor allem Vitamin A); vielseitige Ernährung kommt also auch den Augen zugute • Aus der Pflanzenheilkunde sind Augentrost, Fenchel und Kamille zu empfehlen

Fenchelwasser: 1 bis 2 TL zerkleinerte Fenchelsamen mit 200 ml Wasser aufbrühen und 10 Minuten zugedeckt ziehen lassen. Dann abseihen, ein Taschentuch mit dem lauwarmen oder kalten Tee tränken und auf die Augen legen. Variante: Statt Fenchel dieselbe Menge Augentrost aufgießen und 1 bis 2 Minuten ziehen lassen. Noch einfacher ist die Anwendung mit Fertigteebeuteln: 2 Teebeutel anfeuchten und auf die Augen legen. Hilft bei trockenen, brennenden, erschöpften Augen und bei leichter Entzündung.

Augendiagnostik: Erkennen von Krankheiten anhand von Veränderungen am Auge, an der Bindehaut, vor allem aber an der Iris (→ Irisdiagnostik).

Augentrost (Euphrasia officinalis): Pflanze aus der Familie der Rachenblütler (Scophulariaceae). Die einjährige Pflanze kommt in Mitteleuropa auf Wiesen, Berghängen und Waldlichtungen vor. Als Arznei werden die frischen und getrockneten oberirdischen Teile verwendet. Augentrost wirkt entzündungshemmend und zusammenziehend (adstringierend). Er findet auch in der Homöopathie Anwendung.

Augendusche und Augenguss

Diese Form der Augenbehandlung nach Kneipp ist einfach am Waschbecken anzuwenden und bei erschöpften und leicht entzündeten Augen sehr wirkungsvoll.

- Morgens: Bei geschlossenen Lidern mit beiden Händen 10- bis 15-mal Wasser an die Augen schwappen. Mit lauwarmem Wasser beginnen und allmählich auf kalte Temperatur umstellen. Anschließend die Augen mit einem weichen Tuch trockentupfen.
- Abends: In gleicher Weise vorgehen, jedoch mit kaltem Wasser beginnen und allmählich auf lauwarm umstellen.
- Der Augenguss wird ebenfalls bei geschlossenen Augen durchgeführt. Man beginnt am rechten Auge an der Schläfe, umkreist das Auge 3-mal und wandert dann zum linken Auge; das Ganze 3- bis 4-mal wiederholen. Man verwendet dazu am besten einen kleinen Schlauch, den man an den Wasserhahn anschrauben kann; der Wasserstrahl sollte sehr schwach sein.

Augenbeschwerden – Augenübungen helfen

Augenübungen helfen bei Alterssichtigkeit, Farbsinnstörung und Farbenblindheit, Kurz- oder Weitsichtigkeit, müden, entzündeten und trockenen Augen, Nachtblindheit und schlechtem Dämmerungssehen, leichtem Schielen und Stäbchensichtigkeit (Astigmatismus). Augenübungen helfen leider nicht oder kaum bei grauem oder grünem Star. Gehen Sie deshalb bei Beschwerden immer zum Augenarzt zur Klärung der Diagnose.

Die meisten der Übungen kann man ganz unauffällig unterwegs oder am Arbeitsplatz ausführen. Man sollte jedoch bei allen Übungen darauf achten, dass man entspannt und gelockert ist.

Wichtig: Schließen Sie alle Augenübungen mit dem so genannten Palmieren – das hier als erste Übung steht – ab.

- Palmieren: Abschirmen der Augen und Augenhöhlen mit der Handinnenfläche, jedoch ohne dabei die Augen zu berühren. Die Augen schließen und in dieser »Höhle« ausruhen lassen oder sie locker bewegen und rollen.
- Kolibriübung: 3 Atemzüge lang rasche Lidschläge durchführen zur intensiven Reinigung und Befeuchtung des Auges; geeignet für Brillen- und Kontaktlinsenträger sowie bei Bildschirmarbeit.
- Augenschweifen: Den Blick entspannt von einem Punkt im Raum zum nächsten wandern lassen, ohne etwas zu fixieren bzw. ohne zu starren.
- Visualisieren und Erinnerungsübung: Wieder die Augen mit den Handinnenflächen abschirmen und ohne Anstrengung versuchen, sich ein Ereignis oder einen Gegenstand farbig und in allen Details in Erinnerung zu rufen.
- Akkommodationsübung für flexibles Fern-Nah-Sehen: Die beiden Zeigefinger so vor die Augen halten, dass der eine einen Abstand von etwa 8 Zentimetern zum Gesicht hat, der andere eine Armlänge entfernt ist. Mit beiden Augen konzentriert auf den entfernten Finger schauen, dann mit den Augen zwinkern und sich anschließend auf den anderen Finger – also den Finger, der sich in Gesichtsnähe befindet – konzentrieren.
- Entspannung (für Augen, Kopf und Nacken): Locker stehen, die Füße etwa hüftbreit voneinander entfernt. Dann den Kopf nach links wenden und über die linke Schulter nach hinten schauen. Einatmen, die Spannung halten und bis drei zählen, dann ausatmen und den Kopf nach vorn drehen. Dasselbe nach der rechten Seite wiederholen. Wieder zur Mitte zurückkehren, die Arme hinter dem Kopf verschränken, den Kopf sanft nach vorn drücken und den Blick geradeaus richten.
- Klopfmassage zur Entspannung: Rund um die Augen sanft mit den Fingerkuppen von Zeige- und Mittelfinger klopfen; dabei die Augäpfel nicht berühren.

Eine leichte Klopfmassage rund um die Augen löst Verspannungen.

Inhaltsstoffe: Iridoidglykoside, vor allem Aucubin (Rhinantin), Bitterstoffe, ätherisches Öl, 3 bis 8 Prozent Gallusgerbstoffe.

Anwendungen: Äußerlich wird Augentrost als Aufguss (stark verdünnt) zur Augenkompresse bei entzündlichen Erkrankungen der Augen und bei Gerstenkorn angewendet. Er ist auch oft Bestandteil von Augenwässern. In der Volksmedizin wird Augentrost auch innerlich bei Husten, Schnupfen, Magen-Darm-Katarrh und Hautproblemen genommen.

Augenübungen (auch Augenschule): ganzheitliche Maßnahmen zur Vorbeugung und (begleitenden) Behandlung von Sehschwächen und Sehstörungen. Die Methode geht auf den New Yorker Augenarzt William Bates (1860–1931) zurück, der an sich selbst die lindernde Wirkung bestimmter Übungen feststellte, diese Übungen systematisierte und an seinen Patienten mit großem Erfolg ausprobierte. Sie sind für alle Menschen nützlich, die ihre Sehkraft erhalten oder verbessern wollen. Eine augenärztliche Untersuchung oder Behandlung können die Übungen nicht ersetzen, sehr wohl aber unterstützen (siehe Kasten S. 37).

☛ Augenübungen sind zur Selbstbehandlung hervorragend geeignet.

Aura (griech. aura = Hauch): energetische Hülle, die den Körper umgibt. Der Begriff wird in dieser Bedeutung von der Theosophie und → Anthroposophie, vom Spiritualismus und Okkultismus angewendet. Demnach wird die Aura eines Menschen als eine Art farbige Wolke oder Lichtfläche beschrieben, die je nach Stimmung, Gesundheit, geistiger, seelischer und moralischer Reife unterschiedlich ist. Seit Jahrhunderten und in vielen Weltkulturen werden Auren künstlerisch dargestellt, und auch der Heiligenschein in der christlich-abendländischen Kunst stellt vermutlich eine goldene Aura dar. Der Wissenschaft dagegen ist es noch nicht gelungen, ein solches Energiefeld, das noch dazu in einer Beziehung zur charakterlichen Reife der jeweiligen Person steht, zu entdecken. Auch die → Kirlian-Fotografie wird von der Schulmedizin nicht anerkannt. Anhänger der Auratherapie argumentieren aber auch mit dem alltäglichen Fühlen und Erleben, z. B. mit dem Phänomen, dass man sich in Gegenwart bestimmter Menschen besonders wohl oder auch unwohl fühle (je nachdem, ob deren Aura mit der eigenen harmoniert oder nicht) oder dass bestimmte Orte eine ganz besondere Ruhe ausstrahlen oder Anziehung haben. Man nimmt an, dass die Aura jeder Person sich aus den Strahlungen aller im Körper befindlichen Zellen und deren Wechselwirkung zusammensetzt (→ Biophotonen). Ein Therapeut, der mit dieser Methode arbeitet, muss die grundlegende Fähigkeit und Sensibilität besitzen, die Aura eines anderen Menschen wahrzunehmen. Je nach Farbe der Aura wird er eine angemessene Behandlungsweise wählen. Die aktive Mitarbeit des Patienten ist dabei wichtig; er muss sich seiner bewusst werden, sich intensiv beobachten, um seinem Inneren näher zu kommen. Klangtherapie, Farbtherapie, Visualisierung und Tagebuchschreiben erleichtern diese »Selbstaufspürung«.

Aura-Soma-Therapie: Die Aura (= Seele)-Soma (= Körper)-Therapie ist eine Kombination von → Aromatherapie, → Farbtherapie und → Edelsteintherapie; sie wurde von der Pharmazeutin und Kabbalistin Vicky Wall in den achtziger Jahren entwickelt. Öle, Farben und Steine dienen zum Abbau von Blockaden, was durch Entspannungsübungen, Chakren- und Fußreflexzonenmassage unterstützt wird. Sowohl kabbalistische Elemente (Ritual des Schüttelns) als auch buddhistische Elemente (Farbe als Vermittler zwischen der feinstofflichen und der materiellen Ebene) haben in diese Methode Eingang gefunden (siehe zu Aura Soma das Special S. 39f.).

☛ Die Aura-Soma-Therapie ist nach einer Einweisung zur Selbstbehandlung geeignet.

Aureotherapie → Goldtherapie

Aura Soma

Mit Balanceölen zur inneren Harmonie

Leuchtend und bunt stehen die Flaschen mit den Balanceölen in den Regalen spezieller Aura-Soma-Läden. Die Mischungen helfen bei psychosomatischen, mentalen und spirituellen Problemen. Die Aura – oft als Energiefeld beschrieben, eine Art Lichthülle, die den Menschen umgibt – ist auch für Gesundheit oder Krankheit, für ein intaktes oder gestörtes Gleichgewicht im Organismus verantwortlich ist. Die Aura-Soma-Therapie, von einer erblindeten, dadurch aber umso sensibleren Frau entwickelt, versucht, ein gesundes Gleichgewicht des Organismus (wieder-)herzustellen.

In Harmonie mit der Natur

Die Aura-Soma-Öle sind Öl-in-Wasser-Emulsionen; die Inhaltsstoffe bestehen ausnahmslos aus natürlichen Substanzen.

- Derzeit gibt es 99 so genannte Balanceöle. Sie sind aus pflanzlichen Ölen hergestellt, mit natürlichen Farbstoffen angereichert und schwimmen auf einer wässrigen Flüssigkeit. Unter Verwendung von speziellem Wasser (auch einem kleinen Anteil des »heiligen Wassers von Glastonbury«) werden wässrige Lösungen dieser Öle hergestellt.
- Als Zweites verwendet man Pomander. Das sind ähnlich zusammengesetzte Öle wie die Balanceöle, nur werden sie auf Alkoholbasis und mit Zusatz von Teebaumöl hergestellt.
- Darüber hinaus gibt es so genannte Quintessenzen, die insbesondere auf der feinstofflichen Ebene wirken.

Anwendung und Selbstbehandlung

Durch das beratende Gespräch mit einem Heilpraktiker oder einem anderen erfahrenen Therapeuten wird ein auf die Chakren und Energiezentren abgestimmtes Öl ermittelt. Dieses Öl kann dann auch in Selbstbehandlung angewendet werden. Der Betroffene selbst wählt zu Beginn seine vier Flaschen aus.

- Die erste Flasche betrifft unser Potenzial.
- Die zweite Flasche charakterisiert persönliche Blockaden.
- Die dritte Flasche symbolisiert die gegenwärtige Situation.
- Die vierte Flasche steht für die zukünftigen Möglichkeiten.

Wie Farben wirken

Seit Jahrtausenden beschäftigen sich die Menschen mit Farben und deren Wirkung auf die Psyche. Einige Typenlehren, religiöse Riten und kulturelle Traditionen arbeiten mit Farbsymboliken. Auch umgekehrt geht man davon aus, dass bestimmte Farben in einer ganz bestimmten Weise auf den Körper wirken.

- Weiß steht für Klarheit, Reinheit, Unschuld und Vollkommenkeit, doch auch für Distanz und Unnahbarkeit. Weiß ist in Asien eine Trauerfarbe, in den westlichen Ländern jedoch eine Farbe des Glücks.

Mit Aura-Soma-Ölen können Sie die Harmonie und das innere Gleichgewicht des Organismus wiederherstellen.

Mit Balanceölen zur inneren Harmonie

■ Schwarz ist oft negativ besetzt, weil es für Tod, Trauer und Niedergedrücktheit steht. In der Aura-Soma-Therapie ist Schwarz Ausdruck dafür, dass die Aura durch Stress, Krankheit oder negative Gedanken Schaden genommen hat.

■ Blau steht für Idealismus, Rechtschaffenheit, Weite und Tiefe. Es gilt als weibliche Farbe, es entspannt, wirkt ausgleichend und harmonisierend, auch entzündungshemmend und fiebersenkend. Auf der körperlichen Ebene ist Blau die Farbe der Schilddrüse, der Atmung und der Sprache.

■ Indigo ist eine Farbkonzentration von Blau. Es gilt als mystische Farbe, die auf das Unterbewusstsein wirkt und spirituelle Kräfte aktiviert. Herrscht Indigo in der Aura vor, bedeutet dies Frieden, Ruhe und Gelassenheit. Ist die Farbe jedoch ungleich verteilt, bedeutet dies erhöhte Reizbarkeit. Therapeutisch verwendet man es zur Beruhigung und Schmerzstillung. Indigo steht mit der Hirnanhangsdrüse und dem Lymphsystem in Verbindung.

■ Grün symbolisiert Natur, Beweglichkeit, Anpassungsfähigkeit, Regeneration, Selbstheilung und Harmonie. Grün neutralisiert Rötung und wird therapeutisch bei Unruhe und Nervosität verwendet. Grün ist die Farbe der Thymusdrüse, des Herzes und des Kreislaufs.

■ Rot steht für Aktivität, Kraft und Leidenschaft. Es gilt als männliche Farbe, symbolisiert Wärme, Erotik und Erfolg, aber auch Kampf, Egoismus und (Selbst-)Zerstörung. Auf der körperlichen Ebene wird Rot mit den Nervenenden, den Ausscheidungsorganen und Geschlechtsdrüsen in Verbindung gebracht.

■ Gelb ist die Farbe der Sonne, des Lichts, des Goldes, von geistiger Entwicklung und Scharfsinn. Gelb wird mit dem Verdauungssystem und den Fortpflanzungsorganen in Verbindung gebracht.

■ Orange ist eine warme Farbe, die Geborgenheit und Schutz gibt. Es weist auf eine starke, rücksichtsvolle, oft aber auch ängstliche oder enttäuschte Persönlichkeit hin. Orange verbessert den Kontakt zur Umwelt und wirkt stimmungsaufhellend. Körperlich wird es mit den Nebennieren, der Milz und den Sexualfunktionen in Verbindung gebracht.

■ Violett, Mischung aus Rot und Blau, gilt als Farbe des Übergangs, der Wandlung und Grenzüberschreitung. Es wird dem Nervensystem und der Zirbeldrüse zugeordnet.

Farben und Chakren

Auch den sieben Energiezentren des menschlichen Körpers, den Chakren, sind bestimmte Farben zugeordnet:

- Dem Wurzelchakra die Farbe Rot
- Dem Sakralchakra die Farbe Orange
- Dem Nabelchakra die Farbe Gelb
- Dem Herzchakra die Farbe Grün
- Dem Kehlkopfchakra die Farbe Blau
- Dem Stirnchakra die Farbe Indigo
- Dem Kronenchakra die Farbe Violett

Durch Aura-Soma-Therapie versucht man, aus dem Gleichgewicht geratene Chakren zu harmonisieren. Aber nicht nur in Form von Aura-Soma-Mischungen kann man Farben zuführen, sondern auch durch:

- Farbbestrahlungen
- »Essen von Farbe«
- Tragen bestimmter Kleidungsstücke
- Verschiedene Farbschwerpunkte in der Wohnungsgestaltung

Farben und Steine

Die Aura-Soma-Therapie bezieht ebenso die heilende Wirkung von Edelsteinen mit ein (Edelsteintherapie). Je nach Farbe des Steins lassen sich bestimmte Störungen oder Disharmonien ausgleichen.

Aurikuloakupunktur (lat. auricula = Ohrmuschel) → Ohrakupunktur

Ausfluss (Vaginalfluor): vermehrte Flüssigkeitsabsonderung aus der weiblichen Scheide. Ausfluss tritt natürlicherweise bei sexueller Erregung und während der Eisprungphase auf (heller weißlicher oder auf dem Slip leicht gelblicher Fluor). Ansonsten aber gilt Ausfluss, vor allem wenn er gelblich oder grünlich braun verfärbt und/oder von Juckreiz begleitet ist, als Hinweis auf eine Entzündung, Infektion (Bakterien, Pilze, Trichomonaden) oder eine Organerkrankung. Eine Untersuchung durch den Arzt ist hier unerlässlich; der Geschlechtspartner muss immer mitbehandelt werden.

Intimhygiene sollte gründlich, allerdings nicht zu gründlich durchgeführt werden; Scheidenspülungen sollte man ebenso vermeiden wie desinfizierende Lösungen • Bei Neigung zur Entzündung wäscht man sich mehrmals täglich nur mit frischem Wasser (anschließend gut trocknen) • Auf der Toilette bzw. beim Waschen nur in eine Richtung, und zwar von vorn (Harnröhre) nach hinten (After), wischen und trocknen • Auch die Einführung eines Pessars kann Entzündungen und Ausfluss verursachen • Möglichst keine engen Hosen tragen und keine Binden mit Kunststoffvlies verwenden, lieber mehrmals täglich den (kochfesten) Slip wechseln • Sitzbäder mit Lapachotee bzw. Teebaumöl (hier nur wenige Tropfen verwenden) oder auch ein mit Lapachotee bzw. Teebaumöl getränkter Tampon lindern den Juckreiz, verhindern das Wachstum schädlicher Keime und wirken entzündungshemmend; Gleiches gilt für Essigsitzbäder (2 EL Essig auf 1 l Wasser) • Auch Joghurt und Knoblauch helfen (Tampon in Biojoghurt tränken bzw. Knoblauchzehe mit Gaze umwickeln und in die Scheide einführen)

! Wenn sich die Beschwerden nach zwei Tagen Selbstbehandlung nicht bessern, sollten Sie unbedingt den Frauenarzt aufsuchen.

Teeaufguss für Sitzbad: Zu gleichen Teilen Blutwurz und Kamille mischen, 2 EL davon mit 1 l Wasser überbrühen und 10 Minuten ziehen lassen. Nach dem Abseihen mit diesem Tee wiederum 1 EL Eichenrinde aufgießen, erhitzen und 15 Minuten kochen lassen. Abseihen und abkühlen lassen, dann 0,1 l beiseite stellen und einen Tampon damit tränken. Mit dem restlichen Tee ein 15-minütiges Sitzbad durchführen, gut abtrocknen, den Tampon in die Scheide einführen. Dieselbe Anwendung auch mit Lapachotee durchführen.

Ausleitung: Therapieform der → Aschner-Methode, mit der Körpersäfte, Gifte und Stoffwechselabbauprodukte vermehrt ausgeschieden werden sollen. Die gebräuchlichsten ausleitenden Verfahren sind → Aderlass, → Blutegeltherapie, → Baunscheidt-Verfahren, → Kantharidenpflaster, → Klistier und → Darmbad, Mittel zur vermehrten Harnausscheidung und Schweißsekretion sowie → Schröpfen. Um die Stoffe ausscheiden zu können, müssen sie zuvor am Krankheitsherd gelöst und in den Säftekreislauf gebracht werden. Zur Auflösung dienen u. a. Wickel, Auflagen sowie reichliche Flüssigkeitszufuhr (Kräutertee, Mineralwasser).

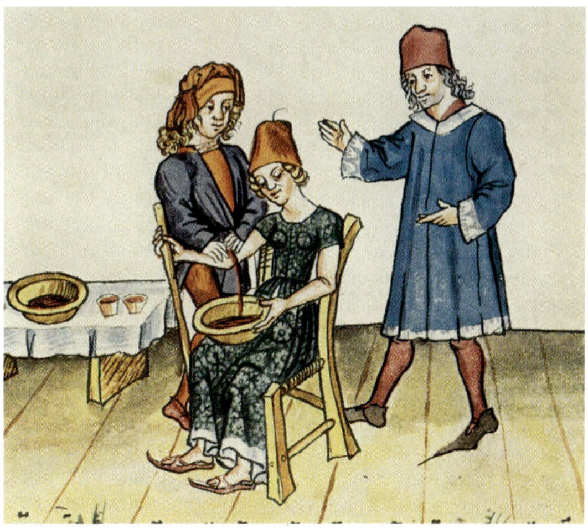

Aderlass im Mittelalter: Diese Ausleitungsmaßnahme diente schon damals zur Entgiftung des Körpers.

Ausschlag: volkstümliche und ungenaue Bezeichnung für großflächige entzündliche Veränderungen der äußeren Haut (Exanthem) oder der Schleimhaut (Enanthem), oft von Jucken, Nässen und Brennen begleitet. Die Ausschläge treten oft als Folge von Hautentzündung (Dermatitis), Überempfindlichkeit und Allergie (→ Ekzem) auf, oder sie sind Begleiterscheinung von Kinderkrankheiten wie Masern, Röteln und Scharlach.

Zur äußerlichen und innerlichen Behandlung empfehlen sich Bärlauch, Breitwegerich, Brombeere, Gänsefingerkraut, Himbeere, Sarsaparille, Schlehe und Schwarzkümmel • Hilfreich ist Schwarzkümmelpaste (2 Gläser Apfelessig und 1 Glas fein gemahlenen Schwarzkümmel gut verrühren und etwa 6 Stunden ziehen lassen, anschließend durch eine Mullkompresse filtern und 24 Stunden stehen lassen, bis sich die Flüssigkeit abgesetzt hat; Flüssigkeit abgießen und das Sediment, das zurückbleibt, im Verhältnis 1:1 mit Schwarzkümmelöl mischen), die mehrmals täglich dünn auf die betroffenen Hautstellen aufgetragen wird

Die Kutscherhaltung ist die klassische Haltung für das autogene Training.

Außenseiterverfahren: Begriff der Schulmedizin für eine Vielzahl von Diagnose- und Therapiemethoden, die keine wissenschaftliche Grundlage haben und von ihr daher auch nicht anerkannt werden (z. B. Baunscheidt-Verfahren, Irisdiagnostik, Pendeln, Geistheilung). Außenseiterverfahren zeigen im Einzelfall positive Erfolge und sind meist frei von Nebenwirkungen. Eine mögliche Gefahr dieser Methoden besteht darin, dass lebensgefährliche Krankheiten zu spät erkannt werden.

Außerordentliche Eingeweide: Bezeichnung der → traditionellen chinesischen Medizin für Gehirn, Blutgefäße, Knochen, Knochenmark, Rückenmark, Gallenblase und Gebärmutter. Gemeinsame Funktion all dieser Organe ist das Speichern.

Autogenes Training (griech. aus sich selbst hervorgebracht): Methode der Selbstentspannung durch Konzentration, entwickelt von dem deutschen Nervenarzt Johannes H. Schultz (1884–1970). Mit speziellen Übungen, die auch auf Hypnosetechniken und Yogapraktiken beruhen, sollen die negativen Auswirkungen von Stress und Ärger positiv beeinflusst werden (siehe Kasten S. 43).

Das autogene Training ist – nach einem einführenden Kurs – zur Selbstbehandlung hervorragend geeignet.

Autoimmunkrankheit: Fehlsteuerung des körpereigenen Abwehrsystems. Ein hochkomplizierter Mechanismus, der eigentlich dazu dient, den Körper vor Krankheitserregern und anderen schädlichen Einflüssen zu schützen, richtet sich plötzlich gegen körpereigene Substanzen. Autoimmunvorgänge sind nach heutigem Wissensstand die Ursache von Diabetes mellitus Typ I, rheumatoider Arthritis, Colitis ulcerosa und vermutlich auch multipler Sklerose. Die genauen Auslöser und Ursachen dafür sind noch nicht bekannt.

Autogenes Training – konzentrative Selbstentspannung

Über stufenweise erlernbare Muskelentspannung kann man auch das vegetative Nervensystem und damit Prozesse wie Atmung, Puls oder Hautdurchblutung positiv beeinflussen. J. H. Schultz, der seine Patienten mit Hypnose behandelte und deutliche Besserung feststellte, leitete das autogene Training von der Hypnose ab. Es beruht auf sechs einfachen autosuggestiven Formeln. Durch regelmäßiges und konzentriertes Üben erlernt man das Empfinden von Schwere, Wärme, Kühle, Atmung und Herzschlag. Später kommen Vorsatzbildungen hinzu, die gezielt auf eine Krankheit hin formuliert werden.

Nach einer fachkundigen Einführung eignet sich diese Methode besonders gut zur Selbstbehandlung. Veränderungen der Hauttemperatur, sogar des Blutdrucks durch autogenes Training sind objektiv feststellbar. Die Methode wird daher bei einer Vielzahl gesundheitlicher Störungen empfohlen, z. B. bei Migräne und anderen chronischen Schmerzzuständen, bei Asthma, Verdauungsstörungen, Menstruationsbeschwerden, Bluthochdruck, Suchtkrankheit, Schlaflosigkeit, Nervosität und Angst.

Es gibt drei Grundhaltungen, in denen das autogene Training ausgeführt wird:

- Rückenlage (u. a. um erholsamen Schlaf herbeizuführen)
- Aktive Sitz- bzw. Droschkenkutscherhaltung (leicht vornübergebeugt; dies dient zur Entkrampfung der gesamten Schulter- und Nackenmuskulatur)
- Passive Sitzhaltung (zurückgelehnt; dies dient zur kurzen Entspannung am Arbeitsplatz, im Bus oder Auto)

Durch völlige Konzentration und Wiederholung einfacher Formeln wie »Mein linkes Bein ist ganz schwer« bzw. »Mein rechtes Bein ist ganz schwer« lässt sich ein Zustand tiefer Entspannung erreichen.

Das autogene Training geht stufenweise vor – von den leichten Übungen zu den schwierigeren. Während der Übungen sind die Augen geschlossen. Für das Ende aller Übungen gilt: Nie abrupt abbrechen, sondern durch mehrmaliges tiefes Ein- und Ausatmen und gesteigerte Muskelbewegung, Strecken und Dehnen auflösen (so genanntes Zurücknehmen), erst dann die Augen öffnen und aufstehen.

Wegen möglicher schädlicher Wirkungen sollte man die Übungen 3 bis 5 zunächst unter Aufsicht machen.

1. Übung: Konzentrierte Vorstellung einer zunehmenden Schwere der Arme (bei Rechtshändern des rechten, bei Linkshändern des linken Arms), der Beine, des Rumpfes und ganzen Körpers (jeweils nicht länger als 3 Minuten).

2. Übung: In gleicher Weise vorgehen, jedoch mit der Vorstellung von Wärme.

3. Übung: Erspüren und Beeinflussen des Herzschlags. In entspannter Schwerehaltung die rechte Hand auf die Herzgegend legen, den Herzschlag fühlen und versuchen, einen ruhigen und regelmäßigen Herzschlag zu erreichen.

4. Übung: Erspüren des Atems und Versuch, einen tiefen, freien und gelösten Atem (»Es atmet mich«) zu erreichen.

5. Übung: Erspüren und Beeinflussen des Sonnengeflechts im Bauch. Beide Hände auf den Oberbauch legen, Atem und Wärme in den Bauch strömen lassen.

6. Übung: Vorstellen von Kühle der Stirn und des Kopfs.

Im Mittelpunkt der naturheilkundlichen Behandlung steht der Versuch, das Immunsystem zu stabilisieren und zu harmonisieren, um die fehlgesteuerte Reaktion zu regulieren • Dies versucht man durch Yoga, autogenes Training, Enzym- und Molekulartherapie, Mora-Therapie, zytoplasmatische und Zelltherapie • Neben den allgemeinen Ernährungsempfehlungen, z. B. bei Diabetes mellitus, sollte man vitalstoffreiche Lebensmittel essen; besonders wichtig sind die Vitamine A, C und E, außerdem Flavonoide und die Spurenelemente Chrom, Zink und Selen • Zur unterstützenden, das Immunsystem stabilisierenden Behandlung eignen sich grüner Tee, Kombucha und Schwarzkümmel

Autosuggestion (griech.-lat. Selbsteingebung): Form der Selbsthypnose, die auch die unbewussten Selbstheilungskräfte des Körpers freisetzt. Die Methode wurde von dem Apotheker Emile Coué (1857–1926) entwickelt, auf den auch der bekannteste Satz der Autosuggestivmethode zurückgeht: »Von Tag zu Tag geht es mir in jeder Hinsicht besser und besser.« Wiederholt man sich Sätze wie diesen mehrmals täglich in entspanntem Zustand, so lassen sich unbewusste Vorgänge im Körper, aber auch gesundheitliche Störungen günstig beeinflussen. Die bekanntesten Autosuggestivmethoden sind das → autogene Training und die → progressive Muskelrelaxation nach Jacobson.

Autovakzine: Eigenimpfstoffe. Aus inaktiven patienteneigenen Sekreten und Körperflüssigkeiten (z. B. Hustensekret, Urin, Nasen-, Rachen- oder Vaginalabstrich, auch aus bestimmten Formen von Tumorgewebe) werden Substanzen isoliert und dem Patienten wieder als Impfstoff zugeführt. Durch diese gezielte individuelle → Reiztherapie versucht man, das Immunsystem positiv zu beeinflussen, die Bildung bestimmter Antikörper anzuregen, eine Umstimmung des Organismus oder (bei einer Allergie) eine Desensibilisierung zu erreichen. Autovakzine werden bei chronischen Infektionen (z. B. Nebenhöhlenentzündung, Bronchitis oder Harnwegsinfekt) angewendet.

Avocado (Persea americana): birnenähnliche Frucht des zu den Lorbeergewächsen gehörenden Avocadobaums. Avocados unterscheiden sich in Form, Größe, Schalenkonsistenz, Reifezeit und Kälteempfindlichkeit. Die Avocado hat von allen Früchten den höchsten Fettgehalt (ca. 24 Gramm pro 100 Gramm Fruchtfleisch); den Hauptanteil davon macht die Ölsäure aus, eine einfach ungesättigte Fettsäure. Avocados sind reich an B-Vitaminen, Kalium, Lezithin und Kupfer.

Ayurveda (der; sanskrit Ayus = langes Leben, Veda = Wissen): aus Indien stammende Heilkunst, die mittlerweile den Status einer Wissenschaft hat und an indischen Universitäten gelehrt wird. Der Ayurveda geht von einem ganzheitlichen Menschenbild aus; die Anwendungen dienen nicht nur der Behandlung von Krankheiten, sondern auch der Förderung der Gesundheit und der richtigen Lebensweise mit der (eigenen) Natur. Zentrale Punkte sind die Tri-Dosha-Lehre, die fünf Elemente, die sieben Chakren, eine doshagerechte Ernährung, spezielle Heilmittel (→ Rasayanas), innerliche und äußerliche Reinigung (Pancha Karma), → Yoga und → Meditation.

Ursprünge: Die volksheilkundlichen Urformen von Ayurveda liegen wohl mehr als 5000 Jahre zurück; seine Blütezeit erlebte er um ca. 600 v. Chr. Als eigentlicher Schöpfer dieses Heilwissens gilt der indische Gott Brahma. Seine Schriften wurden der Legende nach den Sieben Weisen übermittelt, die sie auf der ganzen Welt verbreiten sollten. Mit dem aufkommenden Buddhismus in Indien wurden die alten Lehren (die von ayurvedischen Ärzten in vorchristlicher Zeit in so genannten Samshitas schriftlich niedergelegt waren) weiterentwickelt – auch gemäß der buddhistischen Auffassung, dass der Mensch sich von der Lebensgier befreien und zur Erleuchtung gelangen kann (siehe zu Ayurveda das Special S. 45ff.).

Die Tri-Dosha-Lehre und die fünf Elemente

Kern von Ayurveda ist die Lehre von den drei Doshas (Vata, Pitta, Kapha), die mit den fünf Elementen (Feuer, Erde, Wasser, Luft und Äther) in Verbindung stehen. Jeder Mensch trägt eine unterschiedliche Gewichtung der Doshas in sich; die typische Verteilung bestimmt seine Persönlichkeit und seine Gesundheit bzw. seine Probleme mit ihr. Wichtig ist, die persönliche Hauptprägung zu kennen, um so die gezielte Stärkung der anderen Doshas oder die Dämpfung des hauptsächlichen Doshas zu erreichen – etwa durch doshagerechte Ernährung, durch Bewegung oder durch Massageanwendungen. Der Ayurveda kennt sieben Stufen des Ungleichgewichts der Doshas, das allmählich zum Verlust der inneren Balance und schließlich zur akuten und dann zur chronischen Krankheit führt.

Vata

Vata wird von den Elementen Luft und Äther bestimmt. Typische Eigenschaften sind trocken, leicht, schnell sowie kalt und rau. Der Hauptsitz des Vata-Doshas liegt im unteren Körperdrittel sowie im unteren Gesichtsdrittel. Vata steht für Bewegung und Fluss, für Wachstum und Aktivität der Sinnesorgane, für Atmung und Ausscheidung. Zu hohe Konzentrationen von Vata führen zu Magen-Darm-Problemen oder Menstruationsschmerzen.

▶ ***Vata-Typ:*** Er ist eher schlank, sprachbegabt mit rascher Auffassungsgabe; er ermüdet schnell, hat trockene Haut und Verdauungsprobleme. Er ist ein »Luftmensch«.

Pitta

Pitta wird von den Elementen Feuer und Wasser bestimmt. Typische Eigenschaften sind heiß, scharf, leicht durchdringend sowie sauer. Der Hauptsitz des Pitta-Doshas liegt im mittleren Körperdrittel sowie im mittleren Gesichtsdrittel. Pitta steht für Verdauung und Stoffwechsel, Wärme, Intellekt und Emotionalität. Zu hohe Konzentrationen von Pitta äußern sich im psychischen Bereich, etwa in Zorn, Aggressionen, Eifersucht und Hass.

▶ ***Pitta-Typ:*** Er ist eher von mittelschwerem Körperbau, ein gründlicher Arbeiter, mutig sowie leicht erregbar. Er hat oft eine gut durchblutete warme Haut.

Kapha

Kapha wird von den Elementen Wasser und Erde bestimmt. Typische Eigenschaften sind wässrig, schwer, kalt, weich, süß, stabil und langsam. Der Hauptsitz des Kapha-Doshas liegt im oberen Körperdrittel. Kapha steht für den Flüssigkeitshaushalt und die Widerstandskraft des Organismus. Zu hohe Konzentrationen von Kapha führen z. B. zu Hautproblemen sowie psychisch zu Neid und Rachsucht.

▶ ***Kapha-Typ:*** Er ist eher muskulös und von starkem Körperbau, ausdauernd, aber langsam; er hat oft eine fettige Haut und kräftigen Haarwuchs. Der Kapha-Typ steht für schwere Erdverbundenheit.

Ingwer – ein heilkräftiges Gewürz, das auf alle drei Doshas ausgleichend wirkt.

Ayurveda

Die Rolle der sieben Chakren

Das Sanskritwort »Chakra« bedeutet »Wirbel«, »Kreis« oder »Rad«. Chakren sind nach ayurvedischer Auffassung die feinstofflichen Energieräder unseres Körpers.

Verbindung von innen und außen

Chakren verbinden den materiellen Körper mit dem

- Vitalkörper, dem ätherischen Körper, der den materiellen in einem Abstand von etwa fünf Zentimetern umhüllt
- Emotionalkörper, der die Gefühle spiegelt
- Mentalkörper, der die geistige Struktur repräsentiert
- Spirituellen Körper, der eine Schwingungsfrequenz von einem Kilometer erreichen kann

Den Chakren Raum geben

Jedem Chakra entsprechen ein eigenes Lebensthema sowie eine Farbe. Nach indischer Vorstellung können Farben heilend wirken – was sich die westliche Farbtherapie ebenfalls zunutze macht. Jedes Chakra ist auch eng mit hormonproduzierenden Drüsen verbunden. Neben den sieben Hauptchakren gibt es noch viele Nebenchakren im Organismus. Ihre Anzahl beträgt – je nach Schulrichtung – 40 bis über 80 000 (in altindischen Schriften).

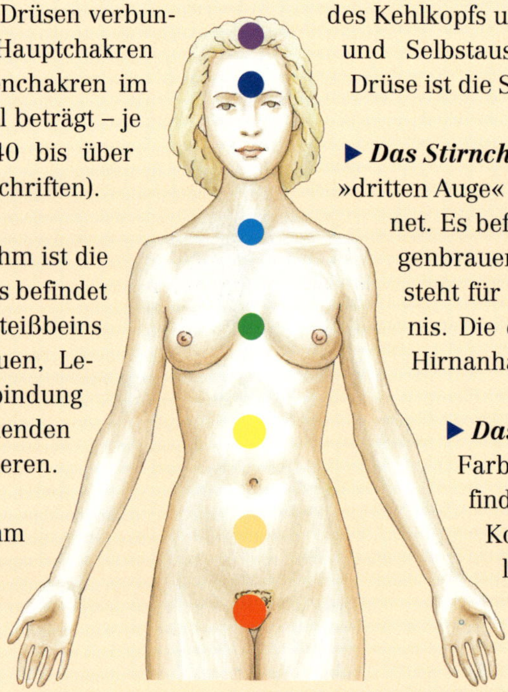

▶ ***Das Wurzelchakra:*** Ihm ist die Farbe Rot zugeordnet. Es befindet sich auf der Höhe des Steißbeins und steht für Urvertrauen, Lebensenergie und Verbindung zur Erde. Die entsprechenden Drüsen sind die Nebennieren.

▶ ***Das Sakralchakra:*** Ihm ist die Farbe Orange zugeordnet. Es befindet sich auf der Höhe des Kreuzbeins und steht für Sexualität, Sinnlichkeit und Kreativität. Die entsprechenden Drüsen sind die Keimdrüsen.

▶ ***Das Nabelchakra:*** Dem Nabelchakra oder Solarplexus ist die Farbe Gelb zugeordnet. Es befindet sich auf der Höhe des Sonnengeflechts und steht für Macht, Außenbezug und Selbstachtung. Die entsprechende Drüse ist die Bauchspeicheldrüse.

▶ ***Das Herzchakra:*** Ihm ist die Farbe Grün zugeordnet. Es befindet sich auf der Höhe des Brustbeins und steht für Liebe und Mitgefühl. Die entsprechende Drüse ist die Thymusdrüse.

▶ ***Das Kehlkopfchakra:*** Ihm ist die Farbe Blau zugeordnet. Es befindet sich auf der Höhe des Kehlkopfs und steht für Kommunikation und Selbstausdruck. Die entsprechende Drüse ist die Schilddrüse.

▶ ***Das Stirnchakra:*** Dem Stirnchakra oder »dritten Auge« ist die Farbe Indigo zugeordnet. Es befindet sich zwischen den Augenbrauen auf der Mitte der Stirn und steht für Intuition und Selbsterkenntnis. Die entsprechende Drüse ist die Hirnanhangsdrüse.

▶ ***Das Kronenchakra:*** Ihm ist die Farbe Violett zugeordnet. Es befindet sich am Scheitelpunkt des Kopfs und steht für Spiritualität und die Verbindung mit dem Kosmos. Die entsprechende Drüse dieses Chakras ist die Zirbeldrüse.

Massagen, Bäder, Spülungen

In den achtziger Jahren waren hauptsächlich die ayurvedischen Ölmassagen im Westen bekannt und beliebt. Vor allem gestresste Manager frönten dieser etwas anderen Art der Massage. Doch diese Anwendung darf nicht isoliert betrachtet werden. Massagen sind nur ein Teil von Pancha Karma, der innerlichen und äußerlichen Reinigung. Ohne die Dosha- und Chakrenbalance, ohne die richtige Ernährung, innere und äußere Bewegung und das Leben im Einklang mit der Natur, können sie ihre Heilwirkung nicht voll entfalten.

Massagen

Massagen stärken sowohl Kreislauf als auch Verdauung; sie bereiten den Körper auf die Ausleitung von Körpergiften vor; sie beruhigen und kräftigen die Muskulatur. Und natürlich dienen sie zusätzlich auch der genussvollen Entspannung.

- Abhyanga – die Ölmassage: Sie wird meist von zwei bis vier Therapeuten durchgeführt. Hauptsächlich wird gereiftes Sesamöl verwendet, doch es können auch andere Öle sein. Für Vata-Typen eignet sich Aprikosen- oder Mandelöl, für Pitta-Typen Kokosöl, für Kapha-Typen auch Olivenöl. Krönung der Behandlung ist Shirodhara, der Kräuter-Öl-Strahl.
- Gharshan – die Trockenmassage: Die trockene Reibemassage wird mit einem Handschuh aus Rohseide durchgeführt. Sie strafft das Bindegewebe und regt den Kreislauf an.
- Udvarthana – die Reibemassage mit Sesam und Getreide: Diese Massage hat einen Peelingeffekt. Sie können sie wie die Trockenmassage auch selbst durchführen. Anschließend wird das Sesamöl-Sesam-Weizenkeim-Gemisch abgeduscht.

Gereiftes Sesamöl

Das Sesamöl wird stark erhitzt, bis es brutzelt, dann vom Herd genommen. Auf diese Weise verdampfen die Wasseranteile im Öl. Dadurch wird das Öl dünnflüssiger und zieht besser in die Haut ein – es ist »gereift«.

Ghee – geklärtes Butterschmalz

Massagen oder Spülungen können Sie auch mit Ghee durchführen. Ghee wird aus frischer Butter hergestellt. Zunächst werden die Butterstückchen in Wasser geschwenkt, bis es klar bleibt; dann werden sie bei niedriger Hitze geköchelt – und zwar so lange, bis das noch enthaltene Wasser verdampft ist. Das kann zwischen 30 Minuten und vier Stunden dauern. Filtern Sie dann das Butterschmalz durch ein Leinentuch in ein verschließbares Glas ab.

Bäder

Bäder dienen der Entspannung und Ausbalancierung der Doshas.

- Snehavaghaha – das Ölbad: Für den Selbstgebrauch stellen Sie am besten eine Mischung aus Wasser und gereiftem Sesamöl im Verhältnis 10:1 her.

Spülungen

Der Reinigung des Körpers, der Entfernung von Stoffwechselschlacken, dienen auch die Spülungen.

- Gandhusa – die Mundspülung: Mit 2 TL Sesamöl spülen Sie ausgiebig den Mund- und Rachenraum, bevor Sie es wieder ausspucken. Machen Sie vor dem Frühstück Gandhusa, und behalten Sie das Öl 10 Minuten lang im Mund.
- Nasya – die Nasenspülung: Bringen Sie ein paar Tropfen Sesamöl in beide Nasenlöcher ein, und ziehen Sie das Öl in der Nase hoch.

Bach-Blütentherapie: Behandlung mit Blütenessenzen, entwickelt von dem walisischen Arzt Dr. Edward Bach (1886–1936). Er fand 38 Blütenessenzen, die er, ähnlich dem Prinzip der → Homöopathie, potenzierte. Nach Bach verweisen Krankheiten immer auf innere Konflikte. Heilung entsteht daher von innen, d. h., es muss auch psychisch eine Umstimmung stattfinden, um gesund bzw. gar nicht erst krank zu werden.

Sieben Grundkrankheiten: Nach Bach gibt es sieben psychische Grundbefindlichkeiten, die bei einem Übermaß schließlich zu physischen Krankheiten führen: Stolz, Grausamkeit, Hass, Eigenliebe, Unwissen, Unsicherheit, Habgier.

Individuelle Anpassung: Bach-Blüten können ergänzend zur ärztlichen Behandlung genommen werden. Sie müssen individuell auf die Person abgestimmt sein – Mischungen sind möglich. Bach selbst bot eine Notfallmischung aus fünf Essenzen (→ Rescue Remedy) an. Auch Tiere können mit Bach-Blüten behandelt werden (siehe zu Bach-Blüten das Special S. 49ff.).

☛ Die Bach-Blütentherapie ist zur Selbstbehandlung geeignet.

Bad: Eintauchen des Körpers oder einzelner Körperteile in warmes oder kaltes Wasser, mit oder ohne Badezusatz, zur Reinigung, Regeneration und zu Heilzwecken. Das Reinigungsbad hat eine Temperatur von 35 bis 38 °C und dauert 10 bis 15 Minuten. Das Kaltbad dient zur Anregung des Stoffwechsels und des Nervensystems; das → Warmbad wirkt u. a. gefäßerweiternd. Das → Wechselbad besteht in einem mehrmaligen Wechsel aus warm (damit beginnend) und kalt (damit endend). Beim ansteigenden Bad wird die Temperatur kontinuierlich gesteigert (→ ansteigende Bäder).

☛ Die meisten Bäder sind zur Selbstbehandlung geeignet.

Bäder – Heilen durch Temperatur

Die thermische Wirkung von Wasser hat Heilkraft. Es gelten folgende Richtwerte:

• Überwärmungsbad	39 – 43 °C
• Wannenbad	35 – 38 °C
• Unterwassertherapie	29 – 32 °C
• Schwimmbad	25 – 29 °C
• Freibad	15 – 24 °C
• Kaltgüsse	12 – 18 °C
• Tauchbecken nach Sauna	4 – 15 °C

Bädertherapie (lat. balneum = Bad; auch Balneotherapie): Behandlung mit medizinischen Bädern, vor allem aus Heilquellen mit natürlichen Inhaltsstoffen wie Jod, Schwefel oder Brom, mit Fango, Lehm, Schlick oder Torf (so genannte Peloide), mit heilenden Gasen oder als Inhalationen und Trinkkuren. Die Bädertherapie erfolgt in Kurorten oder Seebädern (→ Thalassotherapie) unter Einbeziehung natürlicher Gegebenheiten wie Mineral- und Warmwasserquellen, Solvorkommen, Reizklima oder Allergenfreiheit und eignet sich, je nach Zusatzstoffen, zur Behandlung von Herz-Kreislauf-, Stoffwechsel-, Atemwegs-, Gelenk- oder Hauterkrankungen. Auch die → Kneipptherapie zählt zu den Bädertherapien.

Baldrian (Valeriana officinalis; auch Katzenkraut, Hexenkraut): Heilpflanze aus der Familie der Baldriangewächse (Valerianaceae), zu der etwa 250 Kräuter und Halbsträucher gehören. Baldrian wird bis zu einem Meter hoch und hat gefiederte Blätter. Er blüht zwischen Juni und August auf feuchten Wiesen, in Wäldern, auf Schutthalden und Bergen. Zu Heilzwecken verabreicht man die im Herbst geernteten Wurzeln. Baldrian wird auch als Homöopathikum eingenommen.

Inhaltsstoffe: Valepotriate, ätherisches Öl, Sesquiterpene, Alkaloide.

Anwendungen: Baldrian hat eine beruhigende, krampflösende und auch entwässernde Wirkung. Die Droge hilft bei nervösen Reizzuständen, krampfartigen Schmerzen des Magen-Darm-Trakts, bei Frauenleiden, Unruhe, nervösem Herzklopfen, Müdigkeit und nervöser Schlaflosigkeit.

Bach-Blüten Special

Durch Blütenkraft zur inneren Balance

Bach-Blüten werden in reinem Quellwasser ausgezogen. Die auf diese Weise gewonnene Flüssigkeit wird mit Alkohol konserviert und in so genannte Stockbottles (Nr. 1 bis Nr. 38) abgefüllt. Sie sind rezeptfrei in Apotheken oder über eines der Bach Centres erhältlich.

▶ Bach-Blütenmischung: Es können bis zu 5 Bach-Blüten kombiniert werden – je nach seelischem Problem. Von jeder Blütenessenz gibt man 2 Tropfen in eine Pipettenflasche mit 30 ml Inhalt. Dieses Fläschchen wird dann zu 3/4 mit stillem Mineralwasser und zu 1/4 mit 45-prozentigem Alkohol (oder Obstessig) aufgefüllt und gut verschüttelt.

▶ Anwendung: Man träufelt sich täglich bis zu 4-mal – immer vor dem Essen – je 2 bis 4 Tropfen aus der Pipettenflasche auf die Zunge. Man kann die Tropfen auch in ein Glas Mineralwasser bzw. abgekochtes Leitungswasser geben und dieses trinken.

Nr. 1 Agrimony
Agrimony (Odermennig) fördert die Konfliktfähigkeit und regt dazu an, Probleme nicht zu verdrängen.

Nr. 2 Aspen
Aspen (Zitterpappel) hilft bei Angstgefühlen, stärkt die Zuversicht und fördert eine realistische Wahrnehmung.

Nr. 3 Beech
Beech (Rotbuche) verhilft zu mehr Toleranz und Großzügigkeit – sowohl sich selbst als auch anderen gegenüber.

Nr. 4 Centaury
Centaury (Tausendgüldenkraut) fördert Willensstärke, Tatkraft sowie den Mut, sich von anderen abzugrenzen.

Nr. 5 Cerato
Cerato (Bleiwurz) hilft verunsicherten Menschen, auf ihre innere Stimme zu hören und sich selbst zu vertrauen.

Nr. 6 Cherry Plum
Cherry Plum (Kirschpflaume) beruhigt in Krisensituationen und fördert die Fähigkeit, im Hier und Jetzt zu leben.

Nr. 7 Chestnut Bud
Chestnut Bud (Knospe der Weißen Kastanie) ist eine Lernblüte. Sie hilft, aus den eigenen Fehlern zu lernen.

Nr. 8 Chicory
Chicory (Wegwarte) ist eine Essenz für besitzergreifende und dominante Menschen. Sie hilft beim Loslassen.

Nr. 9 Clematis
Clematis (Weiße Waldrebe) befreit von unrealistischen Vorstellungen und hilft, sich geistig zu konzentrieren.

Nr. 10 Crab Apple
Crab Apple (Holzapfel) schenkt ein natürliches Gefühl für den Körper und hilft bei zwanghaftem Verhalten.

Bach-Blüten

Nr. 11 Elm
Elm (Ulme) stärkt das Vertrauen in die eigene Leistung und hilft, die eigenen Bedürfnisse dabei zu beachten.

Nr. 12 Gentian
Gentian (Herbstenzian) verhilft zu mutigem Verhalten, zu mehr Optimismus und zu positivem Denken.

Nr. 13 Gorse
Gorse (Stechginster) unterstützt pessimistische Naturen darin, vertrauensvoller in die Zukunft zu blicken.

Nr. 14 Heather
Heather (Schottisches Heidekraut) führt bei stark Ich-Orientierten zu einer verständnisvollen Öffnung für andere.

Nr. 15 Holly
Holly (Stechpalme) verhilft zu einer besseren Einschätzung der eigenen negativen Gefühle und Verhaltensweisen.

Nr. 16 Honeysuckle
Honeysuckle (Jelängerjelieber) unterstützt einen, sich von der Vergangenheit und alten Beziehungen zu lösen.

Nr. 17 Hornbeam
Hornbeam (Weißbuche), eine der Baumkräfte, hilft bei Überforderung und beginnenden Krankheiten.

Nr. 18 Impatiens
Impatiens (Drüsentragendes Springkraut) ist die Essenz gegen Ungeduld, Gereiztheit und übertriebene Reaktionen.

Nr. 19 Larch
Larch (Lärche) ist das Mittel Nummer eins bei Minderwertigkeitskomplexen und mangelndem Selbstvertrauen.

Nr. 20 Mimulus
Mimulus (Gefleckte Gauklerblume) hilft bei konkreten Ängsten – Angst vor Tieren, vor dem Dunkeln etc.

Nr. 21 Mustard
Mustard (Wilder Senf) verhilft zu mehr Lebensfreude und vertreibt Trübsal, Weltschmerz und Schwermut.

Nr. 22 Oak
Oak (Eiche) stärkt das Durchhaltevermögen und hilft vor allem bei Überforderung, seine Grenzen zu erkennen.

Nr. 23 Olive
Olive (Olive) schenkt bei Gefühlen von Müdigkeit und Ausgelaugtheit neue Kraft und motiviert zum Neuanfang.

Nr. 24 Pine
Pine (Schottische Kiefer) hilft, die eigene Person zu akzeptieren und (unnötige) Schuldgefühle abzubauen.

Nr. 25 Red Chestnut
Red Chestnut (Rote Kastanie) hilft bei übertriebenen Sorgen um andere und schenkt inneren Frieden.

Nr. 26 Rock Rose
Rock Rose (Gelbes Sonnenröschen) verhilft bei Panik und Alpträumen zu mehr Gelassenheit und Ruhe.

Nr. 27 Rock Water
Rock Water (Quellwasser) ist die Essenz für »harte« Naturen. Sie hilft, körperlich und psychisch loszulassen.

Nr. 28 Scleranthus
Scleranthus (Einjähriger Knäuel) fördert Entschlossenheit und Entscheidungsstärke im Denken und Handeln.

Nr. 29 Star of Bethlehem
Star of Bethlehem (Doldiger Milchstern) ist ein Trostspender und hilft, traumatische Ereignisse zu verarbeiten.

Nr. 30 Sweet Chestnut
Sweet Chestnut (Edelkastanie) ist eine Essenz für »stille« Dulder. Sie gibt Energie, um dem Leben zu begegnen.

Nr. 31 Vervain
Vervain (Eisenkraut) motiviert übereifrige Idealisten zu mehr Mäßigung und zum liebevolleren Umgang mit sich selbst.

Nr. 32 Vine
Vine (Weinrebe) ist das Mittel, mit dem kleine »Tyrannen« zu mehr Rücksicht und Verständnis für ihre Umwelt finden.

Nr. 33 Walnut
Walnut (Walnuss) ist die Essenz für Unentschlossene. Sie motiviert, sich von Altem zu lösen und Neues aufzubauen.

Nr. 34 Water Violet
Water Violet (Sumpfwasserfeder) hilft verschlossenen Menschen, ein Wir-Gefühl zu entwickeln.

Nr. 35 White Chestnut
White Chestnut (Weiße Kastanie) fördert die Fähigkeit, alte Probleme hinter sich zu lassen.

Nr. 36 Wild Oat
Wild Oat (Waldtrespe) ist die Essenz bei unklaren Bedürfnissen. Sie hilft, Inhalte und Lebensziele zu finden.

Nr. 37 Wild Rose
Wild Rose (Heckenrose) wirkt gegen apathische Stimmungen. Sie stärkt den Willen, das Leben aktiv zu genießen.

Nr. 38 Willow
Willow (Gelbe Weide) regt an, Eigenverantwortung zu übernehmen und sich aus einer »Opferrolle« zu lösen.

Ballaststoffe (Faserstoffe): Sammelbegriff für alle unverdaulichen bzw. schwer resorbierbaren Nahrungsbestandteile (z. B. Zellulose, Hemizellulose, Pektine und Lignin), die als stützende bzw. gerüstbildende Teile vor allem in pflanzlichen Lebensmitteln vorkommen. Mit einem Anteil von 0,5 bis 2 Prozent der essbaren Substanz zählen Vollkornprodukte, Frischobst und -gemüse zu den ballaststoffreichen Lebensmitteln. Die Faserstoffe erfordern gründliches Kauen, was für die Zahnhygiene, die Einspeichelung und Vorverdauung im Mund nützlich ist. Sie haben ein hohes Wasserbindungsvermögen, was den Speisebrei gleitfähig macht, die Darmfunktion anregt, die Darmpassage beschleunigt und Verstopfung lindert oder ganz beseitigt (reichliche Flüssigkeitszufuhr ist wichtig!). Ballaststoffe senken die Blutcholesterinwerte, wirken positiv auf den Zuckerstoffwechsel, hemmen die Aufnahme von Giftstoffen über die Darmwand ins Blut und verringern das Risiko, an Darmkrebs zu erkranken. Als Richtwert für die tägliche Zufuhr empfiehlt die Deutsche Gesellschaft für Ernährung (DGE) 30 bis 50 Milligramm, wobei man diese Menge in Form natürlicher pflanzlicher Lebensmittel und nur ausnahmsweise isoliert, z. B. als Weizenkleie, zu sich nehmen sollte. Ein Zuviel ist allerdings schädlich, weil es die Verwertung bestimmter Biostoffe wie Kalzium, Zink oder Eisen verschlechtert.

Banane (Musa paradisiaca): Frucht der Bananenstaude. Bananen sind reich an Kalium und Magnesium und haben einen hohen Gehalt an Kohlenhydraten und Pektin. Sie eignen sich für die Kinderernährung, für Magen-Darm- oder Nierenkranke, zur Entsäuerung, bei erhöhtem Harnsäurespiegel und Bluthochdruck (da sie sehr wenig Purin und Natrium enthalten).

Bänderzerrung: Verletzung des Bandapparats, der ein Gelenk stabilisiert, meist durch einen Unfall (Sportverletzung), bei dem das Gelenk aus seiner natürlichen Lage gedreht wird. Am häufigsten sind Bänderzerrungen am Fußgelenk, und besonders anfällig sind Menschen mit überdehnten Bändern oder angeborener Bänderschwäche. Typische Symptome sind Schwellung, Schmerz und eingeschränkte Beweglichkeit des Gelenks.

Bei leichteren Verletzungen hilft das Auflegen von Eis • Nach mehrstündiger Anwendung von Eis oder Kaltwasser sollte man essigsaure Tonerde auflegen (1 EL Tonerde mit 1 Glas kaltem Wasser verrühren, ein Baumwolltuch damit tränken und auf die verletzte Stelle legen) • Zur Stabilisierung und gleichzeitigen Ruhigstellung des Gelenks wird es mit elastischen Binden gewickelt • Eine Einreibung mit Kampferöl oder die Auflage von 1 geriebenen rohen Kartoffel, verrührt mit etwas Milch, unterstützt die Heilung • Umschläge mit reiner Arnikatinktur sind sehr wirksam • Zusätzlich helfen Salben mit Arnika, Beinwell, Mäusedorn oder Steinklee

Teeaufguss für Umschlag: Arnikablüten, Beinwellwurzel und Ackerschachtelhalm-

Ballaststoffe in der Nahrung

So viel Ballaststoffe (in Gramm) sind durchschnittlich in 100 Gramm der folgenden Nahrungsmittel enthalten:

• Weizenkleie	45,0 g	• Schwarzwurzeln	9,5 g	• Himbeeren	4,7 g
• Sojabohnen	18,2 g	• Vollkornnudeln	8,0 g	• Rosenkohl	3,4 g
• Weizenkeime	18,0 g	• Haselnüsse	7,4 g	• Gemüsefenchel	3,1 g
• Weiße Bohnen	17,0 g	• Johannisbeeren	6,7 g	• Karotten	2,8 g
• Sesam	11,2 g	• Haferflocken	5,4 g	• Äpfel	2,1 g
• Linsen	11,0 g	• Heidelbeeren	4,8 g	• Kartoffeln	1,6 g

kraut zu gleichen Teilen mischen. 3 EL davon mit 3 Tassen kochendem Wasser aufbrühen und 30 Minuten ziehen lassen. Dann abseihen und abkühlen lassen. Die kalten Umschläge stündlich wechseln.

! Ob es sich um eine Bänderzerrung oder um einen Bänderriss handelt, kann nur in einer (gehaltenen) Röntgenaufnahme festgestellt werden. Beim Bänderriss ist ärztliche Behandlung erforderlich.

Bärentraube (Arctostaphylos uva-ursi): Pflanze aus der Familie der Heidekrautgewächse (Ericaceae). Die Pflanze kommt in Mittel- und Südeuropa häufig vor, insbesondere in Nadelwäldern und auf Heiden. Zu Heilzwecken werden nur die (getrockneten) Blätter verwendet. Sie fördern die Entgiftung des Körpers, wirken mild (harn-)desinfizierend und bakterientötend bzw. -hemmend. Arctostaphylos uva-ursi findet auch in der Homöopathie Anwendung.

Inhaltsstoffe: Arbutin (wird im Körper umgebaut zu Hydrochinon), Bitterstoffe, Gerbstoffe, Urson, Gallussäure, ätherisches Öl, Harz.

Anwendungen: Als Tee oder Kaltwasserauszug (Letzterer ist gerbstoffarm und besser verträglich) wird die Bärentraube bei akuter und chronischer Entzündung oder Reizung der Nieren, der Harnblase und Harnröhre eingesetzt. Insbesondere bei alkalischem Harn (pH-Wert 8) wird der keimtötende Wirkstoff Hydrochinon freigesetzt (Braunfärbung des Urins als Zeichen hohen Hydrochinongehalts). Wegen des hohen Gerbstoffgehalts können Magen-Darm-Beschwerden auftreten.

Barfußarzt: Heilgehilfe in China mit medizinischen Grundkenntnissen. Er arbeitet in den Reisfeldern und ist für die medizinische Grundversorgung der Landbevölkerung zuständig. Barfußärzte wenden auch eine vereinfachte Form der Akupunktur an (so genannte Barfußarzt-Akupunktur).

Barfußgehen: Abhärtungsmaßnahme der → Kneipptherapie. Regelmäßiges Barfußgehen auf taunassem Gras (Tautreten), auf Sand, in einem Wassertretbecken, in Moorschlamm oder auch in Schnee übt auf die Füße einen Reiz aus, der die Durchblutung fördert. Wer chronisch kalte Füße hat, sollte jedoch vorher ein wärmendes Fußbad nehmen. Die Kälteanwendung sollte nur kurz dauern, anschließend muss man die Füße gründlich trocknen oder bürsten, so dass sie sich gleich wieder erwärmen.

☛ Barfußgehen ist als Abhärtungsmaßnahme zur Selbstbehandlung geeignet.

Die Bärentraube liebt trockene Standorte in Nadelwäldern oder in Heidegebieten.

Bärlapp (Lycopodium clavatum; auch Wolfsfuß, Drudenfuß oder Schlangenfuß): Pflanze aus der Familie der Bärlappgewächse (Lycopodiaceae). Sie kommt in Europa in trockenen Wäldern, auf Heiden und Berghängen vor. Zu Heilzwecken werden die Sporen sowie das im Mai und Juni gesammelte und getrocknete Kraut angewendet. Bärlapp wurde in der Volksmedizin gegen Blasen- und Nierenleiden, als Diuretikum, Abführmittel sowie zur Einleitung und Regulation der Monatsblutung verwendet. Bärlappkraut und -sporen finden auch in der Homöopathie Anwendung.

Inhaltsstoffe: in den Sporen: das Polysaccharid Sporonin, Lycopodiumölsäure, Myristinsäure, Arachinsäure, Linolsäure; im Kraut: Alkaloide, insbesondere Lycopodin.

Anwendungen: Bärlappsporen werden äußerlich in Form von Puder oder Streupulver bei Ekzemen und juckenden Hauterkrankungen angewendet, Bärlappkraut einmalig innerlich als Tee zur vermehrten Wasserausscheidung. Die Alkaloide können bei längerer Einnahme Erbrechen und Durchfall hervorrufen.

Bärlauch (Allium ursinum): Pflanze aus der Familie der Liliengewächse (Alliaceae). Sie wächst im Frühjahr in Auwäldern, hat weiße Blüten und intensiven Lauchgeruch. Die Blätter sind denen der (giftigen!) Maiglöckchen ähnlich. Bärlauch wird während der Blütezeit gesammelt und frisch oder getrocknet angewendet. Er hat antibakterielle und entzündungshemmende Wirkung wie sein naher Verwandter Knoblauch, doch ist beim Bärlauch diese Wirkung schwächer. Bärlauch findet auch in der Homöopathie Anwendung.

Inhaltsstoffe: im Kraut: schwefelhaltiges ätherisches Öl; in der Zwiebel: ebenfalls Schwefelstoffe wie Alliin und Allizin, außerdem Flavonoide, Vitamin C.

Anwendungen: Das Kraut wird als Salat, Frischsaft, getrocknet als Tee oder in Form von Spezialzubereitungen (z. B. in Milch) zur Frühjahrskur und Blutreinigung, zur Behandlung von Störungen im Magen-Darm-Bereich, von Bluthochdruck und Arteriosklerose und von chronischen Hautausschlägen verwendet.

Bärlauch riecht im Frühjahr sehr intensiv nach Lauch bzw. Knoblauch.

Bartflechte (1. Usnea barbata, Usnea florida und weitere): Flechtenfamilie mit vorwiegend baumbewohnenden Formen. Als Arznei wird der getrocknete Thallus (Schössling) verwendet. In der Volksmedizin verabreichte man die Bartflechte innerlich zur Förderung des Hustenauswurfs sowie bei Durchfall und äußerlich bei Hautgeschwüren.

Inhaltsstoffe: Usninsäure, Usnarsäure, Thamnolsäure, Lobarsäure.

Anwendungen: Insbesondere die Usninsäure hat antibiotische Wirkung. Die Bartflechte wird daher für Lutschtabletten bei Entzündungen im Mund und Rachenraum verwendet.

Bartflechte (2. Folliculitis barbae, Trichophytie): Entzündung der Haarfollikel, hervorgerufen durch Bakterien oder Pilze.

! Ärztliche Therapie ist hier unvermeidlich, feuchte Umschläge eignen sich nur zur begleitenden Behandlung.

Basenreiche Kost: Ernährung, die dazu dient, den Blut-pH-Wert in Richtung des alkalischen (= basischen) Bereichs zu verschieben (→ Entsäuerung).

Basilikum (Ocimum basilicum): Pflanze aus der Familie der Lippenblütler (Lamiaceae), die in ganz Europa als einjähriges, rötlich weiß blühendes und 10 bis 40 Zentimeter hohes Gewürzkraut vorkommt. Basilikum wird seit der Antike als Würz- und Heilpflanze geschätzt, insbesondere zur Linderung von Völlegefühl und Blähungen.

Inhaltsstoffe: ätherisches Öl (u. a. mit den Bestandteilen Linalool, Methylchavicol und Kampfer); im getrockneten Kraut außerdem Gerbstoffe, Glykoside, Saponine, Beta-Sitosterin, Oleanolsäure, Ursolsäure.

Anwendungen: Frisches oder getrocknetes Kraut verwendet man als Gewürz zur Appetitanregung und Verdauungsförderung, als harntreibendes Mittel, bei entzündlichen Erkrankungen im Bereich der Nieren und Harnwege. Basilikum wird auch äußerlich angewendet zum Auftragen auf schlecht heilende Wunden.

! Als Küchengewürz ist frisches und getrocknetes Basilikum sehr zu empfehlen. Von einer Verwendung des getrockneten Krauts als Heiltee raten Wissenschaftler jedoch ab, weil dadurch möglicherweise Krebs erregende Stoffe aktiviert werden. Auch sollten Frauen während der Schwangerschaft und Stillzeit mit Basilikum sehr sparsam umgehen.

Basilikumöl: ätherisches Öl des Basilikums. Es wirkt beruhigend, entspannend, entblähend und antiseptisch und lässt sich als Aromaöl in der Duftlampe gut mit anderen Ölen, z. B. Bergamotte, Melisse oder Zypresse, mischen. Basilikumöl eignet sich zur → Aromatherapie bei Nervosität und Schlaflosigkeit, vegetativer Dystonie und Reizmagen.

Bates-Methode: ganzheitlicher Ansatz von Augentraining und Sehschule, benannt nach ihrem Begründer, dem New Yorker Augenarzt Dr. William Bates (→ Augenübungen).

Bauchbehandlung: Es gibt verschiedene Formen der Bauchbehandlung, am häufigsten sind die Bauchbehandlung nach F. X. Mayr (durch den Arzt) sowie die Selbstbehandlung nach Rosendorff. Ziel der Bauchbehandlung ist es, durch sanft drückende und rhythmische Massage mit der Hand die Bauchmuskulatur zu entspannen, die Blutzufuhr zu steigern, das vegetative Nervensystem positiv zu beeinflussen, die Motorik und Drüsenfunktion, aber auch die gesamte Atmung zu verbessern. Die Bauchbehandlung hilft bei Verdauungsstörungen, Völlegefühl, Blähungen und Verstopfung sowie bei Atemstörungen (Zwerchfellatmung), die sich als Folge von Verdauungsproblemen eingestellt haben.

Die Bauchbehandlung nach Rosendorff ist zur Selbstbehandlung geeignet.

Bauchschmerzen: Schmerzen im Bauchraum mit vielfältiger Ursache.

! Bei stechenden, länger andauernden, schubweise oder krampfartig auftretenden Bauchschmerzen muss die Ursache von einem Arzt geklärt werden.

Vorübergehendes Druckgefühl ist meist harmlos und durch falsches Essverhalten verursacht; hier helfen Wärme, sanfte Massage, Reflexzonenmassage, Yoga oder Entspannungsübungen • Durch kleinere Essportionen werden die Verdauungsorgane entlastet • Leicht im Magen liegen gekochtes oder gedünstetes Gemüse, reifes Obst, Kartoffeln, mageres Fleisch oder Fisch; schwer im Magen liegen dunkles Vollkornbrot, Fettes und Fettge-

Bauchbehandlung nach Rosendorff

Die sanfte Massage nach Rosendorff ist eine sehr wirksame Form der Selbstbehandlung. Alles, was man dazu braucht, ist etwas Ruhe.

- Legen Sie sich auf den Rücken, und atmen Sie einige Male tief durch.
- Streichen Sie in langsam kreisender Bewegung mit der flachen Hand im Uhrzeigersinn über die ganze Bauchdecke, zuerst von außen nach innen, dann von innen nach außen.
- Denken Sie sich dabei den Nabel als Zentrum, denn in der Nähe des Nabels ist das Sonnengeflecht (Solarplexus), die zentrale Kontaktstelle für die Nerven der Bauchorgane.
- Machen Sie diese Übung 5 bis 10 Minuten lang.
- Dann führen Sie die flache Hand langsam vom Brustbein nach unten über die Bauchdecke und fühlen, wie Sie mit der Hand Wärme an den Bauch abgeben und Belastendes abtransportieren.
- Am Ende der Behandlung schütteln Sie die Hand, als wollten Sie Wasser abschütteln.

backenes und Süßigkeiten • Wärme entspannt und entkrampft die Bauchmuskeln; am besten mit angezogenen Beinen seitlich liegen, mit einer Wärmflasche oder einem warmen Heublumensack auf dem Bauch • Kombucha oder 1 Glas zimmerwarme Buttermilch vor dem Frühstück, langsam getrunken, entspannt die Eingeweideorgane • Durch autogenes Training, Yoga, Bauchbehandlung, Rollkuren oder Akupressur lassen sich Bauchschmerzen gezielt lindern • Klassische Heilkräuter für die Verdauungsorgane sind Kamille, Melisse, Kalmus, Anis, Fenchel und Kümmel

Tee bei Bauchweh: Je 20 g Pfefferminzblätter, Kalmuswurzel und Fenchelsamen zerkleinern und mischen. 2 TL davon mit 1/4 l kochendem Wasser aufgießen und nach 10 Minuten abseihen. Dieser Tee eignet sich auch für Kinder und Säuglinge.

Baunscheidt-Verfahren: Methode zur Ableitung oder Ausleitung schädlicher Stoffe, benannt nach ihrem Erfinder Carl Baunscheidt (1809–1873). Durch einen von Baunscheidt entwickelten Apparat werden feine, eng aneinander liegende Nadelstiche in die Oberhaut gesetzt. (Bei richtiger Anwendung blutet man nicht, denn in der obersten Hautschicht sind keine Blutgefäße.) Dann bringt der Heilpraktiker ein spezielles Öl in die perforierte Haut ein. (Das Öl enthielt früher auch Crotonöl, das eine nachweislich Krebs erregende Wirkung hat.) Kurz nach dem Einbringen des Öls bildet sich ein Bläschenausschlag. Über die Bläschen sollen mit der Lymphflüssigkeit Schlackenstoffe aus dem Körper ausgeschieden werden. Die Methode wird bei Stoffwechselstörungen (vor allem Gicht) und rheumatischen Beschwerden angewendet. Ihre Wirksamkeit ist stark umstritten (→ Aschner-Methode).

Beech (engl.): Rotbuche, Stockbottle Nr. 3 der → Bach-Blüten. Beech hilft (selbst)kritischen und intoleranten Menschen, großzügiger mit eigenen Schwächen und den Schwächen anderer umzugehen. Realitätssinn und Verständnis für Fremdes werden gefördert.

Beifuß (Artemisia vulgaris): Pflanze aus der Familie der Korbblütler (Asteraceae). Beifuß ist ein ausdauerndes Kraut und wächst in Europa fast überall an Zäunen, auf Uferböschungen und Schuttplätzen. Er wird bis zu 1,50 Meter hoch, hat dunkelgrüne, an der Unterseite filzig behaarte Blätter und unscheinbare gelbrote Blüten. Arzneilich verwendet werden Kraut und Wurzel. Beifuß ist mit dem Wermut verwandt und hat auch ähnliche Wirkung.

Inhaltsstoffe: ätherisches Öl mit 1,8-Cineol, Flavonoide, Bitterstoffe, Kampfer, Thujon, Sesquiterpenlaktone (Vulgarin, Psilostachyn).

Anwendungen: Beifuß hat antimikrobielle Wirkung und wird traditionell bei Magen-

Bauchweh beim Kind

Mit einfachen Mitteln kann man Bauchschmerzen des Kindes oder Säuglings lindern. Doch auch hier gilt: Bei chronischen Störungen zum Arzt gehen, ebenso bei plötzlichen, kolikartigen Beschwerden, vor allem wenn sie von Fieber, Pulsrasen oder Kurzatmigkeit begleitet sind.

- Massagegriff: Das Baby mit dem Bauch nach unten auf den Arm nehmen, dabei die Hand von hinten zwischen den Beinen hindurchführen, so dass der Bauch flach auf Ihrer wärmenden Hand liegt.
- Reflexzonenmassage zeigt gerade bei Kindern erstaunlich gute Wirkung.
- Die Nabelgegend mit Majoransalbe einmassieren. Dazu 1 TL pulverisierten Majoran mit 1 TL Weingeist (beides aus der Apotheke) übergießen und einige Stunden ziehen lassen. Dann mit 1 TL Vaseline verrühren und alles zusammen etwa 15 Minuten im Wasserbad erwärmen. Anschließend durch ein Mulltuch abseihen und abkühlen lassen.

schwäche, Appetitstörungen, zur Verbesserung des Gallenflusses sowie bei Blasen-, Gallenblasen- und Nierensteinen angewendet. Er eignet sich als Teeaufguss, aber auch frisch als Gewürz zu Fleisch, Eierspeisen, Quark und Salat.

Beinwell (Symphytum officinale): Pflanze aus der Familie der Raublatt- bzw. Borretschgewächse (Boraginaceae). Der Beinwell kommt in Europa fast überall auf feuchten Wiesen und an Ufern vor. Als Arznei verwendet man Wurzel und Kraut. Beinwell ist neben Arnika die wichtigste Pflanze zur Behandlung von Knochen-, Gelenk- und Muskelverletzungen.

Inhaltsstoffe: Gerbstoffe, Schleim-Polysaccharide, Glykoside, Stärke, Inulin, Allantoin, Pyrrolizidinalkaloide.

Anwendungen: Beinwell wird äußerlich in Form von Salben oder Umschlägen bei Verstauchung, Prellung oder Zerrung, traditionell auch bei Gelenk-, Sehnenscheiden- oder Venenentzündungen, Brustdrüsenentzündung und Bluterguss angewendet sowie zum Gurgeln bei Entzündungen im Mund-Rachen-Raum.

! Die früher übliche innerliche Anwendung u. a. bei Magen-Darm-Beschwerden ist nicht zu empfehlen, da die Pyrrolizidinalkaloide eine Krebs erregende Wirkung haben. Auch äußerlich sollte man Beinwell nicht länger als sechs Wochen pro Jahr anwenden.

Beinwickel: Wickel an Fuß und Wade bis hinauf zur Hüfte (→ Kneipptherapie). Kalte Beinwickel werden klassischerweise bei Fieber angelegt, um über eine Hautkühlung auch die Körpertemperatur zu senken. Die Wickel dürfen nicht bei chronisch kalten Füßen und akuter Erkältung angelegt werden.

☛ Beinwickel sind zur Selbstbehandlung geeignet.

Belladonna → Tollkirsche

Benediktenkraut (Cnicus benedictus, Carduus benedictus; auch Kardobenedikte): Pflanze aus der Familie der Korbblütler (Asteraceae). Benediktenkraut wird bis zu 50 Zentimeter hoch,

Beinwell hilft bei Knochen-, Gelenk- und Muskelverletzungen – daher der Name.

hat einen fünfkantigen Stängel und sieht spinnwebig distelähnlich aus. Arzneilich verwendet werden die getrockneten Blätter und oberen Stängelteile sowie die Blütenstauden. Es gehört zu den verdauungswirksamen Heilpflanzen und wird hauptsächlich in Mischungen eingenommen.

Inhaltsstoffe: Bitterstoffe, Sesquiterpenlaktone, Artemisiifolin, Gerbstoffe, ätherisches Öl, Harze, Beta-Sitosterin, Alpha-Amyrin, Benediktin, Ferulasäure, Flavonoide.

Anwendungen: Benediktenkraut wird als Bittermittel, meist in Form von Tee oder Likör, zur Anregung der Magen- und Gallensaftproduktion, bei Appetitlosigkeit, Völlegefühl und Blähungen eingenommen, in der Volksmedizin auch zur Behandlung von Magen- oder Zwölffingerdarmgeschwüren, Erkältung und Bronchialasthma; äußerlich wird es bei schlecht heilenden Wunden angewendet.

Benzoeöl: ätherisches Öl aus dem Harz des Benzoe- oder Styraxbaums. Es riecht vanilleartig, wirkt entzündungshemmend, schleimlösend, krampflösend, herzstärkend, antibakteriell, antidepressiv und regenerierend. Es lässt sich als Aromaöl in der Duftlampe gut mit anderen Ölen, z. B. Geranie, Iris oder Rose, mischen. Benzoeöl eignet sich zur → Aromatherapie bei Nervosität, depressiver Verstimmung, Erschöpfung, erhöhter Reizbarkeit und beim prämenstruellen Syndrom.

Berberitze (Berberis vulgaris): Pflanze aus der Familie der Sauerdorngewächse (Berberidaceae), die in Europa an trockenen Hügeln, in Flussauen und auf Schutthalden vorkommt. Das harte gelbe Holz wird zur Herstellung von Intarsien geschätzt. Als Arzneimittel verwendet man die getrockneten Früchte, Stammrinde und Wurzelrinde, die Wurzeln und Blätter. Auch in der Homöopathie wird die Berberitze verabreicht.

Inhaltsstoffe: Gerbstoffe, Magnoflorin, Isotetrandin, Chelidonsäure, Askorbinsäure, Harze; in der Rinde: Alkaloide (vor allem Berberin, Columbamin, Berberrubin, Jatrorrhizin, Palmatin).

Anwendungen: Die Früchte werden als Tee bei Erkrankungen der Nieren und Harnwege, bei Verdauungsstörungen und zur Kreislaufanregung verwendet; Rinde und Wurzel außerdem bei Herz-Kreislauf-Erkrankungen und zur Fiebersenkung.

Rinde und Wurzel der Berberitze enthalten fiebersenkende Substanzen.

! Die Alkaloide der Berberitze sollten mit großer Vorsicht angewendet werden, denn bei einer Tagesdosis von über vier Gramm sind wegen des hohen Berberingehalts Nebenwirkungen wie Nasenbluten, Erbrechen, Durchfall oder Nierenreizung möglich.

Bergamotte (türk. »Fürst der Birnen«): Pomeranzenart, aus der durch Pressen der Fruchtschale das ätherische Bergamotteöl gewonnen wird. Sie stammt ursprünglich aus dem asiatischen Raum und wird heute hauptsächlich in Kalabrien und Sizilien angebaut. Die Bergamotte enthält u. a. Terpene, Limonen, Linalylazetat und Bergapten, das fotosensibilisierend wirkt und eine gesteigerte Lichtempfindlichkeit hervorrufen kann. Bergamotte wird nicht als Heilpflanze, sondern zum Aromatisieren (hauptsächlich von Earl-Grey-Tee) verwendet.

Bergamotteöl: ätherisches Öl der Bergamotte. Es riecht zitrusartig, wirkt krampflösend, antiseptisch, reinigend und euphorisierend, verleiht Zuversicht und ein Gefühl des Geborgenseins. Es lässt sich als Aromaöl in der Duftlampe gut mit anderen Ölen, z. B. Bitterorange, Ylang-Ylang oder Zeder, mischen. Bergamotteöl eignet sich zur → Aromatherapie bei Verdauungsstörungen, bei Atemwegserkrankungen, Hautproblemen, Angst, Schlaflosigkeit und Nervosität.

Beruhigungsbad: Dreiviertel- oder Vollbad zur Erleichterung des Einschlafens. Das Bad sollte nicht zu heiß sein (ca. 36 °C) und nicht länger als 15 Minuten dauern. Spezielle Kräuterwirkstoffe, vor allem von Baldrian, Hopfen, Zitronenöl oder Melisse, gelangen über die Haut und die Atmung in den Körper und fördern die Entspannung.

Besenginster (Cytisus scoparius, Sarothamnus scoparius): Pflanze aus der Familie der Schmetterlingsblütler (Fabaceae). Der Strauch wächst in allen gemäßigten Klimazonen. Als Arznei verwendet man die getrockneten und abgestreiften Blüten, das im Frühjahr und Herbst gesammelte und getrocknete Kraut sowie die getrocknete Wurzel.

Inhaltsstoffe: bis zu 1,5 Prozent Alkaloide (vor allem Spartein), Scoparin, Tyramin, Dopamin, Methyloxytyramin, Flavonoide.

Anwendungen: Das Alkaloid Spartein wirkt antiarrhythmisch und wird bei Herzrhythmusstörungen eingesetzt. Zubereitungen aus Besenginster unterstützen die Therapie bei Kreislaufstörungen und niedrigem Blutdruck. Sie steigern den Blutdruck und fördern die Harnausscheidung. In der Volksmedizin werden sie daher bei Ödemen, bei rheumatischen Beschwerden, Gallenblasensteinen und Nierensteinen verabreicht.

! Besenginster darf nicht bei Bluthochdruck und während der Schwangerschaft angewendet werden. Eine Selbstbehandlung mit Besenginster ist generell nicht zu empfehlen.

Beta-Karotin (oder Provitamin A): Vorstufe von Vitamin A. Es kommt in Früchten (Aprikosen, Äpfeln, Orangen, Avocados, Mangos und Melonen), Gemüse und Kräutern (Karotten, Brokkoli, Petersilie), Ölsaat und Nüssen vor, wird mit der Nahrung aufgenommen und im Körper in Vitamin A umgebaut. Auch Tiere nehmen dieses Provitamin auf, so dass z. B. Butter oder Eier ebenfalls Beta-Karotin enthalten. Vitamin A ist wichtig für den Aufbau von Haut und Schleimhaut, das Sehvermögen, den Zellschutz (→ Antioxidanzien), für Wachstum und Knochenentwicklung. Es wird oft als pflanzlicher Farbstoff zur Gelbfärbung von Lebensmitteln eingesetzt (z. B. bei Butter oder Käse). Der Tagesbedarf an Beta-Karotin liegt bei rund 1,0 Milligramm (→ Vitamine).

Bettnässen (Enuresis nocturna): unwillkürliches Wasserlassen im Schlaf ab etwa dem vierten Lebensjahr. Bettnässen hat selten organische Ursachen (Blasenschwäche, Blaseninfektion oder Organfehlbildung), häufig aber seelische Ursachen (Angst oder Aufregung, übertriebene Reinlichkeitserziehung, Gefühl der Vernachlässigung, Liebesentzug). In der Behandlung wird unterschieden zwischen primärem Bettnässen (das Kind war noch nie trocken) und sekundärem Bettnässen (das Kind war bereits trocken).

Belohnung des Kindes für jede trockene Nacht (in der Art eines Adventskalenders) gibt dem Kind Ermutigung und Selbstbewusstsein • Tagsüber sollte es viel, ab 18 Uhr nur noch sehr wenig trinken • Eventuell helfen Akupressur oder Reflexzonenmassage • Johanniskraut stärkt die Psyche und wirkt entspannend • Kieselsäurehaltige Tees aus Vogelknöterich, Haferkraut, Hohlzahnkraut, Heidekraut, Spitzwegerichblättern oder Schachtelhalm kräftigen das Bindegewebe und die Blasenmuskulatur

Tee zur Kräftigung der Blase: Spitzwegerichblätter, Vogelknöterich-, Hohlzahn- und Heidekraut zu gleichen Teilen mischen. 1 TL der Mischung mit 1 Tasse Wasser überbrühen und 10 Minuten ziehen lassen. 2 bis 3 Wochen lang dem Kind vormittags und nachmittags je 1 Tasse Tee geben.

Bewegung: körperliche (und geistige) Aktivität als eines der Lebensmerkmale. Bewegung ist neben Luft, Licht, Wasser und Ernährung eine der Säulen der Naturheilkunde und gilt als ein wesentlicher Bestandteil der Präventivmedizin (→ Prävention). Regelmäßige körperliche Bewegung (Ausdauersport) hilft, Fettdepots einzuschmelzen, den Blutdruck zu senken und die Ansprechbarkeit der Zellen für Insulin zu verbessern. Bewegung ist daher ein sehr wirksames »Medikament« bei Übergewicht, Bluthochdruck und erblicher Vorbelastung mit Diabetes mellitus. Der unmittelbare Energieverbrauch bei körperlicher Bewegung ist dagegen eher gering. Untrainierte und Menschen, die älter als 35 Jahre sind, sollten sich vom Arzt untersuchen lassen, bevor sie mit Ausdauersport beginnen (siehe Kasten S. 60).

Bewegungsbad: in Warmwasser durchgeführte Bewegungstherapie. Durch Wärme und verringerte Schwerkraft lassen sich Gelenke und Muskulatur leichter bewegen. Die Übungen werden aktiv oder passiv unter Anleitung von Krankengymnasten ausgeführt. Das Bewegungsbad eignet sich zur Behandlung von entzündlichen oder degenerativen Gelenk- und Wirbelsäulenerkrankungen, nervenbedingten Bewegungsstörungen sowie zur Rehabilitation nach einer Operation oder einem Unfall.

Bewegungstherapie: Anwendung von gezielter und dosierter Bewegung zur Behebung von Störungen oder Beseitigung von Anomalien, oft in gleicher Bedeutung mit »Krankengymnastik« verwendet. Man unterscheidet zwischen passiver Therapie (durch einen Masseur oder Chirotherapeuten) und aktiver Therapie (vom Patienten selbst durchgeführt). Sie spielt in der Rehabilitation eine wichtige Rolle und umfasst auch Atemgymnastik und gegebenenfalls psychotherapeutische Behandlung. Eine besondere Form ist die konzentrative Bewegungstherapie (KBT), eine körperbetonte, psychotherapeutische Methode, bei der durch spezielle Übungen jeweils ein ganz bestimmtes Körpergefühl (z. B. Spannung, Wärme, Kälte, Härte, Weichheit) erreicht wird. Dies führt zu einer bewussten Selbstwahrnehmung, möglicherweise zu einer Korrektur des Selbstbilds und damit auch zu einer veränderten Körperlichkeit und Bewegung (wahrnehmen – wahrhaben – wahr machen). Die bekannteste KBT ist die → Feldenkrais-Methode.

☛ Bestimmte Formen der Bewegungstherapie sind zur Selbstbehandlung geeignet.

Bibernelle (Pimpinella): Staude aus der Familie der Doldengewächse (Apiaceae). Sie kommt in Mitteleuropa auf Wiesen, Hügeln und in lichten Wäldern vor. Die Große Bibernelle (Pimpinella major) wird bis zu einem Meter hoch und hat weiße Dolden; die Kleine (Pimpinella saxifraga) wird nur etwa halb so hoch und hat rosa Dolden. Beide werden arzneilich angewendet, und zwar das Kraut, die Wurzelstöcke und Wurzeln.

Inhaltsstoffe: etwa 0,5 Prozent ätherisches Öl (in der Wurzel), Gerbstoffe, Harze, Saponine, Polyine, Cumarine, Furanocumarine.

Anwendungen: Bibernellentee wirkt schleimlösend bei Entzündungen des Rachens, des Kehlkopfs und der Bronchien. Bibernelle ist auch traditionell Bestandteil von verdauungsfördernden Bitterschnäpsen; äußerlich wurde sie früher zur Behandlung von Krampfaderleiden verwendet.

Bicom (= Bio-Communication): Die Bicom-Therapie ist eine Form der → Bioresonanztherapie. Sie wird wie eine → Mora-Therapie, jedoch mit speziellen Bicom-Geräten durchgeführt.

Bienenköniginnenfuttersaft → Gelée royale

Bierhefe (Faex medicinalis): Kulturhefe, die aus den Stämmen Saccharomyces cerevisiae bzw. Saccharomyces carlsbergensis hergestellt wird. Sie ist reich an B-Vitaminen und wird in Form von Pulver, Tabletten oder Streuflocken

Bewegung – Energieverbrauch und Fettabbau

Bewegungsart	Energieverbrauch pro 30 Minuten (in Kilojoule)	Abbau von Fettgewebe (in Gramm)
Gehen (3 km/h)	370 kJ	13 g
Dauerlauf (9 km/h)	1399 kJ	48 g
Radfahren (15 km/h)	798 kJ	27 g
Gymnastik/Dehnübungen	441 kJ	15 g
Konditionsgymnastik	987 kJ	34 g
Skilanglauf (9 km/h)	1323 kJ	45 g
Tennis	756 kJ	26 g

zur Behandlung von Akne und anderen Hautkrankheiten verwendet. Auch die Darmflora wird durch kurmäßige Einnahme von Bierhefe regeneriert.

Bild-Erleben, katathymes (Symboldrama, Tagtraumtechnik): Form der Psychotherapie. Der Patient wird in entspanntem Zustand angeregt, Bilder vor seinem inneren Auge entstehen zu lassen und sie zu beschreiben. Erreicht werden sollen eine gesteigerte Erlebnisqualität und eine symbolhafte Aufarbeitung von Konflikten und Fehlreaktionen. Das katathyme Bild-Erleben eignet sich zur Behandlung von psychosomatischen Krankheiten, Neurosen und zur Bewältigung von Lebenskrisen.

Bilsenkraut, Schwarzes (Hyoscyamus niger): Pflanze aus der Familie der Nachtschattengewächse (Solanaceae). Das Bilsenkraut stammt aus Nord- und Westasien und wächst auch in den gemäßigten Klimazonen Europas. Es ist eine der ältesten Gift- und Zauberpflanzen und wird in den Akten von Hexenprozessen oft als Bestandteil von Hexensalben genannt. Als Arznei kommen die Blätter und das daraus hergestellte Öl zum Einsatz. Hyoscyamus niger wird auch als homöopathisches Konstitutionsmittel verwendet.

Inhaltsstoffe: bis zu 0,17 Prozent Alkaloide, u. a. Hyoscamin, Scopolamin und Atropin, außerdem Wachse, Harze, Gerbstoffe, ätherisches Öl.

Anwendungen: innerlich (nur unter fachkundiger Aufsicht) bei Spasmen im Magen-Darm-Bereich. Die Alkaloide beeinflussen das vegetative Nervensystem und hemmen die Wirkung des Parasympathikus. Als Nebenwirkung kann es zu Mundtrockenheit, Sehstörungen, Herzrasen und Störungen der Blasenentleerung kommen. Bilsenkraut wird außerdem traditionell als Räuchermittel bei Asthma angewendet. Bilsenkrautöl, äußerlich aufgetragen, hilft bei Hämatomen (»blaue Flecke«), Verstauchung und Prellung und ist in verschiedenen Einreibungen enthalten.

Das giftige Bilsenkraut gehört zu den Nachtschattengewächsen.

! Bitte keine Experimente mit Bilsenkraut. Dieses Nachtschattengewächs ist hoch giftig und kann bei Einnahme zu schweren Schäden führen.

Bindegewebe: alle Körperorgane umhüllendes und verbindendes Gewebe, mit festigender und stützender Funktion. Es besteht aus Zellen und einer Art »Kittsubstanz« mit eingelagerten Fasern (Kollagen). Bindegewebe umgibt auch Knochen, Hornhaut und Knorpel, es befindet sich ebenso an Sehnen, Muskeln und Bändern, in den Gefäßwänden und in allen Schichten der Haut.

Bindegewebsmassage: besondere Form der → Reflexzonenmassage. Sie beruht auf der Beobachtung, dass bei Erkrankungen innerer Organe ganz bestimmte Hautbereiche (die so genannten Head-Zonen) Spannungen und Verdickungen im Unterhautbindegewebe aufweisen. Langsames Streichen der Haut mit den Fingerkuppen bewirkt eine Reizung der Haut und hat neben der lokalen Lockerung von Verspannungen auch reflektorisch positiven Einfluss auf die inneren Organe.

Bindegewebsschwäche: übermäßige Nachgiebigkeit des Bindegewebes, meist aufgrund erblicher Veranlagung. Es besteht eine erhöhte Neigung zu Leistenbrüchen, → Hämorrhoidalleiden, → Krampfadern und → Zellulite.

Durch gezielte Gymnastik (Bauchmuskeltraining, Beckenbodengymnastik, Venentraining, Trockenbürstenmassage) kann man einer erblichen Belastung entgegenwirken • Körperliche Bewegung und Sport kräftigen die Muskulatur, steigern die Durchblutung und damit die Nährstoffversorgung des Gewebes • Kieselsäurehaltige Tees oder Lebensmittel (Hafer, Apfelpektin, Kartoffeln, Petersilie, grüne Bohnen, Schachtelhalm, Spitzwegerich) helfen gezielt bei der Regeneration des Bindegewebes • Auch eine Entsäuerungstherapie des Organismus wirkt sich positiv auf das Bindegewebe aus

Regenerationstee: 75 g grünes Haferkraut, 10 g Brennnesselkraut, 10 g Johanniskraut und 5 g Bergfrauenmantel mischen. 6 TL dieser Mischung mit 1 l Wasser übergießen und zugedeckt 20 Minuten ziehen lassen. 4 Wochen lang täglich 1 l Tee trinken.

Bioaktive Stoffe: Die leuchtend orangerote Farbe der Karotten kommt vom Beta-Karotin, das zu den Karotinoiden gehört.

Bindehautentzündung (Konjunktivitis): die häufigste Erkrankung des Auges. Sie wird meist durch äußere Reize hervorgerufen (übermäßige Strahleneinwirkung, Fremdkörper, Zugluft, Tabakrauch, Augenkosmetika, ungeeignete Brillengläser oder Nichttragen einer Schutzbrille), oft auch durch eine Allergie (→ Heuschnupfen), seltener durch eine bakterielle oder Virusinfektion und ebenfalls selten durch organische Ursachen (verstopfte Tränenkanäle oder Veränderungen der Nasenschleimhaut).

Meiden Sie alles, was das Auge reizen könnte • Tragen Sie eine Sonnenbrille von guter Qualität • Besonders wichtig für die Regeneration der Augen ist Vitamin A; daher sollte man Lebensmittel essen, die viel Beta-Karotin enthalten (Karotten, Brokkoli, Aprikosen, Melonen) • Gegen das typische Jucken und die Rötung hilft ein kalter Waschlappen oder eine Gelbrille, die man auf die geschlossenen Augen legt • Palmieren (Augenübung) entspannt die Augen und wirkt, wenn man die Hände vorher in kaltes Wasser taucht, ebenfalls kühlend • Augenbäder oder Augenduschen sollten nur nach Rücksprache mit dem Augenarzt durchgeführt werden, denn möglicherweise reizen sie das Auge noch mehr

! Wenn sich die Entzündung nach zwei bis drei Tagen nicht bessert, sollte man unbedingt zum Augenarzt gehen.

Bioaktive Stoffe: Sammelbezeichnung für alle Substanzen (z. B. Vitamine, Mineralstoffe, Spurenelemente, sekundäre Pflanzenstoffe, Flavonoide), die zwar nicht zu den Nährstoffen zählen, aber dennoch für den menschlichen Stoffwechsel notwendig sind. Lange Zeit hatte man eher abwertende Begriffe für diese Stoffe, etwa antinutritive (d.h. nicht nährende) Substanzen, weil sie keine erkennbaren Aufgaben hatten. Inzwischen weiß man, dass diese nur in geringer Dosis vorkommenden Substanzen absolut unentbehrlich sind (siehe zu bioaktive Stoffe das Special S. 63f.).

Bioaktive Stoffe Special

Unentbehrlich für den Stoffwechsel

Es gibt einige hundert Bioaktivstoffe (darunter Terpene, Ferulasäure, Ellagsäure, Phytinsäure oder so genannte Protease-Inhibitoren). Dauernd kommen neue hinzu, denn ständig entdeckt die Wissenschaft die Stoffwechselaktivität von Substanzen, die man bisher für wertlos oder gar schädlich hielt. Auch sind noch keine verbindlichen Zahlen für den täglichen Mindest- oder Höchstbedarf bekannt. Das ist auch gar nicht nötig, denn eine natürliche und abwechslungsreiche Ernährung (keine Fertigkost) sorgt für ausgewogene Zufuhr.

Überernährt und unterernährt zugleich?

Fett, Eiweiß und Kohlenhydrate – in Mitteleuropa mangelt es niemandem an diesen Nährstoffen. Doch viele Menschen sind, was die Bioaktivstoffe betrifft, unterernährt. Folgen dieser Unterernährung sind u. a.:

- Chronische Müdigkeit
- Infektanfälligkeit
- Unreine oder fahle Haut
- Vorzeitiges Altern
- Spröde Haare und brüchige Nägel

Überernährung bei gleichzeitigem Mangel an Bioaktivstoffen kann eine Reihe so genannter Zivilisationskrankheiten zur Folge haben:

- Diabetes mellitus Typ II
- Bluthochdruck
- Fettstoffwechselstörungen
- Arteriosklerose
- Gicht

Schutz für Pflanzen, Tiere und Menschen

Jede Pflanze lagert in ihren Randschichten Stoffe ein, um sich vor vorzeitiger Verderbnis zu schützen. Durch diese Stoffe schützt sie sich etwa vor übermäßiger Lichteinwirkung, vor Nässe oder Fäulniserregern.

Auch im menschlichen Organismus wirken diese Substanzen zellschützend: Sie neutralisieren die gefährlichen Stoffwechselradikale, haben antioxidative Wirkung und setzen lebenswichtige Prozesse in Gang – daher auch der Name bioaktive Stoffe. Auch die Vitamine, Mineralstoffe und Spurenelemente zählen zu diesen stoffwechselaktiven Substanzen. Im Folgenden werden einige der weniger bekannten bioaktiven Stoffe vorgestellt.

▶ *Flavonoide*

Flavonoide kommen hauptsächlich in den Randschichten von Pflanzen (z. B. in der weißen Haut von Zitrusfrüchten) sowie in Blättern vor. Sie haben eine Vielzahl wertvoller Eigenschaften: Sie verhindern die Bildung von Blutgerinnseln (oft Auslöser eines Infarkts); sie verbessern die Fließeigenschaften des Bluts, verhindern die Bildung von Ablagerungen in den Blutgefäßen und senken auf diese Weise auch den Blutdruck. Sie können die Entstehung von Krebs hemmen (antikanzerogene Wirkung) sowie die Entstehung und Vermehrung von Krankheitskeimen (antimikrobielle Wirkung). Sie steuern und stabilisieren das Immunsystem und haben auch selbst zellschützende und antioxidative Wirkung. Und sie verstärken die antioxidative Wirkung von Vitamin C. Reich an Flavonoiden sind u. a. schwarzer und grüner Tee, grüne Blattsalate, Grünkohl, Brokkoli, Rotwein (ein Glas täglich genügt), Äpfel, Orangen, Grapefruits.

▶ *Karotinoide*

Neben dem inzwischen sehr bekannten Beta-Karotin, der Vorstufe von Vitamin A, gibt es eine Reihe anderer Karotinoide (Lycopin, Lutein und Alpha-Karotin), die ebenfalls zellschützende Eigenschaften haben. Karotinoidhaltige Pflanzen erkennt man schon von weitem, denn sie haben leuchtende Farben (meist rot oder orange). Wichtige Lieferanten sind Karotten, Gemüsefenchel, Aprikosen, Kürbisse, Grünkohl und Tomaten. Man sollte sie vor dem Verzehr möglichst nur waschen und bürsten, aber nicht schälen. Es ist übrigens nicht nötig, alle pflanzlichen Lebensmittel als Rohkost zu essen, um in den Genuss der Biostoffe zu kommen. Das Lycopin der Tomaten beispielsweise ist für den menschlichen Organismus sogar besser verwertbar, wenn die Tomaten erhitzt wurden.

▶ *Phytoöstrogene*

Die pflanzlichen Östrogene haben nur etwa ein Tausendstel der Wirkung von menschlichen Hormonen. Dennoch genügt ihre schwache Wirkung, um hormonell bedingten Krebsarten, etwa Brust- oder Gebärmutterkrebs, vorzubeugen. Eine Sorte von Phytoöstrogenen, die Isoflavonoide, kommt hauptsächlich in Sojabohnen vor. Eine andere Sorte, die Lignane, ist vor allem in Weizenkleie und Leinsamen enthalten.

▶ *Phytosterine*

Pflanzliche Sterine sind insbesondere in fettreichen Nüssen und Samen enthalten. In ihrem Aufbau sind sie dem Cholesterin sehr ähnlich, doch haben sie den entscheidenden Vorteil, dass sie die Cholesterinwerte senken. Wichtigste Lieferanten an Phytosterinen sind Sesamsaat, Sonnenblumenkerne und Sojaöl.

Bohnen, Sojabohnen und Co. enthalten viele cholesterinsenkende Saponine.

▶ *Glukosinolate*

Glukosinolate kommen hauptsächlich in Senf, Meerrettich und Kohl vor. Sie hemmen die Krebsentwicklung, senken die Cholesterinwerte und wirken antibakteriell.

▶ *Sulfide*

Die schwefelhaltigen Inhaltsstoffe (Sulfide) von Knoblauch und Zwiebeln hemmen die Entwicklung und Ausbreitung von Krankheitskeimen, wirken antioxidativ, hemmen oder verlangsamen die Entwicklung von Krebs, unterstützen die Verdauungsvorgänge, wirken günstig auf die Blutgerinnung und den Blutdruck und stärken das Immunsystem.

▶ *Saponine*

Sie bilden in einer wässrigen Flüssigkeit Schaum, daher ihr Name (lat. sapo = Seife). Saponine sind regelrechte Cholesterinjäger. Sie binden Nahrungscholesterin und verhindern, dass es ins Blut übertritt. Darüber hinaus fangen sie auch bestimmte Gallensäuren ein, die anschließend nicht wieder in das Verdauungssystem zurückgeführt, sondern, an Saponine gebunden, über den Darm ausgeschieden werden. Deshalb müssen in der Leber neue Gallensäuren produziert werden, wozu der Organismus Cholesterin benötigt. Die Folge: Der Blutcholesterinwert sinkt. Ein weiterer Vorteil der Saponine ist, dass sie das Wachstum schädlicher Mikroorganismen im Darm hemmen und auch der Krebsentstehung vorbeugen können. Saponine sind u. a. in Kichererbsen, Bohnen und Sojabohnen enthalten.

Biochemische Behandlung: therapeutischer Einsatz von erdalkalischen Salzen, entwickelt von dem homöopathischen Arzt Wilhelm Heinrich Schüßler (1821–1898). Ausgangspunkt waren Untersuchungen der Asche von Verstorbenen, die je nach Krankheit unterschiedlich zusammengesetzt war. Schüßler nahm daher an, dass Krankheit als Folge des »Fehlens von Lebenssalzen« entstanden war. Er erstellte eine Liste von zwölf Lebenssalzen, wobei es zwei Möglichkeiten gibt, diese Salze anzuwenden: in »klassischer« Weise zum Ausgleich eines Mangels und als homöopathische Mittel (→ Homöopathie). Es gilt die Regel: Je chronischer die Beschwerden, desto länger muss die Einnahme erfolgen, und desto geringer muss die Dosis sein. Die biochemische Behandlung ist wissenschaftlich umstritten.

Die zwölf biochemischen Salze nach Schüßler

Schüßler glaubte zuletzt, auf Calcium sulfuricum (Salz Nr. 3) verzichten zu können, und arbeitete nur noch mit den anderen elf Mitteln. Später kamen noch fünf weitere Salze hinzu: Kalium arsenicosum, Kalium bromatum, Kalium jodatum, Lithium chloratum und Manganum sulfuricum.

- Salz Nr. 1: Calcium fluoraticum (Kalziumfluorid) sorgt für die Elastizität des Gewebes, u. a. bei Krampfadern, Hämorrhoidalleiden, Sehnenschwäche.
- Salz Nr. 2: Calcium phosphoricum (Kalziumphosphat) ist für die Bildung neuer (Blut-)Zellen zuständig, u. a. bei mangelnder Vitalität und Kreislaufschwäche.
- Salz Nr. 3: Calcium sulfuricum (Kalziumsulfat) ist Bestandteil des Bluts und dient zur Blutreinigung, u. a. bei Hautproblemen, eitrigen oder schlecht heilenden Wunden und als allgemeines Umstimmungsmittel.
- Salz Nr. 4: Ferrum phosphoricum (Eisenphosphat) ist für die Regeneration der roten Blutkörperchen zuständig und dient zur Verbesserung der Sauerstoffversorgung, u. a. bei Fieber, Husten, Erkältung und Muskelrheumatismus.
- Salz Nr. 5: Kalium chloratum (Kaliumchlorid) hilft bei chronischer Entzündung, Asthma und Bronchitis.
- Salz Nr. 6: Kalium phosphoricum (Kaliumphosphat) sorgt für die Zellregeneration, u. a. bei Nervosität, Reizbarkeit, depressiver Verstimmung, Schlaflosigkeit und bei Kopfschmerzen.
- Salz Nr. 7: Kalium sulfuricum (Kaliumsulfat) hilft bei der Ausscheidung von Giftstoffen und wird u. a. bei chronischen Krankheiten, Hautproblemen und Abwehrschwäche angewendet.
- Salz Nr. 8: Magnesium phosphoricum (Magnesiumphosphat) dient als Nährstoff für Muskeln und Sehnen, u. a. bei Muskelkrämpfen, Bauchschmerzen und Menstruationsbeschwerden.
- Salz Nr. 9: Natrium chloratum (Natriumchlorid = Kochsalz) hilft bei der Regulation der Wasserverteilung im Körper, u. a. bei Erkältung mit laufender Nase und tränenden Augen.
- Salz Nr. 10: Natrium phosphoricum (Natriumphosphat) dient zur Säure-Basen-Regulation der Zellen, u. a. bei Übersäuerung und Sodbrennen, rheumatischen Beschwerden, erhöhten Harnsäurewerten und anderen Stoffwechselstörungen.
- Salz Nr. 11: Natrium sulfuricum (Natriumsulfat) ist für die Regulation der Ausscheidung und für den Wasserhaushalt zuständig, u. a. bei Gallenblasenproblemen, Übelkeit und Erbrechen.
- Salz Nr. 12: Silicea (Kieselsäure) dient zur Kräftigung des Bindegewebes und gesteigerten Kollagenbildung, u. a. bei Bindegewebsschwäche, Haar- und Hautproblemen und zur allgemeinen Regeneration.

Bioelektrizität: Auftreten und Wirken elektrischer Erscheinungen im Inneren der Zellen und in Organen. Bioelektrizität spielt bei der Tätigkeit von Muskeln und Nerven, aber auch für die Gehirnfunktionen eine wichtige Rolle. Ein Zusammenhang zwischen elektrischen Verteilungsstörungen und der Entstehung von Krankheiten wird angenommen, konnte aber noch nicht restlos geklärt werden (→ Elektroakupunktur).

Bioenergetik → Analyse, bioenergetische

Biofeedback (engl. Rückkopplung): Methode der Verhaltenstherapie, mit der messbare körperliche Veränderungen erfasst, in einen Zusammenhang mit bestimmten psychischen Situationen gebracht und damit der bewussten Wahrnehmung zugänglich gemacht werden. Gemessen werden z. B. Herz- und Atemfrequenz, Muskelspannung und Hautfeuchtigkeit. In einem zweiten Schritt versucht man, diese Werte durch gezieltes Training, Autosuggestion, Zwerchfellatmung, progressive Muskelentspannung, Visualisierung oder Meditation zu beeinflussen. Es finden regelmäßig Sitzungen unter Anleitung ausgebildeter Therapeuten statt; darüber hinaus muss man zu Hause auch ohne Messgeräte regelmäßig üben. Biofeedback ist eine alternative Therapie, die auf wissenschaftlichen Grundlagen beruht und von der Schulmedizin anerkannt ist. Sie wird mittlerweile mit großem Erfolg bei Spannungskopfschmerzen und Migräne, Bluthochdruck, psychosomatischen Störungen, Angst und Nervosität angewendet.

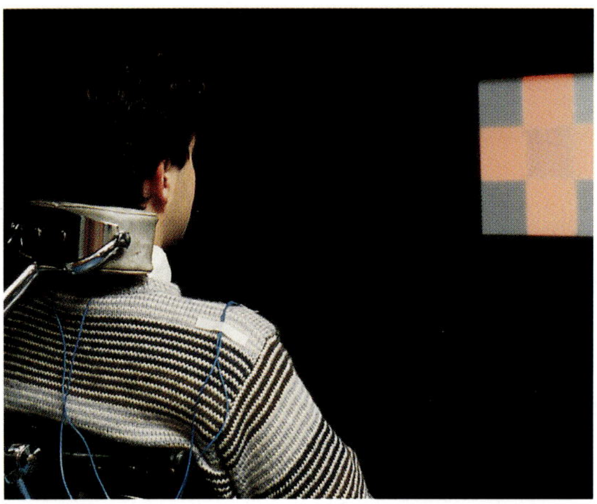

Mit dem Biofeedback-Gerät werden Veränderungen der Herz- und Atemfrequenz sichtbar.

Bioflavonoide → Flavonoide

Bionomy: Form der manuellen Medizin. Bionomy beruht auf der Annahme, dass Krankheitssymptome einen biologischen Sinn haben und Ausdruck innerer Fehlhaltungen oder Kompensationen sind. Für die Praxis bedeutet dies, dass mit den verschiedenen Techniken nicht »gegen das vorliegende Symptom«, sondern vielmehr »in Richtung der freien, schmerzlosen, uneingeschränkten Bewegung« gearbeitet wird. Die Methode hat Ähnlichkeit mit der → Feldenkrais-Therapie, der → Osteopathie und der → Kraniosakraltherapie. Sie wird bei funktionellen Bewegungsstörungen, hormonellen, vegetativen und psychosomatischen Störungen angewendet.

Biophotonen: elektromagnetische Wellen bzw. Lichtquanten in Zellen und Zellverbänden. 1975 stellten Biophysiker unter der Leitung von Professor Fritz A. Popp erstmals ihre Forschungsergebnisse vor, wonach die Körperzellen lebender Organismen fortwährend Licht abgeben, eine Art Laserlicht, das Informationen übermittelt und biologische Prozesse steuert. Diese Zellstrahlung stammt hauptsächlich aus der Desoxyribonukleinsäure (DNA) der Zellkerne. Dieser Forschungszweig hat ein völlig neues Bild der Medizin und Biologie zur Folge, denn er liefert einen Beleg dafür, dass der Mensch über diese Lichtstrahlen und bestimmte »Felder des Informationsaustausches« mit allen Lebewesen in Kommunikation tritt. Ein Zusammenhang mit der bisher nur vermuteten, aber nicht nachweisbaren → Aura wird angenommen. Neuere bioelektrische Verfahren, z. B. → Mora-Therapie, → Elektrotherapie oder → Laserakupunktur, machen von diesen Erkenntnissen Gebrauch.

Bioresonanztherapie (BRT; lat. resonare = widerhallen): Methode, die mit körpereigenen elektromagnetischen Schwingungen des Patienten arbeitet. Sie wurde 1977 von dem Arzt Franz Morell eingeführt. Mit Hilfe eines Geräts (Mora- oder Bicom-Gerät) werden biophysikalische Frequenzen gemessen, individuell verändert und dem Patienten über eine zweite Elektrode wieder zurückgegeben. Krankhafte Schwingungen und Signale werden durch spiegelbildliche Inversion (Umkehrung) aufgehoben und ausgelöscht. Andererseits kann man erwünschte, aber zu schwache Schwingungen gezielt verstärken. Die BRT wird sowohl in der Diagnostik als auch in der Therapie verwendet, insbesondere bei chronischen Schmerzzuständen, chronischer Abwehrschwäche, Allergie und degenerativen Erkrankungen (→ Mora-Therapie). Eine weiterentwickelte Form der BRT arbeitet auch mit so genannten externen, d. h. nicht patienteneigenen Signalen.

Biorhythmus: periodische Schwankungen der Leistungsfähigkeit und Körperfunktionen. Diese Schwankungen unterliegen entweder äußeren Einflüssen, z. B. Licht, Tag-Nacht-Wechsel (zirkadianer Rhythmus) und Jahreszeitenwechsel, oder inneren Einflüssen, z. B. Hormonveränderungen und Menstruationszyklus. Man weiß inzwischen, dass jedes Organ seine eigene Uhr besitzt; die Schmerzsymptomatik verschiedener Krankheiten ist an den Biorhythmus gebunden, und Medikamente wirken zu unterschiedlichen Tageszeiten unterschiedlich stark. Der Biorhythmus eines Patienten wird daher von vielen Therapeuten ermittelt und in die Behandlung mit einbezogen. Man unterscheidet drei Zyklen: Der körperliche Zyklus dauert 23 Tage (er beeinflusst Leistungsfähigkeit und Vitalität, Abwehr gegen Krankheiten, Selbstbewusstsein und sexuelle Aktivität); der seelische Zyklus dauert 28 Tage (er beeinflusst Kreativität, Stimmungen und Nervenreaktionen); der geistige Zyklus dauert 33 Tage (von ihm sind Lernfähigkeit, Gedächtnis und Entscheidungsfähigkeit beeinflusst). Die einzelnen Rhythmen können mit einem Computer für ein Jahr im Voraus berechnet und als Diagramm gezeichnet werden. Kritisch sind die Phasen, in denen eine Kurve die Nulllinie oder eine andere Kurve kreuzt.

Biotin (auch Vitamin B7): wasserlösliches Vitamin, (täglich benötigte Menge: 100 Mikrogramm). Es ist als Koenzym an Stoffwechselvorgängen beteiligt, u. a. an der Bildung von Fettsäuren, an der Verwertung essenzieller Aminosäuren und am Zuckerstoffwechsel. Körpereigenes Biotin sorgt für glatte Haut und gesundes Haar. Eine intakte → Darmflora produziert Biotin; darüber hinaus ist es in der Nahrung (Innereien, Soja, Hefe, Vollkorngetreide und Nüsse) enthalten.

Muster eines Biorhythmusdiagramms für einen Zeitraum von 33 Tagen

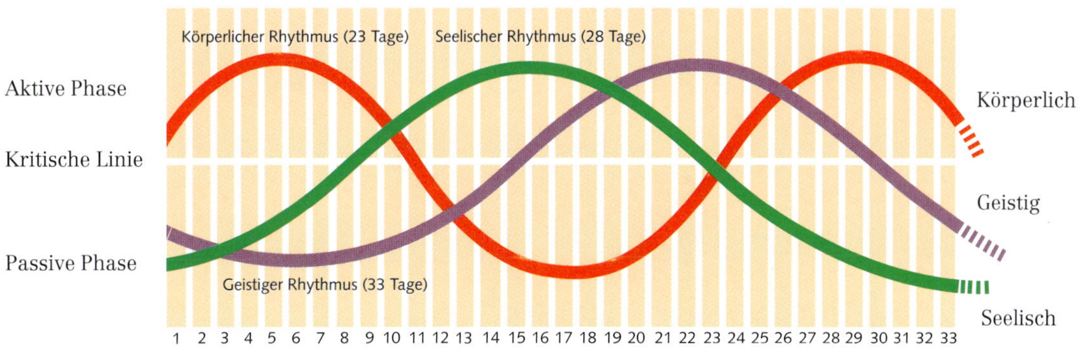

Zu einem Mangel kommt es nur beim Genuss übermäßig vieler roher Eier oder anderer roher Eiweiße. Zeichen eines Mangels sind entzündliche Hauterkrankungen (Dermatitis), Haarausfall, Appetitverlust, Übererregbarkeit und Muskelverhärtungen.

Bioverfügbarkeit: Maß für Geschwindigkeit und Anteil der Aufnahme bestimmter Stoffe ins Blut. Man spricht sowohl in der Pharmakologie als auch in der Ernährungswissenschaft von Bioverfügbarkeit. Spritzt z. B. der Arzt ein Medikament direkt in die Vene, so hat das Mittel eine Bioverfügbarkeit von 100 Prozent. Wie hoch der verfügbare Anteil der täglichen Nahrung ist, hängt von verschiedenen Faktoren ab, u. a. Erhitzungstemperatur und -dauer, Verarbeitungsart und -grad, Zusammensetzung und Kombination sowie dem Anteil blockierender Stoffe (Phytinsäure oder Protease-Inhibitoren).

Bircher-Benner-Kost: Ernährungsform zur Aktivierung der Selbstheilungskräfte, zur Anregung der Darmfunktion und Verbesserung des Stoffwechsels. Die Methode geht auf den Schweizer Arzt und Lebensreformer Maximilian Bircher-Benner (1867–1939) zurück. Im Rahmen seines ganzheitlichen Heilkonzepts stellte er neun Ordnungsgesetze auf: ein Gesetz zur Nahrung und Ernährung, ein Ökonomiegesetz, ein Mundgesetz, ein Ordnungsgesetz des Hautorgans, der Lunge sowie zur Bewegung und Schwerkraft, ein Ordnungsgesetz des Lebensrhythmus und des Seelenlebens. Bircher-Benner empfahl pflanzliche Lebensmittel mit hohem Rohkostanteil, Vollgetreide und Gemüse, bei der strengen Form völligen Verzicht auf tierische Nahrungsmittel, bei der erweiterten Form mit kleinen Mengen Milch, Butter und Käse. Heute ist Bircher-Benner meist nur noch als »Erfinder« des Bircher-Müslis in Erinnerung.

Birke (Betula pendula = Hängebirke, Betula pubescens = Moorbirke): bis zu 25 Meter hoher Laubbaum mit weißer Rinde. Arzneilich verwendet werden die im Mai und Juni gesammelten Blätter, selten auch Rinde und Holz, aus denen man Birkenholzteer gewinnt. Zur Gewinnung von Birkensaft bohrt man im Frühjahr Löcher in den Stamm, setzt ein Röhrchen ein und hängt ein Auffanggefäß daran.

Inhaltsstoffe: in Blättern und Saft: Flavonoide, Saponine, Gerbstoffe, ätherisches Öl und Vitamin C; in Rinde und Holz: Rinden- und Teeröl.

Anwendungen: Tee aus Birkenblättern wird klassischerweise als mildes Entwässerungsmittel angewendet (oft im Verhältnis 1:1 mit Bärentraubenblättern gemischt). Er hat stark harntreibende Eigenschaften, hilft bei bakteriellen und entzündlichen Harnwegserkrankungen, Nierengrieß oder rheumatischen Beschwerden und wird oft in Blutreinigungstees beigemischt. Birkenholzteer wird äußerlich aufgetragen und lindert die Hautbeschwerden bei Ekzem oder Schuppenflechte. Darüber hinaus ist Birkenextrakt als Mittel gegen Haarausfall in vielen Haarwässern beigemischt.

! Von Birkenblättertee sind zwar keinerlei schädliche Nebenwirkungen bekannt, doch sollte man bei Wassereinlagerung infolge ein-

Bircher-Müsli – so wird's gemacht

Das Bircher-Müsli ist eine nährstoffreiche (Frühstücks-)Mahlzeit und eignet sich zur Behandlung von Stoffwechselkrankheiten.

- 1 EL Haferflocken 12 Stunden in 3 EL Wasser einweichen, dann mit 1 EL Zitronensaft und 1 EL leicht gezuckerter Kondensmilch glatt rühren.
- Unmittelbar vor dem Verzehr 200 g Apfel mit Kerngehäuse in das Müsli reiben und sofort unterrühren.
- Mit 1 EL geriebenen Haselnüssen oder Mandeln bestreuen und servieren.

geschränkter Herz- oder Nierentätigkeit keine Durchspülungstherapie mit Tee durchführen. Während einer Kur mit Birkenblättertee sollte man auf kaliumreiche Kost achten; hierzu eignen sich Kartoffeln, Gemüse und Gemüsesaft, Rohkost und reifes Obst.

Birne: Frucht der zu den Rosengewächsen gehörenden Birnbaumgattung Pyrus communis. Ihre Heimat ist Anatolien und der Kaukasus. Die reife Frucht (eine Scheinfrucht) ist säurearm, enthält Mineralstoffe (vor allem Kalium) und Vitamine (B1, B2 und C sowie Provitamin A), Wasser und Fruchtzucker. Reife und getrocknete Birnen, Saft und Dicksaft sind hochwertige natürliche Süßmittel.

Bi-Syndrome: Syndrome von Versperrungen oder Blockierungen. Der Begriff stammt aus der → traditionellen chinesischen Medizin und bezeichnet allgemein schmerzhafte rheumatische Beschwerden oder auch schmerzhafte Störungen nach Lage und Organ (z. B. Herz-Bi oder Haut-Bi). Je nach der beteiligten äußeren Störung unterscheidet man zwischen Wind-Bi-Erkrankungen (mit wandernden Schmerzen), Nässe-Bi-Erkrankungen (mit fest sitzenden Schmerzen) oder Kälte-Bi-Erkrankungen (mit starken Schmerzen).

Bitterholz (Quassia amara = Surinam-Bitterholz, Picrasma excelsa = Jamaika-Bitterholz): Bäume und Sträucher der Bittereschengewächse (Simaroubaceae). Als Arznei verwendet man das getrocknete Holz der Stämme und Äste sowie die getrocknete Rinde. Bitterholz wird auch als Homöopathikum eingenommen.

Inhaltsstoffe: Bitterstoffe (Seco-Triterpene).

Anwendungen: Bitterholz, als Tee, Tinktur oder Extrakt eingenommen, wirkt appetitanregend und tonisierend. Es wird traditionell als Wurmmittel (gegen Spul- und Fadenwürmer) angewendet.

! Bei Überdosierung kommt es zu Erbrechen und Schleimhautreizung im Magen. Während der Schwangerschaft darf Bitterholz grundsätzlich nicht eingenommen werden.

Das alte Hausmittel Bitterklee hilft vor allem bei Verdauungsproblemen.

Bitterklee (Menyanthes trifoliata; auch Fieberklee): bis zu 30 Zentimeter hohe, krautige Sumpfpflanze. Sie wächst in Flachmooren, Gräben, Sumpfwiesen und Verlandungsgebieten fast ganz Europas, hat einen kriechenden Grundstängel, mit kurzem aufsteigenden Stängel und dreiteiligen Blättern. Als Arznei werden die zur Blütezeit gesammelten und getrockneten Laubblätter verwendet. Bitterklee wird auch als Homöopathikum eingenommen.

Inhaltsstoffe: Pektine, Foliamenthin, Bitterstoffe, Gerbstoffe, Saponine.

Anwendungen: Bitterklee ist ein reines Bittermittel, jedoch schwächer als Enzian und Tausendgüldenkraut. Zubereitungen mit Bitterklee wirken appetitanregend und helfen insbesondere bei gärungsbedingtem Durchfall und Verdauungsbeschwerden infolge von mangelndem Gallenfluss. Bitterklee wird traditionell auch bei Migräne, Gicht, als Lebermittel und Fiebermittel sowie zur Blutreinigung eingenommen.

! Wegen des hohen Gerbsäuregehalts kann es zu Reizungen der Magenschleimhaut kommen (daher eventuell vorbeugend 1:1 mit Pfefferminze mischen).

Bittermandel → Mandelbaum

Bittermittel (Amarum, Mehrzahl: Amara): Extrakte aus bitteren Kräutern, die appetitanregend und verdauungsfördernd wirken. Bei Aufnahme durch den Mund reizen sie die Bitterrezeptoren der Geschmacksknospen am Zungengrund. Dadurch kommt es zur vermehrten Speichelproduktion im Mund sowie zur vermehrten Magensaft- und Gallensaftsekretion. Amara werden bei Appetitlosigkeit, Verdauungsbeschwerden und bei Störungen des Allgemeinbefindens als Tee, Tinktur oder Likör angewendet. Damit sie ihre volle Wirkung entfalten, muss man sie 20 bis 30 Minuten vor einer Mahlzeit einnehmen.

Bitterorangenöl → Neroliöl

Bittersalz (Magnesiumsulfat): Salz, das von der Darmschleimhaut nur minimal aufgenommen wird und Flüssigkeit im Darm zurückhält. Dadurch wird der Darminhalt vermehrt, was die Schleimhaut reizt und die Muskulatur zur verstärkten Bewegung anregt. Dies wiederum beschleunigt die Darmentleerung und wirkt stark abführend. Bittersalz wird einmalig als Abführmittel vor Beginn einer Fastenkur verabreicht; Dauergebrauch schädigt den Darm. In Wasser gelöstes Magnesiumsulfat (so genanntes Bitterwasser) wird in Kurorten mit natürlichen Bitterquellen bei Leber- und Gallenblasenstörungen zur Trinkkur verabreicht.

Bitterstoffe: Pflanzeninhaltsstoffe von typisch bitterem Geschmack. Zu den gebräuchlichsten Bitterstoffen zählen das Lupulon des Hopfens, das Anabsinthin des Wermuts, das Arnizin der Arnika oder das Quassiin des Bitterholzes. Bitterstoffe finden bei der Herstellung von Genussmitteln Verwendung (z. B. Bier und Bitterlikör); größtenteils aber dienen sie zur Herstellung von Bittermitteln.

Bittersüß (Solanum dulcamara): Pflanze aus der Familie der Nachtschattengewächse (Solanaceae). Der giftige Halbstrauch wächst in den gemäßigten Zonen Mitteleuropas, meist an Flussufern. Als Arzneimittel verwendet man die im Frühjahr vor dem Austreiben oder im Spätherbst nach Abfallen der Blätter geschnittenen und getrockneten Stängel. Bittersüß wird auch als homöopathisches Mittel verabreicht.

Inhaltsstoffe: Alkaloide (Tomatidin, Tomatidenol, Solasodin), Glykoside, Saponine, Bitterstoffe, Gerbstoffe.

Anwendungen: Bittersüß wirkt zusammenziehend, stoffwechselanregend und keimtötend. Er wird sowohl innerlich als auch äußerlich bei Hautkrankheiten und rheumatischen Beschwerden angewendet.

! Bittersüß in höherer Dosis führt zu Vergiftungserscheinungen mit Übelkeit, Krämpfen und Sprachstörungen. Von einer eigenmächtigen innerlichen Anwendung ist daher dringend abzuraten.

Blähungen (Flatulenz, Meteorismus): Luft- bzw. Gasansammlung im Darm mit Abgang von Winden. Die Beschwerden sind meist durch Fehlernährung und Bewegungsmangel, oft auch nervlich oder organisch bedingt. Auch beim gesunden Menschen entstehen während des Verdauungsvorgangs im Dickdarm Gärungs- oder Fäulnisgase, die vor oder mit dem Stuhl entleert werden. Mögliche Ursachen für das vermehrte Auftreten von Darmgasen sind

Bittermittel – Vielfalt der Formen

- Einfache Bittermittel: Dazu gehören z. B. Enzianwurzel, Bitterklee, Tausendgüldenkraut.
- Bittermittel mit ätherischem Öl: Hier wären z. B. Angelikawurzel, Benediktenkraut, Pomeranzenschale, Wermutkraut zu nennen.
- Adstringierende, d. h. zusammenziehende Bittermittel: Diese Bittermittel umfassen z. B. Chinarinde und Kondurangorinde.
- Bittermittel mit Scharfstoffen: Hierzu gehören z. B. Ingwer und Galgant.

Mangel an Salzsäure im Magen, chronische Lebererkrankungen, Stuhlverhaltung oder Veränderungen der Darmflora, z. B. während oder nach einer Antibiotikaeinnahme.

Blähende Speisen (Hülsenfrüchte, Kohl und frisches, grobes Vollkornbrot) sollte man meiden • Bisweilen hilft Trennkost • Bei akuten Beschwerden legt man eine Wärmflasche oder heiße Umschläge (halbstündlich wechseln) auf den Bauch • Durch Yoga, Bewegung und Atemübungen lassen sich Blähungen wirksam behandeln • Aromatherapie und Reflexzonenmassage helfen vor allem Kindern • Die Colonmassage behandelt fünf wichtige Stellen des Dickdarms von außen • Eine Fastenkur unter ärztlicher Aufsicht (auch 24-stündiges Fasten in Eigenbehandlung) oder eine Darmsanierung mit anschließender Einnahme von Eubionten kann helfen • Die vier Korbblütler Anis, Fenchel, Kümmel und Koriander, als Tee zubereitet, haben ausgezeichnete blähungstreibende Eigenschaften • Ebenso helfen Gelber Enzian, Gelbwurz und Zimt (als Tee) sowie Basilikum, Petersilie, Thymian, Salbei, Majoran, Rosmarin, Kümmel, Olivenöl mit Knoblauch als Küchengewürz

Tee gegen Blähungen: Kümmel-, Fenchel- und Anisfrüchte zu gleichen Teilen mischen. 1 TL davon mit 1 Tasse kochendem Wasser aufgießen und zugedeckt 20 Minuten ziehen lassen. Nach jeder Mahlzeit 1 Tasse Tee warm in kleinen Schlucken trinken.

Blasenerkrankungen: Sammelbegriff für Erkrankungen der Harnblase, vor allem Blasenentzündung (Zystitis), → Reizblase und Inkontinenz. Eine Entzündung wird entweder durch aufsteigende Bakterien (insbesondere bei Frauen) oder durch ein Abflusshindernis (→ Harnsteinleiden) verursacht. Bei der Reizblase ist keine organische Ursache feststellbar. Inkontinenz, d. h. unkontrollierter Harnabgang, hat seine Ursache bei Frauen oft in einer Schwäche der Beckenbodenmuskulatur, bei Männern in einer Prostatavergrößerung.

Eine bewährte Blasenteemischung: Petersilienwurzeln, Schachtelhalm und Thymian.

! Der Arzt muss immer die Ursache klären; erst dann bieten sich naturheilkundliche Maßnahmen als (unterstützende) Therapie an.

Bei akuter oder chronischer Blasenentzündung hilft eine Durchspülungstherapie, um die Krankheitserreger auszuschwemmen; neben Mineralwasser eignen sich hierfür Kräutertees, z. B. aus Birken-, Bärentrauben-, Orthosiphonblättern, Wacholderbeeren, Goldrutenkraut, Quecke, Hauhechel, Petersilienwurzel und Schachtelhalm • Als weitere Heilpflanzen empfehlen sich Brennnessel, Eibisch, Erdrauch, Esche, Heidelbeere, Kapuzinerkresse, Liebstöckel, Meerrettich, Schlehe und Sellerie • Bei bakteriellem Harnwegsinfekt versucht man eine Schaukeldiät • Sowohl bei Entzündung als auch bei Reizblase sollte man sich konsequent warm anziehen (möglichst Thermohosen und Wollsocken) und sich zu Hause eine Wärmflasche zwischen die Beine legen • Ein Beckenbodentraining hilft bei Inkontinenz, den Halteapparat und den Harnröhrenschließmuskel zu kräftigen • Inkontinenz lässt sich auch durch Heilpflanzen wie Kürbiskerne, Sägepalme, Brennnessel, Zitterpappel, Quecke und Weidenröschen lindern • Bei allen chronischen Beschwerden sorgen Akupressur, Yoga und Reflexzonenmassage für Linderung

Durchspülungstee bei Entzündung und Reizblase: Birkenblätter, Brennnesselblätter, Wacholderbeeren, Zinnkraut, Rosmarinblätter und Hagebuttenfrüchte zu gleichen Teilen mischen. 1 TL der Mischung mit 1 Tasse kochendem Wasser übergießen, 10 Minuten ziehen lassen; 2 Wochen lang täglich 2-mal 1 Tasse Tee trinken.

Blitzguss: spezieller Guss der → Kneipptherapie, bei dem Wasser durch eine Hochdruckdüse aus einer Entfernung von mindestens drei Metern angewendet wird. Oft schwächt der Therapeut den Strahl ab, indem er mit dem Finger am Schlauchende eine Art Sprühregen erzeugt. Durch den Blitzguss erzielt man einen Temperaturreiz sowie einen mechanischen Reiz auf der Haut. Der kalte Guss nach Kneipp wird nur noch selten durchgeführt, stattdessen meist der heiße Guss nach Fey. Der Blitzguss regt Kreislauf und Stoffwechsel an und hilft bei Verspannungen der Muskulatur. Er wird als Knieguss, Schenkelguss, Rückenguss oder Vollblitz angewendet.

Blockade: Ausbleiben einer angemessenen Reaktion nach Verabreichen eines homöopathischen Mittels (→ Homöopathie). Mögliche Ursachen für die Blockade sind eine akute Infektion oder eine Impfung. Um z. B. nach einer Impfung die Reaktionsfähigkeit des Organismus wiederherzustellen, verabreicht der Homöopath Impfnosoden (→ Nosode).

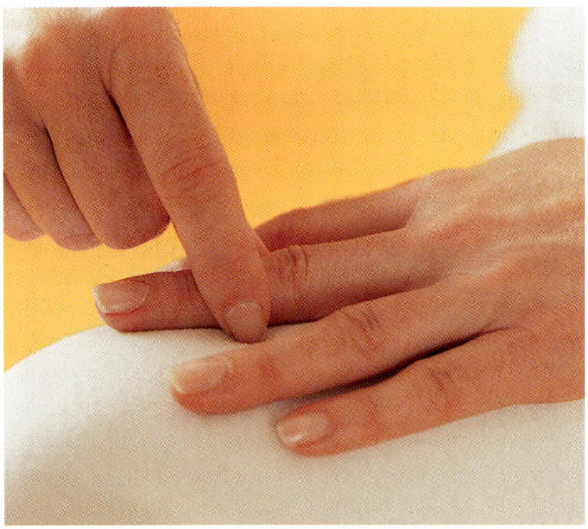

Akupressur des zweiten Fingergelenks des Mittelfingers hilft bei leichtem Bluthochdruck.

Blutarmut (Anämie): Krankheit, die mit einer Verminderung des roten Blutfarbstoffs Hämoglobin und/oder der roten Blutzellen einhergeht. Häufigste Ursachen sind erhöhter Blutverlust (z. B. starke Regelblutung) bzw. verminderte Neuproduktion infolge von Eisenmangel oder Mangel an Vitamin B12. Typische Beschwerden sind Schwindel, Müdigkeit, Blässe, Kopfschmerzen, Sehstörungen, Appetitlosigkeit, kalte Hände und Füße. Bevor man eine (Selbst-)Behandlung beginnt, sollten die Ursachen und Auslöser bekannt sein.

Zur Behebung einer Eisenmangelanämie sollte man vermehrt eisenhaltige Nahrungsmittel zu sich nehmen, vor allem dunkelgrünes Blattgemüse, Bierhefe, Sesam, Leber, Sojaprodukte, Linsen, Petersilie und Haferflocken • Die gleichzeitige Einnahme von Vitamin C (z. B. in Orangen- oder Grapefruitsaft enthalten) steigert die Verwertbarkeit von Eisen aus der Nahrung um ein Vielfaches • Kaffee, Schwarztee oder nicht eingeweichten Vollkornbrei sollte man nicht mit einer eisenhaltigen Mahlzeit kombinieren, weil sie die Aufnahme von Eisen hemmen • Mangel an Vitamin B12 entsteht meist, wenn ein bestimmtes Magenenzym fehlt; Vegetarier müssen deshalb besonders auf eine ausgewogene Vitamin-B12-Zufuhr achten (in Form von Eiern oder Milchprodukten) • Rotbuschtee enthält viel Eisen und bessert insbesondere Blutarmut bei Kindern • Gute Heilerfolge können auch mit Akupunktur (Moxibustion) erzielt werden

Stärkungstrunk: 60 g getrocknete und zerkleinerte Blätter, Blüten und Stängel von Tausendgüldenkraut zusammen mit einigen Wacholderbeeren in 1 l Weißwein 1 Woche ziehen lassen. Anschließend durchseihen und nach Bedarf süßen. 1 bis 2 Wochen lang täglich 0,1 l des Getränks trinken.

Blutdruckprobleme: zu hoher Blutdruck (Hypertonie) oder zu niedriger Blutdruck (Hypotonie). Durch die Muskelkraft des Herzes wird das Blut mit einer Druckwelle in die Adern gepumpt. Blutdruckwerte setzen sich aus zwei Zahlen zusammen, dem systolischen Wert (höhere Zahl, vor dem Schrägstrich), wenn sich die Herzkammern zusammenziehen, und dem diastolischen Wert (niedrigere Zahl, nach dem Schrägstrich), wenn sich der Herzmuskel entspannt und mit einströmendem Blut gefüllt wird. Die Einheit »mmHg« bedeutet »Millimeter auf der Quecksilbersäule«. Der ideale Wert für Erwachsene liegt bei etwa 120/80 mmHg. Zu hoher Blutdruck macht sich zunächst überhaupt nicht oder nur durch harmlose Beschwerden wie Kopfschmerz, Schwindel oder Sehstörungen bemerkbar. Meist wird man erst aufmerksam, wenn die Krankheit schon weit fortgeschritten ist und Organschäden an Herz, Gehirn oder in den Beinen auftreten. Faktoren, die zu hohem Blutdruck führen, sind erbliche Veranlagung, Dauerstress, Rauchen, Übergewicht, Bewegungsmangel und erhöhte Blutfettwerte. Bluthochdruck erhöht das Risiko, an → Arteriosklerose zu erkranken bzw. einen Herzinfarkt oder Schlaganfall zu erleiden. Anders bei zu niedrigem Blutdruck (110/70 mmHg oder weniger): Die Beschwerden sind hier deutlicher (Schwindel, Kollapsneigung, Antriebsschwäche und Kältegefühl), doch sie sind nicht gefährlich. Vielmehr haben Hypotoniker eine hohe Lebenserwartung.

Blutdruck – gültige Grenzwerte

Es gibt zwei Schweregrade für den systolischen Blutdruck:

• Leicht erhöht:	140 – 160 mmHg
• Erhöht:	über 160 mmHg

Für den diastolischen Blutdruck gelten:

• Milder Hochdruck:	90 – 105 mmHg
• Mittlerer Hochdruck:	105 – 115 mmHg
• Schwerer Hochdruck:	über 115 mmHg

! Bluthochdruck muss im Gegensatz zu niedrigem Blutdruck gründlich therapiert werden. Sofern Selbsthilfemaßnahmen keine Besserung bringen, müssen ärztlich verordnete Medikamente eingenommen werden.

Übergewichtige Hypertoniker sollten versuchen, das Körpergewicht zu reduzieren, und zwar durch eine grundlegende Ernährungsumstellung; die Nahrung sollte viel Kalium und Bioaktivstoffe enthalten, wenig Fett (günstig sind einfach ungesättigte Fettsäuren und Omega-3-Fettsäuren) • Tägliche Bewegung und Ausdauersport senken den Blutdruck • Autogenes Training und Yoga schaffen Distanz bei seelischen Problemen • Eine Fastenkur unter ärztlicher Aufsicht reduziert Ablagerungen in den Gefäßen • Qi Gong und Tai Chi Chuan helfen ebenfalls bei der Blutdruckregulation • Kneippgüsse und Kohlensäurebäder erweitern die Blutgefäße der Haut, so dass das Blut mehr Verteilungsfläche hat und der Blutdruck sinkt • Günstig ist eine Aromatherapie mit Ylang-Ylang, Majoran und Lavendel • Klassische Teekräuter sind Weißdorn, Mistel und Herzgespann • Auch grüner Tee, grüner Hafertee und Kombucha können den Blutdruck senken

Tee gegen Bluthochdruck: Mistelkraut, Weißdornblätter und -blüten sowie Melissenblätter zu gleichen Teilen mischen. 2 TL davon mit 1 Tasse kochendem Wasser aufgießen, 10 Minuten ziehen lassen. 4 Wochen lang morgens und abends je 1 Tasse trinken.

Zur Selbstbehandlung bei zu niedrigem Blutdruck helfen Wechselduschen, Gymnastik, isometrische Übungen und Atemübungen • Akupressur des Qihai-Punkts (5 bis 10 Millimeter unterhalb des Bauchnabels) kann helfen • Aromatherapie mit Angelika, Kampfer und Lavendel regt an • Günstig ist Schwimmen, ungünstig sind alle anderen Ausdauersportarten, da sie den Blutdruck noch mehr senken • Klassische Heilpflanzen sind Ginseng, Rosmarin und Besenginster

Blutegel sehen nicht sehr verlockend aus, doch Blutegelbehandlungen bewähren sich bereits seit dem Altertum.

Blutegelbehandlung: seit dem Altertum gebräuchliche, milde Blutentziehungs- und Umstimmungstherapie. Der zu den Ringelwürmern gehörende Blutegel (Hirudo medicinalis) saugt gestautes Blut ab und sondert in die Bisswunde eine gerinnungshemmende Flüssigkeit, das Hirudin, ab. Der Blutegel fällt ab, wenn er sich voll gesaugt hat, doch sickert aus der Wunde noch einige Stunden Blut nach. Langes Nachbluten ist ein Zeichen für die Wirkung des Hirudins und damit für den Erfolg der Behandlung. Als Patient spürt man nur das Anbeißen als kleinen, schmerzhaften Stich, nicht aber das anschließende etwa einstündige Saugen. Die Behandlung muss mit Ruhe und Geduld erfolgen, denn Blutegel beißen nicht an, wenn man sie nervös macht. Inklusive der Nachblutung entzieht ein Egel pro Behandlung dem Körper 40 bis 60 Milliliter Blut. Im Saugapparat der Blutegel sind Bakterien mit stark antibiotischer Wirkung angesiedelt; eine Infektionsgefahr ist daher sehr gering. Meist werden Blutegel zur Vorbeugung und Behandlung von Venenentzündung, Thrombose und Lymphstau eingesetzt. Der Wirkstoff Hirudin war eine der ersten in Deutschland gentechnisch hergestellten Substanzen.

Blutegelwirkstoff Hirudin

Die von den Blutegeln abgesonderte Substanz Hirudin wirkt:

- Gerinnungshemmend
- Lymphstrombeschleunigend
- Antithrombotisch
- Entzündungshemmend
- Ödemausschwemmend
- Antibiotisch
- Gefäßentkrampfend

Blütenpollen → Pollen

Bluterguss (Hämatom, »blauer Fleck«): Austreten von Blut ins Bindegewebe, Muskelgewebe oder in ein Gelenk, meist begleitet von einer schmerzhaften und sichtbaren Schwellung. Häufigste Ursache für den Bluterguss ist Gewalteinwirkung von außen (Stoß, Quetschung, Prellung, Schlag, Verstauchung oder Knochenbruch). Die Haut an der verletzten Stelle ist zunächst rot und gespannt, später blau verfärbt, dann durch allmählichen Abbau des Blutfarbstoffs gelblich grün. Der Bluterguss bildet sich normalerweise nach ein bis drei Wochen von allein wieder zurück. Besondere Empfindlichkeit hat möglicherweise auch innere Ursachen (Gerinnungsstörung, erhöhte Zerreißbarkeit der Blutgefäße). Um Sportverletzungen vorzubeugen, sollte man sich gründlich aufwärmen und/oder entsprechende Schutzkleidung (z. B. Knieschoner, Helm) tragen.

Kalte Umschläge (kaltes Wasser, Eiswürfel, Eisbeutel), sofort nach der Verletzung angewendet, wirken gefäßverengend; die Schwellung ist geringer, und der Schmerz wird gelindert • Ruhigstellung und Schonung der betroffenen Stelle fördern den Heilungsprozess; unterstützend tupft man alle 6 bis 8 Stunden 2 bis 3 Tropfen Teebaumöl pur auf die betroffene Stelle oder gibt etwas Teebaumöl auf einen kalten feuchten Waschlappen • Altbewährt sind kalte Auflagen aus zerdrückten Kohlblättern oder rohen, geriebenen Kartoffeln

• Umschläge mit essigsaurer Tonerde sind gut wirksam (1 EL in 1 Glas Wasser verrühren, Baumwollkompresse oder Tuch damit tränken, dann locker und luftdurchlässig mit einer Baumwollbinde fixieren)

Blutreinigung: Heilprinzip der Volksmedizin zur Ausscheidung von »Schlackenstoffen«, meist im Rahmen einer Frühjahrskur. Dabei bedient man sich aller Methoden und Mittel, die den Stoffwechsel anregen und die Ausscheidung fördern, vor allem Heilfasten, Saftfasten, Obstfasten (→ Fasten) oder → Mayr-Kur. Zur Darmreinigung wird einmalig ein Abführmittel (meist Glaubersalz) eingenommen. Die Harnausscheidung und Durchspülung fördert man durch Trinken von reichlich Mineralwasser und Kräutertees. Zur Teezubereitung verwendet man Heilpflanzen, die die Funktion der Ausscheidungsorgane Nieren, Darm und Haut anregen (vor allem Brennnesselblätter, Birkenblätter, Haferkraut, Löwenzahnwurzel und -kraut, Wacholderbeeren, Schlüsselblumenblüten). Die Entschlackung wird zusätzlich gefördert durch Gymnastik, Sauna, Wasseranwendungen und andere physikalische Maßnahmen. Während der Aufbauphase nach einer Blutreinigungskur ernährt man sich überwiegend vegetarisch mit hohem Anteil an Obst, Frischgemüse und Salaten (→ Ableitung, → Ausleitung). Eine Blutreinigungskur hilft u. a. bei Stoffwechselproblemen, Übersäuerung, Magen-Darm-Störungen, Müdigkeit und chronischem Erschöpfungssyndrom (CFS).

Mild reinigender Tee, nicht abführend: Je 30 g Brombeerblätter und Brennnesselblätter sowie je 15 g Holunderblüten, Löwenzahnwurzel und -kraut mischen. 1 TL davon mit 1 Tasse Wasser aufbrühen, nach 10 Minuten abseihen. 3 bis 4 Wochen täglich 1 Tasse Tee trinken.

! Viele Fertigpräparate zur Blutreinigung enthalten abführende Kräuter wie Faulbaumrinde oder Aloe. Eine Daueranwendung ist daher schädlich. Blutreinigungskuren bitte nur nach Rücksprache mit dem Arzt durchführen. Durchspülungs- und Trinkkuren sind bei chronischen Erkrankungen des Herzes und der Nieren und bei Ödemen schädlich.

Blutung (Hämorrhagie): Austreten von Blut ins Körpergewebe, in Organe, Hohlräume oder an die Körperoberfläche. Man unterscheidet zwischen arterieller Blutung (hellrot, im Pulsrhythmus spritzend) und venöser Blutung (dunkelrot, mit gleichmäßigem Schwall). Die venöse Blutung dient auch zur Reinigung der Wunde und kommt beim gesunden Menschen nach wenigen Minuten zum Stillstand. Größere Verletzungen, insbesondere der arteriellen Gefäße, müssen notärztlich bzw. chirurgisch behandelt werden (Schockgefahr).

Kleine Schleimhautblutungen behandelt man mit Spülungen mit Essig, Alaun oder gerbendem Tannin • Jede größere Hautblutung wird zunächst durch einen sterilen (Druck-)Verband versorgt • Zur Behandlung von Hautblutungen haben sich Zubereitungen aus Mistel und Schafgarbe bewährt • Wegen des hohen Gehalts an Gerbstoffen, die desinfizieren und das Bakterienwachstum hemmen, empfiehlt sich insbesondere eine Waschung oder Kompresse mit Blutwurz oder mit Lapachorinde

Aufguss für Blutwurzkompresse: 2 EL zerkleinerte Tormentillwurzel 10 Minuten zugedeckt in 1/2 l Wasser kochen, vom Herd nehmen, 30 Minuten ziehen lassen und dann abseihen. Saubere Baumwollkompresse in den kalten Tee tauchen, auf die Wunde legen und erneuern, sobald sie sich erwärmt; dann die Wunde am besten an der Luft trocknen lassen. In gleicher Weise wird auch Lapachotee zubereitet. Bei Blutung der Mundschleimhaut die Mundhöhle mit Tee spülen.

Blutwurz (Tormentill, Potentilla erecta): Pflanze aus der Familie der Rosengewächse (Rosaceae). Sie wächst in den gemäßigten Klimazonen Mitteleuropas, vor allem in feuchten Wäldern, und wird bis zu 30 Zentimeter hoch.

Bei Zahnfleischentzündungen bringt Blutwurz schnell und sicher Heilung.

Als Arznei verwendet man den im Frühjahr gesammelten und getrockneten Wurzelstock, dessen frische Schnitt- und Bruchstellen sich blutrot anfärben.

Inhaltsstoffe: bis zu 22 Prozent Gerbstoffe (hauptsächlich Catechingerbsäure), Farbstoff, Glykoside, Harz.

Anwendungen: Dank ihres hohen Gerbstoffgehalts wirkt die Blutwurz stark zusammenziehend (adstringierend). Sie wird als Tee innerlich bei entzündlichen Darmerkrankungen und Durchfall angewendet, äußerlich als Sud oder Tinktur bei Schleimhautblutungen und oberflächlichen Wunden, als Gurgelwasser bzw. zur Bepinselung bei Zahnfleischentzündung, Hals- und Rachenentzündung, außerdem zur Behandlung von Hautekzemen. In der Volksmedizin verwendete man Blutwurz bei Blutungen und bei Malaria.

! Die Gerbstoffe der Blutwurz können, innerlich angewendet, bei empfindlichen Menschen Magenbeschwerden hervorrufen.

Bockshornklee (Trigonella foenum-graecum): einjähriges Kraut aus der Familie der Schmetterlingsblütler (Fabaceae). Seine Heimat ist Ostindien, inzwischen kommt es aber auch in den warmen Klimazonen Chinas, Osteuropas und im Mittelmeerraum vor. Als Arznei verwendet man die reifen und getrockneten Samen.

Inhaltsstoffe: Schleimstoffe (30 bis 38 Prozent), Trigonellin, Proteine, fettes Öl, Steroidsaponine, Flavonoide, Vitamine.

Anwendungen: Bockshornklee ist schon in den ältesten Kräuterbeschreibungen als stärkendes, appetitanregendes, blutreinigendes und Blut bildendes Mittel sowie als Magentherapeutikum bekannt. Man wendet ihn innerlich als Tee oder Brotgewürz an, äußerlich als Gurgellösung bei Halsentzündung und als Breiumschlag bei Hautentzündung, Furunkel, Drüsenschwellung, geschwürigen Haut- oder Schleimhautveränderungen. Traditionell wird er auch als husten- und schmerzlinderndes Mittel eingenommen, bei Erkrankungen der oberen Atemwege und bei Magenbeschwerden. Früher wurden bei Hämorrhoidalleiden oft Klistiere mit Bockshornkleeaufguss gemacht. Insbesondere wegen seines Saponingehalts hemmt Bockshornklee das Wachstum von Pilzen.

! Bei äußerlicher Anwendung können unerwünschte Hautreaktionen auftreten.

Bodymass-Index (BMI, engl. Körpermassenzahl): Richtwert zur Beurteilung des Körpergewichts (siehe auch Kasten S. 77). Er errechnet sich aus: Körpergewicht in Kilogramm geteilt durch das Quadrat der Körpergröße in Metern. Bei einer Körpergröße von 1,70 Metern und einem Gewicht von 70 Kilogramm hat man einen BMI von 24,2. Als Normwert gilt bei Frauen ein BMI zwischen 18 und 24, bei Männern zwischen 20 und 25. Liegt der BMI dauerhaft über diesem Richtwert, besteht ein deutlich erhöhtes Risiko, an Diabetes mellitus Typ II, Arteriosklerose und Fettstoffwechselstörungen zu erkranken bzw. einen Infarkt zu erleiden. Zur Senkung des BMI hilft eine Umstellung der Ernährung (weniger tierische Fette, mehr Frischkost und Bioaktivstoffe).

Bohne (Phaseolus vulgaris): einjährige Nutzpflanze aus der Familie der Schmetterlingsblütler (Fabaceae). Als Arznei verwendet man die von den Samen befreiten weißen oder gelben Hülsen sowie die getrockneten Samen (also die eigentlichen Bohnen). Gekochte grüne Bohnen sind eine gesunde Delikatesse.

Inhaltsstoffe: Phaseolin, Kieselsäure, Aminosäuren (u. a. Tyrosin, Leuzin, Lysin, Cholin), Flavonoide, Zellulose; in den Samen außerdem Phytagglutinin und Phasin (das durch Kochen zerstört wird).

Anwendungen: Bohnen und Bohnenschalen wirken harntreibend. Tee aus zerkleinerten Bohnenschalen trinkt man daher bei erschwertem Wasserlassen und schmerzhaftem Harndrang, außerdem bei Ödemen (nach Rücksprache mit dem Arzt), rheumatischen Erkrankungen, Gicht sowie Albuminurie während der Schwangerschaft, bei akuten und chronischen Erkrankungen der Harnwege, Harngrieß und zur Vorbeugung gegen Harnsteine. Bohnen werden außerdem als Adjuvans (d. h. als unterstützendes Mittel) bei beginnendem Diabetes mellitus verabreicht. Getrocknete und gepulverte Bohnensamen verwendet man traditionell für Umschläge bei nässenden Ekzemen.

! Bohnen muss man kochen, denn das in rohen Bohnen enthaltene Phasin wirkt giftig und ruft Erbrechen und Durchfall hervor. In größerer Menge verzehrt, können Bohnen auch blähen. Sie werden bekömmlicher, wenn man Bohnenkraut ins Kochwasser gibt.

Bohnenkraut (Satureja hortensis): Pflanze aus der Familie der Lippenblütler (Lamiaceae). Sie stammt aus dem Mittelmeerraum und wächst auch in heimischen Gärten.

Inhaltsstoffe: Gerbstoffe, Bitterstoffe, ätherisches Öl.

Anwendungen: Man verwendet Bohnenkraut als Küchengewürz, vor allem zu gekochten grünen Bohnen. Es regt den Appetit an und lindert Blähungen. Durch seinen Gehalt an ätherischem Öl wirkt es antiseptisch, etwa bei gärungsbedingten Durchfällen. Bohnenkrauttee hilft bei chronischen Darmleiden.

Boldo (Peumus boldus): Strauch aus der Familie der Monimiengewächse (Monimiaceae). Er stammt aus Chile und ist eine der wenigen Heilpflanzen, die sowohl ätherische Öle als auch Alkaloide enthalten. Als Arznei verwendet man die Boldoblätter.

Inhaltsstoffe: ätherisches Öl mit Beta-Cymol, Cineol, Ascaridol, Aporphinalkaloide (Boldin), Boldoglukin, Flavonoide, Gerbstoffe, Harze.

Bodymass-Index – Normogramm zum Ablesen der Werte

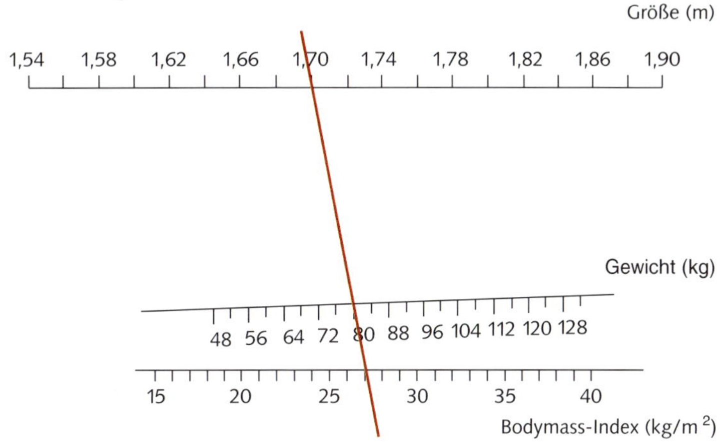

Rechenbeispiel:
Größe: 1,70 m
Gewicht: 80 kg
BMI: 27,7

Anwendungen: als Aufguss oder Fertigarznei bei leichten Magen-Darm-Störungen und Dyspepsie. Boldo wird heute vor allem als mildes Choleretikum (zur Anregung des Gallenflusses) geschätzt und vielen Teemischungen und Fertigpräparaten beigemischt. Er wirkt außerdem krampflösend. Traditionell verwendet man Boldo auch als schweißtreibendes Mittel, zur vermehrten Harnausscheidung und zur Beruhigung bei Schlafstörungen.

! Boldo darf nicht angewendet werden bei schwerer Lebererkrankung oder Gallengangsverschluss. Er kann bei Überdosierung Erbrechen hervorrufen. Da die im Boldo enthaltene Substanz Ascaridol in hoher Dosierung giftig wirkt, sollte man weder ätherisches Öl noch Destillate aus Boldo einnehmen.

Borretsch (Borago officinalis): Pflanze aus der Familie der Raublattgewächse (Boraginaceae). Der Borretsch stammt aus dem Orient und kommt in Europa selten in Wildform, sondern als Kulturpflanze in Gärten vor. Als Arznei verwendet man die frischen oder getrockneten oberirdischen Teile (so genanntes Gurkenkraut) oder auch die getrockneten Blüten.

Inhaltsstoffe: in den Blüten: Schleimstoffe und Mineralsalze (bis 17 Prozent); im Kraut: Schleimstoffe, Gerbstoffe, Kieselsäure, Alkaloide, Saponine, Fettsäuren.

Anwendungen: Zubereitungen aus Borretsch wirken harntreibend und schweißtreibend. Man verwendet Borretsch traditionell als Mittel zur Blutreinigung, bei rheumatischen Beschwerden, entzündlichen Atemwegserkrankungen und bei nervösen Herzproblemen.

! Wegen des Alkaloidgehalts kann eine längere Anwendung von Aufgüssen aus Borretschblüten oder -blättern giftig auf innere Organe, insbesondere die Leber, wirken. Eine Verwendung als Küchengewürz ist unbedenklich.

Braunalgen → Algen

Brechmittel (Emetikum, Mehrzahl: Emetika): Substanzen, die über eine Erregung des Brechzentrums im verlängerten Rückenmark Erbrechen hervorrufen. Einen chemischen Reiz bewirkt das Trinken von warmem Wasser mit Kochsalz. Einen mechanischen Reiz bewirkt das Berühren der Rachenschleimhaut mit dem Finger oder einer Feder.

☛ Rasches Erbrechen ist eine geeignete einmalige Selbsthilfe- und Selbstreinigungsmaßnahme, wenn man verdorbene Nahrung zu sich genommen hat.

Brechnuss (Strychnos nux-vomica): Baum aus der Familie der Logangewächse (Loganiaceae). Er wächst in tropischen Gebieten und wird bis zu 15 Meter hoch. Als Arznei verwendet man die Samen, jedoch nur nach ärztlicher Anordnung oder als Homöopathikum.

Inhaltsstoffe: ca. 2 Prozent Alkaloide (vor allem Strychnin und Bruzin), Öl, Phytosterine.

Anwendungen: Die Alkaloide Strychnin und Bruzin sind Nervengifte. Strychnin steigert die Muskelbewegungen der glatten Muskulatur; Brechnuss wird traditionell als Tonikum und Stärkungsmittel bei Herz-Kreislauf- oder Magen-Darm-Störungen, bei Atemwegserkrankungen und auch bei Lähmungen der Skelettmuskulatur angewendet.

! Der therapeutische Nutzen von Brechnussanwendungen (von homöopathischen Mitteln abgesehen) ist verschwindend gering im Vergleich zu den gesundheitlichen Risiken: Eine Strychninvergiftung äußert sich in Form von Zittern, Atemnot bis hin zu Atemlähmung.

Brechwurzel (Cephaelis ipecacuanha): Staudenpflanze aus der Familie der Rötegewächse (Rubiaceae). Sie kommt in den Ländern Lateinamerikas, vor allem in Brasilien, vor. Als Arzneimittel verwendet man die drei- bis vierjährige Wurzel. Die Brechwurzel wird auch in der Homöopathie angewendet.

Inhaltsstoffe: ca. 3 Prozent Alkaloide (vor allem Emetin und Cephalein), Saponine, Stärke, fettes Öl, ätherisches Öl, pflanzliche Säuren.

Anwendungen: Brechwurzel löst Schleim in den Atemwegen und fördert das Abhusten. Sie wird daher traditionell (als Tee oder in Hustenmitteln) bei akuter und chronischer Bronchitis angewendet. Sie hemmt das Wachstum von Amöben und wurde bereits im 17. Jahrhundert mit Erfolg zur Behandlung der Amöbenruhr eingesetzt. Wegen ihres Alkaloidgehalts führt sie bei höherer Dosierung zu Erbrechen und wurde früher als Brechmittel bei Vergiftungen verabreicht.

! Mögliche Nebenwirkungen sind (allergische) Reizungen an Haut und Schleimhaut, bei sehr hoher Dosierung auch Darmkrämpfe und Durchfall.

Breitwegerich (Plantago major): Pflanze aus der Familie der Wegeriche (Plantaginaceae). Der Breitwegerich kommt in ganz Europa an Straßenrändern, auf Wiesen und an Rainen vor. Als Arznei verwendet man das frische oder getrocknete Kraut.

Inhaltsstoffe: Glykoside (vor allem Aucubin und Catalpol), Schleimstoffe, Polysaccharide, Polyphenole, Enzyme (z. B. Invertin), Vitamin C.

Anwendungen: Zubereitungen aus Breitwegerich wirken antibakteriell und wundheilend. Sie werden traditionell innerlich bei Erkrankungen der oberen Atemwege und Durchfall verwendet, äußerlich bei Entzündung im Mund-Rachen-Raum. Umschläge und Spülungen helfen bei Akne, Furunkel und Exanthem, und mit den frischen Blättern behandelt man Wunden (vor allem Schnittwunden), Hautgeschwüre und Hautentzündungen.

Brennnessel (Urtica): Pflanze aus der Familie der Nesselgewächse (Urticaceae). Sie kommt in Mitteleuropa nahezu überall vor und gilt allgemein als »Unkraut«. Man unterscheidet zwischen der Kleinen (Urtica urens) und der Großen Brennnessel (Urtica dioica). Als Arznei verwendet man die Blätter und anderen oberirdischen Teile der Großen Brennnessel – auch in der Homöopathie.

Inhaltsstoffe: Mineralsalze, Kieselsäure, Karotinoide, pflanzliche Säuren; im frischen Kraut: Vitamin C; in den Brennhaaren: Amine (vor allem Histamin, Cholin, Serotonin).

Anwendungen: Brennnessel ist eines der wirksamsten Blutreinigungsmittel. Als Tee oder in anderer galenischer Zubereitung hilft sie bei entzündlichen Erkrankungen der Harnwege sowie zur Vorbeugung und Behandlung von Nierengrieß. Brennnesseltee wird traditionell angewendet zur Anregung des Stoffwechsels (meist im Rahmen einer Frühjahrskur), bei Leber- und Gallenblasenbeschwerden, bei rheumatischen Erkrankungen und Gicht, innerlich und äußerlich bei Hauterkrankungen sowie als Bestandteil von Shampoos und Haarwässern auch zur Förderung des Haarwuchses und als Mittel gegen Schuppen. Frisches Brennnesselkraut verwendete man in der Volksheilkunde zur Behandlung von Gelenkrheumatismus: Durch »Peitschen« der Haut am betroffenen Gelenk (mit dem frischen Kraut) erzeugte man einen quaddelförmigen Hautausschlag, der lokal die Durchblutung und den Stoffwechsel steigern sollte. Die jungen frischen Blätter isst man im Frühjahr als Salat zur Blutreinigung. Ein eher unbekanntes Heilmittel ist die Brennnesselwurzel. Sie wird bei gutartiger Prostatavergrößerung zur Erhöhung des Harnflusses verabreicht.

Die jungen Triebe der Brennnessel ergeben ein gesundes, wohlschmeckendes Gemüse.

Brombeere (Rubus fruticosus): Strauch aus der Familie der Rosengewächse (Rosaceae). Er kommt in Mitteleuropa an Wald- und Feldrändern vor; charakteristisch sind die weißen bzw. rosaroten Blüten und die schwarzen bzw. schwarzroten Früchte. Als Arznei verwendet man die getrockneten Brombeerblätter, die frischen Früchte, die getrocknete Rinde des Wurzelstocks und die Wurzeln.

Inhaltsstoffe: in den Blättern: Gerbstoffe (bis zu 14 Prozent), Vitamin C, Pflanzensäuren (u. a. Zitronen- und Oxalsäure), Flavonoide; in den Früchten: Zucker, Pektin, Glykoside, Vitamin A, B und C; in der Wurzel: Gerbstoffe, Bitterstoffe, ätherisches Öl, Saponin.

Anwendungen: Durch ihren hohen Gerbstoffgehalt wirken die Blätter zusammenziehend. Man verwendet sie innerlich als Tee bei Durchfall (auch für Säuglinge und Kleinkinder geeignet), äußerlich zum Gurgeln bei Entzündungen im Mund-Rachen-Raum, traditionell auch innerlich zur Blutreinigung und äußerlich zur Wundreinigung und Behandlung von Hautausschlägen. In der Volksmedizin versuchte man, mit Brombeerwurzel Ödeme zu behandeln. Brombeerfrüchte werden zu Marmelade und Sirup verarbeitet.

Bronchitis: akute oder chronische Entzündung der Bronchialschleimhaut, hervorgerufen durch Bakterien, Viren, chemische Stoffe (vor allem Zigarettenrauch), Allergene oder Umweltschadstoffe. Typische Beschwerden der akuten Bronchitis sind erhöhte Temperatur, Husten und Schleimauswurf, meist im Rahmen eines grippalen Infekts. Während die akute Bronchitis nach wenigen Tagen abklingt, dauern die Beschwerden bei der chronischen Bronchitis monatelang an und können bleibende Lungenschäden hervorrufen.

Zur Vorbeugung des grippalen Infekts helfen Echinacea, Zink und Vitamin C • Bei akuter Bronchitis sollte man viel trinken (Hustentees, vitaminreiche Fruchtsäfte) und gegebenenfalls schleimlösende Mittel aus Huflattich, Eibisch oder Isländisch Moos einnehmen • Zur Aromatherapie verwendet man Eukalyptus, Ysop und Sandelholz • Wichtigste therapeutische Maßnahme bei chronischer Bronchitis ist die Meidung auslösender Giftstoffe (Rauchen, Gifte am Arbeitsplatz) • Auch hier sollte man zur Schleimlösung reichlich Tee, Fruchtsaft und Mineralwasser trinken und abends die Brust mit einem der handelsüblichen Bronchialbalsame einreiben • Atemtherapie, Abklatschung, Armbäder, Brustwickel und Brustgüsse steigern die Belüftung und Durchblutung der Lunge • Lindernd wirken Inhalationen mit Eukalyptus, Fenchel oder Salz • Als Küchengewürze sollte man oft Anis und Thymian verwenden • Als Teekräuter empfehlen sich neben Anis und Thymian auch Alant, Andorn, Bibernelle, Fenchel, Lungenkraut, Primelwurzel und -blüten, Seifenkraut, Süßholz und Ysop • Teebaumöl kann man auf verschiedene Weise anwenden: einige Tropfen im Inhalationsbad, mit Hautöl vermischt als Einreibung oder mit Kamillenöl vermischt im Vollbad • Akupressur und Reflexzonenmassage können eine Besserung herbeiführen

Schwitztee bei beginnender akuter Bronchitis: Je 20 g Holunderblüten, Lindenblüten und Mädesüßblüten mischen. 1 TL davon mit 1 Tasse kochendem Wasser überbrühen und 10 Minuten ziehen lassen. Während der Akutphase 3-mal täglich 1 Tasse Tee trinken, sich ins Bett legen und warm zudecken. Bei chronischer Bronchitis: Spitzwegerichblätter, Lungenkraut, Isländisch Moos und Alantblätter zu gleichen Teilen mischen. 1 TL davon in 1 Tasse Wasser erhitzen, 10 Minuten zugedeckt bei niedriger Hitze kochen lassen, vom Herd nehmen und nochmals 10 Minuten ziehen lassen. 2 bis 3 Wochen täglich 3 Tassen Tee trinken.

Bei der Hustenbehandlung muss man unterscheiden zwischen unproduktivem Reizhusten ohne Schleimauswurf und produktivem Husten mit Schleimauswurf (→ Husten).

BRT → Bioresonanztherapie

Bruchkraut (kahles Bruchkraut = Herniaria glabra, raues Bruchkraut = Herniaria hirsuta): Pflanzen aus der Familie der Nelkengewächse (Caryophyllaceae). Sie wachsen in Mitteleuropa auf Wiesen, Feldern und an Hainen, flach am Boden aufliegend. Als Arznei verwendet man die während der Blütezeit gesammelten und getrockneten oberirdischen Teile.

Inhaltsstoffe: Herniarin, ätherisches Öl, Saponine, Cumarine, Flavonoide, Gerbstoffe.

Anwendungen: Bruchkraut wirkt harndesinfizierend, mild krampflösend und zusammenziehend (adstringierend). Es wird traditionell als Tee oder in anderer Zubereitung bei Erkrankungen der Nieren und Harnwege, Gicht, rheumatischen Beschwerden, Atemwegserkrankungen, Neuritis und zur Blutreinigung eingenommen.

Bruker-Kost: Vollwertkost, benannt nach dem Arzt Max-Otto Bruker (geb. 1910). Hierbei ernährt man sich überwiegend ovo-lakto-vegetabil (d. h. von Eiern, Milch, Pflanzen). Diese Kost dient zur Stärkung des Immunsystems, Vorbeugung und Behandlung von Krankheiten. Bevorzugt werden wegen ihres hohen Gehalts an Bioaktivstoffen die echten »Lebens«-mittel, d. h. Obst, Gemüse und Getreide (mit hohem Rohkostanteil), Rohmilch, Butter und naturbelassene Fette; gemieden werden industriell bearbeitete, denaturierte und »tote« Nahrungsmittel (Zucker, erhitzte Fette, Fertigkost) sowie Genussmittel. Auf Fleisch wird ganz, auf Fisch weitgehend verzichtet.

Brunnenkresse (Nasturtium officinale): ausdauernde Pflanze aus der Familie der Kreuzblütler (Brassicaceae). Sie wächst in Mitteleuropa auf feuchten Böden, an Quellen und in Bächen. Als Arznei verwendet man die oberirdischen Teile, frisch oder getrocknet. Brunnenkresse wird auch als Homöopathikum verabreicht.

Inhaltsstoffe: das Senfölglykosid Glukonasturtiin (vor allem in der frischen Pflanze), das ätherische Öl Raphanol, Bitterstoffe, Vitamin C.

Eine Hand voll Brunnenkresse macht jeden grünen Salat zur Delikatesse.

Anwendungen: Brunnenkresse wirkt antibakteriell und harntreibend; außerdem regt sie den Gallenfluss an. Sie wird daher frisch zum Salat, als Frischpflanzenpresssaft oder in anderer Zubereitung zur Blutreinigung und bei entzündlichen Erkrankungen der Atemwege eingenommen, traditionell auch bei Appetitlosigkeit und Verdauungsbeschwerden. Äußerlich angewendet (Umschläge mit der Frischpflanze) wird sie bei entzündlichen und/oder rheumatischen Erkrankungen. Auch als Spülung zur Steigerung des Haarwachstums ist sie altbewährt.

! Brunnenkresse darf nicht innerlich angewendet werden bei Magen- oder Zwölffingerdarmgeschwüren und entzündlichen Erkrankungen der Nieren; auch Kindern unter vier Jahren darf man sie nicht geben. Zum Frischverzehr sollte man vorsichtshalber nur Zuchtpflanzen verwenden, denn Wildpflanzen können mit Keimen verunreinigt sein.

Brustbeschwerden: schmerzhafte Spannung und Schwellung in der Brust. Infolge von Hormonschwankungen kann es zur Wassereinlagerung im Fettgewebe, insbesondere der weiblichen Brüste, kommen. Brustbeschwerden treten daher meist kurz vor der Menstruation oder zu Beginn einer Schwangerschaft auf. Sie werden durch Vitamin-E-Mangel und hohen Xanthinanteil der Ernährung (koffeinhaltige Getränke und Schokolade) verstärkt.

Regelmäßige körperliche Bewegung (Jogging, Brustschwimmen, Seilspringen) steigert die Fettverbrennung, kräftigt die (Brust-)Muskulatur und sorgt für straffe Brüste • Salz bindet Wasser im Fettgewebe; der Salzgehalt der Nahrung sollte daher reduziert werden • Reis und Erdbeeren wirken entwässernd; insgesamt sollte der Frischkostanteil hoch sein • Weitgehender Verzicht auf Koffein wäre sinnvoll; stattdessen täglich 2 Tassen Entwässerungstee (z. B. grünen Hafertee) trinken

Tee zur Entwässerung: Ackerschachtelhalm-, Buchweizen- und Schafgarbenkraut zu gleichen Teilen mischen. 1 TL davon mit 1 Tasse kochendem Wasser aufgießen, nach 10 Minuten abseihen. Während der Tage vor den Tagen täglich 2 bis 3 Tassen des Tees trinken.

Brustdrüsenentzündung (Mastitis): Entzündung der weiblichen Brust, vor allem im Bereich der Brustwarze. Die Mastitis ist eine typische Erkrankung während der Stillzeit, meist als Folge von Überbeanspruchung oder mangelnder Hygiene. Es treten nicht nur lokale Beschwerden (Schwellung, Rötung, Wärme, Druckschmerz) auf, sondern auch allgemeine Symptome wie Fieber oder Schüttelfrost.

! In jedem Fall sollte man nicht zu lange mit dem Arztbesuch warten (maximal ein bis zwei Tage Selbstbehandlung).

Während der Schwangerschaft sollten die Brustdrüsen durch Waschen mit lauwarmem Wasser, sorgfältiges Trocknen und Auftragen einer Fettcreme abgehärtet werden • Vorbeugend wirken auch Vitamin C, B6 und B12 • Strenge Reinlichkeit während der Stillzeit ist wichtig (Händewaschen vor jeder Berührung; Brustwarzen nach dem Stillen mit abgekochtem Wasser säubern, mit keimfreiem Tuch oder sterilem Mull abdecken) • Zur Entlastung die entzündete Brust durch Abpumpen möglichst vollständig entleeren und hochbinden • Bei beginnender Entzündung sorgen kalte Umschläge für Linderung (Eiswürfel in ein Handtuch wickeln und auflegen) • Lapachotee wirkt antibakteriell und entzündungshemmend (im Eisfach tiefkühlen lassen und die entzündete Brust sanft einreiben) • Umschläge mit 20- bis 30-prozentigem Alkohol (nur auf der gesunden Haut, nicht auf den

Brüste – Selbstuntersuchung ist wichtig

Einmal im Monat, am besten kurz nach der Regelblutung, sollte jede Frau sich Zeit nehmen, die Brust 10 bis 15 Minuten zu untersuchen.

• Stellen Sie sich mit nacktem Oberkörper bei guter Beleuchtung vor einen großen Spiegel, und prüfen Sie, ob sich Form oder Größe einer oder beider Brüste verändert hat, ob Hautveränderungen oder Dellen erkennbar sind.

• Heben und senken Sie beide Arme, und testen Sie, ob sich beide Brustwarzen gleichmäßig bewegen.

• Drücken Sie jede Brustwarze sanft mit den Fingerkuppen, und prüfen Sie, ob Sekret austritt.

• Tasten Sie beide Brüste systematisch ab (z. B. während des Duschens oder nachdem Sie sich eingecremt haben). Arbeiten Sie sich dazu mit den Fingern der flachen Hand (rechte Hand für linke Brust bzw. umgekehrt) spiralförmig und in kleinen Kreisen mit festem Druck in Richtung Brustwarze vor. Tasten Sie mit der flachen Hand auch die Achselhöhle ab, und wandern Sie langsam in Richtung Brust. Falls Sie eine Veränderung feststellen oder eine Verhärtung tasten, müssen Sie umgehend einen Frauenarzt bzw. eine Frauenärztin aufsuchen.

Brustwarzen) erzeugen Verdunstungskälte und fördern die Abschwellung • Ringelblumensalbe wirkt entzündungshemmend

Tee für Brustauflage: 100 g Petersilienblätter, Wallwurz oder Bockshornklee (nur grob zerkleinert) in 1 l Wasser bis zum Siedepunkt erhitzen, dann mit einem Schaumlöffel herausnehmen, abkühlen lassen, auf einem Stück sauberer Baumwollgaze auf die Brust legen. Erneuern (d. h. kurz in kaltes Wasser legen), sobald sich die Auflage erwärmt.

Brustguss: einer der Güsse der → Kneipptherapie. Er wird beim vornübergebeugten Patienten von unten auf dessen Brust aufgebracht und erfolgt meist im Anschluss an einen → Armguss. Er wird (kalt, warm oder auch im Wechsel) als allgemeine Abhärtungsmaßnahme und bei chronischer Bronchitis angewendet, außerdem (unter Aufsicht eines Arztes) bei bestimmten Herzrhythmusstörungen, nicht jedoch bei Angina pectoris.

Brusttee: pflanzliche Fertigteemischung zur Behandlung von Husten und Bronchitis. Brusttee besteht meist aus Eibisch, Huflattich, Süßholz, Anis und Wollblume.

Brustwickel: Anlegen zweier Tücher, von den Achselhöhlen bis unter den Rippenbogen reichend. Der Wickel wird in mittlerer Atemstellung angelegt, das innere Tuch in Wasser getaucht und ausgewrungen, das äußere Tuch trocken zur Fixierung aufgelegt. Er dient, je nach Dauer der Anwendung, zum Wärmeentzug (bis 20 Minuten, z. B. bei Fieber), zum Wärmestau (45 bis 90 Minuten) oder zur vermehrten Schweißproduktion (ein bis zwei Stunden). Noch effektiver wird er durch Zusatz von ätherischen Ölen, Teebaumöl oder auch Senf (→ Senfwickel). Er hilft bei Erkrankungen der Atemwege, z. B. Husten, Bronchitis und Lungenentzündung, sowie bei Nervenschmerzen im Bereich der Brust und der Zwischenrippennerven (Interkostalneuralgie).

Der Brustwickel ist zur Selbstbehandlung geeignet.

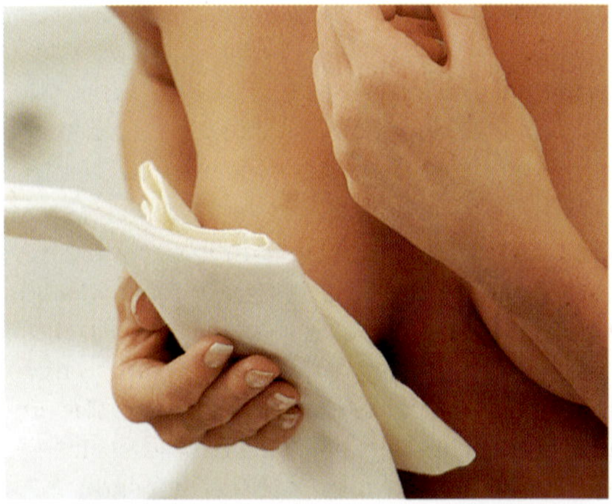

Brustauflagen mit Heilkräutern helfen bei Brustdrüsenentzündungen.

Bucco (Barosma betulina; auch Bukko): Strauch aus der Familie der Rautengewächse (Rutaceae), der als Wildpflanze vor allem in Südafrika vorkommt. Als Arznei verwendet man die getrockneten Blätter und das daraus gewonnene Öl. Bucco wird auch als Homöopathikum verabreicht.

Inhaltsstoffe: ätherisches Öl (bis 2,5 Prozent) mit Terpenverbindungen, Diosphenol (Barosma- oder Bucco-Kampher), Isomenthon, Limonen, Flavonoide, Diosmin, Salizylsäure.

Anwendungen: Bucco wirkt antibakteriell und harntreibend und wird traditionell als Tee bei Entzündungen oder Infektionen der Nieren und Harnwege, bei Gicht, Nierensteinen und rheumatischen Beschwerden eingenommen. Bucco ist außerdem eine der Ingredienzien zur Branntweinherstellung.

! Bei empfindlichen Menschen kommt es nach längerer Anwendung möglicherweise zu Magen-Darm-Störungen.

Buchinger-Fasten: Form des Heilfastens, benannt nach dem deutschen Arzt Otto Buchinger (1878–1966). Er gilt als der eigentliche Begründer des therapeutischen Fastens, das in speziell dafür eingerichteten Kliniken unter ärztlicher Aufsicht und zur gezielten Behandlung bestimmter Krankheiten erfolgt. Buchinger war zunächst Marinearzt, schloss sich dann einem weltlichen Orden an und führte schließlich eine eigene naturheilkundliche Praxis. Die von ihm begründeten Fastensanatorien sind weit über Deutschlands Grenzen hinaus bekannt; diese Methode des Heilfastens wird auch von der Schulmedizin anerkannt.

Buchweizen (Fagopyrum esculentum; auch Schwarzpolenta, Schwarzblende, schwarzes Welschkorn, Haden oder Heiden): Mehlpflanze aus der Familie der Knöterichgewächse (Polygonaceae). Buchweizen wächst in den gemäßigten Klimazonen auf sandigem Boden. Seinen Namen hat er von den kleinen eckigen, nussig schmeckenden Samenkörnern, die ähnlich aussehen wie Bucheckern. Diese Körner werden zu Grütze oder Mehl verarbeitet. Buchweizenkörner sind reich an Bioaktivstoffen und Nährstoffen (auch an Lysin, einer in Pflanzen sonst seltenen essenziellen Aminosäure), enthalten aber kein Gluten und eignen sich somit auch für die Ernährung bei Glutenunverträglichkeit (Sprue bzw. → Zöliakie). Aus Buchweizenkraut wird das Flavonoid Rutin gewonnen, eine Substanz, die in Kombination mit Vitamin C die Brüchigkeit und Durchlässigkeit der Gefäße herabsetzt. Tee aus Buchweizenkraut beugt der Arteriosklerose vor, hilft bei Durchblutungsstörungen, Venenschwäche und Krampfadern.

Buchweizen schmeckt nussig und enthält kein Gluten.

Buchweizenrezept: 200 g Buchweizengrütze (aus dem Naturkostladen oder Reformhaus) mit 400 ml Gemüsebrühe aufkochen und 3 Minuten zugedeckt bei schwacher Hitze garen. Vom Herd nehmen und 1 Stunde quellen lassen. Dann 1 kleine Karotte putzen und sehr fein raspeln, 1/2 Zwiebel und 1 Knoblauchzehe abziehen und hacken. Diese Zutaten zusammen mit 25 g Sojamehl, 1 Ei, 1 Prise Kreuzkümmel, Salz und Muskat, frischer Petersilie und Schnittlauch unter die Grütze mischen und zu einem Teig kneten. Mit feuchten Händen kleine Bratlinge formen und in heißem Öl in der Pfanne von beiden Seiten braten. Die Bratlinge passen zu allen grünen Gemüsesorten, zu Tomaten und Blattsalat.

Bulgur (auch Burghur, Burghul oder parboiled wheat): gekochter, getrockneter und geschälter Weizen. Bulgur wird vor allem im Nahen und Mittleren Osten seit Jahrhunderten als gut lagerfähiges und einfach zuzubereitendes Lebensmittel geschätzt. Durch die besondere Form der Verarbeitung bleiben bis zu 98 Prozent der Inhaltsstoffe des vollen Korns erhalten. Bulgur wird 15 bis 20 Minuten in leicht gesalzenem Wasser gekocht und eignet sich zur Zubereitung von Suppen und Eintopfgerichten, als Beilage zu Salat, Gemüse und Fleischgerichten und als Nachtisch. Wegen seiner hervorragenden Bekömmlichkeit ist er insbesondere Einsteigern in die Vollwertküche sehr zu empfehlen.

Bulimie (Bulimia nervosa): Ess-Brech-Sucht. Die psychisch verursachte Essstörung tritt meist bei Frauen zwischen dem 15. und 35. Lebensjahr auf. Dabei kommt es zu Heißhungerattacken mit übermäßiger Nahrungsaufnahme (teilweise bis zu 30 000 Kilokalorien bei einem Essen), gefolgt von Schuldgefühlen und Angst vor Gewichtszunahme. Dies wiederum führt zum selbst herbeigeführten Erbrechen, zur Einnahme von Abführmitteln oder zur Durchführung von extremen Hungerkuren. Immer mehr Frauen sind von Bulimie betroffen, und die Dunkelziffer ist hoch. Ursachen sind u.a. eine Ablehnung der eigenen Weiblichkeit, aber auch das derzeit geltende Ideal knabenhafter Schlankheit bei Frauen. Die meisten Bulimiepatientinnen sind nicht übergewichtig. Bulimie ist sowohl Folge als auch Ursache von seelischen Störungen; sie führt zu Selbstablehnung, Nervosität, Depression, Schlaflosigkeit, Gereiztheit, Konzentrationsstörungen, Schädigungen an Zähnen und Mundschleimhaut und Mangelerscheinungen (z. B. Eisen- und Vitaminmangel).

! Oft ist bei Bulimie eine psychotherapeutische Behandlung angebracht. Sie kann auch ambulant in speziellen Einrichtungen durchgeführt werden.

Regelmäßige Nahrungsaufnahme mit einem hohen Anteil an (nicht dick machender) Frischkost und Bioaktivstoffen bewirkt ein angenehmes Gefühl der Sättigung und hilft, Heißhungerattacken zu verhindern • Zwischen den Mahlzeiten sollte man süßes, reifes Obst essen • Gelegentlich sollte man der Lust auf Hochkalorisches nachgeben; wichtig ist der uneingeschränkte Genuss der »verbotenen Speise« ohne Schuldgefühle • Bewegung an der frischen Luft (jedoch kein quälender Leistungssport) regt den Appetit an und verbraucht gleichzeitig Brennstoffe • Yoga, autogenes Training, Tai Chi Chuan, Tanztherapie und Bioenergetik können eine Psychotherapie wirksam unterstützen • Natürliche Appetitzügler sind Matetee sowie grüner und schwarzer Tee; sofern die Bulimie ursächlich behandelt wurde und Betroffene den Weg zu einer natürlichen, abwechslungsreichen Ernährung gefunden haben, helfen diese Tees, kurze Hungerphasen zwischen den Mahlzeiten zu überbrücken

Matetee: 3 TL Mateblätter mit 1 l heißem Wasser aufgießen und 5 Minuten ziehen lassen. In eine Thermoskanne füllen und im Lauf des Tages zwischen den Mahlzeiten in kleinen Schlucken trinken.

Bürstenbad: Halbbad zur Reinigung und Stoffwechselanregung. Die Badewanne ist bis etwa Nabelhöhe mit körperwarmem Wasser gefüllt; mit einem Schwamm oder einer Hautbürste wird dann die Haut des ganzen Körpers (das Gesicht ausgenommen) kräftig massiert. Anschließend erfolgt ein kühler Rücken- oder Vollguss und zuletzt ein warmer Guss. Das Bürstenbad regt über mechanische und thermische Reizung den Blut- und Lymphstrom in den Hautgefäßen an.

Das Bürstenbad ist auch zur Selbstbehandlung geeignet.

Butter: aus Milchrahm gewonnenes naturreines Fett. Je nach Herstellungsart unterscheidet man zwischen Süßrahm- und Sauerrahmbutter; Süßrahmbutter ist etwas weniger haltbar und anfälliger für bakteriellen Befall. Laut gesetzlicher Bestimmung muss Butter mindestens 82 Prozent Fett und darf höchstens 16 Prozent Wasser enthalten. Sie ist ein Cholesterinlieferant und deshalb in den letzten Jahrzehnten in Verruf geraten. Bei vernünftigem und mäßigem Gebrauch ist sie jedoch ein hochwertiges Lebensmittel, das auch in der Vollwertküche als Streichfett verwendet wird. Mit Butter sollte jedoch nur ein Drittel der täglichen Fettzufuhr gedeckt werden.

Buttermilch: »Restprodukt« der Butterherstellung. Durch Verwendung von Milchsäurebakterien liegt das Eiweiß der Buttermilch in geronnener Form vor und wird von vielen Menschen besser vertragen als Frischmilch. Buttermilch unterstützt den Aufbau einer gesunden Darmflora. Besonders hochwertig ist »reine Buttermilch«, die ohne Zusatz von Magermilch oder Trockenmilch hergestellt wird.

B-Vitamine: Gruppe von wasserlöslichen Vitaminen (→ Vitamine).

Cajeputöl: durch Wasserdampfdestillation gewonnenes ätherisches Öl aus den Blättern und jungen Trieben des Cajeputbaums (Melaleuca cajeputi bzw. Melaleuca leucadenddron), eines Baums aus der Familie der Myrtengewächse (Myrtaceae). Das Öl riecht angenehm nach Eukalyptus; es hat einen hohen Anteil an Cineol (50 bis 65 Prozent); außerdem enthält es Terpineol (30 Prozent), Pinen, Sesquiterpene und Phenole. Das Aromaöl (→ Aromatherapie) wirkt antibakteriell und durchblutungssteigernd. Es wird traditionell zur Förderung des Abhustens bei Erkrankungen der oberen Atemwege angewendet, außerdem als schweißtreibendes und durchblutungsförderndes Mittel. Auf der psychischen Ebene wirkt es stärkend und klärend. Das Öl lässt sich gut mit Teebaumöl mischen.

! Der Wirkstoff Cineol aktiviert ein bestimmtes Enzymsystem der Leber; er kann daher die Wirkung anderer Medikamente verkürzen oder abschwächen. Möglicherweise kommt es zu Übelkeit, Erbrechen und Durchfall. Bei allen entzündlichen Erkrankungen im Magen-Darm-Bereich, bei Leber- oder Gallenwegserkrankungen darf Cajeput nicht angewendet werden. Bei Säuglingen und Kleinkindern sollte man das Öl nicht im Bereich des Gesichts auftragen.

Calendula → Ringelblume

Candidaerkrankung: Hefepilzerkrankung. Es gibt verschiedene Arten von Hefepilzen. Zu den nützlichen zählt u. a. die Bäckerhefe; als Krankheitserreger kann dagegen der Hefepilz Candida albicans wirken. Er ist als zunächst harmloser Bewohner auf der menschlichen Haut angesiedelt; bei Säuglingen und abwehrgeschwächten Menschen (z. B. nach Behandlung mit Antibiotika oder Immunsuppressiva oder bei Zuckerkrankheit) kann er das Krankheitsbild der Candidamykose (→ Soor) hervorrufen. Er befällt die Schleimhaut des Mundes (grauweiße Beläge), der Geschlechtsorgane (Jucken und Ausfluss) und des Verdauungstrakts (Blähungen, Verstopfung, unklare Verdauungsbeschwerden). Möglicherweise greift die Infektion auch auf die Schleimhaut der Atemwege über.

! Vorsicht bei Selbstdiagnose und Selbstbehandlung. Klarheit verschafft nur ein Pilzabstrich, den der Arzt durchführt. Bei hartnäckiger Erkrankung werden meist so genannte Antimykotika verschrieben.

Candida albicans ernährt sich von Einfachzucker; man sollte deshalb auf gewöhnlichen Haushaltszucker möglichst verzichten • Milchsaure Produkte (z. B. Kombucha oder Kefir) sorgen für eine gesunde Darmflora, so dass schädlichen Pilzen der Nährboden entzogen ist • Mehrtägiges Saftfasten oder eine Milch-Semmel-Diät unterstützt die Darmreinigung • Für Menschen, die an einer Pilzinfektion leiden, ist das Spurenelement Zink besonders wichtig

Cannabis sativa → Hanf

Cantharidin (auch Canthariden) → Kantharidenpflaster

Cayennepfeffer (auch Guineapfeffer, Chillies): Frucht der Paprikasorten Capsicum frutescens und Capsicum fastigiatum. Sie ähneln den gewöhnlichen Paprikaschoten, sind aber nur etwa zwei Zentimeter lang, schmaler und schärfer im Geschmack. Man verwendet sie als Küchengewürz frisch, getrocknet und gemahlen oder in Form von sehr scharfen Saucen. Hauptbestandteil sind die scharf schmeckenden Kapsaizinoide. Sie regen die Produktion von Magensaft an, können bei empfindlichen Menschen jedoch Magenbeschwerden und Sodbrennen hervorrufen. Äußerlich wendet man Cayennepfeffer als Tinktur oder Pflaster bei rheumatischen Beschwerden an.

Centaury (engl.): Tausendgüldenkraut, Stockbottle Nr. 4 der → Bach-Blüten. Centaury hilft Menschen mit fehlendem Durchsetzungsvermögen; es fördert die Selbstwahrnehmung und die Fähigkeit, den eigenen Willen auszudrücken und in die Tat umzusetzen.

Cerato (engl.): Bleiwurz, Stockbottle Nr. 5 der → Bach-Blüten. Cerato hilft unsicheren und übertrieben harmoniebedürftigen Menschen, zu mehr Selbstvertrauen, eigener Urteilskraft und Entschlossenheit zu gelangen.

CFS (engl. chronic fatigue syndrome = chronisches Erschöpfungssyndrom) → Erschöpfung und CFS

Chakra (sanskrit Kreis): Bezeichnung des indischen → Ayurveda und des Hatha-Yoga für besondere »Knotenpunkte« im menschlichen Körper. Dabei werden von der Wirbelsäulenbasis bis zum Scheitelpunkt des Kopfes sieben Chakren den verschiedenen Wahrnehmungen von Erde, Wasser, Feuer, Luft, Raum, Liebe und Kreativität zugeordnet. Esoterische Lehren in Europa, u. a. die Theosophie, übernahmen und variierten dieses Erklärungsmuster, das auch in die → anthroposophische Medizin Eingang fand. Dem Energiesystem der Chakren sind verschiedene Organe oder Organsysteme, Drüsen, Funktionen oder Eigenschaften zugeordnet. Chakren werden als Energiekörper und Lebensenergiezentren, als Verbindungsstellen zwischen nichtkörperlichen (z. B. Ätherleib) und körperlichen Seinsebenen des Menschen betrachtet. Chakratherapien haben daher das vorrangige Ziel, verborgene Energien und schöpferische Kräfte zu erwecken (siehe zu den Chakren das Special zu Ayurveda S. 46).

Cherry Plum (engl.): Kirschpflaume, Stockbottle Nr. 6 der → Bach-Blüten. Cherry Plum hilft Menschen, die in Krisensituationen zu Kurzschlusshandlungen neigen, mehr Kontrolle zu gewinnen. Cherry Plum ist auch eine der fünf in der Notfallmischung → Rescue Remedy enthaltenen Bach-Blüten.

Chestnut Bud (engl.): Knospe der Weißen Kastanie, Stockbottle Nr. 7 der → Bach-Blüten. Chestnut Bud hilft uneinsichtigen Menschen (auch trotzigen Kindern), größere Wahrnehmungs- und Lernfähigkeit zu entwickeln und nicht auf alten Fehlern zu beharren.

Chinarinde gilt als klassisches Mittel gegen Malaria, Bronchitis und Lungenentzündung.

Chi → Qi

Chicory (engl.): Wegwarte, Stockbottle Nr. 8 der → Bach-Blüten. Chicory hilft besitzergreifenden, egoistischen und herrschsüchtigen Menschen, mehr Selbstlosigkeit und Toleranz zu entwickeln.

Chinaöl → Pfefferminzöl

Chinarinde (Cortex Chinae bzw. Cortex peruvianus; auch Fieberrinde, peruvianische Rinde): Rinde des in den südamerikanischen Anden heimischen Cinchonabaums, der zu den Rötegewächsen (Rubiaceae) gehört. Chinarinde war jahrhundertelang eines der wirksamsten Malariamittel. Aus der Rinde wird außerdem Chinatinktur als alkoholischer Auszug hergestellt. Sie wird auch als Homöopathikum verabreicht.

Inhaltsstoffe: Alkaloide (bis zu 14 Prozent), vor allem Chinin, Chinidin, Cinchonidin sowie Chinasäure, Gerbstoffe, Bitterstoffe.

Anwendungen: Chinarinde ist ein starkes, kräftigendes Bittermittel und wird als Tonikum vor allem während der Genesung nach längerem Fieber, bei Erschöpfung und zur Appetitanregung als Tee getrunken. Chinarinde wird

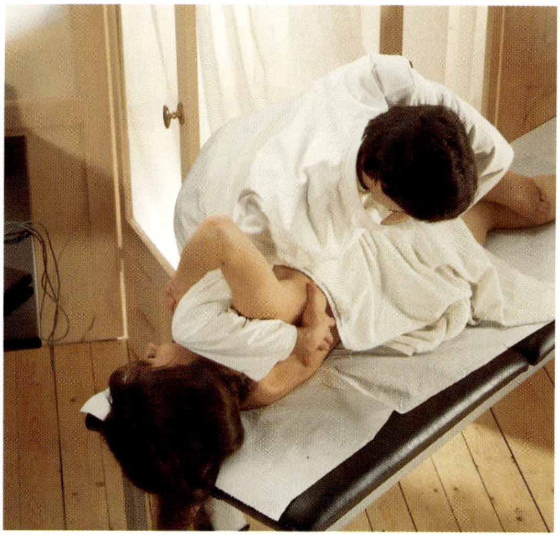

Chiropraktiker helfen oft sehr erfolgreich bei Rückenschmerzen.

traditionell auch gegen Malaria, Bronchitis, Lungenentzündung und Nervenschmerzen angewendet.

! Während der Schwangerschaft, bei Magen- oder Zwölffingerdarmgeschwüren oder bei schon bekannter Überempfindlichkeit gegenüber den Cincholalkaloiden darf Chinarinde nicht angewendet werden.

Chinesische Medizin → traditionelle chinesische Medizin (TCM)

Chirotherapie (auch manuelle Medizin): auf bestimmten Handgrifftechniken beruhende Heilmethode. Sie dient zur Behandlung von Wirbelblockierungen, schmerzhaften Erkrankungen der Wirbelsäule sowie der Arme und Beine, aber auch von Kopfschmerzen, Migräne, Schwindelgefühlen, Hexenschuss, Durchblutungsstörungen oder Bluthochdruck. Die Behandlung darf nur von speziell ausgebildeten Fachleuten ausgeübt werden (Chirotherapie von Ärzten, Chiropraktik von Heilpraktikern). Bei der so genannten weichen Technik drückt, rollt und dehnt der Therapeut die verspannten Muskeln; bei der harten Methode wird mit einem kurzen fühlbaren und hörbaren Ruck die Blockade gelöst oder das Gelenk in seine ursprüngliche Position gebracht. Um einen dauerhaften Erfolg zu gewährleisten, muss der Patient auch weiterhin seine Muskulatur durch Bewegungsübungen oder Krankengymnastik kräftigen.

! Chirotherapie darf bei Bandscheibenschäden, entzündlichen Prozessen oder Tumoren nicht angewendet werden.

Chlor: Mineralstoff im menschlichen Organismus (täglich benötigte Menge: rund 900 Milligramm). Chlor kommt in der Natur nur in chemischen Verbindungen, z.B. in Form von Natriumchlorid (Kochsalz), vor. Es ist wichtig für die Regulation des Säure-Basen-Haushalts, zur Produktion der Gehirn-Rückenmark-Flüssigkeit (Liquor) und der Magensalzsäure, für die Entgiftung des Körpers und den Hormontransport. Ein gesunder Mensch, der sich normal ernährt, nimmt genügend Chlor auf. Nur bei starken Durchfällen, Erbrechen oder großem Schweißverlust ist mit einem Mangel zu rechnen. Symptome sind Muskelschwäche, Magenkrämpfe, bei Kindern auch Wachstumsstörungen (→ Mineralstoffe).

Cholagogum (Mehrzahl: Cholagoga): Arznei zur Behandlung von Funktionsstörungen im Bereich der Gallenwege. Sie verbessert insbesondere die Fettverdauung.

Cholagoga – Gallenmittel

- Bittermittel: Löwenzahn, Tausendgüldenkraut, Benediktenkraut, Wermut, Gelber Enzian, Artischocke
- Gewürze: Javanische Gelbwurz, Ingwer, Pfefferminze, Kümmel
- Krampflösende Mittel: Erdrauch, Kamille, Schöllkraut, Scopoliawurzel
- Abführende Mittel: Aloe, Faulbaumrinde, Rhabarber, Sennesblätter (keine Dauerbehandlung!)
- Organschutz/Mehrfachwirkung: Mariendistel, Baldrian, Wurzel der Berberitze, Boldo, Sonnenhutkraut

Cholesterinspiegel, hoher: krankhafte Erhöhung der Blutcholesterinwerte. Cholesterin ist eine fettähnliche Substanz, die den Zellaufbau unterstützt und für die Bildung von Gallensäuren, Hormonen und Vitamin D benötigt wird. Es wird im Körper an Eiweiß gebunden transportiert. Dabei unterscheidet man zwischen einer »guten« Form, dem HDL-Cholesterin, das sogar überschüssiges Cholesterin aus den Zellen mitnehmen kann, und einer »schlechten« und krank machenden Form, dem LDL-Cholesterin. Entscheidend ist also nicht allein der Gesamtcholesterinwert, sondern auch der Anteil an HDL und LDL. Erhöhte Cholesterinwerte gelten als eine der Hauptursachen bzw. als Risikofaktor für Arteriosklerose, Bluthochdruck, Herzinfarkt und Schlaganfall. Hauptlieferanten von Nahrungscholesterin sind Fleisch, Innereien, Wurst, Eier, Butter, Süßgebäck, Milch und Milchprodukte mit vollem Fettgehalt. Durch übermäßigen Verzehr sind diese wichtigen Nährstofflieferanten als Krankmacher in Verruf geraten.

Wichtig ist ein vernünftiger, maßvoller Umgang mit cholesterinreichen Nahrungsmitteln • Haferkleie sowie Knoblauch, mit wenig Olivenöl zubereitet, senken bei konsequenter täglicher Anwendung den Cholesterinspiegel • Generell ist die so genannte Mittelmeerkost zu empfehlen (reichlich Gemüse und Salate, Fisch statt Fleisch, Knoblauch, Olivenöl und wenig Rotwein) • Man sollte vermehrt ungesättigte Fettsäuren zu sich nehmen und die gesättigten Fettsäuren einschränken • Bestimmte Bioaktivstoffe (vor allem Saponine, Flavonoide, Phytosterine und Karotinoide) schützen die Zellen und senken das Cholesterin; Lieferanten sind u. a. Sojabohnen, grüner Tee, Hafertee, grüne Blattsalate, Sesamsaat und Karotten • Reichliche Zufuhr von Antioxidanzien ist wichtig • Wertvolle Schutzstoffe sind außerdem Omega-3-Fettsäuren und Folsäure • Bewegung und Ausdauersport verbessern den Stoffwechsel und helfen beim Fettabbau • Raucher und auch Diabetiker sollten besonders auf ihre Cholesterinwerte achten

Grüner Tee: 2 EL Grünteeblätter mit 1/2 l heißem Wasser (etwa 70 °C) übergießen und 5 Minuten ziehen lassen. Zum Frühstück trinken, dieselben Blätter tagsüber für einen zweiten Aufguss verwenden. Die positive Wirkung von grünem Tee lässt sich noch steigern, wenn man ihn als Basis für Kombucha verwendet.

Cholin: basische Substanz und Bestandteil von Lezithin. Es ist wichtig für den Vitaminstoffwechsel und wird gezielt zur Behandlung von Lebererkrankungen eingenommen. Cholinreiche Nahrungsmittel sind u. a. Hefe, Fisch, Leber, Getreidekeime, Eigelb und Hülsenfrüchte. Als Bestandteil des Nervenbotenstoffs Azetylcholin ist es einer der wichtigsten Aktionsstoffe des Nervensystems.

Chrom: Spurenelement im Organismus (täglich benötigte Menge: 50 bis 200 Mikrogramm). Es beeinflusst die Schilddrüsenfunktion, ist ganz wesentlich am Zucker- und Insulinstoffwechsel beteiligt und daher für Diabetiker besonders wichtig. Chromreiche Nahrungsmittel sind Weizenkeime, Gewürze,

Cholesterin – Normalwerte

Cholesterin	Männer	Frauen
• Gesamtcholesterin	bis 250 mg/dl	bis 250 mg/dl
• LDL-Cholesterin	70 – 180 mg/dl	70 – 180 mg/dl
• HDL-Cholesterin	35 – 55 mg/dl	45 – 65 mg/dl

Der Quotient aus Gesamtcholesterin geteilt durch HDL sollte bei Männern unter 4,6 und bei Frauen unter 4,0 liegen.

Vollkornbrot, Maiskeimöl, weiße Bohnen, Melasse, Haferflocken, Rindfleisch, Eigelb und Leber. Symptome eines Mangels sind Störungen im Zuckerstoffwechsel, Überzuckerung, Zucker im Harn und erhöhte Blutfettwerte.

! Der Chromverlust durch industrielle Verarbeitung ist hoch. Während 100 Gramm Zuckerrübenmelasse noch 8,5 bis 11 Mikrogramm Chrom enthalten, liefert dieselbe Menge Haushaltszucker nur noch 0,2 Mikrogramm. 100 Gramm Weizenvollkorn enthalten rund 30 Mikrogramm Chrom, 100 Gramm Weißmehl nur noch 3 Mikrogramm.

Chronobiologie → Biorhythmus

Chronobiologie, chinesische: Prinzip der → traditionellen chinesischen Medizin, das zeitliche Abläufe und Rhythmen in die Diagnostik und Therapie mit einbezieht. Die Methode leitet sich u. a. vom → Yin-Yang-Prinzip und vom System der fünf Elemente (→ Elemente, fünf) her. So sind z. B. bei der chronobiologischen Akupunktur die »Öffnungszeiten« der Meridiane wichtig für die Einstichauswahl. Einbezogen werden Tagesrhythmen, Mondphasen und auch Jahresrhythmen.

Cimicifuga → Traubensilberkerze

Cistrosenöl → Zistrosenöl

Clematis (engl.): Weiße Waldrebe, Stockbottle Nr. 9 der → Bach-Blüten. Clematis verhilft passiven Menschen, die oft abschweifen und geistesabwesend sind, zu mehr Konzentration, Realitätssinn, Willenskraft und Kreativität. Clematis ist auch eine der fünf in der Notfallmischung → Rescue Remedy enthaltenen Bach-Blüten.

Colchicin: Alkaloid der → Herbstzeitlose. Es ist ein bewährtes Mittel zur Behandlung des akuten Gichtanfalls.

Colitis ulcerosa → Dickdarmentzündung

Colon-Hydro-Therapie (lat.-griech. Darm-Wasser-Behandlung): intensive Form der Darmreinigung. Die Methode wurde speziell für Astronauten zur Darmreinigung vor einem Weltraumflug entwickelt. Sie entspricht in vielem dem gewöhnlichen → Darmeinlauf und wird u. a. zu Beginn einer Fastenkur, zur Therapie von Colitis ulcerosa, Morbus Crohn, Candidainfektionen oder auch bestimmter Hauterkrankungen durchgeführt. Dabei wird durch ein Darmrohr lauwarmes Wasser in den Darm geleitet und wieder abgesaugt, gleichzeitig wird Sauerstoff, Ozon oder eine therapeutische Lösung in den Darm gebracht. Anhänger bezeichnen diese Therapie als »innere Kneippkur«; nicht immer ist ein größerer Reinigungs- oder Heileffekt als beim gewöhnlichen Einlauf erkennbar.

Colonmassage: spezielle Darmmassage. Dabei wird an fünf Punkten des Dickdarms mit den Händen kreisend im Rhythmus des Atems (Bauchatmung) massiert, und zwar beginnend von rechts unten nach rechts oben, dann nach links oben, weiter nach links und unten und schließlich in Richtung des Darmausgangs nach links unten.

☛ Die Colonmassage eignet sich zur Selbstbehandlung. Sie hilft bei Blähungen, Darmträgheit und Verstopfung.

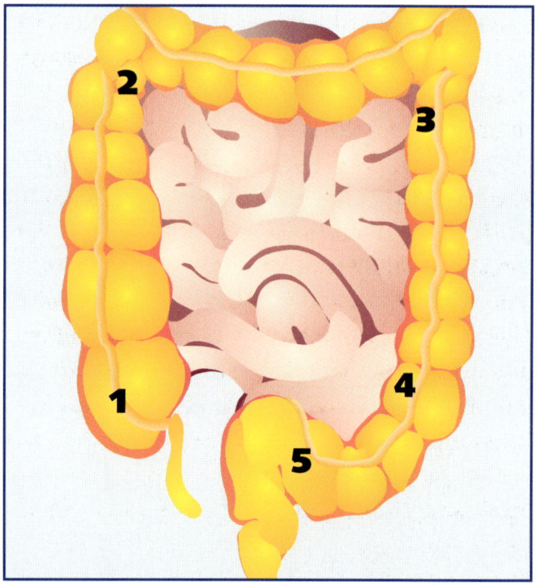

Colonmassage: Die fünf Punkte des Dickdarms werden kreisend massiert.

Compliance (engl. Einwilligung): Bereitschaft des Patienten, sich an die Anweisungen und Ratschläge des Therapeuten zu halten. Dazu zählen das Unterlassen gesundheitsschädlicher Gewohnheiten, die richtige Einnahme verordneter Medikamente, das Wiedererscheinen zu Kontrolluntersuchungen, auch die Grundkenntnis medizinischer Begriffe und Zusammenhänge – also generell die Mitarbeit des Patienten. Gerade im Bereich der Naturheilkunde und der alternativen oder psychosomatischen Medizin ist ein ungestörtes Vertrauensverhältnis zwischen Therapeut und Patient unverzichtbar, um eine dauerhafte und ursächliche Heilung herbeizuführen.

Condurango → Kondurangorinde

Coping (engl. bewältigen): Begriff aus der Stressforschung. Er beschreibt die Fähigkeit eines Menschen, seine Krankheit zu bewältigen, und zwar auf der körperlichen, seelischen und sozialen Ebene.

Cortex (lat.): Rinde. In lateinischen Begriffen steht der Pflanzenteil meist vor dem eigentlichen Pflanzennamen. Beispiel: Cortex Quercus heißt Eichenrinde.

Couscous: Hartweizengranulat. Dazu wird Hartweizen geschrotet, gegart und getrocknet. Couscous ist wie → Bulgur schnell zuzubereiten und lange haltbar. Er eignet sich als Beilage zu Fleisch, Gemüse oder in Salaten.

Crab Apple (engl.): Holzapfel, Stockbottle Nr. 10 der → Bach-Blüten. Crab Apple verhilft Menschen mit zwanghaftem Verhalten, also etwa mit dem Gefühl »innerer Unreinheit« (Ekelgefühlen vor Sexualität) oder mit übertriebenem Sauberkeitsanspruch (ständiges Händewaschen), zu einem großzügigeren Verhalten und einem entspannteren Verhältnis zu Reinheit und Ordnung.

Craniosacraltherapie (CST) → Kraniosakraltherapie

Cumarine: stark riechende Pflanzenstoffe, die gerinnungshemmend und ausschwemmend wirken. Ein Zuviel an Cumarinaufnahme kann zu Kopfschmerzen und Schwindelgefühlen führen, bei hierfür empfindlichen Menschen auch zu Leber- und Nierenstörungen.

Curry gibt es in ganz unterschiedlichen Gewürzmischungen.

Cun (chines.; gesprochen »tsunn«): in der → traditionellen chinesischen Medizin verwendete individuelle Maßeinheit. Damit werden am menschlichen Körper die Meridiane und Akupunkturpunkte bestimmt. Ein Cun entspricht dabei der Daumenbreite des jeweiligen Patienten (bzw. der Länge des mittleren Mittelfingerglieds, gemessen zwischen den Beugefalten). Darüber hinaus ist Cun ein chinesisches Längenmaß, das auch zur Längenbestimmung von Akupunkturnadeln dient; ein Cun entspricht 3,2 Zentimetern.

Curry: Gewürzmischung, die aus Bockshornklee, Ingwer, Kardamom, Koriander, Kurkuma (Gelbwurz), Muskat, Nelken, Paprika, Pfeffer, Senfmehl und anderen Gewürzen in veränderlichen Gewichtsanteilen besteht. Sie wird insbesondere in der indischen Küche verwendet. Curry steigert die Speichelmenge und den Gallenfluss, regt die Verdauung an und wirkt mild desinfizierend.

DAB (Deutsches Arzneibuch): Es enthält die amtlichen Vorschriften über Beschaffenheit, Zubereitung, Prüfung und Aufbewahrung von Heilpflanzen oder galenischen Mitteln. In Österreich gilt das »Österreichische Arzneibuch«, in der Schweiz die »Pharmacopoea Helvetica«.

Damiana (Turnera diffusa var. aphrodisiaca): Strauch aus der Familie der Turneraceae. Als Arznei verwendet man die getrockneten Blätter, oft zusammen mit den Zweigen. Damiana wird auch als homöopathisches Mittel eingenommen.

Inhaltsstoffe: ätherisches Öl (mit 1,8-Cineol, Alpha- und Beta-Pinen), Gerbstoffe, Bitterstoffe, Arbutin.

Anwendungen: Damiana desinfiziert die Harnwege, wirkt stimulierend und luststeigernd (→ Aphrodisiakum). Zubereitungen aus Damiana helfen bei Nervosität, geistiger und körperlicher Überlastung, bei sexuellen Störungen und zur Steigerung der sexuellen Lust.

Dampfbäder: Bäder in heißer, feuchter Luft. Klassische Vollbäder sind das römische und das türkisch-russische Dampfbad. Sie werden in speziell dafür eingerichteten Räumen durchgeführt, in denen eine Temperatur von 40 bis 50 °C (Warmluft) bzw. 60 bis 70 °C (Heißluft) herrscht und wo die Möglichkeit der Erzeugung von heißem Dampf (40 bis 50 °C) besteht. Dadurch führt man eine Überwärmung, vermehrte Hautdurchblutung und starkes Schwitzen herbei; Dampfbäder helfen bei Muskelverspannung, unterstützen die Ausscheidung von Schlackenstoffen und lindern die Beschwerden bei Gelenkerkrankungen (zur Behandlung von rheumatischen Beschwerden nach Rücksprache mit dem Arzt).

Das Kopfdampfbad dient der Inhalation; es wird auch bei Hautunreinheiten angewendet.

Teilbäder mit Dampf: Sie werden an einzelnen Gliedmaßen durchgeführt, ebenfalls um die lokale Durchblutung zu fördern, manchmal auch zum Erweichen von Narbengewebe.

Kopfdampfbad: Dem Kopfdampfbad (Inhalation) werden meist Kräuter oder Extrakte (Kamille, Heublumen, Pfefferminze, Eukalyptus, Zinnkraut, Teebaumöl) zugesetzt, deren Inhaltsstoffe, als Aerosole gelöst (→ Aerosoltherapie), inhaliert werden. Kopfdampfbäder helfen bei Entzündungen im Bereich der oberen Atemwege bzw. zur Hautreinigung bei Akne. Solinhalationen helfen bei chronischen Erkrankungen der Atemwege und werden auch zur Asthmabehandlung angewendet.

Dampfdusche: Bei der Dampfdusche richtet man mittels eines speziellen Duschkopfs Wasserdampf mit einer Temperatur von etwa 40 °C auf bestimmte Körperregionen.

Dampfkompresse: feuchte und heiße Auflage bzw. Wickel. Oft werden der Dampfkompresse auch pflanzliche Wirkstoffe zugesetzt (→ Heublumensack). Das innere, auf der Haut liegende Tuch ist feuchtheiß; es wird mit einem großen trockenen (Flanell-)Tuch fixiert. Eine Dampfkompresse wird z. B. bei Gallensteinkolik, Darmkolik (wenn die Ursache bekannt ist) und Frauenleiden angewendet.

! Wer an Bluthochdruck, Kreislaufproblemen oder an einer Herzkrankheit leidet, sollte Ganzkörperbäder nur nach Rücksprache mit dem Arzt anwenden.

Darmeinlauf: Maßnahme zur Darmreinigung. Dazu benötigt man ein spezielles Instrumentarium: ein Einlaufgerät (Irrigator) mit langem und flexiblem Darmrohr. Mit Hilfe dieses Irrigators wird lauwarmes Wasser oder Kräutertee in den Darm eingebracht. Der Patient liegt während dieser Anwendung (oder steht vornübergebeugt); er versucht, die Flüssigkeit möglichst lange zu halten, und dreht sich mehrmals, um die Darmwände zu spülen. In Apotheken gibt es kleinere, gebrauchsfertige Einlaufflüssigkeiten zu kaufen (→ Klistier). Eine Sonderform ist das → Sudabad (Kurzform für subaquales Darmbad), eine intensive Einlaufbehandlung mit 20 bis 30 Liter Flüssigkeit in einem Vollbad, wodurch auch höher gelegene Darmabschnitte gespült werden.

! Der Einlauf sollte möglichst von geübten oder medizinisch ausgebildeten Personen durchgeführt werden. Vor allem bei erstmaligen Anwendungen ist von Selbstbehandlung abzuraten. Besondere Vorsicht ist für Menschen mit Divertikeln oder Polypen geboten.

Darmflora: die im menschlichen Dickdarm vorkommenden nützlichen und erwünschten (physiologischen) Kleinstorganismen und Bakterien. Dazu zählen u. a. Kolibakterien, Enterokokken, Bacillus acidophilus und bifidus. Diese Mikroorganismen haben Verdauungsfunktion (insbesondere für das Zerlegen von Ballaststoffen), sie wehren Krankheitserreger ab und sind an der Herstellung körpereigener Vitamine beteiligt. Für ein intaktes Immunsystem spielt diese Bakterienflora eine sehr wichtige Rolle. Eine Störung dieses Gleichgewichts, die so genannte Dysbakterie, kommt vor allem nach Darminfektion oder nach Antibiotikaeinnahme vor (Antibiotika zerstören auch die nützlichen Bakterien im Darm).

Darmreinigung: Entleerung des Dickdarms. Die Darmreinigung erfolgt aus zwei Richtungen: von unten durch Einbringen von Flüssigkeit in den Darm (Darmeinlauf) und von oben durch Trinken großer Mengen Flüssigkeit (Mannitlösung, Kochsalzlösung, Glaubersalz). Eine gründliche Reinigung oder auch Spülung wird vor größeren internistischen Untersuchungen oder operativen Eingriffen im Darmbereich durchgeführt. Gründliche Darmreinigung ist außerdem Bestandteil ausleitender Therapieverfahren (→ Ausleitung) und steht am Beginn von Heilfastenkuren.

Darmsanierung: Maßnahmen zur (Wieder-)Erlangung einer gesunden Darmflora. Eine Darmsanierung geht in mehreren Schritten vor: Darmreinigung, Heilfasten (oft nur in Form einer → Milch-Semmel-Diät), Einnahme von → Eubionten sowie Ernährung mit milchsauren Produkten wie Kefir, probiotischem Joghurt, Sauerkraut oder Kombucha.

Dekokt: Abkochung. Kräuterauszug, bei dem die jeweilige Heilpflanze in kaltem Wasser angesetzt und dann erst zum Sieden gebracht wird. Die Abkochung wird 5 bis 10 Minuten auf Siedetemperatur gehalten und anschließend abgeseiht. Das Dekokt eignet sich insbesondere für Heilpflanzen von harter Beschaffenheit, z. B. Rinde, Wurzel oder Holz.

Darmreinigung – verschiedene Arten und Durchführungen

Darmeinlauf	Vor Röntgenuntersuchung, Endoskopie, Entbindung, bei Verstopfung und zu Beginn einer Fastenkur
Darmspülung	Vor Operationen; entweder retrograd (von unten) als hoher Schwenkeinlauf unter Verwendung einer größeren Menge Spülflüssigkeit oder orthograd (von oben) durch Trinken von bis zu 5 Liter abführender Flüssigkeit
Darmbad	Vollbad mit Einbringen von 20 bis 30 Liter Wasser; selten praktiziert

Depressive Verstimmung (lat. depressus = niedergedrückt, herabgezogen): phasenweise auftretendes Gefühl von Niedergeschlagenheit. Typische Zeichen sind Antriebsschwäche, Mutlosigkeit, innere Unruhe oder auch Angstzustände, auf körperlicher Ebene Schlaflosigkeit, Appetitlosigkeit, Kreislaufstörungen und eingeschränkte sexuelle Lust, auf sozialer Ebene Kontaktarmut, zunehmende Isolation und Leistungsminderung. Traurig ist, wer einen Grund hat; depressiv ist, wer grundlos traurig ist. Der Hang zur Depression und zur Grübelei wird teilweise vererbt; verstärkend wirken Faktoren wie dauerhafter beruflicher Misserfolg oder private Zurückweisungen, aber auch Lichtmangel (in den Wintermonaten), Bewegungsmangel oder falsche Ernährung. Viele Menschen, die manchmal an depressiver Verstimmung leiden, sind während der beschwerdefreien »hellen« Phasen äußerst aktiv, leistungsfähig und ideenreich.

Man sollte bei der täglichen Ernährung insbesondere auf ausreichende Zufuhr der Aminosäuren Phenylalanin, Tyrosin und Methionin achten (enthalten z. B. in magerem Fleisch); wichtig sind außerdem die Vitamine der B-Gruppe • Hafer enthält stimmungsaufhellende Wirkstoffe und sollte (z. B. in Form von Haferflocken) in den täglichen Speiseplan integriert werden • Autogenes Training, Yoga, Licht-, Aroma- und Farbtherapie schaffen inneres Gleichgewicht und helfen, in düsteren Phasen besser zurechtzukommen • Neben meditativen Methoden sorgt auch körperliche Bewegung, z. B. Jogging oder Radfahren mit anschließender Sauna oder Schwimmen, für körperliches Wohlbefinden und Ausgeglichenheit • Bewährte Kräuter sind Mate, Hopfen, Beifuß und vor allem Johanniskraut

Gegen Verstimmungen: Raus in die Natur und Luft und Sonne tanken.

Johanniskrauttee: 1 bis 2 TL Johanniskraut und -blüten mit 1 Tasse heißem Wasser aufgießen und 5 Minuten ziehen lassen. 2 bis 3 Monate lang täglich morgens und abends je 1 Tasse Tee trinken; während dieser Zeit ausführliche Sonnenbäder meiden.

! Der Übergang von depressiver Verstimmung zur tatsächlichen Depression ist fließend. Von »echter« Depression spricht man, wenn jemand länger als 14 Tage ohne Unterbrechung und ohne äußeren Anlass an gedrückter Stimmung, Verlust von Lebensfreude, Antriebslosigkeit leidet, begleitet von Symptomen wie verminderter Konzentrationsfähigkeit, verringertem Selbstwertgefühl, Schuldgefühlen, Pessimismus bis hin zu Selbstmordgedanken, Schlafstörungen und Appetitlosigkeit. In diesen Fällen muss psychotherapeutisch behandelt werden.

De-Qi (auch PSC = propagated sensation along the channels; »Ankommen des Qi«): Begriff aus der → Akupunkturtherapie. Das Ankommen des Qi wird vom behandelten Patienten als Spannung oder Schwere, als Ziehen, Taubheitsgefühl oder auch als Schmerz empfunden. Das De-Qi zeigt an, dass der Akupunkteur optimal gearbeitet hat. Es ist objektiv mit dem Elektroenzephalogramm messbar und spielt für den Erfolg der Akupunkturbehandlung eine wichtige Rolle.

Derivat (Abkömmling, »unmittelbare chemische Verwandtschaft«): Der Begriff wird meist im Zusammenhang mit Wirkstoffnamen verwendet; z. B. Gestagenderivat.

Dermatitis (entzündliche Erkrankung der Haut, oftmals infolge einer Allergie) → Hauterkrankungen

Desensibilisierung: 1. Behandlungsmethode bei → Allergie (Hyposensibilisierung). Dazu wird dem Allergiker über einen längeren Zeitraum hinweg in steigender Dosis der die Allergie auslösende Stoff (Allergen) unter die Haut gespritzt. Der Körper soll sich auf diese Weise an das Allergen gewöhnen. Wichtig ist, dass der Organismus während der Behandlung nicht zusätzlich mit Allergenen aus seiner natürlichen Umgebung in Kontakt kommt. Eine Desensibilisierung, z. B. gegen die Pollen heimischer Pflanzen, wird daher meist während der Wintermonate durchgeführt.
2. psychologisches Verfahren zur Linderung von Angst oder Phobie, meist im Rahmen einer Verhaltenstherapie. Dazu werden in aufsteigender Folge Angstsituationen geübt, um ihnen durch gezielte Entspannungsmethoden gegenzusteuern.

Deutsche Gesellschaft für Ernährung (DGE): Die DGE ist eine unabhängige Gesellschaft, die das Ziel verfolgt, Forschungsergebnisse aus dem Gebiet der Ernährungswissenschaft zu sammeln, auszuwerten und anschließend auch zu veröffentlichen.

Dhatus (sanskrit Gewebe): Begriff des → Ayurveda. Als Dhatus bezeichnet man die zwischen Haut und Eingeweide liegenden Gewebe, die aktive Stoffwechselfunktion haben. Zu den so genannten Upadhatus zählen Haut, Blut- und Lymphbahnen, Nerven, Sehnen und Fettgewebe; sie gelten als Nebenprodukte der Dhatus.

Diabetes mellitus (griech. »honigsüßes Hindurchfließen«, Zuckerkrankheit): Diabetes mellitus ist eine Stoffwechselstörung, die durch absoluten (Typ I = Jugenddiabetes) oder durch relativen Insulinmangel (Typ II = Altersdiabetes) gekennzeichnet ist. Als Ursache für Typ I nimmt man bestimmte Virusinfekte oder eine Autoimmunstörung an. Typ-II-Diabetes ist zu einem großen Teil erblich bedingt; Übergewicht und Bewegungsmangel begünstigen die Entstehung der Krankheit. Das Bauchspeicheldrüsenhormon Insulin hat die Aufgabe, an jeder einzelnen Zelle die »Schleuse« zu öffnen, damit der Energielieferant Zucker (Glukose) aus dem Blut in die Zelle übertreten kann. Wenn Insulin fehlt (Typ I) oder die Zellen nicht genügend darauf ansprechen (Typ II), besteht in der Zelle ein Zuckermangel; der Zuckerspiegel im Blut ist dann erhöht.

! Diabetes mellitus ist immer ein Fall für den Arzt.

Kohlenhydrate sollten hauptsächlich als Mehrfachzucker und kombiniert mit pflanzlichen Faserstoffen zugeführt werden; günstig sind u. a. Vollkornprodukte, Kartoffeln, Reis und Haferflocken; Einfachzucker (z. B. Haushaltszucker) sollte nur in kleinen Mengen und als Notfallmittel bei Unterzucker zum Einsatz kommen • Besonders wertvoll sind die Spurenelemente Zink (Rindfleisch, Camembert, Austern, Linsen, Haferflocken), Chrom (Weizenkeime, Bierhefe, Vollkornbrot) und Mangan (Haferflocken, Soja, Heidelbeeren, Schwarztee) • Der Pflanzenwirkstoff Inulin (Alant, Artischocke, Schwarzwurzel, Klette und Topinambur) hat überdurchschnittlich

Diabetes mellitus – Zuckerwerte

Die Angaben zum Blutzucker sind in Milligramm pro Deziliter (mg/dl):

• Nüchternzucker	70 – 100 mg/dl
• Grenzbereich	100 – 120 mg/dl
• Diabetisch	über 120 mg/dl
• Nierenschwelle	etwa 170 mg/dl

Ab einem Wert von etwa 170 mg/dl wird Zucker auch mit dem Harn ausgeschieden; daher der Name »honigsüßes Hindurchfließen« oder (veraltet) Zuckerharnruhr.

hohen Sättigungswert • Regelmäßige körperliche Bewegung (nach Rücksprache mit dem Arzt und bei engmaschiger Blutzuckerkontrolle) verbessert die Ansprechbarkeit der Zellen für Insulin • Bewährte Heilkräuter sind Heidelbeere, Fuchskreuzkraut, Bohnenschalen, Kakaosamen, Quecke, Lapacho und grüner Hafertee • Als homöopathische Mittel nimmt man Jambulbaum und Nelkenöl ein • Gefäßschutz mit Antioxidanzien ist für Diabetiker zur Vermeidung von Spätfolgen besonders wichtig • Buchweizentee stärkt die Blutgefäße und erhält deren Elastizität

Teemischung: Bohnenschalen, Brennnesselkraut, Heidelbeerblätter und Wacholderbeeren zu gleichen Teilen mischen. 1 TL der Mischung mit 1 Tasse kochendem Wasser übergießen und nach 10 Minuten abseihen. 4 Wochen lang täglich 3 Tassen trinken, dann 4 Wochen pausieren und nochmals eine 4-wöchige Kur machen. Dieser Tee eignet sich für Typ-I- und Typ-II-Diabetiker und ergänzt die ärztliche Behandlung.

Diagnostik (griech. Unterscheidung): Erkennen und Benennen einer Krankheit. Generell steht vor jeder Therapie eine möglichst sorgfältige Diagnose. Dafür wird zunächst die Geschichte der Krankheit erfragt (→ Anamnese); je nach Krankheitsverdacht sind unterschiedliche Methoden erforderlich, vom bloßen Betrachten, Abklopfen und Abhören bis hin zu apparativen oder Laboruntersuchungen.

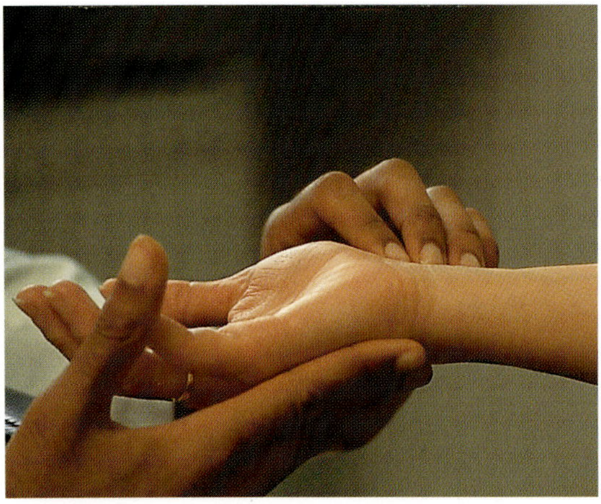

Die Pulsdiagnostik spielt in vielen Medizinsystemen eine bedeutende Rolle.

Homöopathische Diagnostik: Kennzeichen der Homöopathie ist die ausführliche Anamnese. Sie führt zur Wahl des geeignetsten »ähnlichsten« Arzneimittels (→ Simile).

Ayurvedische Diagnostik: Nochmals anders geht die ayurvedische Diagnostik vor: Sie erfragt zunächst den Normalzustand des Patienten, u. a. Alter und Geschlecht, Körperbau, Verdauungskapazität, Anpassungsfähigkeit an äußere Veränderungen (Klima, Nahrung), außerdem allgemeine Faktoren wie Physiognomie, Stimme oder Hauttyp, führt eine Zungen- und/oder Pulsdiagnostik, eine Stuhl- und Urinuntersuchung durch. Im Ayurveda muss zuletzt noch geklärt werden, welche → Doshas aus dem Gleichgewicht gekommen sind und ob → Dhatus beeinträchtigt sind.

Chinesische und tibetische Diagnostik: Sie gehen ähnlich vor wie die ayurvedische Diagnostik. In der traditionellen chinesischen Medizin spielen die Zungen- und die Pulsdiagnostik eine Rolle, ebenso der Yin-Yang-Zustand des Patienten. In der traditionellen tibetischen Diagnostik werden die einzelnen Störungen in rLung-, mKhris-pa- und Bad-kan-Störungen eingeteilt; charakteristisch für rLung-Symptome (=Windsymptome) sind z. B. Konzentrationsstörungen, Ohrgeräusche, Schwindelgefühl, innere Unruhe, Abgespanntheit oder Blähungen.

Diaphoretikum: schweißtreibendes Mittel. Die bekanntesten Diaphoretika sind Lindenblütentee und Holunderblütentee, etwas milder in der Wirkung auch schwarzer Tee oder heißes Zitronenwasser. Sie sind altbewährt bei beginnender Erkältung, sollten aber von Bluthochdruckpatienten und Herz-Kreislauf-Kranken sowie bei Diabetes mellitus und Basedow-Krankheit nicht oder nur nach Rücksprache mit dem Arzt angewendet werden.

Diarrhö → Durchfall

Diät (griech. Lebensweise): Begriff aus der Ernährungslehre für eine dem Gesundheitszustand oder einer bestimmten Krankheit angepasste Ernährungsform. Die Diätetik ist demnach die Lehre von den unterschiedlichen Ernährungsformen. Heute wird der Begriff allerdings meist im Sinn einer Reduktionsdiät, d. h. einer Ernährungseinschränkung, um abzunehmen, gebraucht (siehe zu Diät das Special S. 98ff.)

Dickdarmentzündung (Colitis): akute oder chronische Entzündung der Dickdarmschleimhaut, z. B. infolge von Abführmittelmissbrauch oder einer Darminfektion. Eine sehr häufige Form ist die Colitis ulcerosa, die zu den Autoimmunkrankheiten gezählt wird. Psychische Probleme, Ängste oder unbewältigte Konflikte spielen hier eine wichtige Rolle. Die Colitis ulcerosa beginnt entweder schleichend mit schleimig-blutig-eitrigen Durchfällen oder akut mit bis zu 20 schmerzhaften Stuhlentleerungen täglich.

Weil bei Durchfall große Mengen an Flüssigkeit und Mineralstoffen verloren gehen, muss man sehr viel trinken, vor allem Heilwasser, Tee oder Elektrolytgetränke • Patienten mit Colitis ulcerosa zeigen meist Symptome von Mangelernährung; die Kost sollte deshalb arm an Ballaststoffen, hochkalorisch und leicht verdaulich sein • Die F.-X.-Mayr-Kur entlastet den Darm, sollte aber nicht zur weiteren Abmagerung führen • Schleimhaltige bzw. Schleim bildende Tees aus Isländisch Moos, Eibisch oder Leinsamen legen sich wie ein Schutzfilm über die entzündete Darmschleimhaut • Reisschleim, Haferschleimsuppe und Dinkelprodukte sind Nahrungsmittel und Heilmittel zugleich • Gegen Durchfall helfen Tee aus Heidelbeeren, Heidelbeerblättern oder Süßholzwurzel sowie Uzarawurzeldragees (Apotheke) • Gegen die Entzündung selbst wirkt ein Tee aus Kamille oder Pfefferminze • Schwarzer und grüner Tee wirken mild gerbend und entzündungshemmend • Für eine Genesung der Darmschleimhaut und den schonenden Aufbau einer gesunden Darmflora sorgt Kombucha (morgens auf nüchternen Magen 1 kleines Glas, zimmerwarm) • Biofeedback, Yoga und autogenes Training schaffen Distanz und innere Ausgeglichenheit • Bei psychischen Problemen helfen möglicherweise Bach-Blüten • Selbsthilfegruppen oder auch eine Psychotherapie haben sich bei Colitis ulcerosa sehr bewährt

Tee bei Dickdarmentzündung: Je 20 g Eibischwurzel und Isländisch Moos mit je 10 g Fenchel, Mistelkraut, Queckenwurzel und Eisenkraut mischen. 1 EL davon in 250 ml kaltem Wasser ansetzen, langsam aufkochen und 10 Minuten ziehen lassen. 4 Wochen lang täglich 1/2 l von diesem Tee trinken.

Digitalis → Fingerhut

Dill (Anethum graveolens): Pflanze aus der Familie der Doldengewächse (Apiaceae). Der Dill stammt ursprünglich aus Indien und Persien und wird in Mitteleuropa fast überall in Gärten angebaut. Er hat gefiederte Haare und gelbe Doldenblüten. Dill ist eine seit langem bekannte Heil- und Gewürzpflanze, die schon im Neuen Testament und bei griechischen Ärzten der Antike erwähnt ist. Alle Teile der Pflanze enthalten ätherisches Öl; zu Heilzwecken verwendet man meist die getrockneten Früchte und das Kraut.

Inhaltsstoffe: ätherisches Öl (2,5 bis 4 Prozent) mit u. a. Carvon, Limonen, Terpinen und Dill-Apiol, außerdem Beta-Sitosterin, Bergapten, Ferulasäure.

Anwendungen: Dill regt die Magensaftsekretion an, löst Krämpfe und hemmt das Wachstum von Bakterien. Man verwendet ihn frisch oder getrocknet als Küchengewürz, die Früchte als Tee oder andere galenische Zubereitung bei Verdauungsstörungen, vor allem Blähungen, und zur vermehrten Harnausscheidung bei Beschwerden im Bereich der Nieren und Harnwege. Die Volksmedizin schätzte Dill auch als Mittel zur Steigerung der Milchsekretion.

Diäten

Das richtige Ernährungsprogramm

Das Wort »Diät« kommt aus dem Griechischen und bedeutet zunächst nur »Lebensweise«. In unserem Sprachgebrauch meint man mit Diät jede Änderung der »normalen« Ernährung mit dem Ziel, abzunehmen, eine (Stoffwechsel-)Krankheit zu behandeln oder bestimmte Organe zu schonen. Jede längere Diät sollte nur auf ärztlichen Rat hin oder nach Rücksprache mit dem Arzt durchgeführt werden.

Vielfalt der Diäten

Es gibt mittlerweile Diäten wie Sand am Meer. Die Zahl der Diätbücher und entsprechender Artikel in diversen (Frauen-)Zeitschriften ist kaum noch zu überblicken. Man kann zwischen therapeutischen und eher nicht therapeutischen Diäten unterscheiden.

- Therapeutische Diäten: Spezielle Ernährungsformen zur Behandlung einer Krankheit (z.B. die Zuckerdiät bei Diabetes mellitus, die Evers-Diät bei multipler Sklerose oder die Mayr-Kur) werden meist längere Zeit oder sogar ein ganzes Leben lang beibehalten.
- Nicht therapeutische Diäten: Die Übergänge sind hier fließend. So kann eine Nulldiät durchaus therapeutisch angebracht sein oder aber einfach als Teil eines persönlichen Fastenprogramms durchgeführt werden.

Wirkung von Diäten

- Die Langzeitwirkung von Diäten ist meist gering, und sobald man zur durchschnittlichen Kost zurückkehrt, setzen auch die Beschwerden wieder ein. Manche Diäten müssen lebenslang gemacht werden.
- Egal, ob man eine therapeutische Diät oder »nur« eine Schlankheitsdiät macht – um einen möglichst positiven Effekt zu erzielen, benötigt man auch eine möglichst positive Einstellung. Von bestimmten Details abgesehen, ähneln die meisten Diätformen sich doch sehr. Denn die Prinzipien der vernünftigen Ernährung gelten eigentlich für alle Menschen, die gesund bleiben oder werden wollen.

Diätformen

Im Folgenden sollen einige der wichtigsten Diätformen vorgestellt werden.

▶ *Nulldiät*

Mehrtägiger vollständiger Verzicht auf feste Nahrung ist als Maßnahme zur Körperreinigung (Fasten bzw. Heilfasten) absolut sinnvoll, zur Gewichtsreduktion jedoch nicht tauglich. Man sollte sich während dieser Zeit sehr viel Ruhe gönnen (am besten während des Urlaubs praktizieren) und den Körper verwöhnen (durch Bäder, Massagen etc.).

▶ *Saftfasten*

Safttage (mit naturreinen Obst- und Gemüsesäften) sind abwechslungsreich und auch geeignet, kurzfristig zugelegte Pfunde ebenso kurzfristig wieder abzubauen. Zuckerreserven (d. h. Glykogenreserven) werden eingeschmolzen. Um aber einer Unterzuckerung während des nächtlichen Schlafs vorzubeugen, sollte man abends kohlenhydratreichen Saft, z. B. von Bananen oder Weintrauben, trinken.

▶ *Obstkur*

Drei Tage wird nur frisches Obst gegessen, werden Wasser, Tee und naturreiner Obstsaft getrunken. Diese Methode befürworten auch Ärzte und Ernährungsexperten, denn Obst versorgt den Körper mit den unmittelbar benötigten Nährstoffen, enthält Faserstoffe für die Verdauung und hilft, erhöhte Blutfettwerte zu senken. Erlaubt sind alle heimischen und exotischen Früchte, doch sollte die tägliche

Energiezufuhr auf etwa 1500 Kilokalorien eingeschränkt werden; vor dem Zubettgehen sollte man eine Banane essen.

▶ ***Kushi-Diät***
Die Diätform ist von der Makrobiotik abgeleitet, einer vegetarischen Ernährung, die auf den Prinzipien des Zen-Buddhismus gründet. Wichtigste Nahrungsmittel sind Getreide und Gemüse; Fisch und Fleisch aber sind nicht verboten. Bei der Kushi-Diät nimmt man täglich etwa 1200 Kilokalorien zu sich, davon 50 bis 60 Prozent hochwertiges Getreide wie Hafer, Roggen, Reis und Grünkern, 25 bis 30 Prozent Gemüse und 10 Prozent Hülsenfrüchte.

▶ ***Kartoffeldiät***
Sie ist eine typische Kohlenhydratdiät. Man nimmt pro Tag etwa 1200 Kilokalorien zu sich, hauptsächlich in Form von Pellkartoffeln und Salzkartoffeln, die man mit etwas Quark, Milch, Salat, einem Ei oder magerem Fisch kombiniert. Diese Diät gewährleistet vielseitige Nährstoffversorgung trotz eines Minimums an Kalorien; sie eignet sich auch zur langfristigen Anwendung.

▶ ***Eiweißreiche Diäten***
Hier wird viel Fleisch (Steak) mit Salaten gegessen, Fett und Kohlenhydrate sind reduziert.

Kilokalorien und Kilojoule

Obwohl die Einheit Kilokalorie offiziell durch die Einheit Kilojoule ersetzt wurde, sind im alltäglichen Leben »die Kalorien« (= kcal) als Messeinheit für den Brennwert gebräuchlich (1 kcal = 4,19 kJ).

- 1 g Fett hat einen Brennwert von 9,3 kcal.
- 1 g Eiweiß und 1 g Kohlenhydrate haben je einen Brennwert von 4,1 kcal.

Mittelmeerkost ist eine Diätform – und ein Genuss.

Bei schon bestehendem Bluthochdruck oder bei erhöhten Blutfettwerten sind eiweißreiche Diäten ungeeignet. Außerdem belasten die Abbauprodukte der hohen Eiweißzufuhr die Nieren; man sollte daher sehr viel Wasser während dieser Diät trinken (mindestens zwei bis drei Liter täglich).

▶ ***Fettreiche Diäten***
Sie sind mit besonderer Vorsicht zu genießen. Nicht immer werden bei unterkalorischer Versorgung die Fettdepots eingeschmolzen, und nur selten ist darauf Verlass, dass sich bei fettreicher Ernährung ein rasches Sättigungsgefühl einstellt.

▶ ***Low-fat-Diät***
Die Grundprinzipien dieser Ernährungsform sind: fett- und cholesterinarm essen. Sowohl bei bestehenden Herz-Kreislauf-Problemen als auch zur Vorbeugung von Arteriosklerose ist die Low-fat-Diät ideal. Gegebenenfalls kann

sie mit einer Einschränkung des Salzverzehrs kombiniert werden (bei hierfür sensiblen Menschen mit Bluthochdruck).

▶ ***Mittelmeerdiät***
Die Kost, die in den Mittelmeerländern genossen wird, wirkt sich ausgesprochen positiv auf Herz und Kreislauf aus – zu dieser Feststellung kam die Weltgesundheitsorganisation (WHO). Die Mittelmeerdiät ist keine Diät im strengen Sinn des Wortes, sondern beschreibt bestimmte Ernährungsgewohnheiten: reichlich Obst und Gemüse, stärkehaltige (kohlenhydrathaltige) Lebensmittel, Pflanzenöle mit ungesättigten Fettsäuren als Fettquelle (z. B. Olivenöl), wenig Fleisch, dafür mehr Fisch. Diese Ernährung bietet auch ein Maximum an Antioxidanzien – wobei ein Gläschen (Rot-)Wein zum Essen durchaus erlaubt ist.

▶ ***Eskimodiät***
Diese Diät ist ebenfalls für eine Regulierung von Fett- und Cholesterinwerten geeignet. Sie beruht auf dem Ergebnis, dass Kaltwasserfische wertvolle essenzielle Fettsäuren liefern, die nicht massenhaft ins Blut gelangen, sondern nach und nach über Stunden verteilt. Auf diese Weise wandert weniger Fett in die Fettspeicher des Körpers. Grundsätzlich gilt für diese Diät: eine Fischmahlzeit pro Tag, ansonsten viel Gemüse, Obst, Hülsenfrüchte und Getreide. Fleisch und Geflügel sind vom Speiseplan gestrichen.

▶ ***Essen nach Typ und Jahreszeit***
In allen Kulturen und zu allen Zeiten gab es Ernährungsempfehlungen. So gibt es etwa Diäten, die sich auf den Typ eines Menschen (bzw. sein Temperament oder seinen Charakter) beziehen.
Sehr stark verbreitet war schon immer die Ernährung nach den Jahreszeiten: etwa im Sommer leichter, im Winter fetthaltiger zu essen.
Die chinesische Ernährung nach den fünf Elementen richtet sich ebenfalls nach den Jahreszeiten, stellt sie aber noch in einen Zusammenhang mit den fünf Elementen (Holz, Feuer, Erde, Wasser, Metall) und den Geschmacksrichtungen sowie dem Yin-Yang-Gehalt von Nahrungsmitteln.
Auch die ayurvedische Ernährung achtet auf die Jahreszeiten.

Vorsicht vor reinen Modediäten

Viele Modediäten sind extrem einseitig und helfen nur kurzfristig bei der Gewichtsabnahme. Ernährt man sich dann wieder »normal«, legt man noch viel mehr an Gewicht zu. Denn der Organismus hat gelernt, mit dem geringen Angebot sparsam umzugehen.
Steht wieder das »normale« Angebot zur Verfügung, schlägt das Gegessene möglicherweise noch mehr an. Wer langfristig das Gewicht reduzieren oder Stoffwechselprobleme (erhöhte Blutfettwerte, Diabetes mellitus) behandeln will, muss seine Ernährung dauerhaft umstellen.

Die Grundlagen gesunder Ernährung

Gesunde Ernährung ist eine vielseitige, möglichst frisch zubereitete und abwechslungsreiche Ernährung.

- Bunte und frische Vielfalt in der Küche ist wichtig. Obst und Gemüse in allen Farben enthalten viele für den menschlichen Stoffwechsel besonders wertvolle Bioaktivstoffe. Jede Mahlzeit sollte mit einem Salat- oder Gemüseteller beginnen (der Hauptgang kann entsprechend kleiner ausfallen) und eventuell mit etwas Obst schließen.

■ Allmählich sollte auf alle industriell verarbeiteten Nahrungsmittel, die zwar oft einen extrem hohen Gehalt an Kalorien, Kochsalz und Geschmacksverstärkern haben, den Gaumen aber letztlich nicht befriedigen und den Esser mit einem Gefühl des Nichtgesättigtseins zurücklassen, verzichtet werden. Dagegen kommt frisch zubereitetes und vielseitiges Essen dem menschlichen Geschmacksbedürfnis sehr viel mehr entgegen. Um ein Gefühl der Sättigung zu erreichen und den Gaumen zu befriedigen, müssen nicht unbedingt viele Kalorien verzehrt worden sein.

■ Langsames Kauen ermöglicht den wahren Genuss, denn nur solange die Speisen im Mund sind, kann man sie genießen. Die Verdauung der Kohlenhydrate beginnt im Mund. Bei gründlichem Kauen von reifem Obst entfaltet sich ein sehr süßer Geschmack (mit intensivem »mouth feeling«), an den keine Schokolade der Welt herankommt.

■ Kohlenhydrate sind nur in dem Maße Dickmacher, wie die begleitenden Saucen und Tunken Dickmacher sind. Um die Geschmeidigkeit der Kohlenhydrate zu steigern, sollte man besser zu Blattsalat oder blanchiertem Gemüse greifen. Dann sind die Kohlenhydrate wahre Schlankmacher.

Kaltwasserfische enthalten die wertvollen Omega-3-Fettsäuren.

■ Echte Dickmacher, angeblich auch Geschmacksträger, sind die Fette. Hier ist am ehesten eine kurzfristige Kasteiung bei der Ernährungsumstellung erforderlich. Doch wenn man spürt, wie man durch die Überwindung täglich leichter, beweglicher und auch selbstbewusster wird, will man nicht mehr zurück. Was zuerst Quälerei war, wird so zum Genuss.

■ Regelmäßige (am besten tägliche) körperliche Bewegung an der frischen Luft zur Anregung von Herz und Kreislauf, zur Steigerung des Energieverbrauchs und des Stoffwechsels sollte zu einer gesunden Ernährung hinzukommen. Es ist z. B. nachgewiesen, dass Ausdauersport die Ansprechbarkeit der Zellen für Insulin verbessert und damit, auch bei erblicher Veranlagung, einem Typ-II-Diabetes vorbeugen kann.

Ernährung – Wertstufeneinteilung

Vor einigen Jahren wurde die Wertstufentabelle als Einkaufshilfe eingeführt. Man sollte allerdings nicht unbedingt ein Dogma daraus machen. Danach gilt:

- Kategorie I (= sehr empfehlenswert): frisches Gemüse, milchsaures Gemüse und frisches Obst
- Kategorie II (= empfehlenswert): erhitztes oder tiefgekühltes Gemüse und Obst
- Kategorie III (= weniger empfehlenswert): Konserven
- Kategorie IV (= nicht empfehlenswert): Fertiggerichte

Dinkel – mittlerweile wieder ein geschätztes Grundnahrungsmittel.

Dinkel (Triticum spelta): ein zu den Weizenarten gehörendes Getreide. Dinkel ist ein Vorläufer des Weizens, unterscheidet sich vom Kulturweizen aber dadurch, dass er eine Spelze, d. h. eine nicht essbare äußere Holzfaserschicht, hat. Als Grünkern bezeichnet man den im ersten Reifestadium (Milchreife) geernteten Dinkel, der anschließend gedarrt wird. Dinkel ist weniger hoch gezüchtet, das Saatgut muss nicht gebeizt und das Getreide nicht so intensiv gedüngt werden. Er verbessert die Durchblutung, ist bekömmlicher als Weizen und hilft vor allem bei entzündlichen Erkrankungen des Darms (Morbus Crohn und Colitis ulcerosa).

Dinkelrezept: 200 g sehr fein gemahlenes Dinkelmehl mit 200 g sehr fein geriebenen Karotten mischen und zu einem Teig kneten, mit Salz und Muskat würzen, 1 Messerspitze Bikarbonat als Backtriebmittel untermischen. Dann kleine Fladen formen und bei mittlerer Hitze im Rohr backen.

Diuretikum (Mehrzahl: Diuretika): Substanz, die eine vermehrte Harnausscheidung bewirkt. Diuretika regen die Nierentätigkeit an und führen überschüssiges Kochsalz, Wasser und Giftstoffe der Ausscheidung zu. Da sie den Flüssigkeitshaushalt entlasten, wirken sie auch blutdrucksenkend. Viele Diuretika werden synthetisch hergestellt und sind rezeptpflichtig. Seit Jahrhunderten haben sich aber auch bestimmte Heilpflanzen oder Nahrungsmittel bewährt: Generell erhöht kaliumreiche Kost, z. B. Bananen, Aprikosen, Erdbeeren, Weintrauben, Kartoffeln, Karotten, Reis (→ Apfel-Reis-Diät), die Wasserausscheidung. Theophyllin, Theobromin und Koffein (in schwarzem und grünem Tee) wirken harntreibend. Klassische pflanzliche Diuretika sind Wacholderbeeren, Hauhechelwurzel, Liebstöckelwurzel und Haferkraut. Meist in Form von Tee helfen sie, Ödeme auszuschwemmen und den Kreislauf zu entlasten. Ein Diuretikum, das einfach in den täglichen Speiseplan integriert werden kann, ist Knoblauch.

! Bei schwerer Einschränkung der Funktion von Herz oder Nieren sind Entwässerungstees nicht zu empfehlen. Hier muss der Arzt gefragt werden.

Doppelmittel: Begriff aus der → Homöopathie, wenn gleichzeitig zwei Arzneimittel verabreicht werden, die in ihrer Prüfungssymptomatik – jeweils aus einer anderen Richtung – den Krankheitssymptomen des Patienten ähnlich sind. Die klassische Homöopathie lehnt diese Methode weitgehend ab (→ Einzelmittel, → Komplexmittel).

Doshas (sanskrit Makel, Unvollkommenheiten): Begriff aus dem → Ayurveda. Zentraler Punkt des Ayurveda ist die Tri-Dosha-Lehre. Demnach zeigen sich alle Erscheinungen auf zwei Ebenen: auf der materiell konkreten Ebene (fünf Elemente) und auf der energetischen Ebene der drei Doshas. Diese stehen mit den Elementen in einem ganz bestimmten Zusammenhang: Vata mit Luft und Äther, Pitta mit Feuer (und Wasser), Kapha mit Wasser und Erde. Jeder Mensch trägt eine unterschiedliche und individuelle Gewichtung dieser drei Doshas in sich. Ziel jeder Behandlung ist es daher, ein Gleichgewicht der individuellen Dosha-Verteilung zu erreichen (→ Ayurveda).

Dost (Origanum vulgare; auch wilder Majoran, Oregano): Pflanze aus der Familie der Lippenblütler (Lamiaceae). Er wächst in den wärmeren Gegenden Mitteleuropas, hat eiförmige Blätter und kleine zweilippige Blüten. Als Arznei verwendet man das getrocknete, von dickeren Stängeln befreite Kraut und das durch Wasserdampfdestillation gewonnene ätherische Öl. Dost wird auch als homöopathisches Mittel eingenommen.

Inhaltsstoffe: Gerbstoffe (ca. 8 Prozent), ätherisches Öl (0,15 bis 1 Prozent) mit Carvacrol, Bitterstoffe, Flavonoide.

Anwendungen: Dost regt die Verdauung an, wirkt krampflösend und antibakteriell. Er findet (frisch oder getrocknet) als Küchengewürz Verwendung, als Tee, ätherisches Öl oder andere galenische Zubereitung bei Erkrankungen im Bereich der Atemwege oder der Verdauungsorgane und zur Anregung des Gallenflusses. Äußerlich wird Dost zur Mundpflege, zur Förderung des Haarwuchses, zur Wundbehandlung und als Kräuterbad angewendet.

Drei-Ebenen-Modell: in der → Homöopathie gebräuchliches Modell zur Erläuterung und Gewichtung von Symptomen. Dabei werden die Symptome und Erkrankungen drei menschlichen Seinsebenen zugeordnet: der geistigen (kognitiven), der seelischen (emotionalen) oder der körperlichen (physischen) Ebene. Der geistige Bereich gilt als die höchste Ebene und dem Wesen des Menschen am nächsten; kognitive Symptome haben daher die größte Bedeutung, körperliche Symptome die geringste. Ziel der (homöopathischen) Therapie ist es, die durch Krankheit eingeschränkte Ausdrucksfähigkeit und schöpferische Kraft wiederzugewinnen.

Das Drei-Ebenen-Modell

Körperliche Ebene	**Seelische Ebene**	**Geistige Ebene**
Zentralnervensystem	Depression mit Selbstmordgefahr	Geistige Verwirrtheit
Herz	Lustlosigkeit, Apathie	Destruktivität, Delirium
Endokrines System (Drüsensystem)	Schwermut, Melancholie, Traurigkeit	Zwanghaftigkeit, paranoide Vorstellungen
Leber	Quälende Angst	Sinnestäuschungen, Realitätsverlust
Lunge	Kummer	Lethargie
Urogenitaltrakt (Harn- und Geschlechtsorgane)	Phobie	Stumpfsinn
Knochen	Angst	Konzentrationsstörungen
Muskeln	Reizbarkeit	Gedächtnisschwäche
Haut	Unzufriedenheit	Zerstreutheit

Im Lauf der Behandlung soll sich der Schwerpunkt der Symptome vom geistigen zum körperlichen Bereich bewegen. Auch gibt die Reihenfolge eine Hierarchie wieder: Je weiter oben in der Liste ein Symptom steht, desto größer ist seine Bedeutung.

Dreigliederung, funktionale: von Rudolf Steiner (→ anthroposophische Medizin) entwickelte Einteilung der Funktionen des menschlichen Körpers in Nerven-Sinnes-System (NSS) und Stoffwechsel-Bewegungs-System (StBS). Ein drittes, das rhythmische System (RhS), hält die beiden ersten in einem gesunden Gleichgewicht. Dominiert eines der Systeme, so kann Krankheit entstehen.

Dreiviertelbad: Wannenbad, bei dem der Wasserspiegel bis zum Zwerchfell reicht. Das Dreiviertelbad ist weniger kreislaufbelastend als das Vollbad, weil es innerhalb des Brustkorbs keinerlei Druckveränderungen bewirkt. Es wird insbesondere im Rahmen der → Kneipptherapie durchgeführt und hier wiederum hauptsächlich bei älteren Patienten. Heilwirkung erzielt man, wie beim Vollbad, durch bestimmte Badezusätze oder durch therapeutische Anwendung von Wärme oder Kälte (→ Bädertherapie).

Das Dreiviertelbad ist auch zur Selbstbehandlung geeignet.

Droge: veraltete, in der Heilkunde aber noch gebräuchliche allgemeine Bezeichnung für getrocknete Arzneipflanzen oder Pflanzenteile.

Getrocknete Arzneipflanzen sind die klassischen »Drogen«.

Alle Kräuter, die zu Heilzwecken verwendet werden, bezeichnet man als Drogen. Verkauft wurden sie früher in Drogerien. Die heutige Umgangssprache dagegen bezeichnet mit diesem Begriff nur die Sucht erzeugenden (und meist illegalen) Rauschdrogen.

Durchblutungsstörungen: verminderte arterielle Blutversorgung, akut oder chronisch auftretend. Je nach den betroffenen Bereichen unterscheidet man zwischen koronaren (Herz), zerebralen (Gehirn) und peripheren (Arme oder Beine) Durchblutungsstörungen (→ Schaufensterkrankheit). Mögliche Ursachen sind Arteriosklerose, Gefäßverkrampfung oder eine Gefäßkrankheit. Besonders häufig sind Raucher, Diabetiker, Menschen mit Bluthochdruck oder mit erhöhten Blutfettwerten betroffen. Wichtigste Maßnahme ist es daher, diese Risikofaktoren möglichst zu minimieren.

Bei peripheren Durchblutungsstörungen helfen Gehübungen, regelmäßige Finger- und Fußgymnastik • Hämatogene Oxidationstherapie, Ozontherapie und Mesotherapie sind geeignete Verfahren der Alternativmedizin • Durch Yoga, Qi Gong und Tai Chi Chuan oder autogenes Training kann man beruhigend auf das vegetative Nervensystem einwirken, das für die Eng- oder Weitstellung der Gefäße zuständig ist • Buchweizenkraut kombiniert mit Vitamin C setzt die Brüchigkeit und Durchlässigkeit der Gefäße herab • Die Inhaltsstoffe von Zwiebeln und Knoblauch verbessern die Fließeigenschaften des Bluts, machen es dünnflüssiger und helfen, Gefäßablagerungen vorzubeugen • Bewährte Heilkräuter sind Mistel, Rosskastanie, Weinraute, Weißdorn, Immergrün und Ginkgo

Ginkgotee: 1 TL Ginkgo mit 1 Tasse Wasser überbrühen und nach 5 Minuten abseihen. 2-mal täglich 1 Tasse Tee trinken.

! Bäder oder hydrotherapeutische Maßnahmen wie Güsse, Fußbäder, Hauffe-Schweninger-Armbad sollen durch Wärmeeinwirkung eine Gefäßerweiterung herbeiführen.

Wechselbäder oder Kaltbäder jedoch sind bei mangelnder Elastizität und Neigung zu Gefäßkrämpfen ungünstig, da sie die Beschwerden möglicherweise verschlimmern. Bei koronarer Durchblutungsstörung sollte man alle Maßnahmen vorher mit dem Arzt besprechen.

Durchfall (Diarrhö): häufige Entleerung von dünnflüssigem Stuhl. Ursachen für akuten Durchfall sind meist Darminfektion, Verzehr verdorbener Nahrungsmittel oder große psychische Belastungen. Chronischer Durchfall (der länger als zwei Wochen anhält oder immer wiederkehrt) ist oft Hinweis auf eine entzündliche Darmerkrankung (→ Enteritis), eine Störung in einem anderen Bereich des Verdauungstrakts (Bauchspeicheldrüse, Gallenblase, Leber) oder auf eine Nahrungsmittelunverträglichkeit (Zöliakie).

! Selbstbehandlung kann hier sinnvoll sein; sie sollte jedoch nicht dazu verleiten, dass man notwendige ärztliche Untersuchungen zu lange hinauszögert. Zum Arzt müssen Sie bei Durchfall, der länger als zwei bis drei Tage anhält, bei schwerem Krankheitsverlauf mit Fieber oder blutigem Stuhl, bei schweren Bauchkrämpfen und Hautausschlag, wenn sich Zeichen einer Gelbsucht zeigen (Gelbfärbung der Augäpfel, Dunkelfärbung des Urins), wenn eine Personengruppe betroffen ist.

Bei Durchfall gehen große Mengen an Wasser und Mineralsalzen verloren; wichtigste Maßnahme ist daher ein ausreichender Ersatz (durch Trinken von Mineralwasser, Elektrolytgetränken und Tee) • Pektine haben die Eigenschaft, dass sie Flüssigkeit binden können; aufgrund ihres Pektingehalts besonders günstig sind geraspelte Äpfel, zerdrückte Bananen, gedünstete Karotten und erhitzte Johannisbeeren • Bewährte pflanzliche Heilmittel sind Süßholzwurzel (als Tee) und Uzarawurzel (als Dragees) sowie die Gerbstoffdrogen Eichenrinde, Heidelbeeren, Heidelbeerblätter, Tannalbin oder Blutwurz (ebenfalls als Tee)

Tee bei Durchfall: 2 EL zerkleinerte Blutwurz 10 Minuten in 1/2 l Wasser kochen, dann vom Herd nehmen und 30 Minuten ziehen lassen. Mehrmals täglich 1 Tasse Tee trinken, am besten im Wechsel mit Kamillentee.

Dyskrasie: Begriff aus der → Homöopathie und Humoraltherapie (→ Aschner-Methode). Er bezeichnet die schlechte und krankhafte Zusammensetzung der Körpersäfte.

Dysmenorrhö → Menstruationsbeschwerden

Dyspepsie → Verdauungsprobleme, nervöse

Dystonie, vegetative: Störung von Körperfunktionen als Folge einer Fehlregulation des vegetativen Nervensystems. Am meisten betroffen sind das Herz-Kreislauf-System, die Verdauungs- und die Atmungsorgane. Häufige Symptome sind Herzbeschwerden und Herzrhythmusstörungen, Schwindel, Kopfschmerzen, Spannungsgefühl, Unruhe, Angst, Schlaflosigkeit, kaltfeuchte Hände und Füße. Äußerst selten liegt den Beschwerden eine Organkrankheit zugrunde; die vegetative Dystonie ist daher keine wirklich bedrohliche Krankheit. Sie kann jedoch das Allgemeinbefinden so sehr beeinträchtigen, dass ein normaler privater und beruflicher Alltag nicht möglich ist.

Nervliche Belastung, Stress, Leistungsdenken, Reizüberflutung und Lärm sollte man möglichst einschränken bzw. meiden und stattdessen auf Ruhephasen achten, sich vernünftig ernähren und regelmäßig Sport treiben • Kaffee, Alkohol, Zigaretten, Beruhigungs- oder Schlafmittel verschlimmern nur die Probleme; man sollte möglichst auf sie verzichten • Durch autogenes Training, Aromatherapie, Ausleitung, Biofeedback, Yoga und andere fernöstliche Entspannungstechniken wirkt man beruhigend auf das vegetative Nervensystem ein • Gymnastik, Bürstenmassage, Wechselbäder und -duschen und andere Wasseranwendungen helfen, die Probleme zu lindern • Bei seelischen Problemen und mangelnder Distanz kann eine psychotherapeutische Behandlung sinnvoll sein

Eberesche (Sorbus aucuparia; auch Vogelbeerbaum): Baum aus der Familie der Rosengewächse (Rosaceae). Er ist sehr anspruchslos und kommt in Mitteleuropa häufig vor. Typisch sind seine gefiederten Blätter und seine runden roten Scheinfrüchte von etwa einem Zentimeter Durchmesser. Diese Früchte werden, frisch oder getrocknet und gekocht, von der Volksmedizin auch als Arznei verwendet.

Inhaltsstoffe: 4 bis 8 Prozent Zucker (größtenteils Saccharose), Fruchtsäuren (Äpfel- und Weinsäure), Pektin, Parasorbinsäure und Parasorbosid, Gerbstoffe, Karotinoide, Flavonoide und (in der frischen Frucht) Vitamin C.

Anwendungen: Die Früchte der Eberesche wirken harntreibend, mild abführend und auswurffördernd. Die Volksmedizin verwendet sie als Fluidextrakt, als Mus oder andere galenische Zubereitung bei Verstopfung oder Magenverstimmung, bei rheumatischen Erkrankungen und Störungen der Harnsäureausscheidung.

Eberwurz (Carlina acaulis; auch Wetterdistel, Silberdistel oder Sonnenrose): Pflanze aus der Familie der Korbblütler (Asteraceae). Sie wächst auf Magerwiesen und steinigen Böden. Die Hüllblätter ihrer Körbchen breiten sich bei trockenem Wetter aus, bei feuchtem Wetter krümmen und schließen sie sich. Die Böden der Körbchen sind essbar. In der Pflanzenheilkunde verwendet man die im Herbst ausgegrabene Wurzel.

Inhaltsstoffe: ca. 20 Prozent Inulin, ätherisches Öl, Gerbstoffe.

Anwendungen: Eberwurz wirkt antibakteriell und wird in der Volksmedizin als Aufguss oder andere galenische Zubereitung (beispielsweise auch als Bestandteil des Schwedentrunks) bei Verdauungsbeschwerden und Gallenblasenproblemen sowie als harn- oder schweißtreibendes Mittel eingenommen. Äußerlich wird Eberwurz bei Wunden und bakteriell bedingten Hauterkrankungen angewendet.

! Die vom Aussterben bedrohte Pflanze steht unter Naturschutz.

Echinacea → Sonnenhut

Edelkastanie (Castanea sativa oder vesca): Baum aus der Familie der Buchengewächse (Fagaceae), der gewöhnlichen Rosskastanie nur in der Frucht ähnlich. Der Baum wächst in den wärmeren Gegenden Mitteleuropas, seine Früchte, die Maronen, werden als Delikatesse geschätzt. Als Arznei verwendet man die im Herbst gesammelten Laubblätter.

Inhaltsstoffe: Gerbstoffe (u. a. Tannin), Saponine, Flavonoide.

Anwendungen: Tee aus Edelkastanienblättern wird seit Jahrhunderten zur Schleimlösung bei Atemwegserkrankungen und gegen Durchfall verwendet, außerdem bei Beinbeschwerden und Durchblutungsstörungen sowie als Gurgelmittel.

Edelsteintherapie: Verwendung von Edelsteinen im Rahmen von diagnostischen oder therapeutischen Maßnahmen. Das griechische Wort »crystallos« (Kristall) bedeutet »gefrorenes Wasser« bzw. »klares Eis«. Diese Wortgebung beruht auf dem antiken Glauben, dass

Die Beeren der Eberesche werden hauptsächlich in der Volksmedizin verwendet.

die Götter heiliges Wasser zu Edelsteinen froren und den Menschen zukommen ließen. Heute vertritt man die Ansicht, dass die Steine eine bestimmte elektromagnetische Information besitzen, die auf den Menschen übertragen werden kann. Edelsteine werden daher im Rahmen von → Bioresonanzverfahren, Neobioelektronik oder Multiresonanztherapie angewendet, insbesondere zur Schmerzbekämpfung, bei psychischen Problemen und bei chronischen Erkrankungen. Man trägt den individuell passenden Stein als Schmuck, oder man legt ihn 24 Stunden in Wasser und trinkt dieses, oder man legt ihn auf bestimmte Akupunkturpunkte bzw. auf die Chakren.

☛ Die Edelsteintherapie ist zur Selbstbehandlung geeignet.

Efeu (Hedera helix): Kletterpflanze aus der Familie der Araliaceae. Der Strauch wächst in ganz Mitteleuropa bodendeckend oder mit bürstenartigen Haarwurzeln, hat immergrüne, ledrige, herzförmige Blätter und im Herbst

Edelsteintherapie – heilende Steine

Edelstein	Anwendung bzw. beanspruchte Wirkung
Amethyst	Aktiviert die Selbstheilungskräfte und wird bei innerer Unruhe, Angst und Schlaflosigkeit angewendet
Aquamarin	Fördert klares Denken, wird zur Trinkwasserreinigung und bei Miktionsstörungen (Schwierigkeiten beim Wasserlassen) angewendet
Blutstein	Reinigt das Blut und wird bei Regelbeschwerden oder Nasenbluten angewendet
Diamant	Gibt Wert und Orientierung, wird bei Mutlosigkeit und mangelndem Selbstbewusstsein angewendet
Granat	Fördert die Selbstsicherheit und reguliert den Blutdruck, wird bei sexuellen Problemen (sowohl zu großem als auch zu geringem Interesse) angewendet
Koralle	Fördert das Selbstbewusstsein und verhilft zu eigener Urteilskraft, wird bei Kopfschmerzen, Verdauungsstörungen und Beschwerden im Gaumenbereich angewendet
Kunzit	Beruhigt und gibt Selbstvertrauen, eignet sich bei Frauenleiden und hilft generell Frauen, ihre Sexualität und Weiblichkeit zu akzeptieren
Lapislazuli	Verhilft zu Erkenntnis, Einsicht und visionärer Begabung
Opal	Erneuert körperliche und geistige Energien
Perle	Verleiht Hoffnung und innere Energie
Quarz	Durchsichtige Steine: männliche Eigenschaften; milchige Steine: weibliche Eigenschaften
Saphir	Verhilft zu Kontrolle und schenkt Einsicht, ist insbesondere für Führungskräfte geeignet
Smaragd	Bringt Klarheit und geistige Kraft, verleiht Ausgeglichenheit und innere Ruhe, wird bei Entzündungen angewendet
Turmalin	Schützt vor Negativität, unterstützt in Krisen- und Übergangsphasen wie Geburt, Wechseljahre und Tod

Zusammenziehend und gerbend – Eichenrinde lindert Hämorrhoidalleiden.

dunkle, erbsengroße Beerenfrüchte. Als Arznei verwendet man die Blätter. Efeu wird auch als homöopathisches Mittel eingenommen.

Inhaltsstoffe: Saponine (u. a. Hederacoside), Glykoside, Gerbstoffe.

Anwendungen: Efeublätter wirken beruhigend, entkrampfend, auswurffördernd und schleimhautreizend. Man verwendet sie als Tee oder Fertigarzneimittel bei akuter und chronischer Entzündung im Bereich der Atemwege, traditionell bei Keuchhusten, Bronchitis, rheumatischen Beschwerden, Gicht, Leber- und Gallenblasenbeschwerden.

Effleurage (franz. streifen): Drucktechnik der Akupressur (siehe dazu das Special Akupressur S. 10f.).

Ehrenpreis (Veronica officinalis; auch Männertreu): Pflanze aus der Familie der Rachenblütler (Scrophulariaceae). Die mehrjährige Pflanze kommt fast in ganz Europa als »Unkraut« in Wäldern, auf Wiesen und Äckern vor. Als Arznei verwendet man das während der Blütezeit gesammelte und getrocknete Kraut. Ehrenpreis wird auch als homöopathisches Mittel verabreicht.

Inhaltsstoffe: Iridoidglykoside, Gerb- und Bitterstoffe, Flavonoide, Saponine.

Anwendungen: Ehrenpreis wird traditionell als Tee innerlich zur Förderung des Auswurfs bei Atemwegserkrankungen angewendet, bei Erkrankungen des Magen-Darm-Trakts (vor allem Durchfall), der Nieren oder Harnwege, bei rheumatischen Beschwerden und Gicht. Äußerlich behandelt man mit Auflagen bei chronischen Hautleiden, Hautjucken und zur Förderung der Wundheilung. Presssaft aus frischem Ehrenpreiskraut eignet sich speziell bei Hautleiden.

Eibisch (Althaea officinalis): Pflanze aus der Familie der Malvengewächse (Malvaceae). Die bis zu 1,25 Meter hohe Staude wächst in Europa auf feuchten und insbesondere auf salzhaltigen Böden. Als Arznei verwendet man die Blätter und Wurzeln.

Inhaltsstoffe: Schleimstoffe (in der Wurzel bis zu 12 Prozent), Pektin, Stärke.

Anwendungen: Eibisch ist eine klassische Schleimstoffdroge. Er wirkt reizlindernd und entzündungshemmend. Man trinkt ihn als wässrigen Auszug bei Reizhusten, traditionell auch bei Keuchhusten, Gastritis sowie Entzündungen im Mund-Rachen-Raum; Sirup aus der Eibischwurzel wird vor allem in der Kinderheilkunde zur Behandlung von Reizhusten verabreicht. Äußerlich verwendet man Eibisch bei entzündlichen Hauterkrankungen und als Gurgelmittel. Eibischwurzel setzt man in kaltem Wasser an und lässt sie dann etwa 90 Minuten stehen. Eibischblätter übergießt man mit heißem Wasser und lässt sie 10 Minuten ziehen.

Eichenrinde (Quercus cortex): Rinde der Stiel- bzw. Traubeneiche, die zur Familie der Buchengewächse (Fagaceae) gehört. Eichenrinde hat einen sehr hohen Gerbstoffgehalt und wurde früher nicht nur zu Heilzwecken, sondern auch als Gerbmittel verwendet.

Inhaltsstoffe: Catechingerbstoffe (20 Prozent), Querzin, Querzit, Stärke, Pektin.

Anwendungen: Die Abkochung von Eichenrinde wirkt stark gerbend und zusammenziehend (adstringierend). Eichenrinde wird äußerlich zu Spülungen, Umschlägen oder Bädern bei entzündlichen Hauterkrankungen und nässendem Ekzem, Entzündungen im Mund- und Rachenraum, im Genital- oder Analbereich (auch bei Hämorrhoidalleiden), bei Fußschweiß, Frostbeulen und Gicht und zur Behandlung wunder Babypopos zubereitet. Innerlich wendet man sie hauptsächlich als gerbendes Mittel bei Durchfall an.

Eigenbluttherapie (Autohämatotherapie): eine so genannte Umstimmungsmethode, bei der aus einer Vene Blut entnommen wird, das anschließend wieder in den Körper des Patienten (Muskel bzw. sehr kleine Mengen auch in die Haut) gespritzt wird; gegebenenfalls wird das Blut zuvor mit einem Homöopathikum oder einem pflanzlichen Heilmittel versetzt. Die Methode beruht auf der Annahme, dass in verschiedenen Körperregionen die Zusammensetzung und der Sauerstoffgehalt des Bluts unterschiedlich sind, dass also auch das eigene Blut in einer anderen Körperregion als »Fremdkörper« betrachtet wird. Es kommt zu einer lokalen Entzündung mit Erhöhung der Temperatur und der Zahl an Abwehrzellen. Diese Therapie soll bei Krankheiten helfen, die auch mit starken Medikamenten nicht mehr zu beeinflussen sind (wenn eine so genannte Reaktionsstarre eingetreten ist). Sie führt eine allmähliche vegetative Gesamtumstimmung herbei und wird insbesondere bei Allergien, Abwehrschwäche, Infektionen und chronischen Entzündungen angewendet. Typisch ist das Auftreten einer → Erstverschlimmerung.

! Für Menschen mit Blutgerinnungsstörungen, Organschäden an Leber oder Nieren oder mit einer Schilddrüsenüberfunktion ist die Methode ungeeignet.

Eigenurintherapie (auch Eigenharnbehandlung): Heilanwendung mit dem eigenen Urin, z. B. durch Einreiben, Trinken oder durch Einspritzen ins Muskelgewebe. Die Eigenurintherapie ist seit der frühen Antike in der Volksmedizin bekannt, sie wird auch im indischen Ayurveda angewendet (siehe zu Eigenurintherapie das Special S. 110ff.).

☛ Die Eigenurintherapie ist zur Selbstbehandlung geeignet.

Einlauf → Darmeinlauf

Einzelmittel: Begriff aus der → Homöopathie, Anwendung nur eines, meist hoch konzentrierten Mittels. Hierbei ist eine sehr sorgfältige Arzneimittelwahl erforderlich. Vor einer erneuten Einnahme wartet man erst ab, bis der Therapeut anhand der Wirkungen und Veränderungen seine Vorgehensweise bestätigt oder widerlegt findet. Neben Einzelmitteln werden in der Homöopathie auch → Doppelmittel und → Komplexmittel angewendet.

Eine Form der Eigenbluttherapie – HOT (hämatogene Oxidationstherapie)

HOT ist eine besondere Form der Eigenblutbehandlung. Die Methode soll den Zellstoffwechsel anregen und die Eigenregulation verstärken. Sie wird vor allem bei Durchblutungsstörungen, Bronchialasthma, chronischer Erschöpfung, rheumatischen Beschwerden und zur Reduzierung des Krebsrisikos angewendet.

- 50 bis 100 Milliliter Blut (die Zugabe von Heparin verhindert, dass es gerinnt) werden in einem Apparat mit Sauerstoff durchperlt und meist zusätzlich mit UV-C-Licht bestrahlt.
- Dann wird das Blut, wie bei der Eigenbluttherapie, wieder in den Körper des Patienten injiziert.
- Die HOT darf nicht durchgeführt werden bei Blutgerinnungsstörungen oder Bluterkrankheit, Schilddrüsenüberfunktion, Magengeschwür, Leber-, Gallenblasen- oder Nierenerkrankungen.

Eigenurintherapie

Eine der ältesten Heilmethoden der Welt

In jüngster Zeit ist die Eigenurintherapie wieder verstärkt ins Rampenlicht gerückt. Altbekanntes und neue Erkenntnisse über die Urintherapie wurden in diesem Zusammenhang erörtert. Hierbei wurde deutlich, dass sich die praktische Urintherapie im Alltag vielfach erhalten hat. Die meisten Menschen sind in irgendeiner Form schon einmal mit der Urintherapie in Berührung gekommen und haben ihre eigenen Erfahrungen gemacht.

Kleine Geschichte der Urintherapie

Von der frühen Antike bis ins 19. Jahrhundert war Urin ein medizinisch anerkanntes Therapeutikum. Er wurde seit Jahrtausenden in unterschiedlichen Kulturen zur Vorbeugung und Heilung von Krankheiten sowie zur Schönheitspflege angewendet. Der Gebrauch von Urin war vor allem in der Volksmedizin weit verbreitet.

- Schon der berühmte griechische Arzt Hippokrates (ca. 460–370 v. Chr.) erkannte, dass die Nieren, die Blase und die Harnröhre ein zusammenhängendes System darstellen.
- Auch dem neben Hippokrates bedeutendsten Arzt der Antike Galen (130–201 n. Chr.) war der Zusammenhang von Nierenfunktion und Urin bekannt. Galen beschrieb in seinen Werken viele therapeutische Anwendungen bei Hautkrankheiten, Warzen, Schlangen- und Hundebissen, Entzündungen der Augen, Narben, Verbrennungen und offenen Wunden.

Eine Buchmalerei des 15. Jahrhunderts: Im Mittelalter dienten Geruch und Farbe des Urins zur Diagnostik.

- Für die Ärzte im Mittelalter hatte die Diagnose von menschlichen Körperausscheidungen einen hohen Stellenwert. Urin und Stuhl fanden als die wichtigsten Exkremente des menschlichen Organismus besondere Aufmerksamkeit, vor allem auch deshalb, weil hier schon mit dem bloßen Auge erhebliche Unterschiede erkennbar waren.
- Eines der bekanntesten deutschsprachigen Bücher zur Urintherapie ist die 1696 in Frankfurt erstmals erschienene »Heylsame Dreck-Apothecke« von Christian Franz Paullini (1643–1712). Paullini empfiehlt darin – der Begriff »Dreck-Apothecke« hatte im 18. Jahrhundert noch nicht die abwertende Bedeutung wie heute – vor allem die Eigenurintherapie.

Was ist eigentlich Urin?

Der menschliche Urin ist ein Filterprodukt des Bluts. Was kurz zuvor noch im Blutkreislauf zirkulierte, findet sich später in einer etwas anderen Zusammensetzung auch im Urin wieder. Urin besteht hauptsächlich aus Wasser. Jeden Tag scheidet ein erwachsener Mensch bis zu 60 Gramm im Urin gelöste Stoffe aus. Davon bestehen etwa 35 Gramm aus organischen und 25 Gramm aus anorganischen Substanzen. Darunter befinden sich viele wichtige Vitamine, Mineralstoffe, Enzyme, Hormone.

▶ *Harnstoff*

Ein wichtiger Bestandteil des Urins ist der Harnstoff. Von dieser chemischen Verbindung mit schwach basischen Eigenschaften werden täglich bis zu 30 Gramm über den Urin ausgeschieden. Der Harnstoff besitzt eine antibakterielle Wirkung. Er wirkt sich zudem günstig auf den Feuchtigkeitsgehalt der Haut aus und ist einer der schonendsten entwässernden Wirkstoffe (Diuretika).

▶ ***Harnsäure***

Harnsäure ist eine chemische Verbindung von geringer Wasserlöslichkeit, die geruchlose weiße Kristalle bildet. Harnsäure entsteht in fast jeder Zelle beim so genannten Purinstoffwechsel. Der Mensch scheidet davon bis zu einem Gramm pro Tag über den Urin aus. Bei hohem Fleischverzehr ist die Konzentration höher. Wenn sich Harnsäurekristalle in den Gelenken ablagern, kann sich Gicht entwickeln.

▶ ***Hormone***

Wie viele Hormone im menschlichen Stoffwechsel wirken, ist noch nicht abschließend geklärt. Über 100 sind bekannt, und es werden immer noch neue entdeckt. Hormone sind vom menschlichen Organismus selbst gebildete Wirkstoffe, die zusammen mit dem Nervensystem Vorgänge des Stoffwechsels und des Wachstums steuern. Sie wirken sich auch auf den emotionalen Bereich aus.

▶ ***Enzyme***

Enzyme sind hochmolekulare Eiweißstoffe, die biochemische Reaktionen im menschlichen Körper beschleunigen oder überhaupt erst ermöglichen. Alle beim Menschen ablaufenden Stoffwechselprozesse sind nur durch die Unterstützung von Enzymen möglich. Heute sind etwa 3000 unterschiedliche Enzyme bekannt.

▶ ***Farbe des Urins***

Der menschliche Urin kann je nach Inhaltsstoffen hellgelb bis dunkelrot oder dunkelbraun gefärbt sein. Er ist in der Regel klar oder nur leicht trüb. Er besitzt eine schwach gelbe, bis zum dunklen Bernsteingelb wechselnde Farbtönung. Diese Färbung entsteht durch die Harnfarbstoffe (Urochrome); ihre Intensität wird hauptsächlich von der täglichen Urinmenge bestimmt. Bakterien, Eiter oder andere organische Stoffe können dazu führen, dass der Urin sich trüb oder dunkelrot verfärbt.

▶ ***Geruch und Geschmack des Urins***

Der Geruch des Urins ist meist neutral bis aromatisch, ähnlich wie der von Gemüsebrühe. Erst durch die Oxidation mit Luft wird der Geruch stechend, weil dann der Ammoniakgeruch stärker zur Geltung kommt. Der Uringeruch verändert sich auch mit der Nahrungsaufnahme.

Der Geschmack von Urin ist in der Regel salzig bis leicht bitter. Nur bei Menschen mit Diabetes mellitus schmeckt er süßlich. Wenn man sich täglich ausreichend Flüssigkeit zuführt, wird der Geschmack des Urins neutraler. Diese Maßnahme erleichtert den Einstieg in eine Trinkkur mit Eigenurin.

Eigenurintherapie für wen?

Zunächst gilt: Man sollte sich bei einer (ernsthaften) Erkrankung immer in ärztliche Behandlung begeben. Dies ist insbesondere bei nicht geklärten Symptomen wichtig. Eine genaue Diagnose ist für eine erfolgreiche Behandlung unumgänglich. Erst dann kann eine Eigenurintherapie begonnen werden.

Eine Behandlung mit Eigenurin ist bei vielen Beschwerden anwendbar oder auch als unterstützende Behandlung sinnvoll. Für eine Therapie bei leichteren Erkrankungen, zur Linderung und unterstützenden Behandlung bei chronischen Leiden, zur ersten Hilfe bei kleineren Verletzungen und zur Vorbeugung ist die Urintherapie besonders gut geeignet.

Eigenurintherapie

Eine der ältesten Heilmethoden der Welt

Eigenurintherapie – immer individuell

Sie sollten bei der Anwendung immer ganz genau auf den Körper und seine Signale achten. Die folgenden Tipps sollen dazu ermutigen, bei der Urintherapie den eigenen, individuellen Weg zu gehen.

- Häufigkeit und Dauer der Therapie sowie die Urinmenge sollten sich ganz am eigenen Körpergefühl und Wohlbefinden orientieren.
- Manchmal empfiehlt sich eine vorübergehende Unterbrechung der Therapie. Der Organismus benötigt schließlich Zeit, um die ungewohnten Behandlungsreize verarbeiten zu können. Dies kann beispielsweise der Fall sein, wenn während der Urintherapie unangenehme Begleiterscheinungen auftreten.
- Bei akuten Beschwerden sind kurzzeitige und häufigere Anwendungen sinnvoll. Bei chronischen Erkrankungen sollte eine längerfristig angelegte Urintherapie mit selteneren Anwendungen vorgezogen werden.
- Je stärker eine Behandlung wirkt (z. B. Vollbäder), desto seltener sollte sie angewendet werden. Wenn sie sanfter ist (z. B. Betupfen), kann sie auch häufiger eingesetzt werden.
- Bei der Eigenurinbehandlung muss genügend Flüssigkeit zugeführt werden (mindestens zwei bis drei Liter täglich). Auch die Ernährung sollte ausgewogen sein (weniger Fleisch und Fett, stattdessen viel Obst und Gemüse).

Die folgenden äußerlichen und innerlichen Anwendungen geben Ihnen einen Überblick über die Vielfältigkeit der Eigenurintherapie.

▶ *Das Urintrinken*

Um Ekelgefühle zu überwinden, sollte man sich verdeutlichen, dass Urin eine wertvolle körpereigene Substanz ist, die viele wichtige Stoffe enthält. Was als Ekel erregend empfunden wird, ist auch eine Frage der Gewöhnung und der Konvention. Urin hat bei einer gesunden Ernährungsweise einen eher neutralen Geschmack.

Urin ist nie vollständig steril, er enthält immer Bakterien, die jedoch in der Regel harmlos sind. Jeder gesunde Mensch ist gegen seine eigenen Bakterien immun. Um die Menge möglichst gering zu halten, wird beim Urintrinken grundsätzlich nur der Morgenurin (davon der Mittelstrahlurin) verwendet.

Der Morgenurin ist für die Therapie am besten geeignet, weil er die meisten verwertbaren Inhaltsstoffe enthält: Hormone, die ausgleichend und beruhigend wirken (z. B. Melatonin); aber auch Mineralstoffe und Vitamine sind im Morgenurin in konzentrierter Form vorhanden.

Eine Urintrinkkur sollte mindestens zwei Wochen dauern, besser wären vier bis sechs Wochen. Danach sollte eine Pause von zwei bis drei Monaten eingelegt werden, damit der Körper die Möglichkeit hat, die während der Kur aufgenommenen Reize zu verarbeiten.

Tipps zum Urintrinken

- Täglich sollten mindestens zwei bis drei Liter Tee und/oder stilles Mineralwasser getrunken werden. Dadurch ist der Urin weniger stark konzentriert und bekommt einen etwas neutralen Geruch.
- Obwohl für das therapeutische Urintrinken der Morgenurin besser ist, kann zu Beginn der Therapie auch der Tagesurin verwendet werden. Dadurch wird die Gewöhnung an den Geschmack leichter. Der Tagesurin schmeckt in der Regel nicht so intensiv wie der stark salzhaltige Morgenurin.
- Der Urin kann zunächst auch mit Wasser oder Tee verdünnt werden. Später kann der Urinanteil langsam gesteigert werden, bis der pure Eigenurin als schmackhaft empfunden wird.

▶ ***Betupfen***

Diese Methode ist die sanfteste Form der äußerlichen Urintherapie. Sie hilft bei leichten Wunden und Hautverletzungen, Prellungen, Verstauchungen, Ekzemen und Hautunreinheiten. Zudem eignet sich diese Methode auch für die Behandlung von Beschwerden im Mund-, Nasen- und Ohrenbereich. Ein Wattestäbchen wird dabei mit frischem Urin getränkt. Damit werden Hautverletzungen, Wunden und Ekzeme abgetupft. Sinnvoll ist es, diesen Vorgang mehrmals täglich zu wiederholen. Nach dem Betupfen sollte man die mit Urin befeuchteten Stellen nicht abtrocknen, sondern an der Luft trocknen lassen.

▶ ***Einreibungen***

Durch Einreibungen des Körpers mit Eigenurin kann ein von der Haut ausgehender, nach innen wirkender (perkutaner) Reiz auf den gesamten Organismus ausgeübt werden. Der Harnstoffgehalt des Urins macht die Haut dabei elastisch und erhöht das Wasserbindungsvermögen. (Dies erklärt den kosmetischen Erfolg von Einreibungen.) Einreibungen sind bei Wunden und Hauterkrankungen wirksam.

▶ ***Umschläge***

Umschläge sind sinnvoll, wenn der Urin länger einwirken soll. Dies kann sowohl bei akuten Entzündungen der Fall sein als auch bei kleineren Wunden, leichten Verbrennungen (z. B. Sonnenbrand) oder Gelenkschmerzen. Umschläge oder Kompressen mit Eigenurin sind bei Beschwerden im Hals-, Brust- und Bauchbereich, bei Mandelentzündungen, Bronchitis, Husten, Asthma und nervösen Magenbeschwerden geeignet. Außerdem können Umschläge auch bei Gelenkschmerzen, Muskelverspannungen und Durchblutungsstörungen erfolgreich angewendet werden.

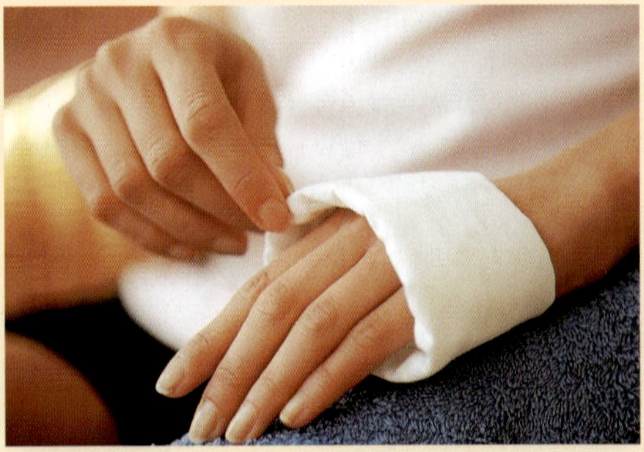

Mit Hilfe von Umschlägen kann Urin länger in die Haut einwirken.

▶ ***Spülungen***

Spülungen mit Eigenurin sind für die Behandlung von Schleimhäuten sowie auch für den Mund- und Rachenbereich empfehlenswert. Mundspülungen können bei entzündlichen Symptomen im Mundbereich, bei Zahnschmerzen und zur vorbeugenden Behandlung des Zahnfleisches durchgeführt werden. Augenspülungen sind bei allen entzündlichen Veränderungen im Augenbereich, bei Gerstenkörnern, Ermüdungszuständen und bei Sehschwäche sinnvoll. Nasenspülungen sind bei Schnupfen, bei Problemen mit den Nasennebenhöhlen und bei Beschwerden der oberen Atemwege hilfreich.

▶ ***Bäder und weitere Anwendungsformen***

Sitzbäder eignen sich bei vaginalen Infekten, Pilzproblemen im Genitalbereich und bei Hämorrhoidalleiden. Bei rheumatischen Beschwerden, Rückenschmerzen, Ekzemen und Hautproblemen sowie bei Erkältungskrankheiten sind Vollbäder empfehlenswert. Weitere Anwendungsformen mit Eigenurin sind: Inhalationen, Packungen, Augentropfen, Einläufe, Injektionen und homöopathische Anwendungen (nur durch einen Therapeuten).

Eisen: Spurenelement im Organismus (täglich benötigte Menge: 10 bis 12 Milligramm, Frauen bis 15 Milligramm). Es liegt im menschlichen Körper größtenteils in Form des roten Blutfarbstoffs Hämoglobin und des Muskelfarbstoffs Myoglobin vor. Eisen muss mit der Nahrung zugeführt werden. Wichtige Lieferanten sind u. a. dunkles Fleisch, Innereien, Kaltwasserfische, Eidotter, Weizenkeime, Bierhefe, Leinsamen, Kakaopulver, Soja und Petersilie. Hauptaufgabe des Eisens ist der Sauerstofftransport im Blut (als Bestandteil des Hämoglobins). Darüber hinaus ist es Bestandteil lebenswichtiger Enzyme. Hinweise auf einen Eisenmangel sind u. a. Leistungsschwäche, Müdigkeit und Blutarmut. Die Aufnahme von Eisen im Körper wird gesteigert durch Vitamin C, blockiert dagegen u. a. durch Oxalat, Phosphat, Karbonat, Phytinsäure und Gerbstoffe (→ Spurenelemente).

Eisenhut, Blauer (Aconitum napellus): Pflanze aus der Familie der Hahnenfußgewächse (Ranunculaceae). Die ausdauernde Pflanze mit in Trauben stehenden Blüten wächst in Mitteleuropa auch als Zierpflanze in Gärten. Als Arznei verwendet man die Blätter, die Wurzel und Wurzelknolle. Aconitum wird als Homöopathikum eingenommen, und auch die Schulmedizin verabreicht Aconittinktur bei Schmerzen und Neuralgien.

Inhaltsstoffe: 0,1 bis 3 Prozent Alkaloide mit dem Hauptwirkstoff Aconitin.

Anwendungen: Zubereitungen aus Blauem Eisenhut werden traditionell äußerlich bei rheumatischen Beschwerden angewendet; sie wirken anästhetisierend (betäubend) auf Haut und Schleimhaut und wurden deshalb früher auch bei (Nerven-)Schmerzen eingesetzt.

! Das Aconitin des Blauen Eisenhuts ist eines der giftigsten Alkaloide überhaupt. Schon eine Dosis von zwei Milligramm führt zu schweren Vergiftungserscheinungen, die tödliche Dosis liegt bei etwa fünf Milligramm. Hinweise auf eine Aconitinvergiftung sind Hautkribbeln, Erbrechen, Schwindel, Ohnmacht und beginnende Atemlähmung. Von einer eigenmächtigen innerlichen Anwendung ist daher dringend abzuraten. Eltern von Kleinkindern sollten Eisenhut besser nicht im Garten anpflanzen.

Eisenkraut wird auch als Homöopathikum und als Bach-Blüte eingesetzt.

Eisenkraut (Verbena officinalis): Pflanze aus der Familie der Verbenaceae. Sie ist sehr anspruchslos und wächst in allen Erdteilen auf Brachland. Eisenkraut hat blasslila Blüten. Als Arznei verwendet man die zur Blütezeit gesammelten und getrockneten Blätter und deren obere Stängelteile. Eisenkraut wird auch als Homöopathikum eingenommen.

Inhaltsstoffe: Iridoidglykoside, Verbascosid.

Anwendungen: Eisenkraut wird traditionell als Teeaufguss zur besseren Harnausscheidung, bei rheumatischen Beschwerden und Atemwegserkrankungen getrunken. Äußerlich wird der Aufguss bei Hautproblemen und schlecht heilenden Wunden angewendet.

Eisenmangel → Blutarmut

Eispackung: Anwendung von Eis oder chemischen Kältequellen auf der Haut mit dem Ziel, Schmerzen oder eine Entzündung zu lindern.

Die Eispackung wird bei bestimmten Verletzungen, bei entzündlichen oder rheumatischen Beschwerden angewendet. Um Hautschäden vorzubeugen, darf eine Eispackung nur kurze Zeit aufgelegt bleiben. In der Naturheilkunde bevorzugt man die sanfteren kühlen Kompressen.

Die Eispackung ist zur Selbstbehandlung geeignet.

Eiweiße (Proteine): Gruppe von hochmolekularen, in allen Lebewesen vorkommenden Naturstoffen. Sie machen beim Menschen rund 75 Prozent der (wasserfreien) Substanz aus. Eiweiße entstehen durch chemische Verknüpfung von → Aminosäuren, die mit der täglichen Nahrung zugeführt werden müssen. Als Baustoff u. a. für Hormone und Enzyme muss das Eiweiß möglichst hochwertig sein (→ Wertigkeit, biologische). Der tägliche Eiweißbedarf beträgt etwa 0,8 Gramm pro Kilogramm Körpergewicht. Je höher die Wertigkeit eines Eiweißes, desto geringer die benötigte Menge.

Ekzem (griech. Aufgekochtes): Form von entzündlicher Hauterkrankung (Dermatitis) mit flächiger, entzündlicher Hautveränderung und Juckreiz. Häufigste Form ist das allergische bzw. Kontaktekzem, das infolge einer Überempfindlichkeit gegenüber bestimmten Stoffen entsteht. Man unterscheidet zwischen einem akuten Ekzem (mit Rötung, nässenden Bläschen und Ödem) und dem chronischen Ekzem (mit Schuppung, Knötchenbildung und Einrissen in der verdickten Haut). Manche Berufsgruppen, z. B. Chemiearbeiter, Bauarbeiter, Friseure oder medizinisches Personal, sind besonders häufig betroffen (→ Allergie).

Sofern der Auslöser bekannt ist, sollte man ihn möglichst meiden, vielleicht sogar einen Berufswechsel erwägen • Zur Hautreinigung verwendet man Kernseife oder eine milde, pH-neutrale Waschlotion • Bei Handekzem sollte man das Händewaschen einschränken und zum Schutz der Hände Baumwollhandschuhe tragen • Linola-, Zink-, Lebertran-, Ringelblumensalbe und Walnussöl eignen sich zur täglichen Hautpflege • Nässende Ekzeme behandelt man mit kalten feuchten Umschlägen aus Eichenrindensud oder Tee von wilder Malve, trockene Ekzeme dagegen mit Holzteeren aus Fichte, Birke, Buche oder Wacholder bzw. mit Zinkpaste • Bewährte Teekräuter für Waschungen und Umschläge sind Bittersüß, Frauenmantel, Hauhechel, Henna, Kamille, Löwenzahn • Auch Propolis besitzt Heilwirkung • Sowohl in die Reinigungslotion als auch in Hautcremes oder -öle gibt man einige Tropfen Teebaumöl, das die Entzündungsreaktion lindert • Durch ausleitende Verfahren versucht man, eine Reinigung des Körpers und eine Heilung von innen herbeizuführen • Zur innerlichen und äußerlichen Anwendung eignen sich Lapachotee, Rotbuschtee und grüner Hafertee • Bei der täglichen Ernährung sollte man auf ausreichende Zufuhr von Beta-Karotin und Zink achten • Ein Vollbad mit Salz aus dem Toten Meer lindert die Beschwerden • Hilfreiche Auflage: Frische grüne Wirsingblätter werden gründlich gewaschen, im Wasserbad erwärmt, in mehreren Schichten auf die betroffene Hautstelle gelegt und mit einer Binde fixiert

Elektroakupunktur: erweiterte Form der klassischen → Akupunktur. Dabei werden die Akupunkturpunkte über Elektroden mit niederfrequentem Wechselstrom gereizt. Auch zu diagnostischen Zwecken wird die Elektroakupunktur angewendet: Durch Messung an genau festgelegten und den einzelnen Organen zugeordneten Punkten (am Nagelbett von Fingern und Zehen) kann man Abweichungen von der Norm erkennen, die wiederum auf ein bestimmtes Krankheitsbild hindeuten. Diese Methode dient zum Aufspüren von Entzündungsherden, von chronischen Störungen oder Schmerzquellen (→ Kippschwingungstherapie).

Die Elektroakupunktur darf bei Hautkrankheiten und Gewebedefekten nicht angewendet werden.

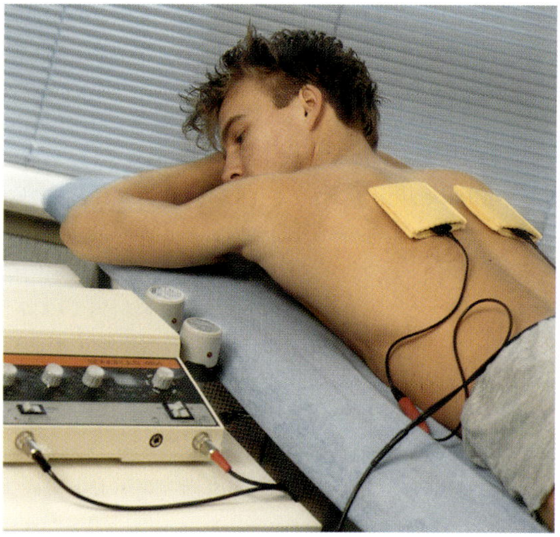

Die Elektrotherapie kann bei manchen Rückenschmerzen hilfreich sein.

Elektrolytlösung: Salzlösung mit wichtigen Elektrolyten des Bluts (Chloride, Bikarbonat, Kaliumphosphat, Natrium, Kalzium, Magnesium). Bei Elektrolytverlust (z. B. heftiger Durchfall, Erbrechen) müssen diese Stoffe dem Körper wieder zugeführt werden.

Elektrotherapie: Anwendung von elektrischem Strom zu Heilzwecken. Die Elektrotherapie erzeugt Wärme, fördert die Durchblutung, lindert Schmerzen, reizt und aktiviert Nerven und Muskeln. Am häufigsten wird die so genannte Nervenstimulation praktiziert. Dabei leitet man über ein spezielles Gerät Reizstrom von nur wenigen Milliampère durch die Haut des Patienten. Elektrotherapie wird meist bei Ischiasbeschwerden, Hexenschuss oder Sportverletzungen angewendet; sie stellt jedoch keine ursächliche Behandlung dar. Auch manche Schönheitsfarmen betreiben Elektrobehandlung. Hier werden gezielt Muskelgruppen durch Strom gereizt. Sie beginnen daraufhin, im Rhythmus der Stromimpulse zu zucken; auf diese Weise wird Energie verbraucht und Fett abgebaut.

Elemente, fünf: in der → traditionellen chinesischen Medizin sind dies: Feuer, Metall, Holz, Wasser, Erde. Sie sind auch den vier Jahreszeiten und den vier Himmelsrichtungen zugeordnet und stehen außerdem in Beziehung zu den Trigrammen des »I Ging«, des »Buchs der Wandlungen«. Die fünf Elemente bzw. fünf Wandlungsphasen sind nach chinesischer Vorstellung in ständiger Bewegung; sie wirken sich auf den Kreislauf der Natur und den Organismus des Menschen aus.

Eleutherokokk (Eleutherococcus senticosus, Acanthopanax senticosus; auch Taigawurzel): Strauch aus der Familie der Araliengewächse (Araliaceae), der in China, Korea und Japan heimisch ist. Als Arznei verwendet man die getrocknete Wurzel und den Wurzelstock.

Inhaltsstoffe: Oleanolsäureglykoside, Phenylpropane, Cumarine, Lignane.

Anwendungen: Eleutherokokk hilft bei seelischem Stress und wird traditionell als Tonikum bei nachlassender körperlicher und geistiger Leistungsfähigkeit eingenommen. Auch in der Genesungsphase nach längerer Krankheit unterstützt Eleutherokokk den Aufbau der Kräfte. In Belastungssituationen, bei beginnender Krankheit oder vegetativen Störungen verschafft Eleutherokokk Linderung.

! Bei Fieber oder Bluthochdruck darf Eleutherokokk nicht eingenommen werden.

Elm (engl.): Ulme, Stockbottle Nr. 11 der → Bach-Blüten. Elm verhilft Menschen, die viel leisten, zu Durchhaltevermögen und größerem Vertrauen in sich selbst, insbesondere in Phasen drohender Überbeanspruchung.

Emmenagogum (Mehrzahl: Emmenagoga): Mittel zur Regulation der Monatsblutung und zur Herbeiführung von deren Beginn. Traditionelle Emmenagoga sind Anis, Muskat, Nelken, Petersilie, Rosmarin, Safran und Senf.

! Besonders stark wirken Rainfarn und Thuja; sie können bei schwangeren Frauen sogar einen Abort herbeiführen und eignen sich nicht zur Selbstbehandlung.

Emser Salz: natürlich vorkommendes Sprudelsalz der Emser Quellen (Heilbad Ems in

Rheinland-Pfalz). Das Salz enthält neben Spurenelementen vor allem Natriumbikarbonat und -chlorid; es wird bei Nasen-, Hals- und Rachenleiden in angewärmtem Wasser getrunken oder als Gurgelwasser verwendet, bei Bronchitis ist es als Inhalationslösung altbewährt. Das Salz wird außerdem zu Emser Pastillen weiterverarbeitet.

! Bei Bronchialasthma dürfen keine Inhalationen durchgeführt werden.

Emulsion: milch-, salben- oder gelartige Arzneiform, bestehend aus zwei eigentlich nicht mischbaren Stoffen. Eine natürliche Emulsion (Öl bzw. Fett in Wasser) ist Milch. Arzneiliche Emulsionen (z. B. aus Fetten, Ölen, Harzen, Balsamen oder Wachs) haben die Tendenz, sich im Lauf der Zeit wieder zu entmischen, ein Vorgang, den man durch Zusatz von (oft künstlichen) Emulgatoren bzw. Stabilisatoren zu verhindern oder zu verzögern versucht. Für die Selbstbehandlung ist die Emulgierung von Fetten wichtig, z. B. bei Anwendung eines Ölbads: Teebaumöl oder ätherisches Öl wird zur besseren Löslichkeit in etwas Milch oder Sahne angerührt und erst dann ins Badewasser gegeben.

Energiefluss: Bezeichnung für eine »fließende« Energie im Körper. Auf dieser Vorstellung gründen sowohl östliche Heillehren wie → traditionelle chinesische Medizin und → Ayurveda als auch westliche Therapien, z. B. → Anthroposophie oder → Orgontherapie nach Wilhelm Reich. Krankheit betrachtet man als Blockade dieses Energieflusses.

Energielehre: Begriff aus der → tibetischen Medizin. Dabei unterscheidet man zwischen drei Energie- bzw. Konstitutionsprinzipien: rLung (Wind, Luft), mKhris-pa (Galle) und Bad-kan (Schleim). Nach der auf diesen drei Prinzipien beruhenden Vorstellung führen drei negative Geisteszustände zu Ungleichgewicht und Krankheit: Nichtwissen, falsche Selbstwahrnehmung und unmäßige Begierde.

Engelsüß (Polypodium vulgare): Pflanze aus der Familie der Tüpfelfarne (Polypodiaceae). Engelsüß ist fast weltweit verbreitet und wächst auch in den Wäldern Mitteleuropas. Als Arznei verwendet man den Wurzelstock.

Energielehre aus Tibet – rLung, mKhris-pa und Bad-kan

Energieprinzip	Aufgaben	Eigenschaften
rLung *(gesprochen »lung«)*	Steht für Lebenskraft, reinigt die Sinnesorgane, reguliert Stoffwechsel (Galle und Schleim) sowie Nervenvorgänge. Als feinstofflicher Wind ist Lung auch Träger des Bewusstseins und zuständig für das seelische Gleichgewicht.	Hart, rau, beweglich, subtil, leicht (Wind)
mKhris-pa *(gesprochen »tripa«)*	Steht für Vitalenergie, den verbrauchenden Stoffwechsel und Feuer. Tipa ist Tatprinzip, beeinflusst Körpertemperatur, Appetit, Verdauung und Hautbeschaffenheit und regt den Intellekt an.	Feucht, ölig, heiß, scharf, stechend, reinigend (Galle)
Bad-kan *(gesprochen*	Steht für den aufbauenden Stoffwechsel, die Verbindung von Erde und Wasser, symbolisiert den gebärenden Schoß, bedeutet Stabilität.	Sanft, kalt, schwer, klebrig, träge, glatt, fest (Schleim)

Inhaltsstoffe: Osladin, Glyzyrrhizin, verschiedene Saponine.
Anwendungen: Die Saponine des Engelsüßes hemmen das Wachstum von Pilzen; Engelsüß wirkt außerdem mild harntreibend und wurde in der Volksmedizin als »Kropfwurzel« verwendet. Heute trinkt man den Aufguss nur noch bei Erkrankungen der Atemwege, insbesondere bei Bronchitis.

Engelwurz → Angelika

Enteritis: entzündliche Schleimhautentzündung des Dünndarms. Wenn der Magen beteiligt ist, spricht man von Gastroenteritis; wenn die Entzündung sich auf den Dickdarm erstreckt, spricht man von Enterokolitis. Häufigste Ursache ist eine Infektion mit meist, aber nicht immer harmlosen Bakterien oder Viren (Sommerdiarrhö). Typische Beschwerden sind Durchfall, krampfartige Bauchschmerzen, bei Beteiligung des Magens auch Übelkeit und Erbrechen, außerdem leichtes Fieber, Kopf- und Muskelschmerzen.

Leichte Beschwerden bessern sich schon nach eintägiger Bettruhe • Gegen die Bauchschmerzen hilft die Anwendung von feuchter Wärme (dazu ein kleines Tuch in warmes Wasser oder Tee tauchen, auswringen und auf den Bauch legen, mit einem trockenen Tuch fixieren und eine warme Wolldecke darüber legen; die Auflage wechseln, sobald sie sich erwärmt) • Sinnvoll ist eintägiger Nahrungsverzicht (reichlich trinken) • Anschließend folgen als Kost Kamillentee mit Zwieback und gesalzene Haferschleimsuppe; feste Kost gibt es erst, wenn der Stuhl nicht mehr flüssig ist • Aus der Pflanzenheilkunde sind Süßholzwurzel (als Tee) und Uzarawurzel (als Dragees) sowie die Gerbstoffdrogen Eichenrinde, Heidelbeeren, Heidelbeerblätter, Tannalbin oder Blutwurz (ebenfalls als Tee) zu empfehlen sowie als entzündungshemmende Teekräuter Kamille, Odermennig und Lapachorinde • 1 TL Heilerde, in den Tee gerührt, unterstützt die Entgiftung des Darms

Lapachotee bei Enteritis: 2 EL Lapachorinde 5 Minuten in 1 l Wasser kochen; dann vom Herd nehmen und zugedeckt 20 Minuten ziehen lassen. Der Tee eignet sich auch für schmerzlindernde warme Umschläge.

Entgiftung (Detoxikation): Unschädlichmachen giftiger Substanzen. Dazu versucht man, diese oft schwer ausscheidbaren Stoffe in eine leichter transportierbare Form zu bringen. Neben ärztlich durchgeführten Entgiftungsmaßnahmen (z. B. Magenspülung oder Gabe eines Gegengifts) gibt es auch Möglichkeiten der Selbstbehandlung, um giftige Stoffe der Ausscheidung zuzuführen (→ Entschlackung).

Entsäuerung: therapeutische vermehrte Ausscheidung von Säuren aus dem Organismus und Regulation des Blut-pH-Werts (siehe zu Entsäuerung das Special S. 119ff.).

Die Entsäuerung ist zur Selbstbehandlung geeignet.

Entschlackung: umgangssprachliche Bezeichnung für die beschleunigte Ausscheidung von Stoffwechselgiften (so genannten Schlacken). Durch eine Vielzahl von Maßnahmen wird die Entschlackung gefördert: durch Schwitzen und Sauna, Heilatmung, Trockenbürsten und Wechselduschen, Moor- oder Fangopackungen, Heilfasten oder F.-X.-Mayr-Kur, Darmbäder, Rohkost, Reis-, Obst- oder Safttage, eine Frühjahrskur und blutreinigende Tees.

Die meisten Methoden der Entschlackung sind zur Selbstbehandlung geeignet.

Die häufigsten »Schlacken«

- Harnsäure (Abbauprodukt des Purinstoffwechsels)
- Harnstoff (Abbauprodukt des Eiweißstoffwechsels)
- Kreatinin (Abbauprodukt des Muskelstoffwechsels)
- Milchsäure bei Muskelkater
- Abwehrstoffe nach Infektion
- Kalksalze und Fettabbauprodukte

Die Körpersäfte natürlich entgiften

Fühlen Sie sich öfter abgespannt und müde – obwohl es dazu eigentlich gar keinen Grund gibt? Es könnte daran liegen, dass Ihr Organismus einfach übersäuert ist. Übersäuerung gehört zu den Zivilisationskrankheiten. Der Grund liegt in unserer Lebensweise: zu wenig Bewegung und falsche Ernährung. Damit wir uns gesund fühlen, muss unser Säure-Basen-Haushalt im Gleichgewicht sein.

Das Säure-Basen-Gleichgewicht

Stoffwechselvorgänge sind nur unter stabilen Bedingungen möglich, zu denen u. a. ein bestimmtes Verhältnis von Säuren und Basen gehört. Dieses Säure-Basen-Verhältnis wird mit dem pH-Wert angegeben.

- Der pH-Wert im Blut beträgt normalerweise etwa 7,4.
- Bei Werten von unter 7,35 spricht man von Übersäuerung (Azidose).
- Bei Werten von über 7,45 spricht man von Alkalose (einem Zuviel an Basen).

Der Säurenüberschuss und seine Folgen

Säuren werden entweder mit der Nahrung aufgenommen oder im Körper gebildet. Sie entstehen z. B. bei der Eiweißverdauung oder als Folge bestimmter Gärungs- oder Fäulnisprozesse im Darm. Überschüssige Säuren werden über Nieren und Haut ausgeschieden bzw. über die Lunge abgeatmet. Jahrelange Übersäuerung führt zu einer regelrechten Starre der Körperzellen, was auch die Zellatmung und die Organdurchblutung verschlechtert.

Eine Übersäuerung des Körpers ist oft die Ursache von Kopfschmerzen, Hautproblemen, Abwehrschwäche oder chronischer Müdigkeit. Wer herausfinden will, ob der Säure-Basen-Haushalt im Gleichgewicht ist, kann dies (mit einem Urintest) selbst machen.

▶ *Der Säure-Basen-Test*

Für den Urintest benötigt man Lackmuspapier aus der Apotheke. Den Streifen liegen Farbskalen bei, aus denen Sie den pH-Wert ersehen können. Ernähren Sie sich bitte am Testtag ausgewogen, und messen Sie Ihren Urin fünfmal. Liegen Ihre Werte leicht außerhalb der angegebenen Normbereiche, so können Sie mit einer einfachen Entsäuerungskur und einem geänderten Ernährungsverhalten gegensteuern. Liegen die Werte weit außerhalb der Normbereiche, sollten Sie vorsichtshalber einen Arzt aufsuchen.

- 7.00 Uhr, erste Messung (vor dem Frühstück): Der optimale Wert liegt zwischen 6,2 und 6,5.
- 10.00 Uhr, zweite Messung: Der optimale pH-Wert liegt bei etwa 7,4.
- 12.00 Uhr, dritte Messung (vor dem Mittagessen): Der Wert sollte um diese Zeit unter 7 liegen.

Die meisten Gemüse sind basisch – vor allem Kartoffeln und Karotten.

■ 15.00 Uhr, vierte Messung: Ein basischer Wert von 7,4 oder höher sollte jetzt erreicht sein.

■ 18.00 Uhr, letzte Messung (vor dem Abendessen): Nun sollte ein leicht saurer Wert, also ein Wert unter 7, gemessen werden.

Die Entsäuerungskur

Zur Entsäuerung des Körpers nimmt man eine Kost zu sich, die basenreich ist bzw. die Bildung von Basen im Körper unterstützt. Gleichzeitig verzichtet man auf Säurebildner.

Wer nur leichte Beschwerden hat, die auf Übersäuerung zurückzuführen sind, kann durch die folgende sechstägige Kur den Körper entsäuern. Sie sorgt spürbar für Vitalität und Frische.

! Wer krank ist, darf die Entsäuerungskur nur nach Rücksprache mit dem Arzt machen. Für Menschen mit Herz-Kreislauf-Problemen oder schweren Organkrankheiten sowie für Diabetiker kann diese Kur sogar schädlich sein.

▶ *Am Vortag*

Verzichten Sie auf Fleisch, Kaffee, Alkohol und Zucker. Treiben Sie 60 Minuten schweißtreibenden Sport, und gehen Sie abends in die Sauna, oder lassen Sie sich massieren.

▶ *1. Tag*

Reinigen Sie zu Beginn der Kur Ihren Darm. Dazu nehmen Sie einmalig auf nüchternen Magen 1 gestrichenen TL Glaubersalz, gelöst in 1/4 l lauwarmem Wasser. Das Salz wirkt rasch! Diese Darmreinigung können Sie durch ein Klistier unterstützen. 2 Stunden nach der Darmreinigung folgt die Leinsamenabkochung (dazu 2 EL ganzen Leinsamen 20 Minuten in 1/2 l Wasser kochen, die Körner abgießen und den schleimhaltigen Sud trinken). Trinken Sie außerdem über den Tag verteilt je 1/4 l Lapacho-, Mate- und grünen Hafertee, stilles Mineralwasser, weitere Kräutertees (beispielsweise aus getrockneten Brennnessel- oder Löwenzahnblättern) und zu Mittag selbst gemachte Gemüsebrühe (Rezept siehe Kasten).

▶ *2. bis 5. Tag*

Trinken Sie wieder täglich je 1/4 l Lapacho-, Mate- und grünen Hafertee, stilles Mineralwasser, Kräutertee und zu Mittag Gemüsebrühe. Machen Sie Gymnastik, Yoga und Wechselduschen. Nehmen Sie täglich Flohsamenschalen und Apfelpektin ein, um die Giftstoffe im Darm zu binden und einer raschen Ausscheidung zuzuführen. Warme Bauch- oder Leberwickel, ein Heublumenbad, 10-minütiges Duschen oder ein ansteigendes Vollbad sorgt für noch besseren Abtransport der überschüssigen Säuren.

▶ *6. Tag*

Bauen Sie langsam wieder auf. Essen Sie zunächst 1 Apfel, den Sie gründlich kauen. Für die erste Mahlzeit mischen Sie 2 EL Haferflocken mit 1/2 klein geschnittenen Banane, 1/2 süßen Apfel, 1 TL Rosinen, 1 TL hellen Sesamkörnern und etwas Milch zu einem Müsli.

Gemüsebrühe

- Sie kochen ca. 200 g geputztes Gemüse (Kartoffeln, Karotten, Brokkoli und Sellerie) in 1/2 l Wasser etwa 30 Minuten lang, würzen mit wenig Meersalz und fügen frische Gartenkräuter hinzu.
- Bei der strengen Form der Kur seihen Sie das Gemüse ab und trinken nur das Gemüsewasser; bei der gemäßigten Form pürieren Sie die Suppe mit dem Zauberstab oder im Mixer und essen das Gemüse mit.

2 Stunden später trinken Sie eine »Natronbrause« aus 1 TL Natriumbikarbonat, aufgelöst in 1/2 l Wasser.

▶ ***Wochenendkur***
Wenn Sie nicht sechs Tage, sondern nur das Wochenende Zeit haben, beginnen Sie am Donnerstagabend mit Sport und Sauna, am Freitagabend mit der Darmreinigung und haben Samstag und Sonntag für die eigentliche Entsäuerungkur zur Verfügung.

Basische Nahrungsmittel
Nach der Entsäuerungskur erfolgt ein allmählicher Übergang zur Normalkost, die aber weiterhin säurearm sein soll. Dazu sollte man noch einige Tage vegetarisch leben. Außerdem sollten Sie die folgenden Hinweise beachten.

- Basisch sind die meisten Gemüse (Ausnahmen: Artischocken, Spargel, Sauerkraut, Tomaten, Hülsenfrüchte), ebenso Blattsalate, Oliven, Radieschen, Rettich, Algen, Sprossen, gekeimte Hülsenfrüchte und gekeimtes Getreide, frische Kräuter. Rohmilch, süße Sahne und Eigelb sind basisch, ebenso süßes Obst, die meisten Kerne und Nüsse.
- Säurereich sind Fleisch und Wurstwaren, Wild, Fisch, Kochfette und gehärtete Öle, Butter, Joghurt, saure Sahne, Quark, Käse. Säure bilden Weißmehlprodukte, raffinierter Zucker, Nudeln und Reis, Fruchtsäfte und Früchtetees.
- Essen Sie vorzugsweise frische Lebensmittel. Einzige Ausnahme ist Brot; es sollte ein oder zwei Tage alt sein.
- Dünsten oder garen Sie schonend.
- Ersetzen Sie Salz durch frische Kräuter.
- Meiden Sie industriell zubereitete Nahrung.

Basenreiche Getränke

- Achten Sie bei Mineralwasser auf das Kleingedruckte, und trinken Sie ein Wasser, das viel Hydrogenkarbonat und Magnesium, aber nur wenig Natriumchlorid (= Kochsalz) und Sulfat enthält.

Entsäuern: Eine Dauerbrause wirkt wie eine sanfte entgiftende Lymphdrainage.

- Stilles Mineralwasser oder Heilwasser ist besser als kohlensäurereiches.
- Günstig sind naturreine Gemüsesäfte (auch als Vorspeise) und frisch gepresste Obstsäfte aus süßem Obst (auch als Nachspeise).
- Auf Colagetränke, Bier, Kaffee und Kakao sollten Sie weitgehend verzichten.
- Sehr zu empfehlen, sehr aromatisch und teilweise auch kreislaufanregend sind exotische Heiltees wie Lapacho- und Matetee, grüner Tee oder Rotbuschtee.

Entsäuern durch Schwitzen
Täglich produziert der menschliche Körper etwa einen halben Liter Schweiß, mit dem Säuren ausgeschieden werden (man riecht das!). Wählen Sie eine Ihrer Gesundheit und Konstitution angemessene Tätigkeit (von Gartenarbeit bis Joggen), so dass Sie dauerhaft und täglich schwitzen können.

Entspannung, funktionelle (FE): psychosomatische Methode der Vorbeugung und Therapie, entwickelt von der Gymnastiklehrerin Marianne Fuchs. Im Mittelpunkt stehen das eigene Körpererleben, die Selbstwahrnehmung und die Fähigkeit, einen eigenen Rhythmus von Ein- und Ausatmung, von Anspannung und Entspannung zu entwickeln. Man erspürt auf diese Weise Veränderungen am oder im Körper; sie werden mit dem Therapeuten besprochen und unter psychosomatischen Gesichtspunkten bewertet, so dass Fehlhaltungen und Fehlverhalten offenkundig werden. In einem weiteren Schritt sollen Strategien der Konfliktlösung dazu beitragen, dass man körperliche und psychosomatische Probleme überwinden kann. Die Methode wird auch von der Schulmedizin anerkannt.

Entspannungstechniken: Gesamtheit der Maßnahmen, die dazu beitragen, einen Zustand körperlicher und geistiger Balance und Gelöstheit sowie eine Haltung des Geschehenlassens zu erreichen. Als Methode des Stressabbaus spielen Entspannungstechniken eine immer wichtigere Rolle. Zu den bewährtesten Entspannungstechniken zählen → autogenes Training, → Atemtherapie, → Eurhythmie und die verschiedenen Formen der → Bewegungstherapie. Die meisten dieser Techniken beginnen damit, dass zunächst eine körperliche, anschließend erst eine mentale Entspannung herbeigeführt wird. Man sollte alle diese Methoden unter fachkundiger Anleitung erlernen, um nicht eine falsche Technik einzuüben. Für den Anfang und für Ungeübte eignen sich Wechselduschen, Spazierengehen oder leichtes Joggen, Massage oder Sauna (siehe auch Kasten S. 123).

Die richtige Atmung gehört immer zur Entspannung dazu.

Entwässerung (griech. Diurese): Maßnahmen zur Ausscheidung von überschüssigem Wasser aus Gewebe, Organen und Körperhöhlen. Für die krankhafte Zurückhaltung (Retention) von Wasser gibt es mehrere Ursachen: zu hohe Kochsalzzufuhr, zu geringe Kaliumzufuhr, Nierenkrankheiten, Herzschwäche oder auch eine Schilddrüsenstörung. Es bildet sich eine sichtbare, tastbare Wassereinlagerung (Ödem). Die Schulmedizin verfügt über eine Reihe stark wirkender und rezeptpflichtiger Medikamente, die massiv in den Mineralienhaushalt eingreifen. Zur unterstützenden Behandlung oder Eigentherapie eignen sich pflanzliche Mittel (→ Diuretikum, → Apfel-Reis-Diät).

! Man sollte sich bei schwerer Herz- oder Nierenkrankheit vor der Anwendung natürlicher Mittel mit einem Arzt beraten.

Enzian, Gelber (Gentiana lutea): Pflanze aus der Familie der Enziangewächse (Gentianaceae). Der Enzian wächst auf Hochebenen und im Gebirge Mitteleuropas auf ungedüngten, kalkhaltigen Böden. Als Arznei verwendet man nur die Wurzel. Enzian ist vom Aussterben bedroht und steht daher unter Naturschutz. Er wird auch als homöopathisches Mittel eingenommen.

Inhaltsstoffe: Bitterstoffe (u. a. Amarogentin), Zucker (u. a. Gentianose, Saccharose).

Anwendungen: Enzian ist eine der klassischen Bitterstoffdrogen; er wird als Teeauf-

Entspannung durch Atmen

Diese Entspannungsübung erfordert nicht allzu viel Zeit. Üben Sie am Anfang 20 Minuten. Sie können sie im Liegen oder Sitzen durchführen. Ziel ist es, dass Sie die richtige Atmung finden und eine Weile von allem loslassen können.

1. Schritt
Kleiden Sie sich so, dass Ihnen nicht kalt wird und nichts Sie einengen kann. Legen Sie sich auf eine Wolldecke oder eine Isomatte auf den Boden. Unter den Kopf legen Sie ein flaches und nicht zu weiches Kissen, das bis zu den Schultern reicht. Sie liegen nun auf dem Rücken, die Beine locker ausgestreckt, so dass die Füße sich leicht nach außen neigen. Sie legen Ihre Hände locker auf den Bauch und richten Ihre ganze Konzentration auf den Körper.

2. Schritt
Sie atmen langsam, geräuschlos und tief durch die Nase ein. Sie fühlen, wie sich Ihr Zwerchfell nach unten gegen die Bauchorgane senkt, die Bauchdecke wölbt sich nach vorn – nicht übertrieben, nur so weit, wie es das tiefe Atmen erfordert. Die Bauchmuskeln bleiben ganz weich und entspannt. Beim Ausatmen sinkt die Bauchdecke zurück, und das Zwerchfell hebt sich wieder nach oben.

3. Schritt
Sie spüren nun Ihrem Atem nach. Nicht Sie steuern ihn, sondern Sie lassen sich von ihm führen. Sie fühlen ganz genau die Stellen, an denen Ihr Körper auf dem Boden liegt: die Fersen, die Waden, die Rückseite der Oberschenkel, den Po, den unteren und oberen Rücken, die Arme und Schultern sowie die Rückseite des Kopfs. Sie spüren, wie Sie von unten her gestützt sind.

4. Schritt
Nun versuchen Sie, sich vor allem mit dem abfließenden Atem zu verbinden und schwer und noch schwerer in den Boden hineinzusinken. Mit dem Ausatmen geben Sie alle Spannungen ab: die Spannungen in Kopf und Nacken an das Kissen, diejenigen in den unteren Bereichen an die Unterlage. Aber Sie geben nicht nur mit dem Ausatmen Belastendes ab, Sie nehmen mit dem Einatmen auch Positives auf. Wenn Sie den Rhythmus des Auf und Ab mit sich geschehen lassen, werden Sie allmählich merken, wie sich ein inneres Gleichgewicht einstellt. Dieses Gleichgewicht kann man natürlich nicht festhalten oder auf Knopfdruck herbeiführen. Doch durch wiederholtes und geduldiges Üben wird es sich immer wieder und vor allem auch immer schneller einstellen.

Variante
Man hat im Alltag nicht ohne weiteres die Möglichkeit, sich flach auf den Boden zu legen. Sie können sich aber ebenso gut im Sitzen sammeln und lockern: Sie brauchen dafür einen Stuhl oder Hocker mit gerader Sitzfläche. Mit Hilfe eines Schaumstoffkeils oder eines schmalen Buchs unter dem Po kann man den Rücken stützen, so dass man senkrecht und gerade sitzt (möglichst kein Hohlkreuz machen). Die Hände liegen entspannt auf den Oberschenkeln. Das von unten her aufgerichtete Sitzen reicht bis in die Halswirbelsäule hinauf, entspannt die Nackenmuskulatur und richtet den Kopf auf, als ob er mit einem Faden im Himmel aufgehängt wäre. Versuchen Sie, den Rücken richtiggehend »auszuhängen«. Sie lassen dann wieder den Atem in die Spannungsbereiche Ihres Körpers fließen. Sie geben alles, wovon Sie sich distanzieren wollen oder was Ihnen Schaden zufügen könnte, mit dem Ausatmen ab. Sie spüren, wie Sie mit jedem Einatmen gelöster, heller und stärker werden.

guss, Extrakt oder Tinktur eingenommen, um die Magensaft- und Gallensaftproduktion anzuregen. Er hilft bei Appetitlosigkeit, Völlegefühl und Blähungen und wird traditionell bei gärungsbedingten Verdauungsstörungen, Leber- und Gallenblasenerkrankungen oder bei fiebriger Erkältung angewendet. Enzian ist ein altbewährtes Stärkungsmittel und wird daher zur körperlichen und geistigen Leistungssteigerung und während der Genesungsphase eingenommen. Eine Vielzahl von »Verdauungsschnäpsen« enthält Enzian.

! Bei Magenübersäuerung, Magen- oder Zwölffingerdarmgeschwür darf man Enzian nicht einnehmen.

Enzyme (frühere Bezeichnung: Fermente): hochaktive Eiweißkörper, die als Katalysatoren biochemische Reaktionen und Stoffwechselvorgänge beschleunigen oder überhaupt erst ermöglichen. In der Leber machen sie z. B. 70 Prozent des Eiweißanteils aus. Die über 1000 Enzyme des menschlichen Körpers haben sehr spezifische Aufgaben, und auch die Nahrungsmittelindustrie verwendet Enzyme, um Speisen zu veredeln, sie schmackhaft und bekömmlich zu machen. Traditionell ist z. B. die Verwendung von Labferment aus dem Kalbmagen zur Käseherstellung oder von Papain aus der Papayafrucht zum Zartmachen von Fleisch. Andererseits lässt sich durch die Zerstörung oder Inaktivierung bestimmter Enzyme (z. B. durch Erhitzen) eine längere Haltbarkeit von Lebensmitteln erreichen. Eine unzureichende Enzymmenge oder -aktivität des Körpers ist die Ursache bestimmter Mangelkrankheiten. Am häufigsten ist die Milchunverträglichkeit (Laktoseintoleranz), infolge eines Mangels an dem Enzym Laktase.

Häufig verabreichte Enzyme

- Bromelain (aus der Ananas)
- Papain (aus der Papayafrucht)
- Pepsin (aus Tiermägen)

Enzymtherapie: Behandlung bestimmter Krankheiten mit Enzymen, oft auch kombiniert mit Vitaminen. Einerseits handelt es sich um eine Ersatztherapie (Substitutionstherapie) bei Enzymmangel, zum anderen erzielt man damit eine Besserung bei Gefäßerkrankungen, Bronchitis, Nebenhöhlenentzündung, rheumatischen Beschwerden, Virusinfektionen oder Autoimmunkrankheiten. Auch in der Tumortherapie haben sich Enzyme bewährt.

! Verboten ist Enzymtherapie bei Blutgerinnungsstörungen und schwerer Einschränkung der Leber- oder der Nierenfunktion.

Epidemiologie (griech. Seuchenlehre): Wissenschaft von der Entstehung und Verbreitung übertragbarer epidemischer Krankheiten.

Erbrechen (Emesis, Vomitus): Entleerung von Mageninhalt nach oben über den Mund durch unwillkürliche Zusammenziehung der Muskulatur von Magen, Zwerchfell und Bauchorganen. Es kündigt sich meist durch Übelkeit, Schweißausbruch, Schwäche und Kältegefühl an. Erbrechen ist ein lebenswichtiger Schutzmechanismus, um Schädliches oder Unverdauliches schnell wieder loszuwerden. Durch Brechmittel wird es in bestimmten Situationen sogar gezielt herbeigeführt. Oft tritt es als Symptom einer Magenerkrankung (→ Gastritis, → Magenprobleme, → Reizmagen) auf oder beruht auf einer Störung des Brechzentrums im Gehirn. Der Ess-Brech-Sucht (→ Bulimie) liegen seelische Probleme zugrunde.

Die Behandlung, auch die Eigenbehandlung, richtet sich nach der Grundkrankheit • Prinzipiell sollte man auf feste Nahrung verzichten und den oft erheblichen Verlust an Flüssigkeit und Mineralsalzen durch reichlich Mineralwasser oder Tees (Kamille, Pfefferminze, Melisse) ausgleichen • Tee aus schleimhaltigen Pflanzen wie Eibisch oder Isländisch Moos nach der Akutphase legt sich wie ein Schutzfilm über die strapazierte Schleimhaut • Altbewährt ist Tee aus Zimtrinde • Gegen Schwangerschaftserbrechen verwendet man traditionell Mus aus Kürbisfruchtfleisch in kleinen Portionen • Gegen Reisekrankheit hilft Ingwer, entweder in Form von Ingwertinktur oder roh gekaut • Warme Umschläge oder Auflagen entspannen die Bauchmuskulatur und lindern Schmerzen • Zur Aromatherapie eignet sich Basilikum- oder Sandelholzöl • Die erste feste Nahrung, die man wieder zu sich nimmt, besteht aus Kamillentee mit Zwieback, Haferschleimsuppe (20 g feine Haferflocken in 1/4 l Salzwasser oder Gemüsebrühe aufkochen und unter Rühren kurz weiterkochen lassen) oder Reisschleim

! Wenn ein Bewusstloser erbricht, besteht die Gefahr, dass das Erbrochene in die Luftröhre gerät (Aspiration) und dass er daran erstickt. Man sollte ihn daher seitlich lagern (→ stabile Seitenlage).

Erdbeere (Fragaria vesca): Pflanze aus der Familie der Rosengewächse (Rosaceae). Nicht nur die im Frühsommer geernteten Früchte sind für die menschliche Gesundheit wertvoll, sondern auch die Erdbeerblätter als Haustee und vor allem zum Mischen mit anderen, arzneilich wirksameren Kräutern. Die Beeren wirken reinigend und entwässernd.

Inhaltsstoffe: in den Blättern: Flavonoide, Gerbstoffe, Salizylsäure, Zimtsäure, Kaffeesäure, Chlorogensäure; in den Früchten: u. a. Anthozyanine, Karotinoide, Gerbstoffe, Folsäure, Vitamin C, Kalium, Mangan.

Anwendungen: Tee aus den Blättern wird äußerlich bei Hautausschlägen und als Gurgelmittel bei Halsentzündung angewendet; innerlich kommt er bei Entzündungen im Bereich der Verdauungsorgane und bei Durchfall, zur Stoffwechselanregung und Blutreinigung zum Einsatz. Die Früchte entgiften den Darm, wirken entwässernd und blutdrucksenkend und sind Bestandteil vieler Reinigungs- und Entschlackungskuren im Frühjahr.

! Manche Menschen reagieren allergisch (auf Früchte und Tee). Walderdbeeren oder Bioware wird möglicherweise besser vertragen.

Erdrauch gehört zu den pflanzlichen Gallenmitteln (Cholagoga).

Erdrauch (Fumaria officinalis): Pflanze aus der Familie der Mohngewächse (Papaveraceae). Der Erdrauch hat zart gefiederte Blätter mit traubig angeordneten Blüten; er wächst in ganz Mitteleuropa auf steinigen Hängen, Feldern und auf Schutt. Als Arznei verwendet man die während der Blütezeit gesammelten und getrockneten oberirdischen Teile. Erdrauch wird auch als Homöopathikum eingenommen.

Inhaltsstoffe: bis zu 1,25 Prozent Alkaloide, daneben Bitterstoffe, Schleimstoffe, Cholin, Flavonoide.

Anwendungen: Erdrauch wirkt krampflösend, abführend und harntreibend. Er wird als Teeaufguss oder andere galenische Zubereitung bei krampfartigen Beschwerden der Verdauungsorgane, insbesondere der Gallenblase und Gallenwege, eingenommen. Traditionell verwendet man ihn bei Verstopfung, Lebererkrankungen (Stauungen im Pfortadergebiet), Arteriosklerose, chronischen Hauterkrankungen oder rheumatischen Beschwerden sowie als Stärkungsmittel. Erdrauch war früher Bestandteil von Klistieren. Als Lebermittel wird er mit Andorn, Löwenzahn und Odermennig gemischt.

Hochspannungsleitungen stehen im Verdacht, mit ihrer Strahlung krank zu machen.

Erdstrahlen: Strahlen aus unterirdischen Wasseradern, die von besonders dafür empfänglichen Menschen mit Wünschelrute oder Pendel erfasst werden können, streng wissenschaftlich aber nicht nachweisbar sind. Auch von elektromagnetischen Feldern gehen Erdstrahlen aus. Sie werden für das gehäufte Auftreten von Unfällen an einer bestimmten Stelle, für besondere Krankheitsanfälligkeit oder -häufigkeit verantwortlich gemacht; man spricht von geopathischem Stress (→ Geopathie). Eine ganze Reihe von Krankheiten, vor allem Migräne, Schlaflosigkeit, Depression, Bluthochdruck, rheumatische Störungen, Leukämie oder andere Krebserkrankungen sollen Folge von geopathischem Stress sein. Während die Schulmedizin einen Einfluss der Strahlen auf die menschliche Gesundheit bestreitet, beziehen östliche Methoden seit Jahrhunderten physikalische oder geologische Gegebenheiten mit ein. In China errichtet(e) man Straßen, Gebäude, Plätze, Brunnen und gestaltete auch die Innenräume so, dass sie mit dem »natürlichen Energiestrom« der Erde in Einklang stehen (→ Feng Shui). Genaue Auskunft gibt der Wünschelrutengänger, der dann eine Skizze der Energiefelder anfertigt. Oft helfen kleine räumliche Veränderungen, das Verrücken einzelner Möbel oder das Austauschen (eisenhaltiger) Federkernmatratzen gegen Schaumstoff- oder Futonmatratzen. Die Wirkung so genannter Entstrahlungsgeräte wird von der wissenschaftlichen Medizin ebenfalls angezweifelt.

Erfahrungsheilkunde: Teilbereich der praktischen Medizin, dessen Grundlagen, Aussagen und Vorgehensweisen mehr auf langjähriger Beobachtung und praktischer Erfahrung als auf wissenschaftlicher Forschung und Bewertung beruhen. Im Lauf der Jahrhunderte hat die Erfahrungsheilkunde eigene Systeme und Ansätze, auch eigene Lehrmeinungen entwickelt, in denen mündliche und schriftliche Tradition eine große Rolle spielen. Dazu zählen z. B. die → Volksmedizin, die → Viersäftelehre und die → Homöopathie; darüber hinaus gibt es geisteswissenschaftlich orientierte Methoden, z. B. die → Anthroposophie, oder auch rein spekulative Ansätze. Die Erfahrungsheilkunde bezieht die Selbstheilungskräfte des Organismus entscheidend mit ein und versucht oft, durch Reiz oder Stimulation Besserung bei Störungen herbeizuführen.

Erfrierung: Schädigung des Körpergewebes bei Kälte. Ab etwa –5 °C im Körpergewebe bilden sich Eiskristalle, die das Gewebe schädigen, die Blutzirkulation beeinträchtigen und zu Blutgerinnseln führen können. Vor allem die Extremitäten sind von Erfrierungen bedroht. Ein gefährliches Stadium ist erreicht, wenn sich die Haut weiß, später blau oder gar schwarz verfärbt.

! Holen Sie bei Erfrierungen so schnell wie möglich ärztliche Hilfe.

Bei leichteren Erfrierungen oder im Fall der weniger gefährlichen Unterkühlung kann man den betroffenen Körperteil behutsam erwärmen (warme Hand oder angewärmte Gurkenscheiben auflegen), jedoch sollte man niemals drücken oder reiben • Alle einengenden Kleidungsstücke sollten entfernt werden • Auf den betreffenden Körperteil ein steriles Tuch auflegen und ihn möglichst über Herzhöhe lagern • Bläschen, die sich bilden, dürfen nicht geöffnet werden

Ergotherapie: Sammelbezeichnung für Arbeits- und Beschäftigungstherapien. Aufbauende Übungen sollen helfen, Störungen der Muskelbewegung oder der Sinnesorgane, der seelischen, geistigen oder sozialen Fähigkeiten zu lindern. Ziel ist die (Wieder-)Gewinnung von Ausdauer, Konzentration, Fingerfertigkeit, Kommunikation, Fähigkeit zur Zusammenarbeit, Zeitplanung und -einteilung.

Erkältung (Katarrh): nach Kälteeinwirkung akut auftretende Entzündung der Atemwege. Ursache ist meist eine Infektion mit Viren und zusätzlich Bakterien, die jedoch nur zum Zug kommen, wenn das Immunsystem geschwächt ist. Typische Beschwerden sind Schnupfen, Rachenentzündung, eventuell auch Husten und erhöhte Temperatur (→ grippaler Infekt). Bei einem sonst gesunden Menschen heilt die Erkältung nach etwa einer Woche von allein aus. Auch eine Mittelohrentzündung oder ein Harnwegsinfekt kann sich unmittelbar nach Kälteeinwirkung einstellen.

Im Mittelpunkt stehen Maßnahmen der Vorbeugung (z. B. Abhärtung) • Die Kleidung sollte jeweils der Jahreszeit angepasst sein; Zugluft, Aufenthalt in feuchtkalten Räumen und längere Abkühlung sollte man meiden • Atemtherapie, Bewegung, vitaminreiche Ernährung, Aufenthalt in Reizklima, Luft- und Sonnenbäder, Sauna, Sport und Wasseranwendungen fördern die körpereigene Abwehr • In Zeiten erhöhter Ansteckungsgefahr sollte man zusätzlich zu Vitamin-C-reichem Obst auch täglich 1 Messerspitze Vitamin-C-Pulver (Askorbinsäure) einnehmen • Echinacin- oder Zinkpräparate stärken das Immunsystem • Bei der Behandlung ist Wärmezufuhr wichtig, in Form von heißen Getränken, einem heißen Vollbad (eventuell 2 Hand voll Bittersalz hinzufügen) oder einer Schwitzpackung • Schweißtreibend wirkt Tee aus Lindenblüten oder Holunderblüten • Aromatherapie mit Eukalyptus- oder Latschenkiefernöl sorgt für angenehme Raumluft, löst innere Spannungen und stärkt so auch das Immunsystem • Schleimstoffhaltige Tees (aus Eibisch, Huflattich oder Isländisch Moos) lindern Reizhusten • Ätherische Öle wirken schleimlösend und antibakteriell • Saponinhaltige Drogen (aus Süßholz und Wollblume) helfen, Schleim zu verflüssigen, und fördern den Auswurf • Fiebersenkend ist eine Ganzkörperwaschung mit Essigwasser (1/4 l Obstessig mit 3/4 l Wasser mischen)

Erkältungstee: Je 20 g Lindenblüten und Holunderblüten mit 10 g Hagebuttenfrüchten mischen. 1 TL davon mit 1 Tasse kochendem Wasser überbrühen und 10 Minuten ziehen lassen. Saft von 1/2 Zitrone unterrühren, eventuell süßen. 3 bis 4 Tassen Tee täglich trinken. Dieser Tee ist auch für Kinder hervorragend geeignet.

! Wenn sich die Symptome einer Erkältung nicht nach drei Tagen bessern oder sogar schlimmer werden, sollten Sie den Arzt aufsuchen, um Bronchitis, Lungenentzündung oder eine »echte« Grippe auszuschließen.

Erkältung und »echte« Grippe

Unterschieden werden muss zwischen Erkältung, grippalem Infekt und der »echten« Grippe. Gemeinsam ist allen, dass sie durch verschiedene Virusarten ausgelöst werden.

- Erkältung: Symptome sind Niesen, geschwollene Schleimhäute, Hals- und Rachenschmerzen, Husten.
- Grippaler Infekt: Verstärkung der oben genannten Symptome mit Kopf- und Gliederschmerzen sowie erhöhter Temperatur.
- Grippe: Fieber (über 38,5 °C) und schweres Krankheitsgefühl, Atemprobleme, Erbrechen, starke Kopfschmerzen u. Ä.

Ernährung: Aufnahme von Lebensmitteln zum Aufbau bzw. Erhalt der Körperfunktionen. Alle mit der Nahrung aufgenommenen Substanzen werden durch Verdauung und Stoffwechsel zerlegt und in körpereigene Substanzen oder bestimmte Hilfsstoffe umgebaut. Ernährung hat einen heilenden Aspekt (→ Diäten), der auch in verschiedenen ganzheitlichen Heillehren zum Ausdruck kommt (siehe zu Ernährung das Special S. 129f.).

Ernährung, ayurvedische: spezielle Ernährungsform des → Ayurveda. Sie ist auf den jeweiligen Dosha-Typ abgestimmt und soll der Harmonie von Körper, Geist und Seele dienen. Herkunft, Qualität, Zubereitung, Zusammenstellung, Geschmack und Eigenschaften spielen eine wichtige Rolle. Nahrungsmittel werden nach drei Kategorien, den so genannten Trigunas, unterschieden. Auch die sechs Geschmacksrichtungen süß, sauer, bitter, herb, scharf, salzig haben jeweils eine andere Wirkung auf die drei Doshas. Idealerweise sind sie in einer Mahlzeit enthalten. Darüber hinaus werden den Speisen sechs weitere Eigenschaften zugeschrieben, die in Gegensatzpaaren geordnet sind: trocken (z. B. Honig, Linsen) oder ölig (z. B. Milch, Soja), leicht (z. B. Magermilch, Gerste, Hühnerfleisch) oder schwer (z. B. Käse, Weizen, Rindfleisch), kalt (z. B. Milch, Zucker, Minze) oder heiß (z. B. Eier, Pfeffer, Honig).

Ernährung nach den fünf Elementen: Ernährungslehre der → traditionellen chinesischen Medizin. Hier werden Speisen nach den fünf Elementen und Geschmacksrichtungen klassifiziert (Metall – scharf, Erde – süß, Holz – sauer, Feuer – bitter, Wasser – salzig). Zusätzlich sollte die Ernährung der Jahreszeit (z. B. im Sommer kühlend/Yin, im Winter eher wärmend/Yang) angepasst sein und auch auf die individuelle Konstitution (Yin-Yang-Verteilung) Rücksicht nehmen.

Ernährung, vegetarische → Vegetarier

Erschöpfung (und CFS): allgemeine körperliche und geistige Abgeschlagenheit. Ein Sonderfall ist CFS (engl. chronic fatigue syndrome = chronisches Erschöpfungssyndrom). Als Ursachen für CFS nimmt man seelische Überlastung, bestimmte Virusinfektionen (z. B. Epstein-Barr-Virus) oder auch Mangelernährung an. Oft leiden Betroffene außerdem an Kopf- und Muskelschmerzen, Schwindelgefühl und Empfindungsstörungen. Längerfristig werden auch ganz banale Verrichtungen des Alltags zum Problem. Etwa 80 Prozent der Menschen tragen das Epstein-Barr-Virus im Körper. Doch nur wenn das Immunsystem geschwächt ist, kann dieses Virus aktiv werden – z. B. auch eine → Herpesinfektion hervorrufen.

Flavonoide und andere bioaktive Stoffe stärken das Immunsystem • Grüner Tee oder Matetee regt an • Süßigkeiten sollte man meiden und stattdessen besser reifes Obst essen • Ein Armguss, Beinguss oder Gesichtsguss regt den Kreislauf auf milde Weise an • Ginseng wirkt allgemein kräftigend und leistungssteigernd • Traditionell verwendet man Hafer, Sellerie und Soja sowie Arnika, Eleutherokokk, Beifuß und Damiana • Kombucha harmonisiert das Immunsystem; für den Morgen stellt man einen Kombucha mit anregendem Tee her, für den Abend einen Kombucha mit beruhigenden Kräutern • Eigenbluttherapie kann zu einer Immunstabilisierung und Umstimmung des Körpers beitragen • Aus dem Bereich der Alternativmedizin eignen sich Neuraltherapie, Moxibustion und Mesotherapie • Auch sollte man auf eine ausgewogene Ernährung, die reich an Bioaktivstoffen ist, achten und viel Rohkost essen • Möglicherweise ist der Salzhaushalt aus dem Gleichgewicht geraten; Magnesium- oder Eisenmangel sollte man ausgleichen

Tee gegen Abgeschlagenheit: Morgens 2 TL grüne Teeblätter mit 2 Tassen heißem Wasser (ca. 70 °) aufgießen und 4 Minuten ziehen lassen. 1 Aufguss morgens und 3 weitere Aufgüsse aus denselben Blättern bis zum Nachmittag trinken.

Ernährung — Special

Richtig essen und gesund bleiben

Noch immer gilt der Satz, dass unsere Nahrungsmittel gleichzeitig unsere Heilmittel sein sollen. Doch gerade in unserer Überflussgesellschaft kann es vorkommen, dass Menschen gleichzeitig überernährt und mangelernährt sind. Nicht nur die Menge der zugeführten Nahrung ist wichtig, sondern auch deren Qualität. Falsch zusammengesetzte Nahrung kann krank machen, und bei bestimmten Krankheiten wirkt eine bestimmte Form der Ernährung therapeutisch. Die folgenden Seiten geben grundlegende Ernährungshinweise.

Kohlenhydrate – Energielieferanten in der Zelle

Zur großen Gruppe der Kohlenhydrate zählen die Einfach- und Zweifachzucker (Mono- und Disaccharide), die komplexer zusammengesetzten Mehrfachzucker (Polysaccharide) und die für den menschlichen Körper nicht verwertbare Zellulose. Letztlich gelangen alle verwertbaren Kohlenhydrate als Einfachzucker aus dem Darm ins Blut. Doch macht es einen großen Unterschied, ob man bereits Einfachzucker (z. B. in Form von gewöhnlichem Haushaltszucker oder Süßigkeiten) zu sich nimmt oder ob die Nahrung Mehrfachzucker enthält, der im Darm erst langsam in Einfachzucker (Glukose) zerlegt werden muss. Die mehrkettigen Kohlenhydrate nämlich (z. B. in Gemüse und Vollkornprodukten) verhindern, dass der Blutzuckerspiegel allzu rasch ansteigt; darüber hinaus hält auch das Gefühl der Sättigung länger an. Die Zellulose (so genannte Ballaststoffe) natürlicher Nahrungsmittel ist eine »gesunde Verpackung«, die zu einer noch feineren Dosierung der Zuckeraufnahme beiträgt und darüber hinaus auch noch die Darmpassage erleichtert.

▶ *Kohlenhydrate – was und wie viel*

Kohlenhydrate sind keine Dickmacher, im Gegenteil – allerdings sollten es die richtigen Kohlenhydrate sein.

- Günstig sind Kartoffeln, Reis, Nudeln oder Vollkornnudeln, Vollkornbrot, Müsli, Obst, Rohkost und gedünstetes Gemüse.
- Ungünstig sind Pommes frites, Fertigkost, Süßgebäck, Süßigkeiten und Dosengemüse.
- Rund 50 bis 60 Prozent der täglichen Energiezufuhr sollte in Form von Kohlenhydraten erfolgen.

Eiweiß – ein wichtiger Zellbaustein

Die Eiweiße (Proteine) der Nahrung werden im Körper in ihre kleinsten Bausteine (Aminosäuren) zerlegt, vom Darm ins Blut und vom Blut in die Zellen geschleust. Sie werden dann wieder zu körpereigenen Proteinketten umgebaut und erfüllen die unterschiedlichsten Funktionen: Als Enzyme ermöglichen sie den Stoffwechsel, als Muskeleiweiß sind sie zuständig für die Bewegung der Muskulatur, als Antikörper dienen sie zur Abwehr von Infektionen, als Hormone regulieren und übertragen sie Infor-

Naturreis ist eines der gesündesten Nahrungsmittel überhaupt.

mationen, als Kollagen geben sie dem Körpergewebe eine feste Struktur, als Fibrin sind sie zuständig für die Blutgerinnung. Viele Aminosäuren kann der Körper aus anderen Bausteinen zusammensetzen, acht kann er nicht selbst herstellen (essenzielle Aminosäuren).

▶ *Eiweiß – was und wie viel*

Essenzielle Aminosäuren müssen von außen mit der Nahrung zugeführt werden.

- Kleine Mengen Fleisch oder Fisch (dreimal pro Woche) sind sinnvoll, da tierisches Eiweiß die essenziellen Aminosäuren enthält.
- Wer sich vegetarisch ernährt, muss durch Kombinationen (z.B. Hülsenfrüchte/Nüsse mit Getreide) einem möglichen Mangel an essenziellen Aminosäuren vorbeugen.
- Ein Zuviel an Eiweiß ist schädlich, weil es in Fettdepots umgewandelt wird, seine Abbauprodukte die Nieren belasten und den Körper übersäuern.
- Etwa 15 bis 20 Prozent der täglichen Energiezufuhr sollte man mit Eiweiß decken.

Fett – konzentrierte Energie

Fette bestehen aus den beiden Grundstoffen Glyzerin und Fettsäuren, wobei man unterscheidet zwischen gesättigten, einfach ungesättigten und mehrfach ungesättigten Fettsäuren. Man nimmt mit der Nahrung nicht nur die sichtbaren Fette (z. B. Streichfett, Salatöl oder Nüsse) zu sich, sondern auch und oft in noch viel größerer Menge versteckte Fette (z. B. in Wurst, Käse, Knabbergebäck, Süßigkeiten). Gerade die versteckten Fette sind reich an schädlichen gesättigten Fettsäuren. Wertvoll dagegen sind die ungesättigten Fettsäuren, und insbesondere die mehrfach ungesättigten Fettsäuren kann der Körper nicht aus anderen Bestandteilen herstellen. Sie müssen deshalb von außen zugeführt werden. Fette sind Geschmacksträger, haben einen hohen Sättigungsgrad und sind unentbehrliche Trägersubstanz für die nur in Fett löslichen Vitamine A, D, E und K. Cholesterin ist eine fettähnliche Substanz, die im Blut mit Hilfe von Eiweiß transportiert wird. Eine Ernährung, die reich an ungesättigten Fettsäuren, insbesondere Linol- und Omega-3-Fettsäure, ist, senkt die Blutfettwerte und hilft, Zivilisationskrankheiten wie Arteriosklerose oder Bluthochdruck vorzubeugen.

▶ *Fett – was und wie viel*

Unsere Ernährung ist zu fetthaltig. Generell gilt: Weniger ist gesünder.

- Zweimal pro Woche sollte Fleisch durch Kaltwasserfische (z. B. Hering, Kabeljau oder Makrelen) ersetzt werden.
- Den täglichen Salat und die tägliche Rohkost sollte man mit hochwertigem, kaltgepresstem Pflanzenöl anmachen (z. B. Oliven-, Distel-, Sonnenblumen- oder Maiskeimöl), Mischöle, denaturierte Fette oder Margarinen dagegen nicht verwenden. Butter in kleinen Mengen ist durchaus erlaubt, da sie ein hochwertiges, naturbelassenes Lebensmittel ist.
- Maximal 30 Prozent der täglichen Energiezufuhr sollten in Form von Fett erfolgen (die versteckten Fette mitgerechnet).

Nahrungsmittel Wasser

Man kann einige Wochen ohne feste Nahrung, jedoch nur wenige Tage ohne Flüssigkeit überleben. Wasser ist das zentrale Transport- und Lösungsmittel im menschlichen Körper. In Wasser gelöst werden dem Organismus lebenswichtige Mineralsalze (u. a. Natrium, Kalium, Magnesium) zugeführt und Stoffwechselschlacken über die Nieren ausgeschieden. Um einem Mangel vorzubeugen, sollte man täglich mindestens zwei Liter Flüssigkeit trinken.

Erstverschlimmerung (Erstreaktion): vorübergehende Verschlechterung der Symptome zu Beginn einer Behandlung. In der → Homöopathie ist die Erstverschlimmerung ein positives Zeichen, weil sie anzeigt, dass das richtige Arzneimittel (→ Simile) ausgewählt wurde. Die Phase der Erstverschlimmerung kann nach wenigen Minuten oder Stunden einsetzen und nach ebenso kurzer Zeit wieder abklingen; sie kann auch mit einer Verzögerung von bis zu zwei Wochen einsetzen und mehrere Wochen dauern. Außerhalb der Homöopathie kennt man das Phänomen als so genannte Kurkrise.

Esche (Fraxinus excelsior; auch Zitterpappel): Baum aus der Familie der Ölbaumgewächse (Oleaceae). Die Esche ist fast in ganz Europa verbreitet, sie wächst in Auen und an Bachufern oder auf kalkhaltigen Böden. Als Arznei verwendet man die im Mai und Juni gesammelten und getrockneten Blätter und die Rinde dünner Zweige.

Inhaltsstoffe: in den Blättern: Flavonoide (u. a. Rutosid), Gerbstoffe, Karbonsäuren, Schleimstoffe, Mannitol, Triterpene, Sterole, Alkane; in der Rinde: Cumarinverbindungen.

Anwendungen: Die Blätter wirken harntreibend, die Rinde entzündungshemmend und schmerzlindernd. Die zerkleinerten Blätter verwendet man als Tee oder andere galenische Zubereitung innerlich bei Gicht, rheumatischen Erkrankungen, als mildes Abführmittel und zur vermehrten Harnausscheidung. Äußerlich aufgetragen helfen die Zubereitungen bei Unterschenkelgeschwüren und (nässenden) Wunden. Früher wurde Eschenrinde auch als Fiebermittel, als Tonikum und gegen Würmer angewendet.

Eschscholtzia (Eschscholtzia californica; auch Kalifornischer Mohn): Pflanze aus der Familie der Mohngewächse (Papaveraceae), benannt nach dem Naturforscher J. F. Eschscholtz. Die gelb oder orange blühende Eschscholtzia stammt aus Nordamerika, war in früheren Jahrhunderten vor allem in Kalifornien weit verbreitet und hat auch in das kalifornische Wappen Eingang gefunden. Als Arznei verwendet man die zur Blütezeit gesammelten und getrockneten oberirdischen Teile. Eschscholtzia wird auch als homöopathisches Mittel eingenommen.

Eschscholtzia wird zur Behandlung nervöser Beschwerden eingesetzt.

Inhaltsstoffe: Alkaloide (u. a. Californidin).

Anwendungen: Extrakt aus Eschscholtzia verwendet man traditionell zur Behandlung von Nervosität, nervöser Übererregbarkeit und Schlafstörungen sowie bei nächtlichem Bettnässen.

Esoterik: Sammelbegriff für alle Geheimlehren. Der Inhalt dieser Lehren kann nur von Schülern höheren Grades (Eingeweihten) verstanden werden, die eine bestimmte Reife und einen bestimmten Kenntnisstand erreicht haben und deshalb z. B. auch geheimes Wissen über das körperliche und seelische Heil von Menschen besitzen. Diese Auffassung steht im Gegensatz zur antiken griechischen und insgesamt eher westlichen exoterischen Tradition, wonach Inhalte und Kenntnisse immer auch an Außenstehende vermittelt werden können.

Essenz (lat. Wesen): flüssiger, konzentrierter und meist alkoholischer Auszug von Arzneipflanzen, nicht genau von der → Tinktur unterschieden. Insbesondere in der → Homöopathie werden Essenzen aus der frischen Pflanze hergestellt; sie beinhalten den »Wesenskern« des Arzneimittels und werden im Rahmen des jeweiligen Arzneimittelbildes einem bestimmten Menschentyp zugeordnet.

Essenziell: selbstständig, wesentlich. Im Zusammenhang einer Krankheit bedeutet essenziell, dass keine konkrete Ursache erkennbar ist (z. B. bei essenziellem Bluthochdruck). Im Zusammenhang mit Nährstoffen bedeutet essenziell, dass diese unentbehrlich sind und von außen zugeführt werden müssen, weil der Organismus sie nicht selbst aufbauen kann (z. B. essenzielle → Aminosäuren).

Essig: Heil-, Würz- und Konservierungsmittel. Man unterscheidet zwischen natürlichem Gärungsessig, der u. a. aus Obstwein (→ Apfelessig) oder Wein gewonnen wird, und gewöhnlichem Essig, den man durch Verdünnen von Essigsäure erhält. Zur Essenszubereitung und zu Heilzwecken sollte man nur die Gärprodukte verwenden. Essig enthält rund zehn Prozent Säure, was bei Menschen mit empfindlichem Magen zu Sodbrennen führen kann.

Essigstrümpfe: altbewährtes Hausmittel zur Fiebersenkung. Durch Erzeugung von Verdunstungskälte auf der Haut versucht man, die peripheren (herzfernen) Gefäße und damit auch das Blut, das durch sie hindurchfließt, zu kühlen und so die Körpertemperatur zu senken (→ Kneipptherapie).

Estragon (Artemisia dracunculus): Pflanze aus der Familie der Korbblütler (Asteraceae), sehr eng mit Beifuß und Wermut verwandt. Der Estragon stammt aus Nord- und Mittelasien sowie Südrussland und wächst in heimischen Gärten als Kulturpflanze.

Inhaltsstoffe: u. a. Bitterstoffe, ätherisches Öl.

Anwendungen: Estragon wird frisch als Gewürz verwendet, wirkt appetitsteigernd und verdauungsfördernd. Er regt die Magensaftproduktion und den Gallenfluss an. Eine besondere Delikatesse ist Speiseessig mit eingelegtem Estragon. Tee aus getrocknetem Estragon hilft bei Entwässerungskuren und zur Anregung der Nierentätigkeit.

Ethnomedizin: Forschungsgebiet der Medizin und der Anthropologie (der Wissenschaft vom Menschen und seiner Entwicklung). Sie befasst sich fächerübergreifend und vergleichend mit den Begriffen von Krankheit, Kranksein und mit Methoden der Heilkunde aller Völker der Erde (auch aus vergangenen Epochen).

Eubionten: physiologische, d. h. erwünschte und nützliche Bakterien zum Aufbau einer gesunden Darmflora. Man nimmt sie z. B. nach einer Darmreinigungskur ein; ergänzend dazu isst man vermehrt milchsauer vergorene Lebensmittel (Kefir, Sauerkraut, Kombucha, probiotischer Joghurt).

Eukalyptus (Eucalyptus globulus): Baum aus der Familie der Myrtengewächse (Myrtaceae). Die ursprünglich aus Australien stammenden Eukalyptusarten werden heute weltweit in subtropischen und mediterranen Klimazonen angepflanzt. Der Baum wird bis zu 60 Meter

Essigstrümpfe – so wird's gemacht

- Essigwasser aus 2 Teilen Wasser und 2 Teilen Obstessig zubereiten (bei sehr starkem Fieber verwendet man den Essig unverdünnt).
- Socken oder Baumwollstrümpfe, die bis zur Wade reichen, in das Essigwasser tauchen, auswringen und überziehen (wasserdichten Bettschutz verwenden).
- Trockene Wollstrümpfe darüber ziehen (der Fieberkranke darf während der Anwendung nicht frieren). Nach 20 Minuten die Strümpfe abnehmen oder wechseln.

hoch und hat ledrige immergrüne Blätter. Als Arznei verwendet man die Laubblätter der älteren Bäume und das aus frischen Blättern oder Zweigspitzen gewonnene Öl. Eukalyptus wird auch als homöopathisches Mittel eingenommen.

Inhaltsstoffe: bis zu 3,5 Prozent ätherisches Öl (davon mindestens 70 Prozent Cineol), Gerbstoffe, Flavonoide.

Anwendungen: Eukalyptus wirkt antibakteriell, auswurffördernd, kühlend, mild krampflösend und zusammenziehend (adstringierend). Tee aus den Blättern oder das ätherische Öl als Fertigpräparat verwendet man innerlich und äußerlich bei Erkältung (vor allem Bronchitis und Rachenentzündung) und bei rheumatischen Beschwerden, traditionell auch bei Blasenentzündung, als Magen-Darm-Mittel und Wurmmittel.

! Eukalyptusöl setzt das Enzymsystem der Leber in Gang; dies kann die Wirkung anderer Arzneimittel mindern. Bei Einnahme kann es zu Übelkeit, Erbrechen und Durchfall kommen; bei Erkrankungen der Leber und Gallenblase oder bei Gallenwegsleiden darf Eukalyptus nicht genommen werden.

Eukalyptusöl: ätherisches Öl des Eukalyptus. Es riecht zitronig kampferartig, wirkt schleim- und krampflösend, antiseptisch, anregend und regenerierend. Es lässt sich als Aromaöl (→ Aromatherapie) in der Duftlampe gut mit anderen Ölen, z. B. mit Lavendel, Melisse und Zitrone, mischen. Eukalyptusöl eignet sich bei Antriebsschwäche, Müdigkeit, Erschöpfung oder Erkältung (auch vorbeugend gegen Erkältung, da es die Ausbreitung von Keimen in der Raumluft verhindert).

Eurhythmie: Therapie, die insbesondere von der → anthroposophischen Medizin praktiziert wird. Dabei werden einzelne Vokale oder Konsonanten, Lautfolgen, Spruchworte oder Rhythmen, verbunden mit spezieller Bewegung, geübt. Auch der Rhythmus selbst wird als genesungsförderndes Element angesehen.

Das Cineol des Eukalyptus hilft bei Erkältungskrankheiten.

Evers-Diät: therapeutische Ernährungsform, benannt nach dem Arzt Joseph E. Evers. Sie wurde für die Behandlung der multiplen Sklerose entwickelt, wird inzwischen aber auch bei ernährungsbedingten Krankheiten und zur allgemeinen Gesunderhaltung empfohlen. Diese Kost besteht im Wesentlichen aus nicht erhitzten pflanzlichen Lebensmitteln, z. B. Keimen und Sprossen, Wurzelgemüse, Obst, einheimischem Gemüse (außer Blattsalat, Stängelgemüse, Kräutern und Kartoffeln), Milchprodukten, Eiern und Honig, sowie kleinen Mengen an Fisch, Fleisch und rohem Schinken. Meiden sollte man industriell verarbeitete Nahrungsmittel, Genussgifte und künstliche Nahrungszusätze.

Exanthem (Hautausschlag) → Ausschlag

Extrakt: Pflanzenauszug. Man unterscheidet zwischen Flüssigextrakt (Fluidextrakt), Dickextrakt und Trockenextrakt. Die Zusammensetzung ist von der Art der Lösungsmittel (Alkohol-Wasser-Gemische) abhängig. Extrakte werden meist zur Herstellung von Fertigarzneimitteln verwendet, z. B. von Salben, Badezusätzen, Hustensäften und -pastillen oder Instanttees (→ Galenik).

Faktor, antinutritiver: wichtige Stoffwechselvorgänge hemmende bzw. blockierende Substanz. Zu diesen Stoffen zählen z. B. pflanzliche Stoffe, die in Wasser löslich sind und schäumen (Waschmittel), sowie Blausäure, ebenso → Allergene und → Aflatoxine.

Fallaufnahme (Anamnese, Symptomenerhebung): in der → Homöopathie gebräuchliche Bezeichnung für die Erhebung aller akuten und chronischen, physischen, psychischen und geistigen Beschwerden des Patienten am Beginn einer Behandlung. Der homöopathische Arzt misst der Gesamtheit der Symptome eine große Bedeutung zu und widmet deswegen der Fallaufnahme viel Zeit und große Aufmerksamkeit (→ Anamnese).

Familienanamnese: in der → Homöopathie Bestandteil der Anamnese bei chronischen Erkrankungen. Sie soll Häufungen gleicher oder verwandter Konstitutionen innerhalb einer Familie aufdecken.

Familientherapie: Einbeziehung der Familie in eine → Psychotherapie, wenn es Hinweise gibt, dass die psychische Erkrankung nicht auf ein individuelles Problem zurückzuführen ist, sondern dass die Ursachen in Vorgängen innerhalb der Familie zu suchen sind.

Fangopackungen helfen bei entzündlichen Gelenkerkrankungen.

Fango (ital.): heilkräftiger Mineralschlamm aus einer heißen Quelle vulkanischen Ursprungs. Der Schlamm aus pulverisiertem Gestein und Wasser wird heiß, körperwarm oder kalt auf bestimmte Bereiche des Körpers gepackt und mit Tüchern dort fixiert. Die Anwendung kann auch in dünnbreiiger Form als Vollbad im Mineralschlamm erfolgen, wenn die Einwirkung auf den gesamten Körper erwünscht ist. Anwendung finden Fangobäder und Fangopackungen u. a. bei rheumatischen Beschwerden, »Nervenschmerzen« und Entzündungen.

Farbakupunktur: Form der → Akupunktur, bei der Akupunkturpunkte z. B. mit farbigem Licht bestrahlt werden (→ Farbtherapie).

Färberginster (Genista tinctoria): Halbstrauch aus der Familie der Schmetterlingsblütler (Fabaceae). Der Stängel wird bis zu 60 Zentimeter hoch, die am Rand mit feinen Härchen besetzten Blätter sind dunkelgrün, und die rispenförmigen Blüten leuchten von Juni bis August gelb. Die Pflanze ist auf hoch gelegenen Wiesen und in trockenen Wäldern zu finden. Genista tinctoria kommt auch in der Homöopathie zum Einsatz.

Inhaltsstoffe: in den Blüten: Genistein und Luteolin; in Blättern und Kraut: ätherisches Öl, Gerbstoffe, Alkaloide.

Anwendungen: Färberginster wirkt stark wassertreibend und stoffwechselanregend und wird vor allem als Mittel zur Steigerung der Harnmenge, als Abführmittel und bei zu niedrigem Blutdruck eingesetzt. Er ist auch als Vorbeugungsmittel gegen Harngrieß und Harnsteine geeignet.

! Färberginster darf bei hohem Blutdruck nicht zur Anwendung kommen.

Farbtherapie: Anwendung von Farben zur Therapie. Therapeutische Ansätze gehen davon aus, dass Farben nicht allein visuell wahrnehmbar, sondern als Schwingungen auch spürbar sind und deshalb, indem sie direkt auf unser Gehirn einwirken, auf unsere Psyche Einfluss haben können. In allen Bereichen des Lebens wird dieser Theorie Rechnung getragen, z. B. in der Innenarchitektur bei der farblichen Gestaltung von Räumen, beim Entwurf eines Firmenlogos usw. Innerhalb der Farbtherapie wird jeder Farbe ein bestimmter Gemütszustand zugeordnet. Im Umkehrschluss gilt dann auch, dass Farben einen Gemütszustand hervorrufen, dass z. B. durch die Bestrahlung eines Patienten mit einer bestimmten Farbe eine erwünschte psychische Reaktion hervorgerufen werden kann (siehe zu Farbtherapie das Special S. 136f.).

☛ Verschiedene Formen der Farbtherapie sind zur Selbstbehandlung geeignet.

Farnwurzel (Dryopteris filix-mas; auch Wurmfarn): Wurzel aus der Familie der Schildfarne (Aspidiaceae). Die Farnwedel werden bis zu 80 Zentimeter hoch, der Wurzelstock bis zu 50 Zentimeter lang. Die Farne sind – meistens in größeren Gruppen stehend – in feuchten Wäldern anzutreffen. Für die Verwendung als Heilmittel ist nur der Wurzelstock von Bedeutung, der im September und Oktober gesammelt wird. In der Homöopathie wird aus der Farnwurzel Extractum filicis gewonnen.

Inhaltsstoffe: Filixsäure, Gerbstoffe, Bitterstoffe, ätherisches Öl.

Anwendungen: Farnwurzel wirkt gegen Bandwürmer, die von den Inhaltsstoffen gelähmt werden. Sie müssen allerdings durch die Gabe eines Abführmittels anschließend ausgeschieden werden, wobei sich Magnesiumsulfat bewährt hat.

! Es darf nur der standardisierte Extrakt angewendet werden. Die Dosierung (acht bis zehn Gramm) ist genau einzuhalten, weil eine zu geringe Dosis wirkungslos ist und eine zu hohe Dosis schwere Vergiftungserscheinungen hervorrufen kann. Eine Wurmkur mit Farnwurzel muss ärztlich kontrolliert werden.

Fasten: ernährungstherapeutische Maßnahme zur Entschlackung und Entgiftung des Organismus (→ Mayr-Kur, → Nulldiät). Beim Fasten ist erst in zweiter Linie das Abnehmen wichtig; vor allem ist es ein natürliches Heilverfahren, das die Verdauungsorgane und den Darm schont. Es ist auch bei schlanken Menschen einmal im Jahr sinnvoll, denn nur beim Fasten wird den Verdauungsorganen eine Verschnaufpause gegönnt, und Verdauungsschlacken und giftige Rückstände des Stoffwechsels, die vorher unverarbeitet im Körper abgelagert wurden, können ausgeschieden werden. Deshalb wird auch von Heilfasten gesprochen. Ein für die Gesundheit nicht unerheblicher Effekt des Fastens ist der Rückgang des Darmvolumens, was die Einengung der anderen Organe im Bauchraum beendet und deren Sauerstoffversorgung erhöht; auch manchen Magenbeschwerden wird so ein Ende bereitet.

Fastenbeginn: Man sollte sich auf das Fasten einstimmen. Dies geht am einfachsten, indem man einige Tage das Abendessen ausfallen lässt und das Mittagessen immer fettarmer gestaltet. Dazu gehört auch, dass Alkohol- und Nikotingenuss Schritt für Schritt reduziert werden. Am Beginn des Fastens, das man möglichst im Urlaub oder bei nicht zu hohem Arbeitsstress durchführen sollte, steht eine sanfte Darmreinigung mit Bittersalz (1 TL Bittersalz auf 1/4 l Wasser 1 Stunde vor dem Frühstück trinken). Die Abführung kann am zweiten und dritten Tag wiederholt werden. Es empfiehlt sich wegen der Empfindlichkeit der Darmschleimhaut nicht, länger als drei Tage Abführsalze oder Einläufe anzuwenden.

Fastendauer: Die strenge Form einer Fastenkur – nur Wasser, Heiltees und Gemüseabkochungen – sollte nicht länger als einige Tage dauern. In einer speziellen therapeutischen Einrichtung dagegen kann das Fasten unter ärztlicher Aufsicht auf bis zu vier Wochen ausgedehnt werden.

Farbtherapie

Heilsam für Körper und Gemüt

Ziel der Farbtherapie ist es, bestimmte Schwingungen farbigen Lichts für therapeutische Zwecke nutzbar zu machen. Dabei beziehen sich Farbtherapeuten auf jahrtausendealte Heilkonzepte, vor allem aus Indien und China. Der erste Europäer, der sich wissenschaftlich mit Farben befasste, war Johann Wolfgang von Goethe (1749–1832). In seiner »Farbenlehre« untersuchte er auch die Wirkung kalter und warmer Farbtöne auf die menschliche Seele. Seit Ende des 19. Jahrhunderts fand die Auffassung von der Heilkraft der Farben auch innerhalb der Medizin, Biologie und Psychologie zunehmend Anhänger, so dass im 20. Jahrhundert in den USA und in Europa Heilzentren entstanden, die Bestrahlungen mit Farblicht gezielt als Therapeutikum einsetzen.

Farben – Schwingungen des Lichts

Farben sind zurückgestrahlte (reflektierte) Lichtschwingungen. Dem menschlichen Auge erscheint das Licht in der Regel zwar weiß; tatsächlich enthält es jedoch sämtliche Farbtöne, wovon man sich leicht überzeugen kann: Lässt man einen Lichtstrahl durch ein Prisma, d. h. einen Strahlenbrecher, fallen, so wird er in die Farben des Regenbogens zerlegt.

Die heutige, auf der Grundlage der modernen Physik entwickelte Farbenlehre unterscheidet zwischen Primär- bzw. Grundfarben und Sekundärfarben. Als Primärfarben gelten Rot, Gelb und Blau. Die Sekundärfarben entstehen durch Mischungen der Primärfarben: Violett aus der Mischung von Rot und Blau, Grün aus der Verbindung von Gelb und Blau und Orange aus Rot und Gelb. Jeder der Primärfarben lässt sich eine kontrastierende Farbe, die so genannte Komplementärfarbe, zuordnen: Komplementär (d. h. ergänzend) zu Rot ist Grün, zu Gelb Violett und zu Blau Orange. Damit bergen jede Primär- und die ihr zugehörige Komplementärfarbe sämtliche Farben in sich, weshalb sie auf das menschliche Auge so harmonisch wirken.

Strahlenbrechung des Lichts: Der Regenbogen zeigt alle Farben des Spektrums.

Wenn ein Mann »rot« sieht

Wie stark der Mensch auf Farben anspricht, drückt sich nicht zuletzt in unserer Sprache aus: Sieht der Pessimist alles »schwarz«, so betrachtet ein sonnigeres Gemüt die Dinge lieber durch die »rosa Brille«, und wo der eine »grün« vor Eifersucht wird, sieht z. B. Charles Bronson nur noch »rot« vor Zorn.

Welche Farbe hilft wann?

Den Grundfarben lassen sich die folgenden heilenden Eigenschaften zuordnen.

- Rot regt den Kreislauf und die Herztätigkeit an. In geistiger Hinsicht wirkt Rot positiv auf die Willenskraft sowie die Lernfähigkeit. Es fördert auch die Empfindungsfähigkeit.

■ Gelb regt die Verdauung an und wirkt Anspannungen und Verspannungen der Muskulatur entgegen. Manche Farbtherapeuten empfehlen Farbbestrahlungen mit Gelb zur Bekämpfung von Depressionen sowie zur Stärkung des Ich-Gefühls bzw. Selbstvertrauens.

■ Blau ist bei Schlaf- und Ernährungsproblemen ratsam. Blau wirkt entzündungshemmend, entspannend und das innere Gleichgewicht fördernd. In psychotherapeutischer Hinsicht kommt dieser Grundfarbe besondere Bedeutung bei der Behandlung von Patienten zu, die unter Angstzuständen leiden.

Bei den Sekundärfarben sind die folgenden heilsamen Einflüsse bekannt.

■ Violett fördert die Kreativität. Violett wird vor allem von schöpferischen Menschen geschätzt: So soll beispielsweise Ludwig van Beethoven (1770–1832) am liebsten bei Licht komponiert haben, das durch violette Vorhänge gefiltert wurde. Neben der Förderung der kreativen Kräfte wirkt Violett heilsam auf Menschen, die unter heftigen Gemütsbewegungen leiden (so genannte Choleriker); es fördert die spirituellen Kräfte des Menschen und wirkt appetithemmend.

■ Grün ist die Farbe der Hoffnung. Von dieser sprichwörtlich gewordenen, heilsamen Eigenschaft abgesehen, kommen ihr noch weitere Merkmale zu. Grün fördert das körperliche und seelische Gleichgewicht, unterstützt positives Denken und Lebensbejahung,wirkt beruhigend auf Menschen, die unter Aggressionsschüben leiden, unterstützt kreatives Denken und Handeln, entspannt die Muskulatur und unterstützt auch die körpereigenen Abwehrkräfte.

■ Orange bedeutet Lebenspower. Dass indische Weisheitslehrer häufig orangefarbene Kleidung tragen, ist kein Zufall: Denn diese Farbe vermittelt Lebenskraft, und zwar sowohl in geistiger bzw. spiritueller als auch in körperlicher Hinsicht. Zwar findet sich diese Eigenschaft auch bei Rot, doch schwingen bei Orange weitaus weniger aggressive Untertöne mit. Darüber hinaus wirkt Orange entspannend bei Überarbeitung, Stress und Gefühlen des Ausgebranntseins; es ist stabilisierend in Bezug auf das seelische Gleichgewicht, da diese Farbe zerstörerische (destruktive) Gefühlsregungen und Gedanken zu »neutralisieren« vermag. Orange wirkt anregend auf die Herz-Kreislauf-Tätigkeit und positiv auf die Kommunikationsfähigkeit, was insbesondere gehemmten oder schüchternen Menschen zugute kommt.

Farbtherapie praktisch angewendet

Beim Heilen mittels Farben gibt es eine beeindruckende Vielfalt von Anwendungsformen:

■ Massagen bzw. Einreibungen mit ein- oder zweifarbigen Ölen (z. B. Balanceölen in der Aura-Soma-Therapie)

■ Verbindungen von östlichen Meditationstechniken mit gedanklichen Farbanwendungen (z. B. Ausführung von Yogaübungen, etwa Atemübungen, unter gleichzeitigem Sichvorstellen farbiger Bilder)

■ Sichversenken in farbige Bilder bzw. Farbtafeln

■ Farborientiertes Gestalten von Kleidung und Wohnräumen, bewusstes Sichumgeben mit bestimmten Farben bzw. gezieltes Vermeiden gewisser Farben (zu Schwermut neigende Menschen sollten Kontakt mit schwarzen Objekten vermeiden)

■ Einsatz von Farblichtlampen, mit denen der Körper des Patienten bestrahlt wird

■ Einsatz von Farbbrillen (Stimmungsbrillen), deren Gläser auswechselbar sind

■ Verwendung von Farbklang-Musikkassetten (Verbindung von Klang- und Farbtherapie)

Fastenbrechen: Mit dem Ende des Fastens muss der Körper langsam wieder an die normalen Essgewohnheiten herangeführt werden, denn die Verdauungsorgane sind geschrumpft und dürfen nicht überfordert werden. Hierzu bietet sich basisches Gemüse an. Verzichten sollte man zunächst auf die Beigabe von Fleisch, Fisch und Eiern. Auch scharfes Würzen ist in dieser Zeit nicht angebracht. Ist der Übergang zur Normalität geschafft, sollte man aber keineswegs wieder »in die Vollen« gehen. Die Motivation für das Fasten sollte man mit in den Alltag nehmen und beginnen, sich gesund zu ernähren.

! Es darf nicht gefastet werden, wenn Verdacht auf ein Magengeschwür besteht. Bei Leber- und Darmentzündungen, Nierenfunktionsstörungen oder bei Einnahme von Herzpräparaten darf kein Bittersalz verwendet werden.

Kürzeres Fasten eignet sich zur Selbstbehandlung. Lassen Sie sich vor einer Fastenkur allerdings vorsichtshalber von Ihrem Arzt oder Heilpraktiker untersuchen.

Faulbaumrinde wirkt als sanftes, schonendes Abführmittel.

Faulbaum (Rhamnus frangula): Pflanze aus der Familie der Kreuzdorngewächse (Rhamnaceae). Sie ist in Europa und in den gemäßigten Zonen Asiens heimisch und tritt als baumartiger Strauch auf, der überall in lichten Laubwäldern, an Teichen und Moorrändern zu finden ist. Heilkräftig ist nur die Rinde der abgeholzten Zweige, die an einem luftigen Ort getrocknet wird. In der Homöopathie wird ein Extrakt der frischen Rinde verwendet.

Inhaltsstoffe: Anthrachinone.

Anwendungen: Faulbaumrinde wird in Form von Tropfen, Tabletten, Tonika, Dragees und Tee angewendet, wenn eine schonende Abführung erwünscht ist, beispielsweise bei leichten Verstopfungen während einer Reise, bei Klimaveränderung oder ernährungsbedingten Umstellungen. Auch für die Abführung zur Operationsvorbereitung hat sich Faulbaumrinde bewährt.

Feigenbaum (Ficus carica): alte Kulturpflanze, die schon im antiken Griechenland und in Ägypten angebaut wurde. Sie wächst heute in weiter Verbreitung im Nahen Osten, in den Mittelmeerländern, in Nord- und Südamerika oft wild. Die Früchte des Baums, die Feigen, sind sowohl für die Ernährung der Einheimischen wie auch als Heilpflanze von Bedeutung. Bei uns sind sie heutzutage frisch und getrocknet erhältlich. Noch vor wenigen Jahren waren hierzulande nur getrocknete Feigen in vielen Pressformen (z. B. Lagen, kleine Kugeln, rechteckige Täfelchen) zu kaufen.

Inhaltsstoffe: Eiweißstoffe, Pektine, Fette, Säuren, Vitamine, Mineralstoffe (ca. 190 Milligramm Kalzium, 850 Milligramm Kalium, 70 Milligramm Magnesium und 3,2 Milligramm Eisen in 100 Gramm Trockenfeigen).

Anwendungen: Feigen sind verdauungsfördernd und wirken der Darmträgheit entgegen. Die äußerlich recht robusten Früchte werden in Milch oder Wasser aufgeweicht und dann am Morgen nüchtern gegessen. Wenn man sich zusätzlich etwas Gutes tun will, sollte man auch das Feigenwasser bzw. die Feigenmilch dazu trinken.

! Im unreifen Zustand sind Feigen giftig und dürfen nicht verzehrt werden.

Feld, bioenergetisches (elektrisches Feld): Bezeichnung für das Energiefeld, das den menschlichen Körper umgibt. Das auch als → Aura bezeichnete bioenergetische Feld soll in ständiger Wechselbeziehung mit den biologischen elektromagnetischen Energiefeldern des menschlichen Körpers sowie den elektrischen Feldern der Außenwelt stehen.

Feldenkrais-Methode: von dem israelischen Physiker Moshé Feldenkrais (1904–1984) entwickelte Methode der Körpertherapie. Sie dient der Intensivierung der Wahrnehmung des eigenen Körpers. Zudem soll durch die Feldenkrais-Methode, der eine antiautoritäre Haltung zugrunde liegt, die Wahrnehmung der gesamten Persönlichkeit verbessert werden. Ziel der Behandlungsweise ist die Erkenntnis physischer und psychischer Hemmnisse, die mittels Einzel- oder Gruppenunterricht beseitigt werden sollen. Erreicht werden soll eine »Bewusstheit durch Bewegung«, denn nach Feldenkrais hängen Bewusstsein und bewusste leichte und schmerzfreie Bewegung zusammen. Die Methode eignet sich bei Wirbelsäulenleiden, Bewegungshemmnissen, Verspannungen und rheumatischen Leiden sowie als Bewegungstherapie für Schmerzpatienten. Sie ist von der Schulmedizin nur teilweise anerkannt – obwohl Erfolge bei der Rehabilitation von Nervenleiden, Schlaganfällen und nach Unfällen erzielt wurden – und wird von den Krankenkassen nicht bezahlt.

☛ Die Körperübungen nach Feldenkrais lernt man in einem Kurs kennen. Danach kann man sie auch allein weiterführen.

Felke-Kur: Kurmethode, die auf den Naturheilkundigen und Geistlichen Erdmann Leopold Emanuel Felke (1856–1926) zurückgeht. Gemäß der alttestamentarischen Maxime »Erde muss aus Erde kommen« arbeitet die Felke-Kur mit Lehmauflagen und Lehmwickeln, mit Wassertherapien, Ernährungsumstellung (Rohkost bzw. vegetarische Kost) und Fastenprogrammen. Darüber hinaus kommen bei der Felke-Kur gymnastische Übungen zum Einsatz.

Feldenkrais-Übungen für den Rücken

Die folgenden Übungen sollten Sie nur ganz sanft durchführen. Falls Sie Schmerzen haben, hören Sie damit auf.

Lendenwirbel spüren

Legen Sie sich auf den Rücken, ziehen Sie die Beine zum Oberkörper, und stellen Sie die Füße nahe dem Gesäß auf den Boden auf. Verschränken Sie die Hände hinter dem Kopf. Achten Sie auf Ihren Atem. Beim Einatmen liegt der Kopf auf dem Boden, beim Ausatmen heben Sie ihn an. Spüren Sie der Spannung der Lendenwirbel nach.

Den Rücken dehnen

Sie liegen mit leicht gespreizten Beinen auf dem Rücken; die Arme sind über den Kopf ausgestreckt. Heben Sie nun abwechselnd den linken Arm und das linke Bein an. Drehen Sie dann die linke Hüfte bei gestrecktem Bein nach außen, und fühlen Sie der Wirkung nach. Machen Sie die Übung nach rechts.

Rumpfschaukel

Sie liegen wie bei der ersten Übung mit aufgesetzten Füßen. Mit der rechten Hand greifen Sie an die linke Schulter, mit der linken Hand an die rechte – Sie umarmen sich quasi. Nun beginnen Sie, hin und her zu schaukeln. Die Hüften bleiben dabei ruhig.

Fenchel (Foeniculum vulgare): Pflanze aus der Familie der Doldengewächse (Apiaceae). Ursprünglich vom Mittelmeerraum bis nach Persien beheimatet, wird der Bitterfenchel heute in warmen Gebieten auf der ganzen Welt angebaut. Dem Fenchel werden krampflösende, sekretionsfördernde sowie antibakterielle Wirkungen zugeschrieben. Heilkräftig sind die getrockneten reifen Früchte. Auch in der Homöopathie wird Bitterfenchel angewendet.

Inhaltsstoffe: ätherische Öle (Trans-Anethol und Fenchon), Karotinoide, Vitamin C.

Anwendungen: Fenchel wird insbesondere bei krampfartigen Beschwerden im Bereich des Oberbauchs, bei Husten und bei Blähungen eingesetzt. Weil er sehr gut verträglich ist, wird er gern bei Säuglingen und Kleinkindern als Tee, Honig bzw. Saft eingesetzt. Gute Heilerfolge lassen sich mit Fenchel auch bei grippalen Infekten, Erkältungen und Menstruationsbeschwerden erzielen.

Fenchelöl: aus den zerquetschten Früchten des Süßen Fenchels (Foeniculum vulgare dulce) gewonnenes ätherisches Öl. Es hat einen süßlich würzigen Duft und wirkt magenstärkend, krampflösend und antibakteriell. Als Aromaöl (→ Aromatherapie) wirkt es ausgleichend auf den Geist. Es lässt sich in der Duftlampe gut mit anderen Ölen, z. B. Iris, Rose und Sandelholz, mischen.

! Von Bitterfenchel (Foeniculum vulgare) darf kein Öl gewonnen werden, weil dieses wegen des hohen Anteils an Fenchon giftig ist.

Feng Shui (chines. Wind und Wasser): Regelsystem aus dem alten China, das bei der Architektur von Gebäuden, beim Aussuchen geeigneter Bauplätze, der Inneneinrichtung u. Ä. zum Einsatz kam. Feng Shui ist eingebettet in das System der chinesischen Philosophie. Ziel ist es, den Fluss der Lebensenergie (→ Qi) nicht zu blockieren und ein Fließgleichgewicht der polaren Kräfte → Yin und Yang zu erreichen. Ein gestörter Energiefluss hat nach chinesischer Vorstellung krank machende Wirkung. Dies bezieht sich auf alle Bereiche – nicht nur auf den Wohnort, sondern auch auf Partnerschaft und Karriere. Feng Shui ist im ganzen südostasiatischen Raum verbreitet. Auch heute noch konsultiert man dort einen Feng-Shui-Berater, und mittlerweile gewinnt diese ganzheitliche Methode auch in westlichen Ländern immer mehr Anhänger (siehe zu Feng Shui das Special S. 141f.).

Fermentation → Gärung

Fettarme Kost → Low-fat-Ernährung

Fette: Nahrungsbestandteil aus Glyzerin und Fettsäuren (Triglyzeride). Man unterscheidet nach gesättigten, einfach und mehrfach ungesättigten Fettsäuren (etwa Linol-, Linolen- und Arachidonsäure). Letztere zählen zu den essenziellen Fettsäuren, da sie vom Körper nicht selbst hergestellt werden können (→ Öl, → Omega-3-Fettsäuren).

Fibromyalgie: erst seit 1990 offiziell anerkannte Krankheit mit unspezifischen Schmerzen an den Übergängen vom Muskel zur Sehne. Die Betroffenen sind zu 90 Prozent Frauen, die im Durchschnitt ab dem 40. Lebensjahr mit den Beschwerden konfrontiert werden. Sie sind müde und antriebsschwach und haben Schlafstörungen. Sie leiden unter Verdauungsproblemen, haben oft Migräne und fühlen einfach überall Schmerzen. Typisch sind die Tenderpoints, Punkte, die besonders schmerzhaft sind. Trotz ähnlicher Symptome handelt es sich nicht um Weichteilrheumatismus, weil keine Entzündungen auftreten und auch alle Labor- und Röntgenbefunde negativ sind. Man vermutet, dass die Beschwerden psychosomatische Ursachen haben.

Da die Krankheit wohl psychosomatischer Natur ist, sollten Betroffene einen Psychotherapeuten aufsuchen • Um das vegetative Nervensystem günstig zu beeinflussen, eignen sich Entspannungsmethoden wie autogenes Training oder progressive Muskelrelaxation sowie (Bewegungs-)Meditationen wie Qi Gong oder Tai Chi Chuan

Feng Shui

Von grünen Drachen und weißen Tigern

Der richtige Ort, das richtige Haus, die richtigen Räume – sie sind wichtig für den Menschen. Im System der chinesischen Philosophie steht der Mensch als Verbindungsglied zwischen Himmel und Erde, und er muss sich dem natürlichen Kreislauf, dem ständigen Wechselspiel von Yin und Yang, dem freien Fließen des Qi anpassen. Tut er das nicht, werden Energien blockiert. Die Folge ist Unwohlsein – bis hin zur Krankheit.

Zur Geschichte von Feng Shui

Um ein Haus harmonisch in die Landschaft einzupassen, waren in China schon früh Feng-Shui-Experten am Werk, die so genannten Geomanter. Sie marschierten auf Hügel oder Anhöhen der vier Himmelsrichtungen und liefen dann den Berg hinunter, bis sie von selbst langsamer wurden und stehen blieben. Im Schnittpunkt ihrer Linien lag oft der ideale Bauplatz für das geplante Haus.

Doch waren dies nicht die einzigen Anhaltspunkte. Ebenso wichtig erschien ihnen:

- Im Osten sollte ein herausragender Berg (oder Hügel oder ein markantes Haus) sein: der grüne Drache.
- Im Westen sollte ein eher niedriger, rundlicher Hügel oder ein kleines Gebäude sein: der weiße Tiger.
- Unter dem Haus sollten sich keine Wasseradern befinden. Als ebenso schädlich galt stehendes Wasser (z. B. ein Teich ohne Abfluss) in der Nähe des Hauses. Ein Fluss im Süden war dagegen ein positives Zeichen.
- Um das Haus bzw. am besten davor sollte sich eine freie Fläche befinden.

Dreh- und Angelpunkt von Feng Shui war immer, einen optimalen Fluss der Lebenskraft Qi zu erreichen, die Wellen des Qi nicht zu stören. Denn nach chinesischer Auffassung fließt das Qi in Wellen durch einen Raum. Die negativen Ströme hingegen »schießen« in geraden Linien durch den Raum – z. B. von der Tür durch das gegenüberliegende Fenster. Ziel ist jedoch, positives Qi ins Haus zu lassen, ohne dass es gleich wieder verschwindet.

Auch in unserer Zeit spielt Feng Shui in China und ganz Südostasien nach wie vor eine wichtige Rolle: So bestimmen die Strömungsgesetze des Qi den Verlauf von Rolltreppen, und sogar Hongkongs Wolkenkratzer wurden nach den Wirkgesetzen des Feng Shui konstruiert.

Feng Shui und Wohnen

Charakteristisch für Feng Shui ist seine Bezogenheit auf menschliche Wohnverhältnisse: Wer dem Qi nicht in ausreichendem Maß Zutritt zu seinen Wohn- bzw. Arbeitsräumen gewährt, wird sich zu Hause unwohl fühlen oder beim Hinaufklettern der Karriereleiter keine besonders glückliche Hand haben. Auf die folgenden Punkte sollte man achten.

- Der Eingangsbereich des Hauses und sein Flur sollten entweder geschwungene Formen aufweisen oder in Treppen münden.

Feng Shui – das ist die Lehre vom richtigen Ort für das richtige Haus.

Von grünen Drachen und weißen Tigern

■ Sorgen Sie dafür, dass sich die Türen nach innen öffnen: Auf diese Weise kann positives Qi ungehindert in die Wohnung einströmen.

■ Es ist nicht ratsam, Eingangstüren und Hintertüren in einer Flucht anzuordnen, da so das Qi zu schnell durchs Haus »fegt«.

In allen Fällen, in denen Häuser und Wohnungen ebendiese Mängel aufzeigen, kann man mit einfachen Maßnahmen Abhilfe schaffen, etwa mit Lampen, Spiegeln, Pflanzen, bestimmten Möbelstellungen.

■ Lichtquellen, Farben, Mobiles: Sie verstärken das Qi.

Beispiel: Mobiles erzeugen durch die Bewegung Schwingungen, die das Qi zum Fließen bringen.

■ Spiegel, Möbel, Bänder: Sie lenken das Qi in eine andere Richtung.

Beispiel: Spiegel werfen Schwingungen zurück. Möbel (vor allem runde Möbel) leiten das Qi in den erwünschten Wellenbewegungen durch einen Raum.

■ Kristalle, Spiegelkugeln, Windspiele: Sie zerstreuen das Qi.

Beispiel: Windspiele unterteilen gerade »schießende« negative Ströme in viele »Bäche«.

■ Pflanzen, bewegtes Wasser (z. B. Aquarium, Brunnen), Klangschalen: Sie erzeugen positives Qi.

Beispiel: Das Aquarium ist ein idealer Qi-Spender. Es enthält Tiere, Pflanzen und bewegtes Wasser.

Die Funktion des Bagua

Das wichtigste Hilfsmittel eines Feng-Shui-Beraters ist das Bagua, eine Art strukturierendes achteckiges Gitter, mit dem man eine Wohnung oder das Stockwerk eines Hauses in neun Zonen aufteilen kann. Jede dieser Zonen ist einem bestimmten Lebensinhalt oder Lebensziel zugeordnet. Dies sind: Reichtum, Ruhm, Partnerschaft, Kinder, hilfreiche Freunde, Karriere, Wissen, Familie – und im Zentrum des Bagua steht das Tai Chi.

▶ *So benutzen Sie das Bagua*

Zunächst zeichnen Sie den Grundriss Ihrer Wohnung auf ein Blatt Papier (Transparentpapier). Der Wohnungseingang sollte unten auf dem Blatt sein (Sie können es auch entsprechend drehen). Dann legen Sie diesen Grundriss auf das unten abgebildete Bagua und übertragen die neun Zonen auf Ihre Wohnung.

■ Aufgrund dieser Einteilung Ihrer Wohnung können Sie sofort erkennen, wie viel Platz Sie für die einzelnen Bereiche haben, ob z. B. im Bereich Karriere ein Stück fehlt.

■ Sie sehen auf einen Blick, ob in einem Zimmer mehrere Bereiche vertreten und wie sie verteilt sind.

■ Sie können erkennen, wenn etwa Ihr Schlafzimmer im Bereich Karriere liegt – anstelle Ihres Arbeitszimmers.

Das Bagua hilft Ihnen, die optimale Raumeinteilung Ihrer Wohnung zu finden.

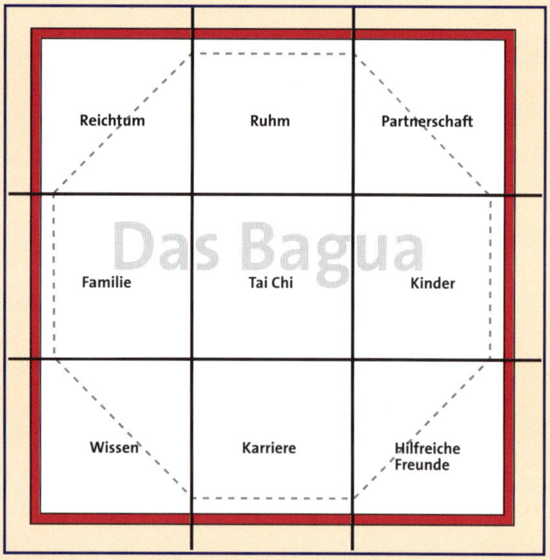

Fichte (Picea abies): großwüchsiger Nadelbaum aus der Familie der Kieferngewächse (Pinaceae), der bis zu 60 Meter hoch werden kann und in allen rauen bis gemäßigten Klimazonen der Welt vorkommt. Der Baum blüht im Frühjahr, wobei nach dem Abflug der Samen die Zapfen abfallen. Für Heilzwecke werden die Zapfen, die jungen Triebe und die Nadeln verwendet, wobei die Zapfen im Herbst, die Nadeln das ganze Jahr über und die Triebe im Frühjahr gesammelt werden. Den Nadeln und den Zapfen der Fichte wird hautbelebende, schweißtreibende und nervenstärkende Wirkung zugeschrieben.

Inhaltsstoffe: ätherische Öle, Terpene, Bornylazetat.

Anwendungen: Die Nadeln werden für belebende Badezusätze bei rheumatischen Beschwerden und Gicht benutzt. Auch bei Bronchitis und Husten sowie Erkältung sind Bäder und Inhalationen mit Fichtennadelzusätzen zu empfehlen. Fußbäder mit Fichtennadelsud haben sich bei Fußleiden bewährt. Früher wurde das von der Fichte gewonnene Terpentinöl für die innere Anwendung zur Auflösung von Gallensteinen verabreicht – mit Sicherheit ohne die beabsichtigte Wirkung.

Fieber: krankhafte Veränderung des Allgemeinzustands mit Erhöhung der Körpertemperatur über 37,5 °C. Beim gesunden Menschen wird mit dem Fieberthermometer ein Durchschnittswert von 36,9 °C in der Achselhöhle und 37,2 °C im After gemessen, wobei die Temperatur am Abend höher ist als am Morgen. Bei Fieber von über 42 °C besteht akute Lebensgefahr. Mit Fieber gehen meist eine Beschleunigung des Pulses und der Atmung, ein Gefühl allgemeinen körperlichen Unwohlseins, Kopfschmerzen und unruhiger Schlaf einher. Bei hohem Fieber treten Schlaflosigkeit, lautes Sprechen oder Schreien, Wahnvorstellungen (die so genannten Fieberphantasien oder -delirien), Hitzegefühl, Schüttelfrost, Appetitlosigkeit und starker Durst auf.

Fichtennadeln werden für wohlriechende Badezusätze verwendet.

Fieber ist eigentlich ein heilender Vorgang im Organismus, der durch das Eingreifen der körpereigenen Immunabwehr gegen Krankheitserreger mittels eines erhöhten Stoffwechsels ausgelöst wird. Viele Erreger können bei einer Temperatur von über 38,5 °C nicht überleben. Deshalb sollte leichtes bis mittleres Fieber nicht unbedingt bekämpft werden.

! Fieber ist keine Erkrankung, sondern ein Symptom mehrerer möglicher Krankheiten, etwa einer Erkältung. Ist mehr als drei Tage lang Fieber von über 38,5 °C zu verzeichnen und steht das Fieber nicht in Zusammenhang mit einer Erkältung oder einem grippalen Infekt, sollte unbedingt ein Arzt hinzugezogen werden.

Nur wenn das Ansteigen des Fiebers Besorgnis erregende Werte annimmt, sind Medikamente, z. B. in Form von Fieberzäpfchen, notwendig • Im Normalfall genügt es, zunächst die unangenehmen Begleiterscheinungen des Fiebers mit natürlichen Mitteln zu lindern; dabei kommen vor allem Schwitz- und Wasseranwendungen infrage, etwa ein heißer Brustwickel (ein ca. 2 m langes und 80 cm breites Leinentuch in heißes Wasser von 40 bis 45 °C tauchen, ausdrücken, der Länge nach doppelt zusammenfalten und auf den Oberkörper legen, wobei es straff anliegen sollte; darüber kommt ein zweiter, ebenso großer, aber trockener Wickel, abschließend noch eine Wolldecke; Anwendungsdauer: etwa 30 Minuten; danach den Oberkörper mit lauwarmen Wasser abwaschen und im Bett ruhen) • Essigstrümpfe sind ebenfalls eine wirksame Wasseranwendung • Eine kalte Serienwaschung kann fiebersenkende Wirkung entfalten (ein Leinentuch in kaltes Wasser legen, leicht auswingen, damit mit schnellen Bewegungen Ober- und Unterkörper waschen, wobei das Tuch immer wieder mit dem kalten Wasser angefeuchtet werden muss; anschließend nicht abtrocknen, sondern sich gut zugedeckt ins Bett legen) • Bei Fieber sollte man nur leichte Nahrung (am besten nur etwas Obst) und viel Flüssigkeit in Form von Tees zu sich nehmen

Schwitzteemischung: 20 g Holunderblüten, 20 g Lindenblüten und 10 g Mädesüßblüten mischen und 1 TL davon mit 1 Tasse kochendem Wasser überbrühen. Den Tee 10 Minuten ziehen lassen und dann abseihen; täglich 5 bis 6 Tassen dieses Aufgusses trinken.

Digitalis – der Rote Fingerhut wird als stärkendes Herzmittel eingesetzt.

Fieberklee → Bitterklee

Fiebertherapie → Krebstherapien

Fingerhut: Pflanze aus der Familie der Rachenblütler (Scophulariaceae), die in zwei Arten vorkommt: als Roter Fingerhut (Digitalis purpurea) und Weißer Fingerhut (Digitalis lanata). Es handelt sich um ein bis zwei Meter hoch wachsende, in West- und Mitteleuropa anzutreffende zweijährige Gebirgswaldpflanzen. Die getrockneten Laubblätter des Roten Fingerhuts werden als Diuretikum eingesetzt; ebenso als Heilmittel bei Herzerkrankungen, da die Wirkstoffe des Digitalis die Kontraktionskraft der Herzmuskulatur stärken. Als Homöopathikum kommen die frischen Blätter des Roten Fingerhuts zum Einsatz.

Inhaltsstoffe: Glykoside (Cardenolitglykoside), Flavonoide, Anthrachinone, Steroidsaponine.

Anwendungen: Die getrockneten Laubblätter der einjährigen Pflanze werden traditionell noch als Pulver zur Entwässerung verwendet. Heutzutage kommt Digitalis aber vor allem als Reinsubstanz der Glykoside in Arzneimitteln bei Herzerkrankungen zum Einsatz.

Fischöl: aus Meeresfischen gewonnenes, fettes Öl, das große Mengen an essenziellen Fettsäuren (so genannte → Omega-3-Fettsäuren) besitzt. Fischöl reguliert die Fettwerte im Blut und beeinflusst auch die Menge der Blutzellen. Deswegen ist es günstig, zweimal pro Woche Meeresfische zu essen. Fischöl wird in konzentrierter Form, etwa als Lachsölkonzentrat, insbesondere bei der Behandlung von erhöhten Bluttfettwerten angewendet, wenn Diäten als alleinige Therapieform nicht zum Erfolg führen.

! Von einer Fischölanwendung ist abzuraten bei Lebererkrankungen, Gallenblasen- und Bauchspeicheldrüsenbeschwerden sowie auch bei Problemen mit der Fettverdauung.

Fitzgerald-Zonen: von dem amerikanischen Mediziner William H. Fitzgerald vorgenommene Einteilung des menschlichen Körpers in Längs- und Querzonen. Fitzgerald unterscheidet bei der Oberfläche einer Körperhälfte fünf von den Finger- bis zu den Fußspitzen reichende Längszonen. Zwischen den Längszonen und den drei quer verlaufenden Zonen (unterer Bauch und Becken, oberer Bauch und Brust, Hals und Kopf) bestehen Wechselwirkungen. Mittels Hautreizung werden die den jeweiligen Zonen zugeordneten Organe stimuliert (→ Fußreflexzonenmassage).

Flachguss: drucklose Abgießung von Teilen des Körpers mit kaltem oder warmem Wasser aus Gießkanne, Eimer oder Schlauch mit großem Durchmesser. Der Flachguss ist insbesondere Teil der Kneipptherapie und wird dort als Gesichts-, Brust-, Arm-, Schenkel- und Knieguss angewendet. Mit dem Flachguss wird eine intensive thermische Reizung ausgelöst, ohne dabei schädliche mechanische Hautirritationen befürchten zu müssen (→ Kneipptherapie).

☛ Der Flachguss eignet sich zur Selbstbehandlung.

Flavonoide: Gruppe der sekundären Pflanzenstoffe (Gegensatz: primäre Pflanzenstoffe wie Fette, Proteine und Kohlenhydrate), die Pflanzen gegen Krankheitserreger schützen, regulierend in die Wachstumsvorgänge eingreifen sowie einen Schutz vor UV-Strahlen gewährleisten. Flavonoide verleihen Obst und Gemüse bunte Farben (im dunkelroten und lilafarbenen Bereich), unterstützen die Vitamin-C-Aktivität und wirken antioxidativ. Ernährungswissenschaftler nehmen an, dass Flavonoide wirksamen Schutz vor Schlaganfällen und Herzinfarkten bieten. Aus diesem Grund ist z. B. mäßiger Weingenuss (Rotwein) durchaus der Gesundheit zuträglich. Man kann dessen Flavonoide aber auch in Form von rotem Traubensaft erhalten.

Die Längszonen und Querzonen des menschlichen Körpers nach Fitzgerald: Die drei Querzonen des Körpers sind wiederum auf Händen und Füßen zu finden – als Bereichsunterteilung der Reflexzonen von Händen und Füßen.

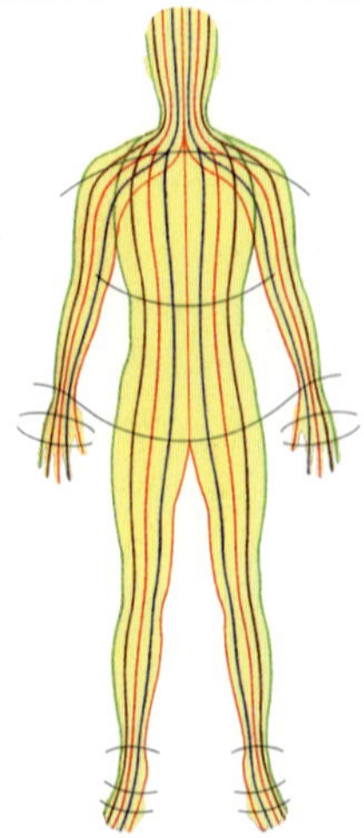

Flechten → Isländisch Moos

Flohsamen (Plantago afra): Pflanze aus der Familie der Wegerichgewächse (Plantaginaceae). Die Pflanze kommt im Mittelmeergebiet und in Südwestasien vor. Sie hat einen regulierenden Einfluss auf die Darmmuskulatur. Den größten Schleimstoffgehalt besitzt der Indische Flohsamen (Plantago ovata).

Flavonoide in Heilpflanzen und ihr Wirkungsspektrum

Flavonoide (auch Flavonglykoside), die sich in Flavone, Flavonole, Flavanone und Isoflavonoide (so genannte Phytoöstrogene) unterteilen, wirken in Form von Rutosid bei Venenerkrankungen, als Ginkgo- und Carataegusflavonoide bei koronaren und peripheren Durchblutungsstörungen, als Flavonoidenkomplex der Mariendistel bei Lebererkrankungen. Die Flavonoide aus Birkenblättern und Schachtelhalmkraut haben entwässernde (diuretische) und entkrampfende (spasmolytische) Wirkung. Flavonoide werden auch als Vitamin-P-Faktor bezeichnet, weil sie die Durchlässigkeit (Permeabilität) der Kapillaren, der feinen Blutgefäße, positiv beeinflussen, beispielsweise die Flavonoide Rutin und Hesperidin.

Inhaltsstoffe: 10 bis 12 Prozent Schleimstoffe (Xylose, Galakturonsäure, Arabinose und Rhamnose), Alkaloide.

Anwendungen: Flohsamen werden zusammen mit viel Flüssigkeit angewendet, weil sie auf ein Vielfaches ihres Volumens im Darm aufquellen müssen, um die gewünschte Wirkung auf die Darmwand erzielen zu können.

! Bei Verengungen der Speiseröhre und des Magen-Darm-Trakts darf die Heilpflanze nicht angewendet werden.

Flos (lat. Blüte; Mehrzahl: Flores): Pharmazeutischer Ausdruck, der (in der Einzahl) hinter dem Namen von Pflanzen steht, deren Blüten bzw. Blütenbestandteile als Arzneimittel Anwendung finden, z. B. Arnicae flos (Arnikablüten). Er ist gleichbedeutend mit der Bezeichnung »Flores«, die in älteren medizinischen Werken verwendet wurde.

Fluor (bzw. Fluorid; Mehrzahl: Fluoride): Spurenelement im menschlichen Körper (täglich benötigte Menge: 1,5 bis 4,0 Milligramm). Es ist in größeren Mengen in schwarzem Tee, Walnüssen, Bratheringen, Zwiebeln und Knäckebrot enthalten. Der Einsatz von Fluor empfiehlt sich als vorbeugende Maßnahme gegen Zahnerkrankungen (z. B. Karies); zudem werden fluoridhaltige Arzneimittel bei der Behandlung von Knochenschwund (Osteoporose) eingesetzt (→ Spurenelemente).

Fokaltherapie (lat. focus = Brennpunkt; auch Kurztherapie): Als Hauptvertreter der Fokaltherapie, die auf der von Sigmund Freud entwickelten → Psychoanalyse beruht, gelten die Psychologen Balint und Malan. Die Fokaltherapie rückt die bei der klassischen Analyse zentralen Themen der Übertragung und des Widerstands in den Hintergrund zugunsten des ganz konkreten Problems, mit dem sich der Patient quält. Indem dieser sein Problem klar zu benennen (zu fokussieren) versucht, wird es aus dem Zusammenhang herausgelöst. Durch diese Herauslösung soll eine leichtere Therapierbarkeit erreicht werden.

Folsäure (Pteroylglutaminsäure; auch Vitamin B9): chemische Verbindung, der besondere Bedeutung beim Aufbau der Zellen sowie bei der Blutbildung zukommt (täglich benötigte Menge: 300 Mikrogramm). Die Folsäure zählt (neben Biotin, Niazin und der Pantothensäure) zu den wasserlöslichen → Vitaminen. Die auf Hitze und Licht reagierende Folsäure muss dem Organismus täglich neu zugeführt werden, da sie über das Blut und den Urin ausgeschieden wird. Die in grünen Pflanzenblättern, Spargel, Linsen, Milch, Vollkorngetreide, Soja, Eigelb und Leber vorkommende Folsäure trägt zur Energieerzeugung und zum Funktionieren des Eiweißstoffwechsels bei. Sie ist auch Bestandteil von Enzymen.

Formeldiät: diätetische Ernährungsweise, bei der die einzelnen Nahrungsbestandteile genau festgelegt werden und meist aus industrieller Produktion stammen. Nährstoff- oder chemisch definierte Formeldiäten, die zu den Spielarten der »bilanzierten Ernährung« zählen, werden

Fluor in der Wasserversorgung

Es ist umstritten, Fluoride vonseiten der Wasserwerke zur Vorbeugung gegen Zahnerkrankungen ins Trinkwasser einzubringen. Die Befürworter meinen, dass damit ein erheblicher Rückgang der Zahnerkrankungen zu verzeichnen wäre, wie man das in den Regionen, in denen Fluorid ins Trinkwasser eingebracht wird, beobachten konnte. Die Gegner weisen darauf hin, dass beim durchschnittlichen täglichen Wasserverbrauch von 180 Litern pro Kopf nur knapp zwei Liter als Trinkwasser benutzt werden, also etwa 178 Liter fluoridbelastete Abwässer nutzlos die Umwelt belasten würden. Man brauche hierzu das Trinkwasser nicht, weil die Zähne mit einer guten Zahnhygiene ebenso effektiv geschützt werden könnten.

in flüssiger oder Pulverform bei Darmproblemen sowie bei einem mangelhaften Funktionieren des Eiweißstoffwechsels angewendet.

Fragebogen: Teil der Anamnese in der Schulmedizin und in der → Homöopathie, der eine übersichtliche Auflistung der Symptome gewährleistet. Kritisiert wird, dass die möglicherweise bei einem Gespräch zu erkennenden psychischen Ursachen beim schriftlichen Ausfüllen nicht erkannt werden.

Franzbranntwein: verdünnter, aromatisierter Alkohol für äußerliche Heilanwendungen, der früher auch als minderwertiger Weinbrand konsumiert wurde. Insbesondere in der Kombination mit Fichtennadelöl kommt Franzbranntwein bei der Massage zur Lockerung der Muskulatur und bei Muskelkater zum Einsatz. Bei entzündeten Gelenken wirken Einreibungen schmerzlindernd.

Frauenmantel (Alchemella vulgaris): Pflanze aus der Familie der Rosengewächse (Rosaceae), deren Name sich aus ihrer traditionellen Anwendung bei Frauenleiden ableitet. Frauenmantel wächst auf feuchten Wiesen und an Waldrändern, hat lang gestielte Blätter und blüht von Mai bis September. Er wirkt zusammenziehend, entzündungshemmend und antibakteriell.

Inhaltsstoffe: Gerbstoffe, Flavonoide.

Anwendungen: Schon früh stand die Anwendung bei Frauenleiden an erster Stelle. Auch heute noch sind der Tee und andere galenische Zubereitungen ein wirkungsvolles Mittel bei Menstruationsbeschwerden, Scheidenausfluss (Fluor vaginalis), prämenstruellen Beschwerden und zur Vermeidung von Frühgeburten. Ein weiteres Einsatzgebiet besteht bei Durchfall und Magenkatarrh.

Fremdsuggestion (lat. suggestio = Einflüsterung, Eingebung): Ziel der Fremdsuggestion ist es, einen Menschen in seelischer Hinsicht zu beeinflussen oder, negativ formuliert, zu manipulieren. Die auch als Heterosuggestion bezeichnete Fremdsuggestion findet Anwendung in der → Hypnose. Dem Fremdsuggestion Ausübenden geht es darum, auf die Handlungs- und/oder Denkweise seines menschlichen Objekts einzuwirken, was in therapeutischer, aber auch in manipulativer Hinsicht geschehen kann.

Frauenmantel gilt als klassische Heilpflanze für zahlreiche Frauenleiden.

Frischkost → Rohkost

Frischzelltherapie → Organotherapie, → Thymustherapie, → Zelltherapien

Frostbeulen: lokale Kälteschäden, meist an Zehen oder Fingern. Sie treten bei Menschen mit schwachem Kreislauf oder empfindlicher Haut in Form von rötlich blauen Schwellungen auf, die stark jucken und brennen. Hervorgerufen werden sie durch das starke Zusammenziehen der Blutgefäße infolge der Kälteeinwirkung, so dass eine ausreichende Sauerstoff- und Blutversorgung nicht mehr gewährleistet ist.

Die beste Therapie gegen Frostbeulen ist die Vorbeugung, also die Vermeidung von Kälteschäden, indem man bei Kälte ausreichend warme Kleidung trägt und die empfindlichen Füße und Hände besonders schützt

• Auch die Förderung der Durchblutung

durch viel Bewegung in der Kälte ist hilfreich • Zur Linderung des Juckreizes und der Schmerzen empfehlen sich Wechselbäder (die betroffenen Stellen zuerst 3 Minuten in warmes Wasser, dann 1 Minute in kaltes Wasser tauchen, kalt aufhören) • Zudem haben sich Hand- bzw. Fußbäder mit Eichenrinde und Zinnkrautextrakt bewährt (200 g Eichenrinde etwa 15 Minuten in 2 l Wasser kochen, den Sud dem Bad zusetzen) • Salben mit Nelkenwurz, Glyzerin und Honig können den Juckreiz lindern

! Auch wenn der Juckreiz sehr stark sein sollte, sollte man keinesfalls an den Frostbeulen kratzen. Bilden sich die Frostbeulen nicht spätestens nach 14 Tagen zurück, sollten Sie einen Hautarzt aufsuchen, weil möglicherweise tiefer liegende Hautschichten geschädigt sind.

Fünf Elemente → Elemente, fünf

Fünf Speicherorgane → Speicherorgane, fünf

Funktionsdiagnostik, bioelektronische (BFD; auch bioelektrische Funktions- bzw. Regulationsdiagnostik nach Pflaum): Die BFD ging aus dem so genannten Elektroakupunktur-Diagnoseverfahren (EAV) hervor, mit dem Ziel, die Anzahl der EAV-Messpunkte (etwa 300) zu verringern. Deswegen verwendet die BFD nur 58 Messpunkte, bei denen es sich hauptsächlich um so genannte Terminalpunkte der Akupunktur sowie um einige Punkte an den Füßen und Händen handelt. Die Punktmessung der BFD dient dazu, Erkenntnisse über die Belastbarkeit eines Menschen zu gewinnen. Zudem wird sie angewendet, um chronische Beschwerden diagnostisch zu erfassen.

Furunkel: akute eitrige Entzündung eines Haarbalgs und seiner Talgdrüse. Der Furunkel tritt meist als haselnussgroßer Knoten in der Haut auf, der allerdings auch – je nach dem Grad der Entzündung – bis zur Größe einer Pflaume anschwellen kann. Eine Furunkulose liegt vor, wenn mehrere Furunkel nebeneinander oder nacheinander vorkommen. Ein Furunkel entsteht, wenn Erreger entlang den Haarkanälen bis zum Haarbalg vordringen und sich dort vermehren können. Das körpereigene Immunsystem bekämpft die Erreger, und es bildet sich Eiter, der sich unter der Haut ablagert. Erst wenn die Erreger abgetötet sind, bildet sich der entsprechend der Infektionsdauer mehr oder weniger groß gewordene Furunkel von selbst zurück.

! Ein Furunkel sollte eigentlich gar nicht ausgedrückt werden. Vor allem im Gesicht darf dies nie geschehen, weil das Venensystem der infizierten Hautstellen direkt mit dem Blutkreislauf im Schädelinneren verbunden ist und eine Entzündung sich auch dorthin ausbreiten könnte.

Ein »reifer« Furunkel (festzustellen an der deutlich nachlassenden Hautspannung) kann mit einer desinfizierten Nadel vorsichtig angestochen werden, so dass der Eiter besser abfließen kann • Eine heiße Kompresse ist ein effektives Mittel gegen Furunkel, weil der Verlauf durch die Hitze vorangetrieben wird und es früher zur »Reifung« kommt (ein Handtuch in 30 °C warmes Wasser legen, auswringen und es leicht auf den Furunkel drücken; wenn die Kompresse abzukühlen beginnt, erneut mit heißem Wasser tränken; ideal ist eine 3-malige, 20 bis 30 Minuten dauernde Anwendung pro Tag) • Auch eine warme Auflage mit Bockshornklee lindert die Beschwerden (1 EL gemahlenen Bockshornkleesamen mit so viel abgekochtem Wasser verrühren, dass ein dicker Brei entsteht; den Brei auf ein Mullläppchen streichen und für 20 Minuten auf die entzündete Stelle legen) • Denselben Effekt hat eine Auflage mit Heilerde; sie bringt den Furunkel zum »Reifen«

Fußakupunktur: Akupunktur an 32 Fußpunkten (→ Akupunktur).

Fußbad: Teilbad der → Kneipptherapie. Kalte Fußbäder und Wechselfußbäder sind bei Kreislaufstörungen, Einschlafstörungen und akuten Gichtanfällen, ebenso zur Abhärtung empfehlenswert. Warme Fußbäder (eventuell mit Kräuterzusätzen) wirken bei einer Reizblase und bei kalten Füßen. Besonders empfehlenswert sind ansteigende Fußbäder, die – regelmäßig durchgeführt – das Immunsystem stärken. Wegen ihrer schmerz- und krampflösenden Wirkung eignen sich Fußbäder auch gut zur Behandlung akuter Symptome, u. a. bei Erkältungen, starkem Schnupfen, verstopfter Nase und bei Erkrankungen der oberen Atemwege. Für ansteigende Fußbäder verwendet man eine möglichst hohe Schüssel (bzw. einen Eimer, in dem die Füße gut Platz haben), die mit warmem Wasser (ca. 36 °C) gefüllt wird. Die Temperatur des Fussbades wird allmählich durch das Zugießen von heißem Wasser auf ca. 42 °C gesteigert. Dieses Fußbad sollte etwa 20 Minuten dauern.

! Kalte Fußbäder sind bei Reizblase, akuten Infekten, schwerer arterieller Verschlusskrankheit und kalten Füßen ungeeignet. Warme Fußbäder sollten bei Venenproblemen nicht durchgeführt werden.

☛ Das Fußbad eignet sich zur Selbstbehandlung.

Fußreflexzonenmassage: Massagetechnik, bei der die Füße an festgelegten Stellen, die bestimmten Organen zugeschrieben werden, gedrückt und gerieben werden. Die Fußreflexzonenmassage gehört – wie die → Akupressur und Akupunktur – zu den so genannten Umstimmungstherapien.

Ursprünge: Fußmassagen reichen weit in die Geschichte zurück; sie wurden schon im alten China und in Ägypten praktiziert, ebenso von den Indianern Nordamerikas. Zu Beginn dieses Jahrhunderts wurden diese Druckpunkttechniken von der amerikanischen Masseurin Eunice Ingham aufgegriffen und zum Massagesystem der Fußreflexzonen ausgebaut. Ingham bezog sich dabei auf die Zonentherapie des amerikanischen Arztes William Fitzgerald. Nach Fitzgerald ist der menschliche Körper in insgesamt zehn Längs- und drei Querzonen eingeteilt (→ Fitzgerald-Zonen). Diese Zonen

Ein ansteigendes Fußbad empfiehlt sich vor allem bei Erkältungen.

sind wie eine Art Raster auf den Fußflächen wieder zu finden, d. h., das Gesamtbild des Körpers (und damit auch das gesamte Organbild) spiegelt sich auf der sehr viel kleineren Fläche der Fußsohlen wider. Durch Druck und Massage der Fußsohlenzonen lassen sich die entsprechenden zugeordneten Organe bzw. Körperbereiche beeinflussen. Die Fußreflexzonenmassage ist sowohl eine Therapieform (zur Linderung von Beschwerden) als auch eine Diagnoseform, denn durch Abtasten der verschiedenen Hautareale kann ein geübter Heilpraktiker oder Arzt etwas über den Zustand von Organen aussagen.

Vielfalt der Formen: Die Fußreflexzonenmassage ist die bekannteste Form der Reflexzonenmassage, doch gibt es auch andere Varianten, etwa die Reflexzonenmassage der Hände bzw. anderer Körperstellen oder die → Neuraltherapie, die bestimmte Thesen der Reflexzonentherapie aufgreift (siehe zu Fußreflexzonenmassage das Special S. 150ff.).

☛ Die Fußreflexzonenmassage eignet sich zur Selbstbehandlung, allerdings bedarf es dazu einer gewissen Praxis.

Fußreflexzonenmassage

»So, wie es oben ist, ist es auch unten«

»So, wie es oben ist, ist es auch unten« – das ist eigentlich die zentrale These der Fußreflexzonentherapie. Aufgrund der Beschaffenheit der Reflexzonen können Störungen erkannt, Beschwerden gelindert und tiefe Entspannungszustände erreicht werden.

Fußreflexzonenmassage – eine Frage der Erfahrung

Aufgabe des Therapeuten ist es, mittels Massieren der jeweiligen Reflexpunkte blockierte Energieströme wieder in Fluss zu bringen, indem er durch die Behandlung sowohl die Nervenfunktionen als auch die Blutzirkulation anregt. Dabei werden die Selbstheilungskräfte unseres Organismus aktiviert.
Die Fußreflexzonentherapie hat viel mit Erfahrungswerten zu tun. Je länger man sich damit beschäftigt bzw. je länger man massiert, desto größer ist die Sensibilität für Beschaffenheit und Veränderungen der Füße.
Optimale Ergebnisse erhält man durch eine umfassende professionelle Behandlung; einige einfache Massagegriffe und Druckpunkte eignen sich allerdings auch sehr gut für die Selbstbehandlung.

Wann hilft Fußreflexzonenmassage?

Grundsätzlich lässt sich jede Erkrankung mit Hilfe der Fußreflexzonenmassage behandeln. Besonders gute Heilerfolge lassen sich vor allem bei den folgenden Gesundheitsproblemen feststellen:

- An- und Verspannungen der Muskulatur
- Gereiztheit und Nervosität als Folgen von Stress
- Rückenschmerzen
- Menstruationsbeschwerden
- Einschlafprobleme und Schlaflosigkeit
- Kopfweh und Migräne

Die Massage wirkt sich generell positiv auf den Körper aus, da sie den Kreislauf »ankurbelt«, die Tätigkeit der Nieren, des Darms sowie der Haut anregt und sehr entspannend ist.

Wie wird die Massage durchgeführt?

Bei dieser Methode werden die Fußsohle und die angrenzenden Fußbereiche (insbesondere die Ferse) einer intensiven Massage unterzogen. Schmerzende Regionen werden ganz besonders berücksichtigt. Eine Fußreflexzonenmassage dauert in der Regel 60 Minuten.

Muss man mit Nebenwirkungen rechnen?

So verschieden die Menschen ihrer Persönlichkeit nach sind, so unterschiedlich reagieren sie auch auf Fußreflexzonenmassagen. Allerdings werden Patienten verhältnismäßig häufig mit folgenden, nach der Massage auftretenden Erscheinungen konfrontiert:

- Veränderungen der Schlafgewohnheiten
- Starkes Schwitzen
- Intensivierung der Schleimproduktion, vor allem in Hals und Lunge
- Störungen des Magen-Darm-Trakts (z. B. Blähungen)

Vorbereitungen für die Selbstmassage

- Stellen Sie für die Dauer der Massage eine möglichst angenehme, entspannende Atmosphäre her.
- Treffen Sie Vorkehrungen, dass Sie in Ihrem Massageraum ungestört sind.
- Sorgen Sie für eine angenehme Temperatur, damit der Körper nicht auskühlt.
- Schneiden Sie Ihre Fingernägel kurz, damit schmerzhafte Druckstellen beim Massieren vermieden werden.
- Waschen Sie Ihre Füße, trocknen Sie sie gut ab, und ziehen Sie einen Strumpf wieder an.
- Legen Sie das unbestrumpfte Bein so auf den Oberschenkel des anderen, dass die Fuß-

sohle seitlich nach oben zeigt. Wenn Sie Probleme mit dieser Position haben, ist es oft hilfreich, ein weiches Kissen unter das Knie zu schieben.

- Wärmen Sie den zu massierenden Fuß vor der eigentlichen Massage durch behutsame, streichende Bewegungen auf.
- Vermeiden Sie zu starke Druckausübung. Wer mit sanftem Druck massiert, schont auf diese Weise die Fuß- und Fingergelenke.
- Nach der Massage sollten Sie Ihren Füßen eine Pause gönnen, wobei Sie dafür sorgen sollten, dass die Füße warm bleiben.

So massieren Sie richtig

Fassen Sie Ihren Fuß mit beiden Händen. Die Daumen liegen auf der Fußsohlenseite, die Finger auf dem Fußrücken. Der Daumenballen muss am Fuß anliegen. Dieser Kontakt ist wichtig, damit die Fingergrundgelenke von unten her Unterstützung haben und auf Dauer keinen Schaden nehmen können.

▶ *Der Daumen – wichtigstes Werkzeug*

Wer sich mit Hilfe der Fußreflexzonenmassage selbst behandeln möchte, sollte seine besondere Aufmerksamkeit zunächst dem Daumen widmen. Denn der Daumen ist nicht nur das bedeutsamste Werkzeug dieser Form der Massage, sondern er kann durch die Behandlung leicht überanstrengt werden. Aus diesen Gründen sollten Sie die folgenden zwei Punkte beherzigen.

- Fangen Sie bei jeder Sitzung mit kürzeren Massagen an, bis sich die Muskeln und Gelenke Ihres Daumens gekräftigt haben. Insbesondere das große Daumengelenk kann leicht überfordert werden!
- Gehen Sie beim Massieren nur mit leichtem Druck vor – es geht ja schließlich nicht darum, in den Fuß ein Loch zu bohren, sondern seine verschiedenen Schichten zu ertasten und zu erfühlen. Und dafür ist ein langsam steigender Druck erforderlich.

Massieren Sie nicht mit Gewalt

- Es empfiehlt sich nicht, bei Krampfadern die Beine über einen längeren Zeitraum hinweg stark abzuknicken, da dadurch die Durchblutung behindert wird.
- Älteren Menschen fällt es häufig schwer, das Bein in die richtige Massageposition zu bringen. Auf keinen Fall sollte man etwas mit Gewalt zu erreichen versuchen! Hier ist es vielmehr ratsam, gymnastische Übungen zu betreiben, damit der Körper wieder gelenkiger wird.

▶ *Raupentechnik*

Die massierende Hand liegt möglichst dicht am Fuß auf. Mit einer abknickenden Bewegung des Fingerendglieds üben Sie langsam und vorsichtig Druck auf den Fuß aus – wie eine Raupe, die sich durch Zusammenkrümmen vorwärts bewegt. Anschließend legen Sie wieder den ganzen Finger auf die zu massierende Stelle auf.

Raupentechnik

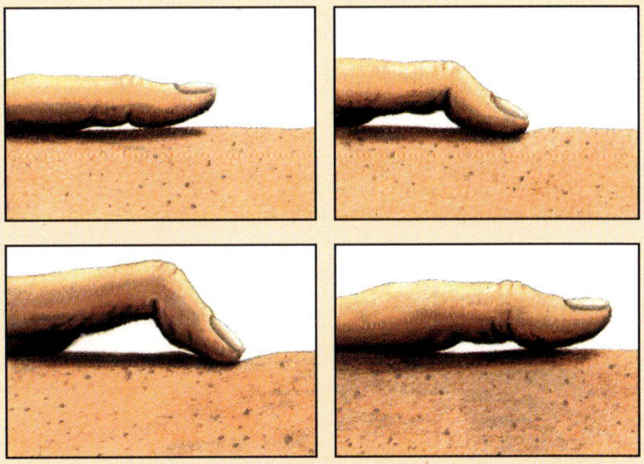

Fußreflexzonenmassage

»So, wie es oben ist, ist es auch unten«

Ausgewählte Massagen

Die folgenden Massagetechniken sind relativ einfach auszuführen und behandeln Allgemeinbeschwerden. Orientieren Sie sich in Bezug auf die Druckpunkte anhand der Abbildungen auf der gegenüberliegenden Seite. Beim Verdacht auf ernsthafte Krankheiten sollten Sie den Arzt aufsuchen und von einer Selbstbehandlung absehen.

▶ ***Bei Kopfschmerzen***

Massieren Sie zunächst die Spitze und die Außenseiten der großen Zehen (Nr. 1, 5, 6, 7). Anschließend massieren Sie sämtliche Zehen (Nr. 2, 3, 4). An den Zehen liegen die Reflexzonen für die Zähne, Kiefer, Nasennebenhöhlen, Ohren und Mandeln. Entzündungen dieser Bereiche können ebenfalls zu Kopfschmerzen führen. Dies muss dann allerdings ursächlich behandelt werden, beispielsweise durch den Zahnarzt.

▶ ***Bei Verspannungen***

Wenn Sie oft Verspannungen im Hals- und Nackenbereich haben, sollten Sie zunächst die Reflexzone des Solarplexus massieren (Nr. 36), dann diejenige der Hypophyse (Hirnanhangsdrüse, Nr. 7).

▶ ***Bei Rückenschmerzen***

Die Reflexzonen der Lendenwirbelsäule, der Brustwirbelsäule und der Halswirbelsäule liegen an den Innenkanten der Fußsohle (Nr. 23, 17 und 11). Auch die Reflexzonen des Nackens (Nr. 10) sowie die Fersenzone, die dem Beckenraum zugeordnet ist (Nr. 30 und 31), können massiert werden.

▶ ***Bei Magenbeschwerden***

Die Magenzone liegt vor allem am rechten Fuß (Nr. 16), der linke Fuß hat Magen- und Leberanteile (Nr. 19), sollte allerdings auch immer mitmassiert werden. Sinnvoll ist auch eine Massage des Solarplexus (Nr. 36).

▶ ***Bei Darmproblemen***

Die Darmzonen liegen zwischen Fußmitte und Ferse; in der Nachbarschaft liegen die damit zusammenhängenden Reflexzonen von Magen, Leber, Bauchspeicheldrüse und Gallenblase. Massieren Sie behutsam Dickdarm (Nr. 24) und Dünndarm (Nr. 27) und eventuell die anderen Zonen.

Reflexzonenmassage zum Wohlfühlen

Obwohl die Hauptaufgabe dieser Massagemethode natürlich in der Behandlung verschiedenster Beschwerden besteht, kann man sie aufgrund ihrer wohltuenden Wirkungen auch zur Entspannung einsetzen. Sie können diese Massage auch als Partnermassage durchführen. Hier einige Tipps:

- Streichen Sie die Füße mit ein wenig Öl ein, lockern Sie dann die Zehen, indem Sie leicht daran ziehen.
- Nun ziehen Sie mit den Fingern die Umrisse des Fußes nach, wobei sie die Fingerspitzen benutzen sollten, um behutsam über den Fußrücken zu kreisen.
- Jetzt nehmen Sie einen Fuß in beide Hände; massieren Sie ihn ganz leicht und mit kreisenden Bewegungen. Wichtig ist dabei, dass Sie die Zone um die Fersen herum massieren. Dann wechseln Sie zum anderen Fuß.
- Streichen Sie die Waden sowie die Innenseite der Unterschenkel aufwärts, dann auf der Außenseite wieder abwärts – solange es Ihnen Spaß macht!
- Bei einer Partnermassage können Sie die Sache auch erotisch gestalten: Massieren Sie sich über die Oberschenkelinnenseiten sachte in die höheren Regionen hinauf.

3 Stirnhöhle, Kieferhöhle, Zähne
4 Ohr, Tonsillen (Mandeln), seitliche Lymphstränge
13 Schilddrüse, Hals
15 Luft- und Speiseröhre
32 Lymphknoten
43 Lymphknoten, Leiste
44 Leistenkanal, Eileiter
45 Beckenbereich, Unterbauch
46 Appendix (Wurmfortsatz)
47 Hüftgelenk
48 Bauchdecke
49 Gallenblase
50 Rippen
51 Brustdrüsen
52 Schultergelenk
53 Herz (Bezugszone)
54 Brustbein
55 Nasen-, Rachenraum, Mundhöhle
57 Thymusdrüse

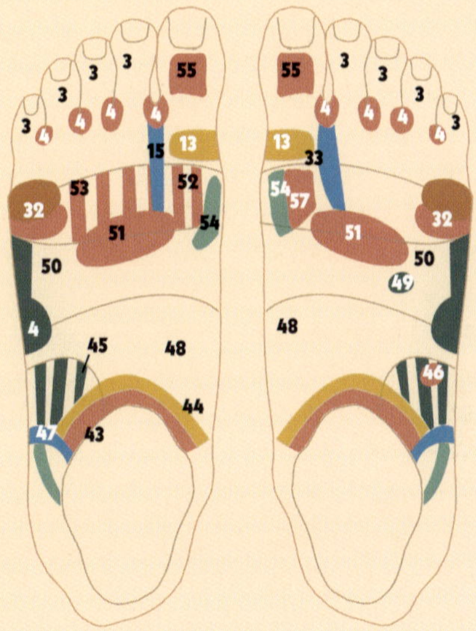

Linker Fußrücken Rechter Fußrücken

1 Schädeldach
2 Augen
3 Stirnhöhle, Kieferhöhle, Zähne
4 Ohr, seitliche Lymphstränge
5 Schläfen, seitliche Kiefer
6 Großhirn
7 Hirnanhangsdrüse (Hypophyse)
8 Kleinhirn
9 Schädelbasis
10 Nacken
11 Halswirbelsäule
12 Obere Lymphwege
13 Schilddrüse, Hals
14 Herz
15 Luft- und Speiseröhre, Bronchien
16 Magen
17 Brustwirbelsäule
18 Mageneingang
19 Magen, Leber
20 Magenausgang
21 Bauchspeicheldrüse
22 Zwölffingerdarm
23 Lendenwirbelsäule
24 Quer liegender Dickdarm
25 Harnleiter
26 Kreuzbein
27 Dünndarm
28 Steißbein
29 Mastdarm
30 Beckenraum
31 Beckenraum
32 Lymphknoten
33 Schultergelenk
34 Leber
35 Lunge
36 Solarplexus, Zwerchfell
37 Nebennieren
38 Nieren
39 Milz
40 Oberarm
41 Ellbogen
42 Unterer Rippenrand
43–48 Siehe Fußrücken
49 Gallenblase
50–55 Siehe Fußrücken
56 Wurmfortsatz
57 Thymusdrüse
58 Ohrtrompeten

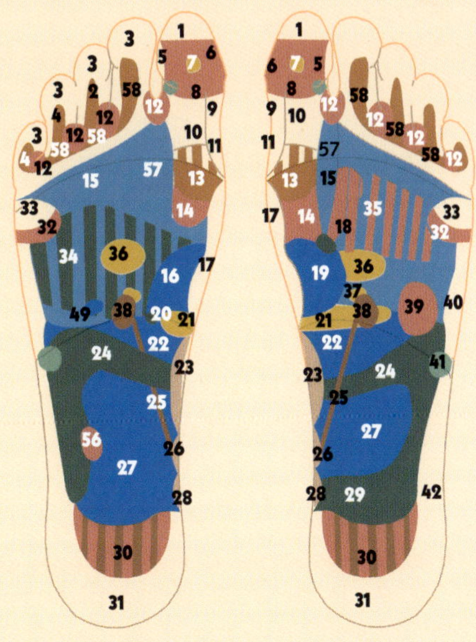

Rechte Fußsohle Linke Fußsohle

Fußschweiß: übermäßige Schweißabsonderung an den Füßen, die nur zeitweise durch körperliche Anstrengung (Sport) oder aber ständig auftritt. Die häufigste Ursache übermäßiger Schweißbildung ist psychischer Natur, da die Feuchtigkeitsabgabe der Drüsen über das vegetative Nervensystem gesteuert wird. Hiervon zeugen beispielsweise auch die feuchten Hände bei Aufregung oder der so genannte Angstschweiß. Eine weitere, einfach abzustellende Ursache sind falsche Bekleidung (Socken oder Strumpfhosen aus Kunstfasern) und falsche Schuhe.

Achten Sie auf Schuhwerk, das aus atmungsaktivem Material besteht, und auf Socken, die aus reiner Baum- oder Schurwolle bzw. Seide bestehen • Wechseln Sie die Schuhe täglich, denn ein nass geschwitzter Schuh braucht eine beträchtliche Zeit, bis er wieder trocken ist • Auch sollten die Socken oft gewechselt werden • Fußbäder, egal ob kalt, warm oder wechselnd, sind gut geeignet, um die Ausdünstungen an den Füßen unter Kontrolle zu halten; mit einem kalten Fußbad, das Sie so lange anwenden, bis ein Kälteschmerz zu empfinden ist oder das Gefühl entsteht, das Wasser sei gar nicht so kalt, können Sie den Fußschweiß verringern; dazu verwenden Sie ein Gefäß, in dem das Wasser so hoch stehen kann, dass es bis zur Mitte der Wade reicht; das Wasser wird nach dem Bad einfach abgestreift, Socken werden angezogen, und die Füße werden »trockengelaufen« • Auch die Anwendung von warmen Bädern mit Walnussblättern, Salz, Tonerde, Essig und Natron hat sich als wirksam erwiesen • Naturgemäß sind möglichst oft durchgeführte Waschungen sehr hilfreich • Das Aroma scharfer Gewürze (vor allem Knoblauch, Zwiebeln und Peperoni) wird über die Haut, auch über die der Füße, wieder ausgedünstet und verstärkt den unangenehmen Geruch von Fußschweiß • Ein Antitranspirant, vor dem Anziehen direkt auf die Füße aufgebracht, vermindert die Schweißbildung und bekämpft den Geruch • Das Tomatenbad (1/2 l Tomatensaft auf ein Fußbad) ist ein bewährtes Mittel bei übermäßiger Schweißabsonderung • Da übermäßige Schweißbildung auch psychisch bedingt ist, sind Entspannungsübungen (etwa autogenes Training oder Yoga) hilfreich

! Kalte Fußbäder sollten nicht bei kalten Füßen, Harnwegsinfekten, Reizblase, Bluthochdruck und Gefäßverschlüssen angewendet werden.

Fußwickel: Anwendung der → Kneipptherapie. Fußwickel dienen der Stärkung der körpereigenen Abwehrkräfte und werden vor allem bei Einschlafproblemen eingesetzt. Beim Fußwickel wird der Fuß bis über die Knöchel mit nassen Tüchern umhüllt. Varianten sind → Essigstrümpfe und die »nasse Socke« (eine befeuchtete Socke wird angezogen, darüber kommt ein wollener, trockener Strumpf).

Der Fußwickel eignet sich zur Selbstbehandlung.

Teebaumöl gegen Fußschweiß

Australisches Teebaumöl besitzt eine desinfizierende und antibakterielle Wirkung und hat sich deshalb als Mittel gegen Schweißfüße bewährt. Mit Teebaumöl kann man sich sein eigenes Fußbadesalz herstellen.

• 500 g Totes-Meer-Salz (aus der Apotheke oder dem Reformhaus) in eine Schüssel geben und 30 Tropfen reines Teebaumöl und 10 Tropfen Salbeiöl hinzugeben. Nun alles gut miteinander vermischen, bis eine homogene Masse entsteht.

• Für ein Fußbad werden 2 bis 3 EL von der Mischung in warmes Wasser gegeben und die Füße darin 1-mal pro Tag 5 bis 10 Minuten gebadet.

Galaktotum (griech.; auch Laktagogum): allgemeiner Begriff für pflanzliche Mittel, die die Milchsekretion (Laktation) der zu stillen beginnenden Mutter (Wöchnerin) fördern. Besonders hervorzuheben sind hier die Früchte von Geißraute, Anis, Fenchel und Kümmel.

Galenik: nach dem griechischen Arzt Galen (130–201) benannte Lehre der Zubereitung und Herstellung von (pflanzlichen) Arzneimitteln, etwa als Extrakt, Pulver, Aufguss, Salbe, Tinktur, Dragee, Kapsel etc. Ein Galenikum ist ein pflanzliches, aus einer Droge oder aus verschiedenen Drogen in der Apotheke zubereitetes Heilmittel. In der Fachliteratur fungiert der Begriff »Galenik« teilweise auch als Bezeichnung für die spezifischen Eigenschaften, die eine bestimmte Arznei bei der Anwendung entfaltet.

Galgant (Alpinia officinarum): Pflanze aus der Familie der Ingwergewächse (Zingiberaceae). Die Staude wird in China sowie in Indien und Thailand angebaut, wo sie im Spätsommer und Frühherbst ausgegraben wird. Dann wird der heilkräftige Wurzelstock (Galangae rhizoma) von der Pflanze getrennt und getrocknet. Hierzulande ist die Wurzel in pulverisierter Form erhältlich. Schon in der → Hildegard-Heilkunde wurde Galgant bei »schwachem Herzen« und »hitzigem Fieber« angewendet. Auch im indischen → Ayurveda gilt Galgantgewürz als heilkräftig und wird bei Verdauungsstörungen und auch gegen Herzbeschwerden eingesetzt. Die Schärfe des Gewürzes wird übrigens von den im Wurzelstock enthaltenen Harzen verursacht.

Inhaltsstoffe: 0,5 bis 1 Prozent ätherisches Öl, Harze (Galangin und Alpinin), Flavonoide.

Anwendungen: Galgantwurzel als Tee oder andere galenische Zubereitung wirkt krampflösend und antibakteriell. Sie hilft am besten bei Verdauungsstörungen und kann (als Wurzel gekaut) auch bei der Reisekrankheit gute Dienste leisten.

Gallenblasenprobleme: mechanische Störung der Ausschüttung von Gallensäften in den Dünndarm durch auskristallisierte Bestandteile des Gallensafts (Grieß, Gallensteine) oder bakterielle Infektion der Gallengänge und Gallenblase (oft mit Fieber, Schüttelfrost und Erbrechen verbunden). Folge der Störung bzw. Infektion kann ein Rückstau des Gallensafts bis in die Gallenblase sein. Die Gallenblase steht dann unter Druck und zieht sich in wellenförmigen Bewegungen zusammen (Kolik).

! Bei akuter erstmaliger Kolik und bei Verdacht auf eine Infektion muss sofort der Arzt gerufen werden. Ganz falsch wäre es, bei einer Infektion die Schmerzen mit einer Wärmflasche lindern zu wollen. Zunächst muss die Diagnose abgeklärt sein.

Bei bekannter Neigung zu Koliken lindert eine Wärmflasche oder ein warmer Leibwickel die Schmerzen • Verschiedene Pflanzen und Kräuter sind ausgesprochene Gallenmittel; sie unterstützen die Gallensaftbildung, wirken krampflösend und schützen auch die Leber: Javanische Gelbwurz (Teezubereitung: 1 TL Pulver auf 1/4 l Wasser), Mari-

Die heilkräftigen Wurzeln des Galgants setzte schon Hildegard von Bingen ein.

endistel (2 TL der Früchte auf 1/4 l Wasser), Schwarzkümmel (1 TL Samen auf 1/4 l Wasser), Schöllkraut, Löwenzahn (Tee, Saft und Salat), Alant (1 EL der Wurzel auf 1/4 l Wasser); die meisten Pflanzen gibt es auch als rezeptfreie Präparate in der Apotheke • Zur Vorbeugung gegen Gallensteine bzw. nach Operationen sollte man fettreduziert essen und vor allem Cholesterin vermeiden (die meisten Gallensteine sind Cholesterinsteine). Am besten verwendet man kaltgepresste Pflanzenöle mit mehrfach ungesättigten Fettsäuren • Ausgesprochene »Gallengerichte« sind Artischocken, Rettich (als Saft nicht blähend) und Löwenzahn; mit allen drei Nahrungsmitteln sind Kuren möglich • Akupunkturpunkte gegen Gallenblasenbeschwerden liegen auf dem Leber-, Gallenblasen- und dem Milz-Pankreas-Meridian

Gallenteemischung: 1 EL Löwenzahnwurzeln und -kraut und 1 TL Javanische Gelbwurz mit 1/4 l Wasser überbrühen, den Aufguss 15 Minuten ziehen lassen.

Gänsefingerkraut (Potentilla anserina): Heilkraut aus der Familie der Rosengewächse (Rosaceae). Die Pflanze wird bis zu zehn Zentimeter hoch, wobei die Stängel bis zu 30 Zentimeter auf dem Boden entlang kriechen können. Das Gänsefingerkraut blüht von Mai bis September und ist vor allem auf Wiesen und an Bachufern zu finden, wo es sich als »Unkraut« weit verbreiten kann. Die Heilpflanze wird auch in der Homöopathie verwendet.

Das Gänsefingerkraut findet man häufig an Bachufern und auf feuchten Wiesen.

Inhaltsstoffe: in den Blättern und Blüten: 6 bis 10 Prozent Gerbstoffe, Flavonoide, Leukoanthocyanidine.

Anwendungen: Seit alters werden dem Gänsefingerkraut krampflösende Eigenschaften zugeschrieben, weshalb die frischen oder getrockneten Blätter und Blüten insbesondere bei Kontraktionsschmerzen während der Menstruation, bei Magen-Darm-Krämpfen und bei Muskelkrämpfen als Tee, Abkochung oder auch als Pulver eingesetzt werden. Zusätzlich ist das Kraut entzündungshemmend und kann bei Darminfektionen wohltuend wirken.

Ganzheitsmedizin (holistische Medizin): Ziel ist die Betrachtung möglichst aller Bereiche des Menschen, insbesondere die des Körpers, der Seele und der Umwelt, um sie in die Diagnose und Behandlung mit einzubeziehen. Die Ganzheitsmedizin versucht, bezogen auf den Einzelfall, naturwissenschaftliche und traditionelle medizinische Ansätze zur Lösung des Problems miteinander zu verbinden. Als ganzheitlich werden u. a. auch medizinische Systeme wie → Ayurveda, → Bach-Blütentherapie, → Homöopathie, → anthroposophische und → traditionelle chinesische Medizin (TCM) betrachtet.

Ganzkörperhyperthermie, extrakorporale: Wärmetherapie zur Abtötung von Tumorzellen. Dabei wird mit einem Wärmeaustauscher eine künstlich erhöhte Körpertemperatur von mehr als 41 °C erzeugt. Weil die Tumorzellen in der so genannten S-Phase des Zellzyklus besonders wärmeempfindlich sind, werden sie abgetötet, während alle anderen Körperzellen unbehelligt bleiben. Die Therapie wird meist in Verbindung mit einer Chemo- oder Strahlentherapie angewendet (→ Krebstherapie).

Gartenbohne → Bohne

Gärung (Fermentation): Verfahren, das Lebensmittel in ihrem Geschmack, ihrer Beschaffenheit, ihrem Aroma und ihrem Nährwert natürlich verändert. Dabei werden organische Stoffe, die bei diesem Vorgang Energie abgeben, aufgrund des Fehlens von freiem Sauerstoff zersetzt. Es gibt die alkoholische Gärung, die Milchsäuregärung, die Buttersäuregärung und die Essigsäuregärung.

Gasinjektion → Ozontherapie

Gastritis (Magenschleimhautentzündung): am häufigsten vorkommende Magenstörung. Sie geht oft mit Sodbrennen, Übelkeit und Erbrechen einher sowie mit Magenschmerzen bis hin zu Magenkrämpfen. Die akute Gastritis setzt mit heftigen Beschwerden ein, die chronische tritt dagegen in abgeschwächter Form auf. Ursache der Magenschleimhautentzündung ist ein Bakterium namens Helicobacter pylori. Doch auch Stress, Angst, gehetzte und unregelmäßige Nahrungsaufnahme sowie der Konsum von zu viel Alkohol, Kaffee und Zigaretten spielen eine Rolle.

Stressfaktoren sollten erkannt und vermieden werden • Eine Änderung der Essgewohnheiten (in Ruhe essen, nicht zu heiß und zu kalt essen, vollwertige Kost) ist von Vorteil • Vorbeugend und lindernd wirken Tees, etwa Kamillenblütentee (2 EL Blüten auf 1/2 l kochendes Wasser), oder Teemischungen (2 EL Pfefferminzblätter, 2 EL Heckenrosenblätter, 1 EL Melissenblätter, davon 2 TL auf 1/4 l kochendes Wasser) • Bei akuten Beschwerden hat sich Haferschleimsuppe oder Leinsamenbrei bewährt • Gemüse mit Heilwirkung sind Weißkohlsaft (enthält einen Anti-Ulkus-Faktor), Karotten und Kartoffeln sowie Mangold und Spinat • Tägliche Rollkuren mit Kamille wirken entzündungshemmend

Gegensensibilisierung (Theurer-Therapie): Verfahren, bei dem Kieselsäure und Aluminiumhydroxid dem Eigenblut des Patienten zugegeben werden, so dass potenzierte Eigenblutpräparate (D2 bis D12) hergestellt werden können. Dabei kommt es zur Bildung von Antikörpern, die bei der Verabreichung des Präparats die Senkung von krank machenden Stoffen auslösen und zur Unterstützung der körpereigenen Abwehrkräfte gegen Allergien dienen (Desensibilisierungserfolg). Anwendung findet diese Methode vor allem bei bestimmten Hauterkrankungen, Asthma bronchiale und allergischen Schnupfenarten (→ Desensibilisierung).

Geißraute (Galega officinalis): Staude aus der Familie der Schmetterlingsblütler (Fabaceae). Die Pflanze wird bis zu 120 Zentimeter hoch und hat stachelig spitze, gefiederte Blätter. Sie ist auf feuchten, sumpfigen Wiesen und an Ufern zu finden. Heilkräftig sind die oberirdischen Teile der Pflanze.

Inhaltsstoffe: Alkaloide, Gerbstoffe, Flavonoide, Saponine, Guanidinderivate.

Anwendungen: In erster Linie wird die Geißraute als wirksames Mittel zur Milchsekretionssteigerung verwendet. Sie soll die Entwicklung der Brustdrüsen fördern und hat sich auch bei der Festigung der Brüste bewährt. Zudem wirkt sie harn- und schweißtreibend sowie fiebersenkend, was ihr früher den Ruf einbrachte, gegen die Pest wirksam zu sein.

! Es ist inzwischen erwiesen, dass die Pflanze keine nennenswerte Wirkung für die Therapie von Diabetes mellitus hat, obwohl sie eine leicht blutzuckersenkende Wirkung aufweist und früher bei Zuckerkrankheit eingesetzt wurde.

Gelbwurz (Curcuma domestica; auch Javanische Gelbwurz oder Kurkuma = Curcuma xanthorrhiza): Pflanze aus der Familie der Ingwergewächse (Zingiberaceae). Heilkräftig ist der gebrühte und getrocknete Wurzelstock. Gelbwurz (Kurkuma) spielt auch in der Küche eine bedeutende Rolle als Hauptbestandteil des Currys. Gelbwurz wirkt u. a. lipidsenkend, antibakteriell und antioxidativ.

Inhaltsstoffe: ätherisches Öl, Dicinnamoylmethan-Derivate (u. a. Curcumin, der gelbe Farbstoff).
Anwendungen: Tee bzw. Extrakt der Gelbwurz hat sich als Mittel gegen Völlegefühl bewährt. Er wird auch traditionell eingesetzt bei Durchfall, Gelbsucht und Wurmbefall. Die Javanische Gelbwurz ist ein sehr altes Gallenmittel, das erfolgreich zur unterstützenden Behandlung von Gallenblasenbeschwerden verwendet wird. Äußerliche Behandlungen erfolgen in Form einer Tinktur, etwa bei Prellungen oder Hautentzündungen.

Gelée royale (Bienenköniginnenfuttersaft): Sekret der Arbeitsbienen, das diese über die Schlunddrüsen absondern. Gelée royale ist die einzige Nahrung der Bienenkönigin, die sie während ihres ganzen Lebens bekommt. Außerdem werden die Bienenlarven vom Schlüpfen bis zum dritten Tag und die Königinnenlarven ihr ganzes Leben damit ernährt. Um Gelée royale erzeugen zu können, muss vom Imker eine Königinnenzucht aufgebaut werden, in der die Arbeitsbienen mit künstlichen Zellen, die sie als Königinnenlarven betrachten, getäuscht werden und reichlich Gelée royale abgeben. Gelée royale ist reich an Vitamin-B-Komplexen, Enzymen und kortisonähnlichen Substanzen. Es wirkt antibakteriell, fördert die Wundheilung und ist auch ein hervorragendes Naturmittel für eine allgemeine Kräftigung und die Stärkung des Immunsystems (→ Propolis).

Mit der geballten Vitalkraft von Gelée royale füttern die Bienen ihre Königin.

! Bei hierfür empfindlichen Menschen kann Gelée royale eine Allergie auslösen.

Gelopunktur (lat. gelare = erstarren, verdichten): Therapiemethode, bei der mit Hilfe von Nadelstichen krankhafte Veränderungen des Unterhautgewebes (Gelosen) beseitigt werden sollen. Nach dem Einölen der betroffenen Hautstelle wird eine Akupunkturnadel (bzw. Injektionskanüle) über dem Knoten der Geschwulst in die Haut gestochen. Ist die Behandlung erfolgreich, so ist der Geloseknoten vom Therapeuten nicht mehr tastbar. In den meisten Fällen erfolgt die Therapie kreisförmig: Die Behandlung beginnt in der Hals- und Kieferregion und führt über den Brust-, Bauch- und Rückenbereich in Richtung Kopf wieder zur Halsregion zurück.

Gelosentherapie: Behandlungsmethode zur Beseitigung von krankhaften Veränderungen des Unterhautgewebes (Gelosen). Alternativmediziner verstehen unter einer Gelose überaus feine, dennoch mit dem Tastsinn zu erfassende, vor allem den Rücken betreffende Veränderungen in den Muskeln, dem Bindegewebe sowie der Haut im Allgemeinen. Gelosen können u. a. durch mangelnde Durchblutung und Wachstumsstörungen des Bindegewebes verursacht werden. Zur Heilung von Gelosen kommen neben der Gelopunktur auch ausleitende Verfahren (z. B. Schröpfen) sowie verschiedene Wärmeanwendungen zum Einsatz.

Gemma (lat. Knospe): Sammelname für die Knospen von Blättern, die für phytotherapeutische Zwecke verwendet werden, z. B. Pappelblattknospen (Populi gemmae).

Genitalherpes (Herpes genitalis): Virusinfektion mit starkem Juckreiz und Bläschenbildung an den Schamlippen bzw. in der Scheide oder am Penis. Bei Frauen können auch der Bauch, die Innenseite der Oberschenkel, der Gebärmutterhals und der After betroffen sein. Der Auslöser dieser sehr ansteckenden Krankheit ist das Herpes-simplex-Virus vom Typ 2, das meist durch Geschlechtsverkehr übertragen wird. Die Bläschen heilen normalerweise nach etwa zehn Tagen narbenlos ab. In vielen Fällen tritt die Infektion immer wieder auf.

Stress kann den Körper für Herpesviren anfällig machen; gestalten Sie deshalb Ihre Lebensumstände entsprechend, und gönnen Sie sich Phasen der Erholung und Entspannung • Verwenden Sie ein Kondom beim Geschlechtsverkehr, und vermeiden Sie oral-genitale Kontakte, wenn bei Ihnen oder bei Ihrem Partner Anzeichen einer Infektion auftreten • Ergreifen Sie zusätzliche Maßnahmen, um die körpereigenen Abwehrkräfte zu stärken (z. B. verstärkte Zufuhr von Vitamin C, sportliche Betätigung an frischer Luft, Wechselduschen) • Reiben Sie nicht an den Bläschen, denn dadurch könnte sich die Infektion weiter ausbreiten • Betupfen Sie die Stellen mehrmals täglich mit Melissentinktur (10 g Melissenblätter in 100 ml 70-prozentigem Alkohol auflösen) • Bewährt hat sich auch der Einsatz von Teebaumöl (3 bis 5 Tropfen auf einen Wattebausch) • Sitzbäder mit einer Kamillenlösung lindern den Juckreiz

! Waschen Sie sich bei jedem Kontakt mit den infizierten Geschlechtsorganen intensiv die Hände, denn die Gefahr einer Schmierinfektion ist bei Herpes sehr groß.

Gentian (engl.): Herbstenzian, Stockbottle Nr. 12 der → Bach-Blüten. Gentian verhilft skeptischen und pessimistischen Menschen zu mehr Optimismus und mutigerem Verhalten.

Genussmittel: Sammelbezeichnung für Nahrungsmittel, die nicht konsumiert werden, um dem Körper Nährstoffe und Energie zuzuführen, sondern wegen ihres Geschmacks oder der von ihnen ausgehenden entspannenden oder anregenden Wirkung, etwa Alkohol, Zigaretten, Tee, Kaffee.

Geopathie (griech. geo = Erde, pathie = von der Norm abweichend): Sammelbegriff für das Einwirken von Erdkräften (z. B. magnetischen Erdfeldern, Wasseradern, elektrischen Feldern u. Ä.) auf den menschlichen Organismus (→ Erdstrahlen). Auswirkungen auf die Gesundheit werden von der wissenschaftlichen Medizin bezweifelt.

Geranienöl: ätherisches Öl der Geranie (Pelargonium odorantissimum). Es riecht blumig, wirkt antiseptisch und schmerzlindernd auf den Körper und anregend auf den Geist. Als Aromaöl (→ Aromatherapie) hat es einen günstigen Einfluss auf Mischhaut; außerdem wirkt es regenerierend und adstringierend (zusammenziehend) sowie zellgenerierend. Es lässt sich in der Duftlampe gut mit den Ölen von Bitterorange und Jasmin mischen.

Geopathie – krank machende Erdstrahlen beeinflussen

So genannte Muter begeben sich mit einer Wünschelrute, Weiden- oder Haselnusszweigen bzw. Pendeln auf die Suche nach Erdstrahlen, Wasseradern und Reizstreifen, um solche störenden geologischen Formationen ausfindig zu machen. Gewöhnlich wird zunächst das Schlafzimmer auf Erdstrahlen hin untersucht, da angenommen wird, dass Menschen während des Schlafs am anfälligsten gegenüber geopathischem Stress sind. Aufgrund der Energiefelder kann beurteilt werden, ob das Bett anders gestellt werden muss oder ob das Schlafzimmer überhaupt verlegt werden sollte. Auch die anderen Räume der Wohnung bzw. des Hauses werden auf Energie- und Störfelder hin untersucht.

Gerbsäuren: Gruppe von organischen Stoffen, die Eiweiß und Leimlösungen ausfällen, Haut gerben und auch zum Beizen verwendet werden. Gerbsäuren werden hauptsächlich zur Wundbehandlung eingesetzt.

Gerbstoffe: Man unterscheidet zwischen pflanzlichen, mineralischen und synthetischen Gerbstoffen. Zu den pflanzlichen Gerbstoffen zählen die Rinden von Fichte, Eiche und Birke sowie die Ratanhiawurzel und der Wurzelstock von Tormentill, zu den mineralischen Gerbstoffen Chromverbindungen und zu den künstlichen Gerbsubstanzen Stoffe in Kristallstruktur mit keimtötender Wirkung (Phenole) und Desinfektionsmittel (Kresole). Gerbstoffreiche Heilpflanzen werden zur Wundbehandlung und bei Entzündungen verwendet.

Gerson-Diät: therapeutische Diät, entwickelt von dem amerikanischen Mediziner Max Bernhard Gerson (1881–1951). Bei der Gerson-Diät, deren angebliche Wirksamkeit gegen Krebserkrankungen wissenschaftlich umstritten ist, gelangen frisch ausgepresste Gemüse- und Obstsäfte zum Einsatz, die nicht gesalzen werden dürfen, damit sie ihre entgiftende Wirkung entfalten können. Wer sich einer Gerson-Diät unterzieht, muss auf Milchprodukte, Fleisch, Kaffee und Kakao verzichten.

Gerstenkorn: durch Bakterien verursachte akute Entzündung einer Lidranddrüse meist in der Nähe des Augenwinkels. Das Lid schwillt an und schmerzt stark. Es bildet sich eine gelblich verfärbte Kuppe, die mit Eiter gefüllt ist. Oft entleert sich das Gerstenkorn von selbst.

! Wenn das Gerstenkorn nicht nach einer Woche von selbst aufgegangen ist, sollte unbedingt ein Augenarzt aufgesucht werden.

Um die »Reifung« des Gerstenkorns zu beschleunigen und um die Schmerzen zu lindern, haben sich warme Kompressen mit Veilchentee oder Augentrost bewährt (2 TL des Krauts mit 1 Tasse kochend heißem Wasser übergießen und 10 Minuten ziehen lassen, eine Kompresse damit tränken und für etwa 20 Minuten auf das betroffene Auge auflegen)
- Auch Wärme wirkt lindernd auf die Beschwerden, weshalb eine Bestrahlung des Auges mit Rotlicht gute Ergebnisse erzielt
- Die entzündungshemmende Eigenschaft der Kartoffel kann man mit einer Kartoffelbreipackung nützen (1 heiße Pellkartoffel mit der Gabel zu feinem Brei zerdrücken, 1 Eigelb und so viel heiße Milch hinzufügen, bis die Masse streichfähig wird; den Brei auf ein Tuch auftragen und das Tuch 20 Minuten auf das betroffene Auge legen)

! Drücken Sie auf keinen Fall das Gerstenkorn mit den Fingern aus! Denn dadurch werden am Augenlid Quetschungen verursacht, die meist eine schwere Entzündung hervorrufen. Das Öffnen eines Gerstenkorns ist ausschließlich Sache des Augenarztes.

Geschmacksstoffe (Aromastoffe) → Lebensmittelzusatzstoffe

Geschmacksverstärker → Lebensmittelzusatzstoffe

Gesichtsakupunktur: Akupunktur an den 24 Gesichtspunkten (→ Akupunktur).

Gesichtsguss: Teilguss der → Kneipptherapie, bei dem der weitgehend drucklose Wasserstrahl von unten auf das nach vorn geneigte Gesicht gerichtet wird. Der Gesichtsguss wirkt erfrischend, anregend und abhärtend und ist bei beginnender Müdigkeit und bei Kopfschmerzen sehr zu empfehlen.

Der Gesichtsguss eignet sich zur Selbstbehandlung.

Gesprächspsychotherapie (auch klientenzentrierte Therapie, Gesprächstherapie bzw. nichtdirektive Psychotherapie): von dem amerikanischen Psychologen C. Rogers entwickelte Therapieform. Bei der Gesprächspsychotherapie verzichtet der Therapeut auf gängige Interpretationen und Deutungen und versucht ausschließlich, auf die gefühlsmäßige Verfassung seines Klienten in einer Atmosphäre emotionaler Offenheit und Aufrichtigkeit einzugehen und eine Beziehung anzubieten.

Gestalttherapie (Gestaltungstherapie): psychotherapeutische Behandlungsweise, die von der Gestaltpsychologie aus der Psychotherapie entwickelt wurde. Ziel der Gestalttherapie ist es, dem Patienten die verdrängten Probleme bewusst zu machen, um sie anschließend unter Anleitung des Gestalttherapeuten zu lösen. Dabei legt die Gestalttherapie größten Wert auf die Konzentration des Patienten auf das Hier und Jetzt seiner Empfindungen. Eine zentrale Rolle spielt dabei u. a. die Deutung von Träumen. Gestalttherapeutische Methoden gelangen beispielsweise in Encountergruppen (engl. encounter = Begegnung) zur Anwendung, um die Sensitivität zu steigern.

Gesundheitstraining (Gesundheitsverhalten): Unter Gesundheitsverhalten werden sämtliche die Gesundheit betreffenden Verhaltensweisen eines Menschen in ihrer Abhängigkeit von individuellen und gesellschaftlichen Einstellungen in Bezug auf den Umgang mit dem eigenen Körper verstanden. Ziel von Gesundheitstraining ist ein gesundheitsbewusstes Leben. Sowohl physiologische Verhaltensweisen (Atmung und Ernährung) als auch soziale und psychische Handlungsmuster (z. B. emotionales Verhalten gegenüber der Umwelt) sollen durch das Training verbessert werden.

Getreide: Bezeichnung für landwirtschaftliche Kulturpflanzen, die aus verschiedenen Arten von Gräsern gezüchtet wurden. Ausnahmen sind Buchweizen, der nicht zu den Gräsern, sondern zu den Knöterichgewächsen gehört, Amarant aus der Familie der Fuchsschwanzgewächse und Quinoa aus der Familie der Gänsefußgewächse. Die wichtigsten Getreidearten sind: Weizen (27 Prozent der Welternte), Reis (25 Prozent), Mais (25 Prozent), Gerste (zehn Prozent), Hirse (sieben Prozent), Hafer (drei Prozent) und Roggen (zwei Prozent). Nur aus Weizen und Roggen wird Brot hergestellt. Die Körner des Getreides werden im Ganzen oder gemahlen als Nahrungsmittel, aber auch zur Herstellung von Branntwein, Malz, Stärke

Fit sein gilt nicht nur für Junge. Gerade für ältere Leute gehört ein maßvolles Bewegungstraining zur Gesundheitsvorsorge.

und als Futter für Tiere verwendet. Den Halmen kommen verschiedene Verwendungszwecke zu, vor allem dienen sie als Viehfutter. Anteilmäßig werden etwa 80 Prozent an Tiere verfüttert und nur 20 Prozent der Pflanzen zu Brot verarbeitet, wovon wiederum nur 20 Prozent (also etwa vier Prozent der gesamten Getreideproduktion) als ganzes Korn Verwendung finden. Das bedeutet, dass über drei Viertel des Brots aus Weiß- und Auszugsmehlen produziert werden und damit für die Gesundheit des Menschen wertvolle Inhaltsstoffe verloren gehen.

Inhaltsstoffe: Betrachtet man Getreide näher, dann kann man von außen nach innen die »Einzelteile« erkennen: Die Fruchtschale ist reich an Ballaststoffen und Mineralstoffen, die Samenschale enthält viele Mineralstoffe und Eiweiß, die Aleuronschicht ist eiweiß- und fetthaltig und reich an Enzymen und Vitaminen, der Mehlkörper weist einen hohen Anteil an Kohlenhydraten auf und verfügt ebenfalls über einen nennenswerten Eiweißgehalt, und der Keimling enthält viel Eiweiß und Keimöl, aber auch Vitamine und Mineralstoffe.

Getreide gehört zu den ältesten und wichtigsten Nahrungsmitteln der Menschen.

Unerwünschte Inhaltsstoffe: Unerwünschte Inhaltsstoffe des Getreides sind Phytin, Schimmelpilze, fremde Samen und chemische Rückstände. Phytin ist in den Schalen und der Aleuronschicht des Getreidekorns zu finden und bildet im Verdauungstrakt des Menschen nicht aufschließbare Komplexe zusammen mit Mineralstoffen, was zu einer verminderten Kalzium-, Zink- und Magnesiumverwertung führt. Durch Einweichen und Vorquellen bei der Brotherstellung kann ein Teil des Phytins abgebaut werden. Schimmelpilze leben in und auf den Getreidekörnern und können bei Menschen, die darauf empfindlich reagieren, Allergien auslösen. Generell können die giftigen Schimmelpilze gefährlich werden, die sich in und auf zu lange gelagertem Getreide bzw. Brot bilden. Deshalb sollte man besonders beim Verzehr von Brot darauf achten, dass keine Schimmelpilze zu sehen sind. Es hat keinen Sinn, befallene Stellen auszuschneiden, denn man kann davon ausgehen, dass bei sichtbarem Schimmelbefall bereits das gesamte Brot unsichtbar vergiftet ist.

Rückstände: Im Getreide sind Rückstandsmengen von Schwermetallen und Pflanzenschutzmitteln nachweisbar, wenn es in der Nähe von stark befahrenen Straßen und von Industrieanlagen angebaut und/oder mit Pflanzenschutzmitteln gespritzt wurde. Man sollte deshalb beim Brotkauf darauf achten, dass das verwendete Mehl aus kontrolliertem biologischen Anbau stammt.

Glutenunverträglichkeit: Ein Problem des Konsums von Weizen ist die zunehmende Glutenunverträglichkeit bei Kindern. Unter Gluten (Klebereiweiß) versteht man eine elastische, gummiartige Eiweißsubstanz, die aus Gliadin und Glutenin besteht. Gliadin ist verantwortlich für die → Zöliakie, eine Verdauungsstörung bei Kleinkindern. Bei einer solchen Unverträglichkeit muss auf den Verzehr von Weizen- und Roggenprodukten verzichtet werden (siehe auch Kasten S. 163).

Gewürze: Früchte, Kraut, Samen, Blätter, Blüten, Rinden und Wurzeln von Pflanzen in frischem oder getrocknetem Zustand. Sie werden den Speisen als besondere (pikante oder süße) Geschmacksnote zugegeben, oder sie haben die Aufgabe, den Eigengeschmack einer Speise zu betonen (Geschmacksverstärker) oder auch deren Bekömmlichkeit zu fördern. Auch sind Mischungen aus Gewürzen (etwa Curry) für bestimmte Speisen sehr beliebt.

Gicht: Stoffwechselerkrankung, bei der aufgrund eines gestörten Purinstoffwechsels zu viel Harnsäure im Blut ist. Aufgrund des erhöhten Harnsäurespiegels bildet Harnsäure Kristalle, die sich in den Gelenken ablagern. Die in akuten Schüben oder auch chronisch verlaufende Erkrankung geht mit starken, pochenden Schmerzen in den Gelenken einher, die Haut wird rot und heiß, und das betroffene Gelenk schwillt an. Außerdem können sich kleine Knoten unter der Haut bilden (Gichttophi), ebenso eine regelrechte Gichtarthritis sowie als schwerste Komplikation die so genannte Gichtniere.

Getreide – Inhaltsstoffe und Nährwerte

Getreide ist reich an Kohlenhydraten, die in Form von Stärke, Dextrinen und verschiedenen Zuckerarten als Energieträger fungieren. Ebenso enthalten sind Ballaststoffe, die als Zellulose und Hemizellulose im Getreide vorkommen. Wichtig sind die Schleimstoffe, die u. a. für die Struktur des Brotteigs von Bedeutung sind. Der Eiweißgehalt schwankt von Sorte zu Sorte relativ stark, weil er von der Bodenbeschaffenheit, der Düngung und den klimatischen Bedingungen abhängt. Wichtig sind die Mineralstoffe, die im vollen Korn enthalten sind.

Die Mineralstoffe des Getreides sind nicht gleichmäßig verteilt, sondern sie finden sich vor allem in den Außenschichten des Korns. So ist z. B. in der Schale des Weizenkorns das 20fache gegenüber dem Mehlkörper (also dem Korn an sich) enthalten. Um den Mineralstoffgehalt des Mehls zu bestimmen, wird das Mehl bei 910 °C zu Asche verbrannt. Die zurückbleibende Asche ist der Anteil an Mineralstoffen, der gewogen und in Milligramm auf 100 Gramm Mehltrockensubstanz angegeben wird. Die Zahl der Menge des Gewichts entspricht der Angabe der Mehltype. Hierbei gilt die Grundregel: Je niedriger die Typenbezeichnung des Auszugsmehls ist, umso niedriger sind der Ausmahlungsgrad und der Wert für die Gesundheit. Demzufolge sind höhere Typenbezeichnungen Ausdruck für ein gehaltvolleres Mehl, das für eine gesunde Ernährung vorzuziehen ist. So hat beispielsweise das Auszugsmehl 405 nur einen Mineralstoffgehalt von 0,405 Prozent, während das wesentlich dunklere Mehl aus vollem Korn mit der Typenbezeichnung 1700, das zu 100 Prozent ausgemahlen wurde, einen Mineralstoffgehalt von 1,7 Prozent hat. Wenn Auszugsmehl mit einer niedrigen Typenbezeichnung für die Brotherstellung verwendet wird, bringt man sich selbst um viele positive Wirkungen des Getreides.

- Die Ballaststoffe des Getreides geben die Nährstoffe aus dem Darm nur schrittweise ins Blut ab, was für die Organe, die keine Nährstoffe speichern können (z. B. das Gehirn), vorteilhaft ist, weil sie die Nährstoffe dann bekommen, wenn sie gebraucht werden. Bei Mehl mit einer niedrigen Typenzahl sind sie jedoch nur in geringer Menge vorhanden.
- Alle Produkte aus vollem Korn müssen gut gekaut werden, wobei zum einen die Zähne und der Kiefer gut trainiert werden (besonders wichtig bei Kindern) und zum anderen die venösen Geflechte im Kopf entstaut werden.
- Durch Geschmack und Kauen wird der Speichelfluss nachhaltig angeregt, womit auch die Magen- und Darmtätigkeit gefördert wird.

Getreideart (100 g)	Wasser (g)	Eiweiß (g)	Fett (g)	Kohlenhydrate (g)	Ballaststoffe (g)	kcal	kJ
Weizen	13,2	11,5	2,0	59,6	10,6	303	1264
Reis	13,1	7,4	2,2	74,6	4,0	350	1457
Mais	12,5	9,2	3,8	65,4	9,2	334	1394
Gerste	11,7	10,6	2,1	57,2	9,8	291	1214
Hirse	12,1	10,6	3,9	59,5	3,8	317	1323
Hafer	13,0	12,6	7,1	61,2	5,6	361	1503
Roggen	13,7	8,7	1,7	53,9	13,2	267	1113
Dinkel	12,5	11,6	2,7	62,4	8,8	322	1340

Meiden Sie Nahrungsmittel, die größere Mengen an Purin enthalten, etwa Innereien, eiweißreiche Tierprodukte (Muscheln, Sardellen und Sardinen), Fleischextrakte, Hackfleisch, Brühen und Saucen • Trinken Sie viel (Mineralwasser und/oder Tee); dies fördert die Ausscheidung überschüssiger Harnsäure über den Urin • Beim akuten Anfall stellen Sie das Gelenk ruhig und machen einen Eisumschlag um das betroffene Gelenk • Trinken Sie wenig Alkohol, denn alkoholische Getränke, insbesondere Bier, enthalten Purin

Kräutertee bei Gicht: 15 g Bohnenschalen, 15 g Weidenrinde, 5 g Mädesüßblüten, 5 g Heidekraut und 5 g Schafgarbenkraut mischen. 2 EL davon mit 3 Tassen Wasser aufkochen. Die Menge auf 2 Tassen einkochen lassen und morgens und abends 1 Tasse des Tees trinken.

Gicht – Normwerte für Harnsäure

Für Männer und Frauen gelten unterschiedliche Normwerte für den Harnsäurespiegel im Blut:

- Männer 3 – 7 mg/100 ml
- Frauen 2,5 – 6 mg/100 ml

Giebel-Rohr: Rohr aus Kunststoff, das meist in der Atemtherapie eingesetzt wird. Es besteht aus verschiedenen, verbindbaren Abschnitten mit einem Raumvolumen von jeweils 100 Kubikzentimetern. Das Giebel-Rohr dient der allmählichen Ausweitung des so genannten Totraums des Atmungsbereichs. Mittels Mundatmung durch das Giebel-Rohr lassen sich eine Erhöhung der Ventilation sowie eine Steigerung des Atemantriebs herbeiführen.

Ginkgo (Ginkgo biloba): einziger Vertreter seiner Gattung, botanisch angesiedelt zwischen Laub- und Nadelbaum und über 100 Millionen Jahre alt. Er besitzt auffällige zweilappige Blätter mit einer fächerförmigen Zeichnung, die dem Baum den zusätzlichen Namen »Fächerbaum« eingebracht hat. Er wächst in Japan und China und wird dort gern als Parkbaum gepflanzt. Seine Inhaltsstoffe wirken durchblutungsfördernd und antiarteriosklerotisch, sind ideale Fänger der freien Radikale und steigern außerdem die Stabilität der roten Blutkörperchen.

Inhaltsstoffe: Flavonoide, Terpenoide (Bilobalid und Ginkgolide).

Anwendungen: Ginkgo wird in Form von Dragees und als Tonikum gegen Durchblutungsstörungen (bei Arteriosklerose) und gegen durchblutungsbedingte Gedächtnisschwäche verabreicht. Die Anwendung als Tee ist nicht ratsam, weil die Ginkgoblätter in dieser Form extrem bitter schmecken.

Ginseng (Panax ginseng): Pflanze aus der Gruppe der Efeugewächse (Araliaceae), die vor allem in Ostasien wächst, aber in einer nah verwandten Form (Panax quinquefolius) auch in Nordamerika vorkommt. Bereits im Altertum wurde die Wunderkraft der Pflanze als Verjüngungsmittel hoch gepriesen. Dem Ginseng wird insbesondere eine immunologische Wirkung zugesprochen. Für die Anwendung wird ausschließlich die Wurzel der Pflanze verwendet.

Inhaltsstoffe: Saponine (Ginsenoside), ätherische Öle, Peptidoglykane.

Anwendungen: Ginsengwurzel kommt bei erhöhter Infektanfälligkeit zur Stärkung des Immunsystems, zur Steigerung der körperlichen und geistigen Leistungsfähigkeit während der Rekonvaleszenz sowie im Alter und zur Stärkung des Allgemeinbefindens zum Einsatz. In ganz Asien gilt Ginseng traditionell als Mittel gegen Impotenz.

! Trotz seiner allgemeinen Verträglichkeit kann Ginseng bei manchen Menschen zu Kopfschmerzen und Reizbarkeit führen.

Glaubersalz (Natriumsulfat): Abführmittel, das bei Dauergebrauch die Darmfunktion einschränken kann (→ Abführmittel).

Globulus → Streukügelchen

Gluten (Klebereiweiß): Eiweiß, das sich in Weizen und Roggen, in geringerer Konzentration auch in Hafer und Gerste befindet. Vor allem bei Kleinkindern kann eine Glutenunverträglichkeit auftreten (→ Getreide, → Zöliakie).

Glykoside: Gruppe von Naturstoffen, die durch eine bestimmte chemische Bindung einen Kohlenhydratteil mit einem Nichtkohlenhydrat-Bestandteil koppeln. Viele Glykoside haben pharmakologische Wirkung. Herzglykoside werden beispielsweise aus Fingerhut (Digitalis) gewonnen und insbesondere bei Herzerkrankungen eingesetzt.

Goldrute (Solidago virgaurea u. a.): Sammelname für verschiedene Solidagoarten aus der Familie der Korbblütler (Asteraceae). Die Goldrute blüht von August bis Oktober leuchtend gelb und ist an Waldrändern und auf Dünen zu finden. Sie wirkt entwässernd, entzündungshemmend, schwach krampflösend und stimuliert das Immunsystem. Die frischen Blüten werden auch in der Homöopathie verwendet.

Inhaltsstoffe: Flavonoide (insbesondere Rutin), Saponine, Gerbstoffe; außerdem Polysaccharide, Bitterstoffe, ätherisches Öl.

Anwendungen: Goldrute wird in Form von Tee und anderen galenischen Zubereitungen zur Anregung der Nierenfunktion, zur Durchspülung bei entzündlichen Harnwegserkrankungen, bei Harnsteinen und Nierengrieß und zur vorbeugenden Behandlung von Steinen eingesetzt. Traditionell wird sie auch bei rheumatischen und Hauterkrankungen verwendet.

Goldtherapie: Therapie im Zusammenhang mit Erkrankungen des rheumatischen Formenkreises, bei der minimale Dosen Gold eingenommen oder injiziert werden (→ Hildegard-Heilkunde).

Gorse (engl.): Stechginster, Stockbottle Nr. 13 der → Bach-Blüten. Gorse verhilft depressiven Naturen zu mehr Aktivität und Zukunftsvertrauen.

Grad (Wertigkeit): bezeichnet zum einen die Häufigkeit der Wirksamkeit eines homöopathischen Medikaments (so bedeutet die Einstufung einer Arznei als dreiwertig, dass sie sich als effizientes Heilmittel im klinischen Alltag sehr häufig bewähren konnte); zum Zweiten misst der Grad die Qualität eines Nahrungsmittels bezüglich des Gehalts an Eiweiß (Protein). Ein Ei hat den Wertigkeitsfaktor 100.

Ginsengwurzeln gelten seit dem Altertum als wahres Wundermittel.

Grapefruitsamen: Kerne aus der Frucht des Grapefruitbaumes (Citrus paradisi). Der bis zu 25 Meter hohe Baum wächst in warmen, sonnigen Ländern und kann bis zu 700 Früchte (mit einem Durchmesser bis zu 20 Zentimetern) mit einem Gesamtgewicht von 300 Kilogramm liefern. Die aus der Frucht bei der Entsaftung anfallenden Kerne, also die Samen, haben auf Bakterien, Viren und Pilze eine stark wachstumshemmende Wirkung. Aus Kernen der Fruchtfleischmembranen wird ein Extrakt gewonnen, der sich in der Naturheilkunde einen erstklassigen Ruf verschafft hat.

Inhaltsstoffe: Ballaststoffe, Bitterstoffe, Enzyme, Flavonoide, B-Vitamine, Vitamin C.

Anwendungen: Der Extrakt kommt bei Magen- und Darmproblemen, Pilzbefall, Erkältungskrankheiten, Zahnentzündungen, Vaginalinfektionen, Candida albicans und zur Stärkung des Immunsystems bei AIDS erfolgreich zum Einsatz. Auch als Desinfektionsmittel im Haushalt, zur Wasseraufbereitung sowie als Konservierungsstoff für Lebensmittel und Kosmetika hat sich der Extrakt bewährt.

Grindelia (Grindelia robusta): Pflanze aus der Familie der Korbblütler (Asteraceae). Heilkräftig sind die oberirdischen Pflanzenteile. Die Inhaltsstoffe der Grindelia wirken krampflösend, auswurffördernd, antibakteriell und blutdrucksenkend. Auch in der Homöopathie wird Grindelia angewendet.

Inhaltsstoffe: Saponine, Bitterstoffe (Grindelin), Gerbstoffe, ätherisches Öl.

Anwendungen: Mit Aufgüssen und anderen galenischen Zubereitungen werden vor allem Entzündungen der oberen Atemwege behandelt, darüber hinaus aber auch Asthma bronchiale und Bronchitis. Hilfreich ist die Pflanze auch zur Entspannung der glatten Muskeln und der Herzmuskulatur.

Grippaler Infekt: Virusinfektion der oberen Atemwege mit Beschränkung auf den Nasen-Rachen-Raum. Die Viren schädigen die Schleimhäute und verursachen dort eine Entzündung mit starker Schleimabsonderung. Der grippale Infekt geht mit Schnupfen, Rachen- und Kehlkopfkatarrh, Gliederschmerzen und/oder Kopfschmerzen sowie bisweilen erhöhter Temperatur einher. Kann die Infektion in die tiefen Atemwege eindringen, kann noch ein Luftröhren- und Bronchialkatarrh mit Husten dazukommen. Erkältungskrankheiten sind sehr ansteckend, weil sie durch Tröpfcheninfektion beim Sprechen, Niesen und Husten übertragen werden (→ Erkältung).

! Wenn sich über eine erhöhte Temperatur hinaus Fieber einstellt und/oder sich die Symptome verstärken, ist ein Arztbesuch unumgänglich.

Schon beim ersten Anzeichen eines grippalen Infekts (Kribbeln in der Nase oder leichtes Kratzen im Hals) sollte viel getrunken werden (etwa 2 bis 3 l Mineralwasser täglich), weil der Stoffwechsel dadurch angeregt wird • Bei den ersten Anzeichen der Erkrankung kann die Einnahme (Stoßtherapie) von Sonnenhutextrakten (Echinacea) oder von Lebensbaumextrakten (Thuja) gegebenenfalls noch helfen; bei Ausbruch der Erkrankung dürfen sie auf keinen Fall mehr genommen werden • Ein heißes Bad (mit Eukalyptusöl oder Teebaumöl) erweitert die Blutgefäße und lässt das Blut besser zirkulieren • Vermehrte Aufnahme von Vitamin C aus Obst, Gemüse und Fruchtsäften kann helfen, die unangenehmen Begleiterscheinungen der Erkältung zu lindern • Am sinnvollsten ist Bettruhe • Inhalationen mit Thymian und Kamille bei Reizhusten und verstopfter Nase sind zu empfehlen (3 bis 4 l Wasser zum Kochen bringen, 2 EL Kamillenblüten und Thymian dazugeben und die Dämpfe mit einem Tuch über Kopf, Oberkörper und Schüssel inhalieren) • Bewährte Kräuter zum Gurgeln bei rauem Hals und

Grippe – die »echte« kann sehr gefährlich werden

Im Gegensatz zum grippalen Infekt ist die eigentliche Grippe (Influenza) eine nicht zu unterschätzende Krankheit. Sie ist eine Virusinfektion, die häufig mit hohem Fieber, Gliederschmerzen, Katarrh der oberen Luftwege, heftigem Kopfweh u. Ä. einhergeht. Als Komplikation kann auch eine Lungenentzündung (Grippepneumonie) hinzukommen, die lebensgefährlich werden kann. Im schlimmsten Fall kann die Grippe als Epidemie auftreten und in Ländern mit medizinischer Unterversorgung und mangelnder Ernährung der Bevölkerung viele Todesfälle verursachen. So starben beim »Russischen Schnupfen« (1889–1892) und bei der »Spanischen Grippe« (1918–1920) insgesamt etwa 22 Millionen Menschen.

Halsschmerzen sind Salbei, Isländisch Moos, Thymiankraut, Fenchel und Anis; auch mit Teebaumöl (5 Tropfen auf 1 Glas Wasser) kann gegurgelt werden • Pflanzliche Hustenlöser sind Fenchel, Eukalyptus, Thymian; Eibisch, Wollblume und Spitzwegerich sind dagegen bei Reizhusten geeignet; Efeublätter wirken krampflösend

Erkältungstee: 30 g Holunderblüten, 30 g Lindenblüten und 30 g Kamillenblüten mischen. 2 TL davon mit 1 Tasse kochendem Wasser aufgießen, 5 Minuten ziehen lassen und täglich 3 Tassen des Tees trinken.

Grounding (engl. Körpererdung): Methode der Bioenergetik (→ Analyse, bioenergetische). Beim Grounding soll der Kontakt, den der Mensch über seine Füße zur Erde hat, sein Gesamtbefinden stärken helfen. Übungen bestehen beispielsweise darin, ganz unterschiedlich zu gehen (auf Zehenspitzen, mit den Füßen aufstampfend etc.). Anschließend werden die dabei auftretenden Emotionen analysiert.

Grundumsatz (GU): Der Grundumsatz gibt den Energiebedarf bei Ruhestellung (z. B. auch beim Schlafen) an, der für die Aufrechterhaltung aller Körperfunktionen erforderlich ist.

Erhaltungsumsatz: Der Erhaltungsumsatz gibt den Energieverbrauch bei normalen Betätigungen an (Stehen, Gehen etc.).

Leistungsumsatz: Der Leistungsumsatz bezieht sich wiederum auf den Energieumsatz bei speziellen Betätigungen (Sport, schwere körperliche Arbeit etc.).

Der Grundumsatz ist abhängig von Alter, Geschlecht, Gewicht, Hormonen, Muskel- und Fettgewebe und wird z. B. von Stoffwechselstörungen beeinflusst. Bei Schwangerschaft, Schilddrüsenfehlfunktion sowie bei Tumoren und entzündlichen Erkrankungen (konsumierende Krankheiten) ist der Grundumsatz üblicherweise erhöht. Eine Faustregel besagt: Für den Grundumsatz benötigt ein Mensch pro Gramm Körpergewicht und Stunde etwa eine Kalorie Energie; z. B. benötigt eine Frau von

Grüner Tee schützt vor Gefäßablagerungen und stärkt das Immunsystem.

55 Kilogramm Gewicht täglich 1320 Kilokalorien für den Grundumsatz. Im Alter braucht man weniger Grundumsatz; bei beiden Geschlechtern nimmt er um etwa 20 Prozent ab.

Grüner Tee: nicht fermentierte Zubereitungsform von Teeblättern, wodurch der hohe Gerbstoffgehalt erhalten bleibt. Im Gegensatz zu schwarzem Tee enthält grüner Tee mehr Vitamin C, B-Vitamine und Fluoride. Der regelmäßige Genuss von grünem Tee schützt vor Gefäßablagerungen und möglicherweise auch vor Krebsarten, die durch Nitrosamine mit ausgelöst werden. Grüner Tee hilft, den Fettstoffwechsel zu reduzieren, er wirkt leicht antibiotisch und stärkt die Immunabwehr. Für die Teezubereitung kocht man Wasser auf und lässt es dann auf ca. 70 °C abkühlen, bevor man die Teeblätter übergießt.

Gruppenpsychotherapie (Gruppentherapie, analytische): bestimmte Form der → Psychotherapie in einer Gruppensituation. Besondere Bedeutung misst die Gruppenpsychotherapie den spontan ablaufenden, gruppendynamischen Vorgängen bei. Der Gruppenleiter begreift sich als teilnehmender Beobachter; zu

Beginn der Sitzungen fordert er die Teilnehmer meist auf, offen über ihre Empfindungen und Gedanken zu sprechen. Der Therapeut greift erst dann aktiv ein, wenn er eine Gelegenheit als günstig für die Interpretation des Geschehens erachtet, oder das Verhalten eines oder mehrerer Teilnehmer die gruppendynamischen Vorgänge zu blockieren droht.

Guajak (Guaiacum officinale; auch Franzosenholz): immergrüner Baum aus der Familie der Jochblattgewächse (Zygophyllaceae), der in Südamerika und in der Karibik beheimatet ist. Heilkräftig sind das Kernholz und die Rinde. Das Harz, das die wichtigen Inhaltsstoffe enthält, tritt natürlicherweise aus der Rinde hervor, so dass es gewonnen werden kann, ohne dass der Baum gefällt werden muss. Guajak wirkt antirheumatisch, entzündungshemmend, abführend und wasserentziehend (diuretisch). Auch die Homöopathie verwendet die Wirkstoffe des Harzes.

Inhaltsstoffe: bis zu 25 Prozent Harz (mit Dihydroguajaretsäure, Dehydroguajalignan), ätherisches Öl (Guajol), Triterpene, Sterine; in der Rinde: Triterpensaponine.

Anwendungen: Bewährt hat sich Guajak in Teemischungen bei der Behandlung von rheumatischen Beschwerden sowie bei starken Entzündungen und Schmerzen. Die Droge hat auch eine anregende Wirkung auf Nieren und Leber. Die Harztinktur wird beim so genannten Haemoccult-Test zum Nachweis von Blut im Stuhl verwendet.

Gummi arabicum (auch Katechu): braunes Sekret aus dem Stamm indischer Akazienarten (Acaceae). Es wird als natürliches pflanzliches Verdickungs- und Bindemittel verwendet. Als Ballaststoff ist es verdauungsfördernd, wirkt in hoher Menge allerdings abführend.

Gürtelrose (Herpes zoster): oft, aber nicht immer einseitig in der Gürtelregion auftretende entzündliche Hautbläschen entlang einer Nervenbahn. Sie werden durch das Varicella-Zoster-Virus (ein Herpesvirus) hervorgerufen, das bei der Erstinfektion Windpocken verursacht und bei einer Zweitinfektion (durch die erneute Aktivierung der Viren, die im Körper verblieben sind) zur Gürtelrose führt. Die Bläschenbildung ist mit einseitigen Schmerzen oder mit Juckreiz verbunden. Weil es sich um eine Erkrankung der Nerven handelt, kann sich eine äußerliche Behandlung nur gegen die Symptome richten, mit den Viren selbst muss sich das Immunsystem auseinander setzen.

! Suchen Sie einen Arzt auf, denn unbehandelt können die Nervenschmerzen auch nach dem Abheilen der Hautbläschen noch monatelang bestehen bleiben. Gürtelrose, die bei jungen Menschen auftritt, weist meist auf eine starke Störung des Immunsystems hin.

Wenn die Bläschen keine oder wenig Beschwerden verursachen, müssen sie nicht äußerlich behandelt werden • Stärken Sie Ihr Immunsystem durch Extragaben von Vitamin C und B-Vitaminen • Den Juckreiz bzw. die Schmerzen, die von den Hautbläschen ausgehen, können Sie mit Hautöl lindern (z. B. 8 Tropfen Teebaumöl, 6 Tropfen Kamillenöl und 6 Tropfen Eukalyptusöl mit 100 ml Mandelöl mischen und die betroffenen Stellen vorsichtig betupfen) • Schmerzlindernd wirken auch Bockshornkleesamenauflagen sowie Auflagen mit Johanniskrauttee oder -öl • Abtupfungen mit Schöllkraut und Leinöl beschleunigen die Abheilung der Bläschen

Guss: Wasseranwendung im Rahmen der → Kneipptherapie, von unterschiedlicher Temperatur und zeitlicher Dauer an verschiedenen Körperstellen bzw. am ganzen Körper. Der Guss kann auch mit wechselnden Temperaturen durchgeführt werden. Die Anwendung ist als Therapie bei Durchblutungsstörungen, als Mittel gegen Störungen des Nervensystems und zur Stärkung der Konstitution (→ Abhärtung) sehr hilfreich und wird insbesondere im Rahmen von Kuren gern durchgeführt.

Einige der Güsse eignen sich auch gut zur Selbstbehandlung.

Haarprobleme: Veränderungen des Kopfhaars wie Haarausfall, sprödes und brüchiges bzw. fettiges Haar, dünnes Haar, Schuppen der Kopfhaut. Haarprobleme sind keine Krankheit, sondern fast immer Symptome einer Gesundheitsstörung oder Folge hormoneller Gegebenheiten beim Mann (genetisch bedingter Haarausfall vom männlichen Typ) bzw. der Frau (z. B. Ausdünnung des Haarwuchses nach den Wechseljahren). Die Schuppen nehmen hierbei eine Sonderstellung ein, weil sie eigentlich kein Haar-, sondern ein Hautproblem der Kopfhaut darstellen. Sie sind die Folge der gesteigerten Absonderung der Talgdrüsen und treten meist erblich bedingt auf. Abgesehen von den gesundheitlichen Aspekten, sind sichtbare Probleme der Kopfbehaarung oft auch Auslöser von Minderwertigkeitskomplexen und anderen psychischen Belastungen.

! Unvermittelt einsetzender, örtlich scharf begrenzter (kreisrunde Stellen) oder in ganzen Haarbüscheln auftretender Haarausfall ist in der Regel Symptom einer Gesundheitsstörung (oft einer gestörten Immunabwehr). Auch starke Schuppenbildung kann sich als Ekzem der Kopfhaut entpuppen. Suchen Sie in solchen Fällen bitte einen Arzt (zunächst einen Hautarzt) auf.

Der Kräftigung des Haars dient die regelmäßige Haarwäsche mit Bier (0,1 l Bier in die Kopfhaut einmassieren und etwa 15 Minuten einwirken lassen, dann auswaschen und wiederum 0,1 l Bier einmassieren, anschließend nicht mehr auswaschen); ebenso verwendet werden Haarwässer mit Birkenextrakt • Eigelb kräftigt die Kopfhaut (Shampoo aus Eigelb, Kognak und Zitronensaft) • Reines Teebaumöl tut dem Haar gut, weil es regulierend auf die Talgdrüsen einwirkt; es hilft sowohl bei fettigem als auch bei trockenem, sprödem Haar (täglich ein paar Tropfen in die Kopfhaut einmassieren oder wenige Tropfen in die letzte Spülung nach der Haarwäsche geben) • Langfristig kann eine Besserung des Haarzustands erreicht werden, wenn bei der Ernährung auf die ausreichende Zufuhr von Eisen, Jod, Zink (Sonnenblumen- und Kürbiskerne), Schwefel (Eier) und B-Vitaminen aus Gemüse, Obst und Vollkornprodukten geachtet wird • Schuppen können mit Haarwaschmitteln, die Totes-Meer-Salz oder Teebaumöl enthalten, gut behandelt werden • Fest anliegende Kopfbedeckungen sollten nur dann getragen werden, wenn es Kälte oder Gefahr erfordert, denn durch die mechanische Belastung können Haarprobleme entstehen • Bei der Haarpflege sollten dermatologisch unbedenkliche und pH-neutrale Produkte verwendet werden; Haare sollten möglichst nicht stark frottiert und nur kurz geföhnt oder besser an der Luft getrocknet werden

Hafer heilt – als Hafertee, Haferflocken, Haferschleim und auch als Homöopathikum.

HAB → Homöopathisches Arzneibuch

Hafer (Avena sativa): getreideartige Pflanze aus der Familie der Süßgräser (Poaceae). Hafer kommt ursprünglich aus Vorderasien, wird aber heute in allen gemäßigten Zonen Europas, Amerikas, Australiens und Neuseelands angebaut. Er blüht im Juli und wird etwa

Die Hagebutte enthält sehr viel Vitamin C: 1250 Milligramm pro 100 Gramm.

Ende August geerntet. Hafer wirkt beruhigend und schlaffördernd, außerdem ist er für Magen und Darm sehr bekömmlich. Das blühende Kraut wird in der Homöopathie verwendet.

Inhaltsstoffe: 60 Prozent Kohlenhydrate, hochwertiges Eiweiß, Fette (insbesondere Linolsäure); zudem Zucker, Ballaststoffe, Flavonoide, Saponine.

Anwendungen: Hafer kann in Form von ganzen Körnern, Haferflocken (glatt gewalzte Haferkörner, die besonders gut verdaulich sind), Hafergrütze, Hafermehl, Haferkleie und als Hafertee (vor allem grüner Hafertee), Hafersaft und Haferstrohextrakt verwendet werden. Wegen der sehr guten Bekömmlichkeit ist er vor allem für die Säuglings-, Kinder- und Krankenernährung geeignet. Auch wird er gern bei Magen- und Darmerkrankungen in Form von Haferschleimsuppe verabreicht. Als Haferkleie ist er wegen seines hohen Sättigungswertes und der kaum vorhandenen Kalorien bei erhöhtem Cholesterinspiegel und Übergewicht geeignet.

Haferschleimsuppe

Haferschleimsuppe ist ein altbewährtes Magenmittel aus der Küche: 20 g Haferflocken in 1/4 l Salzwasser (oder Gemüsebrühe) aufkochen lassen und noch kurz unter Rühren bei geringer Hitze kochen lassen.

Hagebutte: Frucht einiger Rosenarten (Rosaceae), von denen die Heckenrose (Rosa canina; auch Hundsrose) die bedeutendste ist. Hagebutten kommen in vielen Gegenden der Welt vor, wegen ihrer Früchte werden die Rosen aber allenfalls in einigen Ländern Osteuropas angebaut. Bei uns ist der Rosenstrauch als Zierpflanze oder als Hecke im Garten beliebt. Nachdem der Strauch im Juni geblüht hat, entwickelt sich die Frucht, so dass die Erntezeit der noch festen Hagebutte im Spätsommer beginnt und bis in den November hinein andauert. Die frischen Blütenblätter der Heckenrose kommen in der Homöopathie zum Einsatz.

Inhaltsstoffe: Vitamin C (1250 Milligramm pro 100 Gramm), Gerbstoffe, Fruchtsäuren, Pektine.

Anwendungen: Der hohe Anteil an Vitamin C legt eine vorbeugende Anwendung in den Wintermonaten zur Stärkung des körpereigenen Abwehrsystems nahe. Hagebutten (als Tee oder Saft) werden auch bei akuten Erkältungskrankheiten eingesetzt. Traditionell werden sie auch bei Magenbeschwerden und Gallenblasenproblemen verwendet. Vorteilhaft ist, dass die Hagebutte sehr kalorienarm ist und deshalb von Diabetikern und Übergewichtigen ohne Bedenken verzehrt werden kann.

! Rohe Hagebutten sind für den Verzehr nicht geeignet, sondern sie werden zu Trockenfrüchten, Mark, Mus, Konfitüre oder Getränken verarbeitet.

Halbbad: von Sebastian Kneipp (→ Kneipptherapie) entwickeltes, den Körper des Patienten nur teilweise erfassendes Bad. Beim Halbbad sitzt bzw. liegt der zu Behandelnde bis zur Magenregion in der Wanne. Die Anwendung des kalten Halbbads empfiehlt sich vor allem bei Schlafproblemen, Erkrankungen der Venen sowie zur Stärkung des Immunsystems (→ Abhärtung). Auf ein Halbbad verzichten sollte man dagegen bei Entzündungen der Harnwege, bei Menstruation sowie bei akut verlaufenden Erkältungskrankheiten.

Das Halbbad eignet sich zur Selbstbehandlung.

Halsschmerzen: Sie treten meist in Verbindung mit einem → grippalen Infekt auf, gehen aber auch mit einer Kehlkopfentzündung, Mandelentzündung oder einer Überbeanspruchung der Stimmbänder einher. Als weitere Ursachen können starkes Rauchen, zu viel Alkohol und Anstrengung in feuchtkalter Luft infrage kommen. Eine Halsentzündung wird meist durch Viren, nur eine → Mandelentzündung auch durch Bakterien ausgelöst.

Wer öfter an Halsschmerzen leidet, sollte überprüfen, ob mit der Nahrung genügend Vitamin C aufgenommen wird; es gilt, gezielt frisches Obst und Gemüse zu essen und die Zufuhr von raffiniertem Zucker einzuschränken • Wie auch bei einer Erkältung sind Inhalationen hilfreich (Kamille, Thymian und Oregano zu gleichen Teilen mischen, 2 EL der Mischung in eine Schüssel geben und mit 1 l heißem Wasser übergießen, die Dämpfe etwa 8 bis 10 Minuten mit einem Handtuch über Kopf, Oberkörper und Schüssel inhalieren); auch die Inhalation mit Salbei hat sich bewährt • Warme Zwiebelhalswickel sind ebenfalls empfehlenswert (5 Zwiebeln erwärmen, klein hacken, auf einem Tuch verteilen und dieses eingeschlagen um den Hals legen, bis der Wickel erkaltet ist) • Heiße Kartoffelhalswickel (3 bis 5 weich gekochte, heiße Kartoffeln) und kalte Quark- und Essigwickel lindern Beschwerden • Gurgeln kann man mit Teebaumöl (5 Tropfen auf 1 Glas Wasser) sowie bei erkältungsbedingten Halsschmerzen mit Aufgüssen aus Salbei, Isländisch Moos, Thymiankraut, Fenchel und Anis • Gegen Halsschmerzen aufgrund von Sprechschwierigkeiten oder Stimmbandproblemen sollte eine Sprech- und Atemtherapie begonnen werden; auch Entspannungsübungen (die »heiligen Laute« des Qi Gong) sind sinnvoll

Tee gegen Halsschmerzen: Je 1 EL Bibernellwurzel, Salbeiblätter, Johanniskraut und Melissenblätter mischen. 1 EL dieser Mischung mit 200 ml kochendem Wasser aufgießen, 15 Minuten ziehen lassen; den Tee in kleinen Schlucken trinken.

Hamamelis → Zaubernuss

Hämatogene Oxidationstherapie (HOT) → Eigenbluttherapie

Hämorrhoidalleiden: Hämorrhoiden sind durch Arterien versorgte Gefäßpolster im unteren Darm und am After. Drucksteigerungen im Darm führen dort zu einem Blutstau, der kleine Gefäße einreißen lässt. Die Folgen sind Juckreiz, Stuhldrang, Schmerzen.

! Bei Beschwerden ist eine Untersuchung durch den Arzt notwendig, um Darmkrebs sicher ausschließen zu können.

Da Hämorrhoiden vor allem beim Stuhlgang sehr schmerzen können, ist es ratsam, ballaststoffreiche Nahrung bei ausreichender Flüssigkeitszufuhr zu sich zu nehmen, so dass ein weicher Stuhl entsteht • Stark gewürzte Speisen, Kaffee, Bier und Colagetränke sollten gemieden werden, weil sie Schmerzen und Juckreiz bei der Darmentleerung verursachen können • Die Dusche danach ist ein wichtiges Mittel, um den Analbereich gut zu reinigen und Infektionen zu vermeiden; es kann auch sehr weiches Klopapier verwendet werden, das vorher mit Wasser angefeuchtet wird • Wer viel sitzen muss, sollte sich ein ringförmiges Spezialkissen im Sanitätshandel besorgen • Lindernd wirken kalte Sitzbäder mit Eichenrinde (500 g Eichenrinde in 2 l kaltem Wasser ansetzen und so lange kochen lassen, bis der Sud auf 1 l Wasser eingekocht ist; dann abseihen, abkühlen lassen und dem Sitzbad zugeben) oder mit Kamille (4 EL Kamillenblüten mit 1/4 l kochendem Wasser übergießen, abkühlen lassen) • Eine Salbe aus

Der Indische Hanf ist wegen seines Harzes (Haschisch) umstritten. Die Herstellung von Haschisch ist in Deutschland verboten.

Leinkraut für die örtliche Anwendung hat sich ebenfalls bewährt (30 g frisches, zerkleinertes Leinkraut in 30 g Alkohol ansetzen, 1 Woche lang stehen lassen, dann ausdrücken und die Lösung mit 150 g ungesalzenem Schweineschmalz vermischen); die Salbe nur auf die gut gereinigten und getrockneten Stellen am After auftragen

Handakupunktur: Akupunktur an den hierfür geeigneten 18 Handpunkten (→ Akupunktur).

Handwickel: Anwendung der → Kneipptherapie. Handwickel sind hilfreich bei Infektionen an der Hand sowie bei Vereiterungen des Nagelbetts. Dazu wird ein quadratisches nasses (Leinen-) Tuch einmal so gefaltet, dass eine Dreiecksform entsteht. Dann wird die Hand darauf gelegt und der Zipfel in der Mitte des Tuchs über den Rücken der Hand gezogen. Dabei ist darauf zu achten, dass die Finger ganz eingewickelt sind. Die beiden anderen Zipfel legt man an den Seiten um das Gelenk und die Hand. Wichtig ist, dass der Wickel die gesamte Hand einhüllt.

☛ Der Handwickel eignet sich zur Selbstbehandlung.

Hanf, Indischer (Cannabis sativa var. indica): Pflanze aus der Familie der Hanfgewächse. Sie wird bis zu vier Meter hoch und wird in Vorderasien und vor allem in Indien angebaut. Aus dem Indischen Hanf wird ein Harz gewonnen, das als → Haschisch oder Marihuana geraucht oder anderweitig konsumiert wird.

! Handel, Besitz und Herstellung von Haschisch und Marihuana stehen in den meisten westlichen Ländern unter hohen Strafen, weshalb dort auch der Anbau von Indischem Hanf verboten ist.

Harninkontinenz → Blasenerkrankungen

Harnsteinleiden: Konkrementbildungen aus Mineralsalzen, die sich im Urin befinden. Je nach Entstehungsort bzw. Sitz des Steins (Nieren, Harnleiter, Blase) strahlen die Schmerzen aus. Steine können auch völlig schmerzlos bleiben. Schmerzen treten oft erst auf, wenn Steine von den Nieren aus nach unten wandern; dann lösen sie meist eine Kolik aus. Steine treten in der Größe eines Reiskorns bis zur Größe eines Hühnereis auf, oder sie kommen als sandkornähnliche Gebilde (Grieß) vor. Bisweilen bleiben sie in den Harnwegen stecken, was in der Regel zu erheblichen Komplikationen führt.

! Rufen Sie bei einer Kolik den Arzt, und lassen Sie sich untersuchen. Steine können heutzutage auch ohne chirurgischen Eingriff durch Stoßwellen zertrümmert werden. Sie gehen dann durch den Harnleiter ab.

Vorbeugend gilt, dass man täglich 2 bis 3 Liter Flüssigkeit (Mineralwasser) zu sich nehmen sollte, um die Harnwege gut durchzuspülen • Zum Austreiben eines (kleineren) Steins erhöht man die Flüssigkeitsmenge auf mindestens 4 Liter täglich, wobei die Menge gleichmäßig über den Tag verteilt getrunken werden sollte • Harntreibend wirken auch bestimmte Pflanzen, z. B. Knollen- und Staudensellerie, Hauhechelwurzel, Petersilienfrüchte und Spargel • Bei der Neigung zu Steinen ist es wichtig, die Ernährung umzustellen, je nach Art des Steins • Auch Bewegung hilft, die Neigung zur Steinbildung positiv zu beeinflussen • Eine Verringerung von Kochsalz schont die Nieren und wirkt deshalb einer Steinbildung entgegen

Teemischung bei Steinleiden: Je 20 g Schöllkraut, 30 g Eibischwurzel und 50 g Krappwurzel mischen. 2 TL der Mischung mit einer 1 Tasse heißem Wasser aufgießen und 10 Minuten ziehen lassen. 2 Tassen des Tees täglich trinken.

Harnverhaltung: stark verminderte oder fehlende Harnausscheidung mit teilweise erheblichen Schmerzen. Die Störung kann durch die Blockierung der Harnwege mit einem Harnstein verursacht werden. Auch Prostataleiden führen in fortgeschrittenem Stadium zur Harnverhaltung. Möglich ist auch, dass ein Nierenversagen oder ein Tumor die Produktion oder den Transport des Urins beeinträchtigt. Als weitere Ursachen kommen ein Bandscheibenvorfall oder multiple Sklerose infrage.

! Bei jeder Art von Harnverhaltung muss ein Arzt aufgesucht werden, um die Ursache zu klären. Von einer Selbstmedikation ist zunächst dringend abzuraten. Jede Anwendung muss mit dem Arzt besprochen werden – er wird, wenn möglich, bestimmte naturheilkundliche Anwendungen empfehlen.

Wenn harntreibende Mittel angezeigt sind, kann dies durch bestimmte Gemüsesorten und Früchtetees gefördert werden

Teemischung: Je 20 g Hauhechelwurzel, Liebstöckelwurzel, Süßholzwurzel und Wacholderbeeren mischen. 2 TL der Mischung mit einer 1 Tasse heißem Wasser aufgießen. 3 Wochen lang täglich 2 Tassen trinken.

Haschisch: Extrakt aus dem Harz des Indischen Hanfs, das von den Drüsenhaaren an Blättern, Blüten und Stängeln abgesondert wird. Es enthält u. a. Tetrahydrocannabinol sowie andere Cannabinolabkömmlinge. Haschisch wird als Rauschmittel meist zusammen mit Tabak geraucht, zuweilen aber auch in Tee und Kaffee oder in Form von Gebäck konsumiert. Haschisch gilt als »Einstiegsdroge« zu stärkeren Rauschmitteln; Anbau, Besitz und Handel sind daher meist verboten. Haschisch verursacht je nach psychischer Veranlagung oder augenblicklicher Verfassung Apathie oder milde Euphorie, aber auch ängstliche Unruhe oder aggressive Gereiztheit. Wie Untersuchungen ergaben, scheint die Droge eine krampfartige Verengung der Bronchien (etwa bei Asthmaanfällen) zu verhindern, was sie für therapeutische Anwendungen interessant machen würde.

Hauffe-Schweninger-Armbad → Armbad

Hauhechel (Ononis spinosa): Pflanze aus der Familie der Schmetterlingsblütler (Fabaceae). Sie ist bei uns auf trockenen Wiesen, an Berghängen und an Ackerrändern zu finden. Gesammelt wird sie außerhalb der Blütezeit im Frühjahr und im Herbst, wobei nur die Wur-

Harnsteine – unterschiedliche Zusammensetzungen

Harnsteine kann man je nach ihrer Beschaffenheit in organische und anorganische (mineralhaltige) Steine unterteilen. Organische Harnsteine unterteilen sich in Harnsäuresteine, Zystinsteine und Xanthinsteine, dagegen zählen Kalziumoxalatsteine, Phosphatsteine und Karbonatsteine zu den anorganischen Steinen. Über 70 Prozent der Harnsteine enthalten überwiegend Kalziumsalze. Diese Steine entstehen meist als Folge einer einseitigen Ernährung, denn ein erhöhter Kalziumoxalatspiegel wird durch die übermäßige Aufnahme von oxalsäurehaltigen Speisen und Getränken verursacht (z. B. Spinat, Rote Bete, Mangold, Kakao, Milchprodukte). Auch übermäßiger Fleischverzehr ist ungünstig. Das Kalzium in diesen Steinen kann auf eine beginnende Stoffwechselstörung hinweisen.

zeln zur Anwendung kommen. Sie wirken bei ausreichendem Saponingehalt harntreibend und auch verdauungsanregend. In der Homöopathie wird die getrocknete Hauhechelwurzel genutzt.

Inhaltsstoffe: ätherische Öle (Anethol, Carvon, Menthol), Gerbstoffe, Flavonoide, Isoflavonoide (Ononin), Ononcol.

Anwendungen: Die Hauhechel wird vor allem für Durchspülungstherapien bei entzündlichen Erkrankungen der ableitenden Harnwege und zur Vorbeugung gegen Harnsteine und/oder Harngrieß verwendet. Früher wurde sie auch gegen rheumatische Erkrankungen und gegen Gicht empfohlen.

Hauschka-Massage (rhythmische Massage): Massageform aus der → anthroposophischen Medizin, die von Margarete Hauschka und Ita Wegmann entwickelt wurde. Mit saugenden und rhythmischen Massagegriffen sollen insbesondere Stauungen und Stockungen aufgelöst werden.

Haut, fettige: fettige Haut ist großporig, glänzt vor allem auf der Stirn, am Kinn und auf dem Nasenrücken auffällig und fühlt sich leicht schmierig an. Dieser Hauttyp neigt auch zu Unreinheiten (Mitessern).

Wichtig ist eine gründliche Reinigung • Als Creme eignet sich eine Öl-in-Wasser-Emulsion (etwa auf Mandelölbasis) • Gesichtsmaske: Magerjoghurt aufs Gesicht tupfen, antrocknen lassen und mit Magermilch wieder abwaschen, mit kaltem Wasser nachwaschen; wohltuende Masken enthalten als Kräuterzusätze Kamille und Rosmarin • Eine Reinigungslotion kann man aus fettbindenden Walnussblättern herstellen (30 g zerkleinerte Walnussblätter in 200 ml destilliertem Wasser 30 Minuten lang kochen, abseihen und 50 ml Hamameliswasser in den Sud geben) • Entfettende Packungen mit Heilerde sind empfehlenswert • Dampfbäder (mit Kamille oder Salbei) sowie Kompressen bekommen fettiger Haut gut

Haut, trockene: Zustand der Haut, der in der extremen Ausprägung auch schmerzhaft und/oder stark juckend sein kann. Trockene Haut wird durch Stress und Umwelteinflüsse (Temperatur, Luftbeschaffenheit, Umweltgifte, Rauchen) verstärkt. Trockene Haut sieht oft rot und gereizt aus, fühlt sich rau an und kann jucken. Sie führt zu früherer Fältchenbildung. Im Extremfall neigt trockene Haut – trotz aller sorgfältigen Pflege – dazu, rissig und wund zu werden.

Alkalische Seifen sind Gift für trockene Haut; sinnvoller sind sanfte Reinigungsöle und als Creme eine Wasser-in-Öl-Emulsion • Für die äußerliche Anwendung eignen sich auch pflegende Aromaöle (jeweils 3 Tropfen Vetiveröl, Patschuliöl und Neroliöl mit 30 ml Mandelöl mischen, 2 Wochen ziehen lassen und die betroffenen Hautpartien damit einreiben) • Eine Gesichtsmaske aus Gurkenscheiben, die direkt auf die Haut aufgelegt werden, gibt der Haut wohltuende Feuchtigkeit; pflegend sind auch Cremasken mit Avocado- oder Olivenöl • Mit einer ausgewogenen Ernährung wird die Haut von innen »befeuchtet«; wichtig ist, dass die Verwertung von Kalzium gut funktioniert, weil sich überschüssiges Kalzium in der Haut ablagert • Vitamine: Es sollte darauf geachtet werden, dass der Bedarf an Vitamin C mit reichlich Obst und Gemüse gedeckt wird, denn die Kollagenbildung wird damit gefördert • Mineralstoffe und Spurenelemente: Ab und zu sollte man Leber essen (nicht öfter als einmal in der Woche), weil sie reich an Kupfer und Eisen ist; Schwefel und Zink sind in Kürbiskernen und Eigelb enthalten • Bei trockener Haut sollte auf eine ausreichende Luftfeuchtigkeit (40 bis 50 Prozent) geachtet werden • Es sollte auch ausreichend getrunken werden

Hautwiderstandsmessung: Diagnosemethode, bei der der elektrische Widerstand der Haut eines Menschen aufgezeichnet wird, ein Verfahren, das wissenschaftlich angezweifelt wird. Als Pionier der Hautwiderstandsmessung gilt der Mediziner Regelsberger, der durch seine Experimente zu der Auffassung gelangte, dass der Widerstand der Haut bei Organerkrankungen abnimmt.

Haysche Trennkost: Ernährungsweise, die von dem amerikanischen Mediziner Howard Hay (1866–1940) entwickelt wurde. Hay plädierte für eine Trennung von Kohlenhydraten und Eiweißen, da sich diese Nährstoffe – wenn sie gleichzeitig aufgenommen werden – beim Verdauungsvorgang gegenseitig behindern. Eiweiß regt die Produktion von Magensäure an, was wiederum die Verdauung der Kohlenhydrate erschwert. Bei der Trennkost ist jede Mahlzeit entweder kohlenhydrat- oder eiweißhaltig. Ergänzt wird sie durch so genannte neutrale Lebensmittel (tierische Fette, Pflanzenöle, die meisten Gemüse und Salate). Zwischen den Mahlzeiten der beiden unterschiedlichen Gruppen sollten vier Stunden liegen.

Head-Zonen: benannt nach dem englischen Neurologen Sir Henry Head (1861–1940). Die Head-Zonen ordnen bestimmte Hautbereiche inneren Organen zu. So bestehen z. B. Wechselwirkungen zwischen der Haut an der Innenseite des Oberarms und dem Herzen: Liegt eine Erkrankung der Herzkranzgefäße vor, so kann sich dies durch Schmerzausstrahlung auf die Oberarmhaut bemerkbar machen. Andererseits bestehen der Head-Zonen-Theorie zufolge auch Verbindungen in die umgekehrte Richtung. Dies bedeutet, dass durch Beeinflussung der Hautbereiche auf erkrankte innere Organe eingewirkt werden kann.

Heather (engl.): Schottisches Heidekraut, Stockbottle Nr. 14 der → Bach-Blüten. Heather verhilft einsamen, egozentrischen Menschen zu mehr Einfühlung und Hilfsbereitschaft für andere.

Heckenrose → Hagebutte

Hefe (lat. faex): In der Naturheilkunde kommt der Verwendung von → Bier- bzw. Backhefe besondere Bedeutung zu, da sie Vitamine des

Heidekraut wächst mit Vorliebe auf sandigen Böden, aber auch in lichten Wäldern.

B-Komplexes enthält. Diese Hefe eignet sich deshalb vor allem zur Behandlung von Hautproblemen, auch zur Behandlung von Akne und Furunkeln. In der Pilzkunde (Mykologie) versteht man unter Hefen Pilze, die sich durch Spaltung bzw. Sprossung vermehren.

Hefepilzerkrankung → Candidaerkrankung

Heidekraut (Caluna vulgaris): Pflanze aus der Familie der Heidekraut- bzw. Erikagewächse (Ericaceae). Die Sträucher mit ihren typischen nadelförmigen Blättern und ihren rosaroten bis lilablauen Blüten werden zwischen 20 und 100 Zentimeter hoch und wachsen in Gruppen auf Moor- und Sandböden in Europa und an den Küsten Nordamerikas. Gesammelt werden die Blätter, Triebe und Blüten. Sie wirken harn- und schweißtreibend sowie schleimlösend. Die Blüten und jungen Triebe werden auch in der Homöopathie verwendet.

Inhaltsstoffe: Flavonoide, Saponine, Gerbstoffe.

Anwendungen: Das Heidekraut wird in der Regel als Teezubereitung bei Nierenerkrankungen, Blasenentzündungen oder bei Steinleiden verwendet. Auch bei rheumatischen Erkrankungen, Augenentzündungen und Husten ist der Einsatz von Heidekrautblüten hilfreich. Da der Tee aus den Blüten sehr scharf schmeckt, kann man ihn mit Salbei mischen. Die äußerliche Anwendung des Suds hat sich bei der Behandlung von Wunden und Ischiasschmerzen bewährt.

Heidelbeere (Vaccinium myrtillus; auch Blaubeere, Schwarzbeere): Pflanze aus der Familie der Heidekraut- bzw. Erikagewächse (Ericaceae). Heidelbeersträucher wachsen in Wäldern und Torfmooren in ganz Europa. Die Beeren sind dunkel- bis schwarzblau mit violettrotem Fruchtfleisch; sie werden im Juli gesammelt. Die Blätter und Wurzeln sind von (geringer) Bedeutung. Heidelbeeren wirken entzündungshemmend und bei Durchfall stopfend sowie zusammenziehend (adstringierend). Die frischen Beeren werden auch in der Homöopathie verwendet.

Inhaltsstoffe: Gerbstoffe, Flavonoide, Fruchtsäuren, Myrtillin, Vitamin C.

Anwendungen: Die Früchte, ob als Tee, Saft, Mus oder direkt als Frucht konsumiert, helfen unterstützend bei akuten Durchfallerkrankungen (auch bei Kindern und Kleinkindern) sowie als Tee bei leichteren Entzündungen der Rachen- und Mundschleimhaut. Traditionell wird der Tee bzw. Sud auch bei Ekzemen und Blasenentzündungen verwendet. Roher Heidelbeersaft wird zum Gurgeln und zu Spülungen bei Zahnfleischentzündungen empfohlen. Wird die Heidelbeere als Mus bei Durchfallerkrankungen angewendet, darf das Mus keinesfalls mit Zucker oder Honig versetzt worden sein.

! Bei einer höheren Dosierung von Heidelbeerblättertee kann es zu schweren Vergiftungserscheinungen kommen.

Heilanästhesie: älterer Begriff für → Neuraltherapie

Heilerde: eines der ältesten Heilmittel der Welt, das schon in der Antike hohes Ansehen genoss. Die Grundlage für Heilerde ist der Löss, der aus Ablagerungsprodukten von Gesteinen unterhalb der Erdoberfläche besteht. Der Löss bleibt oft nach Überschwemmungen als Schlamm zurück, oder er wird als Lehm abgebaut, vermahlen, gesiebt und getrocknet. Für den Heilerfolg wichtig sind die enthaltenen Mineralien und Spurenelemente, die vor allem bei der innerlichen Anwendung wirkungsvoll herausgelöst werden können. Auch das hohe Bindungsvermögen (Absorptionskraft) in Bezug auf Bakterien, Gifte, Gase, Wasser und Fette ist sehr vorteilhaft, weil diese Stoffe so schneller ausgeschieden werden können. Diese Eigenschaft ist insbesondere bei Magen- und Darmerkrankungen, auch bei Durchfällen, sehr hilfreich. Bei der äußerlichen Anwendung unterscheidet man eine trockene (bei der Puder aus Heilerde aufgetragen bzw. in die Nase eingeblasen wird) und eine feuchte Anwendung (bei der die Heilerde mit Wasser, Essigwasser oder Kräutersud sowie als Pflaster, Auflage oder Wickel insbesondere gegen entzündliche Hautveränderungen und nässende Wunden eingesetzt wird).

Heilfasten → Fasten

Heilgymnastik → Krankengymnastik

Löss und Lehm: Heilerde gehört zu den ältesten Heilmitteln der Menschheit.

Heilmittel, typische: Medikamente, die nach Gesichtspunkten der → anthroposophischen Medizin hergestellt und zur Heilung als typisch angesehener Krankheiten verwendet werden. Als typische Heilmittel gelten hauptsächlich Verbindungen von mineralischen Substanzen sowie Pflanzen bzw. bestimmte Pflanzenteile (z. B. Blüten, Wurzeln, Blätter).

Heilnahrung: spezielle Ernährung bei Krankheit, die insbesondere bei Säuglingen Anwendung findet. Angezeigt ist eine Ernährung durch Heilnahrung, wenn das Baby an anhaltendem Durchfall leidet bzw. bestimmte Nahrungsmittel schlecht oder überhaupt nicht verträgt. Die Rezeptur einer Heilnahrung ist ausgerichtet auf die individuellen Bedürfnisse sowie die jeweilige Erkrankung. Für Säuglinge, die allergisch auf Kuhmilch reagieren, empfiehlt sich eine von Kuhmilchproteinen freie Heilnahrung; bei Übergewichtigkeit ist eine möglichst kalorienarme Heilnahrung anzuraten.

Heilschlaf: mit Hilfe von Arzneimitteln herbeigeführter Schlafzustand. Wenn der Heilschlaf längere Zeit andauert (was in der Regel der Fall ist), spricht man von einer Schlafkur. Aus therapeutischen Gründen kann jedoch unter Umständen auch ein kurzzeitiger Heilschlaf angezeigt sein (z. B. das »Schläfchen« nach dem Mittagessen). In manchen Fällen wird der Schlafzustand nicht medikamentös erzeugt, sondern z. B. mittels Suggestion.

Heilseil: Sammelname für Fäden oder dünne Drähte (meist aus Silber), die dem Patienten im Rahmen einer ausleitenden Therapie (→ Aschner-Methode) mit Hilfe einer Nadel durch eine künstlich herbeigeführte Wunde geführt werden. Ziel dieser Therapiemethode ist es, durch wiederholtes Ziehen des Heilseils durch die Wunde den Heilungsprozess zu blockieren und auf diese Weise die dem Organismus innewohnenden »schädlichen Substanzen« auszuleiten. Die Therapieform wird heute kaum noch angewendet.

Heilstollenbehandlung → Klimatherapie

Heilung: bezeichnet in seiner allgemeinen Bedeutung die Summe aller Gesichtspunkte, die bei der Behandlung von kranken Menschen wichtig sind. Der Begriff der Heilung spielt insbesondere bei der Alternativmedizin eine zentrale Rolle, da er ihr zur Abgrenzung von schulmedizinischen Therapien (mit »oberflächlicher« Symptombekämpfung) dient. In diesem Zusammenhang spielen die Selbstheilungskräfte des Patienten eine zentrale Rolle. Im homöopathischen Sinn meint Heilung das völlige Verschwinden einzelner Krankheitsmerkmale als auch das vollkommene Freisein von Gesundheitsproblemen.

Heilverfahren, alternative → Alternativmedizin

Heilwasser: aus einer natürlichen Heilquelle oder einem künstlichen Ausfluss stammendes Wasser. Heilwasser unterliegt im Gegensatz

Heilnahrung für Babys

Eine häufig auftretende Erkrankung im Säuglingsalter ist eine Durchfallerkrankung, die so genannte Säuglingsdyspepsie. Der Säugling erleidet dadurch in kürzester Zeit einen massiven Verlust an Wasser und Mineralstoffen und verliert zudem schnell an Gewicht, was lebensbedrohliche Auswirkungen haben kann.

Um einen Ausgleich zu schaffen, gibt es eine spezielle gebrauchsfertige Heilnahrung, die zum einen aus einer Glukose-Elektrolyt-Mischung und zum anderen aus einer eiweißreichen, laktose- und fettreduzierten Heilnahrung besteht. Diese Diät ersetzt gezielt Mineralstoffe, normalisiert den Stuhl und führt eine Gewichtszunahme herbei. Doch es gilt: Bevor Heilnahrung verabreicht wird, sollte ärztlicher Rat eingeholt werden.

zum → Mineralwasser nicht der Tafelwasserverordnung, sondern dem Arzneimittelgesetz. Im Vergleich zu gewöhnlichem Wasser ist die Mineralstoffzusammensetzung anders; die Kombination hat heilende bzw. krankheitsverhütende Wirkung in Bezug auf ganz bestimmte Beschwerden (etwa Magen-Darm-Probleme oder Gallenblasenleiden). Heilwasser kann sowohl innerlich (Trinkkur) als auch äußerlich (Thermalbäder) angewendet werden. Heilwässer sind als Flüssigkeitszufuhr für den Dauergebrauch ungeeignet.

Heiserkeit: Beeinträchtigung der Stimme, die kratzig und unklar klingt. In der Regel ist die Heiserkeit Symptom einer → Erkältung, sie kann aber auch durch die Überbeanspruchung der Stimmbänder (meist lautes Reden oder Schreien) hervorgerufen werden. Bisweilen ist Heiserkeit auch psychisch bedingt.

! Wenn die Heiserkeit trotz bewährter Hausmittel und Heiltees länger als drei Wochen anhält, sollte ein Facharzt zurate gezogen werden, um eine Schädigung der Stimmbänder zu vermeiden bzw. um eine schwerwiegende Erkrankung (Kehlkopfkrebs) auszuschließen.

Die Stimmbänder müssen geschont werden, bis die Heiserkeit vergangen ist, weil es bei einer weiteren Überbeanspruchung zu Komplikationen kommen kann • Verrauchte und überhitzte Räume sollten gemieden werden • Das Verweilen in kalter oder nasskalter Luft ist der Genesung abträglich • Die Wohnräume sollten gut befeuchtet werden (Luftbefeuchter oder nasse Tücher auf der Heizung) • Heiße Milch, in der ein paar Tabletten Emser Salz aufgelöst werden, wirkt lindernd • Duftlampen mit Aromaöl (z. B. Teebaumöl) haben ebenfalls lindernde und heilende Wirkung • Inhalationen mit Kamille wirken positiv auf den gesamten Rachentrakt

Tee zum Gurgeln bei Heiserkeit: 1 EL Salbei mit 150 ml kochendem Wasser übergießen und 10 Minuten ziehen lassen.

Heiße Rolle: Form der feuchtheißen Packung, die bei Hexenschuss, Gelenkschmerzen u. Ä. angewendet wird. Mehrere Frotteetücher werden zusammengerollt und mit kochendem Wasser übergossen. Nach der Abkühlung auf ca. 60 °C wird mit der Rolle über schmerzende Körperteile gerollt.

Die heiße Rolle eignet sich gut zur Selbstbehandlung.

Heißluftbad: Behandlung mit trockener heißer Luft (70 bis 90 °C). Es gibt zwei Arten von Heißluftbädern: die Behandlung mittels Vollbad (z. B. finnische Sauna) sowie mittels Teilbad (z. B. Heißluftduschen mit Glühlampen), die bei Muskelverspannungen, Arthrose sowie bei Gelenksteife angewendet wird.

Das Heißluftbad eignet sich auch zur Selbstbehandlung.

Heliotherapie (griech. helios = Sonne): mit Sonnenlicht arbeitende Behandlungsweise, bei der das Licht direkt auf die erkrankten Körperteile einwirkt. Die Anwendung der Heliotherapie, die, von der heilenden Wirkung auf einzel-

Heliotherapie – Licht ist lebensnotwendig

Licht beeinflusst sowohl unsere Psyche als auch unsere Körperfunktionen. Durch kurzwelliges UV-Licht wird der Kreislauf angeregt, und auch der Körper kann lebensnotwendiges Vitamin D in der Haut bilden. Man sollte deshalb immer wieder (gut eingecremt und mit Sonnenbrille) kurze Sonnenbäder nehmen. Speziell im Winter, wenn die Tage kürzer werden, kann ein Mangel an Licht bei manchen Menschen starke Müdigkeit und depressive Verstimmungen auslösen – oder aber das Gegenteil: Nervosität und Gereiztheit. Den Mangel an Sonnenlicht kann eine Therapie mit künstlichem Licht günstig beeinflussen. Bei wenig Sonnenschein sollte auf eine Vitamin-D-reiche Ernährung (Fisch, Eigelb, Milchprodukte) geachtet werden.

ne Partien des Körpers abgesehen, auch den allgemeinen Gesundheitszustand fördert, empfiehlt sich insbesondere bei Hautkrankheiten mit Pustelbildung (Akne) sowie bei Juckflechten (Ekzemen). Die Heliotherapie ist eine Unterart der → Lichttherapie, zu der neben Sonnenbädern auch Lichtbäder mittels künstlicher Lichtquellen (Höhensonnen etc.) zählen.

Henna (Lawsonia inermis): Pflanze aus der Familie der Blutweiderichgewächse (Lythraceae) mit gelblich weißen bis ziegelroten Blüten. Der Strauch wird in den asiatischen und afrikanischen Tropen und Subtropen angebaut. Weniger der naturheilkundliche Nutzen der Pflanze steht beim dortigen Anbau im Vordergrund, sondern vor allem die Gewinnung von Henna, einem rotgelben Farbstoff, der aus den mit Kalkmilch zerriebenen Blättern und Stängeln des Strauchs gewonnen und zu einem traditionellen Färbemittel für Haare und Nägel sowie neuerdings für Tattoos (Tätowierungen, die nur oberflächlich auf die Haut aufgebracht werden) verarbeitet wird. Die getrockneten Blätter wirken darüber hinaus entwässernd und zusammenziehend.

Inhaltsstoffe: Farb- und Gerbstoffe, Naphthalinderivate.

Anwendungen: Früher wurde Henna bei Amöbenruhr und bei Magen- und Darmgeschwüren zur innerlichen Anwendung (in Wasser aufgelöstes Pulver) verabreicht. Äußerlich kann Henna bei Ekzemen, Pilzbefall und Geschwüren der Haut hilfreich sein. Alle Haaranwendungen mit Henna haben einen guten Pflegeeffekt.

Hepatitis → Lebererkrankungen

Herba (lat. Kraut): Bei Arzneien wird diese lateinische Bezeichnung hinter dem Pflanzennamen angegeben. Gemeint ist, dass die oberirdischen getrockneten Teile der Heilpflanze verwendet wurden.

Herbstzeitlose (Colchicum autumnale): Pflanze aus der Familie der Liliengewächse (Liliaceae). Die von August bis Oktober blassviolett

Henna ist ein natürliches Färbemittel – für Haare, Nägel und Haut (Tattoos).

blühende kleine Pflanze ist auf feuchten Wiesen in den gemäßigten Zonen Europas und auch auf höher liegenden Bergwiesen in den Alpen zu finden. Die Knolle wird im Frühjahr, auf jeden Fall vor der Blütezeit, gesammelt, die reifen Samen im Juni und Juli. Auch in der Homöopathie verwendet man die Wirkstoffe der Herbstzeitlose.

Inhaltsstoffe: Alkaloide (Hauptwirkstoff Colchicin), Zucker, Stärke, Chelodinsäure.

Anwendungen: Bei akuten Gichtanfällen ist die Herbstzeitlose nach wie vor erste Wahl (wird vom Arzt verschrieben).

! Die Pflanze ist wegen ihres Gehalts an Cholchicin schon in kleinsten Mengen hochgiftig, so dass deren Verwendung als Tee, Aufguss oder andere Formen der Verabreichung mit höchster Vergiftungsgefahr verbunden ist.

Herdlehre: Therapieansatz, der die Ursache von Erkrankungen in bestimmten Körperbereichen sucht, bei so genannten Herden oder Störfeldern. Herde können wurzelbehandelte Zähne, Narben, ein chronisch entzündeter Blinddarmfortsatz, vergrößerte, entzündete oder vernarbte Mandeln, eine chronisch entzündete Prostata oder entzündete Eierstöcke sein. Ebenso kann es sich um Gifte im Körper handeln, etwa Quecksilber in der Amalgamfüllung eines Zahns. Diese Herde enthalten nicht abbaubares organisches oder anorganisches Material und stören das Allgemeinbefinden, weil sie den Körper ständig reizen. Diese Stresssituation, der der Organismus ausgesetzt ist, lässt Krankheiten in Körperbereichen entstehen, die auch weit vom Herd entfernt sein können, weil das gesamte Immunsystem geschwächt wird (→ Neuraltherapie).

Herpes → Genitalherpes, → Lippenherpes

Herzgespann (Leonurus cardiaca; auch Herzheil): Pflanze aus der Familie der Lippenblütler (Lamiaceae). Die Heilpflanze blüht blassrot von Juni bis September und ist bei uns an Wegrändern, an Hecken und auf trockenen Weiden anzutreffen. Gesammelt werden die oberirdischen Teile, also das gesamte Kraut, während der Blütezeit. Die Wirkung von Herzgespann ist stärkend, belebend und anregend, zudem wirkt die Pflanze entkrampfend (spasmolytisch) und bei Krankheiten mildernd, dämpfend und beruhigend (sedierend).

Inhaltsstoffe: Bitterstoffe (Leonurin), Alkaloide (Stachydrin), Iridoide, ätherisches Öl, Gerbstoffe, Flavonoide.

Anwendungen: Die Pflanze wird häufig zur Linderung bei nervösen Herzbeschwerden, vor allem bei Herzklopfen, eingesetzt. Die Aufgüsse zeigen aber auch Erfolg bei Wechseljahrebeschwerden, Bronchialkatarrhen, beginnendem Bluthochdruck (Hypertonie), leichten Angstzuständen und Atembeklemmungen.

Herzkompresse (lat. compressare = zusammenpressen): Wickel, der aus einem kleineren nassen Stück Stoff besteht, über das ein trockenes Tuch aus Wolle oder Leinen gelegt wird. Herzkompressen werden auf die linke Seite der Brust gelegt. Ihre Kaltanwendung ist angezeigt bei Herzklopfen, während sich bei Herzschmerzen heiße Herzkompressen empfehlen.

! Von Herzkompressen ist bei einer → Angina pectoris, die sich meist durch heftige Schmerzanfälle auf der linken Brustseite äußert, abzuraten. Suchen Sie in diesem Fall den Arzt auf.

Herzrhythmusstörungen: von der Norm (60 bis 80 Herzschläge in der Minute) abweichende oder unregelmäßige Schlagfrequenz, die auch als Herzjagen oder Herzstolpern bezeichnet wird. Schlägt das Herz – gemessen am so genannten Ruhepuls – weniger als 60-mal in der Minute, so spricht man von einer Bradykardie, bei über 100 Schlägen von einer Tachykardie und bei unregelmäßigen Schlägen von einer Extrasystolie (Herzstolpern). Die Ursachen sind vielseitig; sie reichen von einer Verlangsamung des Stoffwechsels bei der Bradykardie (z. B. Unterkühlung, Schilddrüsenunterfunktion) bis zur Überfunktion der Schilddrüse oder Stress bei der Tachykardie. Die Einnahme bestimmter Medikamente kann ebenfalls zu Herzrhythmusstörungen führen.

Herdlehre in der EAV

Die Elektroakupunktur nach Voll (EAV) vereint Elemente der Herdlehre, der (Elektro-)Akupunktur, der Elektrotherapie und auch der Homöopathie. Zur Diagnose und Therapie wurde ein Gerät entwickelt, das einerseits Hautwiderstandsmessungen durchführen und andererseits niederfrequente elektrische Impulsströme senden kann. Auf diese Weise können so genannte Herde bzw. Störfelder aufgespürt werden. Die Diagnose beinhaltet auch die Feststellung, welche Medikamente zur Therapie eingesetzt werden. Es kommen meist homöopathische Mittel zur Anwendung, die in den Messkreis des Geräts eingebunden und mit den Impulsströmen an den Körper weitergegeben werden.

! Die Erstellung eines EKG ist bei Herzrhythmusstörungen bzw. Herzstolpern ein Muss. In Absprache mit dem Arzt können Sie bei leichteren Störungen auch unterstützend zur Selbstbehandlung greifen. Bei schweren Fällen ist möglicherweise die Implantation eines Herzschrittmachers erforderlich.

Aromatherapie kann bei leichteren Beschwerden helfen; Vollbäder mit Neroliöl können die Schlagfrequenz des Herzes senken (7 Tropfen des Öls mit Milch vermischen, ins warme Badewasser geben, 15 Minuten baden) • Wenn nervöse Herzbeschwerden oder starkes Herzklopfen vorliegen, können Sie mit Basilikumöl mehrmals täglich die Brust einreiben • Als Teeaufgüsse eignen sich Baldrian und Melisse; auch Melissengeist kann helfen

Tee bei nervösen Herzbeschwerden: 40 g Brombeerblätter mit je 20 g Baldrianwurzel, Pfefferminzblättern, Pomeranzenblättern und Melisse mischen. 1 EL der Mischung mit 200 ml kochend heißem Wasser aufgießen und 10 Minuten ziehen lassen.

Herzschwäche: Bei der Linksherzschwäche (Linksherzinsuffizienz) staut sich das Blut in die Lunge zurück; Beschwerden sind Atemnot und Herzjagen. Bei der Rechtsherzschwäche (Rechtsherzinsuffizienz) staut sich das Blut in den Bauchraum; Beschwerden sind geschwollene Fußknöchel und Unterschenkel sowie Ödembildung und Bauchbeschwerden. Die zu geringe Pumpleistung des Herzes ist eine typische Alterskrankheit und oft durch eine koronare Herzerkrankung bzw. durch deren Folgeerkrankungen mit verursacht.

! Beim Verdacht auf Herzschwäche sollte der Arzt aufgesucht werden.

Ist die Erkrankung noch leichterer Natur, sollte man sich mäßig, aber regelmäßig bewegen, auf leichte Kost achten und eventuell das Gewicht reduzieren • Bei Linksherzschwäche lindert man Atemnot, wenn man mit leicht erhöhtem Oberkörper schläft • Bei Rechtsherzschwäche kann man harntreibende Tees ausprobieren (z. B. Schafgarbentee oder Schafgarbensaft) • Weißdorntee eignet sich vor allem aufgrund seiner blutdrucksenkenden Wirkung

Hesperidin: Das zu den Flavonoiden zählende Hesperidin ist eine in der Pflanzenwelt weit verbreitete, ätherähnliche chemische Verbindung aus Zucker (Hexosen) sowie aus alkohol- und phenolhaltigen Stoffen. Hesperidin findet sich vor allem in Zitrusfrüchten. Es bewirkt u. a. eine Abdichtung der so genannten Haargefäße (Kapillaren).

Heublumen (Graminis flos): getrocknete Blüten, Blätter und Samen verschiedener Gräser (Poaceae). Besonders heilkräftig sind die Heublumen von ungedüngten Bergwiesen. Heublumen müssen völlig getrocknet sein, und sie dürfen nicht schimmelig oder muffig riechen. Sie wirken kreislaufstärkend, muskelentspannend und fördern die Durchblutung der Haut.

! Für Pollenallergiker sind Heublumenanwendungen meist nicht geeignet.

Inhaltsstoffe: Cumaringlykoside, ätherische Öle.

Die Kraft der Wiese: Heublumenkissen oder -säckchen lindern Schmerzen, wenn sie erwärmt auf die Haut gelegt werden.

Anwendungen: Bäder oder Wickel mit den Extrakten von Heublumen sind hilfreich bei einer ganzen Reihe von Beschwerden, z. B. rheumatischen Erkrankungen, Gicht, Hexenschuss, Gelenkschmerzen, Magen-Darm-Beschwerden, Quetschungen, Verspannungen der Muskulatur und Blutergüssen.

Heublumensack: Anwendung der → Kneipptherapie. Sie können sich einen Heublumensack gebrauchsfertig in der Apotheke kaufen oder ihn selbst herstellen (ein Säckchen aus Leinen oder Baumwolle mit Heublumen füllen, bis es eine Dicke von etwa sieben Zentimetern hat, dann zunähen). Der Heublumensack wird etwa 15 Minuten über Wasserdampf erwärmt (er darf nicht ins Wasser gelangen), dann auf die schmerzende Körperstelle gelegt und mit einem weiteren Tuch fixiert. Durch die Wärme wird der Gewebestoffwechsel erhöht und der Muskeltonus herabgesetzt. Die Wirkstoffe werden über die Haut aufgenommen. Der Heublumensack empfiehlt sich bei verschiedenen Gelenkleiden (nicht bei akuten rheumatischen Erkrankungen), bei Magen-Darm-Beschwerden und außerdem bei Verspannungen der Muskulatur.

Heuschnupfen: üblicherweise durch Blütenpollen von Gräsern, Blumen, Sträuchern und Bäumen ausgelöste Allergie. Symptome sind Juckreiz in der Nase mit lang anhaltenden Niesanfällen, laufender Nase oder »verstopfter« Nase sowie brennenden und entzündeten Augen. In seltenen Fällen zeigt sich der Heuschnupfen auch in Form eines Hautausschlags. Etwa 15 Prozent der Bevölkerung leiden an Heuschnupfen, und über ein Drittel davon erkranken in der Folge an allergischem Asthma. Ursache ist eine Überreaktion des Immunsystems auf das Allergen. Das Auftreten der Pollenallergie hängt von der Jahreszeit ab, je nachdem, wann die Pflanze blüht, auf die der Betroffene allergisch reagiert. Der Heuschnupfen kann aber auch während des ganzen Jahres andauern, so dass die Wahrscheinlichkeit hoch ist, dass die Allergene aus dem häuslichen Bereich kommen (z. B. Hausstaubmilben, Tierhautschuppen, Tierhaare, Federn, Schimmelpilze).

! Ein Allergietest bei einem Dermatologen (Hautarzt) sollte gemacht werden, um dem Allergen auf die Spur zu kommen.

Vorbeugende Maßnahmen sind nur dann möglich, wenn der Auslöser der Allergie bekannt ist • Pollenflugkalender (oder heutzutage auch Meldungen der Medien) warnen vor dem Pollenflug bestimmter Blüten; zu dieser Zeit sollte man sich möglichst wenig in der freien Natur bzw. außerhalb der Wohnung bewegen • Kennt man den Auslöser, kann man in dieser Zeit Urlaub in Gegenden machen, die frei von Pollen sind, etwa in den Bergen ab einer Höhe von 1500 Metern oder am Meer • Ist das Haustier der Auslöser (oft bei Kindern der Fall), muss man sich von dem Tier trennen • Sind Hausstaubmilben für die Allergie verantwortlich, muss dem in Bezug auf

Heuschnupfen – Hauptflugzeit verschiedener Pollen

- Erle: Februar – März
- Haselnuss: März – April
- Pappel: März – April
- Weide: März – April
- Ulme: März – April
- Ruchgras: April – Juli
- Birke: Mai
- Buche: Mai
- Esche: Mai – September
- Roggen: Mai – Juni
- Knäuelgras: Mai – Juni
- Goldhafer: Mai – Juni
- Kiefer: Mai – Juli
- Schwingel: Mai – Juli
- Eiche: Juni
- Lolch: Juni – Juli
- Lieschgras: Juni – Juli
- Gerste: Juni
- Weizen: Juni
- Holunder: Juni – Juli
- Straußgras: Juni – Juli
- Linde: Juni – Juli
- Hafer: Juli
- Mais: Juli

Möbel und Fußbodenbelag Rechnung getragen werden • Akupunktur kann in der Akutphase sinnvoll sein • Wichtig ist es, das Immunsystem zu stabilisieren; hier helfen hohe Dosen an Vitamin C, Ernährungsumstellung (Verzicht auf Milch und Milchprodukte) und Kuren mit Propolis, Apfelessig oder Schwarzkümmelöl

Tee bei Heuschnupfen: 20 g Augentrostkraut, 20 g Stiefmütterchenkraut, 15 g Hirtentäschelkraut, 15 g Schafgarbenkraut, 10 g Eichenrinde und 10 g Blutwurz mischen. 2 TL der Mischung mit 1 Tasse heißem Wasser aufgießen. Von diesem Tee sollten mindestens 3 Wochen lang täglich 3 Tassen getrunken werden – und zwar in der Zeitspanne vor dem Pollenflug.

Hexenschuss (Lumbago): plötzlich auftretende, starke Schmerzen im Bereich der Lendenwirbelsäule und den angrenzenden Bereichen. Mit den Schmerzen geht eine nahezu vollständige Bewegungsunfähigkeit der betroffenen Stelle einher, ausgelöst durch die reflektorisch einsetzende Muskelverspannung. Diese Bewegungsunfähigkeit ist eine Schutzreaktion des Körpers zur Schmerzvermeidung. Die Ursachen für Hexenschuss können ein Unfall, die Überdehnung eines kalten Muskels, der kurze Druck auf eine Nervenwurzel oder ein kalter Luftzug sein. Meist tritt der Hexenschuss als Folge einer kombinierten Bück- und Drehbewegung auf. Die eigentlichen Ursachen liegen meist weit zurück und haben sich über Monate und Jahre hinweg aufgebaut. Dies kann z. B. eine jahrelange Belastung der Wirbelsäule durch das unsachgemäße Anheben schwerer Lasten oder das Arbeiten in gebückter Haltung sein. Kommt dann ein äußerer Anlass hinzu, »schießt« die »Hexe« ins Kreuz.

! Bei den beschriebenen Beschwerden kann es sich auch um einen Bandscheibenvorfall oder eine Bandscheibenverlagerung mit der damit verbundenen Lähmungsgefahr handeln. Deshalb sollte man bei Unklarheit unbedingt zum Arzt gehen.

Für allergische Kinder leider nicht möglich: die Freude an Blumen und Gräsern.

Vorbeugung ist die beste Medizin: Die Schonung der Wirbelsäule sollte schon in jungen Jahren kein Fremdwort sein, weil der Hexenschuss (wie auch Ischiasschmerzen) meist die Spätfolge jahrelanger Fehlhaltung ist • Schwere Lasten sollten fachgerecht in der Hocke angehoben werden, indem die Knie durchgedrückt werden, die Wirbelsäule aber gerade bleibt • Beim Sitzen sollten die abgewinkelten Gelenke (Knie, Hüfte, Ellbogen) jeweils einen 90-Grad-Winkel bilden • Beim Schlafen sollte eine sich der Körperform anpassende Matratze mit einer festen Unterlage Verwendung finden • Psychische Anspannung zeigt sich auch in der körperlichen Anspannung der Rückenmuskulatur; deshalb sollte man für möglichst viele »entspannte« Situationen sorgen • Spezielle Wirbelsäulengymnastik (Rückenschule) stärkt die Rückenmuskulatur • Akute Schmerzen lassen sich mit Bettruhe bei hochgelegten Beinen lindern, wobei Hüfte und Kniegelenk jeweils 90 Grad abgebogen sind • Feuchte Wärme in Form einer Packung (heiße Rolle) ist ebenfalls wohltuend • Das Auflegen eines Heublumensacks zählt ebenso zu den Möglichkeiten der Schmerzlinderung wie die Kartoffelpackung, bei der zerdrückte heiße Kartoffeln in einem Leinentuch aufgelegt werden • Auch Akupunktur, Neuraltherapie und chiropraktische Maßnahmen können helfen

Hibiskus (Hibiscus sabdariffa; auch Rote Malve): Pflanze aus der Familie der Malvengewächse (Malvaceae). Die als Strauch wachsende Pflanze ist vor allem in Afrika, Ceylon sowie im tropischen Südamerika anzutreffen – die bei uns heimische Wilde Malve (Malva silvestris) wird arzneilich verwendet und darf nicht mit ihr verwechselt werden. Gesammelt werden die großen und auffallend gelben Blüten, deren Inhaltsstoffe schleimlösend, leicht harntreibend, die Darmtätigkeit fördernd und leicht entkrampfend wirken. In erster Linie wird die Hibiskusblüte aber eingesetzt, um dem Geschmack von Tees eine erfrischende Note zu verleihen.

Inhaltsstoffe: bis zu 30 Prozent Pflanzensäuren (Hibiskus-, Zitronen-, Wein- und Äpfelsäure), Pektin, Flavonoide, Vitamin C, Schleimpolysaccharide, Phytosterole.

Himbeeren sind Vitamin-C-reiche Gesundmacher aus dem Garten oder dem Wald.

Anwendungen: In der Regel als Teeaufguss werden die Blüten bei Erkältungen und Entzündungen der oberen Atemwege verwendet. Vor allem finden sie aber in Tees, Erfrischungsgetränken und Marmeladen als wohlschmeckende Aromastoffe Verwendung.

Hildegard-Heilkunde: nach den Schriften der Benediktinernonne und »Seherin« Hildegard von Bingen (1098–1179) entwickelte Heilmethode, die vor allem auf Pflanzenheilkunde, Ernährungsmaßnahmen, Fasten, Edelsteintherapie und Ausleitungsverfahren beruht (siehe zu Hildegard-Heilkunde das Special S. 185f.).

Himbeere (Rubus idaeus): Pflanze aus der Familie der Rosengewächse (Rosaceae). Die bis zu zwei Meter hohen Sträucher wachsen bei uns oft wild an Hecken, an Berghängen, an Waldrändern und auf Waldlichtungen, sie werden aber auch in Gärten angebaut. Die weißen Blüten entwickeln sich von Mai bis Juni, die Beeren können von Juli bis August gesammelt werden. Für die Pflanzenheilkunde sind insbesondere die Blätter von Bedeutung, die zusammenziehend (adstringierend) wirken. Die Beeren können bisweilen eine leicht harntreibende Wirkung haben.

Inhaltsstoffe: in den Blättern: Gerbstoffe, Flavonoide, Vitamin C; in den Beeren: Zitronensäure, ätherisches Öl, Vitamin A und C, Flavonoide.

Anwendungen: Als Tee werden Himbeerblätter mit Erfolg bei Durchfall und anderen Beschwerden des Magen-Darm-Trakts angewendet; äußerlich ist die Verwendung des Aufgusses bei chronischen Hauterkrankungen und zum Gurgeln bei Entzündungen im Mund- und Rachenraum (mild gerbend) hilfreich. Außerdem wird der Himbeerblättertee als Blutreinigungstee – auch als Ersatz für den schwarzen »Haustee« – empfohlen. Die Beeren sind sehr wohlschmeckend und besitzen einen hohen Vitamingehalt. Sie sind bekömmlich und fördern auf sanfte Weise die Verdauung.

Ein früher ganzheitlicher Heilansatz

Hildegard von Bingen war eine der berühmtesten Frauen des Mittelalters. Sie war Mystikerin, Schriftstellerin, Komponistin, Äbtissin, Klostergründerin – und sie gilt als erste Ärztin im deutschsprachigen Bereich. Auf ihren heilkundlichen Ansätzen basiert die heutige Hildegard-Heilkunde. Ziel dieser Richtung ist es, sanfte und unbedenkliche Heilmittel bzw. Anwendungen – frei von Nebenwirkungen – bei der Behandlung von Alltagsbeschwerden einzusetzen. Hierbei werden die ursprünglichen Anwendungen auch modifiziert (verändert) und den heutigen Gegebenheiten und dem heutigen Wissen angepasst.

Ein beeindruckendes Lebenswerk

Hildegard von Bingen – damals hieß sie noch Hildegard zu Bermersheim – war in ihrer Kindheit körperlich schwächlich und oft krank, geistig aber sehr rege und begabt. Sie wurde 1106, im Alter von acht Jahren, ins Kloster gegeben und machte dort während ihres für die damalige Zeit sehr langen Lebens von 82 Jahren eine bemerkenswerte »Karriere«. Hinzu kommt, dass sie als Ärztin nicht nur im klösterlichen Bereich, sondern auch weit in der Umgebung großes Ansehen wegen ihrer außerordentlichen Heilerfolge erlangte. Hildegard von Bingen gründete zwei Frauenklöster, und im Alter von 49 Jahren siedelte sie in das von ihr gegründete Kloster Rupertsberg bei Bingen über, das sie als Äbtissin leitete. Sie wurde fortan »Äbtissin« und »Heilige« genannt, obwohl sie von der Kirche nie offiziell heilig gesprochen wurde.

Schriftlich niedergelegt

Nach ihren eigenen Angaben besaß Hildegard von Bingen schon ab dem fünften Lebensjahr die Gabe, in wachem Zustand Visionen (Gesichte) zu erleben. Im Alter von 42 Jahren begann sie damit, diese aufzuschreiben. In der Folge verfasste sie eine Vielzahl von Schriften, vor allem theologischen Inhalts; sie schrieb aber auch naturwissenschaftlich medizinische und arzneikundliche Bücher.

Hildegard stand in brieflichem Kontakt mit Fürsten und mit Mönchen, die von ihr geistlichen und medizinischen Rat und Trost erbaten. Sogar Papst und Kaiser verließen sich auf ihren Rat und ihre Hilfe. Viele Reisen im Rhein-Main-Gebiet bis ins hohe Alter machten sie zu einer legendären Figur. Sie predigte und heilte auf ihren Missionsreisen und schrieb die gewonnenen Erfahrungen anschließend nieder. Die beiden wichtigsten Bücher in diesem Zusammenhang sind:

- »Physica« (»Heilkraft der Natur«): eine Abhandlung über das innere Wesen der Geschöpfe der Natur
- »Causae et Curae« (»Von den Ursachen und der Behandlung von Krankheiten«): das große Buch der Heilkunde

Die Schriften sind als Originale nicht erhalten; sie liegen lediglich in Abschriften aus dem 14. und 15. Jahrhundert vor.

Eine ganzheitliche Betrachtungsweise

Hildegard stand einigen im Mittelalter hoch angesehenen medizinischen Behandlungstechniken, wie Aderlass und Hautversengungen, recht skeptisch gegenüber. Ihr Ansatz war, dass Gesundheit am besten mit einer maßvollen Lebensführung und einem hohen Maß an Körperhygiene zu erhalten sei. Gesundheit sollte kein Zustand sein, sondern ein Prozess der Einheit von Körper, Seele und Geist sowie des Einklangs mit Schöpfung und Schöpfer.

Dieser heilerische Ansatz ist eng mit dem Leben der Äbtissin Hildegard verbunden. Sie

Ein früher ganzheitlicher Heilansatz

konnte auf ein bestimmtes Erfahrungswissen zurückgreifen: das der traditionellen Volksheilkunde und der Heil- und Pflanzenkunde, wie sie in den Klöstern gepflegt wurden.

Wichtige pflanzliche Hildegard-Heilmittel

Besonders große Wirkkraft sprach Hildegard von Bingen den folgenden Pflanzen zu:

- Akelei, Alant, Andorn, Bachbunge, Beifuß, Brennnessel, Fenchel, Galgant (dem auch im Ayurveda hohe Heilkraft zukommt), Liebstöckel, Muskat, Petersilie, Quendel, Ringelblume, Salbei, Schafgarbe, Veilchen, Wermutkraut, Zimt
- Beispiel: Die Brennnessel wurde von Hildegard von Bingen als Heilpflanze gegen Magenverstimmungen, Lungenschmerzen, Müdigkeit und Vergesslichkeit empfohlen. Heute werden die Wirkstoffe der Brennnessel bei Blasenleiden, bei Magenverstimmungen, zur Blutreinigung und im Rahmen von Frühjahrskuren eingesetzt.

Hildegard-Garten: Hier wachsen heilkräftige Pflanzen wie einst in den Klöstern.

- Eine besondere »pflanzliche« Zubereitung nach Hildegard ist der Herzwein: ein warmer Medizinwein, der Honig, Petersilie, Essig und Wein enthält. Er ist ein Stärkungsmittel, das leicht blutdrucksenkend und schwach entwässernd wirkt. Mittlerweile steht (Rot-)Wein wieder in der Diskussion wegen seiner Flavonoide. Diese Inhaltsstoffe sind möglicherweise ein Grund, dass er – bei mäßigem Genuss – einen gewissen Schutz vor Arteriosklerose bietet, damit also auch vor Folgeerkrankungen des Herz-Kreislauf-Systems.

Nahrung ist heilend

Hildegard von Bingen empfahl vor allem den Dinkel in verschiedenen Variationen. Dinkel ist ein Vorläufer des Weizens. Er war lange Zeit ein »vergessenes« Getreide, das durch die Naturkostbewegung wieder an Bedeutung gewann. Als Grünkern bezeichnet man den im ersten Reifestadium geernteten Dinkel, der anschließend gedarrt wird. Heute weiß man: Dinkel verbessert die Durchblutung, er ist bekömmlicher als Weizen und hilft vor allem bei entzündlichen Erkrankungen des Darms.

Heilende Steine

Hildegard von Bingen setzte auch Edelsteine (Kristalle) und Metalle zur Heilung ein. Sie empfahl die Goldkur gegen Gicht. Gold wird heutzutage auch in der Homöopathie und bisweilen in der Schulmedizin bei Erkrankungen des rheumatischen Formenkreises (z. B. Arthritis) eingesetzt.

▶ ***Bezugsquellen***

Pflanzliche Zubereitungen, Edelsteine, Kosmetika und Bücher können bisweilen über Apotheken oder aber über bestimmte Versandhandlungen bezogen werden, die sich an den Schriften von Hildegard orientieren.

Hippotherapie: physiotherapeutische Behandlungsmethode mit Hilfe von Reiten. Das Reiten hilft bewegungsgestörten Kindern und Erwachsenen mit Sitz-, Halte- und Bewegungsübungen, diese Beeinträchtigung abzuschwächen. Ebenfalls erfolgreich ist diese Methode bei Formen der Muskelschwäche.

Hirtentäschel (Capsella bursa-pastoris): Pflanze aus der Familie der Kreuzblütler (Brassicaceae). Die anspruchslose Pflanze wächst bei uns auf Äckern, an Wegen und auf »wildem« Gelände und blüht von Mai bis in den Herbst hinein. Gesammelt wird das gesamte Kraut. Hirtentäschel wirkt zusammenziehend (adstringierend) auf die Blutgefäße und somit blutstillend (hämostypisch). Auch in der Homöopathie kommt die Pflanze zur Anwendung.

Inhaltsstoffe: Peptide, Aminosäuren (u. a. Prolin und Valin), Proteine, Gerbstoffe, Flavonoide, Kalium- und Kalziumsalze, Vitamin C.

Anwendungen: Der Presssaft aus dem Kraut wird innerlich bei verlängerten Regelblutungen (Menorrhagie) und bei Blutungen außerhalb der Menstruation (Metrorrhagie) angewendet. Äußerlich ist die Behandlung bei Nasenbluten und anderen oberflächlichen Hautverletzungen hilfreich, indem mit Wasser verdünnter Presssaft oder ein Aufguss des Krauts direkt auf die betroffene Stelle aufgebracht wird.

Hirudin: Wirkstoff aus dem Speichel von → Blutegeln, der die Blutgerinnung hemmt.

Hitzewallungen: Symptom der → Wechseljahrebeschwerden der Frau, auch »fliegende Hitze« genannt. Von etwa zwei Dritteln der Frauen werden Hitzewallungen verspürt, von den einen als sehr leicht und selten, von anderen dagegen als sehr ausgeprägt und häufig. Kennzeichen sind plötzlich auftretende Hitze, bisweilen Rötungen, starker Schweißausbruch und anschließendes Frösteln. Die Ursache ist nicht eindeutig bekannt; vermutet wird, dass sich der hormonelle Umstellungsprozess auf das vegetative Nervensystem auswirkt.

Sportliche Betätigung lindert die Schwere der Wallungen • Vitamin E ist für die Gefäße wichtig, die sich bei den Wallungen verengen und erweitern • Östrogenähnliche Pflanzen wie Steinklee (Aufguss und Tinktur) und Zypresse (Tinktur und ätherisches Öl) wirken ausgleichend auf das neurovegetative System • Salbei, Weißdorn, Herzgespann, Ginseng sind ebenfalls empfehlenswert • Entspannungsmethoden wie Yoga, autogenes Training oder Tai Chi Chuan wirken positiv auf das vegetative Nervensystem

Tee bei Hitzewallungen: 20 g Steinklee, 20 g Weißdorn und 30 g Salbei mischen. 2 EL der Mischung mit 1/2 l kochend heißem Wasser übergießen, 10 Minuten ziehen lassen. Von diesem Tee können Sie 3 Tassen täglich trinken.

Hohlzahn (Galeopsis segetum): Pflanze aus der Familie der Lippenblütler (Lamiaceae). Das einjährige, bis zu 30 Zentimeter hohe Kraut

Hitzewallungen – die richtige Kleidung wählen

Die Hitzewallungen während der Wechseljahre dauern meist ein paar Sekunden bis zu wenigen Minuten, wiederholen sich aber mehrmals täglich und sind nicht voraussehbar. Deshalb sollte die Kleidung so gewählt werden, dass beim Beginn eines Schweißausbruchs je nach Bedarf ein Kleidungsstück nach dem anderen abgelegt werden kann. Dies ist nach dem so genannten Zwiebelschalenprinzip möglich: Dünne Kleidungsstücke (T-Shirt, dünne Bluse, leichte Weste, Seidenschal) werden Schicht für Schicht übereinander angezogen, so dass umgekehrt eine »Entblätterung« entsprechend der Stärke der Hitzewallung möglich ist. Und noch ein Tipp: Legen Sie sich einen Fächer zu, und fächeln Sie sich bei Hitze einfach Kühlung zu.

findet man bei uns auf Geröll- und Kieshalden, Abraumhalden in Steinbrüchen und auf sandigen Böden. Der gelblich weiß blühende Hohlzahn wird im Juli und August gesammelt.
Inhaltsstoffe: Kieselsäure, Bitter- und Gerbstoffe, Saponine, Betaine.
Anwendungen: Früher wurde das Kraut als Mittel gegen Tuberkulose und Lungenkrankheiten an sich verabreicht – mit sehr mäßigem Erfolg. Hohlzahn kann allerdings bei leichten Katarrhen der Luftwege und einfachen Bronchialleiden angewendet werden.

Holismus, medizinischer → Ganzheitsmedizin

Holly (engl.): Stechpalme, Stockbottle Nr. 15 der → Bach-Blüten. Holly verhilft zu einer besseren Eigeneinschätzung und zur Zügelung von negativen Gefühlen und Verhaltensweisen wie Ungeduld, Jähzorn, Neid und Rachsucht.

Holunder, Schwarzer (Sambucus nigra): Pflanze aus der Familie der Geißblattgewächse (Caprifoliaceae). Der bis zu acht Meter hohe Strauch bzw. Baum mit seinen charakteristischen großen weißen Blütendolden, die aus vielen kleinen Blüten zusammengesetzt sind, ist in Mitteleuropa weit verbreitet und wächst an Ufern, in Wäldern und in Hecken. Holunder blüht von Juni bis August; gesammelt werden die frischen Blüten und die reifen schwarzviolett glänzenden kleinen Beeren im Herbst. Die Blüten werden gleich am Anfang der Blütezeit schonend bei trockenem Wetter gepflückt und anschließend vorsichtig getrocknet. Die frischen Blüten und Blätter sowie die innere Rinde der zarten Stängel kommen auch in der Homöopathie zum Einsatz.
Inhaltsstoffe: in den Blüten: ätherisches Öl, Flavonoide, Alkane, Triterpene, organische Säuren; in den Beeren: Vitamin C, daneben Rutin, Hyperosid, Gerbstoffe, Fruchtsäuren, Sambuzin.
Anwendungen: Reife frische Holunderbeeren können unbedenklich gegessen werden. Sie haben eine mild abführende sowie eine harn- und schweißtreibende Wirkung. Werden jedoch größere Mengen konsumiert, kann es zu Übelkeit und Erbrechen kommen. Besser ist es, man nutzt die frischen Beeren zur Herstellung von Säften, Mus, Fruchtwein, Branntwein, Marmeladen o. Ä. Sie können aber auch getrocknet werden und in Teemischungen als Kräftigungsmittel bei Erkältungskrankheiten und rheumatischen Erkrankungen eingesetzt werden. Holunderblütentee hat eine schweißtreibende und die Bronchialsekretion anregende Wirkung.

! Früher wurden auch Rinde, Blätter und Wurzeln gegen eine ganze Reihe von Gesundheitsstörungen verwendet. Davon ist man zwischenzeitlich abgekommen, weil diese Teile des Holunders Blausäure enthalten, wie übrigens auch die unreifen Beeren.

Homöopathie (griech. homoios = ähnlich, pathos = Leiden; auch Homöotherapie): von dem deutschen Arzt Samuel Hahnemann (1755–1843) begründete alternative Heillehre. Grundgedanke ist, dass verdünnte und potenzierte Arzneien den Körper anregen, die gestörte Lebenskraft zu regulieren. Dabei rufen

Holundersaft ist ein altes Hausmittel gegen Erkältungen.

diese Arzneien zunächst die Symptome der zu behandelnden Krankheit hervor (Erstverschlimmerung). Hahnemann entwickelte nach Selbstversuchen mit Chinarinde eine Typologie von verdünnten Arzneien – Arzneien, die bei gesunden Menschen die Krankheitsmerkmale (Symptome) hervorrufen, die sie bei Kranken heilen sollen. Diese Grundregel der Homöopathie wird als Ähnlichkeitsprinzip (auch Ähnlichkeitsregel bzw. Simileregel) bezeichnet. Hahnemann selbst formulierte dieses Prinzip so: »Um sanft, schnell, gewiss und dauerhaft zu heilen, wähle eine Arznei, die ein ähnliches Leiden erregen kann wie das, das sie heilen soll« (siehe zu Homöopathie das Special S. 190ff.).

Homöopathisches Arzneibuch (HAB): Auflistung der Vorschriften, nach denen die Arzneimittel der Homöopathie in Verdünnungen, Potenzierungen und Vermischungen hergestellt werden.

Homotoxikologie (lat. homo = Mensch, griech. toxikon = Pfeilgift): Krankheitstheorie, die von dem Homöopathen Hans-Heinrich Reckeweg (1905–1985) entwickelt wurde. Die Homotoxikologie betrachtet so genannte Homotoxine, d. h. Gifte, deren Entstehung auf Veranlagung und/oder auf äußere Umstände zurückzuführen ist, als Verursacher von Krankheiten. Die von der Homotoxikologie vorgeschlagene Heilmethode, die so genannte antihomotoxische Therapie, geht davon aus, dass sämtliche Erkrankungen als biologisch sinnvolle Abwehr- und Kompensationsprozesse zu betrachten seien. Sie zielt vor allem auf die Stimulierung und Stärkung der körpereigenen Abwehrkräfte sowie auf die Neutralisation giftiger Substanzen ab.

Honeysuckle (engl.): Jelängerjelieber, Stockbottle Nr. 16 der → Bach-Blüten. Honeysuckle hilft Menschen, die zu sehr in der Vergangenheit verhaftet sind und sich nicht aus alten Beziehungen lösen können, sich besser im Hier und Jetzt zu orientieren.

Honig (Mel): zähflüssiger oder kristalliner gelbbrauner Saft, den die Bienen aus dem Nektar der Blüten und dem Honigtau (einem Produkt von anderen Insekten) produzieren. Nektar und Honigtau bestehen aus einer Mischung von Zucker und Wasser, den die Bienen zusammen mit den Blütenpollen in den Bienenstock bringen. Dort werden von den Stockbienen Enzyme hinzugefügt, wodurch der Wassergehalt auf unter 20 Prozent fällt und sich die größeren Zuckermoleküle aufspalten. Der fertige Honig wird in den Waben des Bienenstocks versiegelt und dient als Futter für die Larven und als Reserve für den Winter (→ Gelée royale, → Propolis). Nach der Art der Gewinnung werden drei Honigsorten unterschieden: Der Schleuderhonig ist die auf dem Markt übliche Sorte; er wird aus den entdeckelten Waben geschleudert und in Gläser abgefüllt. Der Wabenhonig wird in den Waben belassen und kommt original verdeckelt auf den Markt. Der Scheibenhonig ist ausschließlich Heidehonig, der in den Waben aus reinem Bienenwachs angeboten wird.

Inhaltsstoffe: über 180 verschiedene Substanzen, darunter: 80 Gramm Kohlenhydrate auf 100 Gramm Honig (22 bis 41 Gramm Glukose, 27 bis 44 Gramm Fruktose, bis 3 Gramm Saccharose), Mineralstoffe (vor allem Chrom), Vitamine und ein hoher Anteil an Enzymen.

Anwendungen: Honig ist das älteste Süßmittel, und er war jahrtausendelang das einzige intensiv süß schmeckende Mittel, um Speisen oder Getränke zu süßen. Honig wird heute noch gern zu diesem Zweck verwendet, denn er ist für die Gesundheit wesentlich zuträglicher als raffinierter Zucker. Honig hat eine hustenlindernde Wirkung, was insbesondere bei den ersten Anzeichen einer Erkältung wohltuend ist (Honig kann Erkältungstees und heißer Milch zugefügt werden). Darüber hinaus hat Honig eine antibakterielle und wundheilungsfördernde Wirkung. Auch als Einschlafhilfe kann Honig genutzt werden.

Homöopathie

Sanfte Umstimmung der verstimmten Lebenskraft

»Similia similibus curantur« – das Ähnlichkeitsprinzip der Homöopathie geht auf einen Selbstversuch Samuel Hahnemanns zurück: Im Jahr 1790 verordnete er sich Chinarinde, ein Mittel, das in der damaligen Medizin gegen Malaria eingesetzt wurde. Das Ergebnis war überraschend, denn bei Hahnemann stellten sich die gerade für Malaria charakteristischen Symptome ein. Die künstlich hervorgerufene Erkrankung dauerte nur wenige Stunden; durch wiederholte Zufuhr von Chinarinde trat sie jedoch erneut auf. Nachdem Hahnemann über 100 Arzneien auf diese Weise getestet hatte, stand für ihn fest: Gleich, ob es sich um Medikamente auf pflanzlicher, mineralischer oder tierischer Grundlage handelte – stets führten sie bei Gesunden zu den Krankheitsbildern, die durch die Arznei geheilt werden sollten. Von diesem erstaunlichen Phänomen aus war es nur noch ein Schritt zur Erkenntnis, dass Ähnliches mit Ähnlichem geheilt werden kann.

Lebenskraft – die Basis für Gesundheit

Die Maxime, Ähnliches mit Ähnlichem zu heilen, ist verwurzelt in der Vorstellung, dass jedem Menschen eine Lebenskraft innewohnt, die ihn als ganzheitliches Wesen belebt und in einem harmonischen Gleichgewicht hält. In jedem Organismus äußert sich das Bestreben, diese Lebenskraft aufrechtzuerhalten, um gesund zu bleiben. Dies gelingt dem Organismus im Normalfall auch ohne jegliche äußere Hilfe – vorausgesetzt, dass seine Lebenskraft nicht verstimmt wurde (z. B. durch schädigende Umweltgifte, eine krank machende Ernährungs- und Lebensweise oder seelische Überlastungen). »Krankheit ist die Verstimmung der Lebenskraft« – mit diesen Worten brachte Hahnemann seine Auffassung auf den Punkt, der zufolge einem körperlichen oder seelischen Leiden eine wie auch immer geartete, über einen längeren Zeitraum hinweg andauernde Einschränkung der natürlichen Lebenskraft vorausgeht. Die Selbstheilungskräfte des menschlichen Organismus sind dann geschwächt. Je länger sie blockiert sind, desto stärker werden die Beschwerden, und desto schwer wiegender wird die Erkrankung.

Die Bedeutung homöopathischer Arzneien und deren Anwendung liegt insbesondere darin, dem krank gewordenen Organismus die Chance zu geben, seine Lebenskraft erneut zu voller Entfaltung zu bringen, so dass sie sich ganz gezielt gegen die gesundheitsschädigenden Einflüsse, an denen der Patient leidet, einsetzen lässt. Diese homöopathische Grundauffassung, was eine Arznei sein und bewirken soll, führte zu ganz spezifischen Formen von Medikamenten und Medikamentenherstellung.

Von der Urtinktur zum Homöopathikum

Die Herstellung sowie die Dosierung von homöopathischen Medikamenten sind von ausschlaggebender Bedeutung: Homöopathika bestehen aus sehr konzentrierten, teilweise sogar extrem giftigen Ursubstanzen (z. B. Arsen), die in unverdünntem Zustand Nebenwirkungen bis hin zu Vergiftungserscheinungen hervorrufen können. Deshalb erarbeitete Samuel Hahnemann eine Herstellungsmethode, die gewährleistet, dass die schädlichen Eigenschaften der Ursubstanz abgemildert werden, ohne die gesundheitsunterstützende Wirkung des Stoffs zu beeinträchtigen.

▶ *Potenzierung*

Potenzierung bedeutet, dass die mineralischen, pflanzlichen oder tierischen Ausgangssubstanzen (Urtinkturen) stufenweise verdünnt, verschüttelt oder mit Milchzucker verrieben werden. Der Potenzierungsprozess erfolgt in Zehnerschritten (Dezimalpotenzen) oder Hunderterschritten (Centesimalpotenzen). Zu den häufigsten in Deutschland gebräuchlichen Potenzstufen zählen die C- und D-Potenzen. Unter D1 versteht man eine im Verhältnis 1:10 verdünnte Substanz, die zehnmal geschüttelt bzw. geschlagen wurde. Q- und LM-Potenzen sind stärker verdünnt und nach einem besonderen Verfahren hergestellt.

▶ *Wirkung der Potenzen*

Die durch den Verschüttelungsprozess erzeugte Dynamisierung verstärkt die Wirksamkeit des homöopathischen Medikaments. Bis D6 spricht man von Tiefpotenzen, bis D12 von mittleren Potenzen. Alle Potenzen, die darüber hinausgehen, werden als Hochpotenz bezeichnet. Besondere Macht (Potenz = Macht, innewohnende Kraft) kommt den Hochpotenzen zu – obgleich sich die Moleküle der Ausgangssubstanz hier wissenschaftlich nicht mehr nachweisen lassen.
Auf welche Weise ein hochgradig verdünntes Homöopathikum genau wirkt, konnte von der Wissenschaft bislang noch nicht eindeutig geklärt werden. Nachweisen ließ sich allerdings, dass Hochpotenzen elektrische Eigenschaften besitzen. Obwohl ein wissenschaftlicher Beweis für die Wirksamkeit von Hahnemanns Potenzierungsverfahren bislang nicht erbracht werden konnte, sprechen die unzähligen therapeutischen Erfolge der Homöopathie für sich.

Vielfalt und Darreichungsformen

Erstaunlich ist die immense Vielfalt an Heilmitteln, die die homöopathische Arzneimittellehre kennt: Sie geht davon aus, dass sich über 3000 verschiedene Substanzen sinnvoll anwenden lassen. Durch so genannte Arzneimittelprüfungen werden zudem laufend neue Sub-

Vor allem Kinder lieben die Globuli, die Streukügelchen mit Milchzucker.

stanzen auf ihre Wirksamkeit geprüft. Homöopathische Arzneien gibt es in verschiedenen Darreichungsformen. Die gebräuchlichsten davon sind:

- Pillen
- Kapseln
- Pulver
- Streukügelchen (Globuli)
- Injektionen
- Tropfen

▶ *Einzel- und Komplexmittel*

Bedeutsam ist auch die Unterteilung von homöopathischen Medikamenten in so genannte Einzel- und Komplexmittel. Bei Letzteren handelt es sich um Homöopathika, die bereits fertig gemischt sind; in der Regel sind sie in Tropfenform erhältlich. Komplexmittel können allerdings niemals so genau nach dem Ähnlichkeitsprinzip verordnet werden wie Einzelmittel. Die klassische Homöopathie distanziert sich von Komplexmitteln, denn streng genommen kann nur ein Mittel jeweils passen und dann dem Patienten helfen.

Homöopathie

Sanfte Umstimmung der verstimmten Lebenskraft

▶ ***Akut- und Konstitutionsmittel***

Ausschlaggebend für die Wahl des homöopathischen Arzneimittels ist auch der Verlauf der zu behandelnden Erkrankung.

- So werden etwa bei akuten Erkrankungen so genannte Akutmittel verordnet.
- Wenn die Krankheitsmerkmale jedoch immer wieder auftreten, gelangen Konstitutionsmittel zum Einsatz.

Bei der Anwendung von Akutmitteln sollte man beachten, dass sie im Normalfall alle ein bis zwei Stunden einzunehmen sind. Tritt eine spürbare Besserung ein, kann man die Abstände zwischen den Arzneimittelgaben vergrößern.

Modalitäten als Entscheidungshilfe

Die Entscheidung des Homöopathen, welches Heilmittel als das im speziellen Fall »richtige« anzusehen ist, wird ganz wesentlich von den beobachtbaren Krankheitsmerkmalen beeinflusst, denn Symptome werden keineswegs als bloße »Begleiterscheinung« einer Gesundheitsstörung betrachtet. Vielmehr müssen die einzelnen Symptome vor dem Hintergrund der gesamten Persönlichkeit des Patienten interpretiert werden, wozu auch dessen augenblickliche Gemütsverfassung zählt. Neben der Stimmungslage des krank gewordenen Menschen interessieren den Homöopathen ferner die genauen Umstände, unter denen es zur Erkrankung gekommen ist.

Wer zum ersten Mal einen Homöopathen aufsucht, der wird möglicherweise erstaunt sein über all die Fragen, die ihm gestellt werden. Zweck dieses Fragens ist die für die Behandlung ganz wesentliche Bestimmung des für jeden Menschen typischen Grundzustandes, der von den so genannten Modalitäten (Bedingungen) bestimmt wird. Unter Modalitäten versteht der Homöopath alle äußeren Einflüsse bzw. Maßnahmen, die die Beschwerden verbessern oder verschlechtern.

▶ ***Ein Beispiel aus der Praxis***

Ein Patient verspürt beim Wasserlassen heftige Schmerzen. Um seine Modalität näher erfassen zu können, könnte der Homöopath die folgenden Fragen stellen.

- Welche Eigenschaften besitzt der Schmerz? Ist er schneidend, brennend, drückend, ziehend und/oder stechend?
- Tritt der Schmerz eher am Anfang, während oder nach dem Urinieren auf?
- Lässt der Schmerz gegen Ende des Wasserlassens nach, oder ist er ständig spürbar?
- Gibt es bestimmte äußere Gegebenheiten (z. B. Wärme oder Kälte, frische bzw. verbrauchte Luft), die das Schmerzempfinden beeinflussen?
- Wenn ja, auf welche Weise verändern sie das Schmerzempfinden?

Auch die seelische Verfassung des Patienten spielt bei der Ermittlung der Modalitäten eine zentrale Rolle. Um das psychische Befinden zu ergründen, werden den Homöopathen Fragen beschäftigen wie etwa:

- Neigt der Patient zu einer pessimistischen oder eher optimistischen Weltsicht?
- Lässt sich das Wesen des Patienten als mehr nach innen gewandt (introvertiert) oder eher als auf die Außenwelt bezogen (extrovertiert) bezeichnen?
- Wie geht der Patient mit seinen Aggressionen um? Neigt er dazu, alles »hinunterzuschlucken«, oder eher dazu, Enttäuschungen (Frustrationen) und Wut an anderen Menschen abzureagieren?

Ein homöopathischer Arzt nimmt sich viel Zeit für seine Patienten – denn er weiß: Eine allzu einseitig auf der Beobachtung allgemein feststellbarer Symptome fußende Diagnose ist rasch erstellt, doch bedeutet dies keineswegs, dem ganz individuellen Leiden eines Menschen näher gekommen zu sein.

▶ *Ein Beispiel aus der Praxis*

Das allgemeine Krankheitsbild ist bei allen Asthmatikern gleich (Anfälle von Atemnot, Herzschwäche als Folgeerscheinung der Erkrankung), doch die persönlichen Symptome der Asthmapatienten können ganz erheblich voneinander abweichen. So tritt bei einem Patienten die Atemnot hauptsächlich nachts auf, während sie bei einem anderen nachmittags oder früh am Morgen erscheint.
Oder: Manche Asthmatiker vertragen die Sonne eher schlecht, andere wiederum werden von den Anfällen vor allem bei regnerischem Wetter heimgesucht. Für den Homöopathen liegt der Schlüssel zum richtigen Arzneimittel somit in der Erfassung der so genannten Individualsymptome, also wie sich z. B. die Atemnot des einen von der des anderen Patienten unterscheidet.

Konstitutionstypen und Konstitutionsbehandlung

Die umfassende Befragung des Patienten ist von größter Bedeutung bei der Konstitutionsbehandlung, bei der es um die Beseitigung chronisch auftretender Beschwerden geht. Grundlage dieser Behandlungsmethode ist die homöopathische Ansicht, dass die verschiedenen Einzelsymptome auf ein hinter der sichtbaren bzw. manifesten Krankheit liegendes Urleiden hindeuten. Gegen dieses »verborgene« Leiden kämpft der Homöopath mit Medikamenten an, die in die Tiefe wirken, wobei sich die Wahl des Konstitutionsmittels nach der Persönlichkeitsstruktur des Patienten bzw. Klienten richtet. In diesem Sinn spricht die Homöopathie von Konstitutionstypen.

Je mehr ein Konstitutionsmittel dem gesamten Symptomen- und Erscheinungsbild eines Patienten entspricht, desto besser ist es geeignet, (chronische) Beschwerden zu lindern und zu heilen.

! Wenn Sie Konstitutionsmittel selbst anwenden möchten, sollten Sie unbedingt beachten, dass Konstitutionsmittel vielschichtig sind. Manchmal passen nur zwei oder drei der einem bestimmten Homöopathikum zugeschriebenen Eigenschaften zu einem Patienten – doch gerade sie können dem geschulten Homöopathen den richtigen Weg bei der Einschätzung des Patienten weisen. Ungeübte hingegen können die Bedeutsamkeit der einzelnen Symptome nicht immer richtig abschätzen, so dass sie für die Selbstbehandlung unter Umständen das falsche Mittel wählen.

▶ *Apis mellifica – Bienengift*

Der homöopathische Einsatz von Apis (Honigbiene) hat sich vor allem bei Bienenstichen, Hals- und Mittelohrentzündungen, Eierstockentzündungen u. Ä. bestens bewährt. Darüber

Belladonna: Die Tollkirsche ist – außer in homöopathischen Arzneien – giftig.

hinaus empfiehlt sich Apis auch zur Behandlung rechtsseitiger Zysten und Hämorrhoidalleiden, die mit stechenden Schmerzen verbunden sind. Als Akutmittel eignet sich Apis mellifica gut zur Bekämpfung akuter heftiger Blasenentzündungen und Infektionen der Nieren mit Ödembildung. Die Modalitäten eines Patienten, zu dessen gesamter Persönlichkeit Apis mellifica passt, lassen sich wie folgt beschreiben.

- Der Patient verspürt keinen Durst.
- Hitze und Körperkontakt verschlechtern seinen Zustand.
- Kälte empfindet der Patient hingegen als wohltuend.

▶ *Belladonna – die »schöne Frau«*

Belladonna ist ein Akutmittel bei Krankheiten, die sehr rasch entstehen und in der Regel mit hohem Fieber einhergehen. Sein Einsatz ist insbesondere angezeigt bei fieberhaften Erkrankungen, bei denen die Betroffenen eine heiße, gerötete Haut sowie ein rotes Gesicht haben. Folgende Modalitäten charakterisieren einen Belladonnatyp.

- Der Patient verspürt keinen Durst.
- Ungefähr gegen 15 Uhr verschlechtert sich sein Zustand.
- Der Patient reagiert überempfindlich bei Körperkontakt, Lärm sowie bei Luftzug.

▶ *Berberis – hilfreiche Berberitze*

Berberis vulgaris (Berberitze), eine Pflanze aus der Familie der Sauerdorngewächse, wird als Akutmittel vor allem bei Blasen- und Nierenentzündungen eingesetzt, die von Schmerzen begleitet werden, welche sich nicht auf einen Körperbereich beschränken, sondern auch auf andere Organe übergreifen. Die Modalitäten, die für eine Berberisanwendung sprechen, sind die folgenden.

- Der Zustand des Patienten verschlechtert sich durch Bewegungen (insbesondere durch plötzlich auftretende Erschütterungen).
- Als besonders kritisch gilt der Morgen: Zu dieser Tageszeit lösen die geringsten Bewegungen Schmerzen aus bzw. verstärken bereits bestehende Schmerzen.

▶ *Nux vomica – Wirkungen der Brechnuss*

Homöopathische Anwendungen der hauptsächlich im asiatischen Raum verbreiteten Brechnuss (Nux vomica) empfehlen sich bei unruhigen, nervösen, hektischen, verkrampften sowie auch bei schnell reizbaren Patienten. Das Wirkungsspektrum von Nux vomica ist ausgesprochen breit: Sie bessert Migräne, Gastritis und Geschwüre des Zwölffingerdarms. Zudem ist der Einsatz von Nux vomica angezeigt bei mit Krämpfen verbundener Verstopfung sowie bei Menstruationsbeschwerden. Bis zur Potenz D3 ist die Brechnuss rezeptpflichtig. Die wichtigsten Modalitäten eines Nux-vomica-Typs charakterisieren sich folgendermaßen.

- Starker Druck auf die schmerzende Stelle verbessert rasch den Gesundheitszustand des Patienten.
- Zustandsbessernd wirkt sich auch feuchtes Wetter aus.
- Am Morgen sowie nach dem Mittag- und Abendessen verschlechtert sich die Verfassung des Patienten.

▶ *Cantharis – getrocknete Käfer*

Das Gift der Spanischen Fliege (Cantharis) ist für den Menschen bereits in geringster Dosierung tödlich, wobei der Tod durch Nierenversagen eintritt. Die dabei auftretenden Vergiftungserscheinungen ähneln dem homöopathischen Arzneimittelbild: Brennende Beschwerden und die Heftigkeit der Krankheitserscheinungen sind typisch. Der Einsatz von Cantharis empfiehlt sich in erster Linie als Akutmittel gegen heftig verlaufende Blasenentzündungen, die von einem unerträglichen Harndrang gekennzeichnet sind. Die Modalitäten charakterisieren sich wie folgt.

- Der Zustand des Patienten verschlechtert sich, wenn er Wasser lässt und auch wenn er kaltes Wasser trinkt.
- Eine Zustandsbesserung tritt hingegen ein, wenn sich der Patient in warmen Räumen aufhält.
- Ruhe und Reiben führen zu einer Besserung der Verfassung des Patienten.

▶ ***Causticum – von Hahnemann entwickelt***

Der Ätzstoff Causticum – entwickelt von Samuel Hahnemann persönlich – wird sehr häufig bei Harninkontinenz eingesetzt. Vor allem schwangere Frauen sowie ältere Frauen mit Schließmuskelschwäche sind von diesem unangenehmen Gesundheitsproblem betroffen. Überdies bewährt sich Causticum bei der Behandlung von Kindern, die bettnässen. Unter Bettnässen leiden hauptsächlich Jungen, vor allem nachts während der ersten Schlafphase. Darüber hinaus ist der Einsatz von Causticum bei Harnsteinen angezeigt. Das Homöopathikum eignet sich zudem bestens als Akutmittel bei Heiserkeit, die von Wundheit und Trockenheit bzw. Rauheit der Schleimhäute begleitet ist. Die Modalitäten sind die folgenden.

- Die Beschwerden des Patienten verschlimmern sich, wenn er trockenem und kaltem Wind ausgesetzt ist.
- Eine Verschlechterung des Gesundheitszustandes tritt ferner ein, wenn der Patient vom Freien in einen warmen Raum kommt.
- Symptomenbesserungen werden hingegen durch Wärme, Bettruhe sowie bei feuchtem Wetter bzw. Regen erzielt.

▶ ***Pulsatilla – das »Frauenmittel«***

Pulsatilla (Küchenschelle) ist ein umfassendes Konstitutionsmittel, das sich insbesondere zur Behandlung von Frauen eignet. Die »typische« Pulsatillafrau weist folgende äußere Merkmale auf: Sehr häufig ist sie blond, hellhäutig und hat weiches Gewebe. Was ihr Essverhalten betrifft, ist auffällig, dass sie fettreiche Kost schlecht bzw. überhaupt nicht verträgt. Darüber hinaus besteht eine Neigung zu Krampfadern. Pulsatilla entfaltet seine Heilwirkungen vor allem bei Frauen, die an chronischen Blaseninfektionen leiden. Die folgenden Modalitäten gelten für den Pulsatillatyp.

- Der Zustand des Patienten bessert sich nach leichter Bewegung an der frischen Luft.
- Kalte Auflagen führen ebenfalls zu einer Besserung.
- Durch Wärme bzw. Hitze und in Ruhephasen (z. B. Mittagspause) verschlimmern sich die Krankheitsmerkmale, die hauptsächlich auf der linken Körperseite auftreten.
- Symptomenverschlechterungen ergeben sich ferner durch den Genuss fetter und schwerer Speisen.

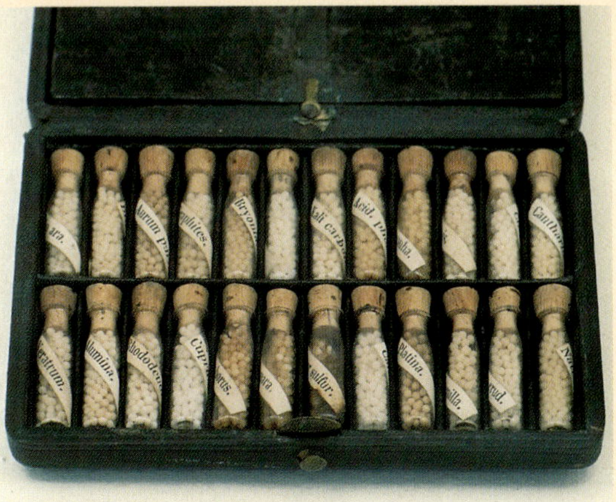

Diese homöopathische Apotheke mit 24 Gläschen stammt aus dem 19. Jahrhundert.

Wichtige homöopathische Arzneien auf einen Blick		
Name	**Eigenschaften**	**Anwendung bei**
Aconitum napellus (Sturm- bzw. Eisenhut)	Entzündungshemmend	Hohem Fieber mit Schüttelfrost, Erkältungskrankheiten, sämtlichen Formen von Infektionen, seelischen Erregungszuständen (Trauer, Wut, Hass, Schock)
Apis mellifica (Honigbiene)	Schmerzlindernd	Allergien, Fieber, Hals- und Mittelohrinfektionen, Nesselausschlag, Masern, Windpocken
Belladonna (»Schöne Frau«; Schwarzer Nachtschatten, Tollkirsche)	Stark wirkendes Halluzinogen; erweitert die Pupillen; fördert die Traumbildung; regt das vegetative Nervensystem an; wirkt sich positiv auf die Verdauung und den Blutkreislauf aus	Plötzlich auftretenden und akut verlaufenden Entzündungen, Koliken, Fieber, Erkältungskrankheiten, Husten, Entzündungen der Nebenhöhlen, Ohrenbeschwerden
Berberis vulgaris (Berberitze)	Hilft bei Erkrankungen der ableitenden Harnwege	Blasen- und Niereninfektionen, die von mehr oder weniger starken Schmerzen begleitet sind
Bryonia alba (Weiße Zaunrübe)	Lindert stechende Schmerzen, die sich bei Bewegung verschlimmern	Akuten Entzündungen der Schleimhäute (auch der Hirnhaut), Magenbeschwerden, seelischen Erregungszuständen, Erkältungen und grippalen Infekten, Husten, rheumatischen Erkrankungen
Calcium phosphoricum (Kalziumphosphat)	Hilfreich bei Knochenbeschwerden	Schlecht verheilenden Knochenbrüchen, Wachstumsbeschwerden bei Kindern
Cantharis (Spanische Fliege)	Hilfreich bei Entzündungen	Mit quälendem Harndrang verbundenen Blaseninfektionen
Causticum Hahnemanni (Kaliumhydrat; von Samuel Hahnemann entwickelter Ätzstoff)	Hilfreich bei unfreiwilligem Abgang von Harn bzw. Stuhlgang, wirkt beruhigend, lindert Schmerzen bei Harnsteinen	Bettnässen, Heiserkeit, Husten, Halsbeschwerden, Wachstumsschmerzen

Wichtige homöopathische Arzneien auf einen Blick

Name	Eigenschaften	Anwendung bei
Cuprum metallicum (Kupfer; als Salbe in der Apotheke erhältlich)	Lindert krampfartige Hustenanfälle	Magenbeschwerden, (Keuch-)Husten, Bauchschmerzen, Blauverfärbung der Lippen
Ferrum phosphoricum (Eisenphosphat)	Fördert die seelische und körperliche Stabilität, unterstützt den Blutkreislauf, wirkt Blutungsneigungen entgegen	Auf Eisenmangel zurückzuführender Blutarmut, (Keuch-)Husten, Entzündungen der Ohren und des Halses, Grippe, Erkältungskrankheiten
Gelsemium sempervirens (Jasmin)	Wirkt schmerzlindernd und beruhigend	Schmerzen am Hinterkopf, Nervosität, Lampenfieber, Erkältungskrankheiten, grippalen Infekten, Angstzuständen
Ipecacuanha (Brechwurzel)	Wirkt brechreizerzeugend, kann in hohen Dosen Schädigungen der Schleimhäute sowie Rötungen der Haut hervorrufen	Starker Übelkeit (verursacht durch Vergiftungen), die nicht durch Erbrechen gelindert wird; Erkrankungen des Magen-Darm-Trakts (z. B. Verstopfung, Durchfall, Gastritis), (Keuch-)Husten
Lachesis muta (Buschmeister)	Fördert die seelische und körperliche Stabilität	Halsbeschwerden (insbesondere auf der linken Seite), Kopfschmerzen
Nux vomica (Brechnuss)	Wirkt krampflösend	Migräne, Zwölffingerdarmgeschwüren, Verstopfung, Menstruationsbeschwerden, Gastritis
Pulsatilla (Küchenschelle)	Fördert die seelische und körperliche Stabilität	Kinderkrankheiten wie Röteln, Mumps, Masern; Durchfall, Fieber, (Keuch-)Husten, Verdauungsproblemen (Dyspepsien)
Silicea (Kieselsäure, Kieselerde)	Wirkt entzündungshemmend und beruhigend	Magen-Darm-Problemen (Durchfall, Verstopfung), Ekzemen, Entzündungen der Nasennebenhöhlen, Überempfindlichkeit (Hypersensibilität), rheumatischen Erkrankungen
Sulfur (Schwefel)	Fördert die seelische und körperliche Stabilität	Chronischen und akuten Erkrankungen, Fieber, Entzündungen und Hautausschlägen, Allergien, von Fieber begleiteten Erkältungskrankheiten

Hopfen, einer der Rohstoffe für Bier, wirkt appetitanregend und beruhigend.

Hopfen (Humulus lupulus): Pflanze aus der Familie der Hanfgewächse (Canabaceae). Als Wildpflanze ist die bis zu 20 Meter lang werdende Schlingpflanze bei uns nur selten in feuchten Gebüschen, an Hecken und an Waldrändern zu finden. Angebaut wird der Hopfen in großen Mengen in Bayern und in Franken. Er blüht im Juli und August, geerntet werden junge Triebe im März und April, Blüten während der frühsommerlichen Blütezeit und die Hopfenzapfen im September. Der angebaute Hopfen ist in erster Linie Rohstoff für Bier. Man kann Hopfen auch im eigenen Garten anbauen, wo er ein hervorragender Kletterer ist und an Spalieren hochrankend einen guten Sichtschutz darstellt. Hopfen wirkt antibakteriell, appetitanregend und beruhigend (sedativ). Auch die Homöopathie verwendet die frischen Blätter des Hopfens.

Inhaltsstoffe: ätherisches Öl, Bitterstoffe (Humulon, Lupulon), Gerbstoffe, Flavonoide.

Anwendungen: Teeaufgüsse der Hopfenzapfen haben sich bei Unruhe und Angstzuständen, Verdauungsschwäche, Schlafstörungen sowie Appetitlosigkeit als hilfreich erwiesen.

Hormon (griech. antreibend): körpereigener Botenstoff, der zusammen mit dem Nervensystem die Stoffwechselvorgänge steuert und viele Organfunktionen anregt. Hormone gelangen von den hormonausschüttenden Drüsen über das Blut zu ihren Zielorganen, wo sie stimulierend oder hemmend tätig werden.

Hormonstörungen: Beeinträchtigung der steuernden Funktion des Hormonsystems durch Drüsenfehlfunktionen oder durch eine Erkrankung hormonproduzierender Organe. Auch durch psychische Belastungen kann der Hormonhaushalt aus dem Gleichgewicht geraten. Die Folgen einer Hormonstörung können wegen der Komplexität des Hormonsystems derart vielschichtig sein, dass sie zunächst oft nicht eingegrenzt werden können. Trotzdem gibt es einige Verhaltensweisen, die Hormonstörungen begünstigen. Hormone werden in der Hauptsache von der Hirnanhangsdrüse (Hypophyse), der Schilddrüse und den Nebenschilddrüsen, den Nebennieren (Rinde und Mark), der Bauchspeicheldrüse, der Thymusdrüse, den Eierstöcken und den Hoden produziert und vom Hypothalamus (der »Hormonzentrale« im Gehirn) kontrolliert.

! Die Behandlung einer Störung des Hormonsystems ist auf jeden Fall Sache des Arztes, denn es können bedrohliche Fehlfunktionen von Organen oder Hormondrüsen als Ursache infrage kommen: etwa Diabetes mellitus aufgrund der mangelnden Insulinproduktion der Bauchspeicheldrüse oder Kropf bzw. Basedow-Krankheit aufgrund von Fehlfunktionen der Schilddrüse.

Der hormonelle Regelkreis wird von psychischen Faktoren beeinflusst; umgekehrt sind Hormone für die psychische Befindlichkeit verantwortlich; hilfreich zur Stabilisierung des Hormonsystems sind positives Denken und Stressvermeidung, etwa durch Meditations- und Entspannungsübungen wie autogenes Training, Yoga oder Qi Gong • Wenn der Körper alles bekommt, was er braucht, »freuen« sich auch die Hormone; eine ausgewogene Ernährung stärkt das Hormonsystem und hilft, Störungen zu vermeiden • Anwendungen mit Cimicifuga (Traubensilberkerze), Gänsefingerkraut, Frauenmantelkraut, Mönchspfeffer, Ginseng, Kamillenblüten, Schafgarbe und Taubnessel helfen bei einer Reihe von Frauenleiden, die durch Unregelmäßigkeiten im weiblichen Hormonhaushalt ausgelöst werden können

Tee bei Unregelmäßigkeiten des weiblichen Hormonhaushalts: 2 TL der getrockneten und zerkleinerten Früchte des Mönchspfeffers (Keuschlamm) mit 1/4 l kochendem Wasser übergießen und 10 Minuten ziehen lassen.

! Teezubereitungen mit Mönchspfeffer greifen regulierend in den Hormonhaushalt ein. Bei jungen Mädchen mit einem noch unregelmäßigen Zyklus (was während der Pubertät durchaus normal ist) darf nicht mit Mönchspfeffer behandelt werden.

Hornbeam (engl.): Weißbuche, Stockbottle Nr. 17 der → Bach-Blüten. Hornbeam eignet sich bei Überforderung und geistiger Erschöpfung. Die Blüte fördert die Energie und das Vertrauen in die eigenen Kräfte.

Huflattich (Tussilago farfara): Pflanze aus der Familie der Korbblütler (Asteraceae). Sie ist bei uns auf lehmigen und steinigen Böden nahezu überall zu finden, auch als »Unkraut« in den Gärten. Der Huflattich blüht sehr früh von Februar bis Mai und kündigt mit seinen leuchtend gelben Blüten als eine der ersten Pflanzen das nahende Frühjahr an. Gesammelt werden die Blüten im März, die Blätter im Juni und Juli. Huflattich wirkt entzündungshemmend, reizlindernd, schleimverflüssigend (sekretolytisch) und zusammenziehend (adstringierend). Auch in der Homöopathie werden die frischen Blätter verwendet.

Inhaltsstoffe: Schleimstoffe, Gerbstoffe, Kalium, Zink, Inulin, Flavonoide, Pyrrolizidinalkaloide.

Anwendungen: Huflattichtee, -sirup oder -tinktur wird bei Husten, Heiserkeit, Entzündungen im Mund-Rachen-Raum (in diesem Fall sollte der Tee gegurgelt werden) und Bronchitis empfohlen. Äußerlich angewendet (frisch zerquetscht oder als Absud) sind Huflattichblätter ein gutes Wundkraut. Das Rauchen getrockneter Huflattichblätter verschafft Asthmapatienten bisweilen Linderung.

! Bei längerfristiger oder hoch dosierter Anwendung können die in Spuren enthaltenen Pyrrolizidinalkaloide Tumoren der Leber verursachen.

Hühneraugen: schmerzhafte Verdickung der Hornhaut zu einem kleinen Kegel an den Füßen, meist an den Zehen, durch ständig einwirkenden Druck des Schuhwerks auf die Haut direkt über dem Knochen. Hühneraugen können auch durch zu enge, spitz zulaufende Schuhe verursacht werden, indem die Zehen zusammengedrückt und beim Gehen ständig aneinander gerieben werden.

Hormoneller Wirkungskreis

Das System, in dem das Wirken der Hormone geregelt wird, ist äußerst kompliziert. Impuls zur Hormonbildung, Produktion, Transport, anregende und hemmende Funktion der Hormone setzen ein hohes Maß an Abstimmung im Organismus voraus. Ein Eingriff von außen, sei es durch künstliche Hormongaben oder (in sehr viel geringerem Maß) durch Substanzen aus der Naturheilkunde, kann – ähnlich einem Dominoeffekt – völlig unvorhergesehene vielfache Auswirkungen in ganz anderen Bereichen des Organismus auslösen. Aus diesem Grund sind beispielsweise auch Anwendungen mit den hormonbeeinflussenden Substanzen des Mönchspfeffers und der Traubensilberkerze nicht völlig risikofrei.

Das nahe liegendste Mittel zur Vorbeugung und zur Linderung der Beschwerden bei Hühneraugen ist das Tragen von bequemen Schuhen • Die Abpolsterung der betroffenen Stellen mit Mull, Baumwolle oder Lammwolle, gut fixiert mit Pflaster, hilft, den Druck auf die gefährdete Stelle zu vermindern • Auch Fußbäder mit Kamillentee haben sich bewährt, weil die Hornhaut dadurch aufgeweicht wird; das Fußbad sollte etwa 15 Minuten lang dauern • Ein Fußbad mit Teebaumöl (5 bis 8 Tropfen Teebaumöl in eine Schüssel mit warmem Wasser geben und die Füße 10 Minuten darin baden) hat einen desinfizierenden Effekt; zudem lässt sich die Hornhaut nach einigen Tagen abziehen • Das gleiche Ergebnis kann eine Zwiebelscheibe hervorrufen, die mit einer Mullbinde auf dem Hühnerauge fixiert wird; sie verbleibt so lange dort, bis sich der Kern des Hühnerauges ablöst

Hände weg von »chirurgischen« Instrumenten. Denn durch eine unsachgemäße Bearbeitung des Hühnerauges können gefährliche Infektionen entstehen. Überlassen Sie solche »Operationen« Leuten, die in medizinischer Fußpflege ausgebildet sind.

Humoraltherapie (lat. umor = Feuchtigkeit, Flüssigkeit) → Aschner-Methode

Hundszunge (Cynoglossum officinale): Pflanze aus der Familie der Raublattgewächse (Boraginaceae). Die bis zu 80 Zentimeter hohe Staude wächst bei uns an sonnigen, steinigen und sandigen Stellen, direkt an Wegen und auf trockenen Viehweiden. Auffallend ist der höchst unangenehme Geruch, den die Pflanze verströmt. Gesammelt werden das Kraut und die Wurzeln. In der Homöopathie finden die frischen Wurzeln Anwendung.

Inhaltsstoffe: Alkaloide (Cynoglossin), Consolidin, Pyrrolizidinalkaloide, ätherisches Öl, Bitter- und Gerbstoffe.

Anwendungen: Das Kraut der Hundszunge wird abgekocht, wenn sie äußerlich bei Wunden und Geschwüren zur Anwendung kommen soll. Traditionell wird die Hundszunge auch bei rheumatischen Erkrankungen und Venenerkrankungen angewendet.

Von der innerlichen Anwendung wird inzwischen dringend abgeraten, weil der hohe Gehalt an Pyrrolizidinalkaloiden Tumoren der Leber verursachen kann.

Huneke-Phänomen → Neuraltherapie

Husten: Reflex, durch den Fremdkörper, Schleim oder andere Stoffe aus den Atemwegen durch den Mund ausgeworfen werden. Husten ist keine eigentliche Krankheit, sondern das Symptom einer Gesundheitsstörung. Man unterscheidet zwischen produktivem Husten, bei dem Bronchialsekret ausgeworfen wird. Unproduktiver Husten wie der trockene Reizhusten befördert dagegen keinen oder nur wenig Schleim nach oben. Bisweilen sind beide Hustenarten miteinander verbunden. Eine Erkältung beginnt oft mit trockenem Reizhusten, der dann in einen produktiven Husten übergeht.

Husten ist für unterschiedliche Atemwegserkrankungen charakteristisch. Wenn Ihre Beschwerden nach etwa einer Woche nicht langsam abklingen oder sich verstärken oder wenn grüner bzw. rötlich gefärbter Auswurf hinzukommt, sollten Sie unbedingt zum Arzt gehen, um eine schwer wiegende Erkrankung auszuschließen.

Um mit einem trockenen Reizhusten einund durchschlafen zu können, sind ein warmes Bad am Abend, heiße Milch mit Honig (oder mit aufgelösten Emser Tabletten) sowie ein gut durchlüftetes und befeuchtetes Schlaf-

Husten – Heilpflanzen

- Reizhusten: Eibisch, Isländisch Moos, Spitzwegerich
- Krampfartiger Husten und Keuchhusten: Thymian, Spitzwegerich, Primelwurzel
- Produktiver Husten: Thymian, Lindenblüten, Anis, Holunderblüten, Fenchel

zimmer hilfreich (Duftlampe oder Luftbefeuchter) • Um den produktiven Husten und damit den Schleimauswurf zu fördern, haben sich Inhalationen mit Eukalyptus, Thymian und Fenchel bewährt • Auch ein Vollbad mit Thymian-, Melissen-, Heublumen-, Fichtennadeln-, Eukalyptus- oder Latschenkieferzubereitungen bzw. -ölen wirkt schleimlösend • Eine Aromatherapie mit Eukalyptus- und Teebaumöl ist schmerzlindernd • Trinken Sie viel; auch das dämpft den Hustenreiz

Teemischung bei Reizhusten: 25 g Eibischwurzel, 20 g Isländisch Moos, 20 g Anisfrüchte, 20 g Fenchelfrüchte und 15 g Lindenblüten mischen. 6 TL der Mischung mit 3 Tassen Wasser aufgießen und 10 Minuten ziehen lassen. Aus weiteren 6 TL der Mischung einen Kaltauszug herstellen (Mischung 3 Stunden lang in 3 Tassen kaltem Wasser ansetzen) und dann mit dem Tee zusammenschütten. Die Flüssigkeit erwärmen und mit Honig süßen. 3 Tassen des Tees täglich trinken.

Hydrotherapie → Bädertherapie, → Kneipptherapie, → Wasseranwendungen

Hyperaktivität: chronische Unruhe, die auch als hyperkynetisches Syndrom (HKS) oder Aufmerksamkeits-Defizit-Störung (ADS) bezeichnet wird. Hyperaktivität ist eine Verhaltensstörung bei Kindern, die in den letzten Jahren erheblich zugenommen hat, wobei Jungen wesentlich häufiger betroffen sind als Mädchen. Hyperaktive Kinder können weder längere Zeit ruhig auf einem Platz sitzen, noch können sie sich auf etwas konzentrieren. Es ist ungeklärt, ob die Theorie, die Ursache sei eine minimale Hirnfunktionsstörung (ähnlich wie bei der Legasthenie), zutrifft. Wahrscheinlich ist zumindest, dass die Störung erblich bedingt ist. Keinesfalls ursächlich sind psychisch belastende Umstände; sie wirken jedoch verstärkend auf die vorhandene Störung.

Umstritten ist, ob phosphatreiche Ernährung die Hyperaktivität fördert; gleichwohl kann man eine phosphatarme Diät bzw. eine Weglassdiät (zur Feststellung eventueller allergischer Reaktionen) in Erwägung ziehen • Auch raffinierter Zucker steht im Verdacht, Hyperaktivität zu fördern • Therapeutische Hilfen sind bei Hyperaktivität wohl am sinnvollsten, etwa eine genau auf die Persönlichkeit des Kindes abgestimmte Familientherapie, heilpädagogische Betreuung, Sport-, Spiel- und Musiktherapien • Eine intensive Zuwendung (und Zuneigung) zum hyperaktiven Kind vonseiten der Eltern hat ebenfalls sehr positive Auswirkungen

Hyperthermie: Verfahren zur Erhöhung der Körpertemperatur von außen durch erhöhte Wärmezufuhr oder verminderte Wärmeabgabe. Neben der Sauna sind Überwärmungsbad, Wickel, Packungen und die Hochfrequenztherapie als Anwendungen der Hyperthermie zu erwähnen. In Verbindung mit Kaltanwendungen (beispielsweise Kaltwassergüssen oder kaltes Tauchbad nach Sauna) bewirkt das Verfahren eine Stärkung des Immunsystems. Vor allem der Saunagang und das Überwärmungsbad lösen zudem ein hohes Maß an Schweißabsonderung aus, was gesundheitsfördernde Aspekte hat.

Hyperaktivität von Kindern lässt sich mit gezielter Therapie, am besten in Spiel- oder Sportgruppen mit Betreuung, dämpfen.

Hypertonie (Bluthochdruck) → Blutdruckprobleme

Hyperventilation: übermäßige Steigerung der Atmung über das Normalmaß (16 bis 20 Atemzüge pro Minute) hinaus, mit der Folge einer zu starken Beatmung der Lunge. Vor allem das verstärkte Abatmen von Kohlendioxid führt zu einer Verschiebung des Säure-Basen-Gleichgewichts im Organismus. Dadurch können Schwindelgefühle und Krämpfe verursacht werden. Vor allem durch den Krampf der Bronchialmuskulatur leiden die Betroffenen unter Erstickungsängsten, was wiederum eine verstärkte Atmung zur Folge hat. Auf diese Weise geraten die Betroffenen oft in eine Angstspirale.

! Wenn sich die Atmung nach 30 Minuten nicht beruhigt, muss ein Arzt gerufen werden. Bis dahin sollte möglichst Ruhe bewahrt werden.

Bestimmte Atemtechniken, vor allem ein Training der Bauchatmung, sind hilfreich • Bei der so genannten Tütenatmung wird eine Papiertüte einige Minuten vor Mund und Nase gehalten (bitte nicht über den Kopf stülpen, Erstickungsgefahr!), um die Ausatmungsphase zu verlängern • Biofeedback und autogenes Training haben sich als Therapien bewährt • Auch Yoga oder Qi Gong kann zu einer Regulierung der Atmung beitragen

Hypervitaminisierung: Behandlungsweise, die davon ausgeht, dass die empfohlenen Dosen der täglichen Vitaminzufuhr zu gering sind (→ orthomolekulare Medizin) bzw. dass bei Krankheiten die Vitaminzufuhr erhöht werden muss. Eine bewusste Überdosierung von Vitaminen mit Hilfe von Präparaten sollte mit dem Arzt oder Heilpraktiker abgesprochen werden, weil es dabei zu gesundheitlichen Störungen kommen kann (vor allem bei einer Überdosierung der fettlöslichen Vitamine). Anerkannt ist mittlerweile die erhöhte Zufuhr von Vitamin C, um Erkältungskrankheiten vorzubeugen bzw. im akuten Fall zu lindern.

Hypnose (auch Hypnotherapie): eines der ältesten bekannten Heilverfahren. Heutzutage wird diese Therapieform, bei der der Patient in einen Trancezustand versetzt wird, vor allem zur Linderung chronischer Schmerzen angewendet. Auch in der Psychotherapie, bei der Geburtshilfe oder bei der Operationsvorbereitung haben sich verschiedene Hypnosetechniken bewährt. Hypnotisieren bedeutet, mittels Sinnesreizen einen veränderten Bewusstseinszustand hervorzurufen, durch den der Patient sich von der Außenwelt abwendet und sich ganz auf sein Innenleben konzentriert (siehe zu Hypnose das Special S. 203f.).

Hypotonie (zu niedriger Blutdruck) → Blutdruckprobleme

Hyperventilation – richtig atmen und entspannen

Es gibt verschiedene Therapien, mit denen man gezielt das richtige Atmen erlernen und üben kann.

• Empfehlenswert ist die Biofeedback-Therapie, bei der mit Hilfe von Geräten die Atem- und Herzfrequenz aufgezeigt wird bzw. generell, wie angespannt bzw. entspannt der Patient ist. Der Patient kann so – zunächst mit Hilfe des Geräts, später ohne dieses – kontrollieren, ob er richtig atmet. Die Messdaten helfen, das Verhalten zu ändern und sich zu entspannen.

• Autogenes Training unterstützt die richtige Atmung (Zwerchfellatmung) und kann in der konkreten Paniksituation der Hyperventilation zur Entspannung eingesetzt werden. Sie üben zunächst in Ruhe bestimmte Leitsätze, die sich für einen Hyperventilationsanfall eignen, beispielsweise: »Ich bleibe vollkommen ruhig und gelassen und atme ruhig und regelmäßig weiter.« Beim Anfall versuchen Sie dann, diese Leitformel einzusetzen.

Hypnose

Ein heilsamer Wachzustand

Hypnose ist seit Jahrtausenden auf der ganzen Welt eine wichtige Methode zur Linderung und Heilung von Beschwerden. Schon die alten Ägypter haben Hypnosetechniken angewendet, um Krankheiten zu behandeln. Anfang des 19. Jahrhunderts wurden die mittelalterlichen Ideen der Beeinflussung und Wunderheilung im so genannten Mesmerismus wieder aufgegriffen. Die medizinische Beschäftigung mit der Hypnose begann kurze Zeit später; der englische Arzt James Braid (1795–1860) erkannte als Erster die Mechanismen der Suggestion. Unter den Medizinern und Psychologen, die die Hypnose erforschten, war auch der Begründer der Psychoanalyse Sigmund Freud. Die Hypnose gehört zur so genannten Hetero- oder Fremdsuggestion, also der Suggestion (Eingebung, Beeinflussung) durch andere. Im Gegensatz dazu steht die Autosuggestion, die Selbstsuggestion, wie sie etwa beim autogenen Training erfolgt.

Ein besonderer Bewusstseinszustand

Jeder kennt bestimmte Bewusstseinszustände aus dem Alltag: Wenn die Welt »regelrecht versinkt«, etwa weil man ganz intensiv an etwas anderes denkt, einen »Tagtraum« erlebt oder ein spannendes Buch liest, dann liegt bereits eine Form von Autosuggestion vor. Dies ist allerdings noch kein hypnotischer Zustand. Die Hypnose bezeichnet einen künstlich hervorgerufenen seelischen bzw. Bewusstseinszustand, der oft als Trance bezeichnet wird. Es handelt sich dabei allerdings keineswegs um einen »künstlichen« Schlaf – auch wenn die Hypnose daher ihren Namen hat (das griechische Wort »hypnos« bedeutet »Schlaf«). Die Hypnose ist vielmehr ein spezieller Wachzustand, wie mit Hilfe des Elektroenzephalogramms (EEG) nachgewiesen werden kann. Die meisten Menschen sind hypnotisierbar, aber nur etwa 15 Prozent erreichen eine Tiefenhypnose.

▶ *Was ist Hypnotherapie?*

Mit dem Begriff »Hypnotherapie« ist die klinische Anwendung der Hypnose gemeint, die normalerweise mehrere Sitzungen umfasst und meist im Rahmen einer medizinischen oder therapeutischen Behandlung erfolgt. Vor einer Hypnosebehandlung ist eine gründliche medizinische Untersuchung erforderlich.

▶ *Was geschieht bei der Hypnose?*

Der Hypnotiseur klärt Sie zunächst über die Vorgänge auf. Sie sitzen, oder besser, Sie liegen auf einer Couch. Dann fixieren Sie einen Gegenstand (ein Pendel, einen Stift), und/oder Sie hören aufmerksam zu, was der Therapeut mit monotoner Stimme sagt. Sie schließen die Augen und gelangen in einen Zustand der Müdigkeit, bis schließlich der tranceähnliche Zustand einsetzt. Es folgen die Suggestionen, die für die Behandlung gedacht sind – je nachdem, ob es sich um physische oder psychische Probleme handelt. Der Therapeut beginnt, mit gezielten Fragen nach der Ursache des jeweili-

Angst vorm Zahnarzt? Einige Zahnärzte setzen bereits Hypnose zur Behandlung ein.

gen Problems zu forschen, und/oder er versucht mit formelhaften Sätzen, gezielt auf das Unterbewusstsein einzuwirken, um so die Störung zu beseitigen. Es kann auch sinnvoll sein, positive Erfahrungen zu aktivieren, etwa um traumatische Erlebnisse aufzulösen. Eine Sitzung endet immer mit einer gezielten Anleitung zur Auflösung der Trance. Geschieht dies nicht oder nur unvollständig, fühlt der Patient sich für den Rest des Tages müde, unruhig, benommen und schwindlig. Hypnosesitzungen dauern meist 30 Minuten.

Hypnose als Schmerzbehandlung

Egal, welches Behandlungsziel verfolgt wird – Hypnose geht immer mit einer körperlichen und seelischen Entspannung einher, weshalb sie von den Patienten häufig als eine angenehme Therapieform erlebt wird: Atem und Puls, Kreislauf, Stoffwechsel und Darmtätigkeit verlangsamen bzw. normalisieren sich, und der Blutdruck wird gesenkt.

Vor allem bei chronischen Schmerzen und psychosomatischen Erkrankungen kommt die klinische Hypnose zur Anwendung. Insbesondere bei chronischen Beschwerden wie Migräne, Allergien, Asthma, Magen- und Darmerkrankungen oder Neurodermitis werden mit diesem Verfahren gute Heilerfolge erzielt. Darüber hinaus hat sich Hypnose in den folgenden Situationen und Bereichen der Heilkunde bewährt:

- Zur Vorbereitung von Operationen
- Zur Linderung und Heilung von Verletzungen und Wunden
- Bei der Geburtshilfe
- In der Zahnheilkunde
- Zur Milderung von Koliken
- Bei psychischen Störungen

Im Bereich der seelischen Leiden kann die Hypnotherapie helfen, Ängste abzubauen, Depressionen und Hyperaktivitäten zu lindern, Schlaf- und Essstörungen zu beseitigen. Bei eingeschränktem Erinnerungsvermögen bzw. vorübergehendem Gedächtnisverlust (Amnesie), etwa bedingt durch einen Unfall, wird dieses Verfahren ebenfalls oft herangezogen, wobei die Erfolgsquote hier besonders hoch ist.

▶ *Darauf sollten Sie achten*

- Erkundigen Sie sich, ob der Hypnotiseur Ihrer Wahl umfangreiche Fachkenntnisse vorweisen kann. Zur Therapie von körperlichen Leiden empfiehlt sich, dass der Hypnotiseur eine medizinische Ausbildung hat. Bei der Behandlung von psychischen Leiden sollte eine begleitende psychotherapeutische Betreuung gewährleistet sein.
- Bevor der Hypnotiseur mit der Behandlung beginnt, ist es auf jeden Fall angezeigt, dass eine umfassende körperliche und psychologische Untersuchung durchgeführt wird.
- Mindestens ein vertrauensvolles Gespräch sollte vor Beginn der Behandlung zwischen Therapeut und Patient erfolgt sein. Viele Menschen haben Angst, während der Hypnose manipuliert zu werden. Diese Sorge sollte in dem Gespräch auf jeden Fall angesprochen werden. Der erfahrene Therapeut wird wissen, wie er sie entkräften kann. Außerdem hat sich gezeigt, dass die Hypnotherapie nur dann erfolgreich ist, wenn der Patient Vertrauen hat und von der Integrität des Hypnotiseurs absolut überzeugt ist.

Wer auf Hypnose verzichten sollte

- Menschen mit einem labilen Nervensystem sowie Kinder unter sechs Jahren
- Menschen mit akuten traumatischen Erlebnissen (Folter, Geiselnahme)
- Menschen mit psychotischen Erkrankungen

Idealgewicht: umstrittene Richtgröße für das menschliche Körpergewicht, bei der die Lebenserwartung am höchsten sein soll. Das Idealgewicht liegt um zehn Prozent für Männer bzw. 15 Prozent für Frauen unter dem Normalgewicht (= Körpergröße in Zentimeter minus 100) bzw. Sollgewicht. Das Idealgewicht (auch Broca-Formel) beruhte auf Berechnungen amerikanischer Versicherungsgesellschaften und gilt heute als überholt. Sinnvoller ist eine Gewichtsreduzierung nach dem → Bodymass-Index.

Immergrün (Vinca minor): Pflanze aus der Familie der Immergrüngewächse (Apocynaceae). Die nur 20 Zentimeter hohe Staude mit ihren langen liegenden Sprossen ist bei uns eine beliebte Zierpflanze und oft auf Friedhöfen und in Gärten zu finden. Sie wächst aber auch wild in trockenen schattigen Wäldern zwischen Steinen und anderen hochwüchsigen Büschen. Sie blüht von Mai bis September, gesammelt werden die Blätter. In der Homöopathie wird das gesamte blühende Kraut verwendet.

Inhaltsstoffe: Vincaalkaloide (Vincamin), Bitterstoffe (Vinzin), Gerbstoffe, Pektine.

Anwendungen: Traditionell wird das Kraut bei einer ganzen Reihe von Beschwerden angewendet, beispielsweise bei Zahnschmerzen, Nasenbluten, Menstruationsbeschwerden und Durchblutungsstörungen, bei Konzentrationsschwäche und bei Blutungen.

! Heute wird von der Anwendung des Immergrüns abgeraten, denn es besteht der Verdacht, dass dadurch eine Blutbildveränderung verursacht werden könnte.

Immersion (lat. immergere = eintauchen): Bezeichnung für den Vorgang des Eintauchens eines physikalischen Körpers in ein bestimmtes Medium (z. B. ins Wasser bei Heilbädern).

Immortellenöl: in der Parfümindustrie sehr beliebtes ätherisches Öl der Immortelle (Helichrysum angustifolium), einer gelben Strohblume, die bis zu 50 Zentimeter hoch wächst und ursprünglich aus Australien stammt. Das Öl ist hellgelb und hat einen süßen, honigähnlichen Duft. Als Aromaöl (→ Aromatherapie) wirkt es entzündungshemmend, antibakteriell, antiseptisch und ausgleichend auf den Geist. Das Immortellenöl verträgt sich gut mit den ätherischen Ölen von Bergamotte und Zitrone und hilft bei juckenden Hauterkrankungen; außerdem dient es zur Blutreinigung.

Immunmodulation (lat. immunis = unberührt, frei, modulari = regelmäßig bzw. rhythmisch abmessen): Heilverfahren, das auf die Beeinflussung des Immunsystems abzielt. Dabei geht es um eine Manipulierung der so genannten Immunantwort, d. h. der spezifischen Reaktionsweise des Organismus in der Bildung von Antikörpern zur Abwehr von körperfremden Stoffen. Das Abwehrsystem wird bei der Immunmodulation entweder angeregt (Immunstimulation) oder unterdrückt (Immunsuppression).

Immunstimulanzien (lat. stimulare = antreiben, anstacheln): zusammenfassende Bezeichnung für Substanzen, die das körpereigene Abwehrsystem (Immunsystem) auf verschiedene Weise aktivieren, es fördern oder bei Defekten

Die Immortelle liefert ein hellgelbes, nach Honig duftendes Aromaöl.

der Immunabwehr reparierend tätig werden. Bei den Immunstimulanzien wird zwischen Arzneipflanzen und pflanzlichen Stoffen, Extrakten aus Mikroorganismen, Impfstoffen sowie gentechnisch hergestellten physiologischen Immunmodulatoren unterschieden. Zu den bekanntesten pflanzlichen Immunstimulanzien zählen Echinacea und Thuja. Bestimmte tierische Immunstimulanzien (z.B. Thymusextrakte von Rindern) sind durch das Aufkommen der Rinderseuche BSE in Verruf geraten. Auch die Impfung zählt im weiteren Sinn zu den Immunstimulanzien, vor allem wenn damit abgetötete oder abgeschwächte Krankheitserreger in den Organismus eingebracht werden (aktive Immunisierung) und damit die Bildung von Antikörpern ausgelöst wird. Der Organismus ist so für mehrere Jahre für den »Ernstfall« präpariert, falls dieser Erreger einmal auftauchen sollte. Die Impfung kann auch Teil einer Immuntherapie sein.

Immuntherapie: mit medikamentöser Behandlung und anderen Maßnahmen ausgelöste Beeinflussung von Reaktionen des Immunsystems bei meist bösartigen Erkrankungen. Dazu zählen die Verabreichung von Immunsuppressiva (z.B. Zytostatika), die Zufuhr von Immunglobulinen (z.B. Gamma-Globulinen), die Röntgenbestrahlung und aktive spezifische (z.B. eine Schutzimpfung) oder unspezifische (z.B. mit Interferon) Immunstimulation. Bei der autohomologen Immuntherapie nach Kief wird Eigenblut oder Eigenurin des Patienten verwendet, um daraus Eiweißsubstanzen zu gewinnen, die nach gezielter Anreicherung oder Vermehrung meist mit einer Injektion wieder an ihn zurückgegeben werden (→ Eigenbluttherapie, → Eigenurintherapie, → Krebstherapien, → Zelltherapien).

Impatiens (engl.): Drüsentragendes Springkraut, Stockbottle Nr. 18 der → Bach-Blüten. Impatiens hilft unausgeglichenen, hektischen Menschen, ruhiger zu werden.

Impotenz → Potenzstörungen, → sexuelle Probleme

Individualpsychologie: tiefenpsychologische Theorie des Freud-Schülers Alfred Adler (1870–1937). Die Individualpsychologie betrachtet als Grundmotiv menschlichen Handelns das Streben, in einer Gemeinschaft aufgenommen und dort akzeptiert zu werden. Gemäß der Individualpsychologie sind für die Entstehung von Neurosen Minderwertigkeitsgefühle verantwortlich, die zu einem Streben nach Macht führen. Gelingt die Kompensation (Ausgleich) dieser Gefühle mittels Machterweiterung nicht, kann es zu Krankheiten (z.B. zu Hysterie) kommen. Die Individualpsychologie beeinflusste vor allem die Erziehungs- und Sozialarbeit.

Infektanfälligkeit → Abwehrschwäche

Infekt, grippaler → grippaler Infekt

Infrarotstrahlung (auch Infrarotlicht bzw. Ultrarotlicht): Infrarot nennt die Physik den im Rotspektrum liegenden, für menschliche Augen unsichtbaren Teil des Lichts. Die Infrarot-

Pflanzliche Immunstimulanzien

Von vielen Ärzten wird die Einnahme pflanzlicher Immunstimulanzien zur Vorbeugung, beispielsweise von Erkältungskrankheiten, befürwortet, von anderen als absolut wirkungslos abgetan. Die folgenden Pflanzen, die so gut wie keine Nebenwirkungen haben, besitzen spezifische Wirkungen auf das Immunsystem.

- Echinacea, Arnika: Vermehrung der so genannten Fresszellen
- Aloefrischextrakt, Thuja (Lebensbaum): Verbesserung des Zusammenspiels der Zellen
- Knoblauch: Vermehrte Bildung von Enzymen
- Minzöl: Vermehrte Antikörperbildung auf den Schleimhäuten

strahlung wird vom menschlichen Organismus als Wärme empfunden, weshalb sie hauptsächlich in der Wärme- und Bestrahlungstherapie Anwendung findet, etwa bei Hautproblemen oder Nebenhöhlenbeschwerden.

Ingwer (Zingiber officinale): Pflanze aus der Familie der Ingwergewächse (Zingiberaceae), die im tropischen Asien heimisch ist. Ingwer wird etwa einen Meter hoch und bildet einen kräftigen Wurzelstock aus. Seine Blüten sind gelb und haben eine der Schwertlilie ähnliche Form. Gesammelt wird der Wurzelstock, wenn die Blüten vertrocknet sind. Dazu muss die gesamte Pflanze ausgegraben werden. Ingwer wirkt stimulierend auf die Verdauung, durchblutungsfördernd, schweißtreibend, menstruationsfördernd und regt den Speichelfluss an. Ingwerwurzel wird auch in der Homöopathie angewendet.

Inhaltsstoffe: ätherische Öle (Zingiberen, Zingiberol, Citral), Scharfstoffe (Gingerole, Shogaole, Zingeron).

Anwendungen: Ingwer wird als Abkochung, Aufguss oder Tinktur traditionell bei Verdauungsproblemen verwendet. Auch als Küchengewürz wird er bei entsprechenden Beschwerden eingesetzt. Eine Anwendung von Ingwer ist angezeigt bei leichten Verlaufsformen akuter Ernährungsstörungen im Säuglingsalter (Dyspepsien). Darüber hinaus kommt Ingwer eine antiemetische Wirkung zu, d. h., er empfiehlt sich als Mittel gegen Brechreiz; speziell das Kauen von Ingerwurzel hat sich zur Vorbeugung gegen Reisekrankheit bewährt.

! Schwangere Frauen, die an Erbrechen leiden, sollten von Anwendungen mit Ingwer absehen.

Ingweröl: ätherisches Öl, das aus der Ingwerwurzel durch Wasserdampfdestillation gewonnen wird und einen würzig holzigen Duft hat. Das Aromaöl (→ Aromatherapie) wirkt anregend auf die Speichelproduktion sowie die Magensaftssekretion, es hat eine antiseptische und aphrodisierende Wirkung. Ingweröl lässt sich gut mit anderen Aromaölen, z. B. Cajeput, Rosmarin und Iris, mischen.

Ingwerwurzeln gehören auch zu den Heilgewürzen des indischen Ayurveda.

Inhalation (Kopfdampfbad): Wasseranwendung gegen alle Arten von Atembeschwerden und zur Linderung der akuten Symptome von Erkältungskrankheiten. Bei der Inhalation (→ Dampfbäder) wird heißer Wasserdampf eingeatmet (inhaliert) – entweder unter (Hand-)Tüchern über eine Schüssel gebeugt oder aus einem speziellen Gerät (Inhalator). Um die Wirkung des Wasserdampfs zu verstärken, können Heilpflanzen (z. B. Kamille, Salbei) oder ätherische Öle (z. B. Teebaumöl) dem heißen Wasser beigegeben werden. Es genügen ein paar wenige Tropfen des Aromaöls, um eine ausreichende (und wohlriechende) Anreicherung des Dampfs zu erzielen.

! Wasserdampf kann sehr heiß sein! Deshalb ist es angezeigt, erst vorsichtig zu testen, ob die Temperatur verträglich ist, bevor man tief einatmet.

Insektenstiche: Verletzung der Haut durch den Einstich eines Insekts mit nachfolgender Schwellung, Rötung und Juckreiz. Die Umgebung der Einstichstelle schwillt je nach Insektenart mehr oder weniger stark an. Sehr gefährlich kann ein Insektenstich werden, wenn er im Mund- oder Rachenraum erfolgt (z. B. beim Trinken oder Essen), weil durch die Anschwellung der Schleimhaut Erstickungsgefahr besteht. Für Menschen, die auf das Gift einer Insektenart (meist Bienen oder Wespen) allergisch reagieren, kann akute Lebensgefahr bestehen, wenn sie gestochen werden.

Maßnahmen zur Vermeidung eines Insektenstichs stehen naturgemäß an erster Stelle • Man sollte nicht in Hektik geraten, wenn ein Insekt um einen herumschwirrt, denn durch Abwehrbewegungen fühlt sich das Tier bedroht und sticht möglicherweise zu • Das Barfußlaufen auf Wiesen und Rasenflächen birgt die Gefahr, auf ein stechendes Insekt zu treten • Beim Essen und Trinken im Freien sollte man darauf achten, dass kein Insekt in den Mund gelangen kann (Gläser abdecken) • Schweißgeruch und Duftstoffe (Parfüm) locken Insekten an • In Gebieten mit Stechmücken ist die Verwendung eines Moskitonetzes empfehlenswert • Wenn ein Insekt zugestochen hat, verhindert man die Schwellung am besten durch das Auflegen von Eiswürfeln oder einem kalten Umschlag (eventuell in Essig tränken); wenn nichts anderes zur Hand ist, kann auch Schlamm bis zu dessen Trocknung aufgelegt werden • Teebaumöl wirkt antibakteriell und lindert den Juckreiz • Auch Tonerde wirkt abschwellend und juckreizlindernd

! Bienengiftallergiker, die im schlimmsten Fall einen allergischen Schock erleiden können, sollten ein vom Arzt verordnetes Notfallset mit sich führen, mit dem sie sich selbst behandeln können, bis ärztliche Hilfe eintrifft.

Integration, strukturelle → Rolfing

Interaktion, themenzentrierte (TZI; lat. inter = dazwischen, agere = bewegen): gruppendynamische Therapiemethode nach Cohn. Als die TZI bestimmende Faktoren werden das Ich (die Persönlichkeit des Einzelnen), die Themenstellung der jeweiligen Sitzung (das Es) sowie die Gruppe im Ganzen (das Wir) betrachtet. Ziel der TZI ist es, im Rahmen einer wohlwollenden Atmosphäre und mit Hilfe ausgewählter Themen zwischenmenschliche Erfahrungen herbeizuführen, die den Teilnehmern dabei helfen sollen, ihr Verhalten im positiven Sinn zu verändern.

Interferenzstromtherapie (lat. inter = dazwischen, ferre = bringen, tragen): Variante der → Elektrotherapie. Ziel der Interferenzstromtherapie ist es, mit Hilfe zweier Stromquellen Wellenüberlagerungen im menschlichen Organismus hervorzurufen, wodurch die Elektrizität im menschlichen Körper erhöht wird. Die Interferenzstromtherapie findet vor allem bei mangelhafter Durchblutung, Muskelschmerzen (Myalgie) sowie bei Schädigungen der Wirbelsäule Anwendung.

Iod → Jod

Ionisation → Luftionisation

Iris → Irisöl

Irisdiagnostik: hauptsächlich von Heilpraktikern angewendete, wissenschaftlich nicht gesicherte Diagnosemethode, die auf einer Analyse der Regenbogenhaut des Auges (Iris) beruht. Grundlage der Irisdiagnostik bildet die Annahme, dass Veränderungen der Iris Rückschlüsse auf allgemeine Gesundheitsprobleme sowie auf Schädigungen bestimmter Organe zulassen. Eine zentrale Rolle bei dieser Diagnoseform spielt der so genannte Irisschlüssel bzw. → Iriszirkel, der den menschlichen Körper in verschiedene Regionen aufteilt, die sich in der Iris widerspiegeln.

Irisöl: ätherisches Öl, das durch Wasserdampfdestillation aus den Wurzeln der Schwertlilie (Iris florentina und versicolor) gewonnen wird und einen blumig veilchenartigen Duft hat. Das Aromaöl (→ Aromatherapie) wirkt entwässernd und schleimlösend sowie anregend und harmonisierend auf den Geist. Irisöl kann gut mit den Aromaölen von Anis, Benzoe, Bitterorange und Ylang-Ylang kombiniert werden.

Iriszirkel: auf Ignaz Peczely (1822–1911) zurückgehende Bezeichnung für die so genannte Iristopografie; das sind »Augenkarten«, die jedem menschlichen Organ einen bestimmten Punkt bzw. Ort auf der Iris zuteilen. Die erste Iristopografie wurde 1881 erstellt; mittlerweile sind die Karten vielfach verändert und verfeinert worden.

Ischiasbeschwerden (Lumboischialgie): Beschwerden, denen eine Quetschung der Nervenwurzeln an der Wirbelsäule zugrunde liegt. Die starken Schmerzen können an der unteren Wirbelsäule auftreten und strahlen ins Gesäß oder in die Außen- und Rückseite der Oberschenkel bis in die Waden und Füße aus. Die Ursache für Ischiasbeschwerden liegt häufig in der Abnutzung der unteren Bandscheiben, die mit dem Alter an Elastizität und Höhe verlieren, wodurch die Wurzeln des Ischiasnervs gequetscht werden können und sich auch entzünden können.

! Die Beschwerden können auch das Symptom eines Bandscheibenvorfalls oder einer Bandscheibenverlagerung mit der damit verbundenen Lähmungsgefahr sein. Deshalb sollte unbedingt ein Arzt hinzugezogen werden.

Ischiasschmerzen lassen sich mit Bettruhe bei hochgelegten Beinen lindern, wobei Hüft- und Kniegelenke jeweils im 90-Grad-Winkel abgebogen werden • Feuchte Wärme in Form einer heißen Rolle (mehrere Frotteetücher zusammenrollen, mit heißem Wasser übergießen und nach Abkühlung auf 60 °C über die schmerzende Körperpartie rollen) ist ebenfalls wohltuend • Das Auflegen eines Heublumensacks dient der Schmerzlinderung ebenso wie eine Kartoffelpackung oder ein Lendenwickel • Chiropraktische und elektrotherapeutische Maßnahmen können ebenfalls zur Linderung beitragen • Vorbeugende Maßnahmen wie rückengerechtes Verhalten (Rückenschule) und regelmäßiger rückenfreundlicher Sport (Schwimmen, Aqua-Jogging, Wandern, Radfahren) sind günstig

Isländisch Moos, eine der Schleimdrogen schlechthin, hilft bei Bronchitis.

Isländisch Moos (Cetraria islandica): Pflanze aus der Familie der Flechten (Parmeliaceae). Isländisch Moos ist also kein Moos im eigentlichen Sinn; die bisweilen stark verzweigte olivgrüne bis grauweiße Laubflechte wächst im Gebirge auf windigen Kämmen, aber auch in lichten Bergwäldern, auf Mooren und Heideland. Die ganze Pflanze wird im Frühjahr und Herbst bei trockenem Wetter gesammelt. Sie wirkt reizlindernd, brechreizlindernd, schleimlösend und antikatarrhisch, außerdem belebend und stärkend (tonisierend). Die Flechtensäuren besitzen zudem eine leicht antibiotische Wirkung.

Inhaltsstoffe: über 50 Prozent Schleimstoffe (Lichenin), Bitterstoffe (Flechtensäure).

Anwendungen: Isländisch Moos findet Anwendung in Form von Abkochungen oder als Tinktur bei Brechreiz und Magenbeschwerden. Die Bitterstoffe machen es auch zu einem hervorragenden Mittel bei Appetitlosigkeit. Außerdem ist Isländisch Moos ein bewährtes Mittel zur Behandlung von Bronchitis und Bronchialasthma. Früher wurde die Heilpflanze auch bei Keuchhusten und Lungentuberkulose eingesetzt.

Iso-Komplex-Heilweise (IKH; griech. iso = ähnlich, gleichartig; lat. complexus = Zusammenfassung, Umfassen): Therapiemethode, die der so genannten Komplexmittelhomöopathie zugerechnet wird, obwohl sie sich von der → Homöopathie im eigentlichen Sinn abgrenzt. Die IKH greift auf Methoden der → Spagyrik zurück und verwendet für Komplexmittel nur pflanzliche Substanzen, ausgehend von der Annahme, dass sich die Heilwirkungen der verarbeiteten Pflanzen summieren. Bei der Auswahl und Verarbeitung liegt die Betonung auf den praktischen Erfahrungen bei der Herstellung pflanzlicher Urtinkturen. Die Heilweise der IKH steht nicht mit dem homöopathischen Wirkungsprinzip in Einklang. Die folgenden Heilmittel werden unterschieden: Ader- und Blutmittel, Stoffmittel, Lymphmittel, Gewebemittel, Konstitutionsmittel und Fluide.

Isometrische Übungen (griech.-lat. Maßgleichheit; auch isometrisches Training): Anspannung einzelner Muskeln ohne Bewegung. Isometrisches Training wird nach Sportverletzungen, Operationen (z. B. nach Herzoperationen), bei Erschlaffung der Muskeln nach einer langen Heilungsphase (etwa nach Brüchen) oder bei isometrischem Facelifting eingesetzt. Der entsprechende Muskel wird ein paar Sekunden lang maximal angespannt und anschließend wieder entspannt. Durch diese Anspannung gegen Widerstand wird – bei gleich bleibender Länge der Muskelfasern – der Muskeltonus (Muskelspannung) gesteigert, die Durchblutung gefördert und das umliegende (Binde-)Gewebe trainiert.

☛ Einige isometrische Übungen eignen sich gut zur Selbstbehandlung.

Isopathie (auch Isotherapie): von J. J. W. Lux (1776–1849) entwickeltes, die → Homöopathie variierendes Heilkonzept, das von der Annahme ausgeht, krank machende Stoffe könnten nach ihrer Potenzierung genau die Krankheit heilen, die sie hervorrufen. Die Heilmethode berücksichtigt im Gegensatz zur Homöopathie zu wenig die individuelle Symptomatik des Patienten und das Ähnlichkeitsprinzip.

Isometrische Übungen – für eine faltenfreie Gesichtshaut

Das isometrische Facelifting ist eine Methode, die die Gesichtsfalten ohne chirurgische Maßnahmen glätten will. Isometrisches Gesichtsmuskeltraining steigert den Muskeltonus, so dass sich schlaffe Haut wieder festigen kann, das kollagene Bindegewebe länger elastisch bleibt und die Durchblutung der Haut verbessert wird. Die folgenden Übungen sind eine kleine Auswahl des Faceliftings.

- Straffung des Kinns (Doppelkinns): Versuchen Sie bei zurückgelegtem Nacken die Unterlippe vor und in Richtung Nase hochzuschieben. Die Spannung ein paar Sekunden halten, dann wieder loslassen.
- Verringerung der Nasolabialfalten: Greifen Sie mit Daumen und Zeigefinger die Muskeln entlang der Nase-Mund-Falten, und halten Sie sie fest. Dann versuchen Sie, gegen diesen Widerstand den Mund zum Lachen zu verziehen. Die Spannung ein paar Sekunden halten, dann wieder loslassen.
- Gegen Krähenfüße an den Augenwinkeln: Kneifen Sie beide Augen ganz fest zusammen, und halten Sie die Anspannung für einige Sekunden. Dann öffnen Sie wieder langsam die Augen.
- Gegen Augenringe: Schließen Sie die Augen, bis auf einen kleinen Spalt. Dann versuchen Sie, gegen diesen Widerstand zu blinzeln. Anschließend schließen Sie die Augen wieder und entspannen sich.
- Gegen senkrechte Stirnfalten: Dehnen Sie die Falte mit Daumen und Zeigefinger. Gegen diesen Widerstand versuchen Sie, die Stirn wieder in senkrechte Falten zu legen. (Variante: Sie können auch einen glatten runden Gegenstand auf die Stelle drücken.)

Jakobskreuzkraut (Senecio jacobaea; auch Jakobskraut, Kreuzkraut): Pflanze aus der Familie der Korbblütler (Asteraceae), die auf grasigen Flächen Europas, Nordafrikas und Westasiens zu Hause ist. Die Pflanze wird bis zu einem Meter hoch und hat gelbe Blüten, die den ganzen Sommer über blühen. Gesammelt werden während der Blütezeit die gesamten oberirdischen Teile. Das Jakobskreuzkraut wirkt durchblutungsfördernd, stimulierend und erwärmend. In der Homöopathie finden die eng verwandten Senecio aureus und Senecio Fuchsii Anwendung.

Inhaltsstoffe: ätherische Öle, Phosphate, Oxalate, Pyrrolizidinalkaloide.

Anwendungen: Traditionell wird die Pflanze bei Husten und Frauenleiden eingesetzt. Als Salbe ist sie bei rheumatischen Beschwerden hilfreich.

! Das Jakobskreuzkraut ist aufgrund der Pyrrolizidinalkaloide für die Leber giftig und sollte deshalb nicht mehr innerlich angewendet werden.

Japanisches Pfefferminzöl → Pfefferminzöl

Jasminöl: mahagonifarbenes ätherisches Öl, das aus den Blüten des Jasmins (Jasminum officinale) gewonnen wird und intensiv blumig und nach Honig duftet. Die aus Persien kommende Kletterpflanze verströmt vor allem nachts einen intensiven Duft. Sie wurde ab dem 16. Jahrhundert auch in Europa aufgrund ihres Rufs als Aphrodisiakum angebaut. (Jasminblüten sind auf zahlreichen erotischen Darstellungen des asiatischen Raums abgebildet.) Das Aromaöl (→ Aromatherapie) wirkt aphrodisierend und antidepressiv und wird bei depressiven Stimmungen und Angstzuständen erfolgreich eingesetzt. Außerdem hat es eine krampflösende und Milch bildende Wirkung und wird bei Menstruationsbeschwerden sowie Rücken-, Glieder- und Muskelschmerzen angewendet. Seine euphorisierende Wirkung hat ihm zudem den Ruf eingebracht, die Libido zu stärken und damit auch sexuellen Problemen entgegenwirken zu können. Jasminöl lässt sich gut mit den ätherischen Ölen von Bitterorange, Rose und Sandelholz mischen.

Aromaöl aus Jasminblüten wirkt aphrodisierend und euphorisierend.

! Reines Jasminöl ist sehr teuer, weil aus 1000 Kilogramm Blüten, die von Hand gesammelt werden müssen, nur ein Kilogramm Öl gewonnen werden kann. Demzufolge sind viele Fälschungen, Verschnitte und ungekennzeichnete Mischungen mit anderen Ölen auf dem Markt.

Jing (chines.; gesprochen »dsching«): altchinesische Bezeichnung für Essenz (Wesen, Geist). Das Jing wird von der → traditionellen chinesischen Medizin als konstante, d. h. unveränderbare Substanz des menschlichen Organismus gedacht, wobei es zwei Arten von Jing gibt: die vererbte (vorgeburtliche) Essenz und die im Lauf des Lebens durch die Lebensweise erworbene (nachgeburtliche) Essenz.

Jin-Ye (chines.; gesprochen »dschingje«): Bezeichnung der → traditionellen chinesischen Medizin für die Körpersäfte. Zu den Körpersäften rechnet die altchinesische Medizin sämtliche im menschlichen Organismus vorhandenen Flüssigkeiten wie Urin, Blut, Speichel oder den der Verdauung dienenden Magensaft. Diese Flüssigkeiten werden in zwei Kategorien unterteilt: Während das Jin die dünn- und klarflüssige Gruppe der Körpersäfte bezeichnet, steht der Begriff »Ye« für die dicke und trübflüssige Gruppe. Nach chinesischer Ansicht entstehen die Körpersäfte in Blase, Lunge, Milz und Nieren. Bei Unausgewogenheit der Körpersäfte kommt es zu Blockaden des Organismus, die in der Folge zu Krankheiten führen können.

Jod (auch Iod): essenzielles Spurenelement, das im Darm fast vollständig resorbiert wird. Jod wird in der Schilddrüse gespeichert, wo fast der gesamte Jodbestand des menschlichen Organismus (etwa zehn Milligramm) ständig vorhanden sein sollte, da er zum Aufbau der Schilddrüsenhormone (Thyroxin und Trijodthyronin) benötigt wird. Von diesen Hormonen wird der so genannte → Grundumsatz (Energieverbrauch bei Körperruhe) gesteuert. Eine ausreichende Versorgung mit Jod (täglich benötigte Menge: 200 Mikrogramm) ist daher für den Stoffwechsel sehr wichtig. Die Jodversorgung der deutschen Bevölkerung weist allerdings ein deutliches Nord-Süd-Gefälle auf: Während in Norddeutschland die Versorgung durch den Verzehr von Meeresfischen und das Einatmen der Seeluft gesichert ist, besteht in Süddeutschland eine Mangelversorgung bei weiten Teilen der Bevölkerung, wobei nur etwa ein Drittel der Menge an Jod aufgenommen wird, die für einen reibungslosen Stoffwechsel wünschenswert wäre. Die meisten Lebensmittel weisen einen geringen Jodgehalt auf, weil in den Böden kaum Jod vorhanden ist. Nur Meeresfische (vor allem Schellfisch, Seelachs, Makrele, Kabeljau) und Meeresfrüchte können eine sichere natürliche Versorgung gewährleisten (→ Spurenelemente).

Jodmangelprobleme: Die am häufigsten äußerlich zu beobachtende Folge einer Jodunterversorgung ist die Entstehung eines Kropfs. Da nicht genügend Schilddrüsenhormone gebildet werden können, schwillt die Schilddrüse an. Die dadurch entstehende Unterversorgung verursacht eine Verlangsamung aller Körperfunktionen; so kann neben vielen anderen Erscheinungen auch Darmträgheit auftreten, die Haut kann trocken und schuppig werden, und die Neigung zu Infektionen wird verstärkt. Um einer Unterversorgung vorzubeugen, sollte die Nahrung mit Jod angereichert werden, etwa durch Algentabletten (aus dem Reformhaus) oder jodiertes Speisesalz.

! Bei Schilddrüsenfehlfunktionen sollte mit dem Arzt über entsprechende Nahrungsergänzungsmaßnahmen gesprochen werden, denn in manchen Fällen (etwa bei einer Schilddrüsenüberfunktion) kann es durch ein Zuviel an Jodaufnahme zu erheblichen Stoffwechselproblemen kommen.

Johannisbeere, Rote (Ribes rubrum): Pflanze aus der Familie der Stachelbeergewächse

Jod – unentbehrlich zur Bildung der Schilddrüsenhormone

Die Hormonproduzenten in der Schilddrüse, die Thyreozyten, suchen das Blut ständig nach Jodatomen ab, und wenn sie fündig werden, transportieren sie diese in ihr Inneres, wo die Jodatome in einem komplizierten Prozess an spezielle Eiweißmoleküle gebunden werden. Vereinigt sich ein Jodatom mit dem Eiweißmolekül, entsteht Monojodtyrosin; schaffen es zwei Jodatome, kommt es zur Bildung von Dijodtyrosin. Verbindet sich Monojodtyrosin mit Dijodtyrosin, so entsteht das lebenswichtige Schilddrüsenhormon Trijodthyronin (T3), das dann drei Jodatome besitzt. Verbinden sich zwei Dijodtyrosine miteinander, entsteht das zweite Schilddrüsenhormon mit vier Jodatomen, das Tetrajodthyronin (T4), das auch Thyroxin genannt wird. Von T3 und T4 wird der Energieverbrauch des Organismus gesteuert.

(Grossulariaceae). Der Strauch wächst bei uns in feuchten Gebüschen, an Ufern, in Laubwäldern und an vielen anderen Orten wild. Die kultivierte Gartenpflanze wird bis zu zwei Meter hoch und blüht im April und Mai. Gesammelt werden die reifen Beeren im Juli und August, ebenso die Blätter, keinesfalls aber die Stängel. Die Pflanze wirkt antiviral, d. h., ihre Wirkstoffe können Viren unschädlich machen.

Inhaltsstoffe: in den Früchten: Fruchtsäuren (Zitronen-, Äpfel- und Oxalsäure), Vitamin C, Pektin, Farbstoff; in den Blättern: Rutin, ätherisches Öl, Vitamin C, Gerbstoffe.

Anwendungen: Der Saft von Roten Johannisbeeren hat sich als linderndes Mittel bei Erkrankungen mit Fieber bewährt. Außerdem wirkt die Rote Johannisbeere durch ihre Fruchtsäuren (insbesondere wegen des hohen Anteils an Äpfel- und Zitronensäure) sehr erfrischend und durstlöschend.

Johannisbeere, Schwarze (Ribes nigrum): strauchartige Pflanze aus der Familie der Stachelbeergewächse (Grossulariaceae), die bei uns wild in feuchten Gebüschen, an Ufern, in Laubwäldern und an vielen anderen Orten wächst und in Gärten kultiviert wird. Die Schwarze Johannisbeere blüht im April und Mai, die Früchte werden im Juli und August reif. Gesammelt werden die reifen Beeren, Rinden und die Blätter. Die Pflanze wirkt entwässernd (diuretisch), pilzabtötend (fungizid) und antiviral.

Inhaltsstoffe: in den Früchten: bis zu 8 Prozent Fruchtsäuren, Vitamin C, Flavonoide, Anthocyane, Pektin, Farbstoffe; in den Blättern: Rutin, Flavonoide (insbesondere Kämperol- und Querzetinglykoside), ätherisches Öl, Vitamin C, Gerbstoffe.

Anwendungen: Die Schwarze Johannisbeere wird in Form von Tees (aus den Blättern), Fruchtsäften, Mus, Wein, Marmelade und natürlich auch als rohe Frucht bei Erkältungskrankheiten und Magenschmerzen angewendet, gelegentlich auch bei Keuchhusten. Als

Leuchtend gelb mit roten Tupfen: Johanniskraut wirkt stimmungsaufhellend.

Gurgelmittel ist sie hilfreich bei Entzündungen der Mundhöhle. Früher schrieb man den Schwarzen Johannisbeeren noch eine heilsame Wirkung bei Gicht, rheumatischen Erkrankungen und Migräne und als Blutreinigungsmittel zu.

Johanniskraut (Hypericum perforatum): Pflanze aus der Familie der Johanniskrautgewächse (Hypericaceae), die hierzulande auf trockenen Böden, sonnigen Wiesen, in Wäldern und unter Gebüschen bis zu 50 Zentimeter hoch wächst und von Juni bis August gelb blüht. Gesammelt werden die oberirdischen Teile der Pflanze zur Blütezeit. Johanniskraut wirkt entzündungshemmend, wundheilend, schmerzlindernd, zusammenziehend (adstringierend) und stimmungsaufhellend. Das Johanniskraut wird auch als Homöopathikum angewendet.

Inhaltsstoffe: Naphthobianthrone (Hyperizin), ätherische Öle, Gerbstoffe, Flavonoide.

Anwendungen: Johanniskraut hat sich vor allem als Tee, aber auch in anderen galenischen Zubereitungen (Frischpflanzenpresssaft, Kapseln und Tabletten) zur innerlichen Anwendung bei nervöser Erschöpfung, depressiven Verstimmungen (etwa während der

Jojobaöl, Grundbestandteil vieler Cremes, besitzt einen natürlichen UV-Filter.

Wechseljahre oder bei der so genannten Winterdepression) und bei anderen leichteren Verstimmungszuständen bewährt, wobei der positive Effekt meist erst nach einer Anwendungsdauer von mindestens sechs Wochen erzielt wird. Äußerlich angewendet ist Johanniskraut als Wundheilmittel bei Verbrennungen hilfreich.

! Johanniskraut darf wegen seines Einflusses auf die Serotonin-Melanin-Konzentration nicht bei bekannter Lichtempfindlichkeit der Augen und der Haut angewendet werden. Eine Sonnenbestrahlung sollte während der Anwendungsdauer vermieden werden.

Johanniskrautöl: aus Johanniskrautblüten gewonnenes Öl. Traditionell gelangte das Johanniskrautöl bei Erkrankungen von Leber und Gallenblase zum Einsatz. Besonders empfehlenswert ist die äußere Anwendung im Fall von Brandwunden ersten Grades, bei äußeren Verletzungen (z. B. Schürfwunden) sowie bei schmerzenden Muskeln (Myalgien). Innerliche Anwendungen sind mittlerweile umstritten, und es wird zunehmend davon abgeraten. Prinzipiell kann Johanniskrautöl bei Depressionen, Nervosität, Angst und psychosomatischen Störungen hilfreich sein. Johanniskrautöl ist ein geeignetes Trägeröl für Mischungen mit ätherischen Ölen.

! Johanniskrautöl sollte bei bekannter Lichtempfindlichkeit der Haut nicht angewendet werden, eignet sich dann also nicht als Trägeröl für Körperölmischungen.

Jojobaöl (gesprochen »Hohobaöl«): durch die erste Kaltpressung der Früchte des Jojobastrauchs (Simmondsia chinesis californica), der in Mexiko und Australien wächst, gewonnenes pflanzliches Öl, das eigentlich flüssiges Wachs ist und bei einer Temperatur von unter 10 °C fest wird. Durch diese Eigenschaft ist es länger haltbar (etwa zwei bis drei Jahre lang) als andere Öle. Jojobaöl dringt gut in die Haut ein und wirkt dort pflegend und schützend sowie feuchtigkeitsregulierend. Außerdem besitzt es einen natürlichen UV-Filter. Weil es nicht fettet, wird es gern für Gesicht und De-

Jojobaöl – Grundlage für Naturkosmetik

Die Eigenschaften des Jojobaöls machen es zu einem wertvollen Grundbestandteil für Kosmetikprodukte. Hier zwei Tipps für selbst gemachte Cremes und Lotionen, die Sie bis zu sechs Wochen (bei Aufbewahrung im Kühlschrank) gebrauchen können.

- Körperlotion: Je 1 Tropfen Benzoeöl, Neroliöl, Lavendelöl, Rosenöl und Bergamotteöl (oder eine Mischung Ihrer Wahl) mit 100 ml Jojobaöl mischen.
- Creme für trockene Haut: 100 ml Rosenwasser in 80 ml Jojobaöl rühren (beide sollten eine Temperatur von 70 °C haben) und 10 g (im Wasserbad) aufgelöstes Bienenwachs darunter rühren. Das Ganze auf 30 °C abkühlen lassen, dann je 5 Tropfen der ätherischen Öle von Geranie, Muskatellersalbei, Sandelholz und Jasmin untermischen.

kolletee verwendet, außerdem ist es für jeden Hauttyp geeignet. Es ist sehr beliebt als wertvolles Massage- und Pflanzenöl und ist Grundbestandteil vieler Cremes und Lotionen.

Joule (Abkürzung: J): nach dem englischen Physiker James Prescott Joule (1818–1889) benannte Maßeinheit für Energie, Arbeit und Wärmemenge. Die durch ein bestimmtes Nahrungsmittel erzeugte Energie wird heute meist in Joule bzw. in Kilojoule (kJ) und nicht mehr wie früher in Kalorien (cal) bzw. in Kilokalorien (kcal) gemessen. 1 Kilojoule (= 1000 Joule) entspricht 0,24 Kilokalorien (= 240 Kalorien).

Juckreiz: auf vielen möglichen Ursachen, meist Hauterkrankungen, beruhende Reizung der Haut. Die natürliche Reaktion auf den Juckreiz ist Reiben oder Kratzen, was wiederum zu Hautverletzungen bzw. zu verstärktem Juckreiz führen kann. Juckreiz ist oft quälend, zumindest unangenehm und kann zu Schlafstörungen führen. Fast alle Hauterkrankungen lösen Juckreiz aus, aber auch innere Krankheiten können dies durch Hautveränderungen bewirken. Jucken der Kopfhaut kann mit Schuppen oder aber mit Läusebefall zusammenhängen. Juckreiz im Afterbereich hängt meist mit Hämorrhoidalleiden zusammen; möglich ist auch Wurmbefall. Auch trockene Haut kann mit Juckreiz einhergehen.

! Auch wenn es schwer fällt: Bei Juckreiz sollte jedes Kratzen oder Reiben an der betroffenen Stelle unterbleiben, damit keine (weiteren) Entzündungen entstehen können. Schwerer Juckreiz, der erheblich die Nachtruhe stört, ist dagegen ein Fall für den Arzt, weil hier zunächst die Ursache festgestellt werden muss.

Leichterer Juckreiz kann durch verschiedene äußerliche Behandlungen bis zur Abheilung der betroffenen Stelle gelindert werden • Kompressen, die mit aus Abkochung gewonnenem Eichenrindenextrakt getränkt werden, haben sich bei Juckreiz des Afters (Hämorrhoidalleiden) bewährt • Die ätherischen Öle von Thymian oder Pfefferminze, direkt auf die juckende Stelle (nicht aber auf entzündete Haut) aufgetragen, wirken lindernd • Vollbäder mit einem Aufguss aus Haferstroh (100 g Haferstroh in 2 l Wasser aufkochen) haben sich ebenfalls bewährt • Bei Schuppen können Shampoos und Spülungen mit Teebaumöl hilfreich sein • Das Jucken trockener Haut (auch bei Neurodermitis) kann mit Ölbädern (Oliven-, Sesam- oder Weizenkeimöl) gemildert werden

Junkfood (engl. wertloses Essen): Bezeichnung für ernährungsphysiologisch nicht zu empfehlende Nahrung. Der Begriff hat sich auch im deutschen Sprachgebrauch für eine Nahrung durchgesetzt, die zwar oft billig ist, aber im Verhältnis zu dem, was sie an Inhaltsstoffen aufweist, keineswegs ihren Preis wert ist. Zu Junkfood zählen insbesondere zu süße oder zu salzige Gerichte sowie zu fettreiche Nahrung, die vor allem in Schnellimbissketten angeboten werden.

Junkfood und Fastfood

Nicht immer muss in einem Fastfoodlokal auch Junkfood angeboten werden. Oft ist dies aber der Fall, so dass schlechtes und schnelles Essen eine für die Gesundheit bedenkliche Verbindung eingehen. Vor allem Kinder und Jugendliche neigen zu einer solchen Kost im kindergerecht aufgemachten Fastfoodlokal, wodurch möglicherweise die Weichen für eine falsche Ernährung lebenslang gestellt werden. Wird diese Art der Ernährung zur Gewohnheit, ist die Wahrscheinlichkeit groß, dass es schon bald zu Gesundheitsstörungen kommt, die auf einen Mangel an lebenswichtigen Biostoffen zurückzuführen sind. Gegen Fastfood und Junkfood ist nichts einzuwenden, wenn sie nur manchmal neben einer gesunden Ernährung gegessen werden.

Kaffee (Coffea arabica, Coffea liberica, Coffea canephora): strauchartige Pflanze aus der Familie der Rötegewächse (Rubiaceae), die ursprünglich aus den tropischen Wäldern Afrikas stammt und bis zu fünf Meter hoch wird. Heute wird Kaffee in allen tropischen Gebieten, vor allem in Südamerika, angebaut. Der Kaffeestrauch ist dicht belaubt und hat kirschengroße Früchte, die in der Regel zwei Samen enthalten. Die völlig reifen Früchte können bis zu dreimal im Jahr geerntet werden. Nach Waschung und Trocknung werden die Samen vom Fruchtfleisch und dem Silberhäutchen befreit. Anschließend werden sie geröstet, wobei sich bei Temperaturen von bis zu 240 °C das Aroma und die braune Farbe entwickeln. Die dabei entstehenden Röstprodukte in der Bohne werden für Unverträglichkeiten in den Verdauungsorganen verantwortlich gemacht. Kaffee wirkt kreislaufanregend, erregend, stimulierend auf die Magensaftsekretion und vorübergehend leistungssteigernd. Kaffee (Coffea) wird auch als Homöopathikum bei Schlafstörungen und Migräne angewendet.

Inhaltsstoffe: in den grünen Bohnen: Purinalkaloide, Koffein, Chlorogensäure, Kaffeeöl (mit Diterpenalkoholen und Trigonellin); bei den gerösteten Bohnen entstehen aromatische Stoffe und Pigmente.

Anwendungen: Bei Neigung zu zu niedrigem Blutdruck (Hypotonie) kann eine Tasse Kaffee hilfreich sein. Die Kaffeekohle (entsteht bei der Röstung durch Verkohlen der äußeren Samenschicht) kann bei unspezifischen Durchfallerkrankungen lindernd wirken.

! Kaffee gehört zu den Genussmitteln und sollte nicht in größeren Mengen getrunken werden (höchstens drei Tassen am Tag). Übermäßiger Genuss kann zu erhöhtem Blutdruck, Schweißausbrüchen, Schwindel, Nervosität und Schlaflosigkeit führen.

Kakaobutter (Butyrum cacao, Cacao oleum): Fett, das aus den Samen (Kakaobohnen) des Kakaobaums, eines tropischen Malvengewächses, hergestellt wird. Der zwischen 45 und 60 Prozent betragende Fettanteil der Bohnen wird auch als Kakaoöl bezeichnet. Ein Nebenprodukt der Kakaogewinnung ist die Kakaobutter, die aus dem Abpressen des Fetts der Kakaomasse entsteht. Kakaobutter wird als Grundlage für die Schokolade- und Cremeherstellung und in der Arzneimittelkunde zur Herstellung von Zäpfchen benutzt.

Kakaosamen: vom Fruchtfleisch befreite, rohe Samen des Kakaobaums (Theobroma cacao), der aus dem nördlichen Südamerika stammt und heute über den gesamten Tropengürtel verbreitet ist. Der Baum trägt das ganze Jahr über Früchte, die fast 30 Zentimeter lang und über fünf Zentimeter dick sind und bis zu 50 Samen (Bohnen) enthalten. Neben der Kakaobutter enthalten die Kakaobohnen etwa 18 Prozent Eiweiß, zehn Prozent Stärke sowie ein bis drei Prozent anregend wirkendes Theobromin, eine bitter schmeckende, koffeinähnliche Substanz. Die Samen werden getrocknet und bei höchstens 150 °C geröstet, anschließend gebrochen, geschält und zur Kakaomasse gemahlen. Nach weiteren Verarbeitungsschritten entsteht schließlich das Kakaopulver für die (Trink-)Schokoladenherstellung. Kakao hat eine anregende, entwässernde und gefäßerweiternde (vasodilatatorische) Wirkung.

Inhaltsstoffe: Fett, Eiweiß und Kohlenhydrate, Theobromin, geringe Mengen an Koffein, organische Säuren (Zitronensäure, Oxalsäure, Essigsäure), Geruchs- und Geschmacksstoffe, phenolische Verbindungen.

Anwendungen: Die Samenschalen werden traditionell in Teemischungen bei Leber-, Blasen- und Nierenleiden und Diarrhö (Durchfall) angewendet. Kakao in Schokoladeform scheint die Produktion von Endorphinen (»Glückshormonen«) anzuregen.

! Es bestehen grundsätzlich keine Bedenken gegen den Konsum von Kakao, wobei man aber berücksichtigen sollte, dass Kakao und dessen Zubereitungen eine beträchtliche Menge an energieliefernden Nährstoffen (Kakaobutter) enthalten.

Kalium: Mineralstoff, der im Organismus vor allem für die Aufrechterhaltung des osmotischen Drucks wichtig ist (täglich benötigte Menge: 2000 Milligramm). Kalium kommt normalerweise in tierischen und pflanzlichen Nahrungsmitteln in ausreichender Menge vor, so dass man den benötigten Tagesbedarf aufnimmt (→ Mineralstoffe).

Kalmus (Acorus clamus): Sumpfpflanze aus der Familie der Aronstabgewächse (Araceae). Der aromatisch riechende Kalmus wird bis zu 1,50 Meter hoch und wächst wild an Teichrändern, Sümpfen und Wassergräben. Ursprünglich war die Pflanze im asiatischen Raum heimisch und kam während der Mongolenfeldzüge nach Europa. Heilkräftig ist der von den Wurzeln und Stängeln befreite Wurzelstock, der im Frühjahr oder im Herbst gesammelt wird. Auch die Homöopathie verwendet den Wurzelstock der Pflanze.

Inhaltsstoffe: Bitterstoffe (Acorin), ätherische Öle, Gerbstoffe, Alkaloide (Cholin), Schleimstoffe, Zucker, Stärke.

Anwendungen: Kalmus hat sich wegen seiner krampflösenden (spasmolytischen) Wirkung, aber auch aufgrund seiner Bitterstoffe vor allem bei Beschwerden im Magen-Darm-Bereich und bei verminderter Gallensekretion bewährt (Tee als Kaltauszug zubereiten). Als Badezusatz hilft er bei Nervosität und Schlaflosigkeit. Traditionell wird er auch als Mundwasser und Zahnpulver gebraucht.

Heilende Kraft der Wurzeln: Kalmus muss für einen Tee kalt angesetzt werden.

! Kalmus eignet sich nicht für den Dauergebrauch.

Kalorie (Abkürzung: cal, lat. calor = Wärme): gesetzlich nicht mehr zulässige Maßeinheit für Wärme. Die Kalorie dient der Messung der Wärmeenergie und wurde bis vor wenigen Jahren als Maßeinheit für den Energiewert von Nahrungsmitteln verwendet, der heute in → Joule gemessen wird. 1 Kalorie ist die benötigte Wärmemenge, um 1 Gramm Wasser von 14,5 °C auf 15,5 °C zu erwärmen.

Kaliumversorgung

Eine Kaliumunterversorgung kann durch eine zu geringe Nahrungsaufnahme, durch Störungen des Säure-Basen-Haushalts, durch Erbrechen und Durchfall, durch Abführmittel, durch Stress und auch durch Hormongaben entstehen. Bei Kaliummangel kommt es zu Übelkeit, Muskelschwäche, Lethargie, Blutdrucksenkung, Veränderungen des EKG und zum Auftreiben des Bauchraums. Bei der Nahrungsaufnahme sollte man die Tatsache berücksichtigen, dass Fette und Öle kaliumarm sind, Muskelfleisch, Gemüse, Obst (insbesondere auch Trockenobst), Getreide und Milchprodukte hingegen kaliumreich. Die Frucht mit dem höchsten Kaliumgehalt ist die Banane (1477 Milligramm pro 100 Gramm Gewicht).

Kaltanwendung: mit kaltem Wasser durchgeführte Anwendungen (→ Kneipptherapie) als Voll- oder Teilbäder, Duschen, Wickel, Waschungen oder Güsse zur Abhärtung und bei Durchblutungsstörungen (→ Kryotherapie).

☛ Kaltanwendungen eignen sich gut zur Selbstbehandlung.

Kalziferol (auch Vitamin D): gehört zu den fettlöslichen Vitaminen (täglich benötigte Menge: fünf Mikrogramm). Vitamin D ist wichtig für die Kalziumeinlagerung im Körper. Es kommt in tierischen Fetten, Eiern, Fischen (z. B. Sardinen, Aalen, Bücklingen) und Milch vor. Sonnenlicht fördert die körpereigene Vitamin-D-Produktion (→ Vitamine).

Kalzium: Mineralstoff (täglich benötigte Menge: 800 bis 1500 Milligramm; schwangere Frauen und stillende Mütter etwa 2000 Milligramm). Kalzium ist ein silbrig weißes Leichtmetall. Es oxidiert unter Sauerstoffeinfluss und trägt wesentlich zur Festigkeit der Knochen sowie der Zähne bei. Unser Körper enthält etwa 1,5 Kilogramm Kalzium, das hauptsächlich im Skelett gebunden ist. Darüber hinaus ist Kalzium u. a. mitverantwortlich für ein reibungsloses Funktionieren des Nervensystems und der Blutgerinnung. Bei Kalziummangel greift der Körper seine Vorräte an und entzieht den Knochen Kalzium. Das meiste Kalzium enthalten Milch und Milchprodukte; an erster Stelle bei Gemüse steht Grünkohl (200 Gramm Grünkohl enthalten so viel Kalzium wie zwei Gläser Milch), aber auch Löwenzahn, Spinat, Fenchel, Brokkoli und Mangold enthalten höhere Mengen an Kalzium (→ Mineralstoffe).

! Vegetarier, die auch keine Milchprodukte zu sich nehmen, sollten ihren Kalziumbedarf mit Mandeln, Nüssen und dunkelgrünem Gemüse decken.

Die Echte Kamille wirkt bei allen Arten von Entzündungen lindernd.

Kamille, Echte (Matricaria chamomilla oder recutita): Pflanze aus der Familie der Korbblütler (Asteraceae), die in ganz Europa auf Ödland, als »Ackerunkraut« und an Wegrändern wächst. Ein enger Verwandter ist die Falsche oder Geruchlose Kamille, die ebenfalls in Europa weit verbreitet ist, aber therapeutisch keinen Nutzen hat. Ein weiterer Verwandter ist die Römische Kamille, die ähnlich eingesetzt wird wie die Echte. Die Echte Kamille blüht von Mai bis August, gesammelt werden die Blüten und Blütenknospen im Juni und Juli. Die Pflanze wirkt wundheilend, antibakteriell, entzündungshemmend (antiphlogistisch), entkrampfend (spasmolytisch) und das Immunsystem stärkend. Die Kamille wird auch in der Homöopathie angewendet.

Inhaltsstoffe: ätherische Öle (Bisabolol), Flavonoide, Bitterstoffe, Cumarine.

Anwendungen: Die Kamille wird in Form von Teeaufgüssen, Tropfen und Extrakten innerlich zur Behandlung von entzündlichen und krampfartigen Erkrankungen des Magen-Darm-Trakts, bei Magengeschwüren, Blähungen, entzündlichen Hals-, Rachen- und Zahnfleischerkrankungen, Husten und Schnupfen sowie Menstruationsbeschwerden eingesetzt. Äußerlich kommen Umschläge bei entzündlichen Hautausschlägen und Krampfadern sowie Sitzbäder bei Entzündungen im Genital-

oder Afterbereich zur Anwendung. Vollbäder mit Kamillentee wirken schmerzstillend und beruhigend.

! Menschen mit einer Allergie gegen Korbblütler sollten Kamille nicht verwenden.

Kamillenöl: ätherisches Öl, das durch Wasserdampfdestillation aus den Blüten der Echten Kamille gewonnen wird. Das blaue Öl (mit dem entzündungshemmenden Wirkstoff Azulen) hat einen scharfen, kräuterartigen und leicht süßlichen Geruch. Dem Aromaöl (→ Aromatherapie) wird eine antidepressive, antibakterielle und antiseptische Wirkung zugeschrieben. Kamillenöl lässt sich gut mit den ätherischen Ölen von Lavendel, Rose und Zeder mischen. In diesen Mischungen kann es für die Duftlampe, das Riechfläschchen oder als Bade- und Massageöl eingesetzt werden.

Kampfer (Camphora): durch Wasserdampfdestillation aus dem Holz des in Südostasien beheimateten Kampferbaums (Cinnamomum camphora) gewonnener Wirkstoff. Grundstoff ist das fette, durchsichtige weiße Harz des Baums. Heute wird Kampfer meist industriell aus Inhaltsstoffen des Terpentinöls gewonnen. Kampfer wirkt erweichend und schmerzlindernd. Er wird auch in der Homöopathie angewendet (und zwar als Antagonist).

Anwendungen: Kampfer wird vor allem in Form von Kampferspiritus (zehn Prozent Kampfer auf 90 Prozent Weingeist) äußerlich als Einreibemittel bei rheumatischen Erkrankungen, entzündlichen Erkrankungen der Atemwege, bei Nerven- und Zahnschmerzen sowie bei Verrenkungen und Quetschungen erfolgreich angewendet.

Kampferöl: ätherisches Öl, das aus Holz und Wurzeln des Kampferbaums gewonnen wird. Der Geruch des Öls ist scharf und mit dem Geruch von Eukalyptus vergleichbar. Das Aromaöl (→ Aromatherapie) wirkt anregend auf die Herztätigkeit und desinfizierend. Angewendet wird es bei Erkältungskrankheiten und Schockzuständen; zudem hat es bei depressiven Verstimmungen eine aufmunternde Wirkung. Kampferöl wird am besten in Form einer 10- oder 20-prozentigen Kampferlösung in Oliven- bzw. Erdnussöl angewendet. Mischungen mit anderen Aromaölen (Eukalyptus und Bergamotte) sind möglich.

Kantharidenpflaster (auch Cantharidin- bzw. Cantharidenpflaster): zur ausleitenden Therapie (→ Ausleitung) gehörendes Mittel, das vor allem bei schmerzhaften Infektionen der Gelenke Anwendung findet. Seine heilsamen Wirkungen verdankt das Kantharidenpflaster dem aus der Spanischen Fliege (Lyttas vesicatoria) stammenden Stoff Cantharidin, der sich auch zum Einsatz bei Irritationen der Haut (z. B. bei Blasenbildung) eignet. Cantharidin kommt auch in der Homöopathie zum Einsatz.

Kapuzinerkresse (Tropaeolum majus): Pflanze aus der Familie der Kapuzinerkressengewächse (Tropaeolaceae), die in Südamerika beheimatet ist. Verwendet werden die oberirdischen Teile der Pflanze; aus ihnen wird auch ätherisches Öl gewonnen. Innerlich angewendet wirkt das Öl antibakteriell, antiviral und antimykotisch (hemmt das Wachstum von Bakterien, Viren und Pilzen), äußerlich angewendet wirkt es durchblutungsfördernd.

Inhaltsstoffe: ätherische Öle (Benzylsenföl).

Anwendungen: Das Öl der Kapuzinerkresse wirkt als Einreibung heilend bei Muskelschmerzen und rheumatischen Beschwerden sowie bei Wunden. Traditionell wird Kapuzinerkresse auch bei Mandelentzündungen und zur Stärkung des Immunsystems verwendet. Die innerliche Anwendung erfolgt heute in der Regel mit Kombinationspräparaten, die zur Behandlung von Infektionen der ableitenden Harnwege dienen.

! Kapuzinerkresse darf nicht bei Säuglingen und Kleinkindern zur Anwendung kommen.

Kardamom (Elettaria cardamomum): dreikantige Kapselfrucht einer tropischen Gewürzpflanzenstaude aus der Familie der Ingwergewächse (Zingiberaceae). Eingesetzt wird das aus den von der Kapselhülle befreiten Samen gewonnene Öl. Kardamom ist sekretionssteigernd und wirkt gegen Mikroben, Pilze und auch Viren.

Inhaltsstoffe: ätherische Öle (1,8-Cineol, Alpha-Terpinylazetat).

Anwendungen: In therapeutischer Hinsicht ist Kardamom vor allem bei einem Mangel an Magensaft und Gallensekreten sowie bei Verdauungsstörungen (Dyspepsie) angezeigt. Das Öl kann äußerlich bei Hauterkrankungen, Wunden und gegen Parasiten eingesetzt werden. Kardamom ist vor allem als Gewürz bekannt; auch in dieser Form kann es seine heilenden Eigenschaften entfalten.

Kardobenedikte → Benediktenkraut

Karies (Zahnfäule): häufigste Zahnerkrankung bei Kindern und Erwachsenen. Karies tritt als Loch im Zahnschmelz auf, das sich unbehandelt ständig vergrößert und schließlich den ganzen Zahn in Mitleidenschaft zieht. Ursachen für die Kariesentstehung sind in erster Linie Zahnbelag (Plaque), der sich aus Speiseresten, Bakterien und Speichel zusammensetzt, sowie Bakterien und Viren, die durch Lippen- und Zungenkontakt sowie durch gemeinsam benutztes Besteck übertragen werden können.

Leuchtende Farben: Kürbisse sind reich an Karotinen, den rotgelben Pflanzenfarbstoffen.

Die beste Vorbeugung gegen Karies ist eine effektive Zahnpflege (3-mal täglich); nach dem Essen kann ein zuckerfreier Kaugummi gekaut werden • Mindestens 1-mal jährlich sollte der Zahnarzt die Zähne auf Karies kontrollieren, wobei die Entfernung des Zahnsteins hilfreich sein kann • Essensreste zwischen den Zähnen sollten mit Zahnseide entfernt werden • Akute Zahnschmerzen können mit dem Auflegen eines feuchtkalten Umschlags auf die Wange gelindert werden oder indem einige Tropfen Nelken-, Myrrhen- oder Teebaumöl auf den Zahn geträufelt werden

Karlsbader Salz: Gemisch von Natriumsulfat, Kaliumsulfat, Natriumhydrogensulfat und Natriumchlorid. Karlsbader Salz wird als Abführmittel und als Grundlage von Trinkkuren (in bestimmten Kurorten) eingesetzt.

Karminativum (lat. carminare = reinigen): Mittel gegen Blähungen und Völlegefühl. Karminativa (z. B. Kümmel, Anis, Fenchel, Koriander, Wacholderbeeren) lassen die obere und untere Magenöffnung erschlaffen, so dass Gase entweichen können. Zudem unterstützen sie die Darmbewegung.

Karotine (Carotine): Gruppe von rotgelben Farbstoffen, die für die Farbe von Pflanzen verantwortlich ist. Bekanntester Vertreter ist das → Beta-Karotin, weitere Karotine sind Alpha-Karotin, Lutein und Lycopin. Karotine sind ungesättigte Kohlenwasserstoffe, die von der Ernährungswissenschaft zur Familie der Karotinoide gezählt werden. Karotinen werden die folgenden gesundheitsfördernden Eigenschaften zugesprochen: Sie sind hilfreich beim Aufbau der Schleimhäute, schützen die Erbsubstanz in den Zellen, wirken antioxidativ und bewahren den Organismus vor negativen Einflüssen durch Sonneneinstrahlung. Möglicherweise hemmen sie auch die Krebsentwicklung. Empfohlen wird eine tägliche Zufuhr von mindestens zwei Milligramm Karotinen. Besonders karotinhaltiges Gemüse und Obst sind Karotten, Gemüsefenchel, Tomaten, Kürbisse, Grünkohl und Aprikosen.

Kartoffelauflage (auch Kartoffelwickel): heiße Packung mit gekochten und flach gedrückten Kartoffeln. Anwendungen von Kartoffelauflagen sind angezeigt bei chronischen rheumatischen Beschwerden, Blähungen und Bauchschmerzen, krampfartigen Beschwerden der Harn- und Geschlechtsorgane, Verspannungen und Schmerzen der Rückenmuskulatur sowie bei Beschwerden im Lendenbereich (z. B. Hexenschuss) und bei Ischiasschmerzen.

! Bei akuten Entzündungen dürfen keine heißen Auflagen angewendet werden.

Kartoffelauflagen eignen sich gut zur Selbstbehandlung.

Kataplasma: Packung mit heißem Brei aus mineralischen Stoffen (z. B. Heilerde, Fango) oder pflanzlichen Bestandteilen (z. B. Leinsamen). Kataplasmaanwendungen empfehlen sich bei rheumatischen Beschwerden und Nervenschmerzen (Neuralgien). Des Weiteren kann ein Kataplasma bei Sportverletzungen und zur Linderung von oberflächlichen Hautentzündungen angewendet werden.

! Bei akuten Entzündungen dürfen keine heißen Packungen angewendet werden.

Die Auflage eines Kataplasmas ist auch für die Selbstbehandlung geeignet.

Kater: umgangssprachliche Bezeichnung für Beschwerden nach übermäßigem Alkoholgenuss am darauf folgenden Tag. Medizinisch gesehen wird der Kater durch die direkt giftige Wirkung des Alkohols, den Wasserverlust und einen abgesunkenen Blutzuckerspiegel verursacht. Ein Kater tritt meist mit stärkeren Kopfschmerzen (»Brummschädel«) sowie einer gesteigerten Licht- und Geräuschempfindlichkeit auf. Sollte der Alkoholgenuss am Abend mit Erbrechen beendet worden sein, stellt sich oft auch eine mehr oder weniger intensive Übelkeit ein, die die Nahrungsaufnahme zumindest in den ersten Stunden des neuen Tages unmöglich macht.

Viel Mineralwasser hilft, dem Kater schnell ein Ende zu bereiten • Magnesiumbrausetabletten gleichen einen Mangel an diesem Mineralstoff aus • Zusätzlich sollte der Blutzuckergehalt mit Fruchtgetränken oder mit Obst wieder auf sein normales Niveau gebracht werden • Gegen die Kopfschmerzen hilft beispielsweise Melissentee (1 TL Melisse mit 1 Tasse kochend heißem Wasser überbrühen, 10 Minuten ziehen lassen)

! Keinesfalls sollte »am Morgen danach« der Alkohol mit einem Gläschen »aufgefrischt« werden – auch wenn der Körper dem nicht abgeneigt wäre. Die unangenehmen Folgen würden sich vervielfachen.

Katzenpfötchen, Gemeines (Antennaria dioica): Pflanze aus der Familie der Korbblütler (Asteraceae), die bei uns auf sonnigen Hügeln, auf Waldlichtungen und an Berghängen wächst. Sie hat rosarote (weibliche) und weiße (männliche) Blüten, die von Mai bis Juli gesammelt werden.

Inhaltsstoffe: Ursolsäure, ätherisches Öl, Luteolinglykoside.

Bei Katerstimmung keinen Kaffee

Es erscheint nahe liegend, dass man sich einen kräftigen Kaffee braut, mit dem man den unliebsamen Folgeerscheinungen der alkoholischen Ausschweifungen des letzten Abends »auf den Pelz« rückt. Doch das wäre grundfalsch. Wie Alkohol wirkt auch Kaffee harntreibend, und der Flüssigkeitsverlust würde sich weiter erhöhen. Dies wiederum würde die Katersymptome verstärken und den unangenehmen Zustand verlängern, anstatt zu verkürzen. Wesentlich sinnvoller sind neben Mineralwasser Tees: Melissen-, Kamillen- oder Schafgarbentee.

Das Kefirferment kann bei guter Pflege literweise Kefir produzieren.

Anwendungen: Mit dem Aufguss der Blüten werden bei Katarrh, Blasenleiden, Durchfall und rheumatischen Erkrankungen gute Heilerfolge erzielt. Außerdem findet der Aufguss als Nieren- und Blasentee Verwendung.

Kawa-Kawa (Piperis methystici rhizoma; auch Kava-Kava): Wurzelstock des Rauschpfeffers (Piper methysticum). Die zur Gruppe der Pfeffergewächse (Piperaceae) zählende Kawa-Kawa stammt aus Polynesien, wo sie seit langem als Heilmittel bekannt ist, andererseits auch zur Erzeugung rauschhafter Zustände bei Zeremonien geschätzt wird. Die Homöopathie setzt Kawa-Kawa ebenfalls ein.

Inhaltsstoffe: Kavalaktone.

Anwendungen: Kawa-Kawa wirkt sowohl entspannend als auch euphorisierend und eignet sich deshalb gut als Mittel bei Angst- und Spannungszuständen. Ebenso positiv wirkt die Droge bei Erschöpfungszuständen.

Kefir: Sauermilchgetränk von sämiger Konsistenz, das aus dem kaukasischen Bereich zu uns kam. Kefir wird mit Kulturen aus Milchsäurebakterien und Hefe hergestellt, wobei als Hefe Candida kefir verwendet wird, der eine Milchsäuregärung auslöst (mit Entstehung von Alkohol und Kohlendioxid). Kefir ist in verschiedenen Sorten auf dem Markt. Im normalen Lebensmittelhandel wird der originale Kefir meist nicht angeboten, oft stehen hierzulande nur kefirähnliche Sauermilcherzeugnisse, die ausreichend haltbar sind, in den Regalen. Die Milchsäure des Kefirs wirkt sich positiv auf den Säure-Basen-Haushalt aus, sie verstärkt die Besiedelung des Darms mit erwünschten (physiologischen) Bakterien und wirkt Fäulnisbakterien im Verdauungstrakt entgegen. Speziell die rechtsdrehende Milchsäure verbessert auch die Tätigkeit des Herzmuskels.

Kehlkopfentzündung: meist Begleiterscheinung oder Folge einer Erkältungskrankheit durch eine Bakterien- oder Virusinfektion. Die Entzündung kann auch im Rahmen einer Allergie gegen Blütenpollen, Arzneimittel oder andere Substanzen auftreten. Ebenso kann die Überbeanspruchung der Stimme zu einer

Kefirherstellung – so wird's gemacht

Für die Kefirherstellung brauchen Sie Kefirferment, das Sie im Fachhandel beziehen können.

- Geben Sie 1 l Milch (Trinkmilch vorher zum Sieden bringen, H-Milch direkt verwenden) in ein verschließbares Gefäß. Dieses sollte nicht ganz gefüllt sein, damit es noch geschüttelt werden kann.
- Setzen Sie dieser Milch ca. 20 g Kefirferment zu.
- Verschließen Sie das Gefäß, und lassen Sie das Ganze 18 bis 48 Stunden an einem lichtgeschützten Ort bei Zimmertemperatur gären. Schütteln Sie hin und wieder das Gefäß. Wenn Kefir länger gärt, wird er herber im Geschmack.
- Nach Ablauf der Gärung gießen Sie den Kefir durch ein Sieb, um das Kefirferment herauszufiltern. Der Kefir ist jetzt fertig (trinkfertig). Im Kühlschrank hält er sich ca. 14 Tage lang.

Kehlkopfentzündung führen, aber auch Rauch, Gas, chemische Substanzen, Staub, heißer Wasserdampf und andere äußere Einflüsse haben bisweilen diese Auswirkung. Die Entzündung geht einher mit Heiserkeit bis zum zeitweiligen Stimmverlust, mit Schluckbeschwerden, Atemnot, trockenem Reizhusten, Schmerzen und Schwellungen in der Kehlkopfgegend und – bei einer Infektion – erhöhter Temperatur.

! Sollten die Beschwerden nicht nach spätestens zwei Wochen abklingen, muss eine ärztliche Untersuchung erfolgen, um schwer wiegende Erkrankungen auszuschließen.

Die Schonung der Stimme, verbunden mit erholsamer mehrtägiger Bettruhe, ist das probateste Mittel zur Genesung • Ist dies nicht möglich, sollte zumindest vermieden werden, viel und laut zu sprechen und sich in rauchigen und überheizten Räumen aufzuhalten • Auch Kälte und nasskalte Luft sollten gemieden werden • Trinken Sie keine kalten Getränke • Gurgeln mit Teebaumöl, Kamille oder Salbei wirkt lindernd • Halswickel mit Kartoffeln oder Zwiebeln unterstützen die Regeneration der angegriffenen Rachenschleimhäute (5 gekochte und zerdrückte Kartoffeln bzw. 5 zerhackte warme Zwiebeln auf einem Tuch verteilen, das Tuch einschlagen und so um den Hals legen, dass es vom Kinn bis zu den Schultern reicht, um den Wickel noch ein weiteres Tuch wickeln) • Inhalationen mit Teebaumöl oder Kamille erreichen auch die tieferen Halsregionen

Salbeitee zum Gurgeln: 1 EL Salbei mit 150 ml kochend heißem Wasser übergießen und 10 Minuten ziehen lassen. Mit dem abgekühlten Aufguss 10 Minuten gurgeln.

Kent-Repertorium: nach dem amerikanischen Arzt James Tyler Kent (1849–1916) benanntes, in der → Homöopathie verwendetes Verzeichnis von Symptomen und den dazugehörigen homöopathischen Arzneimitteln (→ Repertorisierung).

Keuschlamm → Mönchspfeffer

Kiefer (Pinus sylvestris): Baum aus der Familie der Kieferngewächse (Pinaceae), der in ebenen Landschaften auf sandigen Böden wächst. Die Kiefer (→ Latschenkiefer) wird bis zu 25 Meter hoch, ihre etwa fünf Zentimeter langen Nadeln sind immergrün und bilden an den Enden der Zweige kleine Büschel. Gesammelt werden Ende Oktober jedes zweiten Jahres die kleinen Samenzapfen, die 18 Monate zur Reife brauchen, die jungen Triebe und Nadeln. Die Kiefer wirkt sekretbildend und schwach antiseptisch. Die frischen Sprossen der Kiefer werden auch in der Homöopathie angewendet.

Inhaltsstoffe: in den Nadeln ätherisches Öl, Harz, Wachs, Vitamin C, Picein; in den Sprossen Pinipicrin.

Anwendungen: Die Triebe und Zapfen werden als Teeaufguss, Sirup oder Tinktur bei Luftröhrenkatarrh und leichten Infekten der oberen Luftwege angewendet. Die Kiefernnadeln werden als Öl für Vollbäder, Duftlampen und Salben bei entzündlichen Erkrankungen der Atemwege, aber auch bei leichten Muskel- und Nervenschmerzen eingesetzt.

Kinesiologie (griech. kinesis = Bewegung, logos = Sinn, Geist, Gesetz): von dem amerikanischen Chiropraktiker George Goodheart entwickeltes diagnostisches und therapeutisches Verfahren, das von der Erkenntnis ausgeht, dass Muskelpartien des Menschen miteinander in Verbindung stehen – mehr noch, dass sie mit Organsystemen und Körperteilen korrespondieren. Durch bestimmte Tests geben Muskeln Auskunft über das Energieniveau des Körpers. Hier berührt sich der chirotherapeutische Ansatz mit der traditionellen chinesischen Medizin: Die Kinesiologie berücksichtigt das chinesische → Meridiansystem. Sie ist auch von der Stressforschung beeinflusst (siehe zu Kinesiologie das Special S. 224f.).

Kinesiologische Anwendungen sind nach einer Einführung und Muskeltests durch den Kinesiologen zur Selbstbehandlung geeignet.

Kinesiologie

Gesund durch Berührung

Zu Beginn der sechziger Jahre kam George Goodheart auf die Idee, im Rahmen der Physiotherapie spezielle Muskeltests durchzuführen, um sich dadurch Erkenntnisse über den Gesundheitszustand der Patienten zu verschaffen. Er stellte verschiedene Schwächezustände fest und fand heraus, dass ein träges Lymphsystem mit ein Grund war. Darüber hinaus beschäftigte er sich mit der Beziehung einzelner Muskeln zu den inneren Organen und ihrer Verbindung mit den Meridianen. Hieraus entwickelte Goodheart dann den kinesiologischen Muskeltest.

Der Muskeltest

Häufig wird der so genannte Deltamuskel am Oberarm getestet. Der Patient steht mit ausgestrecktem linken oder rechten Arm. Der Kinesiologe drückt den Arm am Deltamuskel leicht nach unten.

- Bleibt der ausgestreckte Arm in derselben Position, so testet der Muskel stark. Der Patient verfügt also über ein ausreichendes Energieniveau.
- Bleibt der ausgestreckte Arm nicht in derselben Position, sondern sinkt er nach unten oder fängt an zu zittern, so testet der Muskel schwach. Der Patient verfügt also über wenig Energie auf dem zu diesem Muskel gehörenden Meridian.

Diesen einfachen Test kann man nun erweitern, beispielsweise indem sich der Patient positive und negative Situationen vorstellt oder indem er etwas isst. Auf letztere Weise können Nahrungsmittel getestet werden, die den Patienten negativ oder positiv beeinflussen.

Sinnvoll ist, mehrere Muskeltests zu machen, vor allem die den Hauptmeridianen zugeordneten Muskeln auf ihren energetischen Status hin zu überprüfen.

Andere Methoden

Der Muskeltest ist ein wichtiger diagnostischer Teil der Kinesiologie. Inzwischen werden verstärkt so genannte Kinesiometer eingesetzt, mit denen die Spannkraft der Muskeln gemessen wird.

Ist die Muskelschwäche erfasst, können die betreffenden Muskeln bzw. die zugrunde liegenden Meridiane gezielt gestärkt werden, damit die Energie (chinesisch Qi) wieder gleichmäßig fließen kann.

! Der Test sagt nichts über mögliche Krankheiten aus; er zeigt nur Ihr momentanes Energieniveau an.

Kinesiologische Übungen für den Alltag

Die folgenden Übungen können Sie problemlos selbst durchführen.

▶ *Mit der V/H-Haltung entspannen*

Diese Übung des Vorn- bzw. Hintenhaltens dient zur Stressminderung.

- Stellen Sie sich entspannt hin, oder setzen Sie sich auf einen Stuhl.
- Legen Sie eine Hand quer auf die Stirn, die andere an Ihren Hinterkopf.
- Denken Sie an etwas Positives, oder prägen Sie sich einen Leitsatz ein, beispielsweise ein Vorhaben, das Sie umsetzen wollen.

▶ *Den Rücken stärken und das Gehirn aktivieren*

Die Übung aktiviert die beiden Gehirnhälften und trainiert die Rückenmuskeln.

- Stellen Sie sich aufrecht hin, die Arme hängen neben dem Körper herab.
- Beugen Sie nun den rechten Arm, und heben Sie gleichzeitig das linke Bein hoch. Beugen Sie sich mit dem Oberkörper vor, so

dass sich Ellbogen des rechten Arms und linkes Knie berühren.

- Wechseln Sie dann Arm und Bein.

▶ ***Den Zentralmeridian »bürsten«***

Die Übung stärkt das Allgemeinbefinden. Der Zentralmeridian (= Dienergefäß) verläuft in der Mitte der Körpervorderseite von der Unterlippe über Kinn, Brust, Bauchnabel, Schambein bis zum so genannten Dammpunkt.

- Stellen Sie sich aufrecht hin, und fahren Sie mit der flachen Hand etwa drei Zentimeter über der Haut Ihren Zentralmeridian entlang – vom Kinn bis zum Schambein.
- Streichen Sie mehrmals auf und nieder, und beenden Sie das »Bürsten« mit einer Aufwärtsbewegung.

▶ ***Die Konzentration stärken***

Die Übung erfrischt und stärkt das Konzentrationsvermögen.

- Setzen Sie sich auf einen Stuhl, und legen Sie Ihr rechtes Bein über das linke (oder auch umgekehrt).
- Umfassen Sie zunächst mit der rechten Hand die Ferse des übergelegten Beins. Legen Sie dann die linke Hand auf den Fußrist, und bleiben Sie so eine Weile sitzen.
- Spüren Sie Ihren Empfindungen nach.
- Dann führen Sie das Ganze mit dem anderen Bein aus.

▶ ***Tapping – Klopfen der Stärkungspunkte***

Durch unregelmäßiges Klopfen der so genannten Meridianstärkungspunkte (Tappingpunkte) werden Sie mit Energie versorgt.

- Der Tappingpunkt des Dreifachen-Erwärmer-Meridians liegt auf dem vorderen Handrücken in einer Vertiefung hinter den Knöcheln des Zeige- und Mittelfingers. Diese Stelle klopfen Sie – nacheinander an beiden

Muskeltest am Deltamuskel. Der kinesiologische Muskeltest zeigt das momentane Energieniveau an.

Händen – in unregelmäßigem Rhythmus etwa 30 Sekunden lang. Am besten tun Sie dies zwischen 21 und 23 Uhr.

- Der Tappingpunkt des Herzmeridians liegt an der Kuppe des kleinen Fingers. Diese Stelle klopfen Sie – nacheinander an beiden Händen – in unregelmäßigem Rhythmus etwa 30 Sekunden lang. Die beste Zeit für den Herzmeridian ist von 11 bis 13 Uhr.

Wann hilft Kinesiologie?

Kinesiologie dient der Verbesserung des Allgemeinbefindens und hat sich bei der Behandlung von ganz unterschiedlichen Beschwerden bewährt. Zu den wichtigsten gehören:

- Nervöse Magenbeschwerden
- Allgemeine Stressbeschwerden
- Verdauungsstörungen
- Rücken-, Kopf- und Nackenschmerzen
- Chronische Erschöpfung
- Infektanfälligkeit
- Angstzustände
- Lethargie
- Konzentrationsstörungen

Kinesiotherapie → Bewegungstherapie

Kippschwingungstherapie (auch Elektroakupunktur, Impulstherapie, Pulstherapie): dient der Beseitigung so genannter Energieblockaden oder -störungen bzw. der Behebung örtlicher Energiedefizite. Bei der Kippschwingungstherapie gelangen Stromimpulse mit niedriger Schwingungszahl (10-Hertz-Festfrequenz) zur Anwendung, wobei Apparate der so genannten Elektroakupunktur nach Voll (EAV) verwendet werden. Es lassen sich drei Typen von Strom(im)pulsen unterscheiden: negative und positive Strompulse sowie so genannte Wechselpulse. Die wichtigsten Stromanwendungsweisen bezeichnet die Kippschwingungstherapie als Moxen (starke, kurzzeitige Stromimpulse), Berollen (Einsatz der Rollelektrode bei der Behandlung von Körperflächen), Schraffieren (schmerzpunktbezogenes Hin- und Herbewegen der Stromquelle) sowie Durchfluten (Einsatz von Plattenelektroden, um ein »Kribbeln« hervorzurufen).

Kirlian-Fotografie: von der Schulmedizin als unwissenschaftlich abgelehnte fotografische Diagnosemethode. Die Kirlian-Fotografie – in den vierziger Jahren von dem russischen Ehepaar Semjon und Valentina Kirlian entwickelt – geht von der Annahme aus, dass sich die so genannte Korona (auch Aura bzw. bioenergetisches Feld) eines Lebewesens auf einen fotografischen Film bannen lässt, nachdem der zu fotografierende Teil (das Blatt einer Pflanze oder eine Fingerkuppe bzw. Fuß, Hand etc. eines Patienten) von einer elektrischen Ladung durchströmt worden ist. Eine gleichmäßige klare Aura ist demnach ein Anhaltspunkt dafür, dass der betreffende Mensch gesund ist; eine verschwommene trübe Aura deutet auf eine mögliche Gesundheitsstörung oder eine bevorstehende Erkrankung hin.

Bei der Klangschalenmassage werden Klangschalen auf dem Körper des Massierten platziert und in Schwingung versetzt.

Klangtherapie: Verwendung von Klängen unterschiedlichster Art (Mantras und andere religiöse Gesänge, rhythmisches Sprechen, Töne, Geräusche) zu Heilzwecken. Die Klangtherapie vertritt die Auffassung, dass sich die dem menschlichen Organismus eigenen Schwingungen bzw. auch die Gehirnströme (und damit letztlich auch Organe) durch Klänge im positiven Sinn beeinflussen lassen. Vorformen der Klangtherapie sind schon sehr alt. So werden beispielsweise beim chinesischen → Qi Gong so genannte heilende Laute angewendet, die bestimmte Meridiane und damit Organe beeinflussen sollen. Eine Sonderform ist die Verbindung von Massage und Klangtherapie bei der Klangschalenmassage. Dabei werden auf bestimmten Körperstellen des Patienten tibetische Klangschalen platziert und dann in Schwingung versetzt.

☛ Bestimmte Formen der Klangtherapie sind zur Selbstbehandlung geeignet.

Klebereiweiß → Gluten

Klette (Arctium lappa): Pflanze aus der Familie der Korbblütler (Asteraceae), die bei uns auf Ödflächen, an Zäunen, an Mauern, in Gebüschen und an anderen Orten zu finden ist. Gesammelt werden Blätter, Wurzeln und Samen. Die Klette wirkt desinfizierend, harn- und schweißtreibend sowie schmerzstillend.

Die frische Wurzel wird auch in der Homöopathie angewendet.

Inhaltsstoffe: Kohlenhydrate (bis zu 45 Prozent Inulin), Schleimstoffe, ätherisches Öl, Säuren, Phytosterine, Zucker, Gerbstoffe.

Anwendungen: Als Teeaufguss wird die Wurzel traditionell als Abführmittel und zur Entwässerung sowie bei rheumatischen Erkrankungen, bei Gicht und zur Blutreinigung angewendet. Klettenwurzelöl kommt bei Schuppenflechte, Ekzemen und anderen Hautproblemen zum Einsatz

Klimatherapie: Nutzung klimatischer Bedingungen eines Ortes, um Heilungsprozesse in Gang zu setzen. Bei jedem Ortswechsel, der mit einem klimatischen Wechsel verbunden ist (etwa im Urlaub), spürt der Körper Veränderungen. Die Klimatherapie versucht, klimatische Bedingungen gezielt auszunutzen, um so bestimmte Heilungserfolge herbeizuführen. Bekannte Klimatherapien sind z. B. Aufenthalte in einem Reizklima (Gebirge oder Meer) für Allergiker. Luftbäder sind bei Kreislaufproblemen und Weichteilrheumatismus sinnvoll. Die Freiluftliegekur wird bei Lungenproblemen (Tbc) durchgeführt. Heilstollenbehandlungen werden bei Atemwegserkrankungen und Heuschnupfen angewendet. Leichte, kurze Sonnenbäder stärken die Abwehrkräfte.

Klima an der Meeresküste: Strahlung, Winde und Jod – diese drei Schlagworte beschreiben einen Aufenthalt am Meer recht gut. Einerseits stellen die Strahlung und der Wind einen hohen Reiz dar, die geringen Temperaturschwankungen hingegen üben eher einen schwachen Reiz auf den Kurgast aus. Der Aufenthalt am Meer ist für Allergiker und Menschen mit Bronchialproblemen gut geeignet.

Klima im Mittelgebirge: 700 Höhenmeter sind auch schon »reizvoll«, denn der Luftdruck ist dort spürbar geringer, und die Temperaturen schwanken im Lauf des Tages stärker. Wer gern in guter Luft leicht bergauf und bergab spazieren geht, für den ist ein Aufenthalt im Mittelgebirge richtig.

Klima im Hochgebirge: Das Hochgebirgsklima wird als aggressiv bezeichnet, und es stellt tatsächlich für den Besucher einen außergewöhnlich starken Reiz dar. Der Luftdruck ist relativ niedrig, und die gesamte Strahlung nimmt stark zu (um etwa 20 Prozent inklusive der UV-Strahlung), was für den Organismus belastend sein kann. Der Vorteil: In den meisten Gebirgsregionen existieren ab einer Höhe von 1500 Metern keine Allergene mehr. Auch die Luftverschmutzung ist in dieser Höhe sehr gering. Das Hochgebirgsklima ist für Allergiker und für Menschen mit chronischer Bronchitis, Gefäßerkrankungen und Hautkrankheiten bestens geeignet.

Klistier (griech.; auch Klysma): gebrauchsfertige Flüssigkeit für den → Darmeinlauf zur Reinigung, Spülung, Ernährung und Einführung von Medikamenten (in Apotheken erhältlich). Das Klistier dient zur Darmreinigung vor Fastenkuren, bei Bettlägrigkeit und Verstopfung.

Klimareiz und Bewegung

Die ideale Kombination für einen Kuraufenthalt ist eine Klimatherapie mit einer Terrainkur. Lange Spaziergänge und ein den Bedürfnissen der Kurgäste angepasstes Bewegungsprogramm an frischer, »reizvoller« Luft verschaffen Abwechslung und einen optimalen Kurerfolg. Die allmähliche Steigerung der Leistung und die gleichzeitige erfolgreiche Anpassung an ein ungewohntes Klima schaffen neues Selbstbewusstsein und Lebensfreude. Eine solche Kombination von zwei Kurarten am gleichen Ort ist für Menschen mit Stoffwechselstörungen, Herz-Kreislauf-Erkrankungen, psychischen Belastungssituationen, Gewichtsproblemen und nervösen Erschöpfungszuständen besonders geeignet.

! Klistiere sind nicht für den Dauergebrauch geeignet, da die Darmschleimhaut gereizt werden kann. Unerfahrene Personen sollten beim ersten Darmeinlauf eine medizinisch geschulte Person dabeihaben, da auch eine gewisse Verletzungsgefahr besteht.

Kneipptherapie: von Pfarrer Sebastian Kneipp (1821–1897) entwickelte Therapie, die sowohl zu Hause als auch an einem Kurort im Rahmen einer Kneippkur durchgeführt werden kann. Allgemein ist unter Kneippkur nur die Hydrotherapie mit Wassergüssen, Wassertreten, Waschungen, Wickeln, Packungen etc. bekannt. Doch die Wasser- und Bäderbehandlung stellt nur eine der fünf Säulen der Kneipptherapie dar, die anderen vier Bereiche sind Phytotherapie, Bewegungstherapie, Ernährungstherapie und Ordnungstherapie (siehe zu Kneipptherapie das Special S. 229ff.).

☛ Bestimmte Anwendungen der Kneipptherapie sind zur Selbstbehandlung hervorragend geeignet.

Knieguss: Wasserguss der → Kneipptherapie über die Unterschenkel, beginnend an den Zehen und kurz über dem Knie endend. Normalerweise wird der Guss mit kaltem Wasser ausgeführt; er kann aber auch als Wechselguss, d. h. im Wechsel von kaltem und warmem Wasser, erfolgen. Der Knieguss soll das Einschlafen erleichtern, bei einer Prellung die Schmerzen lindern und bei Migräne und niedrigem Blutdruck helfen.

☛ Der Knieguss ist zur Selbstbehandlung geeignet.

Knoblauch (Allium sativum): Pflanze aus der Familie der Liliengewächse (Liliaceae), die ursprünglich aus dem nördlichen China stammt und heute bei uns in den Gemüsegärten kultiviert wird. Das Interesse am Knoblauch betrifft allein die Zwiebel, die im September geerntet werden kann. Die Knoblauchzwiebel wirkt antibakteriell (gegen Bakterien), antimykotisch (gegen Pilze) und lipidsenkend (senkt vor allem Cholesterin). Außerdem hemmt Knoblauch die Thrombozytenaggregation (Neigung des Bluts zur Verklumpung), und steigert die fibrinolytische Aktivität (Stärkung der gerinnungshemmenden Kräfte im Blut). Die therapeutische Wirkung von Knoblauch ist schon seit dem Altertum bekannt. Die Knoblauchzwiebel wird auch in der Homöopathie verwendet.

Inhaltsstoffe: Alliin (das zu Allizin umgewandelt wird), ätherische Öle, Enzyme, Vitamine.

Anwendungen: Knoblauch wird am besten in roher Form in Salaten verzehrt, weil dann alle Wirkstoffe in den Körper gelangen können. Knoblauch ist vor allem zur Senkung der Blutfette, bei altersbedingten Gefäßveränderungen und hohem Blutdruck ein anerkanntes heilendes Nahrungsmittel. Knoblauch gibt es auch in Pulverform, als Presssaft und in Form von Knoblauchpräparaten.

Kobalamin (auch Vitamin B12): gehört zu den wasserlöslichen Vitaminen (täglich benötigte Menge: drei Mikrogramm). Vitamin B12 ist ein »Nervenvitamin« und schützt Gefäße und Nervenzellen vor Ablagerungen. Es findet sich vor allem in Fleisch und Wurstwaren, Fischen und Milchprodukten (→ Vitamine).

Kohlenhydrate → Ernährung

Kolik: in Anfällen krampfartig auftretende heftige Leibschmerzen. Eine Kolik kann durch vermehrte Gasansammlung im Darm, durch einen Krampf der Magen- und Darmmuskulatur, z. B. während eines Durchfalls, und durch Steinleiden verursacht werden; auch eine Bleivergiftung und ein Wurmbefall können durch die Verkrampfung des Darms zu heftigen Koliken führen (→ Gallenblasenprobleme, → Harnsteinleiden). Kinder und Babys leiden bisweilen unter Koliken, weil ihr Verdauungssystem noch nicht so gut funktioniert.

! Bei akuter erstmaliger Kolik und bei Verdacht auf eine Infektion muss der Arzt gerufen werden. Ganz falsch wäre es, bei einer Infektion die Schmerzen mit einer Wärmflasche lindern zu wollen. Zunächst muss die Diagnose abgeklärt sein.

Kneipptherapie

Die Heilkraft des Wassers nutzen

Schon im Altertum waren Wasseranwendungen zu Heilzwecken bekannt. Seit dem letzten Jahrhundert werden sie in Europa vor allem mit einem Namen in Verbindung gebracht: Sebastian Kneipp (1821–1897). Der Pfarrer aus Bad Wörishofen brachte 1886 sein Buch »Meine Wasserkuren« heraus, in dem er eine Reihe von Anwendungen mit und im Wasser vorstellte. Er begründete damit eine ganzheitliche Therapie, die inzwischen – nach anfänglicher Skepsis – auch bei Schulmedizinern anerkannt ist und von ihnen häufig als begleitende Maßnahme herangezogen wird. Mittlerweile gibt es in Deutschland über 50 Kneippheilbäder und mehrere Hundert Kneippvereine. Die Zahlen machen deutlich, welch großer Stellenwert den natürlichen Anwendungen der Kneippkuren für die Heilung und für die Gesunderhaltung hierzulande beigemessen wird.

Ein »Helfer der Menschheit«

»Helfer der Menschheit« wurde Sebastian Kneipp schon zu Lebzeiten genannt. Zum »Wasserdoktor« wurde er, weil er in jungen Jahren an einer lebensgefährlichen Krankheit litt und alles unternehmen wollte, um wieder gesund zu werden. Kurz vor dem Abschluss seines Studiums der Theologie und Philosophie erkrankte Kneipp, der aus ärmlichen Verhältnissen stammte, an Tuberkulose. Nach dem Wissensstand der damaligen Medizin gab es für ihn kaum noch Hoffnung. Dennoch wollte er sich mit seinem Schicksal nicht abfinden, sondern begab sich auf die Suche nach möglichen Selbsthilfemaßnahmen. Dabei fiel ihm das Buch von Johann Siegmund Hahn, einem der bekannten Wasserheiler aus dem schlesischen Schweidnitz, in die Hände. Gewissenhaft studierte er die Anleitungen des Buchs und probierte sie dann der Reihe nach an sich selbst aus – mit Erfolg. Er, dem die Ärzte den nahen Tod prophezeit hatten, wurde wieder vollständig gesund. Von da an widmete sich Sebastian Kneipp der systematischen Erforschung der Wasserheilkunde. In jahrzehntelangen Anwendungen an Kranken und in Selbstversuchen erweiterte er sein Wissen unablässig. Kneipp, der später Pfarrer wurde, wirkte hauptsächlich in Bad Wörishofen, wo die ersten Kneipp-Badeanstalten entstanden.

Ganzheitlicher Therapieansatz

Kneipp erkannte, dass die Wasseranwendungen hervorragend mit anderen natürlichen Heilverfahren kombiniert werden können. Zu den Kneippkuren, die inzwischen zur Kneipp-Physiotherapie weiterentwickelt wurden, gehören neben den Wasseranwendungen auch noch vier andere Therapieformen.

- Bewegungstherapie: Kneipp erkannte frühzeitig, dass der Körper durch täglich maßvolle Bewegung widerstandsfähiger wird.
- Pflanzenheilkunde: Kneipp gehört mit zu den Wegbereitern der Phytotherapie. Er erforschte vor allem die heimischen Pflanzen. Viele Fertigprodukte tragen seinen Namen, etwa Kneipp Rheumasalbe, Kneipp Minzöl.

Wassertreten ist wohl die bekannteste Form der Kneipptherapie.

- Ernährungstherapie: Gesundes Essen hieß für Kneipp in erster Linie naturbelassenes Essen und Essen in Maßen. Die Nahrungsmittel für die Kurgäste stammten aus der heimischen Produktion.
- Ordnungstherapie: Um das Zusammenspiel von Körper und Seele positiv zu unterstützen, soll sich die Aufmerksamkeit des Kneippenden auch auf eine maßvolle Lebensführung richten: »Gesund ist nur derjenige, der es gelernt hat, mit sich selbst, mit seiner Umwelt und mit dem Herrgott fertig zu werden«, meinte einst Pfarrer Kneipp. Mit anderen Worten: Es geht um eine möglichst umfassende Behandlung, die Körper und Seele in gleichem Maß berücksichtigt. Da die Kneippkuren immer auch entspannend und stressabbauend wirken, kann sich auch die Psyche durch regelmäßige Anwendungen regenerieren.

Abgesehen von der therapeutischen Behandlung, sind die verschiedenen Methoden nach Kneipp auch ein gutes Mittel zur Vorbeugung von bestimmten Krankheiten. Dabei steht der Anwender immer im Mittelpunkt der Kneippkuren: Durch sie lernt er, sich aktiv um seine Gesundheit zu kümmern.

Durch Reize zum Wohlbefinden

Die Wasseranwendungen beruhen auf der Erkenntnis und der praktischen Erfahrung, dass mehr oder weniger starke Reize, die das Wasser auf die Haut ausübt und die somit auf den ganzen Organismus einwirken, bei regelmäßiger Anwendung Körper und Seele stärken und – bei einer gesundheitlichen Störung – wieder in ein harmonisches Gleichgewicht bringen. Inzwischen wurde das Spektrum der Anwendungen dahingehend erweitert, dass auch Licht, Luft, Bewegung und bestimmte Pflanzen ähnlich positive Reizwirkungen auf den Organismus haben.

Von schwachen, den Körper kaum belastenden Reizen bis hin zu recht anstrengenden Maßnahmen können Dauer und Intensität der Reize stark variieren. Hierbei kommt es – neben der Art der Beschwerden – vor allem auf die Konstitution des Anwenders an, auf die Stabilität seines Kreislaufs ebenso wie auf seine Reaktionsfähigkeit. Deshalb ist es wichtig, dass der Behandlung eine umfassende ärztliche Untersuchung vorausgeht. Erst dann kann der Mediziner oder Therapeut ein angemessenes Kurprogramm zusammenstellen, das genau auf die individuellen Bedürfnisse des Patienten abgestimmt ist.

Stärkung der Widerstandskräfte

Meist wird ein Kurprogramm entwickelt, das durch allmähliche Steigerung der einzelnen Anwendungen den Körper langsam an die Reize gewöhnt. Das Spektrum der Behandlungsmöglichkeiten von Erkrankungen ist sehr breit. Eine herausragende Bedeutung kommt den Kneippkuren jedoch bei der Kräftigung des Immunsystems sowie bei der Stabilisierung des Kreislaufs und der Linderung von (beginnenden) Infektionen zu. Darüber hinaus haben sich Anwendungen nach Kneipp vor allem bei den folgenden Erkrankungen und Beschwerden bewährt:

- Erkrankungen der oberen Atemwege
- Asthma
- Angina pectoris
- Reizblase
- Niedriger Blutdruck
- Durchblutungsstörungen
- Venöse Leiden
- Muskelverspannungen
- Rückenschmerzen
- Chronische Leiden, die auf eine Verminderung der körpereigenen Abwehrkräfte zurückzuführen sind

Die wichtigsten Wasseranwendungen
Es gibt über 100 verschiedene Wasseranwendungen: Wassertreten, Waschungen, Güsse, Wickel, Durchstrahlmassagen, Bäder etc. Darüber hinaus gibt es zahlreiche bewährte Kombinationen von Wasser und heilenden Kräutern, die als Packungen, Kräuterbäder, Heublumensack u. v. m. zur Linderung von unterschiedlichen Beschwerden zur Anwendung kommen. Hier die wichtigsten Wasserkuren auf einen Blick, die, regelmäßig angewendet, die körpereigenen Abwehrkräfte stabilisieren, den Kreislauf anregen, durchblutungsfördernd sind und generell zum körperlichen und seelischen Wohlbefinden beitragen.

▶ ***Wassertreten***
Das Wassertreten ist wohl die bekannteste Kneippanwendung. Eine Wanne wird mit Wasser gefüllt, bis das Wasser ungefähr Wadenhöhe erreicht hat. Die Wassertemperatur beträgt etwa 12 bis 18 °C. Der Kneippende marschiert nun im so genannten Storchenschritt in der Wanne auf und ab. Bei jedem Schritt muss ein Bein vollständig aus dem Wasser gehoben werden. Je nach Verträglichkeit sollte die Dauer der Anwendung zwischen 15 und 30 Sekunden betragen. Länger sollte der Haut – zumindest am Anfag – nicht durch kaltes Wasser die Wärme entzogen werden. Anschließend werden die Beine mit einem Handtuch nur leicht abgetupft. Dann sollte man dicke warme Socken anziehen und einige Minuten auf und ab gehen.

▶ ***Güsse***
Sie können als Ganzkörper-, Schenkel-, Knie-, Arm- und Gesichtsgüsse erfolgen. Sie werden entweder mit Hilfe eines Behälters oder mit einem Schlauch, aus dem kaltes Wasser ohne Druck strömt, durchgeführt. Dabei beginnt man an den äußersten Punkten des Körpers bzw. von unten nach oben und geht von da aus zur Körpermitte: beispielsweise von den Füßen oder Händen an aufwärts. Wichtig ist, dass das Wasser kalt, aber nicht hart auf die einzelnen Körperpartien trifft. Es gibt allerdings auch die Möglichkeit der Wechselgüsse – also abwechselnd mit warmem und kaltem Wasser. Regelmäßig durchgeführte Güsse sind ein hervorragendes Mittel zur Abhärtung.

▶ ***Bäder***
Hierzu zählen Voll- und Teilbäder, kalte und warme, wechselwarme und ansteigende Bäder. Die gebräuchlichsten Teilbäder sind das Arm-, Fuß-, Sitz- und Halbbad.

▶ ***Armbäder***
Sie werden kalt, wechselwarm oder ansteigend (von 35 auf 39 °C) angewendet und haben entweder eine erfrischende oder beruhigend lindernde Wirkung. Beide Arme werden gleichzeitig bis über die Ellbogen in das

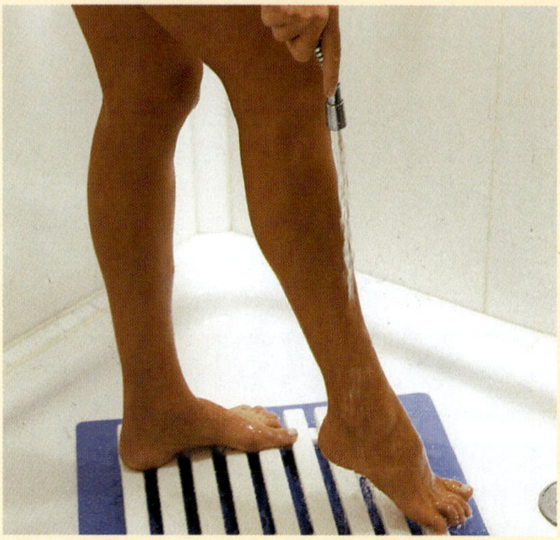

Für den kalten Beinguss verwenden Sie den Duschschlauch ohne Duschkopf.

Die Heilkraft des Wassers nutzen

Waschbecken oder eine Wanne getaucht. Kalte Anwendungen sollten nicht länger als 20 Sekunden, warme Maßnahmen hingegen nicht kürzer als sechs, aber auch nicht länger als 15 Minuten durchgeführt werden.

▶ *Fußbäder*

Sie werden ähnlich wie die Armbäder eingesetzt. Ein größeres Behältnis oder die Badewanne wird, je nach Bedarf, mit kaltem oder warmem Wasser gefüllt, wobei dieses auf jeden Fall Wadenhöhe erreichen sollte. Die Anwendungsdauer ist mit der der Armbäder identisch, wobei grundsätzlich gilt, dass eine Anwendung sofort abgebrochen werden sollte, wenn eine Unverträglichkeit entsteht (Frösteln, Schwindel). Für wechselwarme Fußbäder nimmt man am besten zwei kleine Handwannen oder auch Plastikeimer. In das eine Gefäß kommt das kalte Wasser, in das andere das warme. Nach Fußbädern sollten die Füße sorgfältig abgetrocknet werden, oder man schlüpft nass in Wollsocken.

Der Wechsel zwischen kaltem und warmem Wasser regt die Durchblutung an.

▶ *Sitzbäder*

Sie kommen kalt, warm oder ansteigend zur Anwendung. Das Wasser sollte etwa bis zum Bauchnabel reichen. Die Dauer für das kalte Sitzbad richtet sich nach der individuellen Verträglichkeit; es empfiehlt sich jedoch, dass es nicht länger als 30 Sekunden durchgeführt wird. Um Blasenreizungen zu vermeiden, sollten Frauen unbedingt darauf achten, dass sie sich nicht unterkühlen. Die Dauer für ein warmes Sitzbad beträgt etwa 15 Minuten. Ansteigende Sitzbäder können bei guter Verträglichkeit auf rund 20 Minuten ausgedehnt werden.

▶ *Wickel*

Bekannt sind Ganzkörper-, Waden-, Brust-, Leib- oder Lendenwickel. Alle Wickel werden nach dem gleichen Prinzip angelegt: Sie bestehen aus mehreren Lagen von Tüchern, idealerweise aus Leinen (inneres Tuch), Baumwolle (mittleres Tuch) und Wolle (äußeres Tuch). Das innere Tuch ist, je nach Bedarf, warm oder kalt. Es wird straff angelegt. Um dieses wird ein trockenes luftdurchlässiges Baumwolltuch gewickelt. Zur Befestigung eignen sich unter Umständen Sicherheitsnadeln. Nun folgt ein großes Tuch, das etwas lockerer um die beiden anderen Tücher gewickelt wird. Die Dauer der Anwendung richtet sich nach der Wirkung. Wärme entziehende Wickel, z. B. der Wadenwickel, der häufig zur Senkung von Fieber eingesetzt wird, werden abgenommen und gegebenenfalls erneuert, wenn sie warm geworden sind.

▶ *Packungen*

Sie sind eine Variante der Wickel, wobei in die Tücher Zusätze, etwa Fango, Moor, Lehm, oder Quark, gegeben werden, die auf das Gewebe einwirken. Auch sie werden – je nach Bedarf – warm oder kalt angelegt.

Bei bekannter Neigung zu Koliken lindert eine Wärmflasche oder ein warmer Leibwickel die Schmerzen • Kleinkindern kann mit Tees (Fenchel, Anis) geholfen werden, wenn es sich um Verdauungsprobleme handelt

Kollath-Kost: nach dem deutschen Arzt und Ernährungswissenschaftler Werner Kollath (1892–1970) benannte Ernährungsweise. Unterschieden wird zwischen Nahrungs- und Lebensmitteln. Lebensmittel – pflanzliche und tierische Produkte – sind vollwertig, d. h., sie sind naturbelassen und unbearbeitet. Es finden noch Stoffwechselvorgänge statt. Verarbeitete Nahrungsmittel, d. h. Lebensmittel, die erhitzt oder sonstwie verarbeitet wurden, weisen keine Stoffwechselvorgänge mehr auf. Modifizierte Formen der Kollath-Kost werden heute bei erhöhten Blutfettwerten angewendet.

Kombucha: »Teepilz«, der eigentlich eine Flechte ist. Kombucha wächst auf einer Nährlösung aus Tee und Zucker. Er enthält Mikroorganismen, die eine Milchsäuregärung in Gang setzen; gleichzeitig wandeln die enthaltenen Hefebakterien den Zucker der Nährlösung in Alkohol um.

Inhaltsstoffe: Glukuronsäure, Weinsäure, Essigsäure, Oxalsäure, Milchsäure, Vitamine, Mineralstoffe.

Anwendungen: Am besten wird Kombucha mit Schwarz- oder Grüntee und Zucker (oder Honig) angesetzt; aber auch alle anderen Teesorten sind geeignet. Das biologische Hausmittel unterstützt wirkungsvoll die Therapie verschiedener Stoffwechselstörungen, Magen- und Darmresorption werden sanft verbessert, und die Darmflora wird saniert.

Komplementärmedizin (lat. complementum = Ergänzung): Sammelbegriff für Diagnose- und Behandlungskonzepte, die schulmedizinische Diagnosen und Anwendungen ergänzen. Ziel der Komplementärmedizin ist es, die oft stark einseitige Ausrichtung der Schulmedizin auf Krankheitsdiagnose und Verordnung des

Der »Teepilz« Kombucha wird mit Tee und Honig angesetzt.

Gegengifts aufzubrechen und den Selbstheilungskräften des Organismus mehr Raum zu geben. Deswegen werden bestimmte Bereiche alternativer Heillehren ergänzend zur Behandlung hinzugezogen (etwa die Akupunktur, ein Teilbereich der → traditionellen chinesischen Medizin), ohne dass das zugrunde liegende Konzept der entsprechenden Heillehre 100-prozentig übernommen wird.

Komplexmittel (lat. complexus = Umgreifen, Umfassen): fertige Mischungen aus verschiedenen homöopathischen Arzneimitteln, die meist in Tropfenform erhältlich sind. Bei Komplexmitteln handelt es sich in der Regel um potenzierte Heilsubstanzen, deren Kombinationsweise festgelegt ist.

Kompresse (lat. comprimere = zusammenpressen): Bezeichnung für einen nassen Umschlag, der entweder heiß, warm oder kalt ist und auf schmerzende Körperteile aufgelegt wird. Sterile Kompressen dienen der Wundversorgung (Blutstillung). Bei Gallensteinkoliken empfehlen sich Dampfkompressen, d. h. sehr heiße »dampfende« Wickel.

Die Königin der Nacht blüht nur eine einzige Nacht lang.

Kondurangorinde (Condurango cortex; auch Condurango): Rinde einer Liane aus der Familie der Seidenpflanzengewächse (Asclepiadaceae). Der Kondurangostrauch wächst in Südamerika; nur die Rinde ist heilkräftig. Sie wird auch in der Homöopathie verwendet.

Inhaltsstoffe: ätherisches Öl, Bitterstoffe (Kondurangin), Flavonoide, Cumarine.

Anwendungen: Die Kondurangorinde ist eine Bitterstoffdroge, die die Magensaftproduktion anregt. Sie kommt oft in Form des Kondurangoweins zum Einsatz, etwa bei Appetitlosigkeit. Vor allem ältere Menschen, die an geringerer Speichel- und Magensaftsekretion leiden, vertragen diese Heilpflanze gut.

Königin der Nacht (Selenicereus grandiflorus): Pflanze aus der Familie der Kaktusgewächse (Cactaceae), die ursprünglich aus Südamerika kommt. Gesammelt werden die oberirdischen Teile, auch die Blüten, die sich nur für eine Nacht öffnen. Die Pflanze wirkt stabilisierend bei nervösen Herzbeschwerden und entzündungshemmend (antiphlogistisch). Die Königin der Nacht kommt auch in der Homöopathie zur Anwendung.

Inhaltsstoffe: Phenylalkylamine (Hordenin), Alkaloide.

Anwendungen: Extrakte der Heilpflanze und andere galenische Zubereitungen werden traditionell bei nervösen Herzbeschwerden, Herzschwäche mit Ödembildung und Atemnot, Angina pectoris und Erkrankungen der Harnwege eingesetzt.

Königskerze (Verbascum densiflorum und phlomoides; auch Wollblume, Marienkerze, Frauenkerze): Pflanze aus der Familie der Braunwurzgewächse (Scrophulariaceae), die auf sonnigen steinigen Plätzen wächst. Die Pflanze wird bis zu zwei Meter hoch und hat leuchtend gelbe Blüten. Blütezeit ist von Juli bis September. Gesammelt werden die Blätter und die Blüten, wenn es sonnig und trocken ist; sie müssen gut trocken gehalten werden, da sie leicht schimmeln. Die Königskerze wirkt reizlindernd und auswurffördernd (expektorierend).

Inhaltsstoffe: in den Blüten: Rutin, Hesperidin, Saponine, Schleimstoffe, ätherisches Öl, Phenolkarbonsäuren; in den Blättern: Schleimstoffe, Wachs, Harz, Bitterstoffe, Saponine.

Anwendungen: Die Königskerze findet als Einzeltee oder in Form von Teemischungen bei Erkrankungen der Atemwege Anwendung, die mit Husten verbunden sind. Traditionell wird sie auch bei Magenkrämpfen und Verdauungsbeschwerden eingesetzt. Äußerlich hilft der Aufguss bei Wunden und nässenden Ekzemen. Königskerzenöl wird bei Gichtschmerzen und rheumatischen Beschwerden zur Einreibung verwendet.

Konservierungsstoffe: Stoffe, die die Haltbarkeit von Lebensmitteln verlängern, indem sie Mikroorganismen abtöten oder deren Vermehrung hemmen. In Deutschland und in der EU sind verschiedene natürliche und synthetische Konservierungsstoffe in bestimmtem Umfang zugelassen. Auf den Produkten sind sie mit E-Nummern gekennzeichnet (→ Lebensmittelzusatzstoffe).

Konstitution (lat. constituere = ordnen, festmachen): Gesamtheit aller angeborenen Eigenschaften sowie aller Anlagen bzw. Dispositionen eines Menschen. Es gibt seit der Antike eine Vielzahl von Typologisierungsversuchen und → Typenlehren. Auch einzelne Heillehren haben oft Konstitutionstypen (→ Ayurveda, → Homöopathie).

Konstitutionsmittel: in der → Homöopathie Bezeichnung für eine Arznei, die sowohl die individuellen Beschwerden des Patienten als auch dessen Konstitutionstyp berücksichtigt. Konstitutionsmittel haben sich vor allem bei der Linderung und Heilung chronischer Beschwerden bewährt. Es kommen sehr viele Arzneimittel in Betracht. Das richtige Konstitutionsmittel zu finden ist Aufgabe des homöopathischen Arztes.

Konzentrationsstörungen: Schwierigkeit, eine bestimmte Sache längere Zeit gedanklich zu begleiten bzw. ein Problem durch längeres, ununterbrochenes Nachdenken zu lösen. Derartige Probleme haben nicht nur Kinder in größerem Umfang (vor allem bei → Hyperaktivität), sondern auch Erwachsene. Konzentrationsstörungen können vielfältige Gründe haben: Stress, Nervosität, Kopfschmerzen, Alkohol- und Drogenkonsum, Erkrankungen des zentralen Nervensystems, hohes Alter und nicht zuletzt eine ungesunde Ernährung.

Gegen Konzentrationsstörungen bietet die Pflanzenheilkunde Baldrian, Beinwell, Johanniskraut und Mistel an (jeweils 1 bis 2 TL mit 1 Tasse kochend heißem Wasser aufgießen); auch in Pulverform, in fetthaltige Speisen zum Frühstück und Abendessen gemischt, in Form von Tinkturen, Wein und als Kräuterzusätze für Vollbäder können die Heilpflanzen Wunder wirken • Auch Entspannungstechniken wie autogenes Training (auch für Kinder ab vier Jahren möglich), Yoga und Tai Chi Chuan fördern die Konzentration • Bewegung hilft, zu entspannen und geistig zur Ruhe zu kommen (Jogging, Rad fahren, Wandern) • Eine Aromatherapie mit den ätherischen Ölen von Basilikum, Rosmarin und Pfefferminze steigert die Konzentration • Nüsse sind »Nerven- und Gehirnnahrung«; ebenso wichtig: B-Vitamine sowie die Botenstoffe Cholin und Lezithin (z. B. in Sojaprodukten)

Teemischung bei Konzentrationsstörungen: 2 TL Johanniskraut mit 1 Tasse siedendem Wasser übergießen und 10 Minuten ziehen lassen. Mindestens 4 Wochen lang täglich 3 Tassen Tee trinken (Vorsicht: Johanniskraut kann zu einer erhöhten Lichtempfindlichkeit führen).

Kopfakupunktur: Akupunktur an den 30 Kopfpunkten (→ Akupunktur).

Kopfdampfbad: Dampfbad des Kopfs mit Inhalation, eventuell mit Zusatz von Kräutern bzw. Extrakten. Das Kopfdampfbad hilft bei entzündlichen Erkrankungen der oberen Atemwege (→ Dampfbäder, → Inhalation).

Konstitutionstypen nach Kretschmer

In medizinhistorischer Sicht kommt vor allem der Konstitutionstypenlehre des deutschen Psychiaters Ernst Kretschmer (1888–1964) Bedeutung zu. Kretschmer postulierte vier so genannte Konstitutionstypen, die bis heute anerkannt sind:

- Leptosomer bzw. asthenischer Typ (dünn bzw. mager, hoch und schmal aufgeschossen, schmale Schultern, schmaler Kopf)
- Athletischer Typ (breitschultrig, straffer Bauch, stattlicher Brustkorb)
- Pyknischer Typ (gedrungen bzw. mittelgroß, tiefer Brustkorb, Neigung zu Fettbauch, breites Gesicht, kurzer Hals)
- Dysplastischer Typ (verschiedene Körperformen möglich)

Kopfschmerzen: Schmerzzustände des Kopfes mit über 165 Formen. Man unterscheidet zwei große Hauptgruppen: primäre (Spannungskopfschmerzen und → Migräne) und sekundäre Kopfschmerzen (Begleiterscheinungen von Erkrankungen einzelner Organe oder Allgemeinerkrankungen). Etwa zwei Drittel der Deutschen leiden zeitweilig oder dauerhaft an ihnen; Kopfschmerzen sind also eine Volkskrankheit. Die Ursachen für Kopfschmerzen sind entsprechend der Artenvielfalt der Beschwerden breit gestreut. Wenn bei dauerhaften Kopfschmerzen die ärztliche Untersuchung die Ursache nicht aufdecken kann, dann bleibt den Betroffenen oft nichts anderes übrig, als Schritt für Schritt selbst nach einer Lösung zu suchen.

Spannungskopfschmerzen lassen sich durch körperliche Bewegung an der frischen Luft mit der einhergehenden Entspannung der Muskeln lindern; 90 Minuten körperliche Betätigung wöchentlich sind eine gute Vorbeugung • Eine Eispackung (Coolpack aus der Apotheke oder selbst hergestellt mit 30 g Salz auf 1 l Wasser), auf Stirn oder Nacken gelegt, kann helfen; Packung etwa 1 Minute lang auf die Stirn drücken, bis zu 4-mal täglich anwenden • Empfehlenswert ist ein kaltes Armbad: ins Waschbecken kaltes Wasser einfüllen, die Arme bis zur Mitte der Oberarme 30 Sekunden eintauchen • Als Akupressurpunkte bei Kopfschmerzen eignen sich der Gallenblasenpunkt 20 (liegt am Ende des Hinterkopfs, wo die Halswirbel in den Schädel übergehen), der Blasenpunkt 1 (befindet sich genau an der Nasenwurzel) sowie ein Sonderpunkt des Lenkergefäßes (im Grübchen der Oberlippe); diese Punkte kann man sedierend (beruhigend) im Uhrzeigersinn und von innen nach außen massieren • Silberweidentee, der eine Vorstufe der Azetylsalizylsäure enthält, wirkt ähnlich wie Aspirin (1 TL Silberweidenrinde in 1 Tasse Wasser kalt ansetzen, 15 Minuten sieden lassen) • Für die Aromatherapie mit der Duftlampe eignet sich Pfefferminzöl

Teemischung bei Kopfschmerzen: 30 g Weidenrinde, 20 g Weidenblätter, 20 g Birkenblätter, 20 g Melissenblätter und 20 g Mädesüßkraut mischen. 2 EL der Mischung mit 1/4 l kochend heißem Wasser aufgießen; stündlich 1 Tasse Tee trinken.

Diese zarten Blüten werden später zu Korianderkörnern.

Koriander (Coriandrum sativum): Pflanze aus der Familie der Doldengewächse (Apiaceae), deren Heimatgebiet der östliche Mittelmeerraum und der Nahe Osten sind. Die Pflanze wächst bis zu 90 Zentimeter hoch. Gesammelt werden die Früchte, die anschließend getrocknet werden. Die Pflanze wirkt verdauungsfördernd und antimikrobiell.

Inhaltsstoffe: ätherische Öle (davon 60 bis 75 Prozent Linalool), Cumarine, Phenolkarbonsäuren.

Anwendungen: Koriander wird bei Appetitlosigkeit, zur Unterstützung der Behandlung von Oberbauchbeschwerden, bei Völlegefühl und bei krampfartigen Magen-Darm-Störungen eingesetzt. Korianderöl, das man auch zur Herstellung von Arzneimitteln verwendet, wird traditionell äußerlich bei schmerzenden

Gelenken, Nervenschmerzen (Neuralgien), rheumatischen Erkrankungen sowie bei schlecht heilenden Wunden eingesetzt.

Kornblume (Centaurea cyanus): Pflanze aus der Familie der Korbblütler (Asteraceae), die bei uns auf Feldern, an Waldrändern und auch auf steinigen Böden wächst. Gesammelt werden die blauen Blüten von Juni bis September. Die Wirkung der Kornblume ist harntreibend und schweißlösend.

Inhaltsstoffe: Cianin (blauer Farbstoff), Centaurin, Gerbstoffe, Harz, Schleimstoffe, Wachs, Cumarine.

Anwendungen: Früher wurde die Pflanze als Teeaufguss zur Behandlung von Menstruationsbeschwerden, Husten und unspezifischen Brustleiden verwendet, heute kommt sie vor allem als Geschmacksdroge in Teemischungen zum Einsatz.

Körpertherapie: Therapie, die durch Berühren und Bewegen die Ursachen von seelischen gesundheitlichen Störungen aufzuspüren versucht. Zusammen mit der konzentrativen Bewegungstherapie (KBT) und der integrativen Bewegungstherapie (IBT) kommen körperorientierte Therapien in manchen psychiatrischen Institutionen zum Einsatz (→ Bewegungstherapie). Andere Körpertherapien sind bisher noch nicht anerkannt, weil man Sorge hat, dass sie Krisen auslösen. Körpertherapeuten wenden das Prinzip der Körperorientierung auch in den Gesprächsverfahren an, indem sie ihre Klienten auf unterschiedliche Weise berühren, massieren, die Körperhaltung korrigieren und auch ihren eigenen Körper zur Verfügung stellen, indem sie ihre Klienten umarmen, sie anlehnen lassen oder sich als Kampfpartner anbieten, um den Klienten gezielt Gefühle und Empfindungen zu entlocken – eine Form der Grenzübertretung zwischen Therapeut und Klient, die nach wie vor nicht völlig akzeptiert ist. Die körperintensiven Verfahren lassen sich in fünf Gruppen einteilen.

Massagen: Dazu zählen Akupressur, Shiatsu, Polarity, Rolfing, strukturelle Integration, Rebalancing, posturale Integration.

Haltungs- und Aufbauschulung: Dazu zählen Alexander-Technik, Eutonie, Feldenkrais, Qi Gong, Yoga.

Atemmethoden: Dazu zählen Atemtherapie, Eutonie, Primärtherapie (Urschrei), Schreitherapie (New Identity, Bonding), Rebirthing.

Wahrnehmungs- und Bewegungspsychotherapie: Dazu zählen konzentrative Bewegungstherapie, integrative Bewegungs- und Leibtherapie (Thymopraktik), klinische Tanztherapie.

Körperorientierte Psychotherapien: Dazu zählen Vegetotherapie, Bioenergetik, biodynamische Psychotherapie, Hakomi, Core-Energetik, Radix.

Kostformen, alternative: Ernährungsweise, die von herkömmlichen Ernährungsformen abweicht. Besonderer Wert wird auf gesundheitsspezifische Merkmale von Nahrungsmitteln gelegt, z. B. pflanzliche, möglichst naturbelassene Kost aus ökologischem Anbau bevorzugt. In Verbindung damit steht oft eine bestimmte Ernährungs- und/oder Gesundheitstheorie (beispielsweise → Makrobiotik) und/oder eine bestimmte Weltanschauung (beispielsweise die zugrunde liegenden Prinzipien veganischer Ernährung → Veganer).

Krampfadern (Varizen): angeschwollene, geschlängelte Venen, die meist an den Beinen auftreten und oft deutlich sichtbar sind. Etwa 25 Prozent der Männer und die Hälfte aller Frauen über 40 Jahren leiden daran. Krampfadern (auch Venenknoten genannt) entstehen, wenn die Venenklappen, die beim Druck der Muskeln das Rückwärtsfließen des Bluts weg vom Herzen verhindern sollen, nicht mehr richtig funktionieren. Die dünnen Venenwände mit ihrer relativ dünnen Muskelschicht dehnen sich aus und bekommen das typische »verbeulte« Aussehen einer Krampfader. Die Entstehung von Krampfadern ist erblich bedingt. Allerdings wird die Entwicklung von Krampfadern durch Bewegungsmangel, langes Stehen, ballaststoffarme Ernährung und auch eine → Bindegewebsschwäche gefördert.

Zu den vorbeugenden Maßnahmen gehören ballaststoffreiche Ernährung, körperliche Bewegung sowie die Vermeidung von längerem Stehen • Kneippgüsse haben sich als wohltuend erwiesen (2- bis 3-mal täglich mit dem kalten Wasserstrahl der Dusche an den Füßen außen bis zur Leiste hochwandern und auf der Innenseite zurück) • Auch Massagen mit Teebaumöl haben sich bewährt (100 ml Oliven-, Mandel- oder Advocadoöl und 50 Tropfen reines Teebaumöl zu einem Massageöl vermischen) • Zweizug-Kompressionsstrümpfe, Klasse II, bringen Erleichterung und fördern den Blutfluss (vor dem Aufstehen anziehen)

Teemischung bei Krampfadern: Gleiche Anteile von Brennnesselkraut, Buchweizenkraut, Hamamelisblättern, Rosskastanienblättern, Stiefmütterchenkraut und Ringelblumenblüten mischen. 1 TL der Mischung mit 1 Tasse heißem Wasser aufgießen und 5 Minuten ziehen lassen. 2 Wochen lang täglich 2 Tassen Tee trinken.

Krankengymnastik hilft, den Körper nach einer Erkrankung oder einem Unfall wieder in Form zu bringen.

Kraniosakraltherapie: manuelle Behandlungsmethode, bei der mit kaum wahrnehmbarem Tasten das Körperskelett behandelt wird. Die Kraniosakraltherapie geht davon aus, dass die Hirnknochen in loser Verbindung zueinander stehen und die Gehirnflüssigkeit pulsiert. Wenn dieser Rhythmus gestört ist, etwa weil die Schädelknochen nicht mehr elastisch genug sind, können verschiedene Erkrankungen auftreten, u. a. Krampfleiden, Muskelverspannungen, aber auch Migräne, Allergien und Lernprobleme bei Kindern. Auf den Rhythmus dieser Pulsation können Kraniosakraltherapeuten durch behutsames Er- und Betasten des Kopfs bzw. des Körperskeletts so einwirken, dass sich der Rhythmus normalisiert. Das Verfahren ist wissenschaftlich umstritten (siehe zu Kraniosakraltherapie das Special S. 239f.).

Krankengymnastik: Heilgymnastik, die Therapie, Pflege, Vorbeugung und Rehabilitation durch einen detailliert auf den Kranken abgestimmten Einsatz von passiven Maßnahmen (Dehnübungen, Massage, Lagerung) und aktiven körperlichen Bewegungsübungen (u. a. Gymnastik, Hockergymnastik, Hemmungsgymnastik) unter Anleitung eines Krankengymnasten leistet.

Krankheit: Störung oder Einschränkung der normalen organischen Funktion des Organismus oder der spezifisch menschlichen psychologischen Leistungen. Ebenso gelten als Krankheiten: Abweichungen vom normalen Körperbau sowie Zustände des körperlichen oder seelischen Leidens oder Unwohlseins, die objektiv feststellbar sind oder subjektiv empfunden werden. Krankheit im engeren naturwissenschaftlichen Sinn schließt Ursache, Entstehung, Erscheinungsbild und Verlauf der Erkrankung ein. Krankheit kann aber auch ein eher unspezifisches Erscheinungsbild mit Fieber, Schwäche, schnellem Puls und anderen Symptomen beschreiben, ohne dass die krank machenden Faktoren bekannt wären.

Kraniosakraltherapie ______ Special

Sanfte Spielart der manuellen Therapie

Der Name »Kraniosakraltherapie« leitet sich von den lateinischen Wörtern »Cranium« (= Schädel) und »Sacrum« (= Kreuzbein) ab. Die Kraniosakraltherapie gehört zur so genannten manuellen Medizin: Allein mit seinen Händen wirkt der Kraniosakraltherapeut auf den Kopf bzw. das Körperskelett (bis zum Rückenende) des Patienten behutsam ein, um so den Körper wieder in ein harmonisches Gleichgewicht zu bringen.

Der Rhythmus der Knochen

Entwickelt wurde die Kraniosakraltherapie von dem amerikanischen Osteopathen William Garner Sutherland (1873–1954) Anfang des 20. Jahrhunderts. Er glaubte entdeckt zu haben, dass die Schädel- und Beckenknochen lose miteinander verbunden sind, so dass der Körper sich in ständigen, nur für den ausgebildeten Therapeuten wahrnehmbaren rhythmischen Bewegungen befindet. Diese These wurde von dem amerikanischen Chirurgen John E. Upledger in den siebziger Jahren aufgegriffen und weiterentwickelt.

Gegeneinander in Bewegung

John E. Upledger stellte die These auf, dass sich die Schädelknochen bis zu einem Millimeter gegeneinander bewegen könnten. Durch äußere Einwirkungen wie etwa Unfälle, Stöße, Schläge oder Deformierung des kindlichen Schädels durch die Geburt sowie durch natürliche Verschleißerscheinungen oder Muskelverspannungen können die Schädelknochen so unelastisch werden, dass es zu einem Überdruck kommt.

Die Bewegungen der Schädelknochen nehmen Einfluss auf die Hirn- und Rückenmarksflüssigkeit (Liquor cerebrospinalis), die Gehirn und Rückenmark umgeben. Die Aufgabe der Flüssigkeit besteht vor allem darin, das Gehirn zu schützen und mit Nährstoffen zu versorgen. Die Kraniosakraltherapeuten gehen davon aus, dass das Hirnwasser sich in einem regelmäßigen Rhythmus befindet, der etwa sechs- bis zwölfmal in der Minute wechselt. Dieses An- und Abschwellen der pulsierenden Flüssigkeit ist wiederum an der Wirbelsäule spürbar, wo es viele kleine Dreh- bzw. Pendelbewegungen hervorruft. Liegt eine Erkrankung vor, ändert sich der Rhythmus: Bei chronischen Leiden verlangsamt er sich, bei akuten Krankheiten wird er schneller.

Folgen der Pendelbewegung

Ist der natürliche Rhythmus des Hirnwassers gestört, kann es, so die Kraniosakraltherapeuten, zu bestimmten Erkrankungen kommen. Dazu gehören u. a.:

- Rückgratverkrümmung
- Haltungsschäden
- Krampfleiden
- Migräne
- Kopfschmerzen
- Schwindel
- Ohrgeräusche
- Allergien
- Chronische Schmerzen
- Depressionen
- Angstzustände
- Nervöse Unruhe
- Lernschwierigkeiten
- Hyperaktivität
- Schlafstörungen

Ziel und Verlauf der Kraniosakraltherapie

Ziel der Kraniosakraltherapie ist es, den gestörten Rhythmus des Pulssystems wieder zu harmonisieren und so die Folgeerkrankung zu lindern und zu heilen. Zu Beginn der Behandlung legt der Therapeut die Hände um den

Sanfte Spielart der manuellen Therapie

Kopf des Patienten und ertastet die individuellen Bewegungen der Schädelknochen und des Hirnwassers. Dabei stimmt er sich ganz allmählich auf den Rhythmus ein, bis er den genauen Punkt der Blockierung bzw. der Disharmonie erspürt hat. Dieser Punkt muss nicht unbedingt am Kopf sein; die ungünstige Dreh- bzw. Pendelbewegung kann sich auch irgendwo an der Wirbelsäule, beispielsweise am Kreuzbein, festgesetzt haben. Mit gezieltem, aber außerordentlich sanftem Druck bringt der Therapeut die betroffene Körperstelle in die Extremposition des »Pendelausschlags«. Dies wird an verschiedenen Stellen so lange wiederholt, bis der natürliche Rhythmus wiederhergestellt ist. Die Berührung – man kann in diesem Fall nicht von einem Griff sprechen – erfolgt ausgesprochen sanft und bedächtig. In der Regel empfindet der Patient dies als recht angenehm und fühlt sich schon bald sehr entspannt. Neben der Technik des sanften Drückens gibt es auch den sanften Zug an Knochen, Gewebe und Membranen. Der Unterschied zu anderen manuellen Therapien zeigt sich vor allem in der Sanftheit der minimalen Bewegungen. Die Blockaden, die nach Ansicht der Kraniosakraltherapeuten auch als »verpuppte« Energieknoten im Körpergewebe eingelagert sind, müssen sanft, aber genau erspürt werden, bevor sie gelöst werden können. Sind sie gelöst, können die Selbstheilungskräfte des Körpers in Aktion treten.

Eine kraniosakraltherapeutische Behandlung dauert etwa zwischen 30 und 40 Minuten; meistens sind mehrere Sitzungen nötig, um eine spürbare Linderung des Leidens zu erzielen.

Mit sanften Berührungen löst der Kraniosakraltherapeut Blockaden.

Kraniosakraltherapie für Kinder

Gute Heilerfolge zeigt die Kraniosakraltherapie bei Kleinkindern und Kindern. Kindliche Schlafstörungen, Lern- und Konzentrationsprobleme, aber auch Haltungsschäden, Infektanfälligkeit, Allergien und Hyperaktivität können mit dieser Behandlungsform recht gut gemildert werden. Da die Kraniosakraltherapie ausschließlich von außen erfolgt und zu den sanftesten Methoden der manuellen Medizin gehört, ist sie auf jeden Fall risikoarm.

Jahrelange Praxis ist Voraussetzung

Der Kraniosakraltherapeut, der im Idealfall neben seiner spezifischen Ausbildung auch über umfangreiche anatomische und orthopädische Kenntnisse verfügt, muss ein erfahrener Meister seines Faches sein, um mit Hilfe der manuellen Technik genau herauszufinden, an welcher Stelle des Körperskeletts eine Blockierung vorliegt bzw. inwiefern die Dreh- oder Pendelbewegung von ihrem natürlichen Rhythmus abweicht. Jahrelange tägliche Übung ist die Voraussetzung, um die Kraniosakraltherapie zu beherrschen.

Krauseminze (Mentha spicata var. crispa): Pflanze aus der Familie der Lippenblütler (Lamiaceae), die im Mittelmeergebiet und in ganz Mitteleuropa heimisch ist. Gesammelt werden die oberirdischen Teile. Die Pflanze wirkt antimikrobiell.

Inhaltsstoffe: ätherische Öle, methylierte Flavone.

Anwendungen: Als Teeaufguss oder in Teemischungen ist die Krauseminze ein bewährtes Mittel zur Behandlung von Magen-Darm-Beschwerden. Das ätherische Öl der Pflanze wird gern bei Erkältungskrankheiten inhaliert, und es wird als Aromastoff Zahnpasten und Kaugummis zugesetzt.

Kräuterbad: Teil- oder Vollbad mit der Zugabe von Kräutern ins warme Wasser. Die Wirkung des Bads kann noch gesteigert werden, wenn man ein zu den Kräutern passendes Aromaöl ins Wasser gibt. Die Temperatur des Wassers sollte zwischen 35 und 38 °C liegen, und man sollte nicht länger als 20 Minuten darin verweilen. Anschließend sollte eine Ruhepause folgen. Es muss nicht immer ein Vollbad sein; Teilbäder können gezielter eingesetzt werden und deshalb bisweilen mehr Nutzen für die Gesundheit haben.

! Bei Herz-Kreislauf-Schwäche oder Venenerkrankungen sollten keine heißen Bäder genommen werden.

☛ Das Kräuterbad eignet sich zur Selbstbehandlung.

Mit einem Kräuterbad genießen Sie doppelt: den Gesundheitsaspekt und die Entspannung.

Krebstherapien: Behandlungen mit dem Ziel, alle Krebszellen zu zerstören, was etwa in einem Drittel der Fälle gelingt. In den anderen Fällen hilft die Krebstherapie bei Rückfällen und chronischen Verläufen der Krebserkrankung. Einige Patienten können so über viele Jahre hinweg mit Krebs leben. Jede Tumorart hat ihre eigene Prognose; entscheidend ist auch, wie fortgeschritten das Tumorleiden zu Beginn der Therapie ist. Es gibt verschiedene Therapieformen und Möglichkeiten, gegen einen Tumor vorzugehen, die alternativ oder

Kräuterbad für die Erotik

Kräuterbäder sind nicht nur für die Gesundheit da, sondern sie können, mit der entsprechenden Pflanze, auch sehr erotisierend wirken – was natürlich am besten ist, wenn man zu zweit in der Badewanne weilt. Bestimmte tropische Pflanzen sind für diesen Zweck geeignet, beispielsweise Jasminblüten oder die Blüten des Ylang-Ylang-Baums. Beiden wird seit langer Zeit eine Steigerung der Libido nachgesagt. Schon wenige Tropfen der ätherischen Öle beider Pflanzen genügen. Diese Öle können auch mit anderen Aromaölen vermischt werden – je nach Geschmack. Hier ein paar Tipps: Rosenöl fördert ebenfalls die Liebesfähigkeit, Sandelholzöl besitzt eine leicht aphrodisierende Wirkung, und auch Patschuliöl wird eine erotisierende Komponente zugesprochen, obwohl manche den moschusähnlichen Geruch nicht mögen.

gleichzeitig angewendet werden können. Die folgenden Therapieformen stellen nur einen kursorischen Ausschnitt dar, der auch den schulmedizinischen Bereich umfasst, da schulmedizinische und andere Verfahren miteinander kombiniert werden können.

Die Operation: Der operative Eingriff direkt an der vom Krebs betroffenen Stelle ist bei manchen Krebsarten die sicherste Methode, die Krebszellen zu entfernen.

Die Strahlentherapie: Radioaktive Strahlen können gezielt Zellen vernichten. Dies hat aber seine Grenzen, denn die Empfindlichkeit von Tumoren auf die Strahlung ist sehr unterschiedlich. Die Nebenwirkungen der Bestrahlung sind abhängig von der Empfindlichkeit des umgebenden gesunden Gewebes. Je größer der zu bestrahlende Bereich ist, umso massiver können auch die Folgebeschwerden der Bestrahlung sein.

Die Chemotherapie: Mit dem Begriff »Chemotherapie« wird der Einsatz von Zytostatika umschrieben, einer Gruppe von Zellgiften, die leider nicht nur das Wachstum der Krebszellen hemmen, sondern das aller anderen sich teilenden Zellen ebenfalls. Die angegriffenen gesunden Zellen sind vor allem Haarzellen, Zellen der Schleimhäute, des Blut bildenden Systems und Keimzellen. Die Mittel werden entweder gespritzt, mit Infusionen direkt in die Blutbahn gebracht oder in herkömmlicher Weise geschluckt. Die Vielzahl der zur Verfügung stehenden Arzneien ermöglicht die genaue Abstimmung auf die Bedürfnisse des Patienten. Dies schließt leider nur teilweise die Nebenwirkungen aus, die bei der Chemotherapie doch erheblich sein können, was aber individuell ganz verschieden ist. Zwei der größten Belastungen sind der oft eintretende teilweise oder komplette Verlust der Haare und die oft stark quälende Übelkeit bzw. der Brechreiz. Die Chemotherapie wird genau auf die Krebsart eingestellt, und es wird ein individueller Plan für den Patienten erarbeitet.

Die Immuntherapie: »Immuntherapie« ist ein Sammelbegriff für verschiedene Methoden, das Immunsystem zu stärken. Hierzu zählen Reiztherapien wie die Eigenbluttherapie (auch in Form von HOT = hämatogene Oxidationstherapie), die Injektion von Thymusextrakten, die Stimulierung des Immunsystems durch Immunstimulanzien und -therapeutika sowie durch Abhärtungsmaßnahmen. Alle Maßnahmen haben in Einzelfällen gewirkt; ihre generelle Anwendung ist umstritten.

Die Fiebertherapie: Bei der so genannten aktiven Fiebertherapie werden den Patienten Fieber erzeugende Substanzen (z.B. Mistelpräparate) verabreicht. Ziel ist, eine Umstimmungsreaktion des Körpers zu erreichen, um dadurch die Abwehrkräfte zu aktivieren. Die Therapie stützt sich auf das Phänomen, dass bei Fieber die Abwehrzellen des Immunsystems hochgradig aktiv sind. Die Wirkung der

Krebs – die Warnzeichen sind oft unspezifisch

Die besten Chancen für die Heilung von Krebs bestehen, wenn dieser im Frühstadium erkannt wird. Allerdings macht Krebs im Frühstadium normalerweise keine Beschwerden. Doch einige Symptome können – müssen aber nicht – auf Krebs hinweisen. In diesen Fällen sollten Sie zum Arzt gehen:

- Dauerhusten (mit Auswurf) und/oder länger anhaltende Schluckbeschwerden
- Blut im Stuhl oder im Urin
- Hautgeschwüre, schlecht heilende Wunden, Knötchenbildung unter der Haut, Knoten oder Hautveränderungen der Brust
- Unerklärlicher Gewichtsverlust und chronische Müdigkeit
- Frauen: Zwischenblutungen oder blutiger Ausfluss; Männer: Probleme beim Wasserlassen

Fiebertherapie ist umstritten, obwohl sie in Einzelfällen wahre Wunder vollbracht hat.
Phytotherapeutische Maßnahmen: An erster Stelle steht hier die Krebs hemmende Wirkung der Mistel; auch Weizengrassaft zählt zu den Phytotherapeutika, die manchen Krebskranken geholfen haben. Ihre Wirkungsweisen sind allerdings nicht allgemein nachgewiesen.
Ernährungsmaßnahmen: Bestimmte diätetische Maßnahmen haben manche Krebspatienten geheilt. Sinnvoll sind eine Fettreduzierung und eine tendenziell vegetarische vollwertige Kost. Umstellungen auf Makrobiotik oder eine Ernährung nach den fünf Elementen (die Ernährungsweise im Sinn der traditionellen chinesischen Medizin) hatten in Einzelfällen durchschlagende Erfolge. In Kombination mit anderen Maßnahmen – seien es Bewegungstherapie, Entspannungsmethoden oder auch schulmedizinische Maßnahmen – ist eine solche Umstellung sicherlich sinnvoll.

Kresse → Brunnenkresse, → Kapuzinerkresse

Kreuzadaption (lat. adaptare = anpassen): Bezeichnung für die unterschiedlich intensive Reaktion des Körpers auf einen bestimmten Impuls oder Reiz, nachdem der Organismus einer wiederholten Beeinflussung durch einen anderen Reiztyp ausgesetzt war. So passt sich etwa der Körper durch wiederholt vorgenommene Wärmeanwendungen nicht nur diesen Reizen an, sondern er ist dann auch gegenüber anderen Impulsen, etwa seelischen Belastungs- bzw. Anspannungszuständen, offener.

Kryotherapie (auch Kältetherapie bzw. Kältebehandlung): Heilverfahren, das gezielt Kälte gegen Erkrankungen einsetzt. Da Kälte eine Verengung der Gefäße hervorruft, eignet sich die Kryotherapie zur Stillung von Blutungen sowie für die Rückbildung von angeschwollenen Körperpartien. Darüber hinaus ist sie angezeigt bei (Muskel-)Zerrungen, Prellungen und Verstauchungen. Zudem empfiehlt sie sich zur Schmerzlinderung sowie bei Kopfschmerzen (in Form einer kalten Auflage).

Pulsatilla, die Küchenschelle, ist ein Klassiker der Homöopathie.

☛ Die Kältebehandlung eignet sich zur Selbstbehandlung.

Küchenschelle (Pulsatilla vulgaris): Pflanze aus der Familie der Hahnenfußgewächse (Ranunculaceae), die von März bis Mai blüht und deren oberirdische Teile zur Zeit der Blüte gesammelt werden. Pulsatilla ist einer der klassischen Wirkstoffe der Homöopathie; hierfür werden ausschließlich die frischen Pflanzenteile der Küchenschelle verwendet.
Inhaltsstoffe: Protoanemonin (das beim Trocknen in das weniger giftige Anemonin übergeht), Bitterstoffe, Gerbstoffe.
Anwendungen: Früher hatte die Küchenschelle ein breites Wirkungsfeld. Die Nebenwirkungen (heftige Reizerscheinungen an Haut und Schleimhäuten mit Bläschenbildung und Rötung sowie bei innerlicher Anwendung in höherer Dosierung Reizung der Nieren und der ableitenden Harnwege) lassen die Pflanze inzwischen in einem ungünstigeren Licht erscheinen. Außer in der Homöopathie wird die Pflanze arzneilich nicht mehr verwendet.

Kumarine → Cumarine

Kümmel (Carum carvi): Pflanze aus der Familie der Doldengewächse (Apiaceae), die an Hügeln, Dämmen, Wiesen und Wegrändern, aber auch kultiviert in den Gemüsegärten zu finden ist. Kümmel blüht im Mai und Juni, gesammelt werden die reifen Samen im Juli und August, die Wurzel wird im April ausgegraben. Kümmel wirkt krampflösend (spasmolytisch) und antibakteriell. Kümmel wird auch in der Homöopathie angewendet.

Inhaltsstoffe: ätherisches Öl (insbesondere Carvon).

Anwendungen: Kümmel wird als Teeaufguss der zerquetschten Früchte bei Verdauungsstörungen mit leichten Krämpfen und Völlegefühl erfolgreich verwendet. Zudem hat sich das ätherische Öl zur Appetitanregung und äußerlich in Form von Salben zur Einreibung des Bauchbereichs bei Blähungen, insbesondere bei Kindern, bewährt.

Kunstkrankheit: heute nur noch selten benutzter Begriff der → Homöopathie für eine künstlich herbeigeführte (durch den Einsatz eines Medikaments hervorgerufene) Erkrankung. Besteht eine weitgehende Gleichartigkeit (im Sinn des homöopathischen Ähnlichkeitsprinzips) zwischen dieser Krankheit und einer dem Patienten erst noch bevorstehenden Erkrankung, so soll eine Kunstkrankheit in der Lage sein, beide Krankheiten erfolgreich zu behandeln.

Trinkkuren sind eine von vielen möglichen Kuranwendungen.

Kunsttherapie: mit bildlicher Darstellung arbeitende Form der → Psychotherapie. Die Patienten werden ermutigt und angeleitet, ihre Emotionen und psychischen Konflikte bildlich darzustellen. Zum Einsatz kommen Malen und Zeichnen, aber auch weitere Techniken wie Modellieren mit Ton, das Anfertigen von Masken etc. Die Verbindung von künstlerischem Ausdruck und Psychotherapie hat sich in einigen Bereichen als wirkungsvolle Behandlungsmethode bei psychischen Störungen bewährt, etwa wenn sich der Patient nicht gut bzw. nicht gern mündlich ausdrücken kann bzw. will. Verwandt mit der Kunsttherapie sind die → Musiktherapie und die → Tanztherapie.

Kupfer: Spurenelement (täglich benötigte Menge: 1,5 Milligramm). Kupfer spielt eine dem Eisen verwandte Rolle beim Aufbau des roten Blutfarbstoffs (Hämoglobin) im Organismus. Die größte Kupfermenge ist in der Leber gespeichert. In Pflanzen kommt es am konzentriertesten in den Blättern und Früchten vor. Normalerweise wird mit der Nahrung genügend Kupfer aufgenommen; eine mögliche Unterversorgung besteht bei Rauchern. Besonders reich an Kupfer sind: Samenhäutchen des Getreides, Austern, Innereien, Eidotter, Bohnen, Gurken. Der Einsatz von Kupfer ist vor allem bei Mangelerscheinungen wie Blutarmut, Wachstumsproblemen bei Kindern sowie bei entzündlichen Hautreaktionen (Dermatitis) zu empfehlen (→ Spurenelemente).

Kupferband: zu Heilzwecken eingesetzte Armbänder, Ketten und Ringe. In fast allen Kulturen wurde (und wird teilweise noch heute) dem Schwermetall Kupfer eine gewisse Heilkraft zugeschrieben. Weit verbreitet ist der Glaube, Kupfer könne Schmerzen lindern und überdies positiv auf entzündete Körperteile einwirken. Für den erfolgreichen therapeutischen Einsatz von Kupfer ist auch der Prozess des Schwitzens (Transpiration) von besonderer Bedeutung.

Kupfer-Mensch (Akupunkturpunkte-Modell): Modell des menschlichen Körpers aus Kupfer, das 354 Akupunkturpunkte der → traditionellen chinesischen Medizin in Form von Löchern aufweist. Erwähnt wird der Kupfer-Mensch bereits von dem chinesischen Heilkundigen Wang Wei-Yi (987–1067). Der Kupfer-Mensch, von dem nur noch ein Modell erhalten ist, konnte geöffnet werden, so dass die inneren Körperteile sichtbar wurden.

Kur (lat. cura = Fürsorge): spezielle Therapieform an einem Heilbad oder Kurort, die sich über einen bestimmten Zeitraum erstreckt. Die Kurmaßnahmen können der Vorbeugung, der Heilung und der Rehabilitation dienen. Die Kur beruht sowohl auf medizinischen Anwendungen als auch auf den naturheilkundlichen Gegebenheiten des Kurorts – Anwendungen von Mineral- und Moorheilbädern, Thermalbädern, Seeheilbädern, Kneippkurorten u. Ä. Im Unterschied zur Krankenhausbehandlung setzt die Kurbehandlung auf die langsame Veränderung durch wiederholte Anwendungen über einen längeren Zeitraum (mindestens vier Wochen); im Anschluss sollte eine so genannte Nachkur von einer Woche erfolgen. Dies setzt die aktive Mitarbeit des Patienten voraus, und da die Heilerfolge auch nach der Kur anhalten sollen, sind etwa ein Gesundheitstraining, Ernährungsvorschläge und Bewegungstraining Teil der Kurmaßnahmen.

Kürbissamen (Cucurbitae peponis semen): Frucht des Kürbisses (Cucurbita pepo), der ursprünglich aus Mexiko zu uns kam. Arzneilich verwendet werden die geschälten Kürbiskerne. Sie werden auch in der Homöopathie eingesetzt.

Inhaltsstoffe: fettes Öl, Cucurbitin mit weiteren 23 Aminosäuren, Phytosterole (Beta-Sitosterol), Mineralstoffe (Kalium), Spurenelemente (Selen), Vitamin E.

Anwendungen: Kürbiskerne wurden früher als Wurmmittel eingesetzt. Heute finden Kürbiskerne und Kürbiskernextrakte bei einer Reizblase und bei Beschwerden beim Wasserlassen, z. B. aufgrund von Prostataproblemen, Anwendung.

Kurkuma → Gelbwurz

Kurzwickel: Wickel der → Kneipptherapie, der von der Mitte der Oberschenkel bis hinauf unter die Arme reicht. Er wird bei Reizdarm, Krämpfen im Unterleib, Bluthochdruck, Spannungszuständen, Einschlafstörungen, Übergewicht und rheumatischen Erkrankungen angewendet.

☛ Der Kurzwickel eignet sich zur Selbstbehandlung.

Kuren – wann sind sie sinnvoll?

- Kuren bedürfen der Genehmigung der Krankenkassen. Normalerweise verschreibt der behandelnde Arzt (Hausarzt) eine Kur. Kuren werden vor allem bei chronischen Leiden, etwa Asthma, Diabetes mellitus oder rheumatischen Erkrankungen, empfohlen.
- Einen großen Anteil des Kurgastaufkommens stellen auch Patienten, die eine Rehabilitationskur nach einer schweren Operation oder einem Unfall antreten.
- Eine weitere Möglichkeit der Kur ist die so genannte Präventionskur, die der Vorbeugung von Gesundheitsschäden dient. Die Kosten für diese Art der Kur werden allerdings nicht von den Krankenkassen übernommen. Mittlerweile gibt es in den Kurorten aber eine immer größere Zahl an Gästen, die frühzeitig etwas für ihre Gesundheitserhaltung tun wollen und Kurzkuren bzw. Spezialangebote der Kurorte in Anspruch nehmen.

Lapachotee: Schon die Inkas in Südamerika kannten den Tee aus der Rinde des roten Lapachobaums (Tabebuia avellanedae). Der Tee findet bei Anämie, Bronchitis, Diabetes mellitus, Gastritis, Infektionen und sogar Krebserkrankungen Verwendung. Er fördert die Vitalität und steigert zudem die Abwehrkräfte.

Lapachoteekur: 2 EL der Rinde in 1 l Wasser aufkochen. 5 Minuten lang bei geringer Hitze kochen, dann 20 Minuten zugedeckt ziehen lassen. Mehrere Wochen lang den Tee über den Tag verteilt trinken.

Larch (engl.): Lärche, Stockbottle Nr. 19 der → Bach-Blüten. Larch fördert bei Menschen mit Minderwertigkeitskomplexen das Selbstvertrauen.

Lärche (Larix decidua): Nadelbaum aus der Familie der Kieferngewächse (Pinaceae). Die hier wachsende Lärche kann bis zu 50 Meter hoch und 700 Jahre alt werden. Die Lärche wirft ihre Nadeln, die im Sommer hellgrün und im Herbst goldgelb werden, im Winter ab.

Inhaltsstoffe: ätherische Öle (Caren, Limonen), hoher Anteil an Harzsäuren, Diterpene.

Anwendungen: Zubereitungen mit Latschenkiefer helfen bei rheumatischen Erkrankungen, Gicht und Muskelschmerzen. Sie werden auch häufig bei Sportverletzungen eingesetzt. Ätherisches Lärchenöl und Lärchenharz finden in reiner Form mittlerweile kaum mehr medizinische Anwendung, da sie haut- und schleimhautreizend sind. Bisweilen findet man sie in Präparaten zum Einreiben bei Erkältungskrankheiten.

Laserakupunktur: Im Bereich der alternativen Heilverfahren findet die moderne Lasertechnik Anwendung bei der → Akupunktur. Hierbei setzt man die energiereichen Laserstrahlen als so genannte Lichtnadeln anstelle der sonst üblichen Akupunkturnadeln aus Stahl, Gold oder Silber ein. Studien ergaben, dass die therapeutische Wirkung in etwa derjenigen der herkömmlichen Akupunktur entspricht. Die Laserakupunktur hat jedoch den Vorteil, dass die bisweilen unangenehmen Einstiche von Nadeln vermieden werden.

Lateralität (lat. lateralis = seitlich): in der → Homöopathie Bezeichnung für das eindeutige Auftreten von bestimmten Symptomen auf nur einer Körperseite.

Latschenkiefer (Pinus mugo): Nadelbaum aus der Familie der Kieferngewächse (Pinaceae). Die Latschenkiefer oder auch Latsche wächst in den mittel- und osteuropäischen Gebirgszonen. Sie ist von niedrigem Wuchs, mehrstämmig, strauchig, mit dicht gestellten Ästen und aufwärts gerichteten Zweigen. Für die Herstellung von Arzneimitteln werden die frischen Nadeln, Zweigspitzen und jungen Äste der Kiefernart verwendet.

Inhaltsstoffe: ätherische Öle (Limonen und Anisaldehyd); Geruchsträger sind hauptsächlich Borneolazetat und Borneolformitat.

Anwendungen: Arzneiliche Präparate aus der Heilpflanze werden als Einreibe- und Inhalationsmittel eingesetzt. Am häufigsten sind Anwendungen als Badezusätze für Vollbäder bei Erkältungskrankheiten und für entspannende Fußbäder. Die Arzneidroge hilft außerdem bei rheumatischen Beschwerden und Muskelschmerzen.

Latschenkiefernöl: ätherisches Öl der Latschenkiefer. Es riecht waldig frisch. Das Aromaöl (→ Aromatherapie) wirkt antibakteriell und durchblutungsfördernd auf den Organismus sowie belebend und anregend auf die Psyche. Es wird bei Erkältungskrankheiten, Durchblutungsstörungen, rheumatischen Erkrankungen und chronischer Bronchitis sowie zur Wohnraumaromatisierung eingesetzt. Es lässt sich in der Duftlampe gut mit anderen Ölen, z. B. Cajeput, Eukalyptus und Zitrone, mischen.

Läuse: Man unterscheidet bei Läusen, die den Menschen befallen, zwischen Kopflaus (Pediculus capitis), Kleiderlaus (Pediculus vestimenti) und Filzlaus (Pediculus pubis). Läuse sind

Blutsauger, die verschiedene Krankheitserreger übertragen können. Am häufigsten tritt in den Industrieländern ein Befall durch Kopfläuse auf. Dies ist mit heftigem Juckreiz verbunden, der durch den Biss und die Bewegung der Tiere hervorgerufen wird. Die Vermehrungsrate der Läuse ist außerordentlich hoch. Die weibliche Kopflaus befestigt dabei mit einer Chitinschicht ihre Eier (Nissen) am Haar, und schon nach wenigen Tagen schlüpfen daraus junge Kopfläuse. Deswegen ist eine schnelle Behandlung erforderlich, auch um einer möglichen Infektionsgefahr mit ernsthaften Folgeerkrankungen vorzubeugen.

Die Behandlung erfolgt in der Regel mit läuse- und nissentötenden Mitteln; sicher und schnell wirken Präparate mit dem Wirkstoff Hexachlorzyklohexan (Säuglinge und Kleinkinder dürfen wegen einer möglichen Vergiftungsgefahr nur vom Arzt behandelt werden) • Alternativ kann man Essigwasser oder Präparate auf Parafinbasis verwenden (mit allerdings schwächerer Wirkung); nach einer Haarspülung können die abgetöteten Nissen mit einem feinzinkigen Kamm ausgekämmt werden.

Lavendel (Lavendula angustifolia): Heilpflanze aus der Familie der Lippenblütler (Lamiaceae). Die aus Persien stammende Pflanze gedeiht heute in allen Mittelmeerländern. Der bis zu 50 Zentimeter hohe, duftende Halbstrauch, der noch in einer Höhe von 1800 Metern wächst und mit seinen blauvioletten Blüten weithin sichtbar leuchtet, liefert eines der bekanntesten ätherischen Öle für Parfümmischungen (Kölnischwasser).

Inhaltsstoffe: in den Blüten: ätherisches Öl; außerdem Gerbstoffe, Flavonoide, Phytosterole, Cumarine.

Anwendungen: Lavendel wird vor allem bei Kreislaufbeschwerden, Schlafstörungen, Kopfschmerzen und Appetitlosigkeit eingesetzt. Häufig sind Lavendelblüten auch ein Bestandteil von Schlafkissenfüllungen.

Aus Lavendel wird eines der bekanntesten Aromaöle gewonnen.

Lavendelöl: ätherisches Öl, das durch Wasserdampfdestillation aus den Blütenrispen und Stängeln des Lavendels gewonnen wird. Lavendelöl besitzt einen frischen, kräuterartigen Duft. Das Aromaöl (→ Aromatherapie) wirkt antiseptisch, krampflösend, verdauungsfördernd und entgiftend auf den Körper sowie ausgleichend und beruhigend auf die Psyche. Es wird bei Erkrankungen der Atemwege, Verdauungsbeschwerden, Kopfschmerzen, depressiven Verstimmungen und Menstruationsbeschwerden angewendet. Lavendelöl lässt sich gut mit den Ölen von Bergamotte, Muskatellersalbei und Bitterorange mischen.

Laxanzien (lat. laxare = lockern, auch Laxativa) → Abführmittel

Lebensbaum (Thuja occidentalis): immergrüner Baum aus der Familie der Zypressengewächse (Cupressaceae). Der in Europa und auf dem amerikanischen Kontinent heimische Baum gilt als Symbol menschlichen Lebens. In europäischen Breitengraden wird er meist als Zierstrauch gehalten. Zu Heilzwecken finden die Triebspitzen der Pflanze Verwendung. Der Lebensbaum kommt auch in der Homöopathie zum Einsatz.

Inhaltsstoffe: ätherisches Öl, Sesquiterpene, Flavonoide.

Anwendungen: Thuja wird zur Stärkung des Immunsystems und zur Vorbeugung von Erkältungskrankheiten angewendet. Traditionell werden damit auch Einreibungen bei Gicht oder bei Warzen gemacht. Üblich ist die homöopathische Anwendung bei chronischen Entzündungen und Hautgeschwüren.

Lebensmittel: laut Lebensmittelrecht Stoffe, die dazu bestimmt sind, in unverändertem, verarbeitetem oder zubereitetem Zustand gegessen oder getrunken zu werden. Lebensmittel sind in erster Linie Träger der für die → Ernährung wichtigen Nährstoffe (Eiweiße, Fette, Kohlenhydrate, Vitamine, Mineralstoffe und Spurenelemente). Zu den Lebensmitteln zählen auch die Genussmittel. In einigen Bereichen der Vollwert- und Reformkost werden Lebensmittel von Nahrungsmitteln unterschieden. Im normalen Sprachgebrauch werden diese beiden Begriffe jedoch gleichgesetzt.

Lebensmittelzusatzstoffe: Stoffe, die bestimmten Lebensmitteln zur Veränderung der Beschaffenheit oder zur Erzielung bestimmter Eigenschaften und Wirkungen künstlich zugesetzt werden (siehe Kasten S. 249f.). Die Stoffe dienen u. a. der Verlängerung der Haltbarkeit (Konservierungsstoffe, Antioxidationsmittel), der Veränderung oder Erhaltung der Konsistenz (Emulgatoren, Geliermittel) sowie der Beeinflussung der optischen oder geschmacklichen Eigenschaften (Farbstoffe, Geschmacksverstärker).

Leberblümchen (Hepatica nobilis): Heilpflanze aus der Familie der Hahnenfußgewächse (Ranunculaceae). Das Leberblümchen ist ein mehrjähriges Kraut, das im Frühjahr meist blau blüht. Als Arzneidroge werden nur die getrockneten oberirdischen Pflanzenteile verwendet. Das Heilkraut kommt auch in der Homöopathie zum Einsatz.

Inhaltsstoffe: Anemonin, Anthocyane, Flavonoide, Glykoside, Gerbstoffe.

Anwendungen: In der Volksmedizin wird die Heilpflanze traditionell bei Leber- und Gallenblasenbeschwerden eingesetzt. Ein Tee aus Leberblümchenkraut wirkt auch bei Reizungen des Kehlkopfs und bei Lungenleiden.

Lebererkrankungen: Zu den Lebererkrankungen gehören sowohl Leberentzündungen, die durch Bakterien, Parasiten oder Viren (Hepatitis A, B, C, D und E) verursacht werden, als auch degenerative Erkrankungen (z. B. Leberzirrhose aufgrund von Alkoholismus, Fettleber). Frühwarnsignale einer Hepatitis sind Schmerzen unter dem rechten Rippenbogen. Zu Beginn der Hepatitis gleichen die Symptome den Beschwerden eines grippalen Infekts: Kopfschmerzen, Müdigkeit, Übelkeit. Später treten Blähungen, Durchfall, Verstopfung sowie leichtes Fieber und ein juckender Hautausschlag auf. In der zweiten Phase der Krankheit verfärben sich Augen und Haut rötlich gelb. Der Urin ist dunkel gefärbt. Eine Virusinfektion kann jedoch auch oft ohne die beschriebenen Symptome verlaufen, weshalb die Ansteckungsgefahr sehr hoch ist.

! Bei Verdacht auf Hepatitis müssen Sie einen Arzt aufsuchen. Nur fachärztliche Diagnose und Behandlung können lebensbedrohliche Folgeerkrankungen verhindern.

Bei Leberbeschwerden ist generell eine fett- und cholesterinarme Ernährung zu empfehlen • Alkohol- und Nikotingenuss sollten unbedingt eingestellt werden • Auch durch die Anwendung von Heilpflanzen (Artischocke, Bitterklee, Erdrauch, Gelbwurz, Leberblümchen, Mariendistel, Rosmarin, Schafgarbe, Spargel, Spitzwegerich, Wegwarte) können Beschwerden gelindert werden • Bei Urlaubsreisen in gefährdete Gebiete empfehlen sich Impfungen gegen Hepatitis A und B.

Lebertee: 1 TL Mariendistel mit 1/4 l kochendem Wasser übergießen. 10 Minuten ziehen lassen. Den Tee morgens nüchtern, 30 Minuten vor dem Mittagessen und abends vor dem Schlafengehen trinken.

Lebensmittelzusatzstoffe – das Kleingedruckte ist wichtig

Fast alles, was in Fertigverpackungen von Pizza, Keksen, Eiscreme oder Fertigsuppen enthalten ist, steht auf der Verpackung. So schreibt es das Gesetz vor. Die größte Menge steht am Anfang, die kleinste am Ende dieser Zutatenliste. Die Lebensmittelzusatzstoffe werden dabei mit E-Nummern bezeichnet, was bedeutet, dass diese Stoffe in der Europäischen Union zugelassen sind. Die folgende Übersicht der häufigsten Zusatzstoffe soll über mögliche gesundheitliche Risiken informieren. Bei allen gentechnisch erzeugten Stoffen ist zurzeit eine abschließende Bewertung gesundheitlicher Risiken noch nicht möglich.

Farbstoffe

- **E 101,** Riboflavin: auch als Vitamin B2 bekannt, ist ein natürlicher, pflanzlicher, gelber Farbstoff. Er gilt als unbedenklich.
- **E 102,** Tartrazin: künstlicher, gelber Azofarbstoff, der allergieauslösend wirken kann. Gefährdet sind vor allem Personen, die auf Aspirin (Azetylsalizylsäure) allergisch reagieren, und Asthmatiker. Als Nebenwirkungen können Atemschwierigkeiten, Hautausschläge oder Sehprobleme auftreten.
- **E 160a,** Karotine, Beta-Karotine: künstliche, orangerote Farbstoffe, die auch in der Natur in vielen Pflanzen (z. B. Karotten) vorkommen. Sie können vom Körper in Vitamin A umgewandelt werden. Bei einer Überdosierung bekommt die Haut einen gelblichen Stich. Sie gelten als unbedenklich. Eine gentechnische Herstellung ist möglich.

Konservierungsstoffe

- **E 200,** Sorbinsäure: künstlich hergestellter Konservierungsstoff. Kommt auch als natürliche Fettsäure vor. Besitzt einen leicht sauren Eigengeschmack und gilt als unbedenklich.
- **E 210,** Benzoesäure: künstlich hergestellter Konservierungsstoff. Kommt auch als natürlicher Stoff in Lebensmitteln vor. Benzoesäure wird hauptsächlich für Fisch- und Salatspeisen verwendet. Bei Personen mit Asthma, Heuschnupfen oder einer Neigung zu Hautallergien kann es zu allergischen Reaktionen kommen. Von häufigem Verzehr ist generell abzuraten.
- **E 220,** Schwefeldioxid: künstlich hergestellter Konservierungsstoff, der vorwiegend in Weißweinen, Trockenfrüchten und Kartoffelerzeugnissen eingesetzt wird. Er vermindert den Vitamin-B1-Gehalt von Lebensmitteln, was bei empfindlichen Personen zu Kopfschmerzen und Übelkeit führen kann. Bei Asthmatikern kann es zum so genannten Sulfitasthma kommen. Es sollte deshalb eine Tagesdosis von 50 Milligramm nicht überschritten werden.
- **E 296,** Äpfelsäure: künstlich hergestelltes Säuerungsmittel mit säuerlichem Eigengeschmack. Die so genannte D-Äpfelsäure kommt auch im menschlichen Stoffwechsel vor. Sie gilt als unbedenklich. Bei der L-Äpfelsäure ist eine gentechnische Herstellung möglich.

Säuerungsmittel

- **E 300,** Askorbinsäure: das künstlich hergestellte Vitamin C wird als Antioxidationsmittel, Farbstabilisator und Mehlbehandlungsmittel verwendet. Es gilt als unbedenklich. Askorbinsäure kann auch gentechnisch hergestellt werden. Vorsicht: Bei ständiger Überdosierung, z. B. durch Vitaminpräparate, kann das Abbauprodukt Oxalsäure zu Nierenstein- und Blasensteinbildung führen.
- **E 322,** Lezithin: pflanzlicher Emulgator. Er dient als Antioxidations-, Mehlbehandlungsmittel und Stabilisator. Lezithin kommt in jeder lebenden Zelle vor, es wird in der Regel aus Soja-, Sonnenblumen- und Rapsöl erzeugt. Lezithin gilt als unbedenklich. Die Herstellung aus genverändertem Soja ist möglich.

Lebensmittelzusatzstoffe – das Kleingedruckte ist wichtig

• **E 330,** Zitronensäure: künstliches Säuerungsmittel auf pflanzlicher Basis. Zitronensäure wird mit Hilfe von Bakterien aus zuckerhaltigen Substanzen gewonnen. Sie kommt auch im menschlichen Stoffwechsel vor und gilt als unbedenklich. Die gentechnische Herstellung von Zitronensäure ist möglich.

Verdickungs- und Geliermittel

• **E 406,** Agar-Agar: natürliches, pflanzliches Verdickungs- und Geliermittel aus Rotalgen. Agar-Agar wirkt als Ballaststoff verdauungsfördernd, behindert jedoch die Aufnahme von Mineralstoffen und wirkt in hoher Dosis abführend. Von einem häufigen Verzehr ist deshalb abzuraten.

• **E 410,** Johannisbrotkernmehl: natürliches, pflanzliches Gelier- und Verdickungsmittel, das aus den Früchten des Johannisbrotbaumes gewonnen wird. Das Mittel wirkt als Ballaststoff verdauungsfördernd. Bei Überdosierung, die in Lebensmitteln normalerweise nicht vorkommt, ist eine abführende Wirkung möglich. Das Mittel gilt als unbedenklich; Allergiker sollten jedoch vorsichtig sein.

• **E 414,** Gummi arabicum: natürliches, pflanzliches Verdickungsmittel, Stabilisator und Füllstoff. Der Stoff wirkt als Ballaststoff verdauungsfördernd und gilt als unbedenklich.

Emulgatoren

• **E 440,** Pektine: natürliche oder künstliche Verdickungs- und Geliermittel auf pflanzlicher Basis. Sie werden aus Äpfeln, Zuckerrüben oder Orangenschalen gewonnen. Als Ballaststoffe wirken Pektine verdauungsfördernd und gelten als unbedenklich.

• **E 450,** Diphosphate, Phosphat: künstliche Emulgatoren, Stabilisatoren und Säureregulatoren, die in hohen Dosierungen die Aufnahme von Magnesium, Kalzium und Eisen im Körper behindern können. Dies kann langfristig zu Kalkablagerungen einerseits und Knochenschwund andererseits führen. Von einem häufigen Verzehr dieser Mittel ist deshalb abzuraten.

Geschmacksverstärker

• **E 620,** Glutaminsäure: künstlicher Geschmacksverstärker, der aus pflanzlichen und tierischen Rohstoffen mit Hilfe von Enzymen erzeugt wird. Eine gentechnische Herstellung von Glutaminsäure ist auch möglich. Überdosierungen sind nicht auszuschließen. Glutaminsäure steht im Verdacht, nach dem Verzehr bei empfindlichen Personen Herzklopfen, Taubheitsgefühle und Kopfschmerzen auszulösen (China-Restaurant-Syndrom). Der Stoff ist beispielsweise in hohen Konzentrationen in Sojasauce enthalten. Von einem häufigen Verzehr ist deswegen abzuraten.

• **E 901,** Bienenwachs: natürliches und unverdauliches Trenn- und Überzugsmittel. Bienenwachs gilt als unbedenklich.

Süßstoffe

• **E 954,** Saccharine: künstliche Süßstoffe, die einen bitteren oder metallischen Beigeschmack hervorrufen können. Die Süßstoffe wirken 500-mal süßer als Zucker. Saccharine verursachten in Tierversuchen Blasenkrebs und können die Entstehung von Krebswucherungen unterstützen. Die maximal verantwortbare tägliche Aufnahmemenge beträgt fünf Milligramm pro Kilogramm Körpergewicht. Von einem häufigen Verzehr ist dringend abzuraten.

Sonstige Zusatzstoffe

• **E 500,** Natriumkarbonate: künstliche Backtriebmittel, Trennmittel und Säureregulatoren. Die Natriumkarbonate sind auch als Soda oder Natron bekannt. Sie können bei einer hohen Dosierung zu verstärkter Magensäurebildung führen, gelten jedoch normalerweise als unbedenklich.

Lebertran: Fischleberöl mit hohem Gehalt an Vitamin A und D sowie an den so genannten → Omega-3-Fettsäuren.

Lehm: eisenhaltiger, sandiger Ton, der als Zusatzstoff für entzündungshemmende Wickel verwendet wird, beispielsweise als Lehmwadenwickel.

Leibwickel → Kurzwickel, → Lendenwickel

Leinöl: fettes Öl aus Leinsamen; enthält ungefähr 60 Prozent Linolensäure (mehrfach ungesättigte Fettsäure). Die Verwendung von Leinöl zum Kochen ist zur Senkung von zu hohen Blutfettwerten geeignet.

Leinsamen (Lini semen): Samen des Leins (Flachs) aus der Familie der Leingewächse (Linaceae). Der Lein ist ein einjähriges Kraut, das hierzulande nur als Kulturpflanze vorkommt. Die Pflanze wird 50 bis 70 Zentimeter hoch und hat meist himmelblaue Blüten. Beim Reifungsprozess entsteht eine rundliche Kapsel, die acht bis zehn meist braune oder auch goldgelbe Samen enthält.

Inhaltsstoffe: fettes Öl (Leinöl), Proteine, Schleim- und Ballaststoffe, Glykoside.

Anwendungen: Geschroteter Leinsamen wird vor allem als mildes Abführmittel bei Darmträgheit und Verstopfung verwendet. Aufgrund seines Quellvermögens fördert er die Darmbewegung (Peristaltik) und damit die Normalisierung des Stuhlgangs. Außerdem wird er bei Entzündungen des Mund- und Rachenraums als Gurgelmittel sowie bei Entzündungen des Magen-Darm-Trakts als Aufguss eingesetzt.

Leistungsumsatz (auch Arbeitsumsatz): Energiemenge, die zusätzlich zum → Grundumsatz für spezielle körperliche Betätigungen (Sport, schwere körperliche Arbeit) verbraucht wird.

Leitsymptom: wichtiges Charakteristikum für die Auswahl eines Arzneimittels in der → Homöopathie. Hierbei spielen auch die Begriffe der → Modalität bzw. der Qualität des Mittels eine Rolle (→ Schlüsselsymptom).

Leitwerttherapie → Kippschwingungstherapie, → Elektroakupunktur

Wer Leinsamen einnimmt, muss viel trinken, damit der Leinsamen quellen kann.

Lemongras (Cymbopogon citratus; auch Zitronengras): Heilpflanze aus der Familie der Süßgräser (Poaceae). Die ursprünglich aus Indien stammende Pflanze wird heute hauptsächlich in Südamerika, China und auf Madagaskar kultiviert. Die Pflanze wird bis zu 50 Zentimeter hoch und besitzt einen starken Zitrusduft. Als Arzneidroge finden die oberirdischen getrockneten Pflanzenteile und das ätherische Öl der Pflanze Verwendung.

Inhaltsstoffe: ätherisches Öl (vor allem Zitral), Triterpene.

Anwendungen: Lemongrasöl verbessert die Verdauung, wirkt harn- und schweißtreibend sowie entblähend. Wegen seines hohen Zitralgehalts besitzt das ätherische Öl auch eine stark antiseptische Wirkung. Den Tee verwendet man traditionell vor allem bei Magen-Darm-Infektionen, Blähungen, Appetitlosigkeit, fiebrigen Infektionen der Atemwege und bei nervöser Unruhe.

Lemongrasöl: ätherisches Öl aus den Blättern des Lemongrases. Lemongrasöl besitzt einen frischen zitronigen Duft. Das Aromaöl (→ Aromatherapie) stärkt das Immunsystem, wirkt antiseptisch, krampflösend, verdauungsfördernd, schweißtreibend und entgiftend auf der körperlichen Ebene sowie erfrischend und anregend im psychischen Bereich. Es wird bei Verdauungsbeschwerden, Kopfschmerzen und Erkältungskrankheiten sowie bei Muskelschmerzen, Müdigkeit und depressiver Verstimmung eingesetzt. Lemongrasöl lässt sich gut mit den Ölen von Eukalyptus, Lavendel und Wacholder mischen.

Lendenwickel: Wickel der → Kneipptherapie, der vom Nabel bis zur Mitte des Oberschenkels reicht. Er wird bei Magenbeschwerden, Verstopfung, Leber- und Gallenblasenerkrankungen sowie Schlafstörungen angewendet.

Der Lendenwickel eignet sich zur Selbstbehandlung.

Libido (lat. Wollust, Begierde): Kernbegriff der → Psychoanalyse, der das mit dem Sexualtrieb verbundene Sexualverhalten beschreibt. Eine Libidostörung ist eine Beeinträchtigung der Libido, die sich in den meisten Fällen als sexuelle Funktionsstörung oder in einem fehlenden sexuellen Interesse äußert (→ Potenzstörung, → sexuelle Probleme). Oft tritt eine Libidostörung im Zusammenhang mit anderen psychischen Problemen und Erkrankungen (z. B. Depressionen) auf. Eine sexualtherapeutische Beratung kann hier sinnvoll sein.

Lichttherapie: therapeutische Anwendung des Lichts in unterschiedlichen Formen: Lichtbad, Sonnenbad, Höhensonne (Quarzlampe), Glühlicht (Lichtbogen), Rotlicht, UV-Licht u. Ä. Die Lichttherapie wird vor allem als leichte Reizbehandlung zur Steigerung der körperlichen Abwehrkräfte, bei bestimmten Hauterkrankungen (etwa Schuppenflechte) und bei depressiven Verstimmungen (z. B. Winterdepression) angewendet (→ Heliotherapie).

Die Lichttherapie eignet sich teilweise zur Selbstbehandlung.

Lidödem: Lidschwellung aufgrund einer Flüssigkeitsansammlung im lockeren Unterhautzellgewebe des Augenlids. Ein Lidödem kann durch Entzündungen, Allergien sowie Stoffwechselstörungen (z.B. Nieren- oder Schilddrüsenfehlfunktionen) hervorgerufen werden.

! Beim Verdacht auf eine zugrunde liegende Stoffwechselstörung (Herz-, Nieren- oder Schilddrüsenstörung) muss der Arzt aufgesucht werden.

Bei Lidödemen kann begleitend eine Stärkung der allgemeinen körperlichen Abwehrkräfte sinnvoll sein, z. B. durch eine Kur mit Propolis und Gelée royale • Alkohol- und Nikotingenuss sollten bei einem Lidödem möglichst vermieden werden • Bei Ödemen, die durch eine Entzündung hervorgerufen wurden, haben sich Teebaumöl und Manukaöl gut bewährt • Auch die Anwendung von Kompressen (mit Augentrost- oder Fencheltee) kann die Beschwerden bessern • Bei überanstrengten Augen helfen Augenmassagen und Augenübungen

Augentrosttee für Kompresse: 1 EL Augentrost mit 1/4 l kochend heißem Was-

Libidostörungen – viele Ursachen sind möglich

Für eine sexualtherapeutische Beratung bei Libidostörungen müssen nicht unbedingt Spezialisten aufgesucht werden. Auch der Hausarzt oder die Hausärztin kann in vielen Fällen beurteilen, ob Stress und Überlastung, bestimmte Gewohnheiten, Krankheiten oder bestimmte Medikamente die Schwierigkeiten verursachen. Zur medizinischen Abklärung erfolgt zumeist eine Überweisung in die urologische Abteilung eines Krankenhauses. Dort steht auch in der Regel psychosomatisch ausgebildetes Personal für eine Beratung zur Verfügung. Manchmal raten Hausärzte auch zu einer Psychotherapie. In diesem Fall ist es sinnvoll, die Entscheidung zuvor mit dem Partner oder der Partnerin abzusprechen.

ser überbrühen. Nach dem Abkühlen ein Mullläppchen damit tränken und 15 Minuten auf die geschlossenen Augen legen.

Liebstöckel (Levisticum officinale): Heilpflanze aus der Familie der Doldengewächse (Apiaceae). Die bis zu zwei Meter hoch wachsende Heilpflanze stammt ursprünglich aus Südeuropa. Heute wird sie in ganz Europa, Asien und Amerika angebaut. Arzneidrogen werden vor allem aus den Wurzeln der Pflanze gewonnen, aber auch die Blätter (als Gewürz), Früchte und das ganze Kraut werden verwendet. Die Heilpflanze kommt auch in der Homöopathie zum Einsatz.

Inhaltsstoffe: ätherisches Öl, Bitterstoffe, Gerbstoffe, Harze.

Anwendungen: Die Heilpflanze verbessert die Verdauung, wirkt entwässernd und schweißtreibend. Liebstöckel ist deshalb ein wertvoller Bestandteil vieler wassertreibender Teemischungen und zahlreicher Magenbitter. Außerdem ist Liebstöckel als Gewürzpflanze bekannt (»Maggikraut«).

Linde (Tilia platyphyllos und Tilia cordata; Sommer- und Winterlinde): Baum aus der Familie der Lindengewächse (Tiliaceae). Von dem bis zu 30 Meter hoch wachsenden Baum kommen hierzulande hauptsächlich zwei Arten vor. Die Winterlinde, die häufiger anzutreffen ist, blüht etwa 14 Tage später als die Sommerlinde, besitzt kleinere Blätter und vollere Blütenstände. Heilkräftig sind die Blüten. Die Linde wird auch in der Homöopathie verwendet.

Inhaltsstoffe: ätherisches Öl, Flavonoide, Gerbstoffe, Schleimstoffe.

Anwendungen: Als Heilpflanze wirken die Lindenblüten insbesondere gegen klassische Erkältungskrankheiten (grippale Infekte mit Husten, Schnupfen, erhöhter Temperatur und Halsschmerzen). Eine häufige Anwendung ist die Zubereitung als »Schwitztee« bei fiebrigen Infekten und als »Blutreinigungstee«.

Linol-/Linolensäure → Fette

Lindenblüten eignen sich für »Schwitztees« bei fiebrigen Erkältungen.

Lippenherpes: teilweise schmerzhafte Bläschenbildung an den Lippen. Lippenherpes wird von Viren (Herpes-simplex-Virus, Typ 1) durch Körperkontakt (Tröpfchen- und Schmierinfektion) übertragen. Die erste Infektion mit Herpes-simplex-Viren findet meist unbemerkt schon im frühen Kindesalter statt. Das Virus wird in der Regel vom körpereigenen Immunsystem in Schach gehalten. Bestimmte Reize, z. B. Stress oder eine geschwächte Körperabwehr, können die »ruhenden« Viren aktivieren und zur Bläschenbildung führen. Fast alle Menschen sind mit diesen Viren infiziert. In Deutschland suchen jährlich über eine Million Menschen deswegen eine Praxis auf.

! Bei Personen mit schweren Störungen des Immunsystems kann sich die Erkrankung ausbreiten und sogar lebensbedrohlich werden (z. B. in Form einer Gehirnentzündung).

Zur Vorbeugung ist eine allgemeine Stärkung des Immunsystems sinnvoll (z. B. mit kneippschen Wasseranwendungen) • Eine Behandlung kann mit austrocknenden und desinfizierend wirkenden Lotionen (z. B. Zink) erfolgen • Ein wieder entdecktes und gut wirkendes Mittel bei Herpes simplex ist Teebaumöl (unverdünnt auftragen) • Auch Anwendungen mit Heilkräutern (z. B. Salbei, Melisse und Kamille) können die Beschwerden lindern helfen

Salbeitee bei Lippenherpes: 1 EL Salbeiblätter mit 1/4 l kochendem Wasser übergießen, 10 Minuten lang ziehen lassen. Mit dem abgekühlten Tee die Lippen betupfen.

Logotherapie (griech. logos = Wort, Lehre): Form der → Psychotherapie, bei der dem Klienten ein Identitätsgefühl vermittelt werden soll. Als Methode wird vor allem die so genannte paradoxe (gegenteilige) Intention (Absicht) eingesetzt; der Klient wird dabei z. B. aufgefordert, sich kurz die Dinge vorzustellen, die er fürchtet, bzw. man unterstützt ihn in übertriebener Weise in seinen Ängsten.

Lokalanästhesie: örtliche (lokale) Betäubung. Bei dieser Betäubungsmethode ist der Patient bei vollem Bewusstsein, spürt aber an der zu behandelnden Stelle nichts. Die Lokalanästhesie wird auch zur Schmerztherapie eingesetzt (→ Neuraltherapie).

Lokalsymptom: Begriff der → Homöopathie. Symptom, Beschwerde oder andere Auffälligkeit, die auf einen bestimmten Körperbereich begrenzt ist und als Ausdruck einer Grunderkrankung gelten kann.

Die Bitterstoffe des Löwenzahns wirken appetitanregend.

Lorbeerbaum (Laurus nobilis): Baum aus der Familie der Lorbeerbaumgewächse (Lauraceae). Die ursprüngliche Heimat des Lorbeerbaums ist Kleinasien. Heutzutage gedeiht er sowohl wild als auch kultiviert im gesamten Mittelmeerraum, in den subtropischen Gebieten Asiens sowie in Mittel- und Südamerika. Der immergrüne Baum wird bis zu zehn Meter hoch. Aus den eiförmigen schwarzen Beeren wird das Lorbeeröl gewonnen. Die Blätter werden hauptsächlich als Gewürz verwendet (Lorbeerblatt).

Inhaltsstoffe: fette und ätherische Öle, Bitterstoffe, Glyzeride.

Anwendungen: Lorbeeröl besitzt eine leicht antiseptische, verdauungs- und durchblutungsfördernde Wirkung. Es wird gegen Schuppen, bei Muskelverspannungen, rheumatischen Beschwerden und Sportverletzungen eingesetzt. Lorbeeröl hilft auch gegen Küchenungeziefer.

! Bei empfindlichen Personen kann es zu leichten Hautreizungen kommen.

Lotion: flüssige (Arzneimittel-) Zubereitung zur lokalen äußerlichen Anwendung. Lotionen bestehen aus fein verteilten Wirkstoffen in Öl-in-Wasser-Emulsionen, d. h. in Lösungen mit wenig Öl (→ Emulsion).

Löwenzahn (Taraxacum officinale): Heilpflanze aus der Familie der Korbblütler (Asteraceae). Die Pflanze, die im Volksmund auch als »Pusteblume« bekannt ist, gedeiht praktisch überall. Sie wird normalerweise bis zu 20 Zentimeter hoch, unter günstigen Bedingungen auch 50. Gesammelt und als Droge verwendet wird im Frühjahr noch vor der Blütezeit das Kraut mit Wurzel. Der Löwenzahn findet auch in der Homöopathie (Taraxacum) Anwendung.

Inhaltsstoffe: Bitterstoffe (Taraxin), Gerbstoffe, Flavonoide, ätherische Öle, Karotine, Inulin, Vitamine, Mineralstoffe (Kalium).

Anwendungen: Löwenzahn wirkt als Tee, Trockenextrakt und in anderen galenischen Zubereitungen entwässernd und appetitanregend. Er hilft vor allem bei Appetitlosigkeit sowie Nieren- und Gallenblasenbeschwerden. Traditionell wird er auch bei rheumatischen Erkrankungen, Gicht, chronischen Ekzemen und zur Stärkung nach langer Krankheit angewendet. Die jungen Löwenzahnblätter sind Bestandteil von Frühjahrskuren.

Low-fat-Ernährung: fettarme Ernährungsweise, bei der möglichst geringe Mengen tierischer Fette (z. B. Butter, Fleisch und Wurstwaren) auf dem Speiseplan stehen. Stattdessen werden bei der fettarmen Ernährungszusammenstellung stärker pflanzliche Fette und Öle (z. B. Olivenöl, Sonnenblumenöl oder Distelöl), Obst, Gemüse und ballaststoffreiche Speisen (z. B. Weizenkleie, Vollkornbrot, Haferflockenmüsli) berücksichtigt. Insgesamt sollte die tägliche Fettaufnahme (bei einer erwachsenen Person) nicht mehr als 60 Gramm betragen. Bei der Ballaststoffaufnahme gibt die Deutsche Gesellschaft für Ernährung (DGE) einen Mindestbedarf von 30 bis 40 Gramm pro Tag an.

Luffa (Luffa cylindrica oder Luffa operculata; auch Schwammgurke): einjährige Kletterpflanze aus der Familie der Kürbisgewächse (Cucurbitaceae). Als Arzneidroge werden die gurkenartigen Früchte verwendet. Sie finden auch in der Homöopathie Anwendung.

Inhaltsstoffe: ätherisches Öl, Saponine, Vitamine.

Anwendungen: Die Heilpflanze wird zur Vorbeugung gegen Erkältungskrankheiten und bei Entzündungen der Nasennebenhöhlen eingesetzt. Außerdem wird das getrocknete Fasergerüst der Früchte von Luffa cylindrica für Bade- und Massageschwämme (Luffahandschuh bzw. -schwamm) verwendet.

Luftionisation: Aufladung der Raumluft mit negativen Ionen (negativ geladenen elektrischen Teilchen) mit Hilfe eines Ionisators. Menschen, die wetterfühlig sind, Atmungsprobleme, Hautprobleme und Kopfweh haben, fühlen sich bisweilen in einer solchen Raumluft besser. Zur Luftionisation gibt es widersprüchliche Untersuchungen; Gegner des Verfahrens sprechen von einem Plazeboeffekt.

Lungenentzündung (Pneumonie): mit hohem Fieber, Schüttelfrost, Atemnot, Brustschmerzen und schmerzhaftem Husten einhergehende Erkrankung. Von allen Infektionskrankheiten in den Industriestaaten endet sie am häufigsten tödlich. Eine Entzündung des Lungengewebes entsteht meist nur in einem der beiden Lungenflügel und kann akut oder chronisch verlaufen. Die häufigste Ursache ist eine Infektion mit Viren oder Mykoplasmen, aber auch Bakterien, Pilze und Parasiten können eine Entzündung der Lunge bewirken. Gefährdet sind insbesondere Bettlägrige, Kleinkinder, ältere Menschen und Personen mit einem geschwächten Immunsystem (z. B. AIDS-Kranke, Alkoholiker, Diabetiker, Patienten mit Chemotherapiebehandlung).

! Bei Verdacht auf eine Lungenentzündung sollte sofort der Arzt aufgesucht werden, um mögliche lebensbedrohliche Folgeerkrankungen (z. B. Hirnhautentzündung, Lungenödem oder Blutvergiftung) zu verhindern.

Low-fat-Ernährung – ballaststoffreiche Nahrung ist wichtig

Die folgenden Lebensmittel enthalten pro 100 Gramm einen Ballaststoffanteil von:

• Weizenkleie	53,0 g
• Kokosraspel	24,0 g
• Mohnsamen	20,5 g
• Bohnen	19,2 g
• Trüffel	16,0 g
• Erbsen	12,0 g
• Linsen	10,6 g
• Vollkornzwieback	10,0 g
• Schwarzwurzel	8,0 g
• Vollkornbrot	7,0 g
• Früchtemüsli	6,0 g

Lungenkraut hilft bei Husten und wurde früher sogar bei Tbc angewendet.

 Jahreszeitlich bedingt tritt eine Lungenentzündung häufig in den Wintermonaten auf; die beste Vorbeugung sind deshalb ein effektiver Schutz vor Kälte und Nässe sowie eine Stärkung des Immunsystems (z. B. mit einer vitaminreichen Kost) • Bettlägrige Personen sollten regelmäßig Atemgymnastik betreiben; außerdem benötigen sie eine ausreichend feuchte Raumluft • Unterstützende Anwendungen mit Heilkräutern (z. B. Thymian, Spitzwegerich, Lungenkraut und Königskerze) können den Husten lindern • Weitere Alternativen sind Rettichsaft, Efeupräparate, Alant, Andorn und Anis

 Thymiantee zur Inhalation: 3 EL Thymiankraut mit 1 l kochendem Wasser übergießen. 10 Minuten lang ziehen lassen und nicht abseihen. Ungefähr 10 Minuten den heißen Dampf mit Hilfe eines Handtuchs über Kopf und Schultern oder eines Inhalationsgeräts langsam und entspannt einatmen.

Lungenkraut (Pulmonaria officinalis): Heilpflanze aus der Familie der Raublattgewächse (Boraginaceae). Die Pflanze gedeiht in schattigen Laubwäldern mit humusreichen Böden. Auf den 10 bis 30 Zentimeter hohen Stängeln befinden sich längliche, behaarte Blätter. Die Farbe der Blüten ist rötlich bis blau. Als Arzneidroge werden die blühenden oberirdischen Pflanzenteile verwendet. Die Heilpflanze besitzt eine reizlindernde (bei Verschleimung) und leicht antiseptische Wirkung.

Inhaltsstoffe: Gerbstoffe, Schleimstoffe, Saponine, Kieselsäure, Mineralstoffe.

Anwendungen: Tee mit Lungenkraut wird traditionell bei Husten, Heiserkeit, Durchfall und Blasenleiden angewendet.

Lüscher-Test: psychologische Methode zur Bestimmung von menschlichen Charaktereigenschaften mit einer Farbskala, der so genannten Lüscher-Farbscheibe. Anhand der Farbskala sollen sowohl ein charakterlicher Selbstbeurteilungstest als auch eine Beurteilung anderer Menschen möglich sein. Der Lüscher-Test basiert auf der grundsätzlichen Annahme, dass bestimmte Farben mit positiven menschlichen Gefühlen wie Selbstachtung, Freiheit und Zufriedenheit verbunden werden bzw. sind (→ Farbtherapie). Die Methode ist wissenschaftlich umstritten.

Lymphdrainage (lat. lympha = Quellwasser, franz. drainage = Entwässerung): Form der Streichmassage, um Lymphstauungen aufzulösen. Ziel der Therapie ist es nicht, die Durchblutung der Muskulatur anzuregen (wie bei der normalen klassischen → Massage), sondern den Lymphstrom zu fördern oder bestehende Blockaden desselben aufzulösen. Angeregt wird der Lymphstrom dabei durch sanfte pumpende und entleerende Druck- und Kreisbewegungen der Fingerkuppen. Bevorzugtes Anwendungsgebiet der manuellen Lymphdrainage sind leichte Lymphödeme und Flüssigkeitsansammlungen, die von rheumatischen Gelenkerkrankungen herrühren. Außerdem können Blutergüsse, die aufgrund von Prellungen, Knochenbrüchen und Gelenkverletzungen entstanden sind, durch Lymphdrainage gelindert werden.

Mädesüß (Filipendula ulmaria; auch Wiesenkönigin, Wiesengeißbart): Heilpflanze aus der Familie der Rosengewächse (Rosaceae). Die Pflanze wird bis zu 1,5 Meter hoch. Sie wächst bevorzugt an Gräben und Bachufern sowie auf moorig feuchten Wiesen. Mädesüß besitzt zahlreiche kleine weiße Blüten, die sich in trugdoldigen Blütenständen am Stängelende befinden. Für die Herstellung von Arzneidrogen werden die blühenden oberirdischen Teile der Pflanze verwendet. Die Pflanze wird auch als Heilmittel in der Homöopathie verwendet.

Inhaltsstoffe: ätherisches Öl mit Salizylsäure, Phenolglykoside, Gerbstoffe, Schleimstoffe, Flavonoide.

Anwendungen: Mädesüß wird traditionell vor allem bei rheumatischen Erkrankungen und bei Gicht sowie bei Blasen- und Nierenleiden eingesetzt. Da die Heilpflanze auch eine leicht harn- und schweißtreibende Wirkung besitzt, kommt die Teezubereitung mit Mädesüß auch bei Blutreinigungskuren zur Anwendung.

Magenbeschwerden: Sammelbezeichnung für Beschwerden und Erkrankungen im Magenbereich, beispielsweise Magen- und Zwölffingerdarmgeschwüre (Ulkuskrankheiten), → Gastritis (Magenschleimhautentzündung) und → Reizmagen. Etwa ein bis zwei Prozent der Bevölkerung in Deutschland leiden an einem Magen- oder Zwölffingerdarmgeschwür. Geschwüre im Zwölffingerdarm kommen übrigens etwa dreimal häufiger vor als Magengeschwüre. Im Gegensatz zur Gastritis, bei der nur eine oberflächliche Entzündung der Magenschleimhaut besteht, handelt es sich beim Ulkus um einen Schleimhautdefekt. In schweren Fällen kann das Geschwür in die muskulöse Magenwand vordringen, bluten und die Wand durchbrechen. Ursachen: Etwa 90 Prozent der Erkrankten sind mit dem Bakterium Helicobacter pylori (erst Anfang der neunziger Jahre entdeckt) infiziert, das auch für die chronische Gastritis mitverantwortlich ist. Außerdem spielen erbliche Faktoren sowie eine ungesunde Lebensweise (Stress, Alkohol, Nikotin, fettes, unregelmäßiges Essen) eine wichtige Rolle bei der Krankheitsentstehung. Auch Medikamente (z. B. Mittel mit dem Wirkstoff Azetylsalizylsäure oder Rheumamittel) können die Entstehung der Krankheit fördern. Langfristig hilft meist nur eine Umstellung der Ernährungs- und Lebensgewohnheiten.

! Bei Verdacht auf ein Magengeschwür sollte man sich umgehend in ärztliche Behandlung begeben. Bei einer Magenblutung oder einem Magendurchbruch (Symptome: Übelkeit, blutiges Erbrechen, Schweißausbrüche, fliegender Puls, starke, stechende Bauchschmerzen) sollte sofort der Notarzt gerufen werden.

Als Vorbeugungsmaßnahme gegen Magenbeschwerden sollten die »Säurelocker« Alkohol, Kaffee, Nikotin, schwarzer Tee und Zitrusfrüchte äußerst sparsam verwendet werden • Für das Essen gilt: Mehrere kleine Mahlzeiten täglich; nicht zu heiß und nicht zu kalt essen • Stress sollte möglichst vermieden werden (Entspannungsübungen wie Qi Gong oder Yoga helfen) • Feuchtwarme Wickel und Packungen (Heublumensack, Heilerde) wirken bei akuten Beschwerden schmerzdämpfend • Akupunktur kann ebenfalls helfen • Lauwarme Tees mit altbewährten Heilpflanzen (Kamille, Pfefferminze, Melisse) bzw. eine Rollkur mit Kamillentee können unangenehme Magenschmerzen lindern

Kamillentee bei Magenweh: 1 EL Kamillenblüten mit 1/4 l kochendem Wasser übergießen und 10 Minuten lang zugedeckt ziehen lassen. Nach dem Abseihen den Tee abkühlen lassen und möglichst ungesüßt trinken.

Magnesium: Mineralstoff im Organismus (täglich benötigte Menge: 300 bis 400 Milligramm). Der Körper enthält etwa 30 Gramm Magnesium, der größte Teil davon ist in den Knochen deponiert und kann von dort je nach Bedarf vom Körper abgerufen werden. Magnesium ist neben Kalzium der wichtigste Mineralstoff im menschlichen Organismus. Magnesium ist maßgeblich an vielen wichtigen Stoffwechselprozessen beteiligt. Außerdem bremst es die Blutgerinnung; deshalb wird es zum Schutz vor Thrombose (Blutgerinnsel in den Gefäßen) und Herzinfarkt eingesetzt. Magnesiumreiche Nahrungsmittel sind Vollkornprodukte, Hülsenfrüchte (z. B. Sojabohnen), Nüsse und Samen, Obst, Gemüse und Rohkost, Geflügel und Fisch. Mit 125 Gramm Rohkost oder Salat kann man fast schon den gesamten Tagesbedarf an Magnesium decken. Außerdem ist es sinnvoll, magnesiumreiches Mineralwasser zu trinken.

Magnetfeldtherapie: therapeutische Anwendung von Magneten bzw. magnetischen Feldern. Hierbei werden pulsierende und statische Formen unterschieden. Bei der statischen Form werden gleichmäßig starke Magnetfelder angewendet, bei der pulsierenden wechselnde, schwächere Magnetfelder. Eine verwandte Therapieform ist die Magnettherapie, die mit Dauermagneten arbeitet. Diese werden als Halsketten, Armbänder oder Magnetfolien angeboten und sollen einen heilenden Einfluss auf die erkrankten Körperbereiche ausüben. Beide Therapieformen werden generell bei Entzündungen und Schmerzen sowie zur unterstützenden Behandlung von Wunden und Knochenverletzungen eingesetzt. Allerdings sind beide Therapieformen nach wie vor wissenschaftlich umstritten.

Maiglöckchen (Convallaria majalis): Heilpflanze aus der Familie der Liliengewächse (Liliaceae). Die Pflanze besitzt große dunkelgrüne, ovale Blätter, die über zehn Zentimeter lang und etwa fünf Zentimeter breit werden. Diese wachsen aus einem dunkelbraunen, waagrecht im Erdboden kriechenden Wurzelstock. Das Maiglöckchen bekommt im Mai, daher auch der Name, weiße glockenförmige Blüten, die später zu roten Beeren heranreifen. Die Pflanze wächst vor allem in Buchenwäldern, aber auch auf Hohlwegen. Für die Arzneidrogen werden die blühenden oberirdischen Teile der Heilpflanze verwendet. Das Maiglöckchen wird auch in der Homöopathie bei Herzkrankheiten und Sehstörungen eingesetzt.

Inhaltsstoffe: etwa 30 verschiedene herzwirksame Glykoside (z. B. Convallatoxin und Convallatoxol), Flavonoide, Saponine.

Anwendungen: Die Heilpflanze wird in Form von Präparaten bei chronischen Herzbeschwerden angewendet.

! Von einer Selbstanwendung ist wegen der Giftstoffe der Pflanze dringend abzuraten.

Majoran (Origanum majorana): Heilpflanze aus der Familie der Lippenblütler (Lamiaceae). Der Majoran wird 20 bis 50 Zentimeter hoch, ist stark verästelt und besitzt vierkantige, dünne Stängel, an denen kurz behaarte Blätter sitzen. Die Pflanze mit ihren hellroten bis weißen Blüten riecht sehr aromatisch. Sie gedeiht hierzulande jedoch nur in Gärten und nicht auf freier Flur. Als Arzneimittel werden die blühenden oberirdischen Teile des Krauts verwendet. Die Heilpflanze wird auch als homöopathisches Mittel eingesetzt.

Inhaltsstoffe: ätherische Öle, Flavonoide, Glykoside, Gerbstoffe (wie z. B. Rosmarinsäure), Bitterstoffe.

Anwendungen: Die Heilpflanze wird traditionell bei Magen-Darm-Beschwerden angewendet. Eine Majoransalbe kann auch bei Husten und Schnupfen Linderung verschaffen. Daneben ist Majoran auch noch ein heilkräftiges Küchengewürz.

Makroalgen → Algen

Makrobiotik: Ernährungslehre, die eine Einteilung und Bewertung der Nahrungsmittel nach den beiden elementaren Kräften → Yin und Yang (→ traditionelle chinesische Medizin) vornimmt. Yin-Nahrungsmittel (z. B. Milch, Tee, Obst und über der Erde wachsende Pflanzen) und Yang-Nahrungsmittel (z. B. Wurzeln, Eier, Fisch) sollen bei der Ernährung in einem möglichst ausgewogenen Verhältnis zueinander stehen. Daneben gibt es neutrale Nahrungsmittel (z. B. Bohnen, Nüsse). Die makrobiotische Kost besteht zum größten Teil aus Vollkornprodukten, dann folgen mengenmäßig Gemüse und Salat, Hülsenfrüchte und Sojaprodukte (Tofu, Miso), Nüsse und Samen sowie geringe Mengen von Fisch und Algen. Als Getränke werden Banchatee, Quellwasser, Kräutertees, Obst- und Gemüsesäfte sowie eingeschränkt obergäriges Bier und biologisch angebauter Wein bevorzugt. Gemieden werden Fleisch, Milch und Milchprodukte (Käse), Zucker, Kaffee und schwarzer Tee. Die makrobiotische Ernährungsweise ist nicht unumstritten.

Maltherapie: künstlerische Therapieform zur Behebung von psychischen (bisweilen auch körperlichen) Störungen. Es werden unterschiedliche Maltechniken angewendet, um die Auseinandersetzung mit Farben zu fördern. Bei Arbeiten mit Ton und anderen plastischen Materialien wird auch das Empfinden für die Form in die Therapie mit einbezogen. Die Maltherapie wird vor allem auch in der → anthroposophischen Medizin eingesetzt.

Malve, Wilde (Malva silvestris): Pflanze aus der Familie der Malvengewächse (Malvaceae). Die Wilde Malve ist eine uralte Heilpflanze, die schon in China vor über 4000 Jahren angewendet wurde. Sie wird bis zu einem Meter hoch, besitzt rauhaarige Stängel, meist fünflappige behaarte Blätter und bläuliche bis

Der Tee aus Malvenblüten eignet sich auch als Gurgelmittel.

rosarote Blüten. Die Pflanze wächst bevorzugt an Weg- und Wiesenrändern, aber auch an sonnigen Hanglagen. Für Arzneidrogen werden hauptsächlich die Blüten verwendet.

Inhaltsstoffe: hauptsächlich Schleimstoffe; außerdem ätherisches Öl, Gerbstoffe.

Anwendungen: Die Heilpflanze wirkt aufgrund ihres hohen Schleimstoffgehalts reizlindernd. Sie ist deshalb Bestandteil vieler Teemischungen gegen Erkältungskrankheiten (vor allem Husten und Heiserkeit). Ein kalt angesetzter Malventee wird auch als Spül- und Gurgelmittel bei Entzündungen im Mund- und Rachenbereich angewendet.

Mandala (sanskrit Kreis): abstrakte oder bildhafte Darstellung, die als Meditationshilfe (→

Klassische und moderne Makrobiotik

Die Bezeichnung »Makrobiotik« führte schon im Jahr 1798 ein Buch des Arztes Christoph W. Hufeland im Titel. Der Untertitel übersetzte den griechischen Begriff »Makrobiotik« mit »Oder die Kunst, das menschliche Leben zu verlängern«. Hufeland ging es dabei nicht nur um gesunde Ernährung, sondern generell um eine harmonische Lebensweise. Auch die moderne Makrobiotik bezieht ihre Grundideen aus philosophischen Weltanschauungen, nämlich aus der chinesischen Philosophie und aus dem Zen-Buddhismus. Die beiden philosophischen Systeme wurden von dem Japaner Georges Oshawa (1893–1966) im Sinn einer Ernährungsphilosophie interpretiert und weiterentwickelt.

Meditation) dient. Neben Bildern oder Zeichen von Heiligen können die viereckigen, runden oder ovalen Mandalas auch Silbenzeichen enthalten. Die Herstellung von Mandalas ist an feste rituelle Regeln gebunden. Die Entstehungsgeschichte der kleinen Bildchen ist weitgehend ungeklärt.

Mandelbaum (Prunus dulcis): Baum aus der Familie der Rosengewächse (Rosaceae). Der Mandelbaum ist hauptsächlich in Mittelasien verbreitet. Er wächst aber auch im Mittelmeerraum und in den wärmeren Gebieten Europas sowie Amerikas. Die Bäume oder Sträucher werden drei bis acht Meter hoch. Die Blüten sind rosarot bis weiß; die Früchte (Mandeln) des Baums sind sehr beliebt und fast überall im Handel erhältlich. Für die Herstellung von Arzneidrogen wird hauptsächlich das fette Öl der Früchte verwendet. Die (bittere) Mandel wird in der Homöopathie gelegentlich u. a. bei Asthma eingesetzt.

Inhaltsstoffe: fettes Öl, Glykoside, Cholin, Vitamin C.

Anwendungen: Das fette Öl aus den Samen (Mandeln) des Mandelbaums wirkt als mildes Abführmittel. Die (süße) Mandel ist auch Bestandteil von Hustenmitteln.

Mandelentzündung (Tonsillitis; auch Angina): infektiöse Entzündung der Rachenmandeln, der eiförmigen Gewebestrukturen im hinteren Teil des Gaumens rechts und links des Zäpfchens. Oft geht die Erkrankung mit Fieber, Halsschmerzen, Schluckbeschwerden, trockenem Husten und Anschwellen der Lymphknoten einher. Die Entzündung wird meist durch Bakterien (Streptokokken der Gruppe A), seltener durch Viren verursacht. Sie kann sowohl einen akuten als auch einen chronischen Verlauf nehmen. Die Erkrankung tritt oft bei Kindern auf (→ Rachenentzündung).

! Normalerweise klingen die Beschwerden bei einer Mandelentzündung nach 48 Stunden wieder langsam ab. Wenn die Beschwerden länger als drei Tage andauern oder sich verschlimmern, sollte unbedingt ein Arzt aufgesucht werden, um mögliche Komplikationen frühzeitig zu erkennen (z. B. Mandelabszess oder Lungenentzündung).

Zur Vorbeugung ist eine allgemeine Stärkung des körperlichen Immunsystems sinnvoll (z. B. mit einer vitamin- und ballaststoffreichen Ernährung) • In den ersten Tagen sind vor allem Bettruhe und ausreichende Flüssigkeitszufuhr (Kräutertees) wichtig • Zudem sind desinfizierende Rachenspülungen (Salbeitinktur, Teebaumöl) und warme Halswickel (Zwiebelwickel) sinnvoll • Auch Anwendungen mit Heilpflanzen (z. B. Kamille, Thymian, Salbei, Kapuzinerkresse) können die Begleitbeschwerden (z. B. Halsschmerzen) einer Mandelentzündung lindern

Teemischung: 30 g Holunderblüten, 25 g Thymiankraut, 25 g Weidenrinde und 10 g Malvenblüten mischen. 1 EL der Mischung mit 1/4 l kochendem Wasser übergießen und 10 Minuten lang ziehen lassen. Mehrmals täglich 1 Tasse frischen Tee möglichst heiß trinken.

Mandelöl: hellgelbes, geruchloses, fettes Öl aus den Samen (Mandeln) des Mandelbaums. Es wird zumeist als mildes Abführmittel angewendet.

Mangan: Spurenelement im Organismus (täglich benötigte Menge: zwei bis fünf Milligramm). Der Körper enthält zwischen 10 und 40 Milligramm Mangan. Das Spurenelement ist immer an Eiweiße gebunden und in dieser Form Bestandteil von Enzymen. Mangan beeinflusst die Knorpel- und Knochenbildung sowie den Fett- und Kohlenhydratstoffwechsel. Es ist außerdem an der Blutgerinnung beteiligt. Manganreiche Nahrungsmittel sind Vollkornprodukte (z. B. Haferflocken), Hülsenfrüchte (z. B. Bohnen, Erbsen), Gemüse (vor allem Rote Bete), Nüsse, einige Beerenfrüchte (z. B. Heidel- und Preiselbeeren) und Tee.

Manna (Fraxinus ornus; auch Mannaesche): Baum aus der Familie der Ölbaumgewächse

(Oleaceae). Die Mannaesche ist im Mittelmeerraum und in Mittelasien verbreitet. Sie gedeiht jedoch auch in Australien. Der Baum wird acht bis zehn Meter hoch. Die Blüten sind gelblich weiß, die Blätter unpaarig gefiedert. Für die Herstellung von Arzneidrogen wird nur der getrocknete Saft, der aus der Stamm- und Astrinde gewonnen wird, verwendet.
Inhaltsstoffe: Mannit, Schleimstoffe, Glukose, Fruktose, Harze, Glykoside (Fraxin).
Anwendungen: Der Saft (Manna) der Mannaesche wirkt als mildes Abführmittel. Er wird bei Verstopfung und Hämorrhoidalleiden eingesetzt.

Mantra (sanskrit energiereiche Silben, Wortfolgen): Die eintönigen Wortfolgen der Mantras werden vor allem bei der → Meditation verwendet. Eine Art christliches Mantra ist beispielsweise das Beten des Rosenkranzes.

Manuelle Therapie: Sammelbezeichnung für Therapieformen, die mit den Händen durchgeführt werden (→ Chirotherapie, → Kraniosakraltherapie, → Massage).

Manukaöl: ätherisches Öl, das durch Wasserdampfdestillation aus den Zweigen und Blättern des neuseeländischen Manukabaums (Leptospermum scoparium), der zur Familie der Myrtengewächse (Myrtaceae) gehört, gewonnen wird. Das gelbliche bis hellbraune Öl besitzt einen herben, holzig erdigen Duft. Als Aromaöl (→ Aromatherapie) wirkt es entzündungshemmend, antibakteriell und antiviral, schmerzstillend, antiallergisch und pilztötend. Es wird bei Erkältungskrankheiten, rheumatischen Beschwerden, Muskelschmerzen, Verstauchungen, Warzen und bei Zahnschmerzen angewendet. Das vielseitige aromatische Öl verträgt sich gut in Mischungen mit den Ölen von Lemongras, Orange und Zitrone.

Mariendistel (Silybum marianum): Heilpflanze aus der Familie der Korbblütler (Asteraceae). Die Mariendistel ist in Südeuropa, Kleinasien und Nordafrika beheimatet. Die bis zu 1,5 Meter hoch wachsende Pflanze ist eine

Das Silymarin der Mariendistel hat Leberschutzwirkung.

der größten Distelarten. Sie besitzt große grün und weiß marmorierte Blätter, die dornig gezähnt sind. Die kugelförmigen Körbchenblüten sind purpurrot gefärbt. Die Pflanze gedeiht am besten auf sonnigen und trockenen Plätzen. Als Arzneidrogen werden die hartschaligen Früchte, die sich aus dem befruchteten Blütenstand entwickeln, verwendet. Die Mariendistel findet auch in der Homöopathie Anwendung.
Inhaltsstoffe: Silymarin (ein Gemisch von drei Flavonolignanen mit Leberschutzwirkung), ätherisches Öl, Harze, Bitterstoffe.
Anwendungen: Die Heilpflanze hilft vor allem bei Leberentzündungen. Eine Teezubereitung aus der Mariendistel wirkt dabei sowohl bei entzündlichen Lebererkrankungen (Hepatitis) als auch bei degenerativen Lebererkrankungen (z. B. bei einer Fettleber). In der Volksmedizin wird der Tee aus Mariendistel zusätzlich gegen offene Beine und Krampfadern eingesetzt.

Marihuana (Cannabis): lateinamerikanische Bezeichnung für die getrockneten blühenden Zweigspitzen des Indischen → Hanfs (Cannabis sativa). Besitz und Handel sind verboten.

Massage: physiotherapeutische Behandlung durch Druckausübung. Die klassische manuelle Massage ist schon seit der Antike in praktisch allen Medizinkulturen bekannt. Diese Art der Reiztherapie beruht auf den klassischen Massagetechniken des Streichens (Effleurage), Knetens oder Wringens (Petrissage), Reibens (Friktion), Klopfens (Tapotement), Rollens, Schüttelns, Klatschens, Zirkelns und der Erschütterung (Vibration). Die klassische Massage wirkt dynamisierend und stimulierend auf den Organismus. Durch Massage wird die Durchblutung gefördert und die Muskelspannung reguliert, Narben und Gewebeverhärtungen können aufgelöst werden. Weitere Formen der Massage sind u. a.: Lymphdrainage, Reflexzonen- und Fußreflexzonenmassage, Bindegewebsmassage, rhythmische Massage, Unterwassermassage, Elektromassage sowie chinesische Tuina-Massage (siehe zu Massage das Special S. 263ff.).

☛ Bestimmte Massageformen sind auch zur Selbstbehandlung geeignet.

Mate (Ilex paraguariensis): immergrüner Baum aus der Familie der Stechpalmengewächse (Aquifoliaceae). Der südamerikanische Matebaum wird bis zu sechs Meter hoch. Seine großen grünen Blätter werden vorgeröstet oder auch nur getrocknet für den berühmten Matetee verwendet. In Argentinien, Uruguay und Paraguay ist der Matetee eine Art Nationalgetränk. Die Heilpflanze kommt auch in der Homöopathie zum Einsatz.

Die immergrünen Blätter des Matebaums ergeben getrocknet den berühmten Matetee.

Inhaltsstoffe: Koffein, ätherisches Öl, Flavonoide, Saponine, Gerb- und Bitterstoffe.

Anwendungen: Der Matetee wirkt aufgrund seines hohen Koffeingehalts kreislaufbelebend. Außerdem besitzt er eine leicht verdauungs- und stoffwechselanregende Wirkung. Der Tee wird deswegen bei geistiger und körperlicher Erschöpfung angewendet.

Mattei-Heilweise: Form der Komplexhomöopathie, die von dem italienischen Arzt Cesare Mattei (1808–1896) eingeführt wurde. Die Heilmethode besitzt heutzutage keine große Bedeutung mehr (→ Iso-Komplex-Heilweise).

Mayo-Diät: Diät zur Reduktion des Körpergewichts. Bei der Diätform wird eine energiereduzierte, fett-, cholesterin- und eiweißreiche, aber kohlenhydratarme Kost eingenommen, dabei werden u. a. große Mengen hart gekochter Eier verzehrt. Die Mayo-Diät gilt als zu einseitig.

Mayr-Kur (auch F.-X.-Mayr-Kur): Form der Ernährungstherapie, die den gesamten Organismus umstimmen soll. Die Mayr-Kur, die von dem österreichischen Arzt Franz-Xaver Mayr (1875–1965) eingeführt wurde, wird oft durch ein Teefasten eingeleitet. Daraufhin beginnt die Milch-Semmel-Diät, bei der – bis zur Sättigung – so genannte Kursemmeln langsam gekaut werden und ein Glas Milch ebenfalls langsam löffelweise »gekaut« wird. Die Diät wird von Bauchbehandlungen und einer milden Ausleitungstherapie (Einnahme von Bittersalzlösungen) begleitet. Die Mayr-Kur wird vor allem bei Magen- und Darmbeschwerden, Blasen- und Nierenproblemen sowie Leber- und Gallenblasenerkrankungen angewendet.

☛ Die Mayr-Kur eignet sich auch zur Selbstbehandlung.

Massage

Druck, Berührung, Wärme, Vertrauen

Die Massage ist eine der beliebtesten Therapieformen. Verbunden mit Berührung, Wärme, Zuwendung und Vertrauen, ist sie eine sehr ursprüngliche Form der Behandlung. Die Massage hat sowohl im östlichen wie auch im westlichen Kulturkreis eine sehr lange Geschichte. Die östliche Tradition in Indien und China geht von der Vorstellung einer im Körper kreisenden Energie (Prana oder Qi) aus, die durch Massage von Blockaden befreit wird; dagegen ist die westliche Auffassung eher mechanistisch und auf die Wiederherstellung der Funktionen von Muskeln, Sehnen oder Knochen ausgerichtet. Die ganzheitliche Massage versucht beide Sichtweisen zu verbinden.

Das optimale Umfeld

Wer massiert oder sich massieren lässt, sollte sich etwas Zeit gönnen: eine Stunde oder noch besser einen ganzen Abend. Einige Hinweise sollte man bei der Gestaltung des unmittelbaren Umfelds beachten – vor allem für die Selbstmassage zu Hause oder wenn Sie Ihr Partner massiert.

- Der Raum sollte warm und frei von Zugluft sein.
- Ideal ist ein langer Tisch oder ein spezieller Massagetisch. Ansonsten massieren Sie auf dem Fußboden, einer Isomatte oder einigen Decken. Das Bett ist zu weich, es sei denn, Sie legen ein Brett auf die Matratze.
- Verwenden Sie eine Schutzunterlage, denn ein paar Flecken des Massageöls sind meist unvermeidlich.

> ### *Kurze Entspannungsübung*
> - Legen Sie sich bequem auf den Boden oder eine Isomatte. Sie sollten nicht frieren, durch Kleidung aber auch nicht eingeengt sein. Sie liegen auf dem Rücken, Arme und Beine locker ausgestreckt.
> - Atmen Sie einige Male tief ein und aus, und richten Sie Ihre ganze Aufmerksamkeit auf das Strömen des Atems.
> - Geben Sie Belastendes mit dem Ausatmen ab. Nehmen Sie Helles und Warmes mit dem Einatmen auf.

- Das Licht sollte gedämpft sein. Kerzen, Musik und eine Duftlampe sorgen für eine Atmosphäre, in der man sich wohl fühlt.
- Nehmen Sie vor der Massage ein entspannendes Bad mit ätherischen Ölen.
- Versuchen Sie sich bewusst zu entspannen, atmen Sie tief in den Bauch, und lassen Sie den Atem fließen. Während der Massage sollte der Atem der Berührung des Massierenden folgen. Atmen Sie dorthin, wo der Schmerz ist. Um den Schmerz oder eine Blockade zu lösen, muss man loslassen können.

Grundgriffe und Grundbegriffe

- Streichen, Reiben, Kneten, Wringen, Klopfen und Vibration (siehe S. 264) – das sind die wichtigsten Griffe der Massage. Sie werden vor allem bei Verspannungen der Muskeln oder Schmerzzuständen angewendet und erreichen nicht nur das unmittelbar behandelte Haut- und Muskelgewebe, sondern reflektorisch, d. h. über Nervenreize, auch die darunter liegenden inneren Organe.
- Alle Bewegungen des Massierenden sollten gleitend und rhythmisch sein. Als Massageöl verwendet man ein naturreines pflanzliches Öl (z. B. Mandel-, Avocado- oder Jojobaöl), dem je nach gewünschter Wirkung bestimmte ätherische Öle beigemischt sind.
- Ohne Vorkenntnisse nicht zur Selbstbehandlung geeignet sind Bindegewebsmassage sowie die Polaritymassage.

Massage

Druck, Berührung, Wärme, Vertrauen

▶ ***Kneten und Wringen (Petrissage)***
Das Kneten ist der wichtigste Massagegriff, weil er die Weichteile intensiv durcharbeitet. Beide Hände arbeiten in- oder gegeneinander (wie beim Teigkneten). Man greift abwechselnd das Gewebe mit der Hand, presst und knetet oder umgreift eine Muskelpartie und knetet sie mit Fingerspitzen und Daumenballen. Wenn die eine Hand loslässt, greift die andere neu zu. Beim Wringen werden beide Hände ständig zueinander und wieder auseinander geführt; dabei wird das Gewebe in umgekehrter Richtung verschoben.

▶ ***Reiben und Rollen (Friktion)***
Reiben wird vor allem mit Handballen oder Fingerspitzen in kreisender Bewegung ausgeführt. Auch hier arbeiten die beiden Hände zusammen, indem die eine reibt und die andere ihr aufliegt, sie führt oder den Druck verstärkt. Rollen eignet sich vor allem bei vorstehenden Knochenteilen, z. B. Schulterblatt, Beckenknochen oder Hüfte.

▶ ***Klopfen und Vibration***
Sie werden entweder mit den Fingerspitzen oder der flachen Hand ausgeführt und zielen darauf, dass ein bestimmter Abschnitt der Körperoberfläche rhythmisch in Bewegung gerät und sich diese Bewegung ins Körperinnere, etwa in die Bauchorgane, fortsetzt.

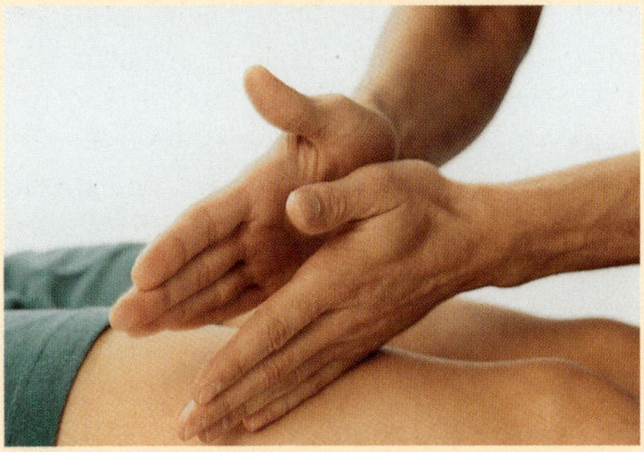

Tapotement nennt man die Klopfmassage mit den Handkanten.

! Nicht übertreiben! Die genannten Griffe eignen sich zur Selbst- und zur Partnerbehandlung, doch sollte man nicht zu fest massieren und die Handkanten besser nicht einsetzen. Es besteht durchaus die Gefahr der Muskel- und Weichteilverletzung. Bei schon bestehender Bandscheiben- oder Wirbelsäulenverletzung sollten überhaupt nur Streichmassagen ausgeführt werden.

Partnermassage

Es ist günstig, bei der Partnermassage (Ganzkörpermassage) eine bestimmte Reihenfolge einzuhalten. Diese richtet sich, wenn sie westlich orientiert ist, nach anatomischen Gegebenheiten (z. B. Blutstrom). Östliche Körpertechniken interessieren sich dagegen mehr für Ausgleich, Lösen von Blockaden und Entspannung. In jedem Fall sollte man die Massagehandgriffe zum Herz hin fester und vom Herz weg sanfter ausführen.

▶ ***1. Füße und Beine***

- Der Partner (oder die Partnerin) liegt auf dem Bauch. Sie beginnen mit der Massage bei Füßen und Beinen, egal, ob rechts oder links. Das nicht massierte Bein ist locker zugedeckt.
- Ölen Sie Fuß und Unterschenkel mit langen Effleuragestrichen.
- Umfassen Sie den Knöchel mit der einen Hand, und massieren Sie mit dem Daumen der anderen Hand die Fußsohle, immer in kleinen Kreisen von der Ferse zu den Zehen.
- Massieren Sie dann mit kreisender Bewegung um den Knöchel. Hier behindern oft Verspannungen den Energiefluss; außerdem wird

auf diese Weise überschüssige Gewebsflüssigkeit abtransportiert.

■ Ölen Sie auch den Oberschenkel mit Effleuragestrichen, und massieren Sie die Rückseite des Beins, zunächst durch langsame, tiefe Striche mit dem Handballen, dann knetend und walkend fester in Aufwärtsrichtung und sanfter in Abwärtsrichtung.

■ Streichen Sie zuletzt das ganze Bein mit langen Strichen aus, und wechseln Sie zum anderen Bein.

▶ *2. Oberer und unterer Rücken*

■ Verteilen Sie das Öl mit langen und sanften Strichen auf dem gesamten Rücken. Schließen Sie dabei die Augen, um den Rücken auf diese Weise wirklich kennen zu lernen.

■ Arbeiten Sie sich mit beiden Daumen vom unteren Ende der Wirbelsäule hoch zum Nacken, indem Sie rechts und links neben der Wirbelsäule jeweils kleine, tiefe Kreise ziehen.

■ Legen Sie dann beide Handflächen auf das Kreuzbein, rechts und links neben der Wirbelsäule. Mit gestreckten Armen schieben Sie das Gewebe auseinander. Arbeiten Sie sich mit knetenden Griffen an den Flanken vom Po aufwärts bis unter die Arme.

■ Gehen Sie anschließend hinauf zu den Schultern. Kneten, pressen und rollen Sie die Muskulatur um die Schulterblätter und am Nacken. Um beim Partner speziell Nackenschmerzen zu lindern, ziehen Sie mit beiden Handflächen rechts und links neben der Wirbelsäule vom Nacken abwärts und schleudern dann die Hände aus (als wollten Sie Wasser abschütteln).

▶ *3. Vorderseite der Beine*

■ Der oder die von Ihnen Massierte dreht sich jetzt auf den Rücken, und Sie ölen die Vorderseite der Beine.

■ Streichen und kneten Sie beide Beine in der Mitte hinauf und an den Außenseiten wieder hinunter.

■ Stellen Sie sich ans Fußende in Verlängerung des Beins, heben Sie das Bein am Fuß an, ziehen und schütteln Sie dann das Bein leicht durch. Dasselbe wiederholen Sie am anderen Bein.

▶ *4. Becken, Bauch und Brustkorb*

■ Ölen Sie auch den gesamten Oberkörper streichend.

■ Legen Sie dann Ihre beiden Hände auf den Bauch. Ertasten Sie mit kreisender Bewegung den Linien des Bauchs, die Rippenbögen und die Hüftknochen.

■ Ihre großen Kreise werden allmählich kleiner und nähern sich immer mehr dem Nabel.

■ Stellen Sie sich ans Kopfende, so dass sich der Kopf des bzw. der Massierten zwischen Ihren Oberschenkeln befindet.

■ Legen Sie Ihre Hände auf die Mitte des oberen Brustkorbs, so dass Ihr Zeige- und Mittelfinger in den Vertiefungen zwischen den obersten Rippen liegen. Ziehen Sie die beiden Finger in Richtung der Arme. Gehen Sie zum nächsten Rippenpaar, und wiederholen Sie diese Bewegung. Sparen Sie das weiche Gewebe der weiblichen Brust aus, und gehen Sie zu den unteren Rippen. Die Zwerchfell- und die Zwischenrippenmuskulatur werden auf diese Weise gelockert, was ein freieres und tieferes Atmen ermöglicht.

Geben und Nehmen

Partnerschaft bedeutet zwar Geben und Nehmen; es macht aber wenig Sinn, wenn am selben Abend der Massierte auch noch massieren muss. Wechseln Sie lieber am nächsten Abend.

Druck, Berührung, Wärme, Vertrauen

▶ *5. Arme und Hände*

■ Ölen Sie den Arm bis hinauf zum Schultergelenk mit langen Strichen ein, auch die Hand, alle Finger und die Fingerzwischenräume. Heben Sie seine oder ihre Hand hoch, bis der Unterarm abgewinkelt auf dem Ellbogen ruht. Massieren Sie vom Gelenk bis zum Ellbogen, indem Sie den Arm zwischen Daumen und Finger nehmen und das Gewebe mit Druck Richtung Ellbogen schieben.

■ Legen Sie den Unterarm auf Ihrer Schulter ab, so dass der Oberarm locker ist. Kneten Sie nun vom Ellbogen zum Schultergelenk hinauf. Fahren Sie an der Außenseite zurück zum Ellbogen, umkreisen und streichen Sie ihn.

■ Gehen Sie nun zu Hand und Fingern. Streichen und kneten Sie die Handfläche mit beiden Händen in alle Richtungen durch. Nehmen Sie nacheinander alle Finger, ziehen und reiben Sie vom Grundgelenk bis zur Fingerkuppe. Dann streichen Sie aus und wechseln zum anderen Arm.

▶ *6. Hals und Gesicht*

■ Sie stehen am Kopfende. Legen Sie beide Hände unter den Kopf des oder der Massierten; Ihre Fingerspitzen berühren sich am Hals. Heben Sie nun den Kopf ein wenig an, und ziehen Sie ihn sanft zu sich, so dass sich der Nacken etwas dehnt. Lassen Sie ihn dann langsam wieder sinken.

■ Heben Sie den Kopf wieder hoch, und drücken Sie das Kinn gegen die Brust. Dann lassen Sie langsam los, schieben eine Hand in den Nacken und heben dort hoch, so dass der Kopf nach hinten sinken kann. Wiederholen Sie diese Griffe, bis Sie das Gefühl haben, dass der Kopf »seine Lage« gefunden hat.

■ Gehen Sie nun zur Gesichtsmassage über. Streichen Sie mit Ihren Daumen von der Mitte der Stirn, direkt über den Augenbrauen, nach außen. Gehen Sie auf diese Weise Stück für Stück nach oben bis zum Haaransatz.

■ Legen Sie die Mittelfinger in die Vertiefung an den Schläfen, und massieren Sie in kleinen Kreisen.

■ Ziehen und kneten Sie das Gewebe der Wangen mit den Fingerspitzen Richtung Ohrmuschel. Kneten Sie auch die Ohrmuschel leicht mit den Fingerspitzen.

■ Kneten Sie das Gewebe der Kinnspitze zwischen Daumen und Zeigefinger.

■ Suchen Sie die Kaumuskeln, und streichen Sie sie sanft mit den Fingerkuppen.

■ Zum Schluss streichen Sie mit den Handinnenflächen von der Stirn über die geschlossenen Augen, Wangen, unter den Ohren vorbei in den Nacken. Von dort ziehen Sie die Fingerspitzen über den Haarboden zum Scheitel.

■ Lassen Sie den Partner oder die Partnerin noch einige Zeit zugedeckt liegen und die Wirkung der Massage genießen.

Polaritymassage

Diese Form der Massage wurde von dem Arzt Randolph Stone entwickelt und beruht auf der Annahme, dass der Mensch, wie die Planeten, einen Nord- und einen Südpol hat. Sie schließt damit an östliche Methoden an, die mit den Energiefeldern des Menschen arbeiten, und verwendet drei Arten von Berührung: tiefe Massage, leichte Druckberührung und Auramassage. Das Streichen (Effleurage) wird, dem venösen Blutstrom folgend, in langer, gleitender Bewegung oder kreisend, immer in Richtung Herz ausgeführt. Der Druck, den die streichenden Hände ausüben, wird abwechselnd stärker und schwächer. Jede Massage beginnt und endet mit Streichen.

Mazeration: Auszug einer Substanz (z. B. ätherisches Öl) aus einem Stoffgemisch durch Wasser oder andere Lösungsmittel (z. B. Alkohol). Die Methode wird vor allem zur Aufbereitung von Arzneidrogen angewendet (→ Aromatherapie).

Meditation (lat. meditari = nachdenken, auf etwas sinnen): Die verschiedenen Formen und Methoden der Meditation haben sich traditionell in einem religiösen Rahmen entwickelt; spezielle Meditationsformen wurden schon vor etwa 6000 Jahren in Indien praktiziert. Angestrebt wird dabei meist eine religiöse oder spirituelle Vervollkommnung oder Weiterentwicklung. Im medizinischen Bereich wird stärkeres Gewicht auf die Wirkungsweise (entspannend und konzentrationsfördernd) der Meditationstechniken gelegt. Die verschiedenen Meditationstechniken eignen sich dabei vor allem zur unterstützenden Behandlung bei psychosomatischen Beschwerden, depressiven Verstimmungen, Konzentrationsstörungen, Schlaflosigkeit sowie zum Stress- und Spannungsabbau (siehe zu Meditation das Special S. 268ff.).

☛ Die Meditation ist nach einem Kurs hervorragend zur Selbstbehandlung geeignet.

Meerrettich (Armoracia rusticana): Pflanze aus der Familie der Kreuzblütler (Brassicaceae). Der Meerrettich wird in Deutschland in Gärten und Großkulturen gezogen. Die Pflanze wird etwa 50 Zentimeter hoch. Die ausdauernde Wurzel des Meerrettichs ist mehrköpfig, rübenförmig und sehr lang. Heilkräftig sind die frischen oder getrockneten Wurzeln. Meerrettich wird auch in der Homöopathie verwendet.

Inhaltsstoffe: Senfölglykoside (die Senföle bilden), ätherisches Öl, Kalium, Vitamin C.

Anwendungen: Meerrettich besitzt aufgrund der Senföle eine antibiotische Wirkung. Die Heilpflanze wirkt als Frischpflanzensaft oder in galenischen Zubereitungen gegen Entzündungen der Harn- und Atemwege sowie bei Erkältungskrankheiten. In der Volksmedizin

Frischer Meerrettich sollte in keiner gesundheitsbewussten Küche fehlen.

wird Meerrettich zusätzlich bei Leber- und Gallenblasenerkrankungen und bei rheumatischen Erkrankungen eingesetzt.

Meerträubchen (Ephedra sinica): Pflanze aus der Familie der Ephedragewächse (Ephedraceae). Diese Heilpflanze wird in ihrem Herkunftsland China schon seit 5000 Jahren gegen Kreislaufschwäche, Husten und Fieber eingesetzt. Das Meerträubchen wächst als kleiner Strauch von ginsterartigem Aussehen und kann bis zu einem Meter hoch werden. Die Zweige sind blattlos, die Äste stark gegliedert. Die Blüten sind eher unscheinbar. Die Ephedragewächse gedeihen vor allem in sehr trockenen und heißen Klimazonen. Zu Arzneidrogen wird die herbstliche Ernte der jungen Zweige mit den scharlachroten, kugeligen, erbsengroßen Beerenzapfen verarbeitet.

Inhaltsstoffe: verschiedene Alkaloide (vor allem Ephedrin).

Anwendungen: Das Meerträubchen besitzt aufgrund des Ephedrins eine positive Wirkung auf Kreislauf und Blutgefäße. Die Heilpflanze hilft bei Kreislaufschwäche, Asthma, Infektionskrankheiten und Heuschnupfen.

! Bei Bluthochdruck und einer Überfunktion der Schilddrüse sollte die Heilpflanze nicht angewendet werden.

Meditation

Konzentration und Innenschau

Heutzutage wird eine Vielzahl unterschiedlicher Meditationsmethoden und -techniken auf dem kaum überschaubaren Fitness- und Gesundheitsmarkt angeboten. In einer groben Einteilung kann man grundsätzlich zwei Meditationsarten unterscheiden: die spirituelle Meditation und die konzentrative Meditation. Diese beiden Formen unterscheiden sich dabei weniger in den Meditationstechniken, als vielmehr in den verschiedenen Zielsetzungen. Zur spirituellen Meditation zählen alle Methoden, die in einem religiösen Rahmen stattfinden oder zumindest ein Erkenntnisziel vor Augen haben, während bei der konzentrativen Meditation die gesundheitsfördernden Aspekte sowie das allgemeine Wohlbefinden stärker im Vordergrund stehen.

Kleine Geschichte der Meditation

In Indien und anderen Teilen Asiens wird die Meditation schon seit Jahrtausenden als ein Weg zu spiritueller Erleuchtung und Vervollkommnung praktiziert. Bestimmte Meditationsformen existieren (in Indien) schon seit etwa 6000 Jahren. Auch Yoga hat sich aus diesen frühen Meditationstechniken heraus entwickelt.

In Europa war diese Methode der Konzentration und Innenschau nur sehr wenigen Menschen bekannt. Meist waren dies Personen, die sich mit dem Buddhismus und anderen fernöstlichen Religionen beschäftigten. Erst in den sechziger Jahren wurden verschiedene Meditationsformen (z. B. transzendentale Meditation, Zen-Meditation und Yoga) in den westlichen Industriestaaten bekannter, weil fernöstliche Musik und Kultur im Rahmen der Jugendprotestbewegungen bei vielen jüngeren Menschen populär wurden.

Buddhistische Mönche bei der Zen-Meditation: Ihre Gesichter sind der Wand zugedreht; so werden sie durch nichts abgelenkt.

Die vergessene Tradition

In anderen (als den fernöstlichen) Formen existierte die Meditation allerdings schon sehr viel früher in Europa. Sie wurde insbesondere von verschiedenen christlichen Ordensgemeinschaften praktiziert. Beispielsweise findet man in den Exerzitien der Jesuiten sowie den spirituellen Übungen ihres Ordensgründers Ignatius von Loyola (1491–1556) viele Elemente meditativer Techniken.

Wann hilft Meditation?

Die konzentrativen Meditationstechniken eignen sich vor allem zur unterstützenden Behandlung bei vielen psychosomatischen Beschwerdeformen (z. B. nervösen Magen- und Herzbeschwerden), depressiven Verstimmungen, Konzentrationsstörungen, Schlaflosigkeit und bei Bluthochdruck. Außerdem dient Meditation vorbeugend zum Abbau von Stress- und Spannungszuständen.

▶ *Gut für den Blutdruck*
Gerade Personen mit einem hohen Blutdruck profitieren von der Meditation. Oft kann durch konsequentes Meditieren der Blutdruck dauerhaft gesenkt werden. Medikamente gegen Bluthochdruck können dadurch niedriger dosiert bzw. vollständig abgesetzt werden. Verstärkt werden kann die Wirkung der Meditation noch durch zusätzliche Entspannungs- und Atemübungen.

▶ *Linderung bei Schmerzzuständen*
Menschen mit chronischen Schmerzen oder Spannungskopfschmerzen können durch Meditation eine weitgehende Entspannung erreichen. Elektronische Messgeräte, die elektrische Muskelimpulse aufzeichnen, haben bestätigt, dass während der Meditation die Muskelspannung nahezu gegen Null geht. Die Folge ist, dass sich chronische Schmerzzustände, die durch Verspannungen bedingt sind, bessern bzw. ganz verschwinden. Auch bei Asthmatikern kann diese generelle Muskelentspannung eine deutliche Linderung der chronischen Beschwerden bewirken.

▶ *Kreislauf und Biorhythmus stärken*
Meditation wirkt sich positiv auf den Kreislauf aus. Dadurch bessern sich auch oft viele nervöse Beschwerdeformen, bei denen eine Störung des vegetativen Nervensystems zugrunde liegt. Die entspannende Wirkung der Meditation beeinflusst langfristig den Biorhythmus. So können auch scheinbar unlösbare Schlaf- und Konzentrationsstörungen gebessert bzw. überwunden werden.

Erste Schritte zur Meditation

Menschen, die erfolgreich meditieren, halten die Meditation für eine unübertroffene Methode zur Selbsthilfe in den verschiedensten Lebenssituationen. Es muss hierbei jedoch gelingen, die ganze Konzentration darauf zu richten, die Gedanken unter Kontrolle zu bringen, um den Körper völlig zu entspannen. Dies klingt einfacher, als es in Wirklichkeit ist. Vielen Personen fällt es außerordentlich schwer, die ständigen Gedankenströme zu stoppen und sich von ihren Sorgen frei zu machen. Es ist deshalb auf jeden Fall empfehlenswert – vor allem beim Einstieg in eine bestimmte Meditationstechnik –, einen einführenden Übungskurs bei einem erfahrenen Meditationslehrer zu absolvieren.
Um einen kleinen Einblick in die Meditationsübungen zu geben, soll im Folgenden eine in der konzentrativen Meditation oft angewendete Grundübung dargestellt werden.

▶ *Zu Beginn ein Gedankenexperiment*
Der Übende ist aufgefordert, seine Aufmerksamkeit auf eine bestimmte Körperfunktion zu richten. Meist ist dies der Herzschlag oder die Atmung. Dies kann jeder leicht bei sich selbst in einem kleinen Experiment ausprobieren.

- Man schließt dabei die Augen oder richtet den Blick ins Leere, ohne etwas Bestimmtes anzusehen.
- Die Muskulatur wird bewusst vom Kopf aus entspannt. Man beginnt damit bei der Stirn. Während des Einatmens wird versucht, die Spannung zu erspüren; beim Ausatmen wird die Spannung wieder aus dem Körper herausgelassen.
- Diese einstimmende Körperentspannungsreise kann bis zu fünf Minuten dauern.

▶ *Konzentration auf die Atmung*
Im Anschluss an diese Einstimmung versucht man, die ganze Konzentration während des Meditierens auf die Atmung zu richten. Sie sollte jedoch zu Beginn nicht direkt kontrolliert

werden, sondern man verhält sich dabei wie ein passiver Beobachter und lässt das Atmen einfach geschehen. Bereits nach kurzer Zeit wird man normalerweise (ohne bewusstes Agieren) langsam und tief atmen. Dies ist ein Ausdruck der zunehmenden Entspannung des Körpers und aller Körperfunktionen. Es empfiehlt sich, die Aufmerksamkeit zuerst auf das Einatmen und dann erst auf das Ausatmen zu richten. Während dieses Vorgangs sollte man sich das Atmen, das sich durch das Heben und anschließende Senken der Bauchdecke auch körperlich ausdrückt, intensiv – möglichst plastisch – vorstellen.

▶ *Die Kontrolle der Konzentration*

Die konzentrative Einstellung auf die Atmung ist eine einfache, aber durchaus wirksame Methode, meditative Aufmerksamkeit zu erlernen. Allerdings ist die Kontrolle der Konzentration meist nicht gut ausgebildet. Die Übenden verlieren zu Beginn des Trainings in der Regel schnell das Meditationsobjekt (z. B. die Atmung, siehe oben) und schweifen zu Nebenobjekten (z. B. Außengeräuschen, Körperempfindungen, Gefühlen oder Gedanken) ab. Oder die Übenden schlafen während der Meditation ein. Es ist deshalb unbedingt notwendig, sich während des Meditierens immer wieder neu auf das Meditationsobjekt einzustellen und sich zu zentrieren. Die sich aufdrängenden Gefühle und Gedanken sollen dabei sachlich akzeptiert werden, ohne weiter auf sie einzugehen oder sie zu interpretieren. Angestrebt wird bei der Meditation eine – zumindest momentane – völlig indifferente (gefühlsneutrale) Einstellung zu allen anderen Dingen, was der Haltung eines vollständig passiven Beobachters entspricht.

Kleines Einmaleins des Meditierens

Für das Erlernen der Meditation und ihrer erfolgreichen Anwendung sind einige einfache Regeln nützlich, die für fast alle Meditationsmethoden Gültigkeit besitzen.

- Um nach einiger Zeit erfolgreich meditieren zu können, sollte dafür eine täglich Übungszeit von etwa 30 Minuten eingeplant werden. Dieser Zeitplan sollte konsequent eingehalten werden, weil sich die Erfolge bei der Meditation erst allmählich einstellen und nicht schon nach den ersten Übungen.
- Zwischen der letzten Mahlzeit und der Meditation sollten mindestens 30 Minuten liegen. Außerdem sollte während dieser Zeit nichts getrunken werden. Auf keinen Fall sollte man sofort nach dem Essen (z. B. nach dem Frühstück) meditieren.

Konzentrative Entspannung

Als gute Vorbereitung auf das Meditieren bzw. auf einen Meditationskurs gilt die oft praktizierte Methode der so genannten konzentrativen Entspannung.

- Der Übende lernt durch konzentrative Beobachtung des eigenen Körpers, Spannungs- und Entspannungszustände besser wahrzunehmen.
- Durch das Erspüren des eigenen Körpers wird das Bewusstsein für bestimmte Körperfunktionen deutlich erhöht. Die körperliche Entspannung wird zugleich auch als psychische Gelöstheit wahrgenommen.
- Nach einem Kurs mit zwölf Übungseinheiten ist der Übende fähig, die Methode selbst anzuwenden. Bei weiterem Üben erreicht man eine insgesamt entspanntere Grundhaltung im Alltag.

■ Der für die Meditation gewählte Ort ist sehr wichtig. Viele meditationserfahrene Menschen nutzen beispielsweise eine ruhige Bibliothek, gehen in einen stillen Wald oder an einen einsamen Meeresstrand. Für viele ist dies jedoch nicht – oder zumindest nicht immer – möglich. Es genügt im Allgemeinen auch eine ruhige, gemütliche Ecke in den eigenen vier Wänden. Diese sollte am besten speziell für das Meditieren reserviert sein.

■ Von Bedeutung ist auch die Körperhaltung bei der Meditation. Oft wird der so genannte Fersensitz praktiziert (dazu gibt es auch kleine Hocker). Es ist auch üblich, mit gekreuzten Beinen im Schneidersitz oder im Lotossitz zu meditieren. Man kann jedoch auch aufrecht auf einem Stuhl mit gerader Lehne sitzen oder sich zum Meditieren hinlegen. Beim Hinlegen besteht allerdings die Gefahr einzuschlafen.

■ Hilfreich sind beim Meditieren außerdem Atemübungen und Mantras (eine Kombination bestimmter Laute sowie monton gesprochene Wort- oder Silbenfolgen).

■ Wenn man im Meditieren einmal geübt ist, kann man fast überall meditieren: am Arbeitsplatz, in der U-Bahn oder in einer Warteschlange auf einem Amt. Aber bis es so weit ist, muss man einige Jahre Meditationserfahrung hinter sich gebracht haben. Aufgrund der konzentrativen Entspannung ist es möglich, die eigenen Körperfunktionen im Sitzen, Liegen, Stehen und Gehen teilweise bewusst zu kontrollieren, um dadurch die Muskelanspannungen positiv zu beeinflussen.

Meditation – eine Grunderfahrung

Jeder Mensch besitzt Erfahrung im Meditieren. Jeder hat schon einmal (bzw. öfter) Erfahrungen mit meditativen Zuständen gesammelt – allerdings in der Regel nur unbewusst: beispielsweise dann, wenn man sich bei einem entspannenden Musikstück vollständig einer aufkommenden Stimmung hingibt und in sich selbst versinkt oder wenn man einen wunderschönen Sonnenuntergang gedankenverloren beobachtet oder ein Gemälde betrachtet, bis es einen anspricht.

Rückbesinnung auf das Wesentliche und Abstand von der Welt: In der freien Natur kann man sich gut in sich selbst versenken.

Meditation – innere Ruhe für ein hektisches Zeitalter

Die innere Ruhe zu finden und zu bewahren ist für die Bewältigung des oft hektischen Alltags in unserer schnelllebigen Informations- und Dienstleistungsgesellschaft von großer Wichtigkeit. Meditation kann hierbei ein ausgezeichnetes Hilfsmittel sein. Es erfordert jedoch eine gewisse Disziplin, bis man die erforderlichen konzentrativen Fähigkeiten für das eigene Wohlbefinden richtig anwenden und erfolgreich umsetzen kann.

Ein Sud aus Melissenblättern ist ein heilkräftiger Badezusatz.

Melasse, Schwarze: zähflüssiger, dunkelbrauner Sirup, der bei der Verarbeitung von Zuckerrohr (oder Zuckerrüben) anfällt. Die Schwarze Melasse besitzt im Gegensatz zum herkömmlichen Zucker einen hohen Mineralstoffanteil (vor allem Kalium, Kalzium, Magnesium, Eisen und Phosphor). Melasse kann in verschiedenen Zubereitungen (Lösung, Bad, Wickel) zur Behandlung von Mangelerscheinungen und zur Stärkung des Immunsystems angewendet werden.

Melisse (Melissa officinalis; auch Zitronenmelisse): Heilpflanze aus der Familie der Lippenblütler (Lamiaceae). Die Melisse ist im östlichen Mittelmeergebiet beheimatet, wird aber auch in Deutschland in Kleingärten und Kulturen angebaut. Die staudenartige Pflanze wird bis zu 90 Zentimeter hoch, besitzt einen vierkantigen Stängel mit hellgrünen, rautenförmigen, am Rand gesägten Blättern. Die Blüten sind eher unscheinbar und weiß. Die Blätter der Melisse duften stark zitronig und schmecken würzig, weshalb die Pflanze auch als Küchengewürz Verwendung findet. Für Arzneidrogen werden die getrockneten Blätter, die vor der Blütezeit geerntet wurden, verwendet.

Inhaltsstoffe: ätherisches Öl, Gerbstoffe (z. B. Rosmarinsäure), Bitterstoffe, Flavonoide.

Anwendungen: Die Melisse wirkt beruhigend, krampflösend und entblähend. Die Heilpflanze wird deshalb vor allem bei Magen-Darm-Beschwerden und Schlafstörungen, aber auch bei Gallenblasenerkrankungen und nervösen Herzbeschwerden angewendet. Die Melisse kann zudem bei depressiven Verstimmungen, Erkältungskrankheiten und Menstruationsbeschwerden helfen.

Melissenöl: ätherisches Öl, das durch Wasserdampfdestillation aus der Melisse gewonnen wird. Echtes Melissenöl ist sehr teuer, weil zur Gewinnung von einem Liter Öl 7000 Kilogramm Pflanzenmaterial benötigt werden. Das Aromaöl (→ Aromatherapie) besitzt einen frischen, leicht zitronigen Duft. Im organischen Bereich wirkt es krampflösend, entblähend, blutdrucksenkend und leicht antiviral. Auf die Psyche hat es eine ausgleichende und belebende Wirkung. Melissenöl wird bei Schlafstörungen, Erkältungskrankheiten, Kopfschmerzen und Migräne, depressiven Verstimmungen, Bluthochdruck, Allergien und Menstruationsbeschwerden angewendet. Für Mischungen mit Melissenöl eignen sich die Aromaöle von Lavendel, Rose und Bitterorange.

Melonenbaum (Carica papaya): Baum aus der Familie der Melonenbaumgewächse (Caricaceae). Der Melonenbaum ist in den Tropen (Ostafrika, Südamerika, Mittelasien und Australien) beheimatet. Dort wird er auch kultiviert. Er wird vier bis acht Meter hoch und wächst sehr schnell. Er besitzt schwammiges Holz und wird von einem Schopf großer gestielter Blätter gekrönt, die handförmig gespalten sind. Die Früchte werden sehr groß und bis zu sieben Kilogramm schwer. In reifem Zustand sind sie gelb gefärbt. Das orangefarbene Fruchtfleisch schmeckt aprikosen- oder melonenartig. Für die Arzneiherstellung werden sowohl frische und getrocknete Blätter als auch die unreifen Früchte verwendet.

Inhaltsstoffe: in den Blättern: Alkaloide (z. B. Carpain), Saponine, Glykoside, Enzyme; in den Früchten: Enzyme, Vitamin A und C.

Anwendungen: Präparate aus den Blättern und Früchten des Melonenbaums helfen vor allem bei gestörter Eiweißverdauung und gegen Bandwürmer. Die frischen Früchte sind verdauungsfördernd und werden gegen Darmträgheit und Verstopfung eingesetzt.

Menopausensyndrom → Wechseljahrebeschwerden

Menstruationsbeschwerden: zeitweise oder regelmäßig auftretende Beschwerden während der Monatsblutung. Viele Frauen haben Menstruationsbeschwerden und erleben sie auf sehr unterschiedliche Art und Weise. Meist treten sie in Form von Störungen des Blutungsrhythmus, Kopf-, Bauch- und Rückenschmerzen, Müdigkeit sowie auch depressiven Verstimmungen auf. Die Ursachen sind in der Regel Schwankungen des Hormonhaushalts oder seelische Anspannung, Stress und Überlastung (→ prämenstruelle Beschwerden).

Zur Vorbeugung gegen Beschwerden während der Menstruation ist eine Kräftigung des Immunsystems empfehlenswert (z. B. durch regelmäßige Gymnastik oder Jogging – auch während der »Tage«) • Entspannungstechniken wie autogenes Training, Meditation, Tai Chi Chuan oder progressive Muskelrelaxation eignen sich gerade bei Kopfschmerzen während der Menstruation besonders gut • Anwendungen mit ätherischen Ölen (Lavendelöl, Melissenöl, Muskatellersalbeiöl, Rosenöl, Ysopöl, Zedernöl) sind bei psychisch bedingten Beschwerden sinnvoll • Heilkräutertees (z. B. Johanniskraut, Mönchspfeffer, Hirtentäschel, Schafgarbe) können Beschwerden während der Periode lindern; auch Nachtkerzenpräparate werden eingesetzt • Schmerzen bei Regelbeginn können mit Ruhe und einer Wärmflasche (oder einem Heublumensäckchen) auf Bauch oder Rücken gelindert werden

Hirtentäscheltee: 1 EL Hirtentäschelkraut mit 1/4 l kochendem Wasser übergießen und 10 Minuten lang ziehen lassen. 2 Tassen Tee täglich ab der 1. Woche vor der Regel trinken.

Menthol: monozyklischer Monoterpenalkohol (Hauptbestandteil des Pfefferminzöls). Menthol erzeugt auf der Haut ein Kältegefühl, das von einer örtlich betäubenden Wirkung begleitet wird. Bei einer innerlichen Anwendung wirkt Menthol entkrampfend, schleimlösend und Gallensaft bildend. Der Wirkstoff wird in vielfältigen Anwendungsformen (Tee, Öl, Tinktur, Einreibemittel) vor allem bei Erkältungskrankheiten, rheumatischen Erkrankungen, Migräne, Hautbeschwerden und zur Behandlung von Insektenstichen eingesetzt.

Meridiane: Bezeichnung der so genannten Leitbahnen für das → Qi in der → traditionellen chinesischen Medizin. Nach chinesischer Vorstellung fließt das Qi, die Lebensenergie, in bestimmten Bahnen durch den Körper und auch wieder aus dem Körper heraus. Die Meridiane kann man sich als eine Art von Nervensträngen vorstellen oder auch als Flussadern, die den Qi-Strom verteilen. Man unterscheidet zwischen Haupt- und Nebenmeridianen. Im Körper befinden sich zwölf Hauptmeridiane, die jeweils paarig angelegt sind, d. h., jeden Meridian gibt es in einer Version sowohl für die linke als auch für die rechte Körperhälfte. Den zwölf Hauptmeridianen sind sechs Yin- und sechs Yang-Organe zugeordnet (bisweilen wird der Dreifache-Erwärmer-Meridian auch als Yin-Yang eingestuft). Neben den Hauptmeridianen gibt es noch die Nebenmeridiane, die Gefäße (chines. Mai). Zwei davon sind hinsichtlich der Akupunktur- und Akupressurpunkte von besonderer Bedeutung: das Diener- oder Konzeptionsgefäß (Ren Mai) und das Lenker- oder Gouverneurgefäß (Du Mai). Mit dem Ren Mai stehen alle Yin-Meridiane in Verbindung, mit dem Du Mai alle Yang-Meridiane (siehe zu Meridiane das Special S. 274ff.).

Meridiane

Leitbahnen der Lebensenergie

Meridiane sind Leitbahnen (chines. Jing Mo = pulsierendes Gefäß) des Qi, der Lebensenergie. Nach chinesischer Vorstellung durchläuft das Qi den Körper etwa 50-mal pro Tag. Sind die Leitbahnen verstopft (blockiert), kann es zu Störungen im Organismus kommen. Die im Folgenden beschriebenen zwölf Hauptmeridiane und zwei Gefäße besitzen für Heilanwendungen der TCM (z. B. Akupunktur und Akupressur) eine große Bedeutung.

Der Lungenmeridian (Yin)

Der Meridian beginnt seitlich auf der Brust und führt auf der Innenseite des Arms entlang zum Daumen.

■ Seine Akupunktur- und Akupressurpunkte werden bei Hals-, Nasen- und Ohrenerkrankungen, Erkältungskrankheiten, Lungenentzündung, Bronchitis und Asthma stimuliert; außerdem bei Hautproblemen sowie bei lokalen Gelenkschmerzen.

Beste Meridianzeit: 3 bis 5 Uhr.

Der Dickdarmmeridian (Yang)

Der Meridian entspringt am Zeigefinger, geht über die Außenseite des Arms, dann über den Hals zur Außenseite der Nase.

■ Seine Druckpunkte werden bei Erkältungen, Kopfweh, Lungenproblemen und Darmerkrankungen stimuliert.

Beste Meridianzeit: 5 bis 7 Uhr.

Der Magenmeridian (Yang)

Der Magenmeridian beginnt unter dem Auge, macht einen Abstecher zur Schläfe und verläuft über den Brustkorb zum Bauch und weiter über die Vorderseite des Beins zur zweiten Zehe.

■ Seine Druckpunkte werden bei Magen- und Darmerkrankungen, Nervosität und Kreislaufbeschwerden angeregt.

Beste Meridianzeit: 7 bis 9 Uhr.

Der Milz-Pankreas-Meridian (Yin)

Der Milzmeridian beginnt an der großen Zehe und verläuft über die Innenseite des Beins zur Außenseite der Brust. Dann führt er wieder etwas nach unten zu den Zwischenrippen.

■ Seine Druckpunkte finden Anwendung bei allen Magen- und Darmbeschwerden, Muskelerkrankungen, Bindegewebsschwäche und Menstruationsbeschwerden sowie im psychischen Bereich bei depressiven Verstimmungen und Angstzuständen.

Beste Meridianzeit: 9 bis 11 Uhr.

Der Herzmeridian (Yin)

Der Meridian beginnt in der Achselhöhle und führt die Innenseite des Arms entlang zum kleinen Finger.

■ Seine Druckpunkte werden bei Beschwerden des Herz-Kreislauf-Systems wie etwa Herzklopfen oder Bluthochdruck angeregt. Außerdem kann eine Linderung von psychischen Beschwerden wie Nervosität, Angst oder depressiven Verstimmungen erreicht werden.

Beste Meridianzeit: 11 bis 13 Uhr.

Der Dünndarmmeridian (Yang)

Der Meridian beginnt am kleinen Finger, geht über Arm und Schulter und endet vor dem Ohr.

■ Die Druckpunkte werden bei Gelenkbeschwerden, Darmproblemen und Nervosität stimuliert.

Beste Meridianzeit: 13 bis 15 Uhr.

Der Blasenmeridian (Yang)

Der Meridian beginnt am inneren Augenwinkel, verläuft über Stirn und Hinterkopf über den Rücken, auf der Rückseite des Beins und der äußeren Fußseite bis zur kleinen Zehe.

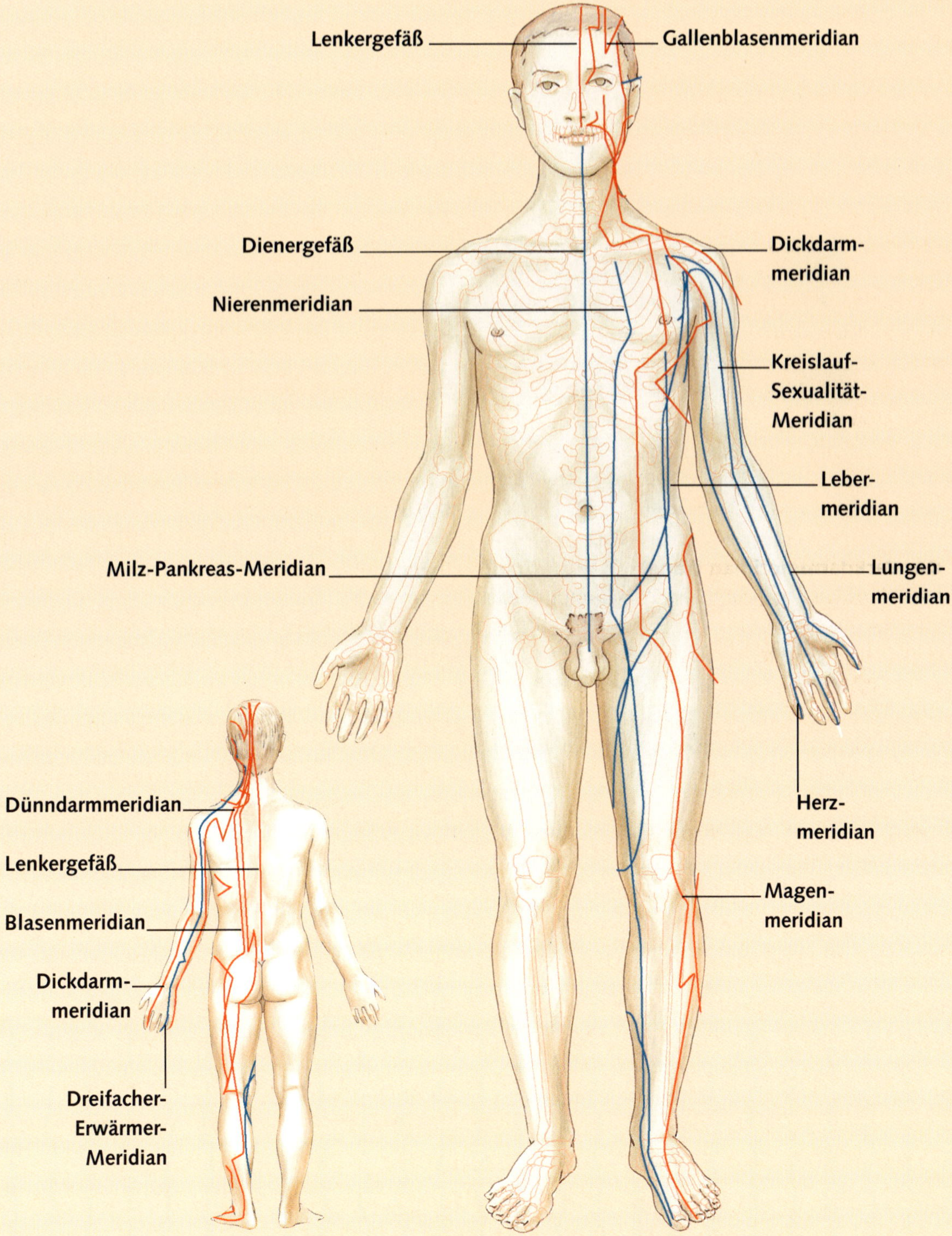
Lenkergefäß
Gallenblasenmeridian
Dienergefäß
Dickdarm-
meridian
Nierenmeridian
Kreislauf-
Sexualität-
Meridian
Leber-
meridian
Milz-Pankreas-Meridian
Lungen-
meridian
Herz-
meridian
Magen-
meridian
Dünndarmmeridian
Lenkergefäß
Blasenmeridian
Dickdarm-
meridian
Dreifacher-
Erwärmer-
Meridian

■ Die Druckpunkte dieses Meridians werden bei allen Beschwerden, die mit den Nieren und der Blase zusammenhängen, bei Hormonstörungen und bei Erkrankungen der Gelenke stimuliert.
Beste Meridianzeit: 15 bis 17 Uhr.

Der Nierenmeridian (Yin)
Der Meridian verläuft von der Mitte der Fußsohle über Bein und Brust und endet unter dem Schlüsselbein.
■ Die Druckpunkte werden bei Beschwerden des Urogenitalbereichs, bei Menstruationsproblemen und Gelenkerkrankungen behandelt.
Beste Meridianzeit: 17 bis 19 Uhr.

Der Herzbeutelmeridian oder Kreislauf-Sexualität-Meridian (Yin)
Der Meridian beginnt bei der Brustwarze und führt auf der Innenseite des Oberarms zum Mittelfinger.
■ Die Druckpunkte wirken in erster Linie auf Sexualität und Kreislauf ein. Zudem finden sie Anwendung bei psychischen Problemen, Herzbeschwerden, Schlaflosigkeit und Nervosität.
Beste Meridianzeit: 19 bis 21 Uhr.

Der Dreifache-Erwärmer-Meridian (Yang)
Der Dreifache Erwärmer (auch Dreifacher Brenner) verläuft von der Rückseite des Ringfingers an der Außenseite des Oberarms entlang bis zur Augenbraue. Ihm ist kein Organ im westlichen Sinn zugeordnet; er hat vielmehr Bedeutung für drei Körperhöhlungen: unterhalb des Nabels, zwischen Nabel und Zwerchfell und oberhalb des Zwerchfells.
■ Die Druckpunkte wirken auf die Ausscheidungsorgane (auch auf die Sexualorgane), die Verdauungsfunktionen, den Kreislauf und die Atmung ein.
Beste Meridianzeit: 21 bis 23 Uhr.

Der Gallenblasenmeridian (Yang)
Der Meridian beginnt am äußeren Augenwinkel und verläuft im Zickzackkurs zur vierten Zehe.
■ Seine Druckpunkte wirken auf die Psyche und erweisen sich als krampflösend. Sie werden bei Gallenblasenbeschwerden, Gelenkschmerzen, Hexenschuss, Knie- und Fußproblemen, Kopfschmerzen, Augenbeschwerden und Nervosität behandelt.
Beste Meridianzeit: 23 bis 1 Uhr.

Der Lebermeridian (Yin)
Der Lebermeridian beginnt an der großen und an der zweiten Zehe, verläuft den Oberschenkel entlang und endet im Rippenbogen.
■ Eine Stimulierung der Druckpunkte fördert die Verdauung. Behandelt wird bevorzugt bei Leber- und Gallenbeschwerden, aber auch bei depressiven Verstimmungen, Angst und Erschöpfungszuständen.
Beste Meridianzeit: 1 bis 3 Uhr.

Das Dienergefäß/Konzeptionsgefäß (Yin)
Dieser Sondermeridian beginnt zwischen Genitalien und Anus, steigt nach oben über den Bauch und endet an der Unterlippe.
■ Das Dienergefäß steht mit allen Yin-Meridianen in Verbindung. Störungen der Genitalorgane können hier behandelt werden.

Das Lenkergefäß/Gouverneurgefäß (Yang)
Dieser Sondermeridian beginnt zwischen Genitalien und Anus, verläuft über den Rücken, den Hinterkopf nach vorn zu Stirn und Nase und endet an der Oberlippe.
■ Das Lenkergefäß steht mit allen Yang-Meridianen in Verbindung. Alle chronischen, vegetativen und hormonellen Prozesse und Beschwerden können über diesen Meridian behandelt werden.

Mesmerismus (auch Heilmagnetismus): nach Franz Anton Mesmer (1734–1815) benanntes Verfahren, bei dem ein Heilmagnetiseur, der über magnetische Kräfte verfügt, durch Handauflegen oder durch Bestreichung der Haut mit Magneten in Kombination mit Fremdsuggestion eine therapeutische Wirkung erzielt. Der Mesmerismus ist ein Vorläufer der heutigen Hypnotherapie (→ Hypnose).

Mesotherapie: von dem französischen Arzt Michel Pistor in den fünfziger Jahren entwickeltes Verfahren, das eine Kombination von → Akupunktur, → Neuraltherapie und → Homöopathie darstellt. Potenzierte Arzneimittel werden bei der Mesotherapie in die Haut geritzt, um eine Wirkung auf die zugeordneten inneren Organe zu erzielen. Das Verfahren wird bei chronischen Beschwerden und Allergien angewendet.

Metalltherapie: innerhalb der → anthroposophischen Medizin entwickelte Therapieform mit Metallpräparaten, die in potenzierter Form sowohl innerlich als auch äußerlich angewendet werden. Die Metalle werden dabei in Beziehung zu Planeten, Sonne und Mond sowie zu Körperorganen gestellt.

Miasma (griech. Verunreinigung): Bezeichnung für eine übertragbare (auch moralische) Verunreinigung oder einen krank machenden Fluch. Damit wurden ansteckende Krankheiten und Epidemien erklärt. Früher galt auch in der → Homöopathie die Miasmenlehre, d. h. die Theorie, dass hinter vielen Erkrankungsformen ein Grundtyp von Krankheit stecken müsse, der die eigentliche Ursache der oberflächlich erkennbaren Erkrankungen darstellt. Heute gilt diese Annahme auch unter Homöopathen als weitgehend überholt.

Migräne (franz. migraine = Kopfschmerzen; auch Halbseitenkopfschmerz): starke, anfallartige, pulsierende Kopfschmerzen, die in der Regel plötzlich einsetzen und meist einseitig auftreten. Migräne ist eine sehr verbreitete Krankheit. Es wird geschätzt, dass in den Industriestaaten fast 15 Prozent der Bevölkerung an Migräne leiden; dabei sind etwa dreimal so viele Frauen wie Männer betroffen. Oft beginnen die Schmerzen in den Morgenstunden und können einige Tage lang anhalten. Manche Migränepatienten verspüren vor dem Anfall eine so genannte Aura, die sich durch leichte Seh- und Wahrnehmungsstörungen (Flimmern oder Blitzen) ausdrücken kann. Viele Personen werden während des Migräneanfalls noch zusätzlich von Übelkeit und/oder Erbrechen sowie Licht- und Geräuschempfindlichkeit gequält. Als Hauptursache für Migräne wird eine vererbte Überempfindlichkeit des Hirngefäßsystems angenommen. Diese Disposition für

Föhnzirren im Alpenvorland: Bei wettersensiblen Menschen kann Föhn einen Migräneanfall auslösen.

Auslöserfaktoren bei Migräne

- Alkohol- und Nikotinkonsum
- Hormonelle Störungen
- Wetterumschwung
- Stress, Überlastung, Ärger
- Bestimmte Medikamente
- Änderung des Schlaf-wach-Rhythmus
- Konservierungsmittel
- Schokolade, Zitrusfrüchte

Migräne ist zurzeit nicht behandelbar. Man kann jedoch in der Regel individuelle Faktoren (Alkohol, Stress, Föhnwetterlagen) ausmachen, die eine Migräne auslösen können. Diese Auslöserfaktoren oder Stressoren sollten dann gezielt gemieden werden.

! Bei ständig wiederkehrenden Migräneanfällen oder auch bei dauernden »normalen« Kopfschmerzen ist dringend eine medizinische Untersuchung zu empfehlen, um schwer wiegende Erkrankungen auszuschließen.

Bisweilen lassen sich durch eine vorbeugende Behandlung mit Ohrakupunktur (in den anfallsfreien Zeiten) die Zahl und die Stärke der Migräneanfälle spürbar verringern • Eine weitere Maßnahme zur Vorbeugung ist die bewusste Meidung individueller Auslöserfaktoren (z. B. übermäßiger Alkoholkonsum) • Eine Behandlung mit Aromaölen (vor allem mit Lavendelöl, Pfefferminzöl, Lemongrasöl, Melissenöl) kann während eines akuten Migräneanfalls eine Linderung der Beschwerden bewirken • Auch Anwendungen mit Heilkräutern (z. B. Weidenrinde, Liebstöckel, Schlüsselblume) können gegen die starken Kopfschmerzen helfen

Tee bei Migräne: Je 20 g Weidenblätter, Weidenrinde, Liebstöckel, Waldmeister und Melissenblätter mischen. 2 EL der Mischung mit 1/2 l kochendem Wasser übergießen und 15 Minuten lang ziehen lassen. Stündlich 1 Tasse Tee trinken.

Mikroalgen → Algen

Milchsäurediät (auch Kuhl-Schutzkost): umstrittene Krebsdiät, die auf der Annahme gründet, dass Krebszellen im Organismus die Fähigkeit zur Sauerstoffaufnahme verloren haben. Diese Fähigkeit soll mit Hilfe der Diät durch die vermehrte Zufuhr von Milchsäure wiederhergestellt werden. Es werden dabei vorwiegend milchsaure Produkte (Sauerkraut, Joghurt, Käse) gegessen.

Milchschorf → Neurodermitis

Milch-Semmel-Diät → Mayr-Kur

Milchunverträglichkeit: 1. Unfähigkeit des Körpers, Milchzucker (Laktose) aufzunehmen. Milchunverträglichkeit tritt oft als wässriger Durchfall zutage. Die Erkrankung tritt häufig im Säuglings- oder Kleinkindalter auf, meist im Anschluss an eine Magen-Darm-Infektion, oder sie beruht auf einem Mangel an Laktose spaltenden Enzymen in der Darmschleimhaut. Diese Form ist angeboren oder wird im Lauf des Lebens erworben.
2. Allergische Reaktion auf Milcheiweiß nach Darminfektionen. Diese Variante der Milchunverträglichkeit führt zu Erbrechen, Darmkrämpfen, Durchfällen oder Verstopfung. Nach ein- bis zweitägiger Diät wird Milch häufig wieder vertragen.

Bei den Kindern ist eine milchzucker- bzw. milcheiweißfreie Ernährung notwendig, bis sich die Verhältnisse im Darm wieder normalisiert haben • Unterstützend sollte man versuchen, die Verdauung zu verbessern, beispielsweise mit Teezubereitungen (Kamille, Fenchel, Melisse) • Erwachsene müssen den Milchkonsum einschränken; manche vertragen allerdings Joghurt oder harte Käsesorten • Ausweichmöglichkeiten bieten Produkte aus Sojamilch und Ziegenmilch • Der Kalziumbedarf sollte über grüne Blattgemüse (z. B. Grünkohl) gedeckt werden

Teemischung zur Verdauungsanregung: 30 g Kamillenblüten, 30 g Pfefferminzblätter, 10 g Melissenblätter, 10 g Fenchelfrüchte mischen. 1 EL der Teemischung mit 1/4 l kochendem Wasser übergießen und etwa 15 Minuten ziehen lassen. Mehrmals täglich 1 Tasse Tee lauwarm trinken.

Mimulus (engl.): Gefleckte Gauklerblume, Stockbottle Nr. 20 der → Bach-Blüten. Mimulus fördert Mut und Selbstvertrauen bei besonders ängstlichen Menschen. Die Blüte hilft vor allem bei konkreten Ängsten (Angst vor Tieren, Angst vor der Dunkelheit etc.).

Mineralstoffe: anorganische Bestandteile pflanzlicher und tierischer Gewebe. Mineralstoffe erfüllen im menschlichen Organismus lebenswichtige Aufgaben. Sie sind das Baumaterial von Zähnen und Knochen, sie steuern den Stoffwechsel sowie den Wasserhaushalt und sind zudem für das Funktionieren von Muskeln und Nerven zuständig. Grundsätzlich werden so genannte Mengenelemente, das sind Mineralstoffe, die mit Gewichtsanteilen von 25 bis 1000 Gramm im Körper eines Erwachsenen vorkommen, und → Spurenelemente unterschieden. Letztere kommen – wie der Name schon sagt – nur in Spuren, oft in Mikrogramm, vor. Durch eine einseitige Ernährungsweise (z. B. Diäten) oder bestimmte Krankheiten kann es zu einem Mineralstoffmangel kommen.

Mineralwasser: Wasser mit mindestens einem Gramm Mineralstoffgehalt pro Kilogramm oder mindestens 250 Milligramm Kohlendioxid pro Kilogramm. Es wird als Tafelwasser oder auch → Heilwasser verwendet. Am sinnvollsten ist es, ein Mineralwasser auszuwählen, das einen geringen Natrium- und Chloridgehalt besitzt (Flaschenetikett: »natriumarm« oder »für die Zubereitung von Babynahrung geeignet«). Die Deutsche Gesellschaft für Ernährung (DGE) empfiehlt eine tägliche Flüssigkeitsaufnahme von 20 bis 45 Milligramm pro Kilogramm Körpergewicht. Der tägliche Bedarf liegt für Erwachsene etwa zwischen zwei und drei Litern.

Minze → Krauseminze, → Pfefferminze

Sagenumwobene Heilkraft: Schon bei den Kelten galt die Mistel als Wundermittel.

Mischkost: von den meisten Menschen praktizierte Art der Ernährung, die viele verschiedene – sowohl tierische als auch pflanzliche – Lebensmittel umfasst. Außerdem werden Genussmittel, z. B. alkoholische Getränke, Tee und Kaffee, konsumiert.

Mistel (Viscum album): Heilpflanze aus der Familie der Mistelgewächse (Loranthaceae). Die parasitäre Mistel ist ein kugeliger immergrüner Busch, der auf Nadelhölzern und vor allem auf weichholzigen Laubbäumen wächst. Die Rinde der Mistel ist gelbgrün, die Blätter sind ledrig und länglich. Die unscheinbaren gelblichen Blüten stehen dicht gedrängt. Die Verwendung der Mistel als Heilmittel lässt sich

Mineralstoffe im Körper

Mineralstoff	Vorkommen	Tagesbedarf
• Natrium	Kochsalz, gesalzene, gepökelte Lebensmittel	550 mg
• Kalium	Obst, Gemüse, Fleisch, Vollkornprodukte	2000 mg
• Kalzium	Milchprodukte, Grünkohl, Nüsse, Getreide	800 – 1500 mg
• Magnesium	Grünes Gemüse, Eier, Hülsenfrüchte, Erdnüsse	300 – 400 mg
• Phosphor	Milch, Fleisch, Fisch, Eier, Getreide	1200 – 1600 mg
• Chlor	Gesalzene Lebensmittel	900 mg
• Schwefel	Eier, Haferflocken, Fische, Walnüsse	Nicht bekannt

bis in die Antike zurückverfolgen. Auch einer der bekanntesten Botaniker der frühen Neuzeit, Hieronymus Bock (1498–1554), erwähnt die Mistelsalbe als wirksames Heilmittel bei Geschwüren und eitrigen Wunden. Für die Herstellung von Arzneidrogen werden sowohl die getrockneten Zweige und Blätter als auch die Blüten und Früchte der Pflanze verwendet. In der → anthroposophischen Medizin werden Mistelpräparate unterstützend zur Krebstherapie verwendet. Die Mistel wird auch in homöopathischer Form verabreicht.

Inhaltsstoffe: Viscotoxine, Lektine, Flavonoide, Schleimstoffe.

Anwendungen: Die Mistel besitzt eine das Immunsystem stimulierende Wirkung. Sie wird deshalb in der Rekonvaleszenzphase nach schweren Infektionskrankheiten angewendet. Außerdem kann sie zur Unterstützung der ärztlichen Therapie bei Bluthochdruck und Erkrankungen des rheumatischen Formenkreises eingesetzt werden.

Misteltherapie: Behandlung von Krebserkrankungen in der → anthroposophischen Medizin mit Mistelpräparaten, die in einem aufwändigen Prozess hergestellt werden. Die Anwendung der ganz unterschiedlich konzentrierten oder potenzierten Mistelpräparate erfolgt meist als Injektion. Die Präparate dienen als Immunstimulanzien und sollen ein so genanntes therapeutisches Fieber erzeugen.

Mobilisation (auch Mobilisierung): physiotherapeutische Maßnahme, um bettlägrige Patienten zu aktivieren und um Thrombosen nach Operationen vorzubeugen.

Modalität (lat. modus = Art, Weise): in der → Homöopathie Bezeichnung für jede Art von Beeinflussung, die die Intensität, die → Qualität oder den Ort eines Symptoms oder das Allgemeinbefinden verändert (z.B. wenn Husten morgens besser, abends aber schlimmer wird). Die genaue Eingrenzung dieser Modalitäten erleichtert dem Therapeuten die Arzneimittelwahl, das Finden des → Simile.

Mohn, Kalifornischer → Eschscholtzia

Molekulartherapie: durch den amerikanischen Arzt W. F. Koch eingeführtes Verfahren, bei dem Karbonylgruppen (stark reaktionsfähige chemische Verbindungen) in homöopathischer Form verabreicht werden. Die Therapie soll den gesamten Stoffwechsel aktivieren sowie die Entgiftungs- und Abwehrfunktion des Zellstoffwechsels fördern. Das Verfahren, das auch der Krebsbekämpfung dient, ist umstritten.

Molkekur: Kur mit Süßmolke, die positiv auf Stoffwechsel, Kreislauf und Körperabwehr einwirkt. Molke enthält alle wichtigen Nähr- und Vitalstoffe der Milch und ist frei von belastenden Substanzen. Bei Molkekuren wird meist mit eiweißangereicherter Molke sowie Kräutertees, Gemüsesäften und Mineralwasser gefastet. Kuren dieser Art helfen bei Hautkrankheiten, entgiften den Körper und stärken das Immunsystem.

Die Molkekur eignet sich zur Selbstbehandlung.

Molybdän: Spurenelement im Organismus (täglich benötigte Menge: bis 0,5 Milligramm). Der Körper enthält etwa 20 Milligramm Molybdän. Das Spurenelement spielt als Bestandteil und beim Aktivieren von Enzymen eine Rolle im Stoffwechsel. Molybdän beeinflusst auch die Fluorspeicherung und trägt dadurch zum Schutz vor Karies bei. Es ist reichlich in Vollkornprodukten, Hülsenfrüchten (z. B. Sojabohnen und Erbsen), Innereien und Milchprodukten enthalten (→ Spurenelemente).

Mönchspfeffer (Vitex agnus castus; auch Keuschlamm): Strauch aus der Familie der Eisenkrautgewächse (Verbenaceae). Er ist vom Mittelmeergebiet bis Mittelasien verbreitet. Die Pflanze, die gefiederte Blätter und dichte Blütenstände besitzt, kann bis zu fünf Meter hoch werden. Aus den zartblauen Blüten entwickeln sich bis zum Herbst kleine, kugelige schwarze Beerenfrüchte. In der Volksmedizin wurde der Mönchspfeffer früher als Anaphrodisiakum, also zur Dämpfung der sexuellen Erregbarkeit, eingesetzt. Heutzutage werden die in den Beeren enthaltenen Wirkstoffe in Arzneidrogen verwendet, die sich günstig auf das hormonelle Gleichgewicht von Frauen auswirken. Die Heilpflanze wird auch in der Homöopathie eingesetzt.

Inhaltsstoffe: ätherisches Öl, progesteronähnliche Substanzen, Flavonoide, Glykoside.

Anwendungen: Mönchspfeffer wird als Tee oder in anderer galenischer Zubereitung z. B. bei Menstruationsstörungen, prämenstruellen Beschwerden sowie bei Beschwerden in den Wechseljahren eingesetzt.

Moorbad: heißes, breiartiges Bad (40 °C) aus Torf und Wasser. Torf ist eine dunkel- bis schwarzbraun gefärbte Masse, die aus zersetzten Pflanzenteilen besteht. Der so genannte Badetorf enthält u. a. Huminsäure, Gerbsäure, verschiedene Mineralstoffe und auch Östrogene. Moorbäder kommen bei rheumatischen Erkrankungen, entzündlichen oder degenerativen Gelenkerkrankungen sowie bei gynäkologischen Beschwerden zum Einsatz. Man kann sie im Rahmen einer Kur, aber auch zu Hause anwenden (Fertigmischungen in der Apotheke erhältlich).

☛ Moorbäder sind auch zur Selbstbehandlung geeignet.

Moorpackung: heiße Packung aus Moorschlamm (Fertigpräparate in der Apotheke erhältlich) zum Auflegen. Die Moorpackung dient zur Behandlung von Krankheiten des rheumatischen Formenkreises (→ Fango).

☛ Moorpackungen eignen sich zur Selbstbehandlung.

Moos, Isländisch(es) → Isländisch Moos

Mora-Therapie: diagnostisches und therapeutisches Verfahren. Die Mora-Therapie geht von der Annahme aus, dass elektromagnetische Schwingungen in jedem Organismus und jeder Zelle mit einem charakteristischen Schwingungsspektrum existieren. Diese sollen mit einem speziellen Gerät (so genanntes

Mönchspfeffer oder Keuschlamm ist eines der großen Frauenheilkräuter.

Mora-Gerät) positiv beeinflusst werden, um dadurch eine Besserung bei bestimmten Erkrankungen und Beschwerden zu erreichen (→ Elektroakupunktur, → Bioresonanztherapie). Die Mora-Therapie wird vor allem bei Allergien, Infektionskrankheiten sowie akuten und chronischen Schmerzzuständen angewendet.

Morphin (griech. nach Morpheus, dem Gott des Schlafes; auch Morphium): neben Noskapin das Hauptalkaloid des Opiums (→ Opiate). Der kristalline, stark basisch reagierende Stoff wird als stark wirkendes Schmerzmittel (Morphium) eingesetzt. Morphin wurde als erstes Pflanzenalkaloid 1804 entdeckt (von dem Apotheker F. M. Sertürner) und wird seit 1844 als Schmerzmittel angewendet.

! Bei Morphin besteht hohe Suchtgefahr! Morphiumpräparate unterliegen nach wie vor dem Betäubungsmittelgesetz.

Mototherapie (lat. movere = bewegen, in Bewegung setzen): physiotherapeutisches Verfahren, um Fehlsteuerungen des Bewegungsablaufs zu korrigieren und nicht ausgebildete Bewegungen zu fördern. Angewendet wird die Therapie vor allem bei Gehirnschäden, bei Seh-, Hör- und Sprachstörungen sowie bei psychisch bedingten Bewegungsstörungen (→ Bewegungstherapie).

Moxibustion (auch Moxabehandlung): Breenntherapie der → traditionellen chinesischen Medizin mit getrocknetem und pulverisiertem Beifußkraut. Meist werden zunächst die Akupunkturnadeln gesetzt. Auf diese werden dann kleinen Mengen an Moxa gegeben und angezündet. Oder aber es werden in dünnes Papier gerollte Moxastangen mit ihrem glimmenden Ende dicht an den jeweiligen Akupunkturpunkt herangeführt. In beiden Fällen dringt die Wärme angenehm durch die Haut. Die Moxibustion soll den Energiefluss des Körpers durch die lokale Hitzeeinwirkung anregen. Sie wird insbesondere bei Asthma, Bronchitis, Durchfall, Schwächezuständen nach chronischen Krankheiten, depressiven Verstimmungen sowie bei psychosomatisch bedingten Schmerzen angewendet.

Müdigkeit → Erschöpfung und CFS

Multicom-Therapie: spezielle Form der → Bioresonanztherapie, bei der mit Hilfe eines so genannten Multicom-Geräts elektromagnetische Schwingungen auf den Patienten übertragen werden, die bestehende Energieblockaden auflösen sollen. Das Verfahren ist wissenschaftlich umstritten.

Mundschleimhautentzündung (Stomatitis, Mundfäule): Entzündung der Mundschleimhaut. Hierbei ist die Mundschleimhaut gerötet und schmerzt. Manchmal bilden sich Bläschen oder sogar Geschwüre. Die Zunge kann belegt und gelblich bis dunkelrot verfärbt sein. Das Geschmacksempfinden ist oft beeinträchtigt; es können fauliger Mundgeruch und manchmal auch leichtes Fieber auftreten. Mögliche Ursachen sind Infektionen, mangelnde Mundhygiene, Verletzungen, allergische Reaktionen oder ein geschwächtes Immunsystem.

! Wenn die Beschwerden nicht nach wenigen Tagen nachlassen, sehr starker Mundgeruch mit Fieber auftritt oder sich Geschwüre bilden, sollte unbedingt ein Arzt aufgesucht werden, um eine zugrunde liegende ernsthafte Erkrankung auszuschließen.

Zur allgemeinen Vorbeugung ist eine konsequente Zahn- und Mundpflege (d. h. 3-mal täglich Zähneputzen, tägliche Zahnseidenanwendung, Mundspülungen) sinnvoll • Bei einer bestehenden Entzündung sind desinfizierende Mundspülungen (z. B. mit Salbeitinktur oder Teebaumöl) empfehlenswert • Bei einer Mundschleimhautentzündung sollten Alkohol- und Nikotinkonsum unbedingt tabu sein • Auch Spülungen mit Kräuterteemischungen (z. B. Rosmarin, Kamille, Thymian, Salbei) bessern die Beschwerden

Teemischung für Spülung: 30 g Salbeiblätter, 20 g Thymiankraut, 20 g Rosmarinblätter mischen. 1 EL der Mischung mit 1/4 l kochendem Wasser übergießen und 10 Minuten ziehen lassen. Mehrmals täglich, am besten nach den Mahlzeiten, lauwarm spülen.

Musiktherapie: künstlerische Therapieform zur Behandlung von psychischen Problemen und auch von körperlichen Beschwerden. Musiktherapeuten sind oft ausgebildete Musiker, während die Patienten keine musikalischen Vorkenntnisse benötigen. Durch gemeinsames Singen und Spielen auf Instrumenten können sonst unterdrückte Gefühle freigesetzt werden; auch die Atmung kann verbessert werden. Die Musiktherapie wird auch in der → anthroposophischen Medizin eingesetzt. Hauptinstrument ist dabei eine spezielle Leier.

Muskatnussbaum (Myristica fragrans): Baum aus der Familie der Muskatnussbaumgewächse (Myristicaceae). Der Muskatnussbaum stammt von den Molukken (einer indonesischen Inselgruppe). Er wächst jedoch mittlerweile in allen tropischen Gebieten wild, oder er wird in Kulturen gezüchtet. Der Baum wird bis zu 15 Meter hoch, trägt immergrüne Blätter und angenehm duftende gelbliche Blüten. Daraus entwickeln sich Früchte, die unseren Pfirsichen ähnlich sehen. Für die Arzneiherstellung wird der Samenkern der Frucht (Muskatnuss), der auch als Gewürz bekannt ist, verwendet. Die Muskatnuss findet in der

Homöopathie bei nervösen Beschwerden und Verdauungsproblemen Anwendung.
Inhaltsstoffe: Monoterpene, fettes Öl, ätherische Öle, Saponine.
Anwendungen: Traditionell wird das ätherische Öl der Muskatnuss bei Erkrankungen des Magen-Darm-Trakts angewendet. Außerdem ist es in verschiedenen Einreibemitteln enthalten, die bei rheumatischen Erkrankungen und Erkältungskrankheiten eingesetzt werden.

! Vorsicht beim Gewürz Muskatnuss! Bei Überdosierung (ab einer Menge von mehreren Gramm) können Bewusstseinsveränderungen bis hin zu Halluzinationen auftreten.

Muskatellersalbeiöl: ätherisches Öl, das durch Wasserdampfdestillation aus Muskatellersalbei (Salvia sclarea) gewonnen wird. Es besitzt einen angenehm süßen, nussartigen Duft, der etwas an Moschus erinnert. Das Aromaöl (→ Aromatherapie) wirkt im körperlichen Bereich krampflösend, verdauungsfördernd, antibakteriell und entzündungshemmend. Auf die Psyche besitzt es eine entspannende und zugleich belebende Wirkung. Das Öl wird bei Erkältungskrankheiten, depressiven Verstimmungen, Kopfschmerzen, Muskelschmerzen, Verdauungsbeschwerden und Hautproblemen angewendet. Muskatellersalbeiöl lässt sich gut mit den Ölen von Bergamotte, Jasmin und Sandelholz mischen.

Muskelentspannung → progressive Muskelrelaxation (nach Jacobson)

Muskelkater: Muskelschmerzen nach ungewohnter oder ungewohnt starker Beanspruchung einzelner Muskelgruppen. In den Muskeln sammelt sich dabei u. a. Milchsäure als unerwünschtes Stoffwechselprodukt an, und es bilden sich winzig kleine Risse in den Muskelfasern. Meist geht ein Muskelkater nach zwei bis drei Tagen folgenlos vorüber.

Zur Vorbeugung gegen einen Muskelkater ist regelmäßige sportliche Betätigung (Jogging, Gymnastik, Schwimmen) sinnvoll • Bei Beschwerden bringen kneippsche Wechselbäder Linderung (2 Minuten warm duschen, 30 Sekunden kalt duschen, den Vorgang mehrmals wiederholen, anschließend leichte Gymnastik) • Auch ein warmes Entspannungsbad mit ätherischen Ölen (z. B. Pfefferminzöl, Teebaumöl, Latschenkiefernöl, Wacholderöl) hilft bei den unangenehmen Muskelschmerzen

Die Wirkstoffe des Muskatellersalbeis helfen bei Entzündungen.

Muskelschmerzen (Myalgie): Sammelbezeichnung für diffuse oder auch lokalisierbare Muskelschmerzen, die häufig in Kombination mit Muskelverspannungen auftreten. Die Ursachen dafür können unterschiedlich sein: Entzündungen, Haltungsschäden, bestimmte Erkrankungen des rheumatischen Formenkreises (→ Arthritis), Stoffwechselkrankheiten (→ Gicht), arterielle Verschlusskrankheiten (→ Schaufensterkrankheit) und Sportverletzungen oder → Fibromyalgie.

! Um sicherzugehen, dass es sich nicht um eine rheumatische Erkrankung handelt (z. B. Weichteilrheumatismus), sollte in jedem Fall eine gründliche medizinische Untersuchung vorgenommen werden.

Zur Vorbeugung sind Übungen der Rückenschule und Ausdauersportarten, die die Gelenke wenig belasten (vor allem

Schwimmen und Gymnastik), empfehlenswert • Eine wirksame Behandlung erfolgt durch physiotherapeutische Methoden (Massage, Krankengymnastik, Ergotherapie), die auf die jeweiligen speziellen Symptome abgestimmt sein müssen • Auch entsprechende Wärmebehandlungen (Infrarotlicht, Fangopackungen) haben sich bewährt • Wasseranwendungen (Bäder, Güsse) sind bei Muskelschmerzen im Zusammenhang mit Rückenleiden oder rheumatischen Erkrankungen empfehlenswert • Einreibemittel (Arnika, Johanniskraut, Franzbranntwein, Latschenkiefer) wirken bei Myalgien schmerzlindernd und entspannend • Unterstützend wirken bestimmte Entspannungstechniken (z. B. progressive Muskelrelaxation) – vor allem, wenn psychische Gründe für die Muskelverspannungen eine Rolle spielen • Auch ätherische Öle sind zur Einreibung, als Massageöl oder für ein entspannendes Bad geeignet (z. B. Lavendelöl, Rosmarinöl, Cajeputöl, Johanniskrautöl, Arnikaöl) • Weihrauch hat entzündungshemmende Wirkstoffe

Müsli: ballaststoffreiches Essen, das aus einer Grundmischung von Getreide (Weizen, Hafer, Gerste bzw. Keime oder Flocken des Getreides), Nüssen, frischem Obst, Honig und Milch besteht. Das Müsli gilt mittlerweile als gesundes Frühstück. Es geht auf den Schweizer Arzt Maximilian Bircher-Benner (1867–1939) zurück, der ein ganzheitliches Heilkonzept entwickelte (→ Bircher-Benner-Kost).

Mustard (engl.): Wilder Senf, Stockbottle Nr. 21 der → Bach-Blüten. Mustard hilft bei Melancholie, Traurigkeit und Anfällen von Weltschmerz. Die Blüte fördert das positive Denken und verhilft zu mehr Lebensfreude.

Mutterkorn (Secale cornutum; auch Sankt-Petri-Schnee, Muttergottesbrand): hochgiftiger Schmarotzerpilz (Claviceps purpurea) aus der Familie der Mutterkornpilze (Clavicipitaceae), der vor allem auf Roggen wächst und als gebogener schwarzer Zapfen (anstelle des Roggenkorns) aus den Spelzen hervordrängt. Mutterkorn entsteht vor allem in nassen und windigen Sommern. Als Arzneidroge werden bestimmte Alkaloide des Pilzes verwendet. Mutterkorn findet auch als Homöopathikum Anwendung.

Inhaltsstoffe: über 30 verschiedene Alkaloide, darunter Säureamidalkaloide (z. B. Ergometrin) und Peptidalkaloide (z. B. Ergotamin und Ergotoxin), fettes Öl, Farbstoffe.

Anwendungen: Wegen seiner hohen toxischen Wirkung werden nur isolierte Wirkstoffe des Mutterkorns in standardisierten Präpara-

Mutterkorn – Geißel des Mittelalters und psychedelische Droge

Heute ist Mutterkorn so selten, dass der Pilz gezüchtet wird. In früheren Zeiten war das Getreide jedoch oft so stark mit dem giftigen Pilz verseucht, dass es zu schweren Epidemien kam. Die erste gesicherte Nachricht einer Mutterkornvergiftung stammt aus dem frühen Mittelalter (Kloster Xanten, 857). Im Jahr 922 sollen in Spanien und Frankreich Tausende von Menschen bei einer Mutterkornepidemie umgekommen sein. Die Mutterkornvergiftung kam in zwei verschiedenen Varianten vor. Beide Formen begannen mit einem Kribbeln auf der Haut, weshalb die Krankheit auch Kribbelkrankheit genannt wurde. Beim ersten Krankheitsverlauf folgten dann Taubheitsgefühle, Darmstörungen, Krämpfe und meist geistige Behinderung, ohne dass die Betroffenen starben. Bei der zweiten Variante erfolgte das Absterben von Extremitäten, woran die Erkrankten in der Regel starben. Die medizinische Verwendung von Mutterkorn (als Wehen anregendes Mittel) wird erstmals im 16. Jahrhundert erwähnt. Die wissenschaftliche Medizin befasste sich erst im 19. Jahrhundert mit dem giftigen Pilz. 1943 entdeckte Dr. Albert Hofman die halluzinogene Wirkung von Mutterkorn – die Droge LSD war geboren.

ten verwendet. Diese werden u. a. bei neurovegetativen Störungen, depressiven Verstimmungen und bestimmten Schmerzzuständen (z. B. Migräne) eingesetzt.

! Auf keinen Fall darf Mutterkorn zur Selbstbehandlung angewendet werden!

Myalgie → Muskelschmerzen

Myrrhe (Commiphora molmol): Strauch aus der Familie der Balsambaumgewächse (Burseraceae). Der Myrrhenstrauch ist in den tropischen Gebieten Afrikas und Indiens beheimatet. Das kleine stachelige Bäumchen wird ungefähr drei Meter hoch; es ist mit kleinen, oft gedrehten Blättern und rispenartigen Blüten bestückt. Für die Herstellung von Arzneidrogen wird das an der Luft getrocknete Gummiharz aus der Rinde des Myrrhenstrauchs verwendet.

Inhaltsstoffe: ätherische Öle, Harze, Schleimstoffe, Pektine.

Anwendungen: Traditionell wurde Myrrhe bei Störungen des Magen-Darm-Trakts eingesetzt. Das Gummiharz der Pflanze wird heute in Form von Myrrhentinktur zur lokalen äußerlichen Behandlung bei Entzündungen der Mund- und Rachenschleimhaut angewendet. Außerdem ist es in verschiedenen Mundwässern und Zahnpasten enthalten.

Myrte (Myrtus communis): Heilpflanze aus der Familie der Myrtengewächse (Myrtaceae). Ursprünglich stammt die Pflanze aus dem Norden Afrikas, sie ist jedoch inzwischen auch im Mittelmeergebiet und in unseren Breiten heimisch geworden. Die immergrünen Sträucher haben ledrige Blätter, weiße Blüten und meist schwarze Beeren. Die Myrte wird im Volksmund auch Brautmyrte genannt, weil ihre Zweige als Brautschmuck benutzt werden. Bei den alten Griechen war die Myrte ein Symbol für Liebe und Schönheit. Die Heilpflanze wirkt schleimlösend, leicht antibakteriell und auch entzündungshemmend. Für die Herstellung von Arzneidrogen findet das ganze Kraut der Myrte Verwendung.

Dient nicht nur als Brautschmuck – die Myrte hilft auch bei Erkältungskrankheiten.

Inhaltsstoffe: ätherische Öle, Gerbstoffe, Flavonoide.

Anwendungen: Zubereitungen aus Myrte werden traditionell bei Erkältungskrankheiten, Atemwegserkrankungen und Harnwegsinfektionen angewendet.

Myrtenöl: ätherisches Öl, das durch Wasserdampfdestillation aus den blühenden Zweigspitzen der Myrte gewonnen wird. Myrtenöl besitzt einen frischen, kräuterartigen Duft. Das Aromaöl (→ Aromatherapie) wirkt auf körperlicher Ebene schleimlösend, krampflösend, und antiseptisch. Auf psychischer Ebene besitzt das Öl eine entspannende und leicht aphrodisierende Wirkung. Myrtenöl wird bei Erkältungskrankheiten, Erkrankungen der Atemwege, Entzündungen der Harnwege, Akne und Hautbeschwerden angewendet. Außerdem hilft das Aromaöl gegen depressive Verstimmungen und eignet sich ausgezeichnet zur Aromatisierung der Wohn- und Schlafräume. Myrtenöl verträgt sich in Mischungen gut mit den ätherischen Ölen von Lavendel, Bitterorange und Zypresse.

Nachtkerze (Oenothera biennis): Heilpflanze aus der Familie der Nachtkerzengewächse (Onagraceae). Die Nachtkerze ist eine zweijährige Pflanze, die etwa einen Meter hoch werden kann. Sie wächst bevorzugt an Wegrändern, Böschungen oder Bahndämmen. Der aufrechte Stängel der Nachtkerze ist im oberen Bereich etwas kantig. Die Grundblätter sind länglich, buchtig gezähnt oder fast ganzrandig, die zahlreichen Stängelblätter sind dagegen wesentlich kleiner. Die schwefelgelben Blüten entwickeln sich zu einer drei Zentimeter langen, vierkantigen Frucht, die etwa 200 Samen enthält. Aus den Samen der Pflanze wird als Arzneidroge ein fettes Öl (Nachtkerzenöl) gewonnen.

Inhaltsstoffe: fettes Öl mit einem hohen Anteil an ungesättigten Fettsäuren (etwa 10 Prozent Gamma-Linolensäure), Gerbstoffe, Mineralstoffe.

Anwendungen: Nachtkerzenöl ist ein bekanntes und begehrtes Diätetikum. Die Heilpflanze wird zudem in standardisierten Präparaten bei Menstruationsbeschwerden, prämenstruellem Syndrom sowie zur Unterstützung der ärztlichen Therapie bei Neurodermitis angewendet.

Aus der Nachtkerze wird ein bekanntes Öl gegen Frauenbeschwerden gewonnen.

Nackenschmerzen: Beschwerden im Nackenbereich können sehr unterschiedliche Ursachen haben. In den meisten Fällen handelt es sich dabei um Muskelverspannungen, die durch zu langes oder falsches Sitzen bedingt sind. Die Gründe können jedoch auch im psychischen Bereich liegen. Wenn einem – symbolisch gesprochen – die »Angst im Nacken« sitzt oder jemand oft vor dem Chef »buckelt«, dann kann dieses Verhalten durchaus zu psychosomatischen Schmerzen im Nacken führen. Ein »steifer Nacken« kann jedoch genauso gut eine Begleiterscheinung einer Erkältungskrankheit sein. Seltener sind die Gründe eine Zerrung der Halsmuskulatur, ein Wirbelbruch oder eine Gehirnhautentzündung (Meningitis).

! Wenn starke Nackenschmerzen unklarer Herkunft länger als drei Tage anhalten, sollte unbedingt ein Arzt aufgesucht werden, um mit Sicherheit ausschließen zu können, dass es sich nicht um das Symptom einer ernsthaften Krankheit handelt (z. B. Meningitis).

Um Nackenschmerzen wirksam vorzubeugen, lohnt sich eine regelmäßige Wirbelsäulengymnastik (Rückenschule; aber auch normale gymnastische Übungen) • Bei akuten Nackenschmerzen helfen heiße Auflagen mit Rosmarin oder Arnika • Eine Selbst- oder Partnermassage des Nackens und der Rückenmuskulatur hilft, die angespannte Muskulatur zu entspannen; die Schmerzen können dadurch in der Regel gebessert werden • Auch das Erlernen einer speziellen Entspannungstechnik für die Rückenmuskulatur (z. B. progressive Muskelrelaxation) ist insbesondere bei chronischen Schmerzen hilfreich

Rosmarintee für heiße Auflage: 5 EL getrocknete Rosmarinblätter mit 1/2 l Wasser zu einem starken Sud kochen. Den Sud filtern und ein Leinentuch damit tränken. Das Tuch auswringen und auf den Nacken legen. Darüber kommt ein Wolltuch, damit sich die Wärme länger hält. Den Wickel so lange auf dem Nacken lassen, bis er abgekühlt ist.

Nagelprobleme: Nägel sind totes Gewebe, trotzdem können sie ein Spiegelbild der Gesundheit und des Allgemeinbefindens sein. Spröde, verfärbte oder gar verformte Finger- und Fußnägel können dabei durchaus ein Hinweis auf eine ernsthafte Erkrankung sein. Die häufig vorkommende Nagelbettentzündung (Paronychie) entwickelt sich meist nach Verletzungen im Rahmen einer unsachgemäßen Nagelpflege und der anschließenden Infektion der Nagelhaut durch Bakterien oder Pilze. Bakterien verursachen dabei eine akute Infektion; Pilzinfektionen haben dagegen in der Regel einen eher langsamen Verlauf.

! Bei Nagelbettentzündungen sollten sich Diabetiker und auch ältere Personen unbedingt in ärztliche Behandlung begeben, um gefährliche Komplikationen zu vermeiden.

Zur Vorbeugung gegen Nagelbeschwerden ist die richtige Pflege der Finger- und Zehennägel unerlässlich • Bei beginnender Nagelbettentzündung helfen meist desinfizierende Hand- bzw. Fußbäder mit Teebaumöl oder Niembaumöl (5 Tropfen Niembaumöl oder 5 Tropfen Teebaumöl in 2 EL Mandelöl in 35 bis 38 °C warmes Wasser geben, 10 Minuten lang Hände oder Füße darin baden) • Zusätzlich sollte man die Wunde mit Teebaumöl betupfen und verbinden

Nährstoffe: organische und anorganische Nahrungsbestandteile. Sie werden im Rahmen des Verdauungsprozesses zum Aufbau und Abbau von Körpersubstanz gebraucht und sind zur Energiegewinnung des Organismus unerlässlich. Energielieferanten sind Eiweiße, Fette, Kohlenhydrate sowie Alkohol; wichtig sind auch die essenziellen (lebensnotwendigen) Nähr- und Vitalstoffe: Vitamine, essenzielle Aminosäuren und Fettsäuren, Mineralstoffe, Spurenelemente und Wasser. Sie müssen in bestimmten Mindestmengen über die Nahrung aufgenommen werden, damit der Stoffwechsel des Körpers funktionieren kann und keine Mangelerscheinungen entstehen. Die Nährstoffe bestimmen auch den Nährwert der Nahrungsmittel (→ Ernährung, → Kalorie).

Nasenbluten: Nasenbluten entsteht, wenn die feinen Blutgefäße, die sich vor allem im vorderen Abschnitt der Nase befinden, verletzt werden. In den meisten Fällen wird Nasenbluten durch äußere Einwirkungen wie Stürze, Schläge oder Stöße verursacht. Weitere Ursachen sind Bluthochdruck, Infekte, trockene Luft, hormonelle Schwankungen, Blutgerinnungsstörungen oder Kreislaufschwäche.

! Wenn man das Nasenbluten nicht selbst zum Stillstand bringen kann oder die Nase häufiger ohne Schnupfen oder eine erkennbare

Nagelpflege – so machen Sie's richtig

- Die Nägel sollten generell regelmäßig geschnitten werden. Kurze Nägel reißen nicht so schnell ein und brechen nicht so oft ab.
- Das Nagelhäutchen sollte nicht abgeschnitten, sondern nur sanft zurückgeschoben werden; z. B. nach dem Händewaschen vorsichtig mit dem Daumennagel der anderen Hand.
- Die Zehennägel sollten gerade (nicht oval wie Fingernägel) geschnitten werden; dadurch können Sie die Haut an den Nagelecken nicht so leicht verletzen.
- Bei den dickeren Zehennägeln kann durch vorhergehendes Einweichen (z. B. mit einem Fußbad) das Nägelschneiden wesentlich erleichtert werden.
- Nagellackentferner sollten nicht zu oft benutzt werden, weil sonst die Nägel weich und brüchig werden.
- Trockene, brüchige Nägel sollten öfter in Pflanzenölen (z. B. Sonnenblumenöl oder Olivenöl) gebadet werden, um sie geschmeidiger zu machen.

äußere Verletzung blutet, sollte man sich fachärztlich untersuchen lassen.

Wer leicht Nasenbluten bekommt, sollte zur Vorbeugung darauf achten, dass die Nasenschleimhäute nicht zu stark austrocknen; beheizte Räume sollten deshalb immer gut befeuchtet werden • Bei starkem Nasenbluten beugt man den Kopf nach vorn und drückt den vorderen Teil der Nase mit Daumen und Zeigefinger 5 bis 10 Minuten lang fest zusammen (dabei durch den Mund atmen); zusätzlich wird ein kalter Waschlappen oder ein Eisbeutel auf den Nacken gelegt • Wenn die Nase zu bluten aufgehört hat, sollte sie nach Möglichkeit längere Zeit (mindestens 12 Stunden) nicht geputzt werden, um die Blutgefäße nicht erneut zu verletzen

Nasenreflexzonentherapie: Verfahren der lokalen Reizung von bestimmten Reaktionsstellen der Nasenschleimhaut mit dem Ziel der Beeinflussung von anderen Körperregionen (→ Reiztherapie). Die Nase wird heute meist mittels ätherischer Öle (aufgetragen mit Wattestäbchen) gereizt; die Reizung kann auch mit einer Vibrationsmassage oder über Reizpunkte erfolgen.

Natrium: Mineralstoff im Organismus (täglich benötigte Menge: 550 Milligramm, das entspricht 1,5 Gramm Kochsalz). Natrium ist ein chemisches Element, das in der Verbindung mit → Chlor bzw. Chlorid als Kochsalz bekannt ist. Diese beiden Mineralstoffe sind für den Wasser- und Elektrolythaushalt im Körper zuständig. Natrium ist dabei der Gegenspieler von → Kalium. Während Natrium für die nötige Gewebespannung außerhalb der Zellen sorgt, reguliert Kalium den osmotischen Druck im Zellinneren. Außerdem ist Natrium an der Regulation des Säure-Basen-Haushalts beteiligt. Da in den Industriestaaten in der Regel das Vielfache des täglichen Natriumbedarfs (bis zu fünf Gramm Kochsalz sind bei normalem Blutdruck tolerierbar) aufgenommen wird, sollte man darauf achten, die Natriumaufnahme zu reduzieren. Nur bei starkem Wasserverlust (z. B. Leistungssport oder Durchfall) kann es zu einer zeitweiligen Unterversorgung mit Natrium kommen.

Naturheilkunde: im engeren Sinn Heilkunde, die bei der Vorbeugung und Behandlung von Krankheiten Methoden und Mittel anwendet, die aus der natürlichen Umwelt entnommen werden (z. B. → Phytotherapie) bzw. die körpereigenen Abwehrkräfte stimulieren (→ Bewegungstherapie; traditionell gehören hierzu die Wasseranwendungen, denn die moderne Naturheilkunde begann im frühen 19. Jahrhundert mit den »Wasserdoktoren« Prießnitz und Kneipp). Die verschiedenen Therapieformen und heilkundlichen Ansätze der Naturheilkunde verbindet das Konzept der Selbstregulierungs- und Selbstheilungsfähigkeit des Organismus, etwa durch eine unspezifische Reizbehandlung (→ Reiztherapie), durch Massagen, Immunstimulanzien u. Ä. Im weiteren Sinn umfasst die Bezeichnung »Naturheilkunde« auch einige Methoden und Therapieformen, die nicht zur so genannten Schulmedizin, sondern zur → Komplementärmedizin zählen (z. B. → Akupunktur, → Neuraltherapie oder → Organotherapie). Auch manche ganzheitlich orientierten Ansätze (beispielsweise die → Homöopathie) werden oft als naturheilkundlich bezeichnet, obwohl sie eher zur → Alternativmedizin zählen.

Naturkost: zusammenfassende Bezeichnung für naturbelassene Nahrungsmittel, die aus biologischen oder biologisch-dynamischen Landwirtschaftsbetrieben stammen (Warenetikett: »kontrolliert biologischer Landbau«), wo keine künstlichen Düngemittel oder Konservierungsstoffe verwendet werden.

Nebenhöhlenentzündung (Sinusitis): Die Nasennebenhöhlen sind Hohlräume in den Gesichtsknochen neben, hinter und über der Nase. Auch die Stirnhöhlen gehören dazu. Eine Nebenhöhlenentzündung tritt in der Regel einige Tage nach Beginn eines Schnupfens auf. Dabei können sich leichte Kopfschmerzen sowie ein Druckgefühl in den Backenknochen oder über den Augen einstellen. Die Nase »läuft« jedoch meist nicht mehr. Die Beschwerden machen sich nach dem Aufstehen und beim Bücken besonders stark bemerkbar. Ursache der Entzündung sind Viren oder Bakterien, die bei einem Schnupfen in die Nasennebenhöhlen gelangen. Die Schleimhaut der Verbindungsgänge schwillt an, so dass das in den Nebenhöhlen entstehende Sekret nicht mehr abfließen kann.

! Wenn die Entzündung nach einigen Tagen nicht von selbst wieder abklingt, ist der Gang zum Arzt erforderlich, um eine mögliche Verschlimmerung zu verhindern.

Bei einem Schnupfen sollte man immer viel trinken, die Raumluft befeuchten und mehrmals täglich inhalieren (Kamille, Kochsalzlösung); die Inhalation hilft einerseits gegen den Schnupfen und dient andererseits auch zur Vorbeugung gegen Nebenhöhlenentzündungen • Auch häufiges und richtiges Naseputzen ist sinnvoll: dabei nur eine Nasenhälfte zudrücken und die Luft durch das andere Nasenloch kräftig herausschnäuzen; wenn beide Nasenflügel gleichzeitig zusammengedrückt werden, kann der Naseninhalt nach oben gelangen, was eine Stirnhöhlenentzündung zur Folge haben kann • Zwischen den heißen Inhalationen kann man immer wieder Teebaumöl einatmen, von dem man sich ein paar Tropfen auf ein Taschentuch geträufelt hat

Kamillendampfbad: 5 EL Kamillenblüten mit 1 l kochendem Wasser übergießen und 10 Minuten lang ziehen lassen. Den Sud nicht abseihen. Etwa 10 Minuten den heißen Dampf mit Hilfe eines Handtuchs über Kopf und Schultern oder eines Inhalationsgeräts langsam und entspannt einatmen. Danach auf keinen Fall in die Kälte gehen.

Nebenwirkung: nicht erwünschte Wirkung einer Arznei oder eines sonstigen Heil- bzw. Therapiemittels zusätzlich zur erwünschten Hauptwirkung. Nebenwirkungen können – wenn sie entsprechend schädlich sind – die Änderung oder sogar die Absetzung der Therapie mit dem entsprechenden Arznei- oder Therapiemittel notwendig machen.

Die Blütenknospen des Gewürznelkenbaums liefern Nelkenöl.

Nelkenöl: ätherisches Öl aus den Blütenknospen des Gewürznelkenbaums (Syzygium aromaticum), eines Baums aus der Familie der Myrtengewächse (Myrtaceae). Das Aromaöl (→ Aromatherapie) besitzt eine stark antiseptische und desinfizierende Wirkung. Nelkenöl eignet sich gut zur Behandlung von Zahnschmerzen und Zahnfleischentzündungen. Es ist auch in provisorischen Füllungen und in Mundwässern enthalten. Das ätherische Öl verträgt sich gut mit den Aromaölen von Cajeput, Iris und Koriander.

Nelkenwurz (Geum urbanum): Heilpflanze aus der Familie der Rosengewächse (Rosaceae). Die Nelkenwurz erreicht je nach Standort eine ganz unterschiedliche Höhe (zwischen 30 und 100 Zentimetern). Die Pflanze wächst bevorzugt im Halbschatten auf lockeren Böden. Aus dem Wurzelstock entwickeln sich zunächst kurzstielige Rosettenblätter, aus denen dann flaumig behaarte Stängel wachsen. Diese sind mit ebenfalls behaarten und grob gesägten Blättern besetzt. Die hellgelben Blüten stehen aufrecht auf langen Stielen. Für die Herstellung von Arzneidrogen werden hauptsächlich die Wurzeln der Pflanze verwendet, seltener das ganze Kraut. Die Heilpflanze wird auch in der Homöopathie eingesetzt.

Inhaltsstoffe: ätherisches Öl (Eugenol), Glykoside, Gerbstoffe, Bitterstoffe.

Anwendungen: Die Nelkenwurz gilt als gutes Kräftigungsmittel. Außerdem hilft sie bei Entzündungen des Mund- und Rachenraums, bei offenen Beinen, Frostbeulen und Hämorrhoidalleiden. Innerlich angewendet wird der Tee vor allem bei Durchfall.

Neroliöl: ätherisches Öl der Pomeranze oder Bitterorange (Citrus bigardia) aus der Familie der Rautengewächse (Rutaceae). Neroliöl riecht würzig süß. Es ist nicht billig, denn aus 1000 Kilogramm Blüten wird nur ein Kilogramm Öl gewonnen. Das Aromaöl (→ Aromatherapie) wirkt antidepressiv, beruhigend und regenerierend. Es wird daher vor allem bei Angstzuständen, Nervosität, depressiven Verstimmungen und Herzklopfen eingesetzt. Zusätzlich ist das Aromaöl ein gutes Hautpflegemittel für empfindliche, gereizte Haut. Neroliöl lässt sich für die Duftlampe mit den Ölen von Jasmin, Rose und Zeder mischen.

Nervenschmerzen → Neuralgien

Nervosität: Nervosität äußert sich in vielfältigen Symptomen. Besonders auffällig sind dabei leichte Reizbarkeit und ständige Übererregbarkeit. Außerdem kann es zu den folgenden, nervös bedingten Beschwerden kommen: fleckiger Gesichtsrötung, Schweißausbrüchen, Herzbeklemmung, Herzjagen, Beschwerden im Magen-Darm-Bereich (Dyspepsie), Kopfschmerzen, Ohrensausen, Schlafstörungen, zittrigen Händen und zuckenden Augenlidern. Die Ursache ist in der Regel körperliche und/oder psychische Überlastung. Wenn die Erholungsphasen für Körper und Geist zu kurz sind, bleiben Nerven und Muskeln in ständiger Anspannung und Betriebsamkeit. Erste Anzeichen dieser Überforderung des vegetativen Nervensystems sind dann die oben beschriebenen Symptome.

! Falls nervöse Symptome längere Zeit auftreten, sollte man sich medizinisch untersuchen lassen. Ab dem 35. Lebensjahr übernimmt die gesetzliche Krankenkasse die Kosten für einen so genannten Gesundheits-Check-up. Bei dieser Untersuchung werden auch die wichtigsten Blutwerte überprüft, um ernsthafte Erkrankungen frühzeitig erkennen und behandeln zu können.

Besonders bewährt haben sich bei Nervosität verschiedene Entspannungstechniken (z. B. autogenes Training, Meditation

Bei Nervosität richtig atmen

Die Atmung beeinflusst das vegetative Nervensystem. Richtiges Atmen entspannt und beruhigt deshalb bei körperlicher Übererregbarkeit und verbessert die Konzentrationsfähigkeit. Beim Atmen sollten die folgenden Regeln beachtet werden.

- Die Lunge sollte immer vollständig ausgeatmet werden.
- Drücken Sie dazu das Zwerchfell langsam hinunter, und lassen Sie die Luft in die Lunge einströmen. In dem Augenblick, in dem sich der Bauch nach außen wölbt und die Lunge sich mit Luft gefüllt hat, sollten Rippen und Brustkorb gedehnt werden – aber nicht mit aller Gewalt, sondern mit viel Gefühl.
- Jetzt heben Sie die Schlüsselbeinregion an und atmen die Luft langsam und ruhig aus. Dann beginnt der Vorgang wieder von vorn.

oder Atemübungen) • Ebenso ist eine Aromatherapie empfehlenswert (z. B. mit Angelikaöl, Basilikumöl, Muskatellersalbeiöl oder Sandelholzöl), zumindest als unterstützende Behandlung • Bei langfristigen oder hartnäckigen nervösen Symptomen kann eine Psychotherapie sinnvoll sein (mit einem Arzt des Vertrauens abklären) • Auch Anwendungen mit Heilkräutern (z. B. Baldrian, Ginseng, Hopfen und Johanniskraut) können bei nervösen Beschwerden hilfreich sein

Baldriantee: 2 TL getrocknete und zerkleinerte Baldrianwurzel mit 1/4 l kochendem Wasser übergießen und 10 Minuten lang zugedeckt ziehen lassen. Täglich 2 bis 3 Tassen Tee trinken.

Nesselsucht (Urtikaria): Hautausschlag, wie er z. B. auch durch die Berührung mit einer Brennnessel hervorgerufen wird, deswegen der Name Nesselsucht. Kennzeichnend sind rote oder weiße, flüchtige, juckende, zusammenstehende Flecken (Quaddeln) auf der Haut. Bei schweren Formen können ganze Körperteile (Gesicht, Hände, Füße oder Hals) anschwellen. Die Beschwerden können zwei bis drei Wochen anhalten. Oft verschwinden die Quaddeln aber schon nach ein paar Stunden wieder. Auslöser einer Nesselsucht können außer Pflanzen und Medikamenten (die Quaddeln beginnen dann meist am Rumpf und breiten sich in Richtung Füße aus) bestimmte Nahrungsmittel sein: häufig Fisch, Muscheln, Schaltiere, Eier, Kuhmilch, Getreide, Nüsse und Beeren. Auslöser sind aber auch: Lebensmittelzusatzstoffe (z. B. Menthol oder Tartrazin), Insektenstiche, Tierhaare, Virusinfektionen und seelischer Stress. Fast eine Million Menschen sind in Deutschland pro Jahr von einer Nesselsucht betroffen. Bei vielen ist dieses Leiden chronisch.

! Wichtig ist es herauszufinden, in welchem Zusammenhang die Nesselsucht auftritt. Dazu bedarf es oft großer Geduld. Aber letztlich können die Beschwerden nur verhindert werden, wenn die Auslöserfaktoren bekannt sind und bewusst gemieden werden.

Schaltiere wie dieser Hummer können Nesselsucht auslösen.

Als vorbeugende Maßnahme sollte die Ernährung auf eine vollwertige Kost umgestellt werden • Gegen den akuten Juckreiz helfen feuchte, kühle Umschläge • Ätherische Öle (z. B. Lavendelöl, Kamillenöl oder Teebaumöl) bringen bei akuten Beschwerden (Juckreiz) Linderung • Spitzwegerichtee, kurmäßig über einen längeren Zeitraum getrunken, ist ebenfalls hilfreich (Kombinationen mit Kombucha, Bärlauch und Löwenzahn sind gute Alternativen)

Blutreinigungskur bei Nesselsucht: 60 g Brennnesselblätter und 40 g Schafgarbenkraut mischen (reicht für etwa 3 Wochen). 1 EL der Mischung mit 1/2 l Wasser 5 Minuten lang aufkochen lassen und abseihen. Mindestens 6-mal täglich 1/2 Tasse Tee trinken – etwa 2 bis 3 Wochen lang.

Neuralgien: Darunter versteht man Nervenschmerzen, die in der Regel plötzlich auftreten, meist stechend sind und oft nur wenige Sekunden lang anhalten. Dafür können sie jedoch bis zu 100-mal am Tag auftreten. Manchmal ruft auch eine Berührung an einer bestimmten Körperstelle oder eine bestimmte Bewegung die Schmerzattacken hervor. Mediziner bezeichnen die verschiedenen Neuralgien nach den Nerven, in deren Versorgungsgebiet die Schmerzen auftreten (z. B. Trigeminusneuralgie für Schmerzen im Bereich des Ober- und Unterkiefers). Die organischen Ursachen der Schmerzen lassen sich hierbei meist nicht ermitteln. Es können vielfältige Einflüsse sein, die darauf hinwirken, dass Nerven ohne ersichtlichen Grund Schmerzen verursachen: z. B. Entzündungen, Gewebewucherungen oder Narben. Bei Personen, bei denen die Schmerzen anhaltend und unerträglich stark sind, wird oft in Erwägung gezogen, den schmerzauslösenden Nerv zu durchtrennen. Vor dieser Entscheidung sollte man auch psychosomatische und psychologische Aspekte und Behandlungsformen ausschöpfen.

Eine Behandlung mit Akupunktur, Akupressur oder Shiatsu kann bei Schmerzzuständen weiterhelfen • Neuraltherapie (oder auch Elektrotherapie) wird in vielen Fällen erfolgreich angewendet • Bei dauerhaften psychosomatisch bedingten Schmerzen kann auch eine Psychotherapie empfehlenswert sein • Bisweilen helfen Einreibungen mit Fichte oder Latschenkiefer

Ölbäder können bei Neurodermitis den quälenden Juckreiz lindern.

Neuraltherapie: von dem Arzt Ferdinand Huneke 1925 entdecktes und mit seinem Bruder weiterentwickeltes therapeutisches Verfahren, bei dem Lokalanästhetika (meist Prokain und Lidokain) knapp unter die Haut injiziert werden (so genanntes Quaddeln). Die Neuraltherapie beruht auf der Annahme, dass Störfelder bzw. Herde (z. B. Narben, entzündete Zahnwurzeln, Zahnfüllungen mit Amalgam, verheilte Knochenbrüche) auf andere Organe, die durchaus weit entfernt vom eigentlichen Störfeld liegen können, störend einwirken. Die gespritzten Mittel unterbrechen eine solche Störverbindung. Das Störfeld gilt als entdeckt, wenn sofort Schmerzfreiheit entsteht und auch über Stunden hinweg, also über die Wirkungszeit des Lokalanästhetikums hinaus, anhält (so genanntes Huneke-Phänomen). Neuraltherapie wird u. a. bei allen Arten von Nervenschmerzen, Kopfschmerzen und unklaren Muskel- und Gelenkbeschwerden (Myalgien) eingesetzt.

Neurodermitis (atopisches oder endogenes Ekzem): Hauterkrankung, die in sehr vielen unterschiedlichen Formen auftreten kann. Unter Atopie versteht man die vererbte Neigung, auf bestimmte Stoffe oder Umweltreize überempfindlich zu reagieren. Als Folge dieser Veranlagung kann es zum Ausbruch von Neurodermitis, aber auch von allergischem Asthma oder Heuschnupfen kommen. Typische Beschwerden bei Neurodermitis sind chronische, stark juckende, oberflächliche Hautentzündungen, die meist symmetrisch an Gesicht, Nacken, Ellbogen und Kniekehlen auftreten. Bei Neurodermitis geht die Überempfindlichkeitsreaktion mit einer erhöhten Produktion von bestimmten Antikörpern (Immunglobulinen) einher. Etwa zehn Prozent der deutschen Bevölkerung besitzen diese Veranlagung; etwa drei Prozent, vor allem Säuglinge und Kinder, leiden daran. Für Ausbruch und Verlauf der Erkrankung spielen zahlreiche Umwelteinflüsse wie Klima, Lebensweise, Ernährung und auch psychische Belastungen eine Rolle. Die genaue Ursache ist bis heute nicht vollständig geklärt. Bei vielen Kindern kommt es im Verlauf der Pubertät zu einer Besserung, teilweise sogar zu einem vollständigen Verschwinden der Krankheitssymptome.

Als unterstützende Maßnahme sollte die Ernährung auf eine vollwertige Kost umgestellt werden, denn oft spielen bei Neurodermitis Lebensmittelallergien oder Belastungen durch Schwermetalle eine Rolle • Gegen den akuten Juckreiz hilft in vielen Fällen eine Harnstoffsalbe mit einer nur geringen Kortisonbeimischung (1 Prozent) • Bäder mit ätherischen Ölen (z. B. Jasminöl, Lavendelöl, Melissenöl oder Teebaumöl) können den Juckreiz lindern • Bekannt ist das Kleopatrabad (1/2 l Olivenöl in ein 35 bis 38 °C warmes Vollbad geben) • Eine Anwendung von Nachtkerzenöl-Präparaten ist bei Neurodermitis in jedem Fall einen Versuch wert

! Jugendliche mit Neurodermitis sollten bei ihrer Berufswahl auf die sie belastenden Faktoren Rücksicht nehmen.

Neurolinguistisches Programmieren → Programmieren, neurolinguistisches

New Age (engl. new = neu, age = Zeitalter): spirituell und religiös geprägte Strömung der sechziger und siebziger Jahre. New-Age-Anhänger reagierten auf den Materialismus der Nachkriegsgeneration mit einer Hinwendung zu Meditation, östlichen Religionen, größerer Naturverbundenheit und einer ganzheitlichen Betrachtungsweise der Welt. New Age plädierte für Spiritualität, für mehr Umweltbewusstsein, für Gleichberechtigung und für innere Werte. Die Bewegung förderte das Bewusstsein für den Umweltschutz, die Toleranz gegenüber anderen Religionen und letztlich auch die Entwicklung und Anerkennung ganzheitlicher, naturheilkundlicher bzw. alternativer Heillehren und Behandlungsweisen, da sich New-Age-Anhänger für eine größere Auswahl von alternativen Therapien einsetzten.

Niaouliöl: ätherisches Öl der belaubten Zweige des Niaoulibaums (Melaleuca viridiflora gaertner), das aufgrund seines Cineolgehalts nach Eukalyptus riecht. Das Aromaöl (→ Aromatherapie) wirkt antibakteriell, antiviral und antimykotisch (gegen Pilze). Es dient der Gewebestraffung, lindert Hämorrhoidalleiden und Venenprobleme. Psychisch wirkt es klärend und belebend.

Niazin (auch Vitamin B 3): gehört zur Gruppe der wasserlöslichen Vitamine. Niazin (täglich benötigte Menge: etwa 15 bis 20 Milligramm) kommt in Form von Nikotinsäure und Nikotinsäureamid vor. Niazin ist gemeinsam mit → Riboflavin Bestandteil vieler Enzyme, die im Stoffwechsel die Energiegewinnung und die Bereitstellung von Energie steuern. Es sichert die Funktionsfähigkeit von Nervensystem,

Neurodermitis – das sollten Sie bei der Hautpflege beachten

Bei Neurodermitis ist eine sorgfältige Hautpflege äußerst wichtig. Durch die Beachtung einiger Regeln kann der Krankheitsverlauf meist positiv beeinflusst werden.

- Verwenden Sie auf keinen Fall parfümierte Seifen, sondern sanfte, pH-neutrale Seifen, Bäder und Lotionen.
- Vermeiden Sie häufiges Baden oder Duschen (höchstens einmal täglich), weil dadurch die Haut zu stark austrocknet.
- Beim Baden sollten Sie möglichst ein fettendes Ölbad (z. B. mit Aromaölen) verwenden.
- Nach dem Duschen oder Baden muss die Haut mit Creme oder Lotion eingefettet werden.
- Kleidungsstücke aus Wolle sollten nicht direkt auf der Haut getragen werden. Generell besser ist Kleidung aus Baumwolle oder Leinen.

Aus den Samen des Niembaums wird ein antibakteriell wirkendes Öl gewonnen.

Haut und Magen-Darm-Trakt. Außerdem wirkt Niazin gefäßerweiternd, was die Verklumpung der roten Blutkörperchen verhindert und einer Arteriosklerose vorbeugt. Das Vitamin ist insbesondere in Vollkornprodukten, Naturreis, Nüssen, Pilzen, Seefisch, Fleisch, Geflügel und Innereien (z. B. Leber) enthalten (→ Vitamine).

Nickel: Spurenelement im Organismus (täglich benötigte Menge: 0,2 bis 0,5 Milligramm). Trotz einer Gesamtmenge von nur zehn Milligramm im menschlichen Körper ist Nickel in allen Organen präsent. Dort beeinflusst es den Kohlenhydrat- und Eiweißstoffwechsel, die Blutbildung und Regenerationsprozesse. Das Spurenelement ist vor allem in Vollkornprodukten, Hülsenfrüchten, Nüssen, Kakao, Tee und Sojabohnen enthalten. Ein Mangel ist bei unserer Ernährung kaum zu erwarten, eher ein Überangebot, was bei entsprechender Veranlagung zur Nickelallergie führen kann. Beim Zusammenwirken von Kohlendioxid und Nickel kann eine spezielle Verbindung (Nickelkarbonyl) entstehen, die als Krebs erregend gilt. Durch den Nickelgehalt im Tabak kann diese Verbindung bei Rauchern und Beschäftigten in der Nickelindustrie langfristig zu Lungenkrebs führen (→ Spurenelemente).

Niederfrequenztherapie → Elektrotherapie

Niembaumöl: fettes Öl, das durch Wasserextraktion, Kaltpressung oder Alkoholextraktion aus den Samen des in Indien und Afrika heimischen Niembaums (Azadirachta indica) gewonnen wird.

Inhaltsstoffe: fettes Öl, Gerbstoffe, Flavonoide, Alkohole, ätherische Öle.

Anwendungen: Niembaumöl besitzt vor allem eine stark antiseptische und antibakterielle Wirkung. Es wird in verschiedenen Zubereitungen und Präparaten bei Infektionskrankheiten, Kopfschmerzen, Muskelschmerzen und bei Hämorrhoidalleiden eingesetzt.

! Niembaumöl darf auf keinen Fall innerlich angewendet werden.

Nierenerkrankungen: Zu den häufigsten Nierenerkrankungen zählen akute und chronische Nierenbeckenentzündung (Pyelonephritis) sowie Nierensteine; schwer wiegende Erkrankungen wie Entzündungen der Filterzellen der Nieren, Nierenschwäche und Nierenversagen kommen hinzu. Bei der akuten Nierenbeckenentzündung treten Schüttelfrost, Fieber, starke Schmerzen oberhalb der Hüfte, Übelkeit und Erbrechen auf. Das Wasserlassen kann erschwert und der Harn blutig sein. Ursachen der Infektion sind meist aufgrund einer Harnwegsinfektion aus den Harnwegen aufgestiegene Bakterien (→ Blasenerkrankungen). Wiederholte Blasenentzündungen können zu einer chronischen Nierenentzündung führen, die sich im schlimmsten Fall zu einer Nierenschwäche weiterentwickeln kann. Bei Nierensteinen dagegen kann es zu äußerst schmerzhaften Nierenkoliken kommen, die unter Umständen sogar notärztlich behandelt werden müssen.

! Lassen Sie das Grundleiden auf jeden Fall vom Arzt abklären. Bei Diabetikern und gebrechlichen Personen kann eine Nierenbeckenentzündung unter Umständen auf das Blut übergreifen und zu einer Blutvergiftung (Urosepsis) führen.

Zur Vorbeugung ist eine ausreichende Flüssigkeitszufuhr sinnvoll (mindestens 2 bis 3 l pro Tag), denn in einer gut durchspülten Blase halten sich weniger Bakterien auf • Unterstützend zur fachärztlichen Behandlung einer Blasen- und Nierenentzündung sollte viel getrunken werden, u. a. auch harntreibende und keimtötende Tees (Bärentraube, Walcholderbeeren, Goldrute, Birkenblätter, Bruchkraut, Hauhechel, Petersilienwurzel, Orthosiphon und Schachtelhalm) • Ansteigende Sitzbäder und Wickel lindern Schmerzen • Bei Nierensteinen ist eine Analyse des Steins empfehlenswert; da die meisten aus Kalziumoxalat bestehen, bedeutet dies für die Vorbeugungsmaßnahmen: Milch und Milchprodukte einschränken, möglichst auf Spinat, Rhabarber und Tomaten verzichten sowie eine salzarme Diät einhalten

Teemischung: 30 g Bärentraubenblätter und 30 g Löwenzahnkraut mischen. 2 EL der Teemischung mit 1/2 l Wasser kalt ansetzen und nach 12 Stunden abseihen. Den Tee auf Trinktemperatur erwärmen und 3-mal täglich 1 Tasse davon trinken (mindestens 1 Woche lang).

Nikotin: Alkaloid, das in der Tabakpflanze (Nicotiana tabacum) vorkommt. Nikotin wirkt in kleiner Konzentration anregend, in großer jedoch eher lähmend (Ganglienblocker). Die tödliche Dosis des Nervengifts liegt bei oraler Aufnahme (durch den Mund) bei etwa einem Milligramm pro Kilogramm Körpergewicht (in drei bis fünf Zigaretten enthalten). Nikotin wird im Organismus jedoch relativ schnell wieder abgebaut (Halbwertszeit: ungefähr zwei Stunden). Es besteht ein Zusammenhang zwischen der Nikotinaufnahme und der Häufigkeit von Frühgeburten sowie Schädigungen des Embryos während der Schwangerschaft. Nikotin geht auch in die Muttermilch über. Es existieren therapeutische Nikotinanwendungen (Pflaster und Kaugummis) zur Raucherentwöhnung.

Normalgewicht: Bezeichnung für das unter gesundheitlichen Gesichtspunkten empfehlenswerte und möglichst anzustrebende Körpergewicht eines Menschen. Das individuelle Normalgewicht einer Person wird heute in der Regel nach dem so genannten → Bodymass-Index berechnet.

Nosode (griech. nosos = Krankheit): Arzneimittel der → Homöopathie, das aus erkrankten Organen bzw. Zellen (z. B. Eiter, Blut, Krankheitserreger, Krebszellen) hergestellt wird. Die verwendeten Grundsubstanzen werden sterilisiert, verdünnt und potenziert und als Trinkampullen oder Injektionen verabreicht. Die Nosoden sollen – ähnlich wie bei einer Schutzimpfung, die ja auch (abgetötete) Krankheitserreger enthält – die körpereigenen Abwehrkräfte stimulieren. Im Gegensatz zur Impfung werden sie nicht zum Schutz vor einer Krankheit, sondern zur Heilung einer bereits bestehenden eingesetzt, etwa bei nicht vollständig ausgeheilten Krankheiten. Nosoden gibt es auch als homöopathische Komplexmittel.

Notfalltropfen → Rescue Remedy, → Bach-Blüten

Novel food (engl. novel = neuartig, food = Nahrung): von der EU-Kommission verwendete Bezeichnung für gentechnisch hergestellte Nahrungsmittelbestandteile (→ Lebensmittelzusatzstoffe), Hilfsstoffe, gentechnisch veränderte Tiere und Pflanzen sowie synthetisierte Zutaten und Erzeugnisse.

Nulldiät: 1. völliger Nahrungsverzicht zur Verringerung des Körpergewichts. Bei dieser strengsten Form aller → Diäten, die in der Regel im Krankenhaus durchgeführt wird, werden ausschließlich Getränke (Mineralwasser oder Tee) konsumiert. Zusätzlich werden Vitamin- und Elektrolytlösungen zugeführt.
2. ausschließliche Ernährung durch Flüssigkeitszufuhr über Infusionen bei schweren Erkrankungen des Magen-Darm-Trakts (z. B. Entzündung der Bauchspeicheldrüse) oder nach Operationen.

Oak (engl.): Eiche, Stockbottle Nr. 22 der → Bach-Blüten. Oak hilft Personen, die meinen, immer stark sein zu müssen, ihre eigenen Grenzen wahrzunehmen und ihre Energien sinnvoller einzusetzen.

Oberkörperwaschung: Waschung der → Kneipptherapie, die den gesamten Oberkörper und die Arme umfasst. Die Oberkörperwaschung ist eine Kaltanwendung, die auch der → Abhärtung dient. Sie wird bei Entzündungen der oberen Atemwege, chronischer Bronchitis, Kreislauf- und Durchblutungsstörungen angewendet.

Die Oberkörperwaschung eignet sich auch zur Selbstbehandlung.

Ödem → Wassereinlagerung

Odermennig (Agrimonia eupatoria): Heilpflanze aus der Familie der Rosengewächse (Rosaceae). Odermennig ist eine ausdauernde Pflanze, die bis zu einem Meter hoch werden kann. Sie wächst bevorzugt an Hecken, Wegrändern, Böschungen und trockenen Wiesen. Der aufrechte Stängel der Pflanze endet in einem ährenartigen Blütenstand, an dem sich in den Sommermonaten gelbe Blüten befinden. Für die Herstellung von Arzneidrogen wird das getrocknete Kraut verwendet.

Odermennig hilft als Gurgelmittel bei Entzündungen des Zahnfleischs.

Inhaltsstoffe: ätherische Öle, Gerbstoffe, Bitterstoffe, Schleimstoffe, Kieselsäure, Flavonoide, Triterpene.

Anwendungen: Odermennig besitzt eine zusammenziehende (adstringierende) Wirkung. Als Tee und in anderer galenischer Zubereitung wird Odermennig bei Magen- und Darmbeschwerden sowie als Gurgelmittel bei Zahnfleisch- und Mundschleimhautentzündungen eingesetzt. Traditionell wird die Heilpflanze auch bei Nieren- und Gallenblasenerkrankungen angewendet.

Ohnmacht: Bezeichnung für eine kurzfristige Bewusstlosigkeit, die in harmloseren Fällen (wenige Sekunden, kürzer als eine Minute) meist durch Angst, Schwäche, Hitze, stickige Luft oder Überanstrengung bedingt ist. In einigen Fällen führen jedoch auch schwere Erkrankungen oder lebensbedrohliche Zustände (z. B. Schock) zur Bewusstlosigkeit. Eine Ohnmacht entsteht, wenn das Gehirn vorübergehend nicht mehr ausreichend mit Sauerstoff versorgt wird (etwa nach langem Stehen). Die betroffene Person wird blass, sinkt plötzlich zusammen und ist nicht ansprechbar. Diese Art von Ohnmacht geht jedoch meist schnell vorüber, weil der Körper sich selbst hilft: Das Zusammensinken bewirkt nämlich eine bessere Durchblutung des Gehirns, und die betreffende Person erwacht in der Regel sehr bald wieder aus der Ohnmacht.

! Eine Ohnmacht, die länger als eine Minute dauert, ist immer ein Notfall und erfordert lebensrettende Sofortmaßnahmen. Informieren Sie möglichst schnell den Rettungsdienst oder einen Notarzt.

Um einer Ohnmacht nach längerem Liegen vorzubeugen, sollten die Beine vor dem Aufstehen erst eine gewisse Zeit lang bewegt werden; dann erst langsam und vorsichtig aufstehen • Bei einer ohnmächtigen Person sollte man die Beine hochlagern, damit das Gehirn besser mit Sauerstoff versorgt wird • Akupressur: Möglicherweise hilft der Druck auf den Punkt zwischen Oberlippe und Nase • Falls die Ohnmacht länger dauert, muss der Betroffene in die stabile Seitenlage gebracht werden (Seitenlage, bei der der aufliegende Arm nach hinten gelagert wird, der nicht aufliegende dient auf der Vorderseite als Stütze des Kopfs; der Bewusstlose liegt wegen der Erstickungsgefahr mit geöffnetem Mund, nachdem sichergestellt wurde, dass er nichts im Mund hat) • Bei einer Ohnmacht, die nach übersteigerter Atmung (Hyperventilation) erfolgt ist, sollte man den Ohnmächtigen in eine Tüte atmen lassen. Dadurch bekommt er mehr kohlendioxidhaltige Luft, was dem Zuviel an Sauerstoff entgegenwirkt

Ohrakupunktur: therapeutisches Verfahren, das von der Annahme ausgeht, dass die verschiedenen Organe des menschlichen Körpers jeweils mit einem bestimmten Bereich der Ohrmuschel korrespondieren. Deswegen können alle Organe auch von dort aus behandelt werden. Dies geschieht durch Stich- und Drucktechniken; es werden dabei außer Nadeln noch Druckkügelchen und Glasstäbe angewendet. Oft werden auch so genannte Dauernadeln eingesetzt; diese sehen wie kleine Reißzwecken aus und werden mit einem Pflaster über mehrere Tage an einer bestimmten Stelle am Ohr fixiert. Die Ohrakupunktur wird vor allem bei Schmerzen und Verspannungen nach Knochenbrüchen und Verletzungen, bei rheumatischen Beschwerden, Nervenschmerzen, Durchblutungsstörungen und Migräne angewendet. Sie soll auch bei depressiven Verstimmungen, psychischen Störungen und Suchtproblemen helfen.

Ohrgeräusche (Tinnitus): Der Tinnitus ist eine Funktionsstörung des Hörsystems. Die Ohrgeräusche hören sich meist wie ein ständiges dumpfes Summen oder Klingeln an. Deshalb wird auch oft von Ohrensausen gesprochen. Bisweilen können jedoch auch ein grollendes Rumpeln oder ein Klicken, Zischen und Knirschen auftreten. Diesen lästigen Geräuschen können die unterschiedlichsten Ursachen zugrunde liegen. Das Klingeln in den Ohren kann beispielsweise ein Warnsignal für eine andere Erkrankung sein. Mögliche Ursachen für Tinnitus: Ohrschmalzpfropf, Mittelohrentzündung, Erkrankungen im Bereich des Hörnervs, Schädigung des Innenohrs durch Lärm oder Explosionen, Durchblutungsstörungen, Bluthochdruck oder zu niedriger Blutdruck. In Deutschland leiden etwa eine Million Menschen ständig an Ohrgeräuschen. Besonders häufig betroffen sind dabei Personen, die großen Lärmbelastungen ausgesetzt waren oder sind.

Wenn die Geräusche im Ohr nicht zu stark sind, hilft es oft, leise Musik im Hintergrund laufen zu lassen; dafür eignen sich Streicherkonzerte mit wenig Bässen. Es gibt sogar eine speziell für Tinnitus komponierte Musik (Klangtherapie nach Tomatis) • Auch Entspannungsübungen (z. B. autogenes Training oder Yoga) können die Beschwerden bessern helfen • Akupunkturanwendungen und Sauerstofftherapien haben sich bei einigen Pa-

Akupunkturpunkte des Ohrs

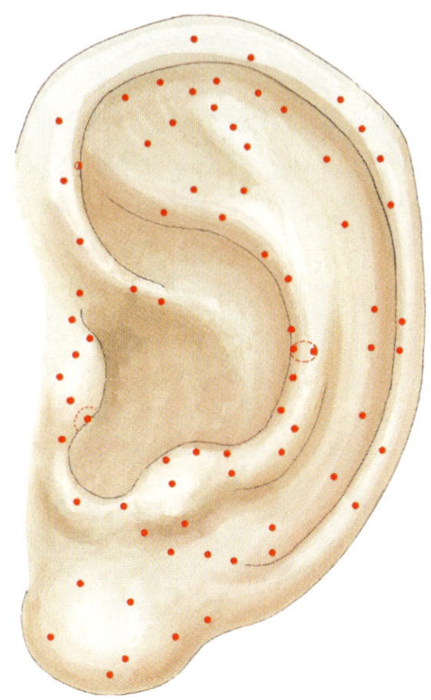

tienten bewährt • Falls die Ohrgeräusche sich trotz Behandlung nicht bessern, kann unter Umständen auch ein so genannter Tinnitus-Masker helfen, eine Art Hörgerät, das ein Geräusch produziert, das die Geräusche im Ohr überdecken soll

Ökologie: aus der Biologie hervorgegangene Wissenschaft, die sich mit den Wechselbeziehungen zwischen Organismen und der unbelebten sowie belebten Umwelt befasst. Sie untersucht hierbei die zeitliche Entfaltung, die Krisen in der Entwicklung und die Mechanismen der Wiederherstellung von Gleichgewichten in einem ökologischen System. Die Ökologie kann z. B. darüber Auskunft geben, wie belastbar bestimmte Ökosysteme (z. B. Flüsse, Seen, Wälder, landwirtschaftliche Anbaugebiete) sind. Und sie kann die Folgen einseitiger Eingriffe (z. B. Überdüngung) aufzeigen. Die ökologische Medizin berücksichtigt diese Zusammenhänge mit ihren Folgen für die Gesundheit und greift Erkenntnisse der → Epidemiologie, Arbeits- und Sozialmedizin auf.

Ökotrophologie: interdisziplinäre Wissenschaft. Die Ökotrophologie stellt eine Verbindung zwischen Haushaltswissenschaft und Ernährungswissenschaft dar und beschäftigt sich auch mit den Erkenntnissen und der Umsetzung von gesunder → Ernährung, → Diäten und heilender Nahrung

Öl (Oleum): Sammelbezeichnung für bei Raumtemperatur normalerweise flüssige, wasserunlösliche, organische Verbindungen, die in ihrem chemischen Aufbau den Fetten entsprechen. In der Regel sind dies meist kaltgepresste fette Öle (es gibt aber auch ätherische Öle, trockene Öle und Mineralöle), die einen hohen ernährungsphysiologischen Wert besitzen und auch therapeutisch verwendet werden (→ Ölziehkur). Zu den fetten Ölen gehören beispielsweise Distelöl, Kürbiskernöl, Leinsamenöl, Maiskeimöl, Olivenöl, Rizinusöl, Sesamöl, Sojaöl, Sonnenblumenöl oder Weizenkeimöl (siehe zu Öle das Special S. 299f.).

Oleander (Nerium oleander; auch Rosenlorbeer): Strauch aus der Familie der Hundsgiftgewächse (Apocynaceae). Der Oleander ist im Mittelmeerraum, aber auch an der Schwarzmeerküste, in Zentralasien und in Südamerika beheimatet. Die bis zu acht Meter hoch wachsende immergrüne Pflanze besitzt längliche lederartige Blätter. Wegen seiner wohlriechenden, weiß bis rot leuchtenden Blüten ist der Oleander auch bei uns häufig als Zierpflanze in Gärten anzutreffen. Für die Herstellung von Arzneidrogen werden die Blätter der Pflanze verwendet. Oleander wird auch in der Homöopathie angewendet.

Inhaltsstoffe: ätherisches Öl, Glykoside (vor allem Oleandrin), Flavonoide.

Anwendungen: Der Oleander wirkt wegen seiner Glykoside herzstärkend, aber auch entwässernd. Die Heilpflanze wird in standardisierten Präparaten bei Herzbeschwerden und gegen Bluthochdruck (hauptsächlich in der Homöopathie) eingesetzt.

! Die Pflanze ist giftig! Von einer Selbstbehandlung muss deshalb dringend abgeraten werden.

Öle, ätherische (Aetherolea): meist flüssige, flüchtige, fettlösliche Stoffgemische von unterschiedlicher chemischer Zusammensetzung (Monoterpene, Sesquiterpene, Diterpene, Phenylpropanderivate) mit aromatischem Duft. Sie werden aus Pflanzenteilen (Blüten, Blättern, Wurzeln, Rinden) durch Wasserdampfdestillation, Kaltpressung, Extraktion mit Lösungsmitteln oder Fetten gewonnen. Ätherische Öle kommen in vielen bekannten Heilpflanzen vor, z. B. in Eukalyptusblättern, Jasminblüten, Rosmarinkraut, Bergamotteschalen, Angelikawurzeln, Fenchelfrüchten, Kiefernnadeln, Wacholderbeeren, Anissamen oder Zedernholz. Die Öle besitzen meist eine antiseptische, antibakterielle, entwässernde, krampflösende, aber auch anregende, beruhigende oder aphrodisierende Wirkung (→ Aromatherapie).

Gesättigt, ungesättigt, mehrfach ungesättigt

Es existiert eine Vielzahl meist kaltgepresster fetter Öle, die in der Regel einen sehr hohen ernährungsphysiologischen Wert besitzen. Besonders vorteilhaft sind die Öle mit ungesättigten bzw. mehrfach ungesättigten Fettsäuren – obwohl ein ausgewogenes Verhältnis der Fettsäuren wichtig ist. Öle werden teilweise auch therapeutisch eingesetzt. Im Folgenden werden die wichtigsten fetten Öle vorgestellt.

▶ ***Distelöl:*** Das Distelöl wird aus den Samen der Saflorpflanze (Carthamus tinctoris) gewonnen. Früher wurde die Pflanze zur Farbgewinnung genutzt, daher auch die Namen im Volksmund: »Färberdistel« und »falscher Safran«. Das kaltgepresste, naturbelassene Öl ist von goldgelber Farbe und schmeckt leicht nussig. Es besitzt einen sehr hohen Gehalt an ungesättigten Fettsäuren (75 bis 80 Prozent). Es ist diesbezüglich Spitzenreiter unter den Ölen und besonders gut für eine cholesterinarme Ernährungsweise geeignet.

▶ ***Erdnussöl:*** Das Erdnussöl wird aus den fett- und eiweißreichen Früchten, den Erdnüssen des Erdnussstrauchs (Arachis hypogaea) gewonnen. Die Pflanze ist übrigens eine Hülsenfrucht. Das Öl ist wegen seines guten Geschmacks auch für eine Ölziehkur geeignet.

▶ ***Haselnussöl:*** Das Haselnussöl gilt als Kostbarkeit unter den Ölen. Ausgangspunkt der Ölgewinnung ist die Haselnuss (Corylus avellana), die einzige echte Nuss, die aus Europa stammt. Das Haselnussöl wird auch in Cremes und Hautpflegemitteln wegen seines angenehmen Dufts allgemein geschätzt.

▶ ***Kürbiskernöl:*** Das Kürbiskernöl wird aus einem speziellen Ölkürbis (Cucurbita pepo) gewonnen, der wenig Fruchtfleisch, aber viele ergiebige Ölkerne enthält. Das Öl besitzt eine grünliche Färbung und eine dickflüssige Konsistenz. Kürbiskernöl (bzw. auch Kürbiskerne) wird in der Volksmedizin traditionell bei Blasen- und Nierenleiden sowie bei Prostatabeschwerden angewendet.

▶ ***Leinsamenöl:*** Leinsamenöl wird aus den Samen der Leinpflanze (Linum usitatissimum) durch Kaltpressung gewonnen. Es hat einen leicht bitteren Eigengeschmack und ist von dunkelgelber Farbe. Leinsamenöl enthält von allen Ölen den höchsten Anteil an Linolensäure (dreifach ungesättigte Fettsäure). Es besitzt als diätetisches Lebensmittel einen hohen ernährungsphysiologischen Wert.

▶ ***Maiskeimöl:*** Das Maiskeimöl wird aus den fettreichen Maiskeimlingen der Maispflanze (Zea mays) hergestellt. Es besitzt einen intensiven Eigengeschmack, ist von goldgelber Farbe

Öle gibt es in einer großen Bandbreite – vom Speiseöl bis zum Abführmittel.

Gesättigt, ungesättigt, mehrfach ungesättigt

und wird durch Kaltpressung gewonnen. Maiskeimöl besitzt einen hohen Anteil an Mineralstoffen und Vitaminen. Es ist deshalb als diätetisches Lebensmittel zu empfehlen.

▶ ***Mandelöl:*** Das Mandelöl wird meist aus der Süßmandel (Prunus amygdalus var. dulcis) gepresst. Das Öl ist von hell- bis dunkelgelber Farbe, besitzt einen angenehmen Geruch und einen süßlichen Geschmack. Es wird deswegen häufig als Massageöl (zusammen mit Aromaölen) oder für die Kosmetikherstellung verwendet.

▶ ***Olivenöl:*** Olivenöl wird aus den reifen Früchten des immergrünen Olivenbaums (Olea europaea) durch Kaltpressung gewonnen. Das Öl ist von gelb- bis dunkelgrüner Farbe und enthält das fruchtige Aroma der Oliven. Das Öl eignet sich nicht nur ausgezeichnet für die mediterrane Küche, sondern auch für eine Ölziehkur. Bäder mit Olivenöl werden beispielsweise bei Neurodermitis verwendet.

▶ ***Rapsöl:*** Rapsöl wird aus den Kugeln der Samenschoten von Winter- und Sommerraps (Brassica napus olifeira) durch Kaltpressung gewonnen. Das Öl besitzt einen hohen Anteil an ungesättigten Fettsäuren und Vitamin E.

▶ ***Rizinusöl:*** Das Rizinusöl wird aus den Samen der Rizinuspflanze (Ricinus communis) gewonnen. Das Öl ist dickflüssig und leicht gelb bis grünlich gefärbt. Rizinusöl ist ein auch heute noch gebräuchliches Abführmittel. Bei einer akuten Stuhlverstopfung wirkt Rizinusöl ziemlich zuverlässig. Normalerweise reicht zur Abführung ein Esslöffel des Öls aus. Bei einem Darmverschluss darf Rizinusöl nicht angewendet werden. Rizinusöl ist auch nicht als Speiseöl geeignet.

▶ ***Sesamöl:*** Das Sesamöl wird aus den zuvor gerösteten Samen der Sesampflanze (Sesanum indicum) gepresst. Das naturbelassene Öl besitzt eine bernsteingelbe Farbe, ist fast geruchlos und hat einen feinen nussigen Geschmack. Das Öl wird hauptsächlich als Speiseöl und zu kosmetischen Zwecken verwendet. Im indischen Ayurveda ist »gereiftes« Sesamöl (sieden lassen, bis alle Wasseranteile verdampft sind) das Massageöl erster Wahl.

▶ ***Sojaöl:*** Das Sojaöl wird aus den eiweiß- und fettreichen Samen der Sojapflanze (Glycine max.) gewonnen. Bei schonender Pressung ist die Ausbeute an Öl sehr gering, weshalb meist chemisch extrahierte Öle im Handel sind. Sojaöl ist ernährungsphysiologisch besonders wertvoll (hoher Gehalt an Lezithin).

▶ ***Sonnenblumenöl:*** Das Sonnenblumenöl wird aus den Samen der Sonnenblume (Helianthus annuus) gewonnen. Das naturbelassene Öl ist hell- bis dunkelgelb und hat einen leicht nussigen Geschmack. Das Öl (mit viel Linolsäure und Vitamin E) wird hauptsächlich als Speiseöl und als Massageöl verwendet.

▶ ***Walnussöl:*** Das Walnussöl wird aus der Nuss des Walnussbaums (Juglans regia) gepresst. Das hellgelbe, klare Öl besitzt einen aromatischen Nussgeschmack. Walnussöl wird als bekömmliches Speiseöl und zu kosmetischen Zwecken verwendet.

▶ ***Weizenkeimöl:*** Weizenkeimöl wird aus den Keimlingen des Getreidekorns (Triticum aestivum) gepresst. Das naturbelassene Öl besitzt von allen Pflanzenölen den höchsten Gehalt an Vitamin E. Es ist deshalb als diätetisches Lebensmittel mit einem sehr hohen ernährungsphysiologischen Wert zu empfehlen.

Olive (engl.): Olive, Stockbottle Nr. 23 der → Bach-Blüten. Olive stärkt bei Personen, die an körperlicher und psychischer Erschöpfung leiden, das Durchhaltevermögen und gibt ihnen neue Energie.

Olivenbaum (Olea europaea, auch Ölbaum): Baum aus der Familie der Ölbaumgewächse (Oleaceae). Der Olivenbaum wird in vielen Mittelmeerländern kultiviert. Der bis zu zehn Meter hoch wachsende, immergrüne Baum besitzt ledrige Blätter und kleine weiße, duftende Blüten. Er kann bis zu 1000 Jahre alt werden und wächst in oft knorrigen und skurrilen Stammformen heran. Aus den pflaumenähnlichen Früchten (Oliven) wird das bekannte Olivenöl gewonnen. Das Fruchtfleisch der grünen, rötlichen oder schwarzen Olivenfrüchte ist äußerst ölreich. Für die Herstellung von Arzneidrogen werden sowohl die Blätter als auch die Früchte (Oliven) verwendet.

Inhaltsstoffe: fettes Öl (mit einem hohen Anteil an einfach ungesättigten Fettsäuren), Gerb- und Bitterstoffe, Glykoside, Flavonoide, Vitamin A, B1 und B2.

Anwendungen: Die Heilpflanze wirkt blutdrucksenkend und entzündungshemmend. Der Tee aus den Blättern wird traditionell bei Bluthochdruck eingesetzt. Das Olivenöl kann bei Verstopfung, Verdauungsbeschwerden sowie Leber- und Gallenblasenproblemen angewendet werden. Außerdem ist das Öl ein ausgezeichnetes diätetisches Mittel.

! Olivenblätter können eine ärztliche Therapie bei Bluthochdruck nicht ersetzen.

Ölziehkur: therapeutisches Verfahren, das durch eine Art Mundspülung mit fettem Öl (meist Sonnenblumenöl) eine Entgiftung und Entschlackung des Organismus bewirken will (ähnlich wie die Mundspülung im → Ayurveda). Dabei wird in der Regel am frühen Morgen sofort nach dem Aufstehen ein Esslöffel Sonnenblumenöl in den Mund genommen. Das Öl wird dann etwa 15 bis 20 Minuten im Mund behalten und gut gespült, gesaugt, gekaut und

Bei der Ölziehkur wird Sonnenblumenöl durch die Zähne »gezogen«.

geschlürft. Es sollte auch durch die Zähne gezogen werden (daher der Name »Ölziehkur«). Anschließend wird das jetzt eher dünnflüssige Öl ausgespuckt, der Mund mit warmem Wasser ausgespült, und die Zähne werden geputzt. Die Ölziehkur kann auch zu anderen Tageszeiten durchgeführt werden; jedoch sollte dies immer vor einer Hauptmahlzeit geschehen. Die Kuranwendung, die auch zur Vorbeugung eingesetzt werden kann, soll vor allem bei Allergien und Hautproblemen, Stoffwechselerkrankungen sowie bei Funktionsstörungen von Lunge, Leber und Magen helfen.

Omega-3-Fettsäuren: mehrfach ungesättigte Fettsäuren (drei-, vier-, fünffach usw.), die vor allem in Meeresfischen (z. B. Lachs, Makrele, Hering, Kabeljau oder Thunfisch) sowie in Fischölen (z. B. Lebertran) vorkommen. Diese Fettsäuren haben eine positive Wirkung auf den Cholesterinspiegel und die Triglyzeridwerte im Blut. Ebenso können sie die Fließeigenschaften des Bluts verbessern, wodurch die Gefahr einer Thrombose (Blutpfropfbildung) verringert wird.

Opiate: Alkaloide des Opiums (Mohnsaft des Schlafmohns). Heute wird vor allem das Alkaloid → Morphin als Schmerzmittel verwendet. Natürlich vorkommende Opiate sind: Morphin, Noskapin, Kodein, Papaverin und Thebain. Die ersten gesicherten Quellen über die Gewinnung von Opiaten (Opium) stammen aus dem 7. Jahrhundert v. Chr. Vermutlich wurde Opium zuerst von ägyptischen Ärzten als Arzneimittel angewendet. In der Zeit des Römischen Reiches wurde Opium zum wichtigsten Bestandteil des universellen Gegengifts Theriak (eine Art von Latwerge mit Opium, Baldrian und anderen pflanzlichen Drogen), das u. a. gegen Seuchen und Vergiftungen eingesetzt wurde. Opium blieb bis zur Entdeckung des Morphins im 19. Jahrhundert eines der wichtigsten Arzneimittel. Verschreibungen von Opiaten unterliegen dem Betäubungsmittelgesetz.

Orangenöl: ätherisches Öl, das durch Kaltpressung aus den Orangenschalen (Citrus sinensis) gewonnen wird. Das hellgelbe bis gelbbraune Öl besitzt einen frischen und fruchtigen Duft. Das Aromaöl (→ Aromatherapie) wirkt krampflösend, verdauungsfördernd und beruhigend. Es wird vor allem bei Verdauungsproblemen, Blähungen, Magenkrämpfen sowie Nieren- und Blasenleiden angewendet. Das aromatische Öl verträgt sich gut mit den ätherischen Ölen von Koriander, Sandelholz und Zypresse.

Wenn Orangenöl aus der Bitterorange gewonnen wird, handelt es sich um Neroliöl. Neroliöl ist teurer als normales Orangenöl.

Ordnungstherapie: körperorientiertes psychotherapeutisches Verfahren. Der Begriff »Ordnungstherapie« wurde schon von Sebastian Kneipp (1821–1897) geprägt. Er verstand darunter die Erlangung von Harmonie und Regelmäßigkeit in der Lebensgestaltung. Heute wird unter Ordnungstherapie eine ganzheitliche Betrachtungsweise des menschlichen Organismus verstanden. Die Therapieform will alle relevanten medizinischen Erkenntnisse und alle möglichen Einflussfaktoren berücksichtigen. Eine wesentliche Maßnahme ist dabei in der Praxis das psychotherapeutische Gespräch. Als Einzelmaßnahme gilt jede therapeutische Anweisung, gleichgültig, ob es sich um die Verschreibung eines Beruhigungsmittels oder den Entzug eines Aufputschmittels handelt (→ Zelltherapien).

Oregano → Dost

Organotherapie (auch Organbehandlung, Organextraktbehandlung oder Frischzelltherapie): therapeutisches Verfahren, bei dem Arzneimittel, die aus tierischen (und teilweise auch menschlichen) Organen, Organteilen, Zellen oder Zellteilen hergestellt werden (so genannte Organtherapeutika), verabreicht werden (durch Injektion oder als Präparat). Dadurch soll der erkrankte Organismus in die Lage versetzt werden, krank machende Funktions- und Strukturdefekte selbst zu beheben sowie das körpereigene Immunsystem zu stimulieren bzw. umzustimmen (so genannte → Immunmodulation). Aufgrund des Antigengehalts des Materials kann es dabei auch zu immunologischen Überempfindlichkeitsreaktionen kommen. Das Therapieverfahren ist wissenschaftlich umstritten.

Orgon: Bezeichnung für eine Energieform, die der österreichische Psychoanalytiker Wilhelm

Reich (1897–1957) bei Untersuchungen zur Zellstrahlung beschrieben hat. Reich gelangte zur Auffassung, dass diese Energieform, die er Orgon nannte, sowohl im Körper als auch in der Atmosphäre nachweisbar ist. Er änderte Sigmund Freuds Libidotheorie in diesem Sinn. Alle lebenden Organismen würden Orgonenergie in ihren Zellen anziehen, bündeln und entladen sowie in einer Wechselbeziehung zum atmosphärischen Orgon stehen. Reich plädierte für die Befreiung libidinöser Bedürfnisse und entwickelte den so genannten Orgon-Akkumulator, mit dem die behandelte Person mit Orgonenergie aufgeladen werden kann. Diese Behandlung soll das vegetativ libidinöse Gleichgewicht des Körpers wiederherstellen und dadurch allgemein positiv auf die Gesundheit wirken (so genannte Orgontherapie). Das Therapieverfahren ist stark umstritten.

Originalsymptom: Begriff der → Homöopathie. Man versteht darunter ein Symptom, das bei einer Arzneimittelprüfung im Originalwortlaut des Therapeuten oder Patienten aufgezeichnet wurde. Die ermittelten Originalsymptome sind Grundlage für die Erstellung von so genannten Arzneimittelbildern für die Auswahl und Anwendung der homöopathischen Arzneimittel.

Orthomolekulare Medizin (auch Megavitamintherapie): therapeutisches Verfahren, das von dem amerikanischen Chemiker und zweifachen Nobelpreisträger Linus Pauling (1901–1994) eingeführt wurde. Pauling vertrat die Ansicht, dass die tägliche Einnahme eines Vielfachen der üblicherweise empfohlenen Menge an Vitamin C und E Infektionskrankheiten und Krebs vorbeugen sowie den Alterungsprozess verlangsamen kann. Er empfahl bei Vitamin C eine Tagesdosis von 10 000 bis 18 000 Milligramm. Zum Vergleich: Die Empfehlung der Deutschen Gesellschaft für Ernährung (DGE) lautet 75 Milligramm. Bei Vitamin E empfahl er 800 Milligramm (DGE: zwölf Milligramm). Außerdem empfiehlt die orthomolekulare Medizin auch eine höhere Einnahme von Beta-Karotin (Provitamin A) sowie des Spurenelements Selen. Mit der Fortentwicklung der orthomolekularen Medizin gibt es mittlerweile verschiedene Empfehlungen zu weiteren Mineralstoffen und Vitaminen (→ Hypervitaminisierung).

! Auch bei wasserlöslichen Vitaminen kann es zu Überdosierungen kommen: bei Vitamin C etwa zu Harnsteinen und Durchfällen. Zu hohe Dosen von Vitamin E können Muskelschwäche und eine gestörte Blutgerinnung bewirken; bei einer überhöhten Selenzufuhr sind Vergiftungserscheinungen zu befürchten. Hohe Gaben von Provitamin A lösten in einer groß angelegten Testreihe überdurchschnittlich viele Lungenkrebserkrankungen aus (die hohe Dosierung war ursprünglich zum Schutz gefährdeter Personen gedacht).

Orthosiphon (Orthosiphon aristatus; auch Katzenbart): Heilpflanze aus der Familie der Lippenblütler (Lamiaceae). Die Pflanze wächst in den tropischen Gebieten Südostasiens, Amerikas und Australiens. Die Blätter haben eine gewisse Ähnlichkeit mit Pfefferminzblättern. Die bläulich weißen, aromatisch duftenden Blüten verlängern sich zu Scheinähren, die wie der Bart einer Katze aussehen – deswegen die Bezeichnung »Katzenbart«. Für die Herstellung von Arzneidrogen werden die Blätter und Stängelspitzen verwendet.

Inhaltsstoffe: ätherisches Öl, Gerbstoffe, Saponine, Flavonoide.

Anwendungen: Die Pflanze besitzt eine entwässernde und krampflösende Wirkung. Sie wird vor allem als Teeaufguss bei Blasen- und Nierenerkrankungen angewendet. Standardisierte Präparate aus der Heilpflanze sind als so genannter indischer Blasen- und Nierentee im Handel erhältlich.

Osteopathie: therapeutisches und diagnostisches Verfahren der manuellen Medizin, das von dem amerikanischen Arzt Andrew Taylor Still (1828–1917) Ende des 19. Jahrhunderts

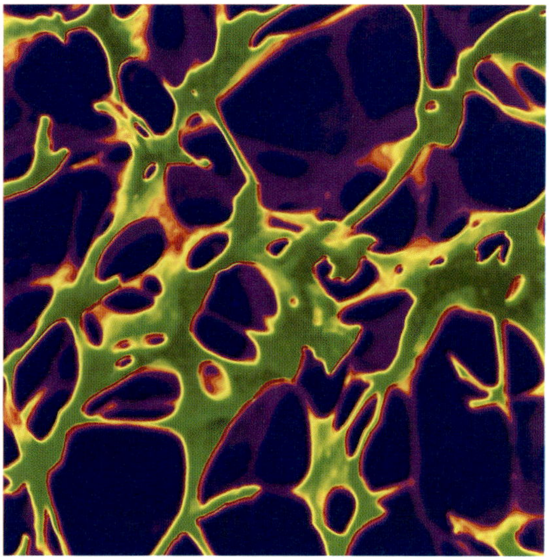

Löchrige Struktur: Bei der Osteoporose wird Knochensubstanz abgebaut.

entwickelt wurde. Die Osteopathie ähnelt der → Chirotherapie und wird hierzulande meist zusammen mit der Chiropraktik ausgeübt. Osteopathie beschäftigt sich mit der manuellen Behandlung von Muskeln, Bändern und Gelenken. Es werden vor allem eher sanfte Methoden des Drückens, Ziehens und Manipulierens angewendet. Die Therapie wird bei Rücken- und Muskelschmerzen, Verspannungen und rheumatischen Beschwerden eingesetzt.

Osteoporose (Knochenschwund): verstärkter Abbau von Knochenmasse. Bei älteren Menschen wird mehr Knochenmasse abgebaut als wieder hergestellt. Ab dem 40. Lebensjahr nimmt die Knochenmasse jährlich im Durchschnitt um 0,5 bis 1,0 Prozent ab. Und mit dem 70. Lebensjahr haben die meisten Menschen etwa ein Drittel ihrer Knochenmasse verloren. Bei der Osteoporose wird die Knochendichte jedoch über das altersbedingte Ausmaß hinaus abgebaut. Charakteristische Symptome können akute Rückenschmerzen durch brüchige Wirbelknochen sein, was in der Spätphase zu einem Rundrücken (Osteoporosebuckel) führen kann. Außerdem besteht eine hohe Neigung zu Knochenbrüchen (Oberschenkelhalsknochen). Für Frauen nach den Wechseljahren erhöht sich das Risiko, weil die Eierstöcke dann die Produktion des Hormons Östrogen einstellen, das für den Erhalt der Knochenmasse mit zuständig ist. Weitere Ursachen der Osteoporose sind: kalziumarme Ernährung, Bewegungsmangel, starkes Rauchen und erhöhter Alkoholkonsum. Die langfristige Einnahme von Kortison, z. B. bei Asthma, rheumatischen Erkrankungen oder Allergien, kann den Knochenschwund ebenfalls begünstigen.

Zur Vorbeugung gegen den Knochenschwund sind regelmäßige Bewegung und Gymnastik sehr wichtig; als ideale knochenschonende Ausdauersportart bietet sich Schwimmen (2-mal wöchentlich) an • Die ausreichende Zufuhr von Kalzium sollte gewährleistet sein (100 g Hartkäse oder 1 l Milch täglich decken den Bedarf)

Ozontherapie (auch Sauerstofftherapie): Verfahren, das auf der entzündungshemmenden, durchblutungsfördernden und den Stoffwechsel anregenden Wirkung von Ozon-Sauerstoff-Verbindungen gründet. Es gibt verschiedene Behandlungsmethoden: kleine → Eigenbluttherapie (dabei wird körpereigenes, ozonangereichertes Blut in die Muskulatur gespritzt), große Eigenbluttherapie (dabei wird ozonangereichertes Blut in die Venen gespritzt) sowie intraarterielle Injektion (langsames Einspritzen von Ozon in die Oberschenkelarterie). Außerdem gibt es die Möglichkeit, mit Ozon versetztes Wasser zu trinken oder als Spülung anzuwenden. Ebenso kann ein Einlauf gemacht werden. Die verschiedenen Verfahren werden bei Durchblutungsstörungen, Magen- und Darmbeschwerden, Lebererkrankungen, Allergien, rheumatischen Erkrankungen, Migräne und Neuralgien angewendet.

! Das Verfahren darf nicht während der Schwangerschaft und bei akuten Herz-Kreislauf-Problemen eingesetzt werden.

Paartherapie: psychotherapeutische Behandlungsmethode, in die beide Lebenspartner einbezogen werden. Das Therapieverfahren geht davon aus, dass sich die beiden Partner in einer festen Beziehung gegenseitig beeinflussen. Aufgrund dieser Annahme können viele psychische oder psychosomatische Beschwerden unter dem Gesichtspunkt von Kommunikationsproblemen in der Partnerschaft gesehen werden. Eine Paartherapie ist vor allem bei Beziehungsproblemen sinnvoll (→ Psychotherapie).

Packung: therapeutische Maßnahme in Form von heißen, kalten, trockenen oder feuchten Umschlägen (mit Inhaltsstoffen). Bei einer Ganzkörperpackung wird der Körper vollständig eingewickelt, bei Teilpackungen nur ein bestimmter Körperbereich. Heiße Packungen können mit Fango (Mineralschlamm), Moor, Lehm oder als Heublumensack angewendet werden. Sie wirken durchblutungsfördernd und krampflösend. Heiße Packungen helfen bei Muskelverspannungen, Beschwerden des Magen-Darm-Trakts und Infektionskrankheiten. Kalte Packungen werden meist mit Tonerde, Quark oder Eis durchgeführt. Sie wirken gefäßverengend und lindern Ödeme (Wassereinlagerungen). Kalte Packungen helfen bei Prellungen und Muskelverletzungen (Muskelkater, Verstauchungen) sowie bei Gichtanfällen. Als Hausmittel sind Packungen vor allem bei Erkältungskrankheiten, Fieber und leichteren Sportverletzungen zu empfehlen.

☛ Packungen eignen sich hervorragend zur Selbstbehandlung.

Palmieren: einfache Übung zur Entspannung der Augen. Die Bezeichnung »Palmieren« kommt vom englischen »to palm«, was in diesem Zusammenhang »mit der Handfläche berühren« bedeutet. Bei der Übung werden beide Handflächen wie Hohlräume vor die geschlossenen Augen gehalten. Dadurch finden eine Entspannung und eine Entkrampfung der Augen statt. Die Übung ist eine der ältesten Trainingsformen für die Augen; sie kann ohne Aufwand praktisch überall durchgeführt werden (→ Augenübungen).

☛ Das Palmieren eignet sich sehr gut zur Selbstbehandlung.

Panamarinde (Quillaja saponaria): Baum aus der Familie der Rosengewächse (Rosaceae). Das Panamaholz ist ein immergrüner Baum, der in den tropischen Gebieten Südamerikas wächst. Er besitzt ledrige Blätter und Blüten, die denen des Apfelbaums ähnlich sehen. Für die Herstellung von Arzneidrogen wird die von der Borke befreite Stammrinde verwendet.

Inhaltsstoffe: Saponine (vor allem Quillajasaponin), Gerbstoffe (Oxalsäure), Bitterstoffe.

Anwendungen: Die Panamarinde besitzt eine schleimlösende Wirkung. Die Heilpflanze wird deshalb in unterschiedlichen galenischen Zubereitungen traditionell bei Erkrankungen der Atemwege (z.B. Bronchitis) eingesetzt. Außerdem werden Extrakte aus der Rinde als Zusatzstoffe in Zahnpasten, Mundwässern sowie Shampoos verwendet.

Pantothensäure (auch Vitamin B5): gehört zur Gruppe der wasserlöslichen Vitamine. Die hitzelabile Pantothensäure (täglich benötigte Menge: 5 bis 15 Milligramm) kommt in jeder Zelle des Organismus vor und spielt als Bestandteil von Koenzymen in vielen biochemischen Prozessen eine wichtige Rolle. Sie ist u. a. am Fett-, Kohlenhydrat- und Eiweißstoffwechsel beteiligt. Außerdem stellt sie eine Vorstufe des körpereigenen Cholesterins dar, aus dem Hormone gebildet werden. Das Vitamin fördert auch die Abwehrkräfte der Schleimhäute und das Haarwachstum. Pantothensäure ist vor allem in Vollkorn- und Milchprodukten, grünem Gemüse, Pilzen, Eiern, Nüssen, Fleisch und Hefe enthalten (→ Vitamine).

Papain: Bezeichnung für das im Milchsaft (Latex) und in den unreifen Früchten des → Melonenbaums (Carica papaya) vorkommende Enzymgemisch, das in Form des getrockneten Milchsafts gewonnen wird.

Anwendungen: Papain besitzt eine krampflösende und schmerzstillende Wirkung. Der Wirkstoff wird in medizinischen Präparaten vorwiegend bei Entzündungen des Mund- und Rachenraums sowie bei Verdauungsbeschwerden angewendet. Außerdem findet Papain bei Gefäßerkrankungen, rheumatischen Erkrankungen und als Wurmmittel Verwendung.

Papaya → Melonenbaum

Pappel (Populus nigra): Baum aus der Familie der Weidengewächse (Salicaceae). Pappeln sind schnell wachsende hohe Bäume, die oft als Alleebäume kultiviert werden. Der Baum besitzt lanzenförmige Blätter und zweihäusige Blüten in hängenden Kätzchen, die vor den Blättern erscheinen. Für die Herstellung von Arzneidrogen werden Rinde, Blätter und Blattknospen verwendet. Die Pappel wird auch in der Homöopathie eingesetzt.

Inhaltsstoffe: ätherisches Öl, Gerbstoffe, Harze, Glykoside, Flavonoide.

Anwendungen: Die Pappel hat eine antibakterielle und entzündungshemmende Wirkung und wird daher bei Erkrankungen des rheumatischen Formenkreises, Hämorrhoidalleiden und Prostatabeschwerden angewendet.

Parodontose (Zahnbettschwund): chronische Zahnerkrankung, die starke Schmerzen verursachen kann. Sie wird durch die Bildung von Zahnbelägen (Plaques) und den sich daraus entwickelnden Zahnstein gefördert. Durch das Zurückgehen des Zahnfleischsaums werden die Zahnhälse immer mehr freigelegt. Die dann freiliegende Wurzelfläche ist nicht mehr durch den Zahnschmelz geschützt und deshalb äußerst schmerzempfindlich. Die Entstehungsursache von Parodontose ist nicht vollständig geklärt. Ungenügende Zahn- und Mundpflege ist allerdings ein wichtiger Risikofaktor.

! Bei Zahnfleischbluten, Ziehen in den Zähnen oder fauligem Mundgeruch sollte umgehend ein Zahnarzt aufgesucht werden.

Bei Parodontose sollte ausreichend Vitamin C genommen werden (Vitamin-C-haltiges Obst: Orangen, Kiwis, Erdbeeren, Holunderbeeren, Grapefruit) • Eine Mundspülung ist bei allen entzündlichen Symptomen im Zahn- und Mundbereich von Nutzen (5 Tropfen Propolistinktur und 1 TL Kamillenblüten in 1 Glas lauwarmes Wasser geben, etwas ziehen lassen und anschließend mit der Flüssigkeit mehrmals hintereinander gründlich den

Parodontosevorbeugung – die richtige Zahnpflege

Die richtige Putztechnik bewirkt, dass die Zähne keinen Zahnbelag ansetzen. Die Zahnpflege sollte bereits bei Kindern im Alter von zwei Jahren mit Hilfe der Eltern beginnen.

• Speziell für Kinder ist die leicht erlernbare Rotationstechnik sinnvoll. Hierbei werden die äußeren Flächen des Gebisses im Ober- und Unterkiefer gleichzeitig gebürstet, indem mit der Zahnbürste kreisende Bewegungen ausgeführt werden. Die Kauflächen und die Innenseiten der Zähne werden mit kleineren kreisenden Bewegungen geputzt.

• Erwachsene sollten eine stärker rüttelnde Methode des Zähneputzens anwenden. Die Zahnbürste wird dabei schräg am Zahnfleischrand angesetzt und sanft in den Zahnfleischsaum eingerüttelt; es wird dann in kurzen Bewegungen am Zahn entlang hin und her gebürstet und zur Zahnoberfläche hin ausgewischt.

• Entscheidend ist, dass die Zähne nach jeder Mahlzeit, vor allem nach dem Genuss von Süßigkeiten, gereinigt werden. Abends vor dem Zubettgehen darf das Zähneputzen auf gar keinen Fall vergessen werden.

• Auch die Zahnzwischenräume sollten nach Möglichkeit gesäubert werden. Dazu verwendet man am besten Zahnseide.

Mund-Rachen-Raum spülen) • Bei Parodontose sollte unbedingt auf konsequente Zahnpflege geachtet werden

Passionsblume (Passiflora incarnata): Heilpflanze aus der Familie der Passionsblumengewächse (Passifloraceae). Die Passionsblume ist eine Schlingpflanze, die in Amerika und Asien heimisch ist. Sie bildet lange, einfache Ranken. Die Blüten können weiß, rot oder violett gefärbt sein. Für die Herstellung von Arzneidrogen werden die oberirdischen Pflanzenteile verwendet. Die Heilpflanze findet auch in der Homöopathie Anwendung.

Inhaltsstoffe: ätherisches Öl, Alkaloide, Flavonoide (u. a. Vitexin).

Anwendungen: Die Passionsblume besitzt eine krampflösende und beruhigende Wirkung. Sie wird vor allem bei Schlafstörungen, depressiven Verstimmungen und Nervosität eingesetzt.

Paste: halbfeste Arzneimittelzubereitung für die äußerliche Anwendung. Eine Paste besitzt einen hohen Anteil (bis zu 50 Prozent) nichtlöslicher pulverförmiger Bestandteile, die in einem salbenartigen Trägermittel (z. B. Vaseline) fein verteilt sind (→ Emulsion).

Pastille (lat. pastillus = Brotkügelchen): Pastillen sind kleine tablettenförmige Arzneimittel, die ihre Inhaltsstoffe durch Lutschen oder Kauen in der Mundhöhle freisetzen.

Patschuliöl: ätherisches Öl, das durch Wasserdampfdestillation aus den getrockneten und fermentierten Blättern des Patschulis (Pogostemon patchouli) gewonnen wird. Das Öl besitzt einen erdig holzigen, etwas muffigen und moschusartigen Duft. Das Aromaöl (→ Aromatherapie) wirkt antiseptisch, pilztötend und hautregenerierend auf den Organismus sowie stimulierend und anregend auf die Psyche. Es wird bei nervösen Magenschmerzen, depressiven Verstimmungen, Hautproblemen, Kopfschmerzen und Konzentrationsstörungen angewendet. Patschuliöl verträgt sich gut mit den Ölen von Sandelholz, Zeder und Zypresse.

Eine Blüte gegen Schlaflosigkeit: Die Passionsblume hilft bei nervösen Beschwerden.

Pektine: Gemisch aus Polysacchariden (Mehrfachzuckern), die vor allem aus dem Methylester der Pektinsäure bestehen. Sie kommen in natürlicher, wasserlöslicher Form im Zellsaft von Pflanzen vor. Pektine werden aus Äpfeln, Zuckerrüben oder aus den Schalen von Zitrusfrüchten gewonnen. Sie werden zur Behandlung leichter Durchfallerkrankungen in Form von Fertigarzneimitteln eingesetzt. Außerdem dienen sie in der Nahrungsmittelindustrie als Geliermittel und Emulgatoren (→ Lebensmittelzusatzstoffe).

Peloid (griech. Schlamm): Substanz aus verschiedenen Stoffen (z. B. Torf, Fango, Lehm, Heilerde), die mit Wasser vermischt zu → Packungen oder Bädern verwendet wird. Ein Peloid wird bei rheumatischen Erkrankungen sowie bei entzündlichen und degenerativen Gelenkbeschwerden und bei Muskelbeschwerden angewendet.

Pendel: als Anzeigegerät verwendeter Gegenstand (etwa ein Kristall), der um eine Achse hin und her schwingen kann. Das Pendel wird u. a. zum Aufspüren von krank machenden Strahlen (→ Geopathie), Erkrankungen und zum Testen von Medikamenten eingesetzt. Die Anwendung ist wissenschaftlich umstritten.

Ein altbewährter Lippenblütler: Pfefferminze hilft bei Erkältungen und Magenweh.

Periodizität (griech. Sonnenumlauf): in der → Homöopathie Bezeichnung für das Wiederauftauchen, die Stärke oder Veränderung eines Symptoms bzw. des Allgemeinbefindens in regelmäßigen Zeitabständen. Die Periodizität ist für die Arzneimittelwahl von großer Bedeutung.

Perubalsam (Balsamum peruvianum): gelbliches bis dunkelbraunes, zähflüssiges Pflanzensekret, das aus den geräucherten Stämmen des in Süd- und Mittelamerika wachsenden Perubaums (Myroxylon balsamum) gewonnen wird (→ Tolubalsam).

Inhaltsstoffe: Harze, Benzoesäureester, Zimtsäureester, Cumarine, Vanillin.

Anwendungen: Perubalsam wirkt vor allem antibakteriell und antiseptisch. Er wird deshalb bei schlecht heilenden Wunden, leichten Verbrennungen, Sonnenbrand und Hämorrhoidalleiden angewendet.

Petersilie (Petroselinum crispum): Pflanze aus der Familie der Doldengewächse (Apiaceae). Die Petersilie wird in vielen Teilen der Welt meist als Gewürzpflanze kultiviert. Die zweijährige Pflanze treibt aus einer rübenförmigen Wurzel verzweigte Stängel, die bis zu einem Meter hoch werden. Die glatten oder auch krausen Blätter sind dunkelgrün, die Doldenblüten grüngelb. Für die Herstellung von Arzneidrogen werden sowohl die Früchte und Blätter als auch die Wurzeln der Pflanze verwendet. Die Heilpflanze kommt auch in der Homöopathie zum Einsatz.

Inhaltsstoffe: ätherisches und fettes Öl, Flavonoide.

Anwendungen: Die Petersilie besitzt eine krampflösende und entwässernde Wirkung. Sie hilft als Tee und in anderer galenischer Zubereitung bei Erkrankungen der Harnwege und bei Magenproblemen. Außerdem ist Petersilie ein Vitamin-C-reiches Küchengewürz.

Pfefferminze (Mentha piperita): Heilpflanze aus der Familie der Lippenblütler (Lamiaceae). Die Pfefferminze ist eine Kreuzung aus grüner Minze und Wasserminze. Sie wird seit etwa 1780 in Deutschland kultiviert und gilt als eines der bewährtesten Heilmittel der Volksmedizin. Die Pflanze wird bis zu 80 Zentimeter hoch. Sie hat fast kahle, glänzende Stängel und gestielte Blätter. Die rötlich lilafarbenen Blüten stehen sehr dicht in ährenförmigen Blütenständen. Heilkräftig sind die Pfefferminzblätter. Die Heilpflanze wird auch in der Homöopathie (vor allem bei Erkältungskrankheiten) verwendet.

Inhaltsstoffe: ätherisches Öl (vor allem Menthol), Gerbstoffe (u. a. Rosmarinsäure), Flavonoide.

Anwendungen: Die Pfefferminze besitzt eine krampflösende, entblähende und magenfreundliche Wirkung und hilft deshalb bei krampfartigen Beschwerden im Bereich des Magen-Darm-Trakts (z. B. Blähungen) sowie bei Leber- und Gallenblasenerkrankungen.

Pfefferminzöl: ätherisches Öl, das durch Wasserdampfdestillation aus den Zweigspitzen der Pfefferminze gewonnen wird (japanisches Pfefferminzöl wird aus Mentha arvensis gewonnen). Es riecht frisch und intensiv nach Minze. Das Aromaöl (→ Aromatherapie) wird innerlich bei Magen- und Darmbeschwerden sowie bei Entzündungen der Mundschleimhaut und der oberen Atemwege, äußerlich bei Kopfschmerzen, Muskel- und Nervenschmerzen, Sportverletzungen und Juckreiz angewendet. Inhalationen mit Pfefferminzöl sind bei Erkältungen altbewährt. Das Öl, das sich gerade bei Erkältungen zur Wohnraumaromatisierung eignet, verträgt sich gut in Mischungen mit den ätherischen Ölen von Eukalyptus, Lavendel und Rose.

Pflanzenheilkunde → Phytotherapie

Pflanzenstoffe, sekundäre: Substanzen, die im so genannten sekundären Stoffwechsel der Pflanzen entstehen. Die sekundären Pflanzenstoffe wirken in der Pflanze als Farbstoffe sowie als Abwehrstoffe gegen Schädlinge und Krankheiten; außerdem dienen sie der Wachstumsregulation. Für den Menschen können die gesundheitsfördernden Wirkungen dieser → bioaktiven Stoffe als heilende Nahrung, phytotherapeutische Arzneimittel und Anwendungen genutzt werden. Allerdings haben einige pflanzliche Substanzen auch gesundheitsschädigende Wirkungen (z. B. Blausäure in nicht erhitzten Hülsenfrüchten oder Solanin in grünen Stellen von Kartoffeln).

Pflastertherapie: Verfahren der → traditionellen chinesischen Medizin, mit dem Hautkrankheiten und auch innere Erkrankungen durch die Anwendung von Medikamentenpflastern behandelt werden. Zu den Heilmitteln der Pflastertherapie gehören u. a. Ingwer, Knoblauchmus, Kantharidin und Pfefferminze (Mentha arvensis). Oft sind verschiedene Mischungen spezieller chinesischer Heilkräuter auf den Pflastern. Die Pflastertherapie hat bei geringer Dosierung eine hohe Wirksamkeit und wenige Nebenwirkungen.

Pharmakologie: Wissenschaft von der Art der Arzneimittel (und deren chemischen Strukturen), ihren Einsatzgebieten, ihrer Wirkung auf den menschlichen Organismus sowie ihren Wechsel- und Nebenwirkungen.

Pharmazie (auch Pharmazeutik): Bezeichnung für die dem Beruf des Apothekers zugrunde liegende Wissenschaft über die Herstellung und Prüfung von Arzneimitteln sowie den Arzneimittelhandel (Arzneimittelkunde).

Phosphor: Mineralstoff im Organismus (täglich benötigte Menge: 1200 bis 1600 Milligramm). Phosphorverbindungen im Gewebe sind die wichtigsten Energieüberträger. Sie sorgen dafür, dass die aus der Verbrennung der Nahrung gewonnene Energie in Muskelarbeit umgesetzt wird. Phosphor ist als Bestandteil von Lezithin in jeder Zelle enthalten (Gesamtmenge von Phosphor im Körper bis zu 700 Gramm). Der Mineralstoff ist beim Aufbau der Zellmembran sowie für Gehirn- und Nerventätigkeiten von großer Bedeutung. Er kommt in fast allen Nahrungsmitteln vor. Meist tritt er zusammen mit Kalzium auf (z. B. in Käse, Nüssen oder Fleisch). Die tägliche Phosphoraufnahme sollte etwa im Verhältnis 1:1 zum Kalziumbedarf stehen. Da jedoch Phosphor doppelt so gut vom Körper resorbiert wird wie Kalzium, ist ein doppelt so hoher Kalziumanteil in der Nahrungszusammenstellung empfehlenswert (→ Mineralstoffe).

Phyllochinon (auch Vitamin K): gehört zu den fettlöslichen Vitaminen. Vitamin K ist an der Blutgerinnung beteiligt und wird vom Körper normalerweise selbst hergestellt. Das Vitamin kommt allerdings auch in Nahrungsmitteln vor. Besonders reich an Vitamin K sind Gemüse (vor allem Kohlarten), Huhn und Leber (→ Vitamine).

Physiotherapie (auch physikalische Therapie): Gruppe von therapeutischen Verfahren, die die natürlichen Eigenschaften von Wasser (Hydrotherapie), Wärme und Kälte (Thermotherapie), Luft und Sonne (Klimatherapie), Bewegung, statisch mechanischen (Massage) und dynamischen Kräften (Krankengymnastik) sowie bestimmte Formen von elektrischem Strom (Elektrotherapie) zu Heilzwecken nutzen. Bei einer physikalischen Behandlungsform wirken vielfältige Reize auf den Organismus ein und unterstützen dadurch die körpereigenen Selbstheilungskräfte. Die Therapieform wird deshalb auch als → Reiztherapie bezeichnet.

Bestimmte Formen der Physiotherapie eignen sich zur Selbstbehandlung.

Phytomiellate: mit Honig hergestellte Frischpflanzenextrakte. Sie werden in einem aufwändigen Verfahren (Mazeration in Wasser, Alkohol, Glyzerin und Honig) aus unbehandelten frischen Pflanzen oder Pflanzenteilen gewonnen. Phytomiellate werden vor allem in Verbindung mit Gewichtsreduktion und Entschlackungskuren angewendet oder zur Stärkung des Immunsystems eingenommen.

Phytotherapie (Pflanzenheilkunde): therapeutische Methode, die zur Behandlung und Vorbeugung von Krankheiten Pflanzen, Pflanzenteile und daraus hergestellte pflanzliche Arzneimittelzubereitungen (Phytopharmaka) einsetzt. Die wohl bekannteste Anwendungs- und Zubereitungsform ist dabei der Kräutertee. Die pflanzlichen Medikamente und Wirkstoffe haben in der Regel weniger Nebenwirkungen und sind in ihrer Wirkungsweise milder als synthetisch hergestellte Arzneimittel. Sie besitzen dennoch ein breites Wirkungsspektrum. Phytopharmaka sollten allerdings nicht bedenkenlos (oder in sehr hohen Dosierungen) angewendet werden, weil sie teilweise giftige Wirkstoffe enthalten. Diese können bei Überdosierungen gesundheitsschädliche Wirkungen haben. Die Phytotherapie ist ein allgemein anerkanntes Heilverfahren, das auch von der naturwissenschaftlich orientierten Schulmedizin eingesetzt wird (siehe zu Phytotherapie das Special S. 311ff.).

Die getrockneten heilkräftigen Pflanzenteile werden als Drogen bezeichnet.

Anwendungen der Phytotherapie eignen sich mit einigen Einschränkungen zur Selbstbehandlung.

Pilzbefall (Mykose): durch Pilze verursachte Beschwerden und Krankheiten. Pilze sind treue Begleiter des Menschen; sie finden sich auf der Haut und auf den Schleimhäuten, jedoch meist ohne Erkrankungen hervorzurufen. Erst wenn die Abwehrkräfte geschwächt sind oder die Haut verletzt wird, können Pilze zu Erkrankungen führen. In der Regel handelt es sich hierbei um Hautpilzerkrankungen (z. B. Fußpilz); Pilze können aber auch unter bestimmten Umständen Schleimhäute (Mund, Genitalien) und innere Organe (Darm, Lunge) befallen (→ Candidaerkrankung).

! Bei einer Pilzerkrankung der Schleimhäute oder anderer Organe muss unbedingt eine ärztliche Diagnose und Behandlung erfolgen.

Zur Vorbeugung gegen Hautpilzerkrankungen ist eine konsequente Hautpflege empfehlenswert • Vorbeugend gegen Fußpilz sollten kochfeste Socken und bequeme Schuhe getragen werden, bei Badbesuchen Badeschuhe • Wichtig ist, die Zehenzwischenräume nach dem Duschen immer gut abzutrocknen, eventuell zu pudern, um ein feuchtwarmes Klima zu vermeiden • Bei Fußpilz helfen oft desinfizierende Fußbäder mit Teebaum- oder Niembaumöl (5 Tropfen Teebaumöl, aufgelöst in 2 EL Mandelöl, in warmes Wasser geben); es eignen sich auch Extrakte aus Kamille und Eichenrinde • Eine Creme oder Lotion mit Teebaum- oder Zedernöl kann die Beschwerden gleichfalls lindern helfen

Phytotherapie — Special

Die Heilkraft der Pflanzen nutzen

In den vergangenen Jahrzehnten führte die Pflanzenheilkunde innerhalb der stark naturwissenschaftlich orientierten westlichen Medizin eher ein Schattendasein – obwohl die Phytotherapie immer ein Teilbereich der Schulmedizin war. Heilpflanzen gehörten zwar bei vielen Menschen als Hausmittel noch zum – meist von der Großmutter überlieferten – Bestand der Hausapotheke. In der Regel wurden aber immer mehr und immer öfter die synthetischen Medikamente der modernen Medizin auch für kleine Wehwehchen eingesetzt. In den letzten Jahren ging der Trend jedoch wieder in die andere Richtung. Immer mehr Menschen vertrauen wieder auf die Heilkräfte der Kräutermedizin, die zunehmend nicht nur bei Bagatellerkrankungen, sondern auch – zumindest als unterstützende Maßnahme – bei vielen schwer wiegenden chronischen Erkrankungen angewendet wird.

Die meist gebrauchte Heilanwendung

Die Anwendung von Pflanzen zu Heilzwecken gehört zu den ältesten Therapieformen. Auch heute noch werden pflanzliche Arzneimittel von mehr als drei Viertel der Weltbevölkerung als alleinige oder wichtigste Therapieanwendung eingesetzt. In der westlichen Medizin werden in der Regel etwa 200 bis 300 Pflanzen medizinisch genutzt.

Seit der Steinzeit

Schon in der Steinzeit machten sich die Menschen die Heilkräfte der Pflanzen zunutze, um Beschwerden zu lindern. Viele berühmte Heilkundige der Antike und des Mittelalters, darunter Hippokrates, Dioskurides, Plinius, Galen, Ibn Baithar, Hildegard von Bingen und Paracelsus, beeinflussten und prägten die Pflanzenheilkunde. Lange Zeit bestimmte die Lehre von den vier Körpersäften die Phytotherapie. Die antiken Ärzte und Philosophen nahmen an, dass im menschlichen Organismus vier Körpersäfte zirkulieren: Blut, Schleim, schwarze und gelbe Galle, die mit den vier Grundelementen Erde, Feuer, Wasser und Luft verbunden seien. Sie hatten zudem die Qualitäten trocken, feucht, warm und kalt identifiziert, die auch in den Pflanzen enthalten sein sollten. Waren die vier Säfte im Gleichgewicht, war der Mensch gesund; eine Störung der Säftebalance bedeutete Krankheit. Die Heilpflanzen sollten die Harmonie der Körpersäfte wiederherstellen.

Signaturenlehre

Eine weitere einflussreiche Theorie innerhalb der Pflanzenheilkunde war die so genannte Signaturenlehre von Paracelsus (1493–1541). Sie ging davon aus, dass die Pflanzen durch Farbe und Aussehen einen Hinweis auf ihre medizinische Verwendbarkeit liefern. Danach deutete beispielsweise der gelbe Milchsaft des Schöllkrauts auf dessen Wirksamkeit bei Gallenblasen- und Nierenleiden hin. Oder die Walnuss sollte gegen Kopfschmerzen wirken, weil die Furchungen der Nusshälfte eine Ähnlichkeit mit denen des Gehirns besitzen.

Erforschung der Wirkstoffe

Heutzutage kennt die naturwissenschaftliche Forschung von vielen Heilkräutern zumindest die Hauptwirkstoffe. Dennoch gibt es eine ganze Reihe von Pflanzen – darunter so bekannte wie Baldrian –, bei denen man immer noch nicht sicher weiß, warum sie die seit Jahrhunderten bekannten Wirkungen besitzen. Außerdem ist in vielen Fällen ungeklärt, wieso isolierte pflanzliche Substanzen anders wirken als ein Auszug aus der vollständigen Pflanze.

Phytotherapie

Die Heilkraft der Pflanzen nutzen

Heilpflanzen sind Drogen

Die Bezeichnung »Droge«, die häufig im Zusammenhang mit Heilpflanzen verwendet wird, bedeutet nicht, dass es sich um Rausch- oder Suchtmittel handelt. Vielmehr verwenden die Apotheker den Begriff für getrocknete Heilpflanzen. Aus diesem Wort leitet sich auch die für Apotheker einiger Länder gebräuchliche Berufsbezeichnung »Drogist« ab. Erst in letzter Zeit hat sich die Bezeichnung »Droge« für Suchtmittel verschiedenster Art durchgesetzt.

Die wichtigsten Wirkstoffgruppen

Heilpflanzen besitzen viele Inhaltsstoffe, die im pflanzlichen Stoffwechsel gebildet werden und für den menschlichen Organismus von großem medizinischen Wert sind. In den Pflanzen sind eine Vielzahl verschiedener Haupt- und Nebenwirkstoffe enthalten, die sich gegenseitig ergänzen und verstärken, aber auch schädliche Effekte einzelner Substanzen abschwächen oder ausgleichen können. Die wichtigsten Wirkstoffgruppen sind: Alkaloide, Glykoside, ätherische Öle, Gerbstoffe, Bitterstoffe, Kieselsäure, Flavonoide, Saponine, Schleimstoffe, Mineralstoffe, Spurenelemente und Vitamine. Daneben gibt es bei einzelnen Pflanzen noch ganz spezifische Wirkstoffe (etwa das Colchicin der Herbstzeitlose).

Es gibt nicht nur Fertigpräparate – Apotheker mischen auch selbst.

▶ *Alkaloide*

Die Bezeichnung »Alkaloide« wird von der chemischen Eigenschaft alkalisch (= basisch) abgeleitet, dem Gegenteil von sauer. Alkaloide sind die wirksamsten Substanzen in den Pflanzen. Heilpflanzen, die stickstoffhaltige und wasserlösliche Alkaloide enthalten, beeinflussen das zentrale Nervensystem. Einige steigern die Drüsensekretion, andere regen die Muskelbewegungen von Darm oder Gebärmutter an. Das Alkaloid Vinzamin (z. B. in Immergrün) fördert vor allem die Durchblutung des Gehirns, Fumarin (z. B. in Erdrauch) regelt die Gallenblasenfunktionen. In der Regel sollte die Anwendung von stark alkaloidhaltigen Pflanzen Ärzten vorbehalten bleiben. Sie eignen sich nicht für eine Selbstbehandlung, weil sie sehr giftig sind. Diese gefährlichen, verschreibungspflichtigen Alkaloide (z. B. das krampflösende Atropin der Tollkirsche, das blutdrucksenkende Reserpin der Schlangenwurz oder das schmerzstillende Morphin des Schlafmohns) können jedoch in der Hand eines erfahrenen Therapeuten viele Krankheiten heilen oder lindern.

▶ *Glykoside*

Bei Glykosiden handelt es sich um Pflanzenwirkstoffe, die durch Hydrolyse (Aufspaltung unter Wasseraufnahme) in einen Zucker und einen Nichtzucker gespalten werden können. Sie sind im Pflanzenreich weit verbreitet. Flavonoide und Bitterstoffe sind z. B. oft auch Glykoside. Auch Saponine gehören dieser Wirkstoffgruppe an. Beispiele für stark wirkende, glykosidhaltige Pflanzen sind: die herzwirksamen Stoffe des Roten Fingerhuts (Digitalis) und des Maiglöckchens, die abführenden Wirkstoffe von Sennesblättern und Faulbaumrinde oder die schweißtreibende Wirkung der Glykoside in den Lindenblüten. Senfölglykoside finden sich in Knoblauch, Kresse, Zwiebeln, Meerrettich und Senf.

▶ ***Ätherische Öle***
Ätherische Öle bzw. Aromaöle sind leichtflüchtige Pflanzenstoffe mit aromatischem Duft. Sie sind in den meisten Heilpflanzen vorhanden und dienen diesen als Insektenlockstoffe, zum Schutz gegen Bakterien und Pilzbefall sowie gegen Wasserverdunstung. Die stark antibakteriellen Wirkstoffe kommen auch der Phytotherapie zugute. Der Anteil an ätherischen Ölen in den Pflanzen schwankt zwischen 0,01 und 10,0 Prozent. Besonders hoch konzentriert ist er in Thymian, Salbei, Fenchel oder Rosmarin. Ätherische Öle setzen sich aus vielen Substanzen zusammen. Bis heute hat die Forschung weit über 100 verschiedene Inhaltsstoffe nachgewiesen. Die Wirkungen der Aromaöle sind vielfältig, meist haben sie jedoch antibakterielle, desinfizierende und das Immunsystem stärkende Eigenschaften (in unterschiedlicher Stärke). Hinzu kommen spezifische Eigenschaften einzelner Öle.

▶ ***Gerbstoffe***
Gerbstoffe finden sich in den meisten Heilkräutern. Sie dienen den Pflanzen als Schutzmittel bei Verletzungen. In der Phytotherapie werden sie bei entzündeten Schleimhäuten, leichteren Wunden und Blutungen sowie bei Durchfallerkrankungen eingesetzt.

▶ ***Bitterstoffe***
Die Bitterstoffe werden allgemein in drei Gruppen unterteilt:

- Feine Bitterstoffe (Amara tonica), die die Magensaftproduktion anregen und zudem eine tonisierende Wirkung besitzen. Sie werden bei Appetitmangel, Verdauungsproblemen und Schwächezuständen angewendet. Typische Bitterstoffdrogen sind Tausendgüldenkraut, Enzianwurzel und Chinarinde.
- Bitterstoffpflanzen (z. B. Wermut, Schafgarbe und Mariendistel), die zugleich größere Mengen an ätherischen Ölen enthalten (Amara aromatica). Zur verdauungsfördernden und kräftigenden Wirkung kommt hier die Wirkung der ätherischen Öle hinzu (Einsatz vor allem als Gallenblasen- und Lebermittel).
- Heilpflanzen (Amara acria) mit bitterem oder scharfem Geschmack (z. B. Ingwer, Pfeffer und Galgant). Sie haben eine heilende Wirkung auf den Magen-Darm-Trakt und unterstützen den Verdauungsprozess.

▶ ***Kieselsäure***
Heilpflanzen mit Kieselsäure (z. B. Ackerschachtelhalm) wirken vor allem positiv auf das Bindegewebe, auf Haut und Haare sowie Finger und Fußnägel.

▶ ***Flavonoide***
Unter diesem Oberbegriff werden verschiedene chemisch ähnliche Wirkstoffe zusammengefasst. Der Name leitet sich aus der gelben Farbe ab (lat. flavus = gelb). Flavonoide dienen zur Vorbeugung von Krankheiten. Bei einzelnen Heilpflanzen werden den Flavonoiden verschiedene spezifische Wirkungen zugeschrieben: beispielsweise blutgerinnungs- und entzündungshemmend (Buchweizen und Raute), krampflösend (Kamille und Süßholz) oder leberschützend (Mariendistel).

Die Heilkraft der Pflanzen nutzen

▶ ***Saponine***

Saponine gehören zur Gruppe der pflanzlichen Glykoside. Saponindrogen werden als schleimlösende Mittel angewendet. Außerdem wirken saponinhaltige Pflanzen (z.B. Süßholz) auch entwässernd, stoffwechselanregend und entzündungshemmend.

▶ ***Schleimstoffe***

Die kohlenhydrathaltigen Schleimstoffe quellen mit Wasser zu einer Art Schutzschicht für gereizte Schleimhäute auf. Entzündungen im Mund- und Rachenbereich können dadurch behandelt werden (z.B. mit Eibischwurzel). Außerdem wirken sie reizlindernd bei Verdauungsproblemen.

▶ ***Mineralstoffe, Spurenelemente, Vitamine***

Sie sind für den menschlichen Organismus unentbehrlich, weil sie als Baustoffe für Gewebe, Zellen, Enzyme und Hormone dienen. Vitamine und Mineralstoffe sind in unterschiedlicher Konzentration in fast allen Heilpflanzen vorhanden.

Anwendungsformen von Heilpflanzen

Heilpflanzen können auf unterschiedliche Weise angewendet werden. Gebräuchliche Zubereitungsformen sind die folgenden.

▶ ***Tees***

Der Kräutertee ist wohl die häufigste Zubereitungsart. Beim Überbrühen oder Erhitzen des Heilkrauts kommt es zu chemischen Prozessen, die sich von anderen Zubereitungsformen (z.B. Alkoholauszug) unterscheiden. Bestimmte Wirkungen können durch eine Teezubereitung betont werden (z.B. die beruhigende Wirkung von Baldrian), andere Wirkstoffe werden dadurch reduziert (z.B. Vitamine). Ein Kaltauszug wird bei Rinden und Wurzeln gemacht.

▶ ***Tinkturen***

Eine Tinktur wird meist mit Alkohol (70 Prozent) hergestellt. Wenn die Tinktur mit drei Teilen Wasser verdünnt wird, eignet sie sich für Spülungen oder zum Gurgeln. Tinkturen (oder auch Geiste wie Melissengeist) werden häufig bei Schleimhautentzündungen, Hautproblemen und Sportverletzungen, bisweilen auch bei Magenproblemen angewendet.

▶ ***Pulver***

Heilpflanzen in Pulverform eignen sich für eine innerliche Anwendung insbesondere dann, wenn die Wirkung der Substanzen sehr schnell und intensiv erfolgen muss.

▶ ***Salben***

Diese Zubereitungsform ist für die äußerliche Anwendung gedacht. In der Regel werden damit Entzündungen der Haut sowie trockene und spröde Haut behandelt.

▶ ***Bäder und Inhalationen***

Vollbäder, Sitz- und Fußbäder oder auch Dampfbäder eignen sich für sehr unterschiedliche Erkrankungen. Meist werden sie bei Erkältungskrankheiten und Erkrankungen der Atemwege eingesetzt.

▶ ***Umschläge und Wickel***

Umschläge mit Teezubereitungen, aber auch mit Tinkturen und Ölmischungen werden vorwiegend bei Hauterkrankungen (z.B. Ekzemen) sowie Muskelverletzungen angewendet (Prellungen, Verstauchungen).

▶ ***Öle***

Heilpflanzenöle kommen in der Regel für eine äußerliche Anwendung in Betracht. Ein Ölauszug (z.B. von Johanniskraut) wirkt entzündungshemmend und wundheilend.

Pine (engl.): Schottische Kiefer, Stockbottle Nr. 24 der → Bach-Blüten. Pine hilft Personen, die ständig an falschen Schuldgefühlen leiden, ihr Selbstvertrauen zu verbessern und überflüssige Verantwortung abzugeben.

Plazebo: Scheinmedikament, das äußerlich nicht von einem echten Arzneimittel zu unterscheiden ist. Das Medikament enthält jedoch keine Wirkstoffe. Plazebos werden sowohl in der Therapie (um z. B. dem subjektiven Bedürfnis des Patienten nach einer medikamentösen Behandlung zu entsprechen) als auch vor allem bei der Erprobung von Medikamenten (in so genannten Doppelblindversuchen) sowie bei der Arzneimittelprüfung eingesetzt. In einem weiteren Sinn wird auch jede Maßnahme, bei der suggestive Einflüsse das Befinden einer zu behandelnden Person verbessern (z. B. Gespräche), als eine Form von Plazebotherapie bezeichnet.

PMR → progressive Muskelrelaxation

Pollen (lat. Mehlstaub): In der botanischen Fachsprache werden sowohl der Blütenstaub als auch das einzelne Pollenkorn als Pollen bezeichnet. Pollen besitzen einen außergewöhnlich hohen Eiweißgehalt (mit vielen essenziellen → Aminosäuren); außerdem ist der Anteil an Vitaminen, Mineralstoffen sowie weiteren wichtigen bioaktiven Stoffen sehr hoch. Pollen werden vor allem bei Durchblutungsstörungen, Verdauungsbeschwerden, Stoffwechselproblemen und zur allgemeinen Gesundheitsvorbeugung (Stärkung des Immunsystems) angewendet.

! Die Einnahme von Pollen kann Allergien auslösen.

Polychrest (griech. zahlreich): Begriff der → Homöopathie für ein Heilmittel, das aufgrund der Vielzahl bekannter Symptome in seinem Arzneimittelbild eine Verschreibung bei vielen Erkrankungen nach dem so genannten Ähnlichkeitsprinzip ermöglicht.

Potenzierung (auch Dynamisierung oder Kraftentwicklung): Begriff der → Homöopathie

Biene mit Pollenhöschen: Pollen dienen der Stärkung des Immunsystems.

für die spezielle Herstellungsform eines homöopathischen Arzneimittels. Hierbei wird die Ausgangssubstanz mit einem Trägermittel in einem bestimmten Verhältnis schrittweise verdünnt und dann verschüttelt (potenziert). Der Begründer der Homöopathie Samuel Hahnemann (1755–1843) beabsichtigte zuerst, durch die Verdünnung der Heilmittel eine Abschwächung der (teilweise heftigen) Symptome der Arzneien zu erreichen. In der praktischen Anwendung stellte Hahnemann jedoch fest, dass die Arzneimittel nicht an Wirkung verloren, je stärker sie verdünnt wurden, son-

Potenzen

- C1-Potenz: Verdünnung der Ursubstanz mit 99 Teilen Lösung (Verdünnung 1:100); 100 Schüttelschläge
- C2-Potenz: Verdünnung 1:10 000; 2-mal 100 Schüttelschläge

usw.

- D1-Potenz: Verdünnung der Ursubstanz mit 9 Teilen Lösung (Verdünnung 1:10); 10 Schüttelschläge
- D2-Potenz: Verdünnung 1:100 usw.
- LM- und Q-Potenz: Verdünnung 1:50 000 nach speziellen Verfahren

dern an Wirkung zunahmen. Die Potenzierung von so genannten Urtinkturen (Ausgangsstoffen) entwickelte sich auf diese Weise zu einem grundlegenden Prinzip der homöopathischen Arzneimittelherstellung.

Potenzstörungen: sexuelle Funktionsstörungen (z. B. Erektionsstörungen), die von den Betroffenen (oder dem Partner bzw. der Partnerin) als störend oder unangenehm empfunden werden (→ sexuelle Probleme). Potenzstörungen können sowohl organische (z. B. Durchblutungsstörungen, Diabetes mellitus) als auch psychosomatische Ursachen (z. B. Depressionen, Neurosen) haben.

! Scheuen Sie sich nicht, bei Potenzstörungen den Arzt aufzusuchen. Es muss vor allem geklärt werden, ob organische oder psychosomatische Ursachen zugrunde liegen.

Bei Potenzstörungen sollten in jedem Fall Alkohol, Nikotin und zu wenig Schlaf vermieden werden • Bestehendes Übergewicht und negativer Stress sollten nach Möglichkeit verringert werden • Entspannungstechniken (Yoga, Qi Gong) und bestimmte tantrische Übungen helfen, die sexuelle Energie wiederzuerlangen • Bei psychosomatischen Beschwerden kann auch eine Sexual- oder Paartherapie weiterhelfen

Prämenstruelle Beschwerden (prämenstruelles Syndrom, PMS): Beschwerden, die im letzten Drittel des Monatszyklus vor der Menstruation auftreten. Viele Frauen haben zeitweise oder regelmäßig solche Beschwerden. Sie treten meist in Form von Kopf-, Bauch- und Rückenschmerzen, Blähungen, Verstopfung, Ödembildung oder Hautjucken auf; im psychischen Bereich finden sich Konzentrationsstörungen, Erschöpfung oder depressive Verstimmungen. Die Ursachen sind nicht vollständig geklärt. Gesichert ist jedoch, dass die Veränderungen im Hormonhaushalt die Symptome verstärken können. Weitere Auslöserfaktoren sind Stress und körperliche Überbeanspruchung.

Bestimmte Entspannungstechniken (autogenes Training und progressive Muskelrelaxation) eignen sich gerade bei PMS • Anwendungen mit ätherischen Ölen (Lavendelöl, Melissenöl, Rosenöl, Ysopöl, Zedernöl) sind hilfreich • Mit der Anwendung von Heilkräutern (z. B. Mönchspfeffer, Hirtentäschel, Schafgarbe, Traubensilberkerze) können die Beschwerden gleichfalls deutlich gebessert werden • Der Verzicht auf bestimmte Nahrungsmittel bzw. Genussmittel für ein paar Tage hat sich bei einigen Frauen bewährt

Teemischung bei PMS: 1 EL Schafgarbenkraut und 1 EL Pfefferminzblätter mit 1/2 l kochendem Wasser übergießen und etwa 10 Minuten lang zugedeckt ziehen lassen. 2 bis 3 Tassen des Tees täglich lauwarm trinken.

Prävention: Vorbeugung bzw. Verhinderung von Krankheiten. Es werden drei Stufen der Prävention unterschieden. Die primäre Prävention will gesundheitsschädigende Faktoren (→ Risikofaktoren) ausschalten; dies soll beispielsweise durch Unfallverhütung, Impfschutz und eine gesunde Lebensweise (Ausdauersport, gesunde Ernährung) erreicht werden. Die sekundäre Prävention bedeutet frühzeitige Diagnose und Therapie von Krankheiten (z. B. durch Vorsorgeuntersuchungen). Die tertiäre Prävention befasst sich mit den Krankheitsfolgen und der Verhinderung von Rückfällen (→ Rehabilitation).

Prellung (Kontusion): meist durch stumpfe Gewalteinwirkung (Stoß, Fall, Schlag) von außen erfolgte heftige Erschütterung eines Gewebes oder Organs (Vorstufe der Quetschung). Die Symptome einer Prellung sind schmerzhafte Schwellungen, anschließend treten meist Blutergüsse auf.

! Prellungen im Kopfbereich, auf die im Anschluss mit Übelkeit und Erbrechen oder Schwindelanfällen reagiert wird, können auf eine Gehirnerschütterung hindeuten. Wenn diese Symptome auftreten, sollte sofort ein Arzt aufgesucht werden.

Die betreffende Körperstelle sollte sofort nach der Prellung gut gekühlt werden (Eisbeutel in Handtuch einwickeln); Kühlung lindert die Schmerzen und schließt die verletzten Blutgefäße • Eine Salbe mit Teebaumöl oder Kampfer fördert die Durchblutung des verletzten Gewebes und beschleunigt den Heilungsprozess

Prießnitz-Wickel: von Vinzenz Prießnitz (1799–1851), einem Vorläufer von Sebastian Kneipp, entwickelte Wasseranwendung. Die feuchtkalten Teilwickel werden hauptsächlich bei Infektionen angewendet und um die Abwehrkräfte zu stärken.

Primärtherapie (Urschreitherapie): Form der → Psychotherapie. Das tiefenpsychologische Therapieverfahren wurde in den sechziger Jahren von dem amerikanischen Psychotherapeuten Arthur Janov eingeführt. Die zugrunde liegende Idee ist, dass jede Neurose auf eine verdrängte traumatische Erfahrung (Urschmerz) in der Kindheit zurückzuführen ist. Diesen Urschmerz gilt es zu erfühlen und herauszuschreien.

Primel (Primula veris; auch Frühlingsschlüsselblume): Heilpflanze aus der Familie der Primelgewächse (Primulaceae). Die bekannte Frühlingsblume ist mit ihren relativ langen Stängeln, auf denen doldige, an den Enden goldgelb leuchtende Blüten sitzen, schon von weitem gut sichtbar. Für die Herstellung von Arzneidrogen werden Wurzeln und Blüten der Pflanze verwendet. Die Heilpflanze kommt auch in der Homöopathie (bei Ekzemen) zum Einsatz.

Inhaltsstoffe: vor allem Saponine, ätherisches Öl, Gerbstoffe, Kieselsäure, Flavonoide.

Anwendungen: Die Primel besitzt eine schleimlösende und entwässernde Wirkung. Sie hilft bei Erkältungskrankheiten (vor allem bei Husten). Traditionell wird sie auch bei chronischer Bronchitis, Keuchhusten, Asthma, Neuralgien sowie bei rheumatischen Erkrankungen (Gicht) eingesetzt.

Feuchtkalte Teilwickel (Prießnitz-Wickel) – seit über 150 Jahren bewährt.

Programmieren, neurolinguistisches (NLP): therapeutisches Verfahren, das in den siebziger Jahren eingeführt wurde. Die Grundannahmen lauten: Erleben und Verhalten des Menschen werden durch das Nervensystem gesteuert (Neuro); die Verständigung erfolgt durch gesprochene und durch Körpersprache (linguistisch); Gegenstände können wieder erkannt und bestimmte Vorgänge wiederholt werden, als ob sie programmiert wären (Programmieren). Dabei wird beispielsweise zwischen einem visuellen Typ (eher auf das Sehen konzentrierten Menschen), einem auditiven Typ (eher auf das Hören konzentriert) und einem motorischen Typ (eher auf Bewegung fixiert) unterschieden. Ziel von NLP ist es, spezifische Kommunikationstechniken, die typ- oder situationsgerecht sind, durch bestimmte Übungsmethoden wieder zugänglich und nutzbar zu machen.

Progressive Muskelrelaxation (PMR): therapeutisches Verfahren, das zu Beginn des 20. Jahrhunderts von dem amerikanischen Arzt Edmund Jacobson (1885–1976) eingeführt wurde. Auf dem Rücken liegend oder in einer anderen entspannten Haltung erlernt man bei dieser Methode, bestimmte Muskelgruppen zunächst stark anzuspannen und dann wieder loszulassen. Das durch den Wechsel von Anspannung und Loslassen erzeugte Entspannungsgefühl wird dabei sehr intensiv und bewusst wahrgenommen. PMR eignet sich insbesondere bei psychosomatisch bedingten Rückenschmerzen, aber auch bei allen anderen Schmerzzuständen der Muskulatur und des Bewegungsapparats.

☛ Die Übungen eignen sich nach einer Einführung auch gut zur Selbstbehandlung.

Projektionssymptom (auch Irritationssymptom): Krankheitsanzeichen (z. B. Schmerzen in einem bestimmten Hautbereich), das die Folge einer so genannten chronischen Irritation ist. Diese Irritation wird durch Funktionsstörungen innerer Organe hervorgerufen, die sich als Symptome an den äußeren Extremitäten, vor allem der Haut, zeigen.

Prophylaxe: Vorbeugung (einer Krankheit). Zur Prophylaxe zählen Stärkung der Abwehrkräfte, Schutzimpfungen und bestimmte Maßnahmen bei Bettlägrigkeit zur Verhütung von beispielsweise Thrombosen (→ Prävention).

Propolis (der; griech.): Bienenharz. Die Honigbienen verwenden das Kittharz zum Schutz des Bienenstocks gegen natürliche Feinde und Infektionsgefahren. »Propolis« heißt wörtlich übersetzt »vor der Stadt« (im antiken Griechenland bezeichnete man damit die Verteidigungsanlagen, die den Städten vorgelagert waren). Propolis besitzt einen sehr hohen Gehalt an Vitaminen, Mineralstoffen und Flavonoiden. Aufgrund seiner speziellen Wirkstoffkombination wirkt das Kittharz stark antibakteriell und antiviral. Propolis wird vor allem bei Infektionskrankheiten, Parodontitis (Zahnfleischentzündung), Hautproblemen und leichten Verletzungen sowie zur Gesundheitsvorbeugung (Stärkung der körpereigenen Abwehrkräfte) angewendet.

Propolis, das Kittharz der Bienen, mit seinem hohen Gehalt an Vitaminen, Mineralstoffen und Flavonoiden eignet sich hervorragend zur Stärkung des Immunsystems.

! Bei empfindlichen Personen kann Propolis Allergien auslösen.

Prostataprobleme: meist bedingt durch eine Vergrößerung der Vorsteherdrüse (Prostata), an der vorwiegend ältere Männer leiden. Ab dem 40. Lebensjahr vergrößert sich die Prostata beim Mann allmählich. Fast drei Millionen Männer in Deutschland haben eine vergrößerte Prostata, aber nur etwa die Hälfte klagt deswegen über Beschwerden (verzögerte Harnentleerung, verstärkter Harndrang und später unvollständige Blasenentleerung). Die genauen Ursachen für das Wachstum der Prostata sind bislang nicht vollständig geklärt. Vermutet werden hormonelle Gründe. Ab dem 40. Lebensjahr nimmt die Produktion von männlichen Sexualhormonen (Androgenen) ab, während die Bildung von weiblichen Hormonen (Östrogenen) etwa gleich hoch bleibt. Diese Verschiebung des Verhältnisses der Geschlechtshormone gilt als entscheidender Wachstumsreiz für das Prostatagewebe.

! Eine gutartige Vergrößerung (Hypertrophie) der Prostata führt in der Regel nicht zu Prostatakrebs. Personen mit Beschwerden sollten sich jedoch regelmäßig (einmal jährlich) untersuchen lassen, denn das Anfangsstadium von Prostatakrebs ist oft über Jahre hinweg beschwerdefrei.

Zur Vorbeugung gegen Prostatabeschwerden sind eine gesunde Ernährung und viel Bewegung (z. B. Wandern, Jogging) empfehlenswert • Kürbiskerne (bzw. Kürbiskernpräparate) und Sägepalmfrüchte ab dem 40. Lebensjahr dienen ebenfalls der Vorbeugung • Bei bestehenden Beschwerden ist es ratsam, auf große Trinkmengen zu verzichten und harntreibende Getränke einzuschränken (z. B. Bier, Kaffee); außerdem sollten stark gewürzte Speisen gemieden werden • Sitzbäder (8 Tropfen Kamillenöl, aufgelöst in 3 EL Mandelöl, in ein 35 bis 38 °C warmes Sitzbad geben, 10 Minuten lang darin baden) und Heilpflanzen (Brennnessel, Goldrute) können bei akuten Beschwerden lindernd wirken

Proteine → Eiweiße, → Ernährung

Provitamin A → Beta-Karotin

Prüfungssymptom: Begriff der → Homöopathie für ein Symptom, das von einem homöopathischen Arzneimittel erzeugt wurde.

Psoriasis → Schuppenflechte

Psychoanalyse: psychologisches Lehrsystem und therapeutisches Verfahren, das Ende des 19. Jahrhunderts von dem Wiener Nervenarzt Sigmund Freud (1856–1939) entwickelt wurde. Die Psychoanalyse ist einerseits eine Untersuchungsmethode zur Entschlüsselung unbewusster seelischer Vorgänge, andererseits dient sie auch als Technik zur Behandlung von psychischen und psychosomatischen Erkrankungen. Die Psychoanalyse geht von der Grundannahme aus, dass psychische Störungen und bestimmte körperliche Beschwerden (Nervosität) immer die Folge eines vorhergehenden Konflikts oder eines Traumas sind, das sich in der Regel schon in der Kindheit ereignet hat und seither unbewusst und unverarbeitet ist. Im Lauf der psychoanalytischen Behandlung sollen dem Klienten die zugrunde liegenden Verdrängungen bewusst werden. In den Therapiestunden, die liegend (Couch) oder auch sitzend stattfinden, lässt der Klient seinen Gedanken und Gefühlen freien Lauf (freie Assoziation). Der Therapeut hat dabei die Aufgabe, die dem psychischen Problem zugrunde liegenden Konflikte zu deuten und sie dem Klienten zu vermitteln.

Psychose: psychiatrische Erkrankung, bei der es zu tief greifenden Veränderungen im Erleben der Patienten kommt. Zu den Symptomen gehören Bewusstseins- und Orientierungsstörungen, Wahnvorstellungen, Halluzinationen sowie Verwirrtheit. Es wird zwischen organisch bedingten (exogenen) und körperlich nicht begründbaren (endogenen) Psychosen unterschieden. Organische Auslöser für eine Psychose sind z. B. Gehirnverletzungen, Gefäßerkrankungen und Tumoren des Gehirns, Infektionen, Stoffwechsel- und Hormonstörungen. Zu den endogenen Psychosen gehören Schizophrenie (Bewusstseinsspaltung), starke Depressionen, Paranoia (Wahnvorstellungen) und Manisch-Depressiv-Sein. Hierzu gibt es allerdings unterschiedliche Definitionen (z. B. dass Depressionen aufgrund einer Störung von Neurotransmittern, also organisch bedingt, entstehen).

Von der Hypnosetherapie zur Psychoanalyse

Sigmund Freud entwickelte die Psychoanalyse nicht zuletzt aufgrund von enttäuschenden Erfahrungen mit der Ende des 19. Jahrhunderts weit verbreiteten Hypnosetherapie. Die entscheidende Neuerung bestand darin, dass die behandelte Person aus der passiven Rolle des Hypnotisierten befreit und zu einem aktiven Partner im therapeutischen Gespräch wurde. Durch eine Reihe von Vereinbarungen (Behandlungsregeln) wird dabei zwischen Klient und Therapeut eine Situation geschaffen, in der belastende seelische Symptome aus einer neuen Perspektive betrachtet werden können, was auch als »psychoanalytische Situation« bezeichnet wird.

! Die Behandlung einer Psychose gehört immer in die Zuständigkeit entsprechend ausgebildeter Ärzte und Therapeuten.

Psychosomatik (griech. psyche = Seele; soma = Körper): Wissenschaft, die sich mit den Wechselwirkungen von Psyche und Körper beschäftigt. Die psychosomatische Medizin geht davon aus, dass sich seelische Belastungen und Konflikte immer in körperlichen Symptomen ausdrücken. Umgekehrt gibt es nach ihrer Auffassung keine körperliche Erkrankung, die sich nicht auch auf die psychische Befindlichkeit niederschlägt. Zu den typischen psychosomatischen Beschwerdeformen gehören Schlafstörungen, Rückenbeschwerden, Herz-Kreislauf-Probleme, Bluthochdruck und vegetative Dystonie. Viele Erkrankungen werden durch psychische Belastungen stark beeinflusst, beispielsweise Magen-Darm-Erkrankungen, Hauterkrankungen (z. B. Ekzeme), Asthma, Allergien und rheumatische Beschwerden. In vielen Fällen ist hierbei eine unterstützende Behandlung mit psychotherapeutischen Methoden sinnvoll.

Psychotherapie: zusammenfassende Bezeichnung für unterschiedliche therapeutische Verfahren, die psychische Störungen bzw. Verhaltensanomalien (vor allem Neurosen und Phobien) durch eine psychotherapeutische Behandlung der Betroffenen bessern wollen. Psychotherapeutische Verfahren werden auch als Unterstützung bei psychosomatischen Erkrankungen (z. B. Kopfschmerzen, Schlafstörungen, Herz-Kreislauf-Beschwerden, Muskelverspannungen und Rückenbeschwerden) angewendet. Die Vielzahl der Methoden lässt sich in vier Gruppen einteilen: in tiefenpsychologische Verfahren (z. B. Psychoanalyse, Bioenergetik, Transaktionsanalyse), in Verhaltenstherapien (z. B. kognitive Verhaltenstherapie, neurolinguistisches Programmieren), in humanistische Therapien (z. B. Gestalttherapie, Psychodrama) und in die Paar- und Familientherapie (siehe zu Psychotherapie das Special S. 321ff.).

Puder: Streupulver. Puder sind meist Gemische aus Wirkstoffen und streufähigen Hilfsstoffen (z. B. Talk). Sie dienen der äußerlichen Anwendung auf der Haut.

Pu-erh-Tee: spezielle Sorte des chinesischen grünen Tees. Pu-erh-Tee stammt von Teebäumen (Camellia sinensis) der Präfektur Pu-erh (Provinz Yunnan), die so nur dort wachsen. Die Teeblätter werden – teilweise jahrelang – mit Bakterienstämmen fermentiert, was dem Tee die tiefrote Farbe verleiht. Pu-erh-Tee hat einen positiven Effekt auf die Fett- und Harnsäurespiegel im Blut, und er ist vor allem ein hervorragender Schlankmachertee.

Pulsdiagnostik: diagnostisches Verfahren verschiedener Medizinsysteme (z. B. der → traditionellen chinesischen Medizin und auch des indischen → Ayurveda). Bei der traditionellen chinesischen (TCM) und auch bei der tibetischen Medizin werden die Arterien an beiden Handgelenken (Arteria radialis) mit jeweils drei Fingern (Zeige-, Mittel- und Ringfinger) betastet. Bei der TCM werden 28 verschiedene Pulsqualitäten bei oberflächlichem, mittlerem und tieferem Fingerdruck unterschieden.

Pyridoxin (auch Vitamin B6): gehört zur Gruppe der wasserlöslichen Vitamine. Bei Vitamin B6 (täglich benötigte Menge: 1,6 bis 2,1 Milligramm) handelt es sich um drei gleichwertige Wirkstoffe – Pyridoxol (Alkohol), Pyridoxal (Aldehyd) und Pyridoxamin (Amin) –, die im Organismus leicht ineinander umgewandelt werden können. Das Vitamin ist Bestandteil der Enzyme, die den Eiweißstoffwechsel steuern. Es ist an der Bildung der Gallensäuren sowie des roten Blutfarbstoffs Hämoglobin beteiligt. Eine wichtige Rolle spielt Vitamin B6 für Wachstumsprozesse in Kindheit und Jugend, indem es die Spezialisierung von Zellen und das Zellwachstum beeinflusst. Dies macht es neben → Folsäure zum wichtigsten Schwangerschaftsvitamin. Pyridoxin ist reichlich in Vollkornprodukten, Gemüse, Seefisch und Geflügel enthalten (→ Vitamine).

Psychotherapie

Die Seele erforschen und Beschwerden heilen

Bestimmte Formen von Psychotherapie bzw. psychotherapeutischer Beratung hat fast jeder Mensch schon einmal irgendwann wahrgenommen, ohne sich darüber klar zu sein. So kann beispielsweise das intensive Gespräch mit dem Arzt, der Therapeutin oder auch mit guten Freunden psychotherapeutische Elemente enthalten. Ähnlich ist es, wenn man Fachleute aufsucht, um sich von diesen Unbeteiligten bei Lebenskrisen oder anderen Problemen Hilfe und Beratung zu holen.

Ziele einer Psychotherapie

Psychotherapie bietet Hilfe zur Selbsthilfe an. Im Gegensatz zur normalen medizinischen Versorgung wird man hier nicht durch Experten »behandelt«, um ein Leiden zu lindern bzw. zu heilen, sondern der Patient (in der Regel als Klient bezeichnet) »handelt« selbst. Eine Psychotherapie benötigt das aktive Tun, Mitdenken und die Beteiligung der Betroffenen. Die Psychotherapeuten sind daher im Allgemeinen in der Rolle des aufmerksamen Zuhörers und Beobachters. Sie denken mit, und sie bieten verschiedene Möglichkeiten an, Probleme besser verstehen zu lernen. Sie fördern dadurch das »neue« Nachdenken über sich selbst. Eine seriöse Therapie verkauft deshalb auch keine vorgefertigten Problemlösungen. Den Weg zum eigenen Wohlbefinden und seelischen Gleichgewicht muss der Klient selbst finden. Im Idealfall kann man sich in der Psychotherapie wie in einem Spiegel betrachten. Im Spiegelbild kann man erkennen, woran man leidet und wie und warum man so geworden ist, wie man ist. Der Psychotherapeut kann dabei helfen, diesen Spiegel aufzubauen und das Spiegelbild richtig zu deuten.

Wann ist eine Psychotherapie sinnvoll?

Es existiert eigentlich nur eine Regel, nach der beurteilt werden kann, wann eine Psychotherapie sinnvoll oder notwendig ist. Dies ist das eigene, subjektiv empfundene Leid. In der psychologischen Fachsprache wird in diesem Zusammenhang auch vom so genannten Leidensdruck gesprochen. In den meisten Fällen vermischen sich hierbei zwei grundlegende Gefühle.

- Das Gefühl: »So kann ich nicht mehr weiterleben.« Es entwickelt sich bei Personen, die am Ende ihrer eigenen Lösungsmöglichkeiten angekommen sind – wenn sie beispielsweise dramatische Lebenskrisen (z. B. den Tod nahe stehender Personen, schwere Krankheiten) immer wieder allein bewältigen mussten oder bisher jegliche Unterstützung von außen abgewehrt haben.
- Das Gefühl: »So will ich nicht mehr weiterleben.« Dieses Gefühl wird besonders intensiv, wenn Menschen bemerken, dass sie sich immer wieder um dieselben quälenden Alltags- und/oder Beziehungsmuster im Kreis drehen, beispielsweise bei Dauerkrisen in der Partnerschaft.

Beziehung am Ende? Eine Paartherapie kann durchaus noch helfen.

Psychotherapie

Die Seele erforschen und Beschwerden heilen

Folgender Gedankengang ist eine wesentliche Basis für eine erfolgreiche Psychotherapie: »Es geschieht etwas mit mir, was nicht wirklich meinen eigenen Bedürfnissen entspricht. Ich leide unter dieser Situation, und ich will sie deshalb verändern.« Diese Motivation erhöht die Wahrscheinlichkeit, dass der oft beschwerliche Weg des Therapieprozesses auch durchgehalten wird. Wer mit sich und seinem Leben zufrieden ist oder nichts ändern möchte, benötigt keine Psychotherapie.

Was geschieht bei einer Psychotherapie?

Eine Psychotherapie sollte nur mit einer vertrauenswürdigen Person durchgeführt werden, die außerhalb aller sonstigen Beziehungen steht. Es ist deshalb ein therapeutischer »Kunstfehler«, wenn Personen miteinander arbeiten, die auch familiär oder freundschaftlich verbunden sind.

Viele Menschen haben damit Probleme oder verstehen nicht den Sinn, einer wildfremden Person intime Erinnerungen, Gedanken, Wünsche oder sogar Phantasien anzuvertrauen. Ein wichtiger und einleuchtender Grund dafür ist, dass nur eine Person, die nicht in einer Beziehung zu einem selbst steht, auch keine bestimmten Ansprüche hat. Ansprüche könnten beispielsweise sein: Die Gespräche müssen etwas Bestimmtes erbringen; das Gespräch muss zu einem ganz bestimmten Ziel führen; aus dem Kontakt muss »mehr« werden. Außerdem besitzt dieses Verhältnis zum Therapeuten noch mehr Vorteile.

Alle ziehen an einem Strang: Gruppentherapien werden innerhalb der Verhaltenstherapie angeboten.

- Man kann über bestimmte Dinge öfter (wenn es sein muss, auch 20-, 30- oder 40-mal) sprechen. Wenn andere Menschen bereits längst nicht mehr zuhören (wollen), ist ein professioneller Therapeut immer noch aufmerksam dabei. Denn viele Wiederholungen bestimmter Themen zeigen, dass die Probleme noch immer nicht verarbeitet sind.
- Bei einer »neutralen« Person können beschämende Phantasien oder Ängste leichter erzählt bzw. Emotionen eher herausgelassen werden, als dies im Familien- oder Freundeskreis möglich ist.
- Aufgrund der Verpflichtung des Therapeuten zur Diskretion besteht keine Gefahr, dass persönliche Gedanken und Gefühle weitererzählt werden.
- Es muss nicht befürchtet werden, dass man sich irgendwann einmal auch um andere kümmern muss. Alle anderen sozialen Beziehungen – außer einer therapeutischen – führen normalerweise dazu, dass die anderen Menschen Wünsche und Bedürfnisse an einen selbst haben. Dieses Wechselspiel von Geben und Nehmen ist in jeder anderen Beziehung normal und richtig; in einer Therapiesituation ist es ganz einfach falsch.
- Ein professioneller Therapeut stellt auch nach vielen Monaten oder Jahren keinen eigenen Anspruch – außer der Bezahlung natürlich. Der finanzielle Anspruch sollte auch der einzige »egoistische« Anspruch eines Therapeuten bleiben.

Welche Therapiemethode ist sinnvoll?

Um die Einschätzung zu erleichtern, welche Methode am besten zu einem selbst passt, sollen im Folgenden einige Therapieverfahren genauer dargestellt werden. Die Vielzahl der psychotherapeutischen Methoden kann dabei grob in vier Gruppen unterteilt werden.

▶ *Tiefenpsychologische Verfahren*

Tiefenpsychologische Therapieformen – wie etwa die Psychoanalyse – sind in der Regel konfliktzentrierte Verfahren. Das bedeutet: Im Mittelpunkt der Therapie steht die Arbeit an unbewussten Konflikten, die während der Therapie wieder belebt und in der Beziehung zwischen Klient und Therapeut neu erlebt werden. Der Therapeut versucht, bei der Auflösung der unbewussten Konflikte durch Interpretation derselben zu helfen. Dies kann man sich folgendermaßen vorstellen.

■ Es könnte sein, dass man – ungewollt – einen anderen Menschen immer wieder dazu verleitet, dasselbe zu tun, was einen in der Kindheit gekränkt und verletzt hat. In den seltensten Fällen werden solche zwanghaften Wiederholungshandlungen bemerkt. Auch in einer Psychoanalyse versucht der Klient nun, mit dem Therapeuten diese Wiederholungen herzustellen. In diesem Wiederholungsmechanismus steckt die große Chance der Therapie. Denn durch das Wiedererleben von Erfahrungen, die man als Kind mit seinen Eltern gemacht hat, besteht auch die Möglichkeit zur Verhaltensänderung. Der Therapeut lehnt beispielsweise die ihm angebotene Rolle des Vaters, der immer alles besser weiß, ab. Stattdessen versucht er, darauf aufmerksam zu machen, dass der Klient versucht, Verantwortung abzugeben. Durch die Aufdeckung dieses Grundmusters, das unter Umständen in der Therapie viele Male aufs neue wieder erlebt und durchgearbeitet wird, kann es schließlich »entzaubert« werden. Im Verlauf der nächsten Monate kann daraufhin seine Wirkung langsam nachlassen.

■ Bei der klassischen Psychoanalyse liegen die Klienten auf einer Couch, der Analytiker sitzt außerhalb des Gesichtsfelds. Die Sitzungen dauern 45 oder 50 Minuten, finden drei- bis fünfmal pro Woche statt und gehen mindestens über einen Zeitraum von zwei bis drei Jahren.

■ Zu den tiefenpsychologischen Verfahren gehören – außer der Psychoanalyse – auch noch die analytische Psychotherapie, die psychoanalytische Psychotherapie, die dynamische Psychotherapie, die psychoanalytische Kurzpsychotherapie (Fokaltherapie), Bioenergetik und Transaktionsanalyse. Bei diesen Methoden finden meist ein- bis zweimal in der Woche Therapiesitzungen statt. Sie können nach 15 bis 30 Sitzungen abgeschlossen sein, aber auch wesentlich länger dauern.

▶ *Verhaltenstherapien*

Die verhaltenstherapeutischen Ansätze versuchen, die Störung bzw. das gestörte Verhalten (z. B. eine Phobie) genau zu analysieren. Auch das soziale Umfeld wird berücksichtigt. Insbesondere geht es dabei um die Bedingungen und Umstände, die zu einem bestimmten Verhalten führen, außerdem um die Struktur, die dieses Verhalten aufrechterhält. Gemeinsam überlegen dann Therapeut und Klient, wie das Verhalten geändert werden kann. Im Gegensatz zu den tiefenpsychologischen Verfahren spielen frühkindliche Erfahrungen in der Verhaltenstherapie nur eine geringe Rolle. In der Therapie steht weniger die Aufdeckung eines Konflikts im Vordergrund, als vielmehr das Erlernen oder Verlernen eines bestimmten Verhaltens. Dies geschieht folgendermaßen.

Die Seele erforschen und Beschwerden heilen

■ Mit bestimmten Aneignungstechniken wird versucht, Einstellungen, Erwartungen oder Haltungen gezielt zu verändern (z. B. Ängste abzubauen).

■ Aktuelle Probleme können mit dieser Technik sehr schnell gelöst oder verloren gegangene Fähigkeiten in einer Art Selbstsicherheitstraining wiedergewonnen werden.

■ Das Problemlösungstraining kann in Rollenspielen, Techniken zur Selbstkontrolle bzw. Selbststeuerung bestehen.

■ Eine Verhaltenstherapie erfordert immer ein sehr intensives Engagement der Klienten. Ob es dabei um Raucherentwöhnung oder eine Ess-Brech-Sucht geht – das Prinzip der Selbstkontrolle muss erlernt werden. Dies kann in ein paar Sitzungen geschehen, es kann jedoch auch bis zu einem Jahr dauern. Bei sehr schwierigen Problemen kann ein noch längerer Zeitraum notwendig sein.

■ Weitere verhaltenstherapeutische Methoden sind die kognitive Verhaltenstherapie und das neurolinguistische Programmieren (NLP).

▶ *Humanistische Therapien*

Humanistische oder erlebnisorientierte Therapieverfahren gehen davon aus, dass intensive emotionale Eindrücke (Erlebnisse) und Erfahrungen in der Therapie eine korrigierende Wirkung haben können. Eine der verbreitetsten Therapieformen ist die Gestalttherapie. Im Mittelpunkt steht die unmittelbare Erfahrung im Hier und Jetzt. Alle Probleme werden in Hinsicht auf die augenblicklichen Gefühle und Einstellungen behandelt. Die Klienten werden dazu veranlasst, sich alle negativen und positiven Emotionen zuzugestehen und sie auszuleben. Erst wenn man sich akzeptiert hat, wird auch eine Verhaltensänderung möglich.

■ Dem nonverbalen Verhalten wird bei der Therapie große Aufmerksamkeit geschenkt.

■ Gefühle, Empfindungen, Eindrücke, Träume und Geschehnisse werden mit den unterschiedlichsten Techniken dargestellt, verkörpert oder inszeniert.

■ Es wird versucht, die Erlebnisse so intensiv wie möglich zu gestalten, um das eigene, bisher abgelehnte Verhalten zu akzeptieren.

■ Die Gestalttherapie versteht sich nicht nur als Therapieform, sondern auch als eine Art von Lebensphilosophie. Die Dauer der Therapie ist deshalb nicht festgelegt. Sie findet meist in Gruppen statt, es gibt aber auch Einzeltherapiesitzungen.

■ Weitere erlebnisorientierte und humanistische Verfahren sind Psychodrama, themenzentrierte Interaktion (TZI) und Encountergruppen.

▶ *Paar- und Familientherapie*

Beide Therapien sind eigenständige Verfahren, die mit unterschiedlichen Schwerpunkten sowie mit Elementen aus anderen Therapieverfahren arbeiten:

■ Tiefenspsychologische Verfahren
■ Verhaltenstherapien
■ Humanistische Therapien

In einer Familien- oder Paartherapie wird davon ausgegangen, dass eine bestimmte psychische Störung, eine Erkrankung oder ein Konflikt nicht nur von einer einzelnen Person abhängt, sondern dass dabei ein ganzes Beziehungssystem mitwirkt. In Beziehungen entwickeln sich oft Kreisläufe, die immer wieder nach einem gleich bleibenden konflikthaften Muster ablaufen.

Sinnvoll ist eine Paar- oder Familientherapie bei Schul- und Verhaltensstörungen von Kindern und bei Problemen in der Ehe oder Partnerschaft. Die Therapieformen werden von vielen psychosozialen Beratungsstellen und niedergelassenen Therapeuten angeboten.

Qi (chines.; auch Chi, japanisch Ki; gesprochen »dschi«): Begriff der → traditionellen chinesischen Medizin. Das Qi wird in der Regel mit »Energie« oder auch »Lebensenergie« übersetzt. Das Wort lässt allerdings mehrere Übersetzungen zu: »Atem«, »Luft«, »Nahrung«, »Kraft« oder »Wolke«. Die Energie Qi zirkuliert nach chinesischer Vorstellung in den Meridianen durch den menschlichen Körper und hält dabei die wichtigsten Lebensfunktionen aufrecht.

Qi Gong (chines. qi = Lebenskraft, gong = Weg, Methode; gesprochen »dschi gung«): Bewegungsmeditation der → traditionellen chinesischen Medizin. Ziel von Qi Gong ist es, Quantität und Qualität der Lebensenergie Qi, die in den → Meridianen zirkuliert, zu verbessern. Es existieren verschiedene Qi-Gong-Formen und diverse Schulen mit etwa 7000 verschiedenen Übungen. Qi Gong hat in China eine jahrtausendealte Tradition. Eine der bekanntesten und ältesten Übungsformen bzw. Bewegungsabfolgen ist das »Spiel der fünf Tiere« (»Wu Qing Xi«), das von dem chinesischen Arzt Hua Tuo (112–207) eingeführt wurde. Die Wirkung von Qi Gong beruht hauptsächlich auf der Regulation des vegetativen Nervensystems. Es wird vor allem bei Schlafstörungen, vegetativer Dystonie, depressiven Verstimmungen, Bluthochdruck, nervösen Magen-Darm-Beschwerden, Herz- und Kreislaufproblemen und Asthma angewendet. Qi Gong ist auch bei Rücken- und Muskelbeschwerden geeignet (siehe zu Qi Gong das Special S. 326ff.).

☛ Qi Gong eignet sich nach einführenden Kursen zur Selbstbehandlung.

Qi-Gong-Kugeln: Hilfsmittel beim Qi Gong; seit etwa 2000 Jahren belegt. Zuerst kamen Walnüsse zur Anwendung, später wurden unterschiedliche Materialen verwendet: Kugeln aus Stein, Marmor, Hartholz und Hohlkugeln aus Metall, die eine zweite kleine Klangkugel enthalten. Die Qi-Gong-Kugeln werden immer paarweise eingesetzt. Es gibt eine Yin- und eine Yang-Kugel. Bei Klangkugeln repräsentiert die höher klingende Kugel Yang. Mit den Kugeln kann man verschiedene Drehtechniken durchführen, Akupressurpunkte oder Hände und Füße massieren. Regelmäßige Anwendungen, wie in China üblich, wirken blutdrucksenkend und konzentrationssteigernd.

Qi-Gong-Kugeln sind meist aus Metall oder emailliert und mit Symbolen versehen.

Qi Gong – kleiner Energiekreislauf

Beim kleinen Energiekreislauf, der zum stillen Qi Gong gehört, werden die beiden wichtigsten Gefäße (Ren Mai und Du Mai) per Vorstellungskraft miteinander verbunden. Die gedankliche Reise verläuft über neun Körperpunkte:

- Unteres Dan Tien (eine Hand breit unter dem Bauchnabel)
- Dammpunkt (am Damm)
- Steißbeinpunkt (Steißbein)
- Ming Men (zwischen zweitem und drittem Lendenwirbel)
- Daz Hui (zwischen Hals und erstem Brustwirbel)
- Jadekissen (Mitte des Hinterkopfs)
- Bai Hui (Scheitelpunkt des Kopfs)
- Oberes Dan Tien (auf der Stirn zwischen den Augenbrauen)
- Mittleres Dan Tien (Brustkorbmitte)

Qi Gong

Größtmögliche Entspannung erreichen

Qi Gong dient der Gesunderhaltung – der Erhaltung und Förderung der Lebensenergie Qi. Qi Gong soll Krankheiten vorbeugen und bestehende Beschwerden lindern helfen. Am ehesten ist es mit einer Bewegungsmeditation – obwohl es auch Qi-Gong-Übungsfolgen ganz in Ruhe gibt – zu vergleichen, denn der Aspekt der Vorstellungskraft spielt eine zentrale Rolle. Im Folgenden soll eine der bekanntesten Qi-Gong-Übungsfolgen vorgestellt werden: die acht edlen Übungen (Ba Duan Jin). Diese auch Brokatübungen genannten Übungen gibt es im Stehen und im Sitzen. Die hier vorgestellten Übungen sind im Sitzen.

Ba Duan Jin – »acht Stücke Brokat«

Die Brokatübungen sind aus dem 12. Jahrhundert überliefert; sie gehen auf den Marschall Yüe Fei zurück. Der Name »Brokatübungen« folgt einerseits der Übersetzung von »Ba Duan Jin« aus dem Chinesischen (»acht Stücke Brokat«), andererseits wird damit die Kostbarkeit der Übungen herausgestellt: Sie galten als so kostbar für die Gesundheit, dass sie einem Vergleich mit dem Brokatgewand (ein mit Silber- und Goldfäden durchwirkter Stoff) des chinesischen Kaisers standhielten.
Bevor Sie mit den Übungen beginnen, sollten Sie sich konzentrieren und sich zentrieren. Dies bedeutet, dass Sie Ihre Aufmerksamkeit auf Ihre Mitte, das so genannte untere Dan Tien (im Unterbauch, etwa einige Finger breit unter dem Bauchnabel), richten. Dann beginnen Sie in Ruhe die Übungen, ohne irgendetwas erzwingen zu wollen.

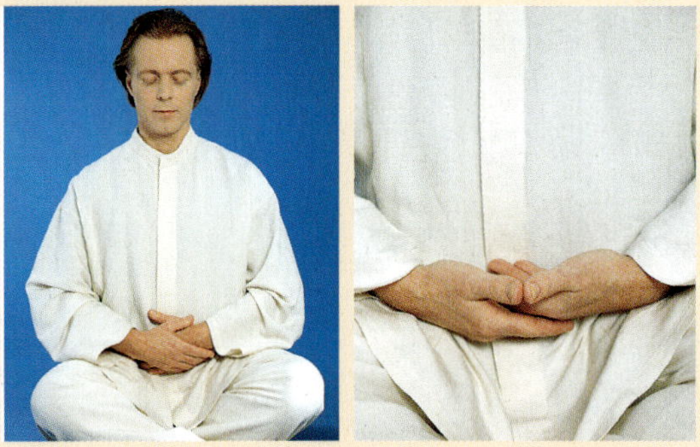

Bei der ersten edlen Übung sitzen Sie entspannt im Schneidersitz.

▶ *Die erste edle Übung*

Die erste Übung lautet: »Die Augen schließen und still auf der Erde sitzen, um den Geist zu beruhigen«.

- Sie sitzen im Schneidersitz auf dem Boden, Ihre Wirbelsäule ist entspannt und aufrecht; der Kopf ist ebenfalls aufgerichtet, als ob er mit einem Faden im Himmel aufgehängt wäre; die Augen sind entweder geschlossen oder halb geschlossen, ohne mit dem Blick etwas zu fixieren. Mit den Augen blicken Sie entspannt vor sich hin.
- Die Hände liegen vor dem Bauch (genauer: vor dem unteren Dan Tien) übereinander, oder die Handflächen zeigen nach oben.
- Konzentrieren Sie sich, und spüren Sie den Empfindungen des unteren Dan Tien nach. Versuchen Sie, sich gleichzeitig zu sammeln und zu entspannen.
- Wichtig ist, dass Sie von allen Sorgen und von umherschweifenden Gedanken frei werden. Versuchen Sie auch ganz bewusst, die Stirn zwischen den Augenbrauen zu entspannen.

▶ *Die zweite edle Übung*

Diese Übung lautet: »36-mal mit den Zähnen klappern und den Weltenberg umfassen«. Sie hat zwei Teile.

- Teil 1: Sie lassen Ihre Zähne bei leicht geschlossenen Lippen 36-mal aufeinander schlagen. Dies sollte nicht mit Druck oder Zwang, sondern ganz locker ausgeführt werden. Es ist eigentlich eher ein Geschehenlassen.

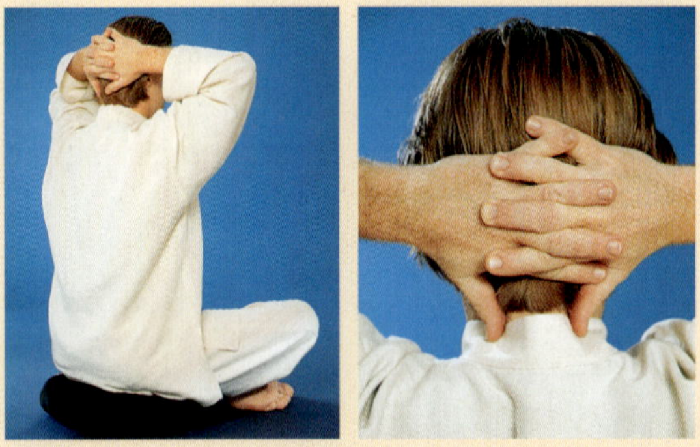

Bei der zweiten edlen Übung drücken Sie bei Teil 2 den Kopf sanft gegen die Handinnenflächen. Dann lassen Sie los.

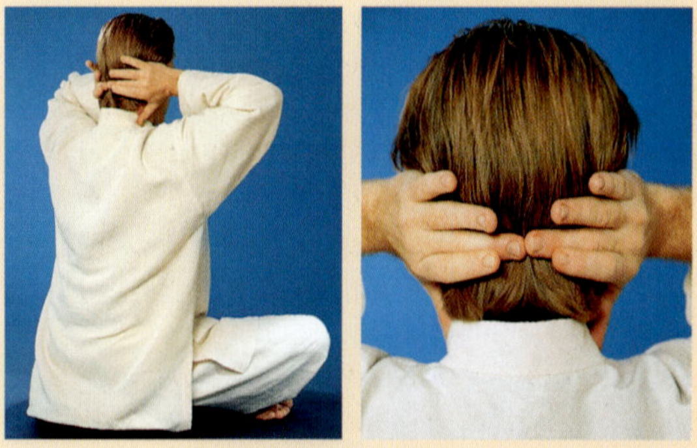

Bei der dritten edlen Übung »schnippen« die Zeigefinger über die Mittelfinger auf den Kopf und erzeugen den »inneren« Klang.

■ Teil 2: Sie verschränken die Finger und führen die Hände (Handflächen nach oben) in einer runden Bewegung über Ihren Kopf zu Ihrem Hinterkopf. Dort legen Sie sie ab. Dann drücken Sie den Kopf gegen Ihre Hände. Anschließend lassen Sie wieder los und entspannen sich.

■ Wenn Sie die Übung beherrschen, können Sie den Atem dazu einsetzen: Beim Einatmen drücken Sie den Kopf gegen die Hände, mit dem Ausatmen lassen Sie los.

Die Übung entspannt die Nacken- und Schultermuskulatur hervorragend. Das Zähneklappern regt den Speichelfluss an.

Die drei Dan Tien

Im Qi Gong gibt es drei besondere Energiezentren: die drei Dan Tien. Sie gelten als Speicherorte des Qi. Bei den Übungen sollte man sich ihrer bewusst sein:

- Oberes Dan Tien: auf der Stirn zwischen den Augenbrauen
- Mittleres Dan Tien: in der Brustkorbmitte
- Unteres Dan Tien: im Unterbauch, etwa eine Hand breit unter dem Bauchnabel; der Hauptspeicher des Qi

▶ *Die dritte edle Übung*

Diese Übung lautet: »Die Himmelstrommel schlagen, indem man auf die Jadekissen klopft«.

■ Sie sitzen im Schneidersitz auf dem Boden und sind ruhig und entspannt.

■ Sie legen Ihre Hände so an den Hinterkopf, dass sich die Mittelfinger beider Hände berühren. Die Daumen zeigen nach unten. Die Handflächen sind dabei an die Ohren gelegt.

■ Nun legen Sie die Zeigefinger beider Hände auf die Mittelfinger und lassen sie von dort auf Ihren Hinterkopf abrutschen. Die Zeigefinger klopfen dann auf eine Stelle Ihres Hinterkopfs, der Jadekissen genannt wird. Dieses Klopfen oder eher »Schnippen« mit den Zeigefingern erzeugt einen speziellen Klang. Der Klang sollte hell und klar sein. Ist er dumpf, sollten Sie entspannter werden und vielleicht die kleinen Finger etwas abstehen lassen.

■ Wenn Sie den Klang hören, können Sie beim Überkreuzen von Zeige- und Mittelfinger einatmen und dann beginnen auszuatmen; am Ende des Ausatmens erfolgt das Klopfen.

Diese Übung wirkt sich positiv auf das Seh- und Hörvermögen aus. Sie kann auch bei Hörgeräuschen (Tinnitus) helfen.

Qi Gong

Größtmögliche Entspannung erreichen

▶ *Die vierte edle Übung*

Diese Übung lautet: »Den Kopf drehen und den roten Drachen bewegen«.

- Sie sitzen im Schneidersitz auf dem Boden, Ihre Wirbelsäule ist entspannt und aufrecht. Ihre Hände liegen übereinander gelegt – Handflächen nach oben – vor Ihrem Bauch auf Höhe des unteren Dan Tien.
- Sie drehen nun Ihren Kopf ganz entspannt nach einer Seite; die Augen gehen entspannt mit, ohne etwas zu fixieren. Erst wenn Sie den Kopf nicht mehr ohne Anstrengung weiterdrehen können, geht Ihr Blick noch weiter in die Richtung der Drehung (Einatmen).
- Anschließend gehen Sie langsam zum Ausgangspunkt zurück (Ausatmen).
- Dann machen Sie Kopfdrehung und Augenbewegung zur anderen Seite hin.

Diese Übung hilft bei Kopfschmerzen aller Art und bei Halsschmerzen.

▶ *Die fünfte edle Übung*

Diese Übung lautet: »Die Hände reiben und die Nierenpunkte massieren«.

- Sie sitzen entspannt im Schneidersitz auf dem Boden und reiben Ihre Hände vor der Brust, bis sie warm sind (Ausatmen).

Bei der vierten edlen Übung drehen Sie den Kopf zur Seite; später gehen die Augen noch ein Stück weiter. Schauen Sie nach hinten.

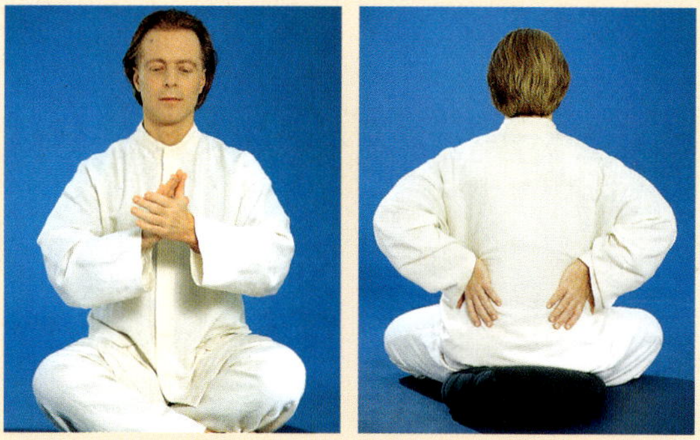

Bei der fünften edlen Übung reiben Sie die Hände und legen sie auf die Nierenpunkte.

- Dann führen Sie die Arme nach hinten und legen die warmen Hände auf die Gegend der Nieren; die Finger zeigen dabei nach unten (Einatmen).

Die Übung hat einen heilenden Einfluss auf Nieren und ableitende Harnwege sowie auf die Sexualorgane.

▶ *Die sechste edle Übung*

Diese Übung lautet: »Mit beiden Händen das Schöpfrad drehen«.

- Sie sitzen mit nach vorn ausgestreckten geschlossenen Beinen auf dem Boden; der Oberkörper ist aufrecht.
- Strecken Sie die Arme nach vorn, die Handflächen zeigen zueinander. Krümmen Sie die Finger, als ob Sie »Tigerpranken« hätten und mit diesen ein Rad (eben das »Schöpfrad«) greifen wollten.
- Führen Sie nun die Arme kreisend an der Außenseite der Beine entlang nach vorn; der Oberkörper geht mit, ohne krumm zu werden oder ein Hohlkreuz zu bilden (Einatmen).

! Bitte machen Sie alle Übungen zunächst in Ihrem Atemrhythmus. Die Kombination mit Einatmen und Ausatmen sollten Sie erst vornehmen, wenn Sie die Übungen beherrschen.

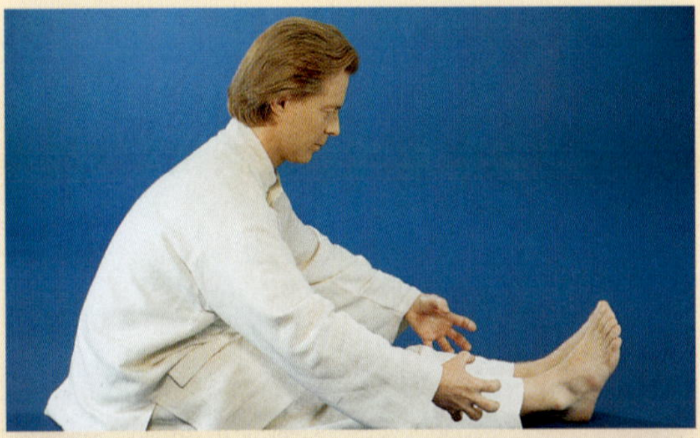

Bei der sechsten edlen Übung drehen Sie mit »Tigerpranken« das »Schöpfrad« nach vorn (oben) und wieder zurück (unten).

■ Führen Sie die Arme so weit vor, wie Sie können; dann führen Sie sie wieder auf Gesichtshöhe zurück; der Oberkörper geht ebenfalls mit zurück und neigt sich zum Schluss der Bewegung etwas nach hinten (Ausatmen). Diese Übung stärkt die Wirbelsäule.

▶ *Die siebte edle Übung*

Diese Übung lautet: »Den Himmel stützen, den Scheitel drücken und die sprudelnden Quellen fassen«.

■ Sie sitzen wie bei der sechsten Übung und verschränken die Hände vor der Brust.

■ Dann drehen Sie die Handflächen – die Hände bleiben verschränkt – nach außen und führen die Arme langsam in einer runden Bewegung nach vorn und hoch, bis über Ihren

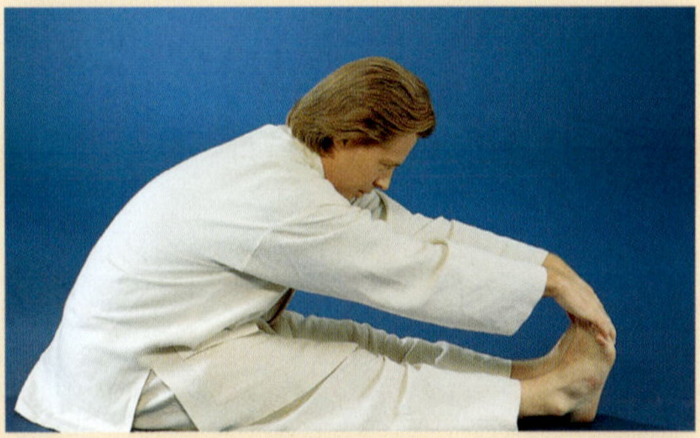

Bei der siebten edlen Übung umfassen Sie die so genannten Lao-Gong-Punkte (die »sprudelnden Quellen«) mit den Händen.

Kopf. Anschließend legen Sie den Fingerknöchel auf den Scheitel und drücken mit dem Kopf nach oben.

■ Lösen Sie dann die Finger, nehmen Sie die Arme etwas auseinander, und gehen Sie mit dem Oberkörper zurück, so weit Sie können, ohne ein Hohlkreuz zu machen (Einatmen).

■ Dann (Ausatmen) gehen Sie mit dem Oberkörper weit nach vorn und umfassen mit den Händen die Mitte Ihrer Fußballen (die »sprudelnden Quellen«).

■ Anschließend (Einatmen) richten Sie sich wieder auf und sind in der Ausgangsposition. Die Übung stärkt den Qi-Fluss in den beiden wichtigsten Gefäßen (Ren Mai und Du Mai), die alle Hauptmeridiane miteinander verbinden.

▶ *Die achte edle Übung*

Diese Übung lautet: »Das Qi im unteren Dan Tien sammeln«.

■ Sie sitzen wie bei der ersten Übung im Schneidersitz mit übereinander gelegten Händen vor dem Bauch.

■ Abschließend kreisen Sie mit übereinander liegenden Händen (Männer: rechte Hand oben, Frauen: linke Hand oben) mehrmals auf dem Bauch im Bereich des unteren Dan Tien.

Quinoa, das Pseudogetreide, eignet sich auch gut für Salate.

Quaddeln: Injektionsart, die im Rahmen der → Neuraltherapie angewendet wird. Dabei wird ein Lokalanästhetikum flach unter die Haut gespritzt

Qualität (lat. qualitas = Beschaffenheit): in der → Homöopathie Bezeichnung für die ein bestimmtes Symptom genauer beschreibende Eigenschaft. Dabei kann es sich sowohl um eine subjektive Empfindung (z. B. stechender oder ziehender Schmerz) handeln als auch um einen objektiven Befund (z. B. fadenziehender Schleim). Eine besonders ausgeprägte Qualität erleichtert die Unterscheidung verschiedener Arzneimittelbilder und damit die Arzneimittelwahl.

Quarkpackung: Packung aus Quark. Dieser wird dabei mit Milch und Molke zu einem Brei verrührt und etwa fingerdick direkt auf die Haut (oder auf einen Wickel) aufgetragen. Eine Quarkpackung wird vor allem bei entzündlichen Hautbeschwerden angewendet.

☛ Die Quarkpackung eignet sich zur Selbstbehandlung.

Quecke (Agropyron repens; auch Hundsgras): Kraut aus der Familie der Süßgräser (Poaceae). Aus dem Wurzelstock der Quecke entwickelt sich der aufrechte, glatte und kahle Stängel mit seinen schmalen, grünen, flachen Blättern. Die Pflanze wird über einen Meter hoch und schließt mit einer Ähre ab. Sie wächst hierzulande als »Unkraut« auf Äckern und in Gärten, an Wegrändern und auf Brachland. Ihre Blütezeit dauert von Juni bis August. Für die Herstellung von Arzneidrogen wird der getrocknete Wurzelstock verwendet. Die Quecke wird auch in der Homöopathie eingesetzt.

Inhaltsstoffe: wasserlösliche Polysaccharide (vor allem Tritizin), ätherisches Öl, Schleimstoffe, Saponine; viele Mineralstoffe (Eisen, Kieselsäure) und Vitamine (A, B-Gruppe).

Anwendungen: Die Quecke besitzt eine entwässernde und antibakterielle Wirkung. Die Heilpflanze wird daher in verschiedenen galenischen Zubereitungen bei Entzündungen der Harnwege und bei Nierenleiden angewendet. Traditionell kommt sie bei Bronchitis, Stoffwechselbeschwerden, rheumatischen Erkrankungen (z. B. Gicht) und Hauterkrankungen zum Einsatz.

Quinoa (Chenopodium quinoa; gesprochen »kienwa«): Pflanze aus der Familie der Gänsefußgewächse (Chenopodiaceae). Sie wird jedoch aufgrund ihrer Verwendung auch als Pseudogetreide bezeichnet. Quinoa gehört zu den ältesten Kulturpflanzen der Menschheit und diente schon der Urbevölkerung der südamerikanischen Anden vor 6000 Jahren als wichtigste Nahrungsgrundlage (vergleichbar dem Reis in Asien). Die Pflanze gedeiht auch unter extremen klimatischen Bedingungen (in über 4000 Meter Meereshöhe), wo andere Getreidearten längst nicht mehr wachsen. Das Quinoakorn besitzt wegen seines hohen Mineralstoff- und Vitamingehalts (vor allem Eisen und Vitamin E) einen hohen ernährungsphysiologischen Wert.

Rachenentzündung (Pharyngitis): Entzündung der Schleimhaut des oberen Rachenraums, teilweise unter Einbeziehung der Mandeln (→ Mandelentzündung). Es kommt bei der Entzündung zu Halsschmerzen, Schluckbeschwerden und möglicherweise Fieber. Die Rachenhinterwand ist dabei gerötet und leicht geschwollen. Eine Rachenentzündung entsteht oft in der Folge einer Erkältungskrankheit (→ grippaler Infekt). Die Erreger sind in der Regel Viren. In seltenen Fällen lösen Bakterien (Streptokokken) die Entzündung aus. Auch eine länger andauernde → Nebenhöhlenentzündung kann sich auf den Rachenraum ausdehnen.

! Wenn sich die Beschwerden nach zwei bis drei Tagen nicht bessern, sollten Sie zum Arzt gehen.

Zur allgemeinen Vorbeugung ist eine Stärkung der Immunabwehr durch eine Vitamin-C-reiche Kost (täglich 1 Glas Orangensaft zum Frühstück) zu empfehlen • Bei einer Rachenentzündung sollte der Nikotinkonsum unbedingt eingestellt werden; außerdem sollte die oft zu trockene Raumluft befeuchtet werden • Spülungen mit Kräuterteemischungen (z. B. Rosmarin, Kamille, Thymian, Salbei) können die Beschwerden lindern • Auch Inhalationen (etwa mit Kamille) sind sinnvoll

Teemischung zum Spülen: 20 g Salbeiblätter, 20 g Kamillenblüten und 20 g Rosmarinblätter mischen. 1 EL der Mischung mit 1/4 l kochendem Wasser übergießen und 10 Minuten lang zugedeckt ziehen lassen. Mehrmals täglich nach den Mahlzeiten den Mund-Rachen-Raum lauwarm spülen.

Radiästhesie (Strahlenfühligkeit): Beschwerden, die aufgrund einer möglichen Empfindlichkeit für Störfelder (Erdstrahlen u. Ä.) auftreten (→ Geopathie).

Radikale, freie: Sauerstoffatome und Oxide (Sauerstoffverbindungen), denen ein Elektron fehlt. Diese chemischen Verbindungen sind instabil; sie versuchen deshalb – im Gegensatz zu stabilen, vollständigen Molekülen –, das ihnen fehlende Elektron von einem anderen, vollständigen Molekül zu holen. Die dabei entstehende Kettenreaktion kann gesundheitsschädigende Folgen haben. Freie Radikale stehen im Verdacht, verschiedene Erkrankungen zu fördern (z. B. Krebs, Arteriosklerose, Hauterkrankungen und Arthritis). Eine ausreichende Zufuhr von Antioxidanzien (die Vitamine A, C und E sowie das Spurenelement Selen) kann den Organismus vor diesen außer Kontrolle geratenen Teilchen schützen.

Radix (lat. Wurzel): pharmazeutischer Ausdruck, der hinter dem Namen von Heilpflanzen steht, deren Wurzeln als Arzneimittel Anwendung finden, beispielsweise Valerianae radix (Baldrianwurzel).

Rainfarn (Tanacetum vulgare): Heilpflanze aus der Familie der Korbblütler (Asteraceae). Der Rainfarn ist eine ausdauernde Pflanze. An den nur im oberen Bereich verzweigten Stängeln sitzen gefiederte Blätter; die kleinen gelben Blüten stehen in doldigen Blütenständen. Die Pflanze blüht von Juni bis September bevorzugt an sonnigen Böschungen und Hügeln oder auch an Waldrändern. Für die Herstellung von Arzneimitteln werden die Blüten und die oberirdischen Pflanzenteile verwendet.

Inhaltsstoffe: ätherische Öle (Hauptwirkstoff Thujon), Bitter- und Gerbstoffe, Glykoside.

Anwendungen: Rainfarn besitzt eine antibiotische, entblähende und krampflösende Wirkung und wird traditionell als Wurmmittel angewendet, darüber hinaus auch bei Migräne, Neuralgien, rheumatischen Beschwerden und Appetitlosigkeit.

! Von einer Selbstbehandlung mit Rainfarn wird mittlerweile wegen der Nebenwirkungen dringend abgeraten.

Rasayana: traditionelles Heilmittel des indischen → Ayurveda. Rasayanas sind meist Kombinationspräparate aus Heilkräutern und Mineralien, oder es sind Lebensmittel (etwa Honig, Milch und das Butterschmalz Ghee).

Ratanhiawurzel (Ratanhiae radix): Wurzel von Krameria triandra, einem Strauch aus der Familie der Krameriengewächse (Krameriaceae), der im Hochland der Anden von Bolivien und Peru wächst. In der Homöopathie wird die Ratanhia vor allem als Mittel gegen Hämorrhoidalleiden eingesetzt.

Inhaltsstoffe: Gerbstoffe (vor allem Catechingerbstoffe).

Anwendungen: Die Wurzel wirkt adstringierend (zusammenziehend) und wird deshalb als Tinktur oder in anderer Zubereitung bei Mundschleimhautentzündungen und Parodontose angewendet. Sie ist häufig ein Bestandteil von Mundpflegemitteln.

Raucherentwöhnung: therapeutische Methoden und Hilfen, die das Aufhören mit dem Rauchen ermöglichen bzw. erleichtern sollen. Nikotinkaugummis oder -pflaster, die auf die Haut geklebt werden, führen dem Körper Nikotin zu und lindern damit die Entzugsymptomatik. Auch eine Akupunkturbehandlung kann das Verlangen nach einer Zigarette herabsetzen. Das Wichtigste bei der Raucherentwöhnung ist jedoch, die psychische Abhängigkeit von der Zigarette (Nikotinsucht) in den Griff zu bekommen. Dazu existieren eine ganze Reihe von Methoden und Vorgehensweisen (Verhaltenstherapie, Selbsthilfegruppen). Eine notwendige Voraussetzung für den Erfolg solcher Methoden ist der eigene Wille zur Verhaltensänderung.

Die Raute galt früher als Zauberpflanze, die in bestimmten Nächten unsichtbar macht.

Raute (Ruta graveolens): Staude aus der Familie der Rautengewächse (Rutaceae). Die Raute ist eine verästelte graugrüne, Staude mit runden, starren Stängeln. Die gefiederten Blätter können bis zu 15 Zentimeter lang werden. Die grünlich gelben Blüten sitzen in einem doldigen Blütenstand. Die Pflanze blüht von Juni bis August. Hierzulande ist die Pflanze hauptsächlich in Gärten und Kulturen anzutreffen. Die ursprüngliche Heimat der Raute ist das Mittelmeergebiet, von wo aus sie von Benediktinern über die Alpen gebracht wurde. Für die Herstellung von Arzneidrogen werden die getrockneten oberirdischen Pflanzenteile verwendet, die eine krampflösende, beruhigende und appetitanregende Wirkung besitzen. Die Heilpflanze kommt auch in der Homöopathie zum Einsatz.

Inhaltsstoffe: ätherisches Öl, Furanocumarine, Flavonoide (beispielsweise Rutin), verschiedene Alkaloide.

Anwendungen: Die Heilpflanze wird traditionell in Form von Tees oder Extrakten als Sedativum (beruhigendes und schlafförderndes Mittel) angewendet, aber auch bei Appetitlosigkeit, rheumatischen Erkrankungen und Menstruationsbeschwerden.

! Bei einer Selbstbehandlung ist wegen der toxischen (giftigen) Nebenwirkungen der Alkaloide Vorsicht geboten.

Reaktion (lat. re = zurück, actio = Handlung): Antwort des Organismus auf einen erfolgten Reiz (z. B. bei einer Kälteanwendung). Bei der so genannten konsensuellen (gleichgesinnten) Reaktion reagiert ein nicht direkt von der Behandlung betroffener Körperteil in ähnlicher Weise mit. Beispielsweise reagieren bei Güssen auch andere Körperteile mit; bei der

Fußreflexzonentherapie reagieren innere Organe auf Reize der Fußsohle. Das Reaktionsprinzip liegt einigen Heillehren und Anwendungen der Naturheilkunde zugrunde (etwa der → Kneipptherapie, der → Fußreflexzonenmassage, der → Neuraltherapie).

Rebirthing (engl. rebirth = Wiedergeburt): Form der → Psychotherapie, die aus der → New-Age-Bewegung kommt. Bei dieser Methode sollen körperliche und spirituelle Erfahrungen gemacht werden, um das angenommene Geburtstrauma aufzuarbeiten und die daraus resultierenden psychischen Störungen zu beseitigen. Dazu werden spezielle Atemübungen (z. B. auch Hyperventilation) angewendet, die die Blockierung der so genannten Sozialenergie aufheben sollen. Das Therapieverfahren ist umstritten.

Red Chestnut (engl.): Rote Kastanie, Stockbottle Nr. 25 der → Bach-Blüten. Red Chestnut hilft Personen, die sich ständig übertriebene Sorgen um andere machen, ihre eigenen Bedürfnisse besser wahrzunehmen und für sich selbst mehr Gutes zu tun.

Reduktionsdiät: energiereduzierte Misch- bzw. Vollwertkost zur Verringerung des Körpergewichts bei bestehendem Übergewicht. Die Diät sollte eine ausgewogene und zugleich bedarfsdeckende Nährstoffzufuhr (essenzielle Fett- und Aminosäuren, Mineralstoffe, Spurenelemente und Vitamine) gewährleisten (→ Diät).

Reflexzonenmassage: spezielle Massagetechnik, die durch Druckausübung auf bestimmte Punkte und Regionen der Haut (im Prinzip am ganzen Körper, meist aber an Händen und Füßen) zur Beeinflussung innerer Organe und ganzer Körperbereiche führt (→ Fußreflexzonenmassage).

Reflexzonentherapie: therapeutisches Verfahren im Rahmen der → Reiztherapie. Hierbei werden an bestimmten Punkten oder Zonen der Körperoberfläche sensorische Nervenfasern angeregt (z. B. Reflexzonenmassage) oder andere Reizzustände verursacht (z. B. → Neuraltherapie). Die Wirkung beruht offenbar auf einer neurophysiologischen Wechselbeziehung zwischen Körperoberfläche und inneren Organen oder Teilen des Bewegungsapparats. Die Funktionsweise – deren Auswirkungen bisweilen sehr gut zu beobachten sind – ist bis heute naturwissenschaftlich nicht vollständig geklärt.

Reformkost (lat. reformare = umgestalten): Ernährungslehre, die bereits gegen Ende des 19. Jahrhunderts von der so genannten Lebensreformbewegung propagiert wurde, deren bekanntester Vertreter Maximilian Bircher-Benner war (→ Bircher-Benner-Kost). Die wichtigsten Grundsätze der Reformkost waren und sind: einfache und naturnahe Ernährung, Verbesserung der allgemeinen Gesundheit und Verhinderung ernährungsbedingter Krankheiten. Es besteht eine gewisse Tendenz, pflanzliche Lebensmittel (vor allem Roh- und Frischkost) und Vollkornprodukte zu bevorzugen. Bircher-Benner empfahl pflanzliche Lebensmittel mit hohem Rohkostanteil, Vollgetreide und Gemüse, bei der strengen Form völligen Verzicht auf tierische Nahrungsmittel bzw. bei der erweiterten Form mit kleinen Mengen Milch, Butter und Käse. Vermieden werden sollen Nahrungsmittel, die keine essenziellen Nährstoffe enthalten, beispielsweise »leere« Kohlenhydrate (Zucker) oder industriell verarbeitete Nahrung.

Regenatherapie (Kurzbezeichnung für: kausale Regena-Ganzheits-Zell-Regenerationstherapie): Bei diesem therapeutischen Verfahren werden so genannte Regenaplexe (homöopathische Einzelmittelkombinationen) angewendet. Das Verfahren ist umstritten.

Regenerationstherapie: Sammelbezeichnung für verschiedene therapeutische Verfahren, die einem vorzeitigen Zellabbau, einer Leistungsschwäche und einem Vitalitätsverlust vorbeugen bzw. entgegenwirken sollen (z. B. → Wiedemann-Kur).

Regulationstherapie (auch autoregulative Therapie): Sammelbezeichnung für therapeutische Verfahren, die eine Heilung oder Besserung durch ein besseres Funktionieren des Organismus erreichen wollen (→ Reiztherapie).

Rehabilitation: Maßnahmen zur Förderung und Wiederherstellung von körperlichen, seelischen und sozialen Fähigkeiten. Rehabilitation besitzt unterschiedliche Schwerpunkte, die sich auf medizinische, berufliche und soziale Bereiche beziehen. Die bekannteste medizinische Rehabilitationsmaßnahme ist die → Kur. Andere Förderungshilfen betreffen beispielsweise körperlich und geistig behinderte Personen. Nachsorgemaßnahmen nach Krebserkrankungen, Herzinfarkten, Schlaganfällen und Unfällen gehören ebenfalls zur medizinischen Rehabilitation. Auch Therapien im Anschluss an einen Drogenentzug werden zur Rehabilitation gerechnet. All diese Maßnahmen werden in der Regel von der Sozialversicherung finanziert. Bei einer Rehabilitation erfolgt meist eine Zusammenarbeit von verschiedenen Berufsgruppen (z. B. von Ärzten, Physiotherapeuten, Beschäftigungstherapeuten und Psychologen).

Reiki (japan. universelle Lebensenergie; gesprochen »Reeki«): Behandlungen nach Vorgaben des japanischen Mönchs Mikao Usui, bei denen die Lebensenergie Ki (japanische Bezeichnung von → Qi) aktiviert, verstärkt oder übertragen werden soll. Mit Reiki soll das Wohlbefinden verbessert und Beschwerden (Verspannungen, Rückenschmerzen u. Ä.) sollen gelindert werden; gleichzeitig soll eine höhere Bewusstseinsstufe erlangt werden. Bei Reiki wird durch Handauflegen auf bestimmte Körperstellen und auf die Chakren (siehe zu den Chakren das Special zu Ayurveda S. 46) heilende Energie übertragen, um Blockaden zu lösen. Es bedarf dazu einer bestimmten Ausbildung: Reiki wird von Meistern und Meisterinnen an Schüler weitergegeben (siehe zu Reiki das Special S. 335ff.).

Reisekrankheit (Kinetose; auch Seekrankheit): Übelkeit und Erbrechen, die während einer Reise auftreten können. Zu den Beschwerden kommt es, weil bei Flug- und Seereisen, aber auch bei anderen Reiseformen das Gehirn von den Augen und vom im Innenohr befindlichen Gleichgewichtsorgan unterschiedliche Botschaften erhält. Während das Auge z. B. im Innern eines Schiffs relative Ruhe suggeriert, registriert das Gleichgewichtsorgan die Bewegung. Auf diese widersprüchlichen Nachrichten hin wird das Brechzentrum im Gehirn aktiviert – mit den bekannten Folgen. In der Regel klingen die Beschwerden rasch ab, sobald die Reise beendet ist. Nach längeren Reisen können sie jedoch noch einige Tage lang anhalten.

! Die Reisekrankheit kann mit Blutdruckschwankungen einhergehen. Menschen mit zu niedrigem Blutdruck können durch einen Blutdruckabfall ohnmächtig werden und sollten mit ihrem Arzt darüber sprechen.

Eine andere Form der »Reisekrankheit« – Jetlag

Der menschliche Organismus ist normalerweise auf einen bestimmten Tageslichtrhythmus, der 24 Stunden andauert, eingestellt. Es gelingt dem Körper nur sehr schwer, plötzlich extreme Umstellungen zu verkraften. Wenn man jedoch beispielsweise mit dem Flugzeug mehrere Zeitzonen überspringt, wird der Körper dazu gezwungen, noch leistungsfähig zu bleiben, obwohl er eigentlich schon auf Nachtruhe eingestellt ist – oder umgekehrt. Bestimmte Organe (Gehirn, Magen und Darm) nehmen diese Zwangsmaßnahme übel. Typische Umstellungssymptome beim so genannten Jetlag sind: Müdigkeit, Schlaflosigkeit, Konzentrationsstörungen, Kopfschmerzen, leichte Reizbarkeit sowie Magen-Darm-Probleme.

Reiki

Heilende Kraft der Hände

Heilen durch Handauflegen hat auch in Europa eine jahrtausendealte Tradition, die allerdings durch das Fortschreiten der wissenschaftlichen Heilkunde und deren Erfolge in den letzten Jahrhunderten mehr und mehr zurückgedrängt wurde. Reiki, das auch unter dem Namen »Radiance-Technik« (Strahlentechnik) bekannt ist, hat diese Tradition in den vergangenen Jahren im Zug der Rückbesinnung auf natürliche Heilverfahren von Asien aus wieder nach Europa zurückgebracht.

Energie des Universums

Bei Reiki geht es darum, die im Universum in Form von Strahlen vorhandene Lebensenergie anzuzapfen und sie an sich selbst oder andere Menschen (auch an Tiere) weiterzugeben. Die »Empfangsgeräte« für diese Strahlen sind bei Reiki die Hände, die durch Auflegen auf bestimmte Körperbereiche und auf die Chakren Energie in den Körper weiterleiten und dort Blockaden lösen und die Lebensenergie wieder in Fluss bringen. Östliche Heilmethoden gehen allgemein davon aus, dass Blockaden und Ungleichgewichte die Ursachen von Gesundheitsstörungen und Krankheiten sind. Werden die Blockaden aufgelöst, können die Selbstheilungskräfte wieder frei wirken.

Reiki als ganzheitliches Heilverfahren

Reiki-Behandlungen werden in den meisten Fällen ganzheitlich durchgeführt, denn Reiki erfasst den ganzen Menschen in seiner gegenwärtigen Entwicklungsstufe und fließt von selbst dort hin, wo es gebraucht wird. Dies schließt aber so genannte Sonderpositionen nicht aus, die zusätzlich bei bestimmten Erkrankungen angewendet werden können. Auch die Menge der aufgenommenen Energie, die die behandelte Person benötigt, richtet sich nach den Bedürfnissen, weshalb eine zu starke Dosis an Energie nicht gegeben werden kann. Deshalb ist auch vor der Behandlung keine Diagnose notwendig. Zudem tankt auch der Gebende Energie auf, statt sie bei der Behandlung zu verlieren.

Die Reiki-Behandlung

Im Verlauf der Behandlung legt die Person, die Reiki gibt, die Hände in einer bestimmten Abfolge auf verschiedene Stellen des bekleideten Körpers auf. Reiki wird meistens an vier Tagen mindestens 90 Minuten täglich gegeben.

- Manchen Menschen kann das Berührtwerden (anfangs) unangenehm sein, was jedoch kein Problem ist, denn Reiki kann auch mit wenigen Zentimetern Abstand von der Hautoberfläche übertragen werden.
- Welches Gefühl das Auflegen der Hand verursacht, hängt sicherlich auch von der Erwartungshaltung der empfangenden Person ab. In den meisten Fällen übt das Handauflegen eine beruhigende und entspannende Wirkung aus.

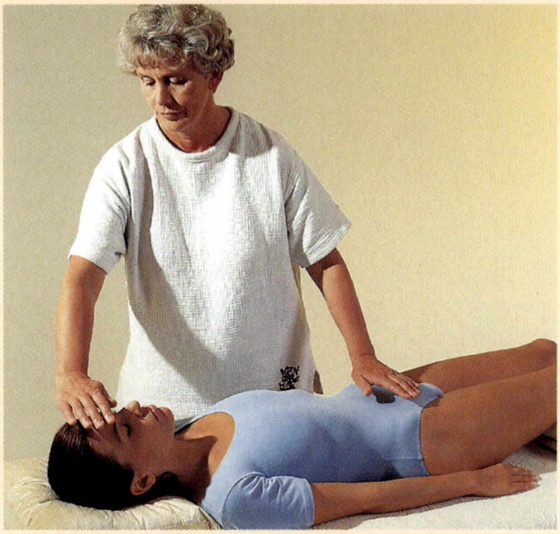

Die Verbindung von Stirn- und Sakralchakra aktiviert Lebensfreude und Kreativität.

Reiki

Heilende Kraft der Hände

■ Ob Wärme, Kribbeln oder Pulsieren als das Einströmen der Reiki-Kraft empfunden wird, hängt meist von der Bereitschaft ab, sich psychisch auf diese Behandlungsmethode einzulassen.

■ Die Wirkung muss nicht sofort eintreten, sondern sie ist oft erst nach Stunden oder am nächsten Tag zu verspüren.

! Reiki darf keinesfalls bei gesundheitlichen Störungen oder Erkrankungen den Arztbesuch ersetzen. Diesen Grundsatz sollte eine Reiki gebende Person immer im Auge behalten (und dies sollte auch die behandelte Person wissen), um eine erforderliche ärztliche Behandlung nicht zu verschleppen oder gar zu verhindern. Reiki kann mit anderen Heilmethoden (beispielsweise mit klassischen Massagen, Polaritymassage, Fußreflexzonenmassage) gut kombiniert werden, und es darf bei schweren Erkrankungen keinesfalls ausschließlich angewendet werden.

Einfache Anwendungen sind möglich

Reiki muss im Gegensatz zu den meisten anderen Heilverfahren nicht ausschließlich passiv »erduldet« werden, sondern man hat die Möglichkeit, es so zu erlernen, dass man sich selbst behandeln oder andere beim Genesungsprozess unterstützen kann. Man geht dabei davon aus, dass diese Fähigkeit in jedem Menschen vorhanden, aber die Sensibilität für feine Energien bei vielen verkümmert ist. Reiki kann in Kursen erlernt werden, wobei drei verschiedene Reiki-Grade und der Lehrergrad erworben werden können. Die Kurse werden bereits in jeder größeren Stadt angeboten.
Im Folgenden sollen allerdings einige einfache »technische« Handgriffe erklärt werden, die Sie einfach mal ausprobieren können. Bitte bedenken Sie, dass Sie damit nicht Krankheiten heilen können, sondern Energie tanken, die helfen mag, Beschwerden zu lindern.

Reiki bei müden Augen.

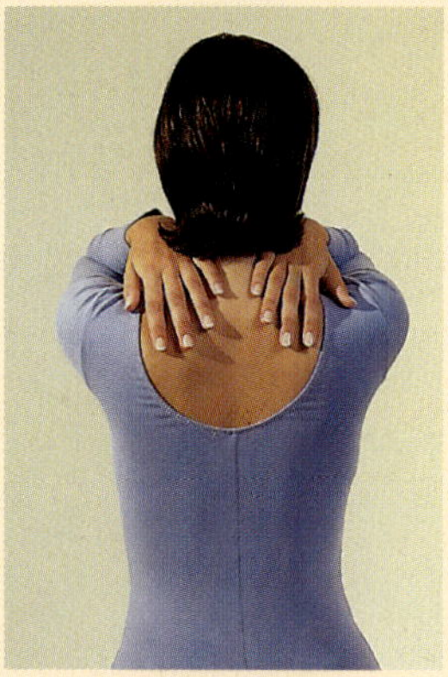

Reiki bei Nackenproblemen.

▶ ***Reiki bei überanstrengten Augen***
Legen Sie beide Hände aufs Gesicht – die Finger zeigen nach oben –, und schirmen Sie sich so nach außen ab.

▶ ***Reiki bei Verspannungen im Hals- und Schulterbereich***
Legen Sie die Hände auf die Schultern; dabei zeigen die Fingerspitzen nach hinten. Geben Sie Ihre Wärme und Energie an die verspannten Stellen ab.

▶ ***Reiki bei Bauchbeschwerden***
Streichen Sie mit Ihren Händen die Vorderseite des Körpers entlang zum Solarplexus. Legen Sie beide Hände untereinander auf diesen Bereich.

▶ ***Reiki bei Stress***
Legen Sie beide Hände rechts und links auf Taillenhöhe auf den Rücken – dies ist die Nierenregion; die Fingerspitzen weisen dabei zur Wirbelsäule.

Reiki und die Meistergrade

Wer Reiki über den Kopf »erlernen« will, steht vor dem Problem, dass dieses Heilverfahren stark spirituell ausgerichtet ist und dabei nicht auf ein breit sortiertes Instrumentarium von Begriffen und Techniken zurückgegriffen wird. Das »Erlernbare« sind die Grund- und Sonderpositionen der Hände. Alles andere wird von einem Meister oder einer Meisterin an die Schüler weitergegeben; dazu müssen sich diese für die universelle Energie »öffnen«. Deshalb wird bei Reiki auch von einer »Einweihung« in dem Sinn gesprochen, dass man in die Geheimnisse eingeweiht wird und nicht an einer Unterrichtung teilnimmt.

- Es handelt sich also um ein Einweihungsritual, bei dem Energiekanäle gereinigt und neu ausgerichtet werden, so dass die universelle Lebensenergie frei fließen kann.
- Außerdem muss der Gefahr des Energieverlusts beim Geben von Reiki mit dem Aufbau eines starken Schutzes begegnet werden.
- Ist der Energiefluss einmal geöffnet, wird man die Reiki-Fähigkeit das ganze Leben lang nicht mehr verlieren.

▶ *Der erste Reiki-Grad*

Im ersten Kurs werden die Energiekanäle geöffnet, um eine Heilung auf der körperlichen Ebene überhaupt zu ermöglichen. Es werden alle Grund- und Sonderpositionen erlernt, die man bei sich selbst und bei anderen anwenden kann. Will man selbst heilen, dann ist es natürlich das Wichtigste, auch selbst zu erfahren, dass Reiki tatsächlich wirkt. Wer dem Heilverfahren skeptisch gegenübersteht, kann keine heilende Wirkung auf andere ausüben. Zu diesem Zweck bekommt jeder Kursteilnehmer auch eine Ganzkörperbehandlung und erfährt Reiki dabei am eigenen Leib. Außerdem lernen die Absolventen das System der Chakren kennen und die Möglichkeit, die Chakren mit Reiki zu »balancieren« und Disharmonien auszugleichen. Dazu gehört es auch, eine Reihe von Ritualen zu erlernen, die je nach persönlicher Vorliebe in die tägliche Reiki-Praxis einbezogen werden können.

▶ *Die Phase der Reinigung*

An die Einweihung in den ersten Grad sollte sich unbedingt eine mehrwöchige Phase der

Die fünf Lebensregeln

Im Kurs zum ersten Reiki-Grad werden auch die über die Technik hinausgehenden Bereiche von Reiki vermittelt. Dies sind insbesondere die fünf Lebensregeln, die der Begründer Dr. Mikao Usui Ende des letzten Jahrhunderts aufstellte und die bis heute weitergegeben werden.

- Gerade heute ärgere dich nicht. – Gerade heute freue dich.
- Gerade heute sorge dich nicht. – Gerade heute erwarte das Beste.
- Gerade heute sei dankbar für alle Segnungen in deinem Leben.
- Gerade heute verdiene dein Brot ehrlich.
- Gerade heute sei freundlich zu allen Lebewesen.

Die fünf Lebensregeln sollen keine Moralvorschriften darstellen, sondern Erinnerung daran sein, dass unsere Lebensweise immer wieder infrage gestellt werden kann und dass man immer die Kraft hat, sie zu ändern. Es wird empfohlen, die Lebensregeln an einem Ort aufzuhängen, auf den jeden Morgen der Blick fällt. Sie können auch auf ein Kärtchen geschrieben und – gut sichtbar – auf den Tisch gelegt oder in den Geldbeutel gesteckt werden.

Heilende Kraft der Hände

Reinigung anschließen. Man gibt sich in dieser Phase täglich selbst Reiki und erfährt dabei, wie wichtig und bereichernd es ist, sich Zeit für die eigene Entwicklung und die Zuwendung zu sich selbst zu nehmen. Auch Haustiere sowie Pflanzen können mit einbezogen werden. Für diese Zeit werden in der Einweihung zum ersten Grad eine Reihe von Hinweisen gegeben, wie diese Phase der Reinigung mit Entspannung und Meditation, Übungen für das eigene Körperbewusstsein und mehr Achtsamkeit im täglichen Leben – von einer gesunden Ernährung bis zum gesunden Schlaf – gestaltet werden kann. Schon in dieser Phase soll es vorgekommen sein, dass gesundheitliche Störungen zurückgegangen oder gar verschwunden sind.

▶ *Der zweite Reiki-Grad*

Nachdem mit der Arbeit im ersten Grad Erfahrungen gesammelt werden konnten, kann man sich in den zweiten Grad einweihen lassen. Dabei wird die Kenntnis von drei »Symbolen« vermittelt, mit denen man zusätzlich arbeiten kann. »Symbole« stehen bei Reiki für Vorgänge, die wir normalerweise sinnlich und verstandesmäßig nicht erfassen können. Zu den Symbolen gehören auch bestimmte »Mantras«, also Wörter, die man laut oder leise sagt, wenn man die Symbole benutzt.

- Mit dem ersten Symbol kann man sich vor negativen Energien anderer Menschen, negativen Energien in Räumen oder in Nahrungsmitteln schützen. Es reinigt und lädt mit Energie auf.
- Das zweite Symbol beeinflusst die geistige Ebene. Damit kann eine Verbindung zum eigenen Unbewussten hergestellt und die mentale Heilung unterstützt werden. Auf diese Weise ist es möglich, dass man sich von den negativen Mustern im eigenen Leben lösen kann, die möglicherweise in den Beziehungen zum Partner und/oder anderen Menschen wirken oder Gesundheitsstörungen verursachen.
- Das dritte Symbol öffnet Zeit und Raum. Mit diesem Symbol kann Reiki auch an Personen gegeben werden, die weit entfernt leben. Reiki kann damit auch in die Vergangenheit geschickt werden, um etwa die Wirkung eines Kindheitstraumas zu beenden, oder aber in die Zukunft, um positive Energien für künftige Ereignisse zu mobilisieren.

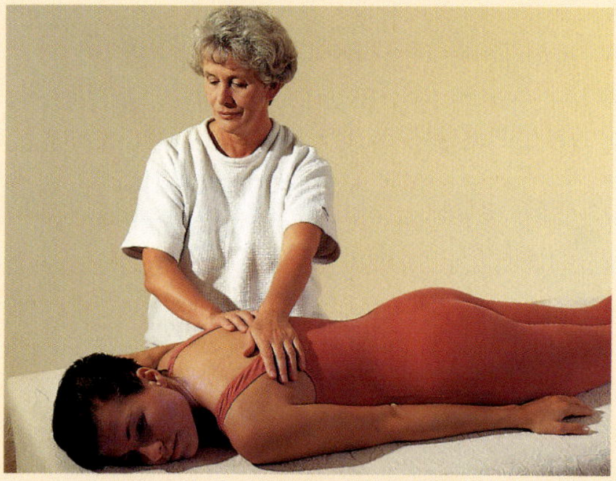

Reiki löst Verspannungen und hilft insbesondere bei Rückenbeschwerden.

▶ *Der dritte Reiki-Grad*

Der dritte Reiki-Grad ist der Meistergrad. Damit wird auch – allerdings nicht in erster Linie – dem menschlichen Bedürfnis Rechnung getragen, dass sie andere Menschen suchen, von denen sie lernen können oder die ihnen mit Rat und Tat zur Seite stehen. Die Meister müssen diese Fähigkeit in der Einweihung zum ersten und zweiten Grad durch die »Öffnung« des Schülers unter Beweis stellen. Die Meisterschaft bei Reiki besteht jedoch vor allem darin, die eigene schöpferische Kraft zu erkennen und damit das eigene Leben gestaltend in die Hand zu nehmen.

Vor allem während einer Flugreise empfiehlt es sich, zur Vorbeugung leichtere gymnastische Übungen auf dem Sitz im Flugzeug zu machen • Auch bei Autofahrten sind kurze Gymnastikübungen während einer Fahrtpause sinnvoll • Ein altes Seefahrerrezept hilft: Ingwerwurzel kauen • Suchen Sie sich den richtigen Platz (im Flugzeug im Bereich der Tragflächen, im Schiff in der Mitte); bleiben Sie bei einer Schifffahrt an Deck, und suchen Sie mit den Augen einen festen Punkt in der Ferne • Nehmen Sie nur leichte Mahlzeiten vor und während der Reise zu sich • Wenn der Magen zu hohe Wellen schlägt, kann er auch mit einem Riechfläschchen (4 Tropfen Pfefferminzöl, 2 Tropfen Basilikumöl, 1 Tropfen Neroliöl und 1 Tropfen Lemongrasöl in ein Fläschchen mit 20 ml Sonnenblumenöl geben, gut durchschütteln) beruhigt werden

Reizblase: Blasenprobleme, die meist aufgrund einer Überempfindlichkeit entstehen (Übererregbarkeit des vegetativen Nervensystems, Genussmittelkonsum etc.). Häufig leiden auch Frauen in den Wechseljahren (→ Wechseljahrebeschwerden) bzw. Männer mit → Prostataproblemen an einer Reizblase. Die Symptome sind: häufiges (vor allem bei Kälte verstärktes) Harndranggefühl, ohne dass dabei nennenswerte Harnmengen abgehen, oder aber Harndrang mit großen Harnmengen. Ursachen können auch Blasensteine oder Blasentumoren sein; doch es liegen relativ selten organische Ursachen für eine Reizblase vor. Die Reizblase wird vielmehr stark von psychischen Faktoren beeinflusst.

! Vor einer Selbstbehandlung sollten Sie mögliche organische Ursachen vom Arzt abklären lassen.

Abends sollte die Flüssigkeitszufuhr eingeschränkt werden (tagsüber jedoch nicht weniger trinken!) • Harntreibende Getränke (Kaffee, Alkohol, koffeinhaltige Limonaden) sollten möglichst nicht konsumiert werden • Die psychischen Ursachen für die Reizblase sollten untersucht werden (eventuell Psychotherapie) • Auch Wasseranwendungen (Voll- oder Sitzbäder) mit ätherischen Ölen oder Heublumen können die Beschwerden lindern helfen • Entspannungsübungen (Qi Gong, autogenes Training) haben einen positiven Effekt • Heilpflanzen, die beruhigend auf die Reizblase wirken, sind Baldrian, Johanniskraut und Hopfen; ebenso Bärentraube, Birke und Hauhechel.

Sud für Heublumensitzbad: 250 g Heublumen mit 3 l Wasser erhitzen und 15 Minuten ziehen lassen. Den etwas abgekühlten Sud (mit oder ohne Heublumen) in ein 38 °C warmes Sitzbad geben. Etwa 10 Minuten lang baden.

Reizkörpertherapie: Verfahren, bei dem durch innerliche Anwendung von so genannten Reizkörpern (z. B. Eigenblut) oder durch äußerliche Substanzen (z. B. Kantharidenpflaster) bzw. bestimmte Verfahren (z. B. Moxibustion, Schröpfen) ein heilender Effekt auf die Konstitution und den Bewegungsapparat erzielt werden soll (→ Eigenbluttherapie, → Aschner-Methode, → Umstimmung).

Reizmagen (funktionelle Dyspepsie; auch nervöser Magen): Die Symptome eines Reizmagens sind brennende, krampfartige Schmerzen im Oberbauch, Übelkeit und Erbrechen, Sodbrennen, Aufstoßen, Druck- und Völlegefühl, Blähungen sowie Appetitlosigkeit. Die Beschwerden treten häufig während der Mahlzeiten und danach auf. Deshalb vermuten viele Personen, die daran leiden, dass sie ursächlich mit der Nahrungsaufnahme zusammenhängen. Die Ursachen des Reizmagens sind jedoch meist im psychischen Bereich zu suchen: seelische Krisensituationen (z. B. Arbeitslosigkeit), Stress und die damit verbundene unregelmäßige Nahrungsaufnahme, erhöhter Konsum von Genussmitteln (Nikotin, Alkohol, Kaffee).

! Reizmagen und → Gastritis ähneln sich in ihren Symptomen. Genaue Auskunft kann hier nur eine Röntgenuntersuchung oder eine Magenspiegelung geben.

Vorbeugend sollte man auf Genussmittel wie Alkohol oder Nikotin möglichst verzichten und stressbeladene Situationen vermeiden • Bierhefe enthält viele B-Vitamine und nützt dem Reizmagen • Eine bewusste Entspannung (z. B. mit autogenem Training) kann die Beschwerden rechtzeitig verhindern helfen • Auch Methoden der asiatischen Medizin (z. B. Akupressur, Akupunktur, Shiatsu) können helfen, mit negativem Stress anders umzugehen • Außerdem lindern Anwendungen mit Heilkräutern (z. B. Kamille, Pfefferminze, Melisse, Fenchel, Tausendgüldenkraut) akute Beschwerden

Magenteemischung: 25 g Tausendgüldenkraut, 25 g Wermutkraut, 20 g Enzianwurzel, 20 g Pomeranzenschalen und 10 g Zimt mischen. 1 EL der Teemischung mit 1/4 l kochendem Wasser übergießen und 15 Minuten lang ziehen lassen. Nach dem Abseihen den Tee etwas abkühlen lassen und 1 Tasse davon jeweils 30 Minuten vor den Mahlzeiten trinken.

Reiztherapie (auch Reiz-Reaktionstherapie): Bezeichnung für ein therapeutisches Prinzip der Naturheilkunde (und auch der Schulmedizin), wonach ein unspezifischer Reiz den menschlichen Organismus zur Selbsthilfe anregt. Voraussetzung ist dabei, dass der Organismus überhaupt noch reaktionsfähig ist. Eine der bekanntesten schulmedizinischen Methoden der Reiztherapie ist die Schutzimpfung. Weitere Beispiele von Reiztherapie sind → Eigenbluttherapie, → Neuraltherapie, manuelle Therapien (z. B. Massage), → Reflexzonentherapie und Hydrotherapie (→ Bädertherapie, → Kneipptherapie).

Bach-Blüten helfen auf psychischer Ebene – dies gilt auch für Rescue Remedy.

Repertorisierung: Vorgehensweise in der → Homöopathie bei der Arzneimittelwahl. Die Symptome des Patienten werden dabei in Repertorien (Symptomenverzeichnissen) nachgeschlagen, um alle Arzneimittel, die diese Symptome in ihrem Arzneimittelbild enthalten, herauszufinden. Die Repertorien enthalten die klinischen Erfahrungen aus zwei Jahrhunderten; neuere Computerverzeichnisse umfassen bereits über 135 000 Stichwörter.

Rescue Remedy (engl.): Notfalltropfen, eine spezielle Mischung der → Bach-Blüten. Die Notfalltropfen bestehen aus fünf Bach-Blütenessenzen, die Angst und Unruhe lindern sowie die Überwindung des Schocks nach einem Notfall oder Unfall erleichtern sollen. Die enthaltenen Blütenessenzen sind → Cherry Plum, → Clematis, → Impatiens, → Rock Rose und → Star of Bethlehem.

Rescue Remedy ersetzt im Notfall keinen Arzt! Die Tropfen helfen den Betroffenen lediglich, die psychische Stresssituation (z. B. bei einem Unfall) besser zu verkraften.

Resorption (lat. resorbere = aufnehmen): Aufnahme von verschiedenen Stoffen (z. B. Nährstoffen, Wirkstoffen von Arzneimitteln) über die Haut, die Magenschleimhaut (Magen-Darm-Trakt) und die Atmungsorgane oder aus Geweben in den Blut- und Lymphkreislauf.

Retinol (auch Vitamin A): gehört zur Gruppe der fettlöslichen Vitamine. Vitamin A (täglich benötigte Menge: rund 1,0 Milligramm) kann vom Organismus auch in Form von Provitaminen (z. B. → Beta-Karotin) aufgenommen werden. Im Namen des wirksamsten A-Vitamins, des Retinols, ist bereits die Hauptaufgabe beschrieben: Es wird in der Retina (der Netzhaut der Augen) für die Hell-Dunkel- und die Farbunterscheidung benötigt und fördert den Aufbau der Schleimhäute. Eines der bekanntesten Symptome bei Vitamin-A-Mangel ist Nachtblindheit. Es kann aber auch zu trockener Haut, Wachstumsstörungen und Infektanfälligkeit kommen. Vitamin A oder Provitamin A ist reichlich in Käse, bestimmten Gemüsesorten (z. B. Karotten, Spinat, Feldsalat), Pfifferlingen, Eiern, Fisch, Leber, Lebertran und tierischen Fetten enthalten. Es sollte jedoch beim Verzehr oder der Zubereitung von Gemüse (z. B. Karotten) bedacht werden, dass Vitamin A vom Körper nur gemeinsam mit Fett verwertet werden kann; das bedeutet, man sollte immer einige Tropfen Öl zum Karottensalat geben (→ Vitamine).

Rhabarber (Rheum palmatum, Rheum officinale; auch Medizinalrhabarber): Stauden aus der Familie der Knöterichgewächse (Polygonaceae). Der Medizinalrhabarber ist eine ausdauernde Staude, die etwa zwei bis drei Meter hoch wird. Die Heilpflanze stammt aus den Hochgebirgszonen Tibets. Sie wird allerdings zur Arzneimittelgewinnung auch in europäischen Ländern kultiviert. Die Pflanze sieht dem hierzulande wachsenden Gartenrhabarber sehr ähnlich. Für die Herstellung von Arzneidrogen werden die getrockneten Wurzeln verwendet. Der Medizinalrhabarber wird auch als Homöopathikum eingesetzt.

Inhaltsstoffe: Anthrachinon und Anthrachinonderivate, Gerbstoffe, Flavonoide, Harze, Oxalsäure.

Anwendungen: Der Rhabarber besitzt eine abführende und in geringer Dosis auch zusammenziehende (adstringierende) Wirkung, weshalb die Heilpflanze traditionell als leichtes Abführmittel angewendet wird.

! Bei Darmverschluss darf Medizinalrhabarber nicht verwendet werden.

Rheumatische Erkrankungen: zusammenfassende Bezeichnung für Erkrankungen, die Muskeln, Knochen, Sehnen, Gelenke und Wirbelsäule betreffen, jedoch ganz unterschiedliche Entstehungsursachen haben können. Auch die Schmerzen können ganz unterschiedlich sein, meist: ziehend, reißend oder stechend. Charakteristische Erkrankungen des rheumatischen Formenkreises sind → Arthritis (Gelenkentzündung), → Arthrose (degenerative Gelenkabnutzung), → Gicht (Stoffwechselstörung mit Ausbildung von u. a. Gichtknoten) und der so genannte → Weichteilrheumatismus; hinzu kommen rheumatisches Fieber, Karpaltunnelsyndrom u. Ä.

! Die rheumatoide Arthritis ist eine der häufigsten Gelenkerkrankungen und oft auch der Grund für frühzeitige Invalidität. Bei Verdacht auf rheumatische Beschwerden ist immer eine gründliche medizinische Untersuchung notwendig.

Regelmäßiger Sport oder zumindest mehr Bewegung ist bei rheumatischen Gelenkproblemen (mit Ausnahme der Arthrose) besonders wichtig (z. B. Schwimmen und Gymnastik) • Bei allen Erkrankungen des rheumatischen Formenkreises empfiehlt sich eine generelle Ernährungsumstellung (Vollwerternährung oder vegetarische Kost) • Regelmäßige Bäderkuren (Schwefel-, Sol- oder Moorbäder) oder auch Elektrobehandlungen (z. B. Stanger-Bad) können helfen • Wärmebehandlungen (z. B. Moor- und Fangopackungen, Kartoffelauflagen, Heublumensack, heiße Rolle) wirken schmerzlindernd • Ansteigende Ganz- und Teilbäder sowie andere Kneippanwendungen regen den Kreislauf an, fördern die Durchblutung und dadurch die Stoffwechselfunktionen • Badezusätze (Fichtennadel, Birkenrinde, Heublumen) wirken wohltuend • Einreibungen mit Heilpflanzen (z. B. Arnika, Birke, Brennnessel, Fichte, Weide) können bei einer Reihe von rheumatischen Beschwerden Linderung bringen

Riboflavin (auch Vitamin B2): gehört zur Gruppe der wasserlöslichen Vitamine. Vitamin B2 (täglich benötigte Menge: 1,5 bis 1,8 Milligramm) ist Bestandteil (Koenzym) vieler Enzyme und – wie → Thiamin (Vitamin B1) – am Fett- und Eiweißstoffwechsel beteiligt. Riboflavin ist vor allem im Auge in einer sehr hohen Konzentration vorhanden. Es wird deshalb angenommen, dass es beim Sehprozess eine entscheidende Rolle spielt. Zudem unterstützt es Heilungsprozesse der Haut sowie die Wirkung von → Pyridoxin (Vitamin B6). Vitamin B2 ist vor allem in Milch- und Vollkornprodukten, Gemüse, Pilzen, Eiern, Nüssen, Fisch und Fleisch enthalten. Das chemisch reine Vitamin B2 ist ein wasserlösliches, orangefarbenes Pulver, das häufig als natürlicher Farbstoff verwendet wird (→ Lebensmittelzusatzstoffe, → Vitamine).

Ringelblume (Calendula officinalis): Heilpflanze aus der Familie der Korbblütler (Asteraceae). Die Ringelblume ist eine einjährige Pflanze, die etwa 70 Zentimeter hoch wird. Sie besitzt einen aufrechten, behaarten Stängel und fein behaarte Blätter. Die leuchtend gelben Blütenköpfe sind verhältnismäßig groß. Für die Herstellung von Arzneimitteln werden die luftgetrockneten Blüten verwendet. Aus der Ringelblume wird auch ein bekanntes Homöopathikum (Calendula) hergestellt.

Unsere Großmütter stellten Ringelblumensalbe oft selbst her.

Inhaltsstoffe: ätherisches Öl, Saponine, Glykoside, Karotinoide, Flavonoide, Schleim- und Bitterstoffe.

Anwendungen: Die entzündungshemmende und wundheilungsfördernde Wirkung der Ringelblume macht man sich in Form von Salben, Tinkturen oder öligen Zubereitungen zur Wundbehandlung und bei Mundschleimhautentzündungen zunutze.

Risikofaktoren: Viele Krankheiten entstehen erst durch das Zusammenwirken unterschiedlicher Risikofaktoren. Gerade bei chronischen Erkrankungen (z. B. Herz-Kreislauf-Krankheiten oder rheumatischen Erkrankungen) existiert eine Vielzahl von Risikofaktoren. Grundsätzlich werden beeinflussbare und nicht beeinflussbare Risikofaktoren unterschieden. Zur letzten Gruppe gehören Alter, Geschlecht und Familiengeschichte. Zu den beeinflussbaren Risikofaktoren werden Blutfettwerte, Blutdruck, Körpergewicht, Blutzucker, Harnsäurewerte oder auch Nikotin- und Alkoholkonsum gerechnet. Diese Gruppe kann beispielsweise durch eine Ernährungs- und/oder Verhaltensänderung günstig beeinflusst werden.

Rizinusöl: kaltgepresstes fettes Öl aus den geschälten Samen des Wunderbaums (Ricinus communis), eines kleinwüchsigen Baums aus der Familie der Wolfsmilchgewächse (Euphorbiaceae).

Inhaltsstoffe: fettes Öl (mit Rizinolsäure).

Anwendungen: Rizinusöl besitzt eine stark abführende Wirkung und wird auch heute noch oft als Abführmittel angewendet. Die Wirkung beruht darauf, dass durch die Aufspaltung des Öls im Dünndarm Stoffe entstehen, die durch eine leichte Reizwirkung die Darmbewegung anregen. Das restliche Öl dient dabei als Gleitmittel. In der Regel reicht ein Esslöffel des Öls für die Behandlung aus.

Rock Rose (engl.): Gelbes Sonnenröschen, Stockbottle Nr. 26 der → Bach-Blüten. Rock Rose hilft Personen, die an Alpträumen leiden oder sich oft selbst in gefährliche Situationen bringen, ihre Gelassenheit wieder zu finden und Angstzustände zu beseitigen.

Rock Water (engl.): Quellwasser, Stockbottle Nr. 27 der → Bach-Blüten. Rock Water ist keine Blüte, sondern reines Quellwasser. Die Essenz hilft Personen, die sehr hart zu sich selbst sind und ständig körperliche und seelische Bedürfnisse unterdrücken, ihre festgefahrenen Einstellungen etwas zu lockern und stärker loszulassen.

Rohkost: pflanzliche Nahrungsmittel, die vor dem Verzehr weder durch Erhitzen noch durch Einfrieren behandelt werden. Zur Rohkost zählen frisches Obst, Salate und rohe Gemüse. Rohkost ist vitamin- und mineralstoffreich und fördert durch die enthaltenen Ballaststoffe die Verdauung. Rohkostgerichte sollten deshalb auf dem täglichen Speiseplan stehen.

Rolfing: von der Amerikanerin Ida P. Rolf (1896–1979) begründete Behandlungsmethode zur Verbesserung der Körperhaltung. Ziele der Behandlung sind das Gleichgewicht der linken und rechten Körperhälfte sowie die horizontale Lage des Beckens, so dass das Körpergewicht gut verteilt auf dem Rumpf lastet. Während der tiefen und recht intensiven Massagen (der Rolfer setzt auch Ellbogen und Knie ein), die den ganzen Körper des Behandelten erfassen, werden Verspannungen gelöst, bzw. es wird erspürt, wo verkürzte (»verkümmerte«) Muskeln und Gewebeteile sind. Der Behandelte arbeitet bei der Massage mit: Er muss auf bestimmte Körperregionen blasen bzw. unterstützende Körperbewegungen machen. Die Behandlung ist eher in den USA beliebt; hierzulande ist sie noch nicht sonderlich bekannt.

Rollkur: meist bei einer Magenschleimhautentzündung oder einem Magengeschwür erfolgende Anwendung. Hierbei trinkt der Anwender zunächst eine zusammenziehende Flüssigkeit (z. B. einen halben Liter Kamillentee). Dann dreht er sich liegend langsam um seine Längsachse: zunächst auf den Rücken, dann auf die rechte Körperseite (auf der linken Seite würde die Flüssigkeit sofort durch den Magenpförtner in den Zwölffingerdarm gelangen), dann auf den Bauch und schließlich auf die linke Körperseite. Man sollte ungefähr fünf Minuten in jeder Position liegen. Durch die Rollkur kommt die Magenschleimhaut allseitig mit der Flüssigkeit in Kontakt.

Die Rollkur eignet sich sehr gut zur Selbstbehandlung.

Rosenöl: ätherisches Öl, das durch Wasserdampfdestillation aus den Blüten der Rose (Rosa damascena) gewonnen wird. Das Aromaöl (→ Aromatherapie) besitzt einen angenehm blumigen Duft und wirkt auf der körperlichen Ebene krampflösend, hautpflegend und leicht antiseptisch; im psychischen Bereich ist die Wirkung beruhigend und anregend. Rosenöl wird vor allem bei Verstopfung und Verdauungsbeschwerden, Kopfschmerzen, depressiven Verstimmungen und Menstruationsbeschwerden angewendet. Das Öl verträgt sich gut mit den Aromaölen von Jasmin, Bitterorange und Sandelholz.

Rosmarin (Rosmarinus officinalis): Heilpflanze aus der Familie der Lippenblütler (Lamiaceae). Rosmarin ist ein stattlicher, aromatisch duftender Strauch, der über zwei Meter hoch werden kann. Er besitzt stark verzweigte Äste mit dichten, ledrigen, an der Unterseite behaarten Blättern. Die bläulichen Blüten sind verhältnismäßig klein. Rosmarin ist eine typische Pflanze der Mittelmeerländer. Hierzulande wird sie oft als Topf- und Gewürzpflanze gezogen. Heilkräftig sind die luftgetrockneten Blätter, die eine krampflösende und durchblutungsfördernde Wirkung haben.

Inhaltsstoffe: ätherisches Öl, Gerbstoffe (Rosmarinsäure), Saponine, Flavonoide, Harze, Bitterstoffe.

Anwendungen: Die Heilpflanze wird als Tee, Kräuterbad, Salbe und Tinktur bei rheumatischen Erkrankungen, Rückenbeschwerden, Kreislaufproblemen, Herzschwäche, Erschöpfungszuständen und auch bei Magen- und Darmbeschwerden angewendet.

! Rosmarintee sollte nicht in der Schwangerschaft eingenommen werden.

Rosmarinöl: ätherisches Öl, das durch Wasserdampfdestillation aus dem blühenden Rosmarinkraut gewonnen wird. Es besitzt eine kräftige, kampferartige Duftnote. Das Aromaöl (→ Aromatherapie) wirkt im körperlichen Bereich krampflösend, herzstärkend und antiseptisch; auf die Psyche hat es eine kräftigende und leicht anregende Wirkung. Rosmarinöl wird bei Erkältungskrankheiten, Verstopfung und Völlegefühl, Konzentrationsstörungen, rheumatischen Beschwerden, Hautproblemen und nervösen Herzbeschwerden angewendet. In der Duftlampe verträgt es sich gut in Mischungen mit den ätherischen Ölen von Basilikum, Bergamotte und Pfefferminze.

Rosskastanie (Aesculus hippocastanum): Baum aus der Familie der Rosskastaniengewächse (Hippocastanaceae). Die Rosskastanie ist ein stattlicher, bis zu 20 Meter hoher Baum mit gegenständigen, handförmig geteilten Blättern und vielen aufrechten, kerzenförmigen Blütenständen mit weißen oder auch rötlichen Blüten. Die Frucht besteht aus einer ledrigen Kapsel mit bis zu drei Samen (Kastanien). In fast jedem Ort gibt es mittlerweile einen Kastanienbaum, dennoch war der Baum ursprünglich nicht in Mitteleuropa heimisch. Erst in der zweiten Hälfte des 16. Jahrhunderts gelangte er aus dem nördlichen Griechenland nach Deutschland. Heilkräftig sind die Kastanien, die eine Venen tonisierende, durchblutungsfördernde und entzündungshemmende Wirkung besitzen. Die Rosskastanie wird auch in der Homöopathie angewendet.

Zubereitungen aus Rosskastanien sind ein Klassiker bei Venenproblemen.

Inhaltsstoffe: Aesculussaponine (Aeszin), Gerbstoffe und Flavonoide.

Anwendungen: Die Rosskastanie kommt in einer Vielzahl galenischer Präparate (Salben, Tropfen, Kapseln, Zäpfchen oder Tabletten) hauptsächlich als Venenmittel zum Einsatz.

Rotbuschtee (auch Rooibostee): aromatische Teezubereitung, die aus dem südafrikanischen Rotbusch (Aspalathus linearis) hergestellt wird. Seine nadelartigen Blätter werden fermentiert und an der Sonne getrocknet. Der Rotbuschtee wird hauptsächlich bei Beschwerden des Magen-Darm-Trakts sowie als sanftes Beruhigungsmittel eingesetzt.

Rückenguss: Anwendung der → Kneipptherapie. Der Guss wird vom Therapeuten beginnend am Fuß über den Rücken bis zu den Händen geführt.

Rückenschmerzen: akute oder chronische Schmerzen im Nackenbereich (Halswirbelsäulensyndrom, HWS-Syndrom), im oberen Rücken (Brustwirbelsäulensyndrom, BWS-Syndrom) und im unteren Rücken (Lendenwirbelsäulensyndrom, LWS-Syndrom). Chronische Rückenschmerzen sind meist durch eine ständige Überbelastung und Überbeanspruchung der Wirbelsäule und des Stützapparats bedingt. Ursachen für diese Überanstrengung der Rückenmuskulatur und der Wirbelsäulenelemente (vor allem der Bandscheiben) sind u. a. falsche Sitzhaltung, zu langes Stehen, Übergewicht oder auch Bewegungsmangel (→ Hexenschuss, → Ischiasbeschwerden). Die Hintergründe für das Kreuz mit dem Kreuz können aber auch im psychischen Bereich liegen. Bei Rückenbeschwerden spielen oft auch seelische Belastungen eine nicht zu unterschätzende Rolle.

Die Rückenschule gehört zu den vorbeugenden Maßnahmen; sie bietet Übungen zur Kräftigung der Rückenmuskulatur und gibt Anleitungen für den Alltag • Mit Hilfe bestimmter Entspannungstechniken (autogenes Training, progressive Muskelrelaxation, funktionelle Entspannung) lassen sich vor allem Belastungs- und Spannungsrückenschmerzen wirksam lindern; auch Feldenkrais- und Zilgrei-Methode sind geeignet • Massagen aller Art entspannen die Muskulatur des Rückens • Bewegung im Wasser (Schwimmen, Gymnastik) schont Wirbelsäule und Gelenke; beim Aquajogging wird zur Entlastung und Entspannung im Wasser »gelaufen« • Warme Bäder lindern akute Schmerzen; ebenso hilfreich sind heiße Rolle, Heublumensäckchen, Moor- und Fangopackungen • Elektrotherapie, Chirotherapie und Akupunktur werden bei Rückenbeschwerden ebenfalls erfolgreich eingesetzt

Rückenschule: Die Rückenschule besteht aus einer Vielzahl von Übungen und Haltungsanweisungen, die den Rücken schonen sollen. Dabei lernt man, sich langfristig so zu bewegen, dass die Wirbelsäule und die Rückenmuskulatur entlastet werden. Fehlbelastungen werden vermieden, geschwächte Muskeln werden gekräftigt, und die gesamte Muskulatur wird entspannt. Wenn die Übungen regelmäßig durchgeführt werden, kann die Rückenschule Beschwerden vorbeugen und bereits bestehende Schmerzen lindern helfen. Übungskurse der Rückenschule werden von Volkshochschulen, Gesundheitszentren und auch von den meisten Krankenkassen angeboten. Vor allem für Personen mit ausschließlich sitzender Tätigkeit ist die Teilnahme an einem entsprechenden Kurs empfehlenswert.

Die Rückenschule ist hervorragend zur Selbstbehandlung geeignet.

Rückvergiftung: Bezeichnung in der → Homotoxikologie für einen Zustand, in welchem der Körper so wenig Ausscheidungen vornehmen kann, dass die im Organismus verbleibenden »Körperschlacken« und Giftstoffe eine Vergiftung bewirken. Solche Zustände treten auf, wenn natürliche Körperausscheidungen wie z. B. Schweiß oder Menstruationsblutungen gehemmt sind oder wenn bei Infekten Medikamente bestimmte Ausscheidungsreaktionen des Körpers verhindern.

Gegen Rückenschmerzen – richtiges Sitzen, Heben und Liegen

In der Rückenschule kann man lernen, unverkrampft zu sitzen und Lasten richtig zu heben. Hierzu ein paar Tipps.

- Die Rückenbelastung wird vermindert, wenn die Sitzhaltung gerade ist und die Wirbelsäule von der Lehne des Stuhls gestützt wird. Sitzen Sie nie mit gebeugtem Rücken am Tisch.
- Eine Last sollte nie mit gebeugtem Rücken und bei gestreckten Knien angehoben werden. Vielmehr werden die Knie gebeugt, während der Rücken dabei möglichst gerade bleibt. Das Gewicht wird dadurch schwerpunktmäßig auf die Beine verlagert.
- Auch das richtige Liegen auf rückenfreundlichen Matratzen entlastet den Rücken. Wenn der Druck auf die Wirbelkörper der Wirbelsäule nachlässt, nehmen die Bandscheiben aus dem umliegenden Gewebe Flüssigkeit auf und regenerieren sich über Nacht.

Safran (Crocus sativus; auch Krokus): Pflanze aus der Familie der Schwertliliengewächse (Iridaceae). Safran kommt aus Vorderasien. Hierzulande wird er in Gärten angepflanzt, kommt aber auch in verwilderter Form auf Wiesen vor. Safran blüht im Herbst rot. Der Griffel trägt drei Narbenschenkel, die etwa zwei Zentimeter lang sind und sich trichterförmig nach oben erweitern. Bedeutsam sind die Narbenschenkel; sie werden während der Blüte gesammelt und getrocknet. Früher war Safran als Abtreibungsmittel bekannt und führte bei Frauen zu gefährlichen Vergiftungen. Die Pflanze wird auch in der Homöopathie verwendet.

Inhaltsstoffe: Bitterstoffe (Picrocrozin), ätherische Öle (mit Safranal), Saponine.

Anwendungen: Safran wird traditionell bei Verdauungsproblemen verwendet. Er ist in Kombination mit anderen Heilpflanzen in den Schwedenkräutermischungen zu finden. Safran ist auch oft Bestandteil des Currys.

! Ab einer Dosis von 1,5 Gramm ist Safran giftig und kann zu Schleimhautreizungen des Magen-Darm-Trakts mit Brechdurchfällen sowie zu inneren Blutungen führen.

Saftfasten führt dem Körper wichtige Vitalstoffe zu, ohne ihn zu belasten.

Saftfasten: Form des Fastens, bei der nur frische Obst- und/oder Gemüsesäfte getrunken werden und nichts gegessen wird. Es dürfen nur reine Säfte – direkt aus Obst oder Gemüse gepresst – oder handelsübliche Säfte (im Verhältnis 1:1 mit Wasser verdünnt) aus biologischem Anbau mit möglichst wenig Zucker verwendet werden. Das Saftfasten kann einen oder mehrere Tage dauern und wird insbesondere bei akuten, mit Fieber einhergehenden Erkrankungen angewendet (→ Fasten).

☛ Das Saftfasten eignet sich zur Selbstbehandlung.

Sägepalme (Serenoa serrulata; auch Sabal): Pflanze aus der Familie der Palmengewächse (Arecaceae), die in Nordamerika heimisch ist. Die olivengroßen dunkelroten Beeren werden vom Herbst bis in den Winter hinein gesammelt und anschließend getrocknet. Sie wirken harntreibend (diuretisch), schleimlösend, keimtötend und stärkend. Die bekannteste Wirkung des wiederholten Konsums der Beeren ist eine erhebliche Gewichtszunahme. Nordamerikanische Jäger beobachteten dieses Phänomen bei Tieren, die die Beeren fraßen und innerhalb kürzester Zeit so stark an Gewicht zunahmen, dass sie eine leichte Beute wurden. Die Sägepalme wird auch in der Homöopathie verwendet.

Inhaltsstoffe: ätherische Öle, Steroidsaponine, fettes Öl mit Phytosterolen, Polysaccharide, Gerbsäuren.

Anwendungen: Sägepalmfrüchte werden zur Steigerung von Kraft und Vitalität vor allem in Zeiten der Rekonvaleszenz angewendet. Außerdem hat die Frucht einen sehr guten Ruf bei der Behandlung der Beschwerden von Prostatavergrößerungen.

Salbe: streichfähige Zubereitung von Arzneimitteln zur lokalen Anwendung auf Haut und Schleimhäuten. Sie setzt sich aus der so genannten Salbengrundlage, die meist aus Fett, Öl, Paraffin, Vaselin oder Wachs besteht, und den eigentlichen Wirkstoffen zusammen. Die

Salbengrundlage ist entweder ein Wasser-in-Öl- oder Öl-in-Wasser-Gemisch (→ Emulsion). Dies hat den Vorteil, dass in die Salbe sowohl wasserlösliche als auch fettlösliche Wirkstoffe eingebracht werden können. Entsprechend ihrem Einsatzgebiet kann man zwischen Decksalben, Kühlsalben, Resorptionssalben und kosmetischen Salben unterscheiden.

Salbei (Salvia officinalis; auch Echter dalmatinischer Salbei): Pflanze aus der Familie der Lippenblütler (Lamiaceae), die vor allem in den Tropen und Subtropen in ca. 500 Arten vorkommt. Nur wenige Arten sind auch in den gemäßigten Breiten anzutreffen. Salbei wird bei uns vor allem in Gärten kultiviert; bisweilen wächst er wild. Der Strauch kann bis zu 60 Zentimeter hoch werden. Die Pflanze blüht von Mai bis Juli violett. Gesammelt werden vor der Blütezeit die Blätter und die jungen Triebe, wobei dies nur bei schönem Wetter geschehen sollte, weil sich der Ölgehalt bei sonnigem Wetter steigert. Salbei wirkt schweißhemmend, antiseptisch, menstruationsfördernd, krampflösend, sekretionsbildend; ebenso wirkt er gegen Viren und Pilze. Die Pflanze wird auch in der Homöopathie verwendet.

Inhaltsstoffe: ätherische Öle (Thujon, Cineol), östrogenähnliche Substanzen, Bitterstoffe, Gerbstoffe, Flavonoide, Triterpene.

Anwendungen: Salbei kommt meist als Teeaufguss und Tinktur zur Anwendung. Salbeiöl wird meist als desinfizierendes Mittel im Mund-Rachen-Raum verwendet. Der dreiblättrige griechische Salbei hat sich als Gurgelmittel bei Entzündungen und Reizungen der Mund- und Rachenhöhle bewährt. Traditionell wird Salbei schon seit der Antike bei Verdauungsstörungen, Blähungen, Durchfall und bei leichten Entzündungen des Magen-Darm-Trakts verabreicht. Auch besitzt er eine regulierende Wirkung bei verspäteter oder zu schwacher Menstruation. Salbei kann auch die Austreibung des Kindes in der Schlussphase der Geburt und das Ausstoßen der Nachgeburt unterstützen. Wohltuend ist seine Wirkung gegen übermäßige Schweißbildung, vor allem bei Nachtschweiß und Hitzewallungen in den Wechseljahren.

! Wegen seiner austreibenden Wirkung auf die Gebärmutter und seiner hemmenden Wirkung auf den Milchfluss sollte Salbei während der Schwangerschaft und der Stillzeit nicht angewendet werden.

Salz: chemische Verbindung von → Natrium und → Chlor zu Natriumchlorid (NaCl), dem Koch- oder Tafelsalz. Aufgrund der Art der Salzgewinnung wird zwischen Steinsalz und Meersalz unterschieden.

Steinsalz und Meersalz: Steinsalz wird in Bergwerken in großen steinähnlichen Brocken abgebaut, anschließend gemahlen und chemisch gereinigt (raffiniert). Es besteht fast nur aus der Natrium-Chlor-Verbindung Natriumchlorid. Das Meersalz dagegen weist neben Natriumchlorid (98 Prozent) noch eine Vielzahl von zusätzlichen Mineralstoffverbindun-

Salbungen – nicht nur für Kranke

Seit der Zeit der alten Kulturen im Orient wird das Einreiben des Körpers mit Salben, Fetten oder Ölen zur Körperpflege und Heilung von Kranken durchgeführt. Über diese praktische Anwendung hinaus wurde die Salbung zu einem religiösen Ritus. Schon im Alten Testament wird über die Salbung von toten Königen als göttliche Gnade berichtet. In vielen Religionen, auch im Christentum, wird die Salbung von Toten als Weihe, Reinigung und Abwehr rituell begangen. Noch heute wird in der katholischen Kirche am Gründonnerstag das mit Balsam vermischte Salböl (Chrisam) geweiht, das beispielsweise bei Taufe, Firmung, Krankensalbung und Priesterweihe symbolische Verwendung findet.

gen auf, insbesondere Kalium-, Magnesium- und Kalziumchlorid und Sulfate sowie die Spurenelemente Jod, Fluor und Silizium. Es wird in Salinen (großflächige, vom Meer geflutete und danach abgeschlossene Meerwasserteiche) gewonnen. Dort verdunstet das Wasser in der Sonne, und das in den Becken zurückbleibende Salz wird ausgebaggert und gemahlen. Eine Besonderheit des Meersalzes ist das so genannte Vollmeersalz, das nicht von Wasser an der Küste, sondern von Meerwasser aus ungefähr 300 Meter Tiefe in einem aufwändigen Verfahren gewonnen wird. Dadurch ist zum einen die Schadstoffbelastung dieses Salzes wesentlich geringer, zum anderen enthält es nur 80 Prozent Natriumchlorid und einen entsprechend höheren Anteil an anderen Mineralstoffen und Spurenelementen.

Salzbedarf und Salzkonsum: Salz ist für den Körper lebensnotwendig, und es muss über die Nahrung von außen zugeführt werden. Der durchschnittliche Verzehr pro Person liegt in Deutschland bei 13 bis 15 Gramm täglich – der Bedarf des Körpers ist allerdings sehr viel geringer. Etwa fünf Gramm Salz pro Tag werden als noch tolerable Menge angesehen – mehr ist zu viel. Salz wird kaum pur gegessen. Das Problem liegt beim »versteckten« Salzanteil in Wurst und Fleischwaren, in Käse, gebrauchsfertigen Nahrungsmitteln sowie Backwaren und Gebäck (insbesondere Brot). Wenn man selbst kocht, sollte man so wenig wie möglich mit Salz würzen, um einen Ausgleich gegenüber der versteckten Zufuhr von Salz zu schaffen. Im Normalfall ist also bei unserer Art der Ernährung nicht zu befürchten, dass sich ein Mangel an Salz einstellt. Würde dies trotzdem geschehen, was z. B. bei starkem und lang anhaltendem Durchfall oder Erbrechen oder aber bei extremem Sport durch übermäßiges Schwitzen denkbar wäre, kommt es umgehend zu Kopfschmerzen und Muskelkrämpfen, die als Folge eines durch Salzmangel gestörten Wasser- und Elektrolythaushalts in Erscheinung treten. Ein solcher akuter Salzmangel kann durch die Verabreichung von Elektrolytgetränken (Sportlergetränken), die Mineralstoffe enthalten, und/oder durch natriumreiches Mineralwasser schnell ausgeglichen werden. Bei Durchfall, Erbrechen und Fieber kann dem Flüssigkeits- und dem Salzverlust auch mit Fleisch- oder Gemüsebrühe begegnet werden.

Zu hoher Salzkonsum: In den Industrieländern wird allgemein zu viel Salz verzehrt. Dies führt zu einer Erhöhung des Blutvolumens, die durch die Eigenschaft des Salzes, Wasser binden zu können und damit einen »Wasserstau« im Gewebe und in der Blutbahn auszulösen, verursacht wird. Herz, Kreislauf und Nieren können so stark belastet werden. Salz gehört zu den Risikofaktoren für Bluthochdruck und führt bei salzsensitiven Menschen zur Blutdrucksteigerung. Bei bestehendem Bluthochdruck sollte man salzarm essen.

Salzwasseranwendungen: Die Verbindung von Salz und Wasser wurde schon von alters her als ideal gegen Schmerzen angesehen.

Diätsalze

Gefährdet der Salzkonsum ernsthaft die Gesundheit, wird der Arzt eine salzarme Kost verordnen, die mit Diätsalz oder Kochsalzersatz eingehalten werden kann. Diätsalze gibt es sowohl in (fast) natriumfreier wie auch in nahezu chloridfreier Form, wobei der Natriumgehalt nur 0,1 Prozent und der Chloridgehalt weniger als 0,12 Prozent beträgt. In der chloridfreien Verbindung fehlt dem Natrium das Chlor, um zu Kochsalz werden zu können. Diese Lücke wird durch organische Säuren (z. B. Zitronensäure) geschlossen, an die sich das Natrium bindet und so den Kochsalzersatz, das Diätsalz, entstehen lässt. Diätsalz schmeckt zwar weniger salzig als herkömmliches Salz und auch ein bisschen nach Metall, ist zum Würzen aber gut geeignet.

Salzbäder (→ Solbad) kommen traditionell bei Beschwerden des rheumatischen Formenkreises zum Einsatz (für den Eigengebrauch: ca. 20 Gramm Kochsalz auf einen Liter Badewasser geben). Auch Salzwickel können angewendet werden.

☛ Salzwasseranwendungen eignen sich zur Selbstbehandlung.

Sandbad: kaum noch eingesetztes Therapieverfahren, bei dem in der Regel der gesamte Körper des Patienten von Sand mit einer Temperatur von 37 bis 48 °C bedeckt wird. Wird nicht der ganze Körper, sondern werden nur einzelne Körperpartien behandelt, sollte die Sandtemperatur zwischen 50 und 55 °C betragen. Während ein Ganzkörpersandbad etwa eine halbe Stunde dauert, ist die Anwendung eines Teilbads für die Dauer von einer Stunde vorgesehen. Sandbäder empfehlen sich vor allem bei rheumatischen Erkrankungen.

Sanddorn (Hippophae rhamnoides): Pflanze aus der Familie der Ölweidengewächse (Elaeagnaceae). Der Sanddorn ist in Europa heimisch und bei uns vor allem auf sandigem, kieshaltigem und stickstoffarmem Boden anzutreffen. In Gärten und Grünanlagen ist der Strauch als Zierpflanze beliebt. Die Pflanze blüht von März bis Mai orangerot. Von Bedeutung sind die Vitamin-C-reichen Beeren, die im August und September reifen und zu dieser Zeit gepflückt werden.

Inhaltsstoffe: Paeoin, Flavonoide, Fruchtsäuren, sehr viel Vitamin C (450 Milligramm auf 100 Gramm Beeren), Vitamin B2.

Anwendungen: Wenn man 100 Gramm Beeren isst, nimmt man das Sechsfache des täglichen Bedarfs an Vitamin C zu sich. Die Beeren helfen bei geschwächten Abwehrkräften, Erkältungskrankheiten sowie auch bei Appetitlosigkeit und Zahnfleischbluten.

Sandelbaum, Weißer (Santalum album): immergrüne Pflanze aus der Familie der Leinblattgewächse (Santalaceae). Der Weiße Sandelbaum wird häufig in Asien angebaut,

Sanddorn ist aufgrund seines hohen Vitamin-C-Gehalts eine Alternative zu Zitrusfrüchten.

insbesondere in Indien, Malaysien und auf den Kleinen Sundainseln. Für Heilzwecke wird das Kernholz des Baums, das so genannte Sandelholz, verwendet. Die Wirkung ist antimikrobiell, entkrampfend und aphrodisierend. Daneben gibt es noch den Roten Sandelbaum, dessen Wirkstoffe bisweilen ebenfalls zum Einsatz kommen.

Inhaltsstoffe: ätherische Öle (davon 50 Prozent Santalol), Sesquiterpene.

Anwendungen: Aus dem zerkleinerten Holz werden traditionell Aufgüsse hergestellt, die bei Infektionen der ableitenden Harnwege und Tripper (Gonorrhö) hilfreich sind. Sandelholz ist zudem appetitanregend.

! Bei einer Nierenentzündung sollte Sandelholz weder in Form eines Aufgusses noch als ätherisches Öl zur Anwendung kommen.

Sandelholzöl: aus dem zerkleinerten Kernholz des Weißen Sandelbaums durch Wasserdampfdestillation gewonnenes ätherisches Öl. Das hellgelbe und sehr milde Öl besitzt einen balsamisch süßen und etwas samtig holzigen Duft. Als Aromaöl (→ Aromatherapie) wirkt es entzündungshemmend, krampflösend, harntreibend, hautregenerierend und schleimlösend. Deshalb wird es gern bei Verdauungsproblemen und Durchfall, Nieren-, Blasen- und Harnwegsentzündungen, bei Erkältungen, Reizhusten und Ekzemen angewendet. Im psychischen Bereich zeigt Sandelholzöl eine beruhigende Wirkung bei depressiven Verstimmungen, Angstzuständen, Abgespanntheit und Nervosität. In Mischungen verträgt es sich gut mit den ätherischen Ölen von Jasmin, Rose und Ylang-Ylang.

Sandriedgras (Carex arenaria): Pflanze aus der Familie der Riedgräser (Cyperaceae). Das Gras wird bis zu 30 Zentimeter hoch, hat einen waagrecht liegenden Wurzelstock, der bis zu zehn Meter lang werden kann, und wächst auf sandigem Boden, vor allem auf Dünen und an Flussufern. Gesammelt werden die Wurzeln und der Wurzelstock im März und April sowie im September und Oktober. Das Sandriedgras wirkt harn- und schweißtreibend.

Inhaltsstoffe: Saponine, ätherische Öle, Gerbstoffe, Flavonoide, Kieselsäure.

Anwendungen: Als Abkochung oder Kaltauszug wird Sandriedgras traditionell bei Gicht, rheumatischen Beschwerden, Gelenkentzündungen und Hautproblemen eingesetzt.

Sanikel (Sanicula europea): Pflanze aus der Familie der Doldengewächse (Apiaceae), die bis zu 30 Zentimeter hoch wird und vor allem in Wäldern und im Gebirge anzutreffen ist. Sanikel blüht rötlich von Mai bis Juni. Gesammelt werden die jungen Blätter und die Blüten. Sanikel wirkt gegen Pilze und Mikroben. Die Pflanze kommt auch in der Homöopathie zur Anwendung.

Inhaltsstoffe: ätherische Öle, Saponine, Rosmarinsäure, Chlorogensäure.

Anwendungen: Die Sanikel eignet sich als Abkochung zur sanften Behandlung von Infektionen der Atemwege und von Hautkrankheiten. Ferner wird sie auch gegen Bronchitis und Furunkelbildung eingesetzt.

Saponine (lat. sapo = Seife): Saponine zählen zu den Glykosiden, die nach ihren Nichtzuckeranteilen unterteilt werden (Triterpensaponine, Steroidsaponine) und in Wasser löslich sind. Einige Saponine sind giftig; andere werden medizinisch erfolgreich eingesetzt (etwa das zu den Saponinen gehörende Digitalisglykosid des Fingerhuts). Zur Herstellung von Arzneidrogen werden z. B. die folgenden Pflanzen(teile) herangezogen: Primel, Senega-, Ginseng- und Süßholzwurzeln, Rosskastanien. Saponine in der Nahrung (z. B. in Kichererbsen und Sojabohnen enthalten) sind imstande, den Cholesterinspiegel zu senken.

Sarkode (griech. sarkos = Fleisch): aus gesundem Körpergewebe hergestelltes Arzneimittel der → Homöopathie. Im Gegensatz dazu werden die Nosoden aus erkranktem Gewebe hergestellt (→ Nosode).

Sarsaparille (Smilax regelii): Kletterpflanze aus der Familie der Smilaxarten (Smilacaceae). Gesammelt werden nur die Wurzeln, die anschließend gut getrocknet werden. Die Sar-

Saponine – Wirkstoffgruppe mit vielfältigen Effekten

- Expektorisierende Wirkung: Saponine können den zähen Schleim in den Atemwegen verflüssigen, so dass er leichter ausgehustet werden kann.
- Diuretische Wirkung: Saponine bewirken eine direkte Reizung des Nierengewebes und setzen einen osmotischen Reaktionsmechanismus in Gang, was einen harntreibenden Effekt hat.
- Ödemhemmende und Venen tonisierende Wirkung: Hauptsächlich die Saponine in den Rosskastaniensamen verfügen über diese Wirkung.
- Leistungssteigernde und das Immunsystem stärkende Wirkung: Die Saponine in Ginseng- und Eleutherokokkwurzeln besitzen diese wertvollen Effekte.

saparille wirkt entwässernd und schweißtreibend. Aus ihren Wurzeln wird ein bekanntes Homöopathikum gewonnen.

Inhaltsstoffe: mehrere Harzarten, ätherische Öle, Saponine.

Anwendungen: Traditionell werden Smilaxpflanzen als Aufguss vor allem zur Behandlung von Furunkeln, Schuppenflechte, rheumatischen Beschwerden und Nierenerkrankungen eingesetzt.

! Sarsaparille kann Nierenschäden verursachen sowie die Wirkung von gleichzeitig eingenommenen Medikamenten verstärken bzw. abschwächen.

Sassafras (Sassafras albidum): Baum aus der Familie der Loorbeergewächse (Lauraceae). Der Baum wächst im östlichen Nordamerika und wird bis zu 30 Meter hoch. Nur das Wurzelholz und die Wurzelrinde, die im Herbst gesammelt werden, sind von Bedeutung. Sassafras besitzt eine schweißtreibende und entwässernde Wirkung.

Inhaltsstoffe: ätherische Öle (etwa 80 Prozent Safrol), Gerbstoffe, das Gerbstoffrot Sassafrid, Alkaloide.

Anwendungen: Früher wurde Sassafras als Blutreinigungsmittel angewendet, aber auch gegen Hautleiden, Katarrhe, rheumatische Erkrankungen und Gicht eingesetzt.

! Heute wird von der Anwendung von Sassafras abgeraten, denn das Safrol im ätherischen Öl der Wurzeln ist ein Nervengift und kann Leberkrebs verursachen.

Sauerampfer (Rumex acetosa): Pflanze aus der Familie der Knöterichgewächse (Polygonaceae). Der Sauerampfer wächst auf feuchten Wiesen, an Flussufern und Bächen. Gesammelt wird das gesamte Kraut, das entwässernd und verdauungsanregend wirkt. Die Pflanze wird auch in der Homöopathie verwendet.

Inhaltsstoffe: Kaliumhydrogenoxalat (Kleesalz), Oxalsäure, Vitamin C, Gerbstoffe.

Anwendungen: Sauerampferaufguss hat sich als Blutreinigungsmittel bewährt und wurde früher wegen seiner harntreibenden Eigenschaft gegen Unterleibsschmerzen und sogar Ruhr, Skorbut und Spulwürmer eingesetzt.

Sanikel – sanfte Heilpflanze bei Bronchitis und Hautproblemen.

! Sauerampfer sollte bei Steinbildung bzw. der Veranlagung dazu nicht eingenommen werden, weil oxalsäurehaltige Pflanzen Steinbildungen begünstigen. Zudem sind bei längerer hoher Dosierung Nierenschäden möglich.

Sauerstoff-Mehrschritt-Therapie: spezielle Anwendung der Sauerstofftherapie, bei der zusätzlich Vitamine und andere Substanzen verabreicht werden (→ Ozontherapie).

Sauerstofftherapie → Ozontherapie

Saugmassage, petechiale (PSM): verbindet die Heilmethoden Massage und → Schröpfen. Mittels Unterdruck erzeugt der Therapeut geringfügige Blutungen im Hautgewebe des Patienten, welche zunächst als Grundlage für die Erstellung der Diagnose dienen. Zum anderen erfüllen diese Blutungen die Funktion, das körpereigene Abwehrsystem (Immunsystem) zu unterstützen. Anwendung findet die petechiale Saugmassage vor allem bei Kopfschmerzen, bei Herz-Kreislauf-Problemen sowie bei psychosomatischen Erkrankungen.

Sauna: Die finnische »Schwitzstube« dient der Abhärtung.

Sauna (finnisches Bad): Kombination von Wärme- und Kältetherapie. Schwitzbäder werden bereits seit Jahrtausenden zur so genannten Körperreinigung durch das Ausschwitzen schädlicher Stoffe benützt. Bevor die Griechen begannen, für die Sauna Räume in ihre Häuser einzubauen, wurden von älteren Völkern schon besonders dichte Zelte für das Schwitzbad verwendet. Die Finnen, die die Sauna aus ihrer asiatischen Urheimat vor etwa 2000 Jahren nach Europa mitbrachten, sorgten dafür, dass die Technik der trockenen Hitze im Baderaum sich auch hierzulande etablierte. Heute ist die Sauna bei uns zu einem beliebten Ritual zu Hause und in Sport- und Fitnesscentern geworden.

Trockene Luft: In der Sauna sollte eine Lufttemperatur zwischen 70 und 100 °C herrschen, wobei in Bodennähe eine Temperatur von etwa 50 °C normal ist. Die Luftfeuchtigkeit beträgt in der Regel nur 5 bis 20 Prozent, wodurch die Hitze für den menschlichen Körper erträglich wird. Die gesundheitsfördernde Wirkung eines Saunabads wird dadurch hervorgerufen, dass der Körper überwärmt, zum starken Schwitzen gebracht und anschließend rasch abgekühlt wird. Durch das Schwitzen wird das Blut dicker, was zur Folge hat, dass Wasser und mit ihm schädliche Stoffe zum Ausgleich ins Blut überführt werden, die über die Nieren und Schweißdrüsen ausgesondert werden. Neben der vorbeugenden Wirkung gegen Erkrankungen (vor allem gegen Infektionen der Atemwege) können mit der Sauna auch bestehende Gesundheitsstörungen unterstützend bekämpft werden, und die Fitness kann gesteigert werden: Der Kreislauf wird angeregt, chronische Erkrankungen der Atemwege werden gelindert, und die Konzentrationsfähigkeit nimmt zu.

! Gefährlich kann ein Saunabesuch werden, wenn man an einer fiebrigen Erkrankung, Gefäßerkrankung, Hautkrankheit, an Bluthochdruck, an Entzündungen, Zuckerkrankheit oder einer nicht ausgeheilten Tuberkulose leidet. Bei Herzerkrankungen muss der Saunabesuch mit dem Arzt abgesprochen werden. Das Saunieren in einer Gemeinschaftssauna ist bei Geschlechtskrankheiten oder einer ansteckenden Hautkrankheit wegen der Ansteckungsgefahr verboten.

Säure-Basen-Haushalt: Damit die Stoffwechselvorgänge im Organismus richtig funktionieren, muss u. a. ein bestimmtes Verhältnis von Säuren und Basen gewährleistet sein. Dieses Säure-Basen-Verhältnis wird mit dem pH-Wert angegeben. Der pH-Wert im Blut beträgt normalerweise etwa 7,4. Bei Werten von unter 7,35 spricht man von Übersäuerung (Azidose). Bei Werten von über 7,45 spricht man von Alkalose (einem Zuviel an Basen). Säuren werden entweder mit der Nahrung aufgenommen oder im Körper gebildet. Sie entstehen z. B. bei der Eiweißverdauung oder als Folge von Gärungs- oder Fäulnisprozessen im Darm. Überschüssige Säuren werden über Nieren und Haut ausgeschieden bzw. über die Lunge abgeatmet. Jahrelange Übersäuerung führt zu einer Erstarrung der Körperzellen, was auch die Zellatmung und die Organdurchblutung verschlechtert. Eine Übersäuerung des Körpers ist oft die Ursache von Kopfschmerzen, Hautproblemen, Abwehrschwäche oder Müdigkeit. Die Ursache der Übersäuerung wird in einer falschen Ernährung mit zu viel sauren und zu wenig basischen Nahrungsmitteln gesehen. Auch Stress und chronische Erkrankungen können eine Übersäuerung verursachen. Eine basische Diät und eine allgemeine Änderung der Lebensweise mit mehr Ruhe und Ordnung können das Gleichgewicht zwischen Säuren und Basen wiederherstellen (→ Entsäuerung).

Schachtelhalm (Equisetum arvense; auch Zinnkraut, Ackerschachtelhalm): Pflanze aus der Familie der Schachtelhalmgewächse (Equisetaceae). Sie ist an Wegrändern, Dämmen, auf Wiesen und in Feuchtgebieten zu finden. Nur die ab Mai austreibenden grünen

Saunaregeln

Einige grundsätzliche Dinge sollten beim Saunieren beachtet werden. Im Folgenden sind die wichtigsten Saunaregeln aufgelistet.

- Vor dem Saunabesuch sollte mindestens drei Stunden nichts gegessen werden.
- Vor dem Saunieren sollte man mit lauwarmem Wasser duschen. Auch aus Rücksicht auf andere Personen in der Sauna gehört die umfassende Körperreinigung vor dem ersten Saunagang zur Pflicht!
- Badebekleidung oder ein umgeschlungenes Handtuch in der Sauna verhindern das ungehinderte Abfließen des Schweißes.
- Zur allgemeinen Hygiene, aber auch zum Schutz gegen Pilze oder andere übertragbare Krankheiten sollte man in öffentlichen Saunen vor dem Hinsetzen unbedingt ein Handtuch auf die Holzbank legen.
- Die Dauer des Saunagangs reicht von anfänglich fünf Minuten (bei Ungeübten) bis zu etwa 15 Minuten.
- Zu Beginn des Saunagangs sollte man auf der zweiten Stufe beginnen und erst nach der Aufwärmphase bis zur obersten Bank vordringen. Umgekehrt sollte man nicht direkt von der obersten Bank aus den Saunagang beenden.
- Ein Aufguss – das Schütten von wenig Wasser auf die Steine des Ofens – ist für die Wirkung nicht notwendig, kann aber in Verbindung mit ätherischem Öl wohltuend auf die Atemwege wirken.
- Entgegen einer weit verbreiteten Unsitte sollte in der Sauna der Schweiß nicht abgeklatscht, abgestreift oder abgebürstet werden, weil dadurch zum einen der Verdunstungsvorgang unterbrochen wird und zum anderen anwesende Personen in unzumutbarer Weise belästigt werden. Das Bürsten oder eine Massage ist vor und/oder zwischen den Saunagängen sinnvoll.
- Unmittelbar nach dem Verlassen des Saunaraums wird die Abkühlungsphase eingeleitet, indem man entweder an die kalte Luft im Freien geht, sich unter die kalte Dusche stellt oder ins Kaltwasserbecken eintaucht. Beim Kaltluftbad im Winter sollte man immer in Bewegung bleiben und es beim ersten Frösteln abbrechen. Auch Fußbäder mit wechselnden Temperaturen sind für die Gefäße hilfreich.
- Zwischen den Saunagängen sollte man – am besten auf einer Liege – etwa 20 Minuten ruhen.
- Zwei bis drei Saunagänge pro Tag sind gesundheitlich vertretbar, wenn nicht mehr als zwei Saunabesuche pro Woche auf dem Programm stehen.
- Trinken sollte man erst nach Abschluss des Saunabesuchs – und zwar am besten Mineralwasser oder Fruchtsäfte.

Stängel sind heilkräftig. Von ihnen werden die oberen zwei Drittel von Juni bis Oktober gepflückt. Der Schachtelhalm wirkt entwässernd. Die Pflanze wird auch in der Homöopathie verwendet.

Inhaltsstoffe: fast 8 Prozent Kieselsäure, mineralische Bestandteile.

Anwendungen: Als Teeaufguss kommt der Schachtelhalm als Durchspülungstherapie bei Nierenentzündungen und Nierengrieß zur Anwendung. Bewährt hat sich auch der Einsatz bei rheumatischen Beschwerden und bei chronischem Husten. Als Wickel aufgelegt, zeigt die Pflanze unterstützende Wirkung bei der Wundheilung.

! Der Schachtelhalm darf nicht zur Durchspülungstherapie bei Wassereinlagerungen (Ödemen) infolge eingeschränkter Herz- oder Nierentätigkeit angewendet werden.

Schafgarbe (Achillea millefolium): Pflanze aus der Familie der Korbblütler (Asteraceae). Sie ist in Europa heimisch und an Hecken und Waldrändern sowie auf trockenen Wiesen und Äckern zu finden. Die Schafgarbe wird bis zu 80 Zentimeter hoch und blüht von Juni bis Juli.

Ihre Bitterstoffe machen die Schafgarbe zum bewährten Magenmittel.

Gesammelt werden die Blüten und das Kraut während der Blütezeit. Schafgarbe wirkt antimikrobiell, zusammenziehend, entkrampfend und entzündungshemmend. Die Pflanze wird auch in der Homöopathie verwendet.

Inhaltsstoffe: ätherische Öle (darunter etwa 25 Prozent Chamazulen), Bitterstoffe (Achillein), Gerbstoffe, Flavonoide.

Anwendungen: Die Schafgarbe hat sich als Aufguss oder Frischpflanzenpresssaft bei Appetitlosigkeit, dyspeptischen Beschwerden und zur Steigerung der Gallensekretion bewährt. Äußerlich als Sitzbad angewendet, ist sie bei Menstruationsbeschwerden hilfreich.

Schafgarbenöl: durch Wasserdampfdestillation gewonnenes hellblaues bis blaugrünes ätherisches Öl der Schafgarbe, das neben Flavonoiden verschiedene Bitter- und Gerbstoffe sowie etwa 25 Prozent des entzündungshemmenden Wirkstoffs Chamazulen enthält. Es riecht kräuterartig und wirkt als Aromaöl (→ Aromatherapie) krampflösend, antiseptisch und antibakteriell sowie psychisch ausgleichend. Traditionell wird Schafgarbenöl auch innerlich angewendet, da es aufgrund seiner biochemischen Zusammensetzung Blutungen zu stillen vermag. Darüber hinaus ist es u. a. geeignet zum Einsatz bei Bronchitis, Menstruationsbeschwerden sowie Leber- und Gallenblasenproblemen. Das Öl lässt sich für die Duftlampenanwendung gut mit den Aromaölen von Melisse, Myrte und Ysop mischen.

Schamanismus: traditionelle Heilkunst von Naturvölkern mit besonderer Verbreitung in Sibirien, der Mongolei sowie bei nordamerikanischen Indianerstämmen. Schamanismus wird durch den Schamanen ausgeübt, der oft zugleich Priester und Heiler ist. Zu den Hauptaufgaben eines Schamanen zählt das Bestehen einer Reise ins »Jenseits«, bei der es darum geht, die Psyche eines Erkrankten zurückzuholen und sie erneut im Körper des Patienten zu »verorten«. Auch mit bestimmten Trancetechniken und durch den Einsatz von Trommeln und Gesang werden Patienten behandelt. Dadurch wird eine Bewusstseinserweiterung erreicht, mit der seelischen und körperlichen Leiden begegnet werden kann.

Schaufensterkrankheit (periphere arterielle Verschlusskrankheit): Durchblutungsstörung in den Extremitäten (Armen und Beinen) durch arteriosklerotische Veränderungen, die im Extremfall zum Verschluss der Arterien führt. Die Krankheit zwingt Betroffene zu vielen Pausen beim Gehen, so dass sie z. B. vor Schaufenstern stehen bleiben, um die Situation zu überspielen – dies gab der Krankheit ihren volkstümlichen Namen. Medizinisch wird sie periphere arterielle Verschlusskrankheit (PAVK) genannt. Am Anfang treten leichte Schmerzen in den Waden auf, die sich wie Muskelkater anfühlen. Mit der Zeit werden die Schmerzen stärker, und die Betroffenen können nur noch wenige Meter ohne Pause gehen. Die PAVK wird in verschiedene Stadien eingeteilt, die sich an der schmerzfrei zurückgelegten Wegstrecke orientieren. Wenn die ersten Schmerzen zu spüren sind, ist die betreffende Beinarterie bereits zu 70 Prozent geschlossen. Es leiden doppelt so viele Männer wie Frauen an dieser Krankheit, u. a. weil Frauen bis nach den Wechseljahren durch das Hormon Östrogen stärker vor Arterienverkalkung geschützt sind.

! Bei dauernden Beinschmerzen unklarer Herkunft ist möglichst frühzeitig ein Arzt aufzusuchen.

75 bis 90 Prozent der PAVK-Patienten sind Raucher; der Nikotinkonsum muss auf jeden Fall eingestellt werden • Ein Geh- bzw. Lauftraining (mindestens 2- bis 3-mal täglich) kann im Anfangsstadium der Krankheit ausgesprochen hilfreich sein; man geht dabei mit kleinen schnellen Schritten so lange, bis Schmerzen zu spüren sind; in der folgenden kurzen Ruhepause werden die Waden im Stehen gedehnt (z. B. indem das betroffene Bein nach hinten geführt und mit der Ferse aufgesetzt wird oder durch die Venenpumpe, bei der man auf die Zehenspitzen und zurück wippt); nach dem Nachlassen der Schmerzen geht man weiter • Weil auch erhöhte Blutfettwerte für Arteriosklerose verantwortlich sind, sollte man die Ernährung auf fettarme Kost (Low-fat-Diät) umstellen • Der Alkoholgenuss sollte stark reduziert oder am besten ganz eingestellt werden • Bei Übergewicht sollte eine Gewichtsreduktion erfolgen • PAVK-Patienten sollten auf die richtige Nagel- und Fußpflege achten; bei Entzündungen (etwa durch Verletzungen mit der Nagelschere) können sich bei ihnen leicht offene Beine bilden • Die Füße und Beine sollten warm gehalten werden (Kaltanwendungen sind für PAVK-Patienten tabu) • Wichtig sind orthopädische Schuhe (gegebenenfalls mit Einlagen), in denen man gut laufen kann und die keine Druckstellen und Hühneraugen an den Füßen verursachen • Für Patienten mit Bluthochdruck: Weißdorntee wirkt regulierend auf den Blutdruck

Die Neoschamanistische Therapie

»Echter« Schamanismus wurde von der Weltgesundheitsorganisation (WHO) der westlichen Medizin gleichgestellt. Gleichwohl haben sich neoschamanistische Heilmethoden etabliert, die aus willkürlich zusammengestellten Ritualen verschiedener Traditionen bestehen und mit dem »echten« Schamanismus nichts zu tun haben. Die Programme werden im Rahmen von so genannten Workshops oder Gruppentherapien angeboten. Der Neoschamanismus stellt sich hierzulande bisweilen als straff organisierte Wochenend-Freizeitbeschäftigung dar, wobei nur selten im traditionellen Schamanismus oder psychotherapeutisch ausgebildete Personen die Leitung haben. Beim Besuch von Kursen sollte man darauf achten.

Schaukeldiät: Wechsel zwischen saurer und basischer Kost. Charakteristisch für eine Schaukeldiät ist der alle drei Tage wechselnde Konsum von Säure bildenden eiweiß- und fettreichen Speisen wie Milchprodukten (Quark, Käse), Fisch, Fleisch, Getreide oder Hülsenfrüchten und von basischen Nahrungsmitteln wie Gemüse und Obst. Ziel der Schaukeldiät ist zunächst die Ansäuerung und dann wieder die Alkalisierung des Harns, um auf diese Weise die Vermehrung von Bakterien zu stoppen. Eine Schaukeldiät kann bei bakteriellen Entzündungen der ableitenden Harnwege eingesetzt werden.

Die Schaukeldiät eignet sich bedingt zur Selbstbehandlung.

Scheidenentzündung: durch Pilze, Viren, Bakterien oder Trichomonaden verursachte akut oder chronisch verlaufende Entzündung der Vagina. Sie macht sich durch ungewöhnlich aussehenden Ausfluss, Jucken und Brennen beim Wasserlassen bemerkbar. Der Ausfluss ist nicht mehr hell oder farblos (in getrockneter Form gelblich) wie normal, sondern meist grünlich oder bräunlich verfärbt und riecht unangenehm. Oft ist auch der Scheideneingang mit den kleinen Schamlippen gerötet und bereitet starken Juckreiz. Häufigste Ursache einer Scheidenentzündung sind Pilze, die nicht zur normalen Scheidenflora gehören, und solche, die dazugehören, aber nicht mehr von den natürlicherweise in der Scheide vorkommenden Bakterien »in Schach gehalten« werden. Weiter ist eine Infektion durch das Bakterium Gardnerella vaginalis und durch die Einzeller (Trichomonaden) denkbar, die durch Sexualverkehr und warm-feuchte Textilien (z. B. Badehandtücher, Waschlappen oder das Holz der Saunabank) übertragen werden können.

! Verschwindet der Ausfluss nicht nach einigen Tagen oder stellen sich zusätzlich Schmerzen im Unterleib ein, ist ein Arztbesuch erforderlich.

Liegt eine Pilzinfektion vor, kann mit natürlichen Mitteln das Gleichgewicht des normalerweise leicht sauren Scheidenmilieus wiederhergestellt werden, etwa indem ein Tampon mit Biojoghurt getränkt und in die Scheide eingeführt wird • In gleicher Weise kann auch Teebaumöl verwendet werden (etwa 20 Tropfen Teebaumöl in einen mit Olivenöl gefüllten Eierbecher geben und die Tamponspitze mit dieser Mischung tränken) • Eine Mischung aus Biojoghurt und Teebaumöl wird auf Schamlippen und Scheideneingang getupft, was zusätzlich kühlende Wirkung hat • Ein paar Tropfen Teebaumöl auf eine Slipeinlage helfen ebenfalls gegen Scheidenpilze • Ein lauwarmes Sitzbad (1 bis 2 EL Essig für 1 l Wasser) hilft, das natürliche Scheidenmilieu wieder herzustellen • Knoblauch hemmt den Wuchs von Bakterien und Pilzen und stärkt das Immunsystem (ein längeres Stück Zahnseide durch eine ganze geschälte Knoblauchzehe ziehen und in die Scheide einführen) • Wird die Scheidenentzündung durch Bakterien oder Trichomonaden verursacht, muss vorbeugend und auch als Unterstützung der ärztlichen Therapie vor allem auf Hygiene geachtet werden • Tritt die Infektion öfter auf, ist in Schwimmbädern, Whirlpools und Saunen Vorsicht angebracht; niemals darf man sich in der Sauna ohne Handtuch auf die Holzbank setzen; der warme Whirlpool sollte ganz gemieden werden und der Genitalbereich nicht mit der Sitzbrille der Toilette in Kontakt kommen • Der Sexualpartner muss mitbehandelt werden, da er sonst eine ständige Ansteckquelle ist (Ping-Pong-Infektion) • Mit dem Klopapier darf nicht vom After in Richtung Scheide gewischt werden, weil dadurch Keime direkt in die Scheide gelangen können (deshalb gegebenenfalls auch nicht ohne entsprechende Reinigung von Anal- zu Vaginalverkehr wechseln) • Seife und andere Waschlotionen sowie Intimsprays und -pflegemittel haben in und an der Scheide nichts zu suchen; sie schädigen das natürliche

Scheidenmilieu und mindern die Abwehrkräfte • Am besten ist es, den Scheidenbereich täglich mit lauwarmem klaren Wasser zu reinigen (mit Waschlappen oder Schwämmen werden Erreger übertragen)

Tee zum Trinken und zur Spülung bei Ausfluss: 30 g Kamillenblüten, 20 g Frauenmantelkraut, 20 g Schafgarbenkraut und 10 g Weiße Taubnessel mischen. 1 bis 2 TL der Mischung mit 1 Tasse heißem Wasser übergießen, 10 Minuten ziehen lassen. 6 Wochen lang täglich 2 Tassen des Tees trinken. Für eine Scheidenspülung der oben genannten Mischung noch 20 g gerbstoffhaltige Walnussbaumblätter hinzufügen.

Schenkelguss: Wasseranwendung der → Kneipptherapie. An der rechten kleinen Zehe beginnend wird ein Wasserstrahl über die Außenseite von Fuß, Unterschenkel, Knie und Oberschenkel bis zum Gesäß bzw. zur Leistenbeuge geführt und nach kurzem Verweilen über die Innenseite des Fußes bis zur großen Zehe zurückgeführt. Der Schenkelguss ist bei Venenbeschwerden und rheumatischen Beschwerden hilfreich.

! Den Schenkelguss sollte man nicht bei Reizblase, Harnwegsinfektionen, Ischiasschmerzen und während der Menstruation anwenden.

Der Schenkelguss eignet sich zur Selbstbehandlung.

Schilddrüsenunterfunktion → Jod

Schlackenkost: Ernährungsform, bei der in erster Linie Obst, Gemüse sowie Erzeugnisse aus Vollkorn gegessen werden, da diese Lebensmittel große Mengen an Ballaststoffen enthalten. Diese Art der Ernährung ist insbesondere bei Zuckerkrankheit, Übergewicht sowie bei verzögertem Stuhlgang hilfreich.

Schlafstörungen: Schwierigkeiten beim Einschlafen bzw. Durchschlafen. Etwa ein Drittel aller Deutschen leiden unter Schlafstörungen, die jedoch auch banale Ursachen haben können: Alte abgelegene Matratzen, ein zu schmales Bett, ein schlecht gelüftetes, zu warmes

Schlaftee bei Schlafstörungen: Als Heilpflanzen eignen sich Hopfen, Melisse und Baldrian.

und/oder zu helles Zimmer, unregelmäßige Schlafzeiten, Bewegungsmangel, spätes und schweres Essen und nervliche Belastungen können den Schlaf nachhaltig stören. Doch können Schlafprobleme auch Symptome von Gesundheitsstörungen sein: Herzerkrankungen, Bluthochdruck, rheumatische Erkrankungen und Asthma beeinträchtigen die Nachtruhe. Auch manche Medikamente können die Betroffenen um den Schlaf bringen: Dazu gehören Beta-Blocker, Antibiotika, Penizillin und Aufputschmittel.

! Bei Schlafstörungen über einen längeren Zeitraum sollte der Arzt aufgesucht werden, um eine Erkrankung auszuschließen.

Baldrian, Melisse und Hopfen sind Kräuter, die für einen »Einschlaftee« gut geeignet sind • Gewisse Schlafrituale, z. B. das Lesen im Bett, ein kurzer Spaziergang vor dem Zubettgehen – diese immer zur gleichen Zeit –, erleichtern dem »Gewohnheitstier« Mensch das Einschlafen • Ausgiebiges Lüften vor dem Schlafengehen bringt den Sauerstoff, der für guten Schlaf notwendig ist • Alkohol, Kaffee, schwarzer Tee und Nikotin belasten den

Schlaf; deshalb sollte der Konsum dieser Genussmittel abends eingeschränkt bzw. unterlassen werden • Ein besseres Raumklima wird durch das Aufstellen eines Luftbefeuchters erzielt • Nervlichen Belastungen, die den Schlaf stören, kann mit autogenem Training, Meditation oder Atemübungen begegnet werden • Entspannungsbäder mit Heilkräuterzusätzen (Melisse, Hopfen, Lavendel) machen schläfrig

Schlaftee: 30 g Hopfenzapfen, 30 g Melissenblätter und 20 g Baldrianwurzel mischen. 1 bis 2 TL der Mischung mit 1 Tasse heißem Wasser übergießen und 10 Minuten ziehen lassen. 1 bis 2 Tassen des Tees jeden Abend vor dem Schlafengehen trinken.

Schlafwandeln: Schlafstörung, die hauptsächlich Kinder zwischen dem 3. und 14. Lebensjahr betrifft. Vermutlich verfällt der Schläfer zu plötzlich in die so genannte REM-Phase (Rapid Eye Movements = schnelle Augenbewegungen) des Schlafs; gleichzeitig wird das Bewegungszentrum im Gehirn nicht schnell genug geschlossen. Bestimmte Signale dringen deshalb in diese Gehirnschaltstelle durch, und der Schläfer bewegt sich aus dem Bett.

Nach dem ersten Reif schmecken sie süß. Schlehen wirken entschlackend.

Kinder sollten abends nichts Aufregendes mehr lesen oder im Fernsehen sehen • Duftlampen mit beruhigenden Aromölmischungen helfen (Melissenöl oder Sandelholzöl) • Schlafbäder helfen durchzuschlafen (5 EL Lindenblüten mit 1 l Wasser überbrühen und dem Bad zugeben) • Kalte Wadenwickel und kalte Ganzkörperwaschungen fördern einen angenehmen Schlaf

Schlammbad (auch Schlickbad): den Körper entweder ganz oder nur teilweise erfassendes Bad (Ganzbad oder Teilbad), bei dem Heilschlamm zur Anwendung gelangt. Dabei wird hauptsächlich Schlamm aus stehenden Gewässern, beispielsweise Binnenseen, verwendet. Man unterscheidet zwischen zwei Arten von Schlammanwendungen zu Heilzwecken: In dünner und breiiger Form eignet sich Schlamm direkt für Bäder. Als dickflüssige Masse (Dickschlamm) wird er zur Herstellung von gebrauchsfertigen Wärmepackungen verwendet.

Das Schlammbad eignet sich zur Selbstbehandlung.

Schlankheitskur: meist Kombination von Methoden der → Bewegungstherapie mit Ernährungsmaßnahmen zur Gewichtsreduktion (→ Reduktionskost).

Schlehe (Prunus spinosa; auch Schlehdorn): Pflanze aus der Familie der Rosengewächse (Rosaceae). Die bis zu drei Meter hohe Pflanze wächst bei uns an Wald- und Wegrändern, in Hecken und auf Heidegebieten. Sie blüht von März bis Mai; die Früchte reifen im frühen Herbst. Gesammelt werden Blüten und Früchte im April und Mai bzw. im Oktober und November. Die Schlehe wirkt adstringierend (zusammenziehend), abführend, entwässernd (diuretisch) und schweißtreibend. Die Pflanze wird auch als Heilmittel in der Homöopathie verwendet.

Inhaltsstoffe: Glykoside (Querzetin, Kämpferol, Rutin, Amygdalin), Gerbstoffe, Pektin, Fruchtsäuren, Vitamin C.

Anwendungen: Die Schlehe wird vor allem in Blutreinigungs- und Entschlackungstees verwendet. Früher wurde sie auch bei Magenschwäche, Magenkrämpfen, Durchfall, Nierenproblemen und Harnleiden eingesetzt und zudem als Abführmittel verwendet.

Schlüsselblume → Primel

Schlüsselsymptom: Begriff der → Homöopathie für Krankheitsmerkmale (Krankheitssymptome), die typisch für die körperliche und seelische Befindlichkeit eines Menschen sind. Schlüsselsymptome können die gesamte Verfassung des Patienten bestimmen oder sich ausschließlich auf bestimmte Körperpartien beziehen. Zu beachten ist, dass es sich bei Schlüsselsymptomen auch um → Modalitäten im homöopathischen Sinn handeln kann, d. h. um bestimmte Faktoren, die auf den allgemeinen Gesundheitszustand eines Menschen positiv oder negativ einwirken.

Schmerzen: Störungen des Wohlbefindens. Schmerzen sind Symptome, die meist mit einer Erkrankung, Gewebedehnung, Verkrampfung, Verspannung oder Verletzung sowie mit psychosomatischen Störungen in Zusammenhang stehen. Sie können sehr viele Ursachen haben. Schmerzen können auch je nach Ursache und nach Persönlichkeit des Betroffenen sehr unterschiedlich ausgeprägt sein.

! Bei chronischen Schmerzen sollten Sie zum Arzt gehen, um die mögliche organische Ursache herauszufinden. Bekämpfen Sie Schmerzen nicht über längere Zeit mit Schmerzmitteln. Die regelmäßige Einnahme von Schmerzmitteln kann dazu führen, dass Körper und Gehirn verlernen, Schmerzen zu empfinden und ans Gehirn zu signalisieren. Außerdem führt die langfristige Einnahme zur Medikamentenabhängigkeit.

Akupressur ist ein bewährtes Mittel, selbst auf natürliche Weise gegen Schmerzen vorzugehen • Auch die Aromatherapie mit dem Einsatz ätherischer Öle wirkt auf das vegetative Nervensystem und kann Schmerzen lindern • Einen Versuch wert ist die so genannte Tennisballtherapie: Der Tennisball wird in Liegestellung unter den Kopf gelegt, wobei die Konzentration auf den intensiven Kontakt mit dem Ball gelenkt wird und zudem eine umfassende und schmerzlindernde Muskelentspannung herbeigeführt wird

Schmerztherapie: Sammelbegriff für verschiedene Therapien gegen akute und chronische Schmerzen. Es gibt verschiedene Ansätze, mit denen Schmerzen bekämpft werden: zum einen durch die Behandlung der Schmerzursache, zum anderen durch die Bekämpfung des Schmerzes, etwa durch Nervenblockade, Hemmung der Schmerzinformation ans Gehirn, Verringerung oder Aufhebung der Schmerzempfindlichkeit am Ort der Ursache und Beeinflussung des Schmerzerlebens.

Schmerzen – ätherische Öle helfen

Eine ganze Reihe von ätherischen Ölen wirkt gegen Schmerzen. Die ätherischen Öle gelangen schnell über das limbische System zum Gehirn und weiter zu den Nerven, wo sie beruhigend und entspannend wirken. Bei den folgenden Schmerzen eignen sich die folgenden Öle:

- Bei Nacken- und Kopfschmerzen: Lavendel, Rosmarin, Pfefferminze
- Bei Muskelschmerzen: Jasmin, Rosmarin, Lavendel
- Bei Schmerzen von Wunden, Abszessen, Ekzemen, Geschwüren und Insektenstichen: Lavendel, Cajeput, Teebaum
- Bei Bauchschmerzen: Basilikum, Kamille
- Bei Rückenschmerzen: Ingwer, Lavendel, Rosmarin
- Bei Zahnschmerzen: Kamille, Nelke, Teebaum

Wichtige Schmerztherapien der Naturheilkunde und alternativer Heilweisen sind – je nach Schmerzart – Phytotherapie, Kneipptherapie, Homöopathie, Wärme- und Kälteanwendungen, Akupunktur und Akupressur, Elektroakupunktur nach Voll, Biofeedback, Hypnose, autogenes Training, Farbtherapie, Massagen, Aschner-Methode, Kraniosakraltherapie, Qi Gong, Reiki.

Schneeball (Viburnum opulus = Gemeiner Schneeball, Viburnum prunifolium = Amerikanischer Schneeball): Pflanzen aus der Familie der Geißblattgewächse (Caprifoliaceae). Gesammelt werden Stamm- und Zweigrinde im Herbst. Die Rinde wirkt entkrampfend, entwässernd (diuretisch) und zusammenziehend (adstringierend). Der Gemeine Schneeball wird auch in der Homöopathie bei Menstruationsproblemen verwendet.

Inhaltsstoffe: beim Gemeinen Schneeball: Baldriansäure, Bitterstoffe (beispielsweise Viburnin); beim Amerikanischen Schneeball: Triterpene, Cumarine.

Anwendungen: Die Rinden beider Schneeballarten werden traditionell als Aufguss bei Menstruationsbeschwerden, Krämpfen der Gebärmutter und der Blase sowie bei drohender Fehlgeburt und ziehenden Schmerzen in Schenkeln und Kreuz angewendet. In den letzten Schwangerschaftswochen fördert Schneeball normale Kontraktionen der Gebärmutter und wirkt gegen nicht erwünschte Kontraktionen. Außerdem lindert er die Nachwehen und die Blutungen nach der Geburt und unterstützt die Rückbildung der Gebärmutter.

Schneegehen: Anwendung der → Kneipptherapie, die zur Abhärtung und Vorbeugung gegen Erkältungskrankheiten dient. Man geht kurze Zeit barfuß im weichen Schnee. Anschließend werden die Füße nicht abgetrocknet, sondern man geht in Socken und Schuhen umher und erwärmt sie so wieder.

Das Schneegehen eignet sich zur Selbstbehandlung.

Schnitzer-Kost: nach dem Zahnarzt Johann Georg Schnitzer benannte Form der vegetarischen Ernährung. Sie dient der Vorbeugung und Behandlung von bestimmten Krankheiten (vor allem rheumatischen Erkrankungen, Karies, Parodontose, Herz-Kreislauf-Erkrankungen). Gleichzeitig stärkt sie das Immunsystem. Es gibt zwei Formen: Die strenge Schnitzer-Kost besteht aus vegetarischer Rohkost, die energiereduziert ist. Die Schnitzer-Normalkost ist ebenfalls vegetarisch (mit wenig Eiern und Milchprodukten) mit einem gewissen Anteil an Rohkost, bewegt sich aber im Rahmen der normalen Energiewerte (ca. 2200 Kilokalorien).

Schnupfen (auch Nasenkatarrh): Entzündung der Nasenschleimhaut mit Absonderung eines wässrigen Sekrets, zeitweiligem Auftreten von Nasenverstopfung und häufigem Niesen. Die Nasenschleimhäute sind stark angeschwollen, und die Verbindung der Nebenhöhlen zur Nasenhöhle ist unterbrochen.

! Wenn sich der Schnupfen nach einer Woche nicht bessert oder wenn zusätzlich starke Kopfschmerzen auftreten, sollte ein Arzt aufgesucht werden, um Komplikationen (Nebenhöhlenentzündungen) zu verhindern.

Kopfdampfbäder mit ätherischen Ölen (Arnika, Beifuß, Latschenkiefer, Lavendel, Melisse und Rosmarin) wirken wohltuend und heilend zugleich (einige Tropfen der Aromaöle auf 2 l heißes Wasser geben) • Die reinen Dämpfe von heilenden Kräutern inhaliert man, indem man eine Kräutermischung (z. B. 1 EL von einer Fenchelkraut-Dillspitzen-Mischung im Verhältnis 1:4) auf ein Backblech gibt, die Kräuter bei 250 °C backt, bis sie schwarz werden, dann den Backofen öffnet und die frei gewordenen Dämpfe einatmet • Nasenspülungen sind ein einfaches Mittel, die Nasenschleimhaut zum Abschwellen zu bringen, wobei ein Sud aus Kamillenblüten (2 EL Kamillenblüten mit 100 ml Wasser überbrühen, abkühlen lassen) mit einer Pipette direkt in die Nase geträufelt wird • Weil trockene Heizungsluft die Nasenschleimhaut austrocknet, sollte möglichst oft gelüftet und/oder ein Luftbefeuchter aufgestellt werden • Duftlampen mit Aromaölen schaffen ein gesundes Raumklima und erleichtern das Durchatmen (Eukalyptusöl als Basisöl mit ein paar Tropfen Myrrheöl, Neroliöl oder Teebaumöl mischen) • Heiße Armbäder fördern vor allem die Durchblutung der Nasenschleimhaut

Schnupfentee: 1 TL Thymiankraut mit 1 Tasse kaltem Wasser ansetzen, bis zum Sieden erhitzen und 10 Minuten ziehen lassen. Täglich 3 Tassen des Tees trinken.

Schöllkraut (Chelidonium majus): Pflanze aus der Familie der Mohngewächse (Papaveraceae). Das bis zu 80 Zentimeter hohe Schöllkraut ist bei uns wild wachsend an Mauern, Zäunen und auf Bauschutthalden zu finden. Es blüht von Mai bis in den September hinein. Gesammelt werden das Kraut und die Wurzeln vor der Zeit der Blüte, etwa im April. Das Schöllkraut wirkt auf Muskeln und Organe entkrampfend. Die Pflanze wird auch in der Homöopathie verwendet.

Inhaltsstoffe: in Kraut und Wurzeln: bis zu 1 Prozent Alkaloide (Chelidonin, Sanguinarin, Chelerythrin, Berberin), Flavonoide; im frischen Milchsaft: Enzyme.

Anwendungen: Als Teeaufguss wirkt die Pflanze gegen Verkrampfungen der Gallenwege und des oberen Magen-Darm-Trakts. Äußerlich angewendet ist der frische Milchsaft des Schöllkrauts ein bewährtes Mittel gegen Warzen; der gelbliche Saft wird direkt auf die Warzen getupft.

Schonkost: Kostform, die aus vollwertigen Lebensmitteln besteht, welche den Magen allerdings nur wenig belasten. Sie ist angezeigt bei Gicht, rheumatischen Erkrankungen, Zuckerkrankheit, Störungen des Fettstoffwechsels und Herz-Kreislauf-Erkrankungen. Die Zusammensetzung einer bestimmten Schonkost ist abhängig von der jeweiligen Erkrankung und ihrem Verlauf.

Schöllkraut ist in der Volksmedizin seit langem als Warzenkraut bekannt.

Schröpfen: therapeutisches Verfahren, bei dem an einer bestimmten Körperstelle Blut angesaugt wird. Dazu werden entweder Glasglocken oder Glocken mit Gummiaufsatz (Schröpfköpfe) verwendet, die auf die Haut aufgesetzt werden. Durch den entstehenden Unterdruck sammelt sich das Blut unter den Glocken. Damit sollen einerseits Körpergifte (»Schlacken«) entfernt werden. Mit Schröpfen wird andererseits ein Reiz erzeugt, der auf den Organismus umstimmend wirken soll. Es gibt unterschiedliche Verfahren, die meist im Zusammenhang mit der Ausleitungstheorie (→ Aschner-Methode, → Baunscheidt-Verfahren, → Blutegelbehandlung) stehen.

Trockenes Schröpfen: Dieses Ausleitungsverfahren ist unblutig. Die Schröpfköpfe werden direkt auf die Haut gesetzt, bis sich blaue Flecke (Blutergüsse) bilden.

Blutiges Schröpfen: Die Schröpfköpfe werden über eingeritzte Haut gesetzt. Angesaugtes Blut sammelt sich so in den Glasglocken. Eine Narbenbildung ist hierbei möglich.

Schröpfmassage: Dabei wird die Schröpfglocke aufgesetzt, bis sich ein Vakuum darunter gebildet hat, dann auf der eingefetteten Haut hin und her bewegt, bis sich ein Bluterguss zeigt (→ Saugmassage, petechiale).

Schroth-Kur: Ernährungs- und Umstimmungskonzept, das nach Johannes Schroth (1800–1856) benannt ist. Die Schroth-Kur dient der Entschlackung und Entlastung des kranken Organismus von der Verdauungsarbeit. Dabei wechseln so genannte Trockentage mit Trinktagen. An den Trockentagen werden fett-, eiweiß- und salzarme Nahrungsmittel gegessen (höchstens 700 Kilokalorien pro Tag). An den Trinktagen wird Weißwein getrunken (bis zu einem Liter pro Tag). Gleichzeitig zur Ernährung kommen feuchtwarme Packungen (Leibwickel) zur Anwendung. Die Schroth-Kur wird bei chronischen und Stoffwechselerkrankungen durchgeführt.

! Die Schroth-Kur sollte unter therapeutischer Überwachung stattfinden. Verboten ist sie bei Herzerkrankungen, Schilddrüsenüberfunktion, Diabetes mellitus sowie bei Leber- und Nierenproblemen.

Schuppenflechte (Psoriasis): chronisches, erbliches Hautleiden mit Bildung von geschichteten silberweißen Schuppen bei gleichzeitiger Rötung der Haut. Die Schuppen entstehen durch ein übermäßiges Wachstum der Hautzellen in den oberen Hautschichten. Bevorzugt werden die Streckseiten der Knie und Ellbogen, der Kreuzbeinbereich und der behaarte Kopf befallen. Auch Finger und Zehennägel können mitbetroffen sein. Schuppenflechte verläuft oft in Schüben und kann durch individuelle Auslöserfaktoren in ihrem Verlauf beeinflusst oder hervorgerufen werden: z. B. durch Stress, hormonelle Umstellungen, Infektionskrankheiten, Verletzungen, Verbrennungen, Operationen, übermäßigen Alkoholkonsum, Übergewicht, Klimaveränderungen, Sonnenbrand und bestimmte Medikamente.

Eine herkömmliche Methode ist die Behandlung mit Steinkohlenteer; für die Behandlung des Kopfs sind teerhaltige Shampoos im Handel • Äußerlich kann man auch Leinöl auftragen • »Blutreinigungstees« helfen bisweilen (Löwenzahn, Brennnessel, Klette) • Die Saponine der Sarsaparille haben einen günstigen Einfluss auf die Erkrankung • Badeurlaube im Toten Meer wirken lindernd (das Tote-Meer-Salz ist auch in Apotheken und in Reformhäusern als Badezusatz erhältlich) • Auch Soda-, Sol- und Salzbäder haben einen günstigen Effekt • Lichttherapie (UV-Bestrahlung) wirkt sich positiv auf die Haut aus

Schwarzkümmel – altbewährtes und wieder entdecktes Naturheilmittel aus Ägypten.

Schwarzkümmel (Nigella sativa): Pflanze aus der Familie der Doldengewächse (Apiaceae). Der ursprünglich aus Asien und Ägypten stammende Schwarzkümmel hat eine das Immunsystem stärkende Wirkung. Der Wirkstoff Nigelon erweitert die Bronchien und wirkt bei Allergien lindernd.

Inhaltsstoffe: ätherische Öle (Pinene, Cymen, Borneol, Karvon), mehrfach ungesättigte Fettsäuren, Nigelon.

Anwendungen: Schwarzkümmelöl gibt es in Form standardisierter Präparate (Apotheken und Reformhäuser) zur Stärkung des Immunsystems und zur Vorbeugung gegen Erkältungskrankheiten.

Schwedentrunk (Schwedenbitter): pflanzliches Heilmittel auf Alkoholbasis, das neben

Vitamin C u. a. die folgenden Bestandteile enthält: Rhabarber, Eberwurz, Gelben Enzian, Angelika, Kampfer, Krokus, Myrrhe, Manna, Aloe und Sennesblätter. Angewendet wird der Schwedentrunk meist bei Appetitlosigkeit.

Schwefel: Mineralstoff im menschlichen Körper, der für die Entgiftung zuständig ist. Der genaue tägliche Bedarf ist nicht bekannt; biopositive Schwefelverbindungen sind u. a. in Haferflocken, Eiern, Kohl, Kresse, Zwiebeln und Knoblauch enthalten (→ Mineralstoffe).

Schwefelbad: Bad in natürlichen Schwefelquellen, die Schwefelwasserstoff und Sulfide enthalten. Als künstliche Schwefelbäder werden Vollbäder bezeichnet, in die Schwefelsalz gegeben wird.

Schwertlilie → Iris

Schwitzbad → Überwärmungsbad

Schwitzen: Schweißabsonderung im Rahmen der Temperaturregulation des Körpers zum Schutz vor Überhitzung. Bei extremer Hitze kann der Körper bis zu drei Liter Schweiß pro Stunde absondern. Dieser wird von verschiedenen Schweißdrüsen produziert (apokrinen Drüsen in den Achselhöhlen und im Genitalbereich; endokrinen Drüsen, die am ganzen Körper verteilt sind). Übermäßige Schweißbildung (→ Fußschweiß) ist zwar unangenehm, aber in der Regel harmlos. In seltenen Fällen kann sie ein Hinweis auf Schilddrüsenfunktionsstörungen oder ein Hodgkin-Lymphom sein. Starkes Schwitzen kann auch in einer Angst- oder Stresssituation entstehen.

Bei starkem Schwitzen sollte auf eine ausreichende Körperhygiene geachtet werden • Luftige und atmungsaktive Kleidung aus Baumwolle oder Wolle, die die Abdunstung von Feuchtigkeit nicht verhindert, sollte bevorzugt getragen werden • Auch die Anwendung von warmen Bädern mit Kräutern, Salz, Tonerde, Essig und Natron hat sich als wirksam erwiesen • Das Aroma scharfer Gewürze (vor allem Knoblauch, Zwiebeln und Peperoni) wird über die Haut wieder ausgedünstet und verstärkt den unangenehmen Geruch • Das Tomatenbad (2 l Tomatensaft auf ein Vollbad) ist ein bewährtes Mittel bei übermäßiger Schweißabsonderung • Da übermäßige Schweißbildung auch psychisch bedingt ist, sind Entspannungsübungen (etwa autogenes Training oder Yoga) hilfreich • Aromaöle (Muskatellersalbeiöl, Ingweröl, Zitronenöl, Zypressenöl), mit Mandel- oder Jojobaöl vermischt und auf den Körper aufgetragen, überdecken den Schweißgeruch • Salbei hilft bei Nachtschweiß • Bäder mit Eichenrinde sind bei Hand- und Fußschweiß hilfreich.

Scleranthus (engl.): Einjähriger Knäuel, Stockbottle Nr. 28 der → Bach-Blüten. Scleranthus sorgt für Ausgeglichenheit, festen Willen, Standfestigkeit und Durchsetzungskraft. Launische Menschen finden mit Scleranthus zu innerer Harmonie.

Segmenttherapie: Therapieverfahren, das über die Behandlung bestimmter Zonen der Haut (→ Head-Zonen) erkrankte innere Organe

Ursachen übermäßiger Schweißbildung

- Physiologische Überfunktion: Anpassung an sehr heißes Klima, schwere körperliche Arbeit, Sport, bei Übergewicht und im Verlauf der Wechseljahre (Hitzewallungen)
- Krankhafte Überfunktion: Begleiterscheinung verschiedener Krankheiten wie Überfunktion der Schilddrüse, Diabetes mellitus oder neurologischer Erkrankungen
- Anlagebedingte Überfunktionen in bestimmten Körperbereichen: Tritt meist in den Achselhöhlen, an Händen oder Füßen auf und wird überwiegend durch psychische Auslöser wie Stress, Schmerzen, Angst oder auch Freude ausgelöst

umstimulieren will. Es handelt sich um eine Reizbehandlung, die verschiedene Methoden (etwa → Reflexzonenmassage, → Neuraltherapie, → Elektrotherapie, → Reizkörpertherapie) einsetzt.

Sehnenprobleme: Funktionsstörungen der Sehnen, der Verbindungen von Knochen und Muskeln, durch Überdehnung, Überbeanspruchung oder Riss. Wo die Sehnen an Gelenken und Knochen entlanglaufen, sind sie in Sehnenscheiden eingebettet, um nicht durch die Reibung mit Geweben in Mitleidenschaft gezogen zu werden. Bei oft wiederholten gleichen Bewegungen (z. B. Drehbewegungen, Maschineschreiben, Stricken, Häkeln u. Ä.) kann es zur schmerzhaften Sehnenscheidenentzündung kommen. Auch der Sehnenansatz am Knochen kann Probleme bereiten, wenn er über längere Zeit hinweg zu stark belastet wird (im Fall des Sehnenansatzes am Ellbogen spricht man vom Tennisellbogen bzw. Tennisarm). Die Sehne reagiert bei Bewegung mit Schmerzen, und es kann überdies zu einer Muskelschwäche im Unterarm kommen.

Monotone Bewegungsabläufe sollten vorbeugend immer wieder unterbrochen bzw. abgewechselt werden • Vor dem Sport sollten umfassende Dehn- und Aufwärmübungen gemacht werden • Bei akuten Sehnenbeschwerden sollten die betroffenen Sehnen ruhig gestellt werden • Bei Problemen an Sehnenansatzstellen helfen ebenfalls viel Ruhe und auch Kühlung (Umschlag mit Eiswürfeln, Coolpack oder Eisspray) • Arnikasalbe und Umschläge mit Arnikatinktur wirken lindernd • Bei intakter Haut kann auch Beinwellsalbe ausprobiert werden

Seifenkraut, Gemeines (Saponaria officinalis): Pflanze aus der Familie der Nelkengewächse (Caryophyllaceae). Das Seifenkraut wird bis zu 90 Zentimeter hoch und wächst bei uns wild an Bachufern, Wegen und in Hecken. Gesammelt werden die Wurzeln, der Wurzelstock, die Wurzelausläufer (rote Seifenwurzel) sowie die Blätter vor der Blütezeit bis in den Juni hinein. Seifenkraut wirkt schleimlösend und auswurffördernd. Seifenkraut wird – wie schon der Name sagt – auch als Seifen- bzw. Waschmittel (aufgrund seines Saponingehalts) verwendet. Die Pflanze wird auch in der Homöopathie verwendet.

Inhaltsstoffe: Triterpensaponine, Triterpenglykoside, Quillariasäure.

Anwendungen: Die Abkochung der Pflanzenteile wird traditionell als so genanntes Expektoranzium bei chronischem Husten und bei Bronchitis zur Linderung eingesetzt.

Seitenlage, stabile → stabile Seitenlage

Sekundäre Pflanzenstoffe → bioaktive Stoffe

Sekundenphänomen (Huneke-Phänomen): auf einen »Kunstfehler« des Arztes Ferdinand Huneke zurückgehende Bezeichnung, der 1925 seiner Schwester ein Rheumamittel mit dem Lokalanästhetikum Prokain versehentlich in eine Vene statt in den Gesäßmuskel spritzte; daraufhin vergingen die Kopfschmerzen der Schwester in »Sekundenschnelle«. Dieses Phänomen führte Huneke zu Annahmen über besondere Schaltstellen zwischen Nervenverbindungen, die über Reizpunkte zu beeinflussen seien (→ Neuraltherapie).

Selbsterfahrungsgruppe: Verfahren der → Psychotherapie. Selbsterfahrungsgruppen dienen hauptsächlich dazu, das Selbstbewusstsein zu stärken und die Kontaktfähigkeit gegenüber anderen zu verbessern. Es gibt verschiedene Formen der Selbsterfahrungsgruppe. Besonders häufig finden sich Encountergruppen (Form, bei der die zwischenmenschliche Begegnung im Mittelpunkt steht und die u. a. auf die Therapieform des Psychodramas sowie auf Verfahren der »klassischen« Psychotherapie zurückgreift) und Sensitivitätstrainingsgruppen.

Selbstheilung: Fähigkeit des Organismus, eine Krankheit selbst erfolgreich zu bekämpfen. Die Selbstheilung gehört zu den Grundannahmen vieler naturheilkundlicher und alternativer Medizinansätze. Dabei kommt dem Arzt oder Therapeuten die Funktion zu, den Selbstheilungsprozess mit entsprechenden therapeutischen Maßnahmen zu fördern und zu stimulieren.

Selbsthilfegruppe: auf Eigeninitiative – meist ohne Unterstützung durch einen Psychologen bzw. Sozialpädagogen – zum Zweck der Selbsthilfe gegründete Gruppe. Selbsthilfegruppen, deren Sitzungen der Lebensbewältigung dienen sollen und in regelmäßigen Abständen stattfinden, sind normalerweise auf ein psychisches und/oder physisches Problemfeld konzentriert: So gibt es Selbsthilfegruppen Alkoholkranker (Anonyme Alkoholiker, Blaues Kreuz), Spiel- und Sexsüchtiger, Geschiedener und Alleinerziehender, Drogenabhängiger und deren Angehöriger u. Ä. Auch zu bestimmten Krankheiten (Krebs, AIDS, Frauen nach Brustamputationen etc.) gibt es in vielen Städten Selbsthilfegruppen.

Selen: zu den → Spurenelementen gehörendes Nichtmetall mit einer metallähnlichen Erscheinungsform (täglich benötigte Menge: 50 bis 200 Mikrogramm). Selen gehört zusammen mit den Vitaminen A, E und C zu den → Antioxidanzien, die dem Zellschutz dienen. Selen sorgt für Elastizität des Gewebes, verhindert, dass Blutplättchen zusammenkleben, und macht Schwermetalle unschädlich. Das vor allem in Schweineinnereien, Schaltieren, Sojabohnen, Sonnenblumenkernen, Leinsamen und Reis vorkommende Selen wird zu therapeutischen Zwecken u. a. bei alkoholkranken Menschen und bei Herzmuskelerkrankungen eingesetzt.

Sellerie (Apium graveolens): Pflanze aus der Familie der Doldengewächse (Apiaceae). Selten findet man den Sellerie wild wachsend, meist wird er in Gärten angebaut. Von Bedeutung ist nur der Gartensellerie. Gesammelt wird die frische ganze Pflanze für Presssaft von Mai bis August, die Wurzelknolle von September bis Oktober. Sellerie wirkt schwach entwässernd (diuretisch). Die Pflanze wird auch in der Homöopathie verwendet.

Sellerie – kein Potenzmittel, aber zur Entwässerung und zum Abnehmen geeignet.

Inhaltsstoffe: ätherische Öle (vor allem Limone und Seline), Phthalide als Aromaträger, Cumarine, Furanocumarine, Flavonoide, Alkaloide, Cholin.

Anwendungen: Sellerie wird wegen seiner harntreibenden Eigenschaft traditionell bei Blasen- und Nierenleiden eingesetzt. Er wird auch zur Blutreinigung und im Rahmen von Reduktionsdiäten verwendet. Früher wurde er zusätzlich bei Gicht, rheumatischen Erkrankungen, Appetitlosigkeit und bei Erschöpfung eingesetzt. Übrigens: Sellerie hat keinerlei Einfluss auf die sexuelle Potenz.

! Sellerie kann bei einigen Menschen schwere allergische Reaktionen auslösen.

Senega (Polygala senega): Pflanze aus der Familie der Kreuzblumengewächse (Polygalaceae). Nur die Wurzeln mit dem Wurzelkopf sind von phytotherapeutischer Bedeutung. Senega wirkt verflüssigend und schleim- und hustenlösend. Die Pflanze wird auch in der Homöopathie verwendet.

Inhaltsstoffe: Saponine (Triterpenglykoside und Presenegin).

Anwendungen: Die Pflanze ist in Form von Abkochungen oder als Teeaufguss hilfreich bei Entzündungen der oberen Atemwege.

Senfsamen (Sinapis albae semen): Samen des Weißen Senfs (Sinapis alba) aus der Familie der Kreuzblütler (Brassicaceae). Die Pflanze wird bei uns landwirtschaftlich angebaut, sie findet sich aber auch verwildert an Flussufern. Für die Naturheilkunde sind die Samenkörner von Bedeutung, die geruchlos sind und von August bis September gesammelt werden. Die Samenkörner wirken antibakteriell und stark hautreizend. Die Pflanze kommt auch in der Homöopathie zum Einsatz.

Inhaltsstoffe: Sinalbin (woraus Senföl gebildet wird), Sinigrin, Eiweiß, Schleimstoffe.

Anwendungen: Die zerstoßenen Senfkörner werden zu Brei verarbeitet und als Umschläge und Auflagen bei Erkrankungen der Atemwege, Weichteilrheumatismus und chronisch degenerativen Gelenkerkrankungen eingesetzt. Dabei wird der Senf direkt auf die Haut aufgelegt, weil das Senföl gut von der Haut resorbiert wird.

Sennesblätter wirken wegen ihrer Anthrachinone bei Verstopfung sanft abführend.

! Anwendungen mit Senf dürfen nicht länger als zwei Wochen erfolgen, weil sonst die Gefahr von schweren Haut- und Nervenschäden besteht. Während der Anwendung ist darauf zu achten, dass der Senfumschlag bzw. die Senfauflage abgenommen wird, wenn die Haut sich zu röten beginnt, was unmittelbar nach dem eintretenden brennenden Gefühl auf der Haut der Fall ist. Bei Kindern unter sechs Jahren dürfen Senfauflagen nicht angewendet werden. Auch bei Nierenerkrankungen ist der Einsatz von Senf schädlich.

Senfwickel: Wickel, der mit Senfmehl bestrichen ist. Die Tücher werden zunächst in heißem Wasser getränkt und ausgedrückt. Dann wird der Senf aufgestrichen. Das Tuch wird auf die betreffende Körperstelle gelegt und noch mit einem Wolltuch umwickelt. Nach der Anwendung soll der Patient die Senfkörner von der Haut entfernen (am besten mit warmem Wasser). Senfwickel eignen sich zur Förderung der Durchblutung.

Mit gewissen Ausnahmen (z. B. stark empfindliche Haut) eignet sich der Senfwickel zur Selbstbehandlung.

Sennesblätter (Sennae folium): Blätter von Alexandriner-Senna (Cassia senna) bzw. Tinnevelly-Senna (Cassia angustifolia) aus der Familie der Schmetterlingsblütler (Fabaceae). Die Pflanze kommt ursprünglich aus dem Orient und wird heute vor allem in Asien und im Niltal angebaut; Kulturen gibt es insbesondere in Indien und im Sudan. Nur die Blätter sind heilkräftig. Die in den Blättern enthaltenen Anthrachinone fördern die Darmbewegung (Peristaltik). Die Pflanze wird auch in der Homöopathie verwendet.

Inhaltsstoffe: Anthrachinone, Gerb- und Bitterstoffe.

Anwendungen: Als Teeaufguss oder Extrakt haben sich die Sennesblätter zur Erleichterung des Stuhlgangs bewährt. Sie werden auch vor Untersuchungen oder Operationen im Bereich des Darms angewendet.

! Sennesblätter sollten nicht länger als zwei Wochen angewendet werden, weil dann die Gefahr von Elektrolytstörungen (vor allem Kaliummangel) oder andere gesundheitliche Störungen eintreten können.

Serotherapie (auch Serumtherapie): behandelt den Patienten mit Hilfe von Seren (das Serum ist der flüssige und eiweißhaltige Teil des Bluts ohne Blutkörperchen), die so genannte Antikörper enthalten, d. h. vom Körper erzeugte Schutzstoffe, die bei einer Infektion eindringende artfremde Stoffe (Antigene) unschädlich machen. Eine Sonderform der Serotherapie stellt die Serozytotherapie dar, bei der dem Patienten ein so genanntes Anti-Gewebe-Globulin verabreicht wird (ein bestimmtes Eiweiß, welches durch die Immunisierung von Pferden gewonnen wird). Angewendet wird die Serotherapie insbesondere bei Neigung zu Entzündungen, Erkrankungen der Gefäße sowie bei hormonell verursachten Gesundheitsproblemen.

Sexualtherapie: psychotherapeutische oder beratende Maßnahmen zur Behandlung von sexuellen Funktionsstörungen, die keine körperlichen Ursachen haben. Die Sexualtherapie kommt nur dann zur Anwendung und kann nur dann Erfolge zeigen, wenn die Betroffenen oder deren Partner ein sexuelles Problem als behandlungsbedürftig ansehen, was insbesondere bei stark von der Norm abweichendem Sexualverhalten mit einer süchtigen Entwicklung oder mit der Gefährdung eines Beteiligten der Fall ist. Dabei werden sexualtherapeutische Techniken angewendet, die dem jeweiligen Fall entsprechend ausgewählt und angepasst werden: Das Selbstbild des eigenen Körpers wird überprüft und eine neue Selbstsicht gefördert; es wird Masturbation angeregt, um sich selbst sexuell erkunden zu können; Ängste in der Partnerschaft werden systematisch aufgedeckt und abgebaut; Kommunikationshilfen für den offenen Dialog in der Partnerschaft werden gegeben; bei Trennung werden Hilfen angeboten; den sexuellen Problemen tiefer zugrunde liegende Konfliktsituationen werden aufgedeckt. In Partnerschaften sind sexuelle Probleme meist nur mit beiden Beteiligten zu lösen, so dass in vielen Fällen eine Paartherapie durchgeführt wird (→ Psychotherapie).

Sexuelle Probleme: Störungen physischer oder psychischer Natur im normalen Ablauf von sexuellem Verlangen, sexueller Erregung und Orgasmus. Die Störungen können körperliche Ursachen wie Unregelmäßigkeiten im Hormonsystem, Erkrankungen oder Verletzungen haben; es kann sich aber auch um psychische Ursachen abhandeln wie Hemmungen, Ängste und Unsicherheit.

Sexuelle Probleme des Mannes: Unter den sexuellen Problemen des Mannes ist die vorzeitige Ejakulation die am häufigsten vorkommende Störung, wobei von den Partnern selbst definiert werden muss, ob sie als frühzeitig empfunden wird oder nicht. Sie wird mit Si-

Serotherapie nach Wiedemann

In Deutschland wurde die Serotherapie in den fünfziger Jahren durch den Arzt Fritz Wiedemann bekannt, wobei in der so genannten Wiedemann-Kur zusätzlich noch andere Naturheilverfahren (Zelltherapien und die Gabe von hoch dosierten Vitaminpräparaten) angewendet werden. Die Therapie geht auf den russischen Biologen Metschnikoff zurück, der um die Jahrhundertwende diese Art von Serum entwickelte.

Die Kritiker der Serotherapie bezweifeln, dass das Serum überhaupt eine gesundheitsfördernde Wirkung zeigt. Das Injizieren von fremden Eiweißen sei recht riskant. Zudem würden die injizierten Antikörper auch nicht zielgerichtet zu bestimmten Organen wandern.

cherheit dann zum ernsten Problem, wenn der Mann deswegen keine Kinder zeugen kann, weil er regelmäßig schon vor dem Eindringen in die Scheide den Samenerguss bekommt. Auch die verzögerte Ejakulation kann für das Sexualleben eines Paares belastend sein. Denn der »Kampf« des Mannes um einen Orgasmus führt oft zu physischen und psychischen Verkrampfungen der Frau. Eine weitere sexuelle Störung beim Mann ist die Unfähigkeit, eine Erektion zu bekommen, was im Allgemeinen mit Impotenz bezeichnet wird, obwohl Impotenz medizinisch etwas anders definiert ist. Erst wenn einem Mann ab einem Zeitraum von drei bis sechs Monaten immer oder überwiegend die sexuelle Befriedigung versagt bleibt, wird in der Medizin von Impotenz gesprochen.
Sexuelle Probleme der Frau: An erster Stelle steht die Unfähigkeit, einen Orgasmus zu erreichen. Oft liegt dies am Partner, der sich nicht die für eine Frau wünschenswerte Zeit für ein einfühlsames »Vorspiel« nimmt. Normalerweise braucht eine Frau deutlich länger, um über eine langsam ansteigende Erregungsphase einen Höhepunkt zu erlangen, als der Mann. Aber auch psychische Hintergründe können die Orgasmusunfähigkeit verursachen, wenn es ihr nicht gelingt, sich auf die Sexualität (im Allgemeinen oder nur mit dem aktuellen Partner) mit allen Sinnen einzulassen. Dies kann zusätzlich zur so genannten Frigidität führen, die nicht nur den Orgasmus verhindert, sondern auch die sexuelle Erregung blockiert. Verspürt die Frauen beim Geschlechtsverkehr Schmerzen, ist es um die Lust schnell geschehen.

All diese sexuellen Probleme können unbesprochen und/oder unbehandelt eine Partnerschaft stark belasten und auch zerstören. Bevor man dies zulässt, sollten zunächst Selbstmaßnahmen ergriffen werden. Nützen diese nichts oder zu wenig, dann ist auf jeden Fall ein Besuch beim Arzt und/oder eine Sexualtherapie angezeigt.

Das offene Gespräch über die sexuellen Probleme in einer Partnerschaft kann Wunder wirken, denn dadurch können Missverständnisse abgebaut, sexuelle Wünsche offen gelegt und gegenseitiges Vertrauen und Verlangen gefördert werden • Neuerungen, wie das Wechseln von Örtlichkeit und/oder Stellungen, bringen frischen Wind ins Sexualleben • Ein einfühlsames längeres Vorspiel ist nicht nur für die Orgasmusfähigkeit der Frau hilfreich, sondern lässt auch dem Mann die Ruhe, seine Potenz im richtigen Moment ausspielen zu können, nach dem Motto: »Nicht nur das Ziel, sondern auch der Weg dorthin ist interessant« • Das eigene Äußere immer wieder mal zu verändern kann das Interesse aneinander fördern • Eine Sexualtherapie, wobei eine Paartherapie im Allgemeinen zusätzlichen Erfolg bringt, sollte bei nachhaltigen Störungen ins Auge gefasst werden • Tantrische Übungen können bei Potenzproblemen helfen • Beckenbodengymnastik stärkt den so genannten PC-Muskel und hat bei vielen Frauen zu einer Luststeigerung geführt

Sexuelle Reaktionsphasen

Die Phasen entsprechen sich bei Männern und Frauen zwar weitgehend, laufen allerdings nicht unbedingt gleichzeitig ab. Sexuelle Probleme haben oft auch ihren Ursprung darin, dass die hier bestehenden Unterschiede zwischen Frauen und Männern nicht beachtet werden.

- Erregungsphase (beginnende körperliche Erregung)
- Plateauphase (allgemeine körperliche Erregung)
- Orgasmusphase (Höhepunkt der Erregung)
- Rückbildungsphase (Muskelanspannung, Herz- und Atemfrequenz lassen nach)
- Refrektärphase (verminderte sexuelle Reizbarkeit beim Mann, bei Frauen muss dies nicht der Fall sein)

Tee gegen Lustlosigkeit: Jeweils 20 g Bohnenkraut, Damiana, Liebstöckel, Orangenblüten, Rosenblüten und Vanillepulver mischen. 2 TL der Mischung mit 1 Tasse heißem Wasser aufbrühen, 10 Minuten ziehen lassen. Täglich 1 Tasse des Tees trinken.

Shen (chines. Lebensgeist; gesprochen »schen«): Begriff der → traditionellen chinesischen Medizin. Als Shen wird zum einen die Gesamtheit aller psychischen Funktionen bezeichnet, zum anderen steht dieser Begriff für den menschlichen Geist und das Bewusstsein. Shen kann als das geistige Prinzip aufgefasst werden, während → Qi das energetische Prinzip darstellt.

Shiatsu (japan. shi = Finger, atsu = Druck): japanische Weiterentwicklung der chinesischen → Akupressur. Der massierende Druck wird bei Shiatsu allerdings nicht nur mit den Fingern ausgeübt, sondern bisweilen auch mit anderen Körperteilen wie Ellbogen oder Knie. Ziel der Behandlungen ist es, die Gesundheit zu erhalten, Verspannungen und Blockaden zu lösen und die Selbstheilungskräfte des Körpers anzuregen. 1964 wurde Shiatsu offiziell als Therapieform anerkannt (siehe zu Shiatsu das Special S. 370ff.).

Shiatsu eignet sich teilweise zur Selbstbehandlung.

Shiitakepilze: Diese Gruppe von Pilzen ist vor allem in Japan und China als Speisepilz sehr beliebt. Dabei stehen die gesundheitlichen Wirkungen der Shiitakepilze noch vor dem kulinarischen Genuss: Shiitake gilt als idealer Schlankmacher. 100 Gramm Pilze enthalten gerade einmal 1,5 Gramm Eiweiß und zwölf Gramm Kohlenhydrate. Das in den Pilzen enthaltene Biotin und die Pantothensäure sorgen für schöne Haare und glatte Haut. Der wichtigste Wirkstoff der Pilze ist jedoch Lentinan, das in China mittlerweile sogar bei der Krebsbehandlung eingesetzt wird.

Inhaltsstoffe: Eiweiß, Kohlenhydrate, Lentinan, Pantothensäure, Biotin, Lentysin.

Gesundmacher besonderer Art: Shiitakepilze sollen Krebs vorbeugen und ihn bekämpfen.

Anwendungen: Shiitakepilze senken den Cholesterinspiegel, beugen Thrombosen, Herzinfarkt und Schlaganfall vor und stärken das Immunsystem durch gesteigerte Interferonbildung (Interferon dient der Krebsbekämpfung) im Körper.

Shiitake-Knoblauch-Rezept: 200 g Shiitakepilze putzen (nicht waschen!) und in Öl anbraten. 2 Knoblauchzehen klein hacken und ebenfalls kurz mit anbraten. Dann mit etwas Wasser löschen und etwa 10 Minuten bei geringer Hitze kochen lassen. Mit Kurkuma oder Curry würzen; eventuell etwas Sahne darunter rühren oder mit wenig Milch binden. Mit Salz und Pfeffer abschmecken.

Siddha-Medizin: südindische Heillehre, die einerseits ein medizinisches System war, andererseits alchemistischen Vorstellungen von der Umwandlung unedler Metalle in Gold anhing, was wiederum die Heilkunde (metallische Medikamente) beeinflusste. Im 4. Jahrhundert ging der heilkundliche Teil im → Ayurveda auf, im 16. Jahrhundert spaltete sich die Siddha-Medizin wieder von der ayurvedischen Heillehre ab.

Shiatsu

Die japanische Variante der Akupressur

Die Bezeichnung »Shiatsu« wurde zu Beginn dieses Jahrhunderts von dem japanischen Therapeuten Tamai Tempaku geprägt. Die Wurzeln dieser japanischen Heilmassage reichen jedoch viel weiter zurück und haben ihre Urform in der traditionellen chinesischen Medizin.

Die chinesischen Anfänge von Shiatsu

Urformen der Akupressur sind wohl schon etwa 6000 Jahre alt. Um 500 v. Chr. wurde in China ein System von Übungen zur Erhaltung des gleichmäßigen Flusses der Lebensenergie (Qi) eingeführt, das als Tao Yin bekannt war. Es griff die Druck- und Massagetechniken der Akupressur auf.

Zwischen dem 7. und 9. Jahrhundert gelangte dieses Übungssystem zusammen mit anderen chinesischen Heilmethoden nach Japan. Dort wurden viele Methoden aus dem Reich der Mitte unter Berücksichtigung der eigenen kulturellen und medizinischen Traditionen weiterentwickelt. Es entstand die Massageform Anma, das Drücken, Klopfen, Schieben und Reiben bestimmter Körperpunkte – gewissermaßen die Urform des heutigen Shiatsu.

Bis ins 16. Jahrhundert mussten japanische Ärzte Anma erlernen, danach diente diese Massageform lediglich zur Lockerung von Muskelverspannungen, bis sie zu Beginn des 20. Jahrhunderts nur noch als eine »angenehme Vergnügung« galt, der jegliche gesundheitliche Wirkung abgesprochen wurde.

Der Siegeszug von Shiatsu

Einige findige Anmatherapeuten machten aus der Not eine Tugend und schufen den Begriff »Shiatsu«, was wörtlich übersetzt »Fingerdruck« bedeutet. Wegen der einfachen, aber wirksamen Technik wurde die japanische Heilmassage immer beliebter. 1964 wurde Shiatsu offiziell als Therapieverfahren anerkannt.

In den siebziger Jahren kam Shiatsu schließlich auch nach Europa und in die USA. Bis dahin wurde die Heilmassage nur von wenigen asiatischen Therapeuten in der westlichen Welt angewendet. Seit sich westliche Therapeuten in die Geheimnisse dieser Heilkunst einweihen lassen, ist der Siegeszug von Shiatsu nicht mehr aufzuhalten.

Shiatsu und Akupressur

Akupressur und Shiatsu beruhen auf ähnlichen Vorstellungen – Aktivierung der Lebensenergie (chinesisch Qi, japanisch Ki) sowie Heilung durch Berührung –, unterscheiden sich aber in einigen Punkten.

- So will die Akupressur mit bestimmten, auf den Meridianen liegenden Druckpunkten spezielle körperliche, geistige und seelische Reaktionen hervorrufen. Entsprechend versucht sie, über die Druckpunkte ein schwaches Qi anzuregen, ein überaktives zu beruhigen und ein blockiertes zu zerstreuen.
- Shiatsu zielt dagegen nicht auf spezielle Akupunkturpunkte, sondern auf die Meridiane selbst und deren Beziehung zueinander. Die zugrunde liegende Idee ist, dass ein Energiemangel (Kyo) in einem Meridian mit einem Energieüberschuss (Jitsu) in einem anderen Meridian einhergeht. Diese Disharmonien können sich in Krankheiten ausdrücken.

Zur Gesundheitsvorsorge geeignet

Aufgrund seiner Philosophie und Anwendungsweise ist Shiatsu weniger zur gezielten Behandlung ganz bestimmter Beschwerden geeignet (wie z. B. Akupressur oder Akupunktur), sondern dient vorwiegend der Gesundheitsvorsorge sowie der Erhaltung des körperlichen und seelischen Wohlbefindens. Dieser vorbeugende Charakter der japanischen Heilmassage bedeutet jedoch nicht, dass mit Hilfe von Shiatsu nicht auch eine ganze Reihe von Alltagsbeschwerden positiv beeinflusst und gelindert werden kann.

Die Haupttechniken von Shiatsu

▶ ***Druck und Dehnung***
Shiatsu arbeitet im Gegensatz zur klassischen Massage nicht mit knetenden oder fließenden Massagegriffen. Es gibt im Wesentlichen nur zwei Techniken, die bei der japanischen Heilmassage angewendet werden: Druck und Dehnung. Trotzdem ist Shiatsu eine abwechslungsreiche und dynamische Technik. Der Druck kann mit Daumen, Fingerspitzen, Handballen, Ellbogen, Knien und Füßen ausgeübt werden. Verschiedene Körperbereiche werden hierbei unterschiedlich bewegt, gedehnt und mit Druck massiert.

▶ ***Tonisieren***
In den Körperzonen, in denen ein Mangel an Qi besteht (Kyo-Regionen), wird tonisiert, d. h., das Qi wird angeregt. Bestimmte Druckpunkte (Tsubos) werden so lange mit Daumen oder Fingerkuppe gedrückt, bis eine Reaktion auftritt. Diese kann sich wie ein Pulsieren oder das Zuströmen von Wärme anfühlen. Sobald dies geschieht, kann der Druck wieder etwas verringert werden, damit das Qi frei fließen kann.

▶ ***Sedieren***
Wenn sich in einem bestimmten Körperbereich das Qi staut (Jitsu-Region), kommt die Technik des Sedierens zum Einsatz. Um die Blockade aufzulösen, muss die Energiekonzentration zerstreut werden. Die Jitsu-Region

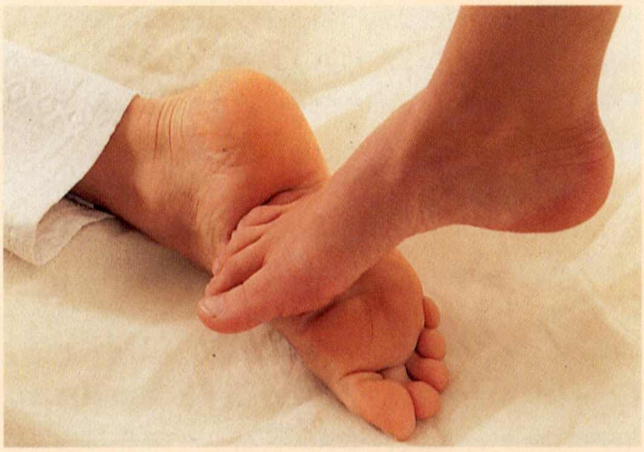

Shiatsu kann auch mit den Füßen ausgeführt werden.

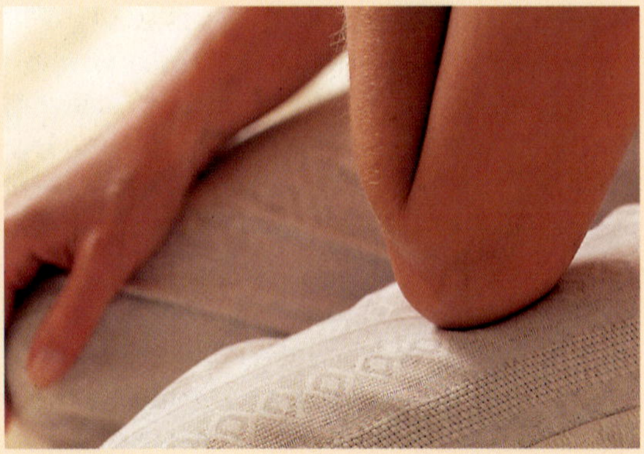

Eine weitere Drucktechnik ist der Einsatz der Ellbogen.

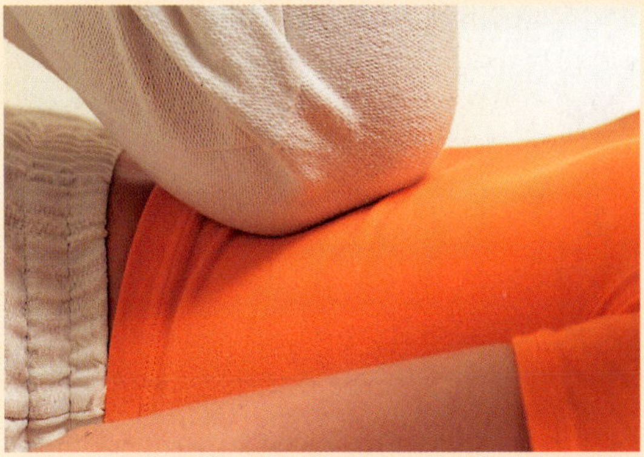

Nur für geübte Anwender: der intensive Druck per Knie.

wird dabei wie folgt massiert: Zuerst wird in der betroffenen Region ein entsprechender Tsubo gesucht. Dann wird mit Daumen oder Fingerspitze vorsichtig an diesem Punkt in die Haut gedrückt. Schließlich wird eine leichte Drehbewegung nach rechts ausgeführt (im Uhrzeigersinn).

▶ ***Beruhigen***
Eine etwas sanftere Form des Sedierens ist das Beruhigen. Diese Technik kann angewendet werden, wenn das Qi in der betreffenden Körperregion zwar erhöht, jedoch noch nicht zu stark konzentriert ist. Bei dieser Methode werden die Hände auf den entsprechenden Bereich gelegt und dort einige Minuten lang liegen gelassen. Hierbei ist es empfehlenswert, die Aktion in beruhigender Weise mit dem Geist zu begleiten (z. B. durch die Vorstellung eines ruhigen Sees bei untergehender Sonne).

▶ ***Handflächentechnik***
Beim Shiatsu wird oft mit den Handflächen massiert. Dadurch kann der Druck auf eine größere Fläche abgegeben werden, außerdem wird auf diese Weise eine eher sanfte Wirkung, die mehr in die Tiefe geht, erzielt. So funktioniert diese Technik (beispielsweise bei einer Partnermassage).

■ Die Hände werden nebeneinander mit den Handflächen nach unten auf den Teil des Körpers gelegt, der massiert werden soll. Die Arme bleiben dabei gestreckt.

■ Aus dem Hara und den Hüften heraus wird nun sanfter Druck auf die Meridiane bzw. die Tsubos ausgeübt. Schultern, Arme und Hände bleiben dabei völlig entspannt.

■ Auf größeren ebenen Flächen werden die Hände flach aufgelegt. An Knochen und Körperrundungen passen sich die Hände den Körperformen an.

■ Es kann auch nur eine Hand mit der Fläche nach unten aufgelegt werden. Gleichzeitig kann die andere Hand darüber gelegt werden (die Fingerspitzen weisen dabei zum Unterarm), um den Druck zu verstärken.

Aus dem Hara heraus drücken

Das Hara ist das energetische Zentrum des Körpers. Es liegt in der Bauchregion, etwa eine Hand breit unterhalb des Bauchnabels. Hier besitzt die Lebensenergie Qi einen Speicherort, der beim Massierten aktiviert werden kann. Auch der Massierende sollte immer aus dem Hara heraus massieren.

Selbstbehandlung mit Shiatsu
Im Folgenden werden einige Behandlungsformen für bestimmte Körperbereiche vorgestellt, die Sie leicht anwenden können.

▶ ***Shiatsu von Schultern und Rücken***
Sie können diese Übung im Sitzen oder auch im Stehen durchführen. Die ersten Teile sind einfacher im Sitzen; der letzte Übungsteil (Massage vom Steißbein nach oben) wird sinnvollerweise im Stehen durchgeführt.

■ Sie beginnen mit einer Massage des »Quells der Schulter«. Der Punkt ist nicht ganz einfach zu ertasten. Er liegt etwas hinter dem zentralen Schultermuskel, etwa zwischen Haaransatz und Schulterrand. Die richtige Stelle ist druckempfindlich.

■ Der »Quell der Schulter« wird dreimal hintereinander – mit jeweils einer kurzen Pause dazwischen – gedrückt. Die Massage sollte mit der rechten Hand auf der linken Schulter und danach mit der linken Hand auf der rechten Schulter durchgeführt werden.

■ Dann wird die rechte Hand wieder über die linke Schulter gelegt, und Sie gehen mit Hand und Arm entlang der Wirbelsäule nach unten. Hierbei werden mit den Fingerkuppen von Zeige-, Mittel- und Ringfinger etwa einen Finger breit neben dem Rückgrat Tsubos gedrückt. Die Tsubos liegen immer etwa zwei Finger breit untereinander. Die Stellen sind druckempfindlich.

■ Dann gehen Sie mit der Hand wieder nach oben, diesmal etwa zwei Finger breit neben dem Rückgrat.

■ Anschließend wird die Hand gewechselt und die Druckmassage auf der anderen Körperseite wiederholt.

■ Jetzt wird der Oberkörper etwas nach vorn gebeugt. Die Hände werden in die Hüfte, auf den Oberrand der Beckenknochen gestützt. Die Daumen weisen nach hinten und liegen etwa zwei Finger breit neben der Wirbelsäule. An dieser Stelle werden die Daumen etwa drei Sekunden lang leicht in die Haut gepresst. Dieser Vorgang wird drei- bis viermal wiederholt. Danach rücken Hände und Daumen weiter nach oben. Das Drücken wird – etwa im Abstand von zwei Fingerbreiten – mehrmals hintereinander wiederholt.

■ Dann langen Sie mit Zeige- und Mittelfinger einer Hand ans Steißbein. Hier wird mit mäßigem Druck gearbeitet (drei- bis viermal drücken). Im Anschluss wandert die Hand etwa zwei Finger breit höher. Dort wird wieder gedrückt. Das Ganze wird so lange fortgesetzt, bis man auf Höhe der Taille angelangt ist.

▶ *Shiatsu von Kopf und Hals*

Zunächst machen Sie es sich im Schneider- oder auch im Lotossitz bequem und konzentrieren sich einige Minuten lang.

■ Dann fassen Sie sich mit beiden Händen an den Hinterkopf. Dort befindet sich in einer Vertiefung am oberen Nackenende eine Einkerbung, die »stumme Pforte«. Dieser Bereich

Der Bereich der »stummen Pforte« liegt am Hinterkopf.

wird mit den Fingerkuppen von Zeige- und Mittelfinger dreimal fest gedrückt.

■ Nun legen Sie jeweils Zeige- und Mittelfinger beider Hände an das jeweilige Ende der beiden Muskelstränge, die sich von den Schultern über den Nacken zum Kopf ziehen. Diese Muskeln werden in der asiatischen Heilkunst auch als Säulen des Himmels bezeichnet. Gemeinsam mit der »stummen Pforte« gelten sie als äußerst wichtige Bereiche für die Durchblutung des Gehirns. Beide Muskelstrangpunkte sollten jetzt gleichzeitig gedrückt werden. Dann gehen Sie zwei Finger breit tiefer und drücken dort erneut mit mäßiger Kraft. Dieser Vorgang wird so lange wiederholt, bis man bei den Schultern angelangt ist.

■ Legen Sie die Fingerkuppen der Mittelfinger auf den Mittelpunkt des Scheitels. Zeige- und Ringfinger liegen jeweils im Abstand von etwa zwei Fingerbreiten davor und dahinter auf. Alle drei Punkte werden gleichzeitig gedrückt.

■ Danach geht es auseinander in Richtung Ohren. Die Strecke vom Scheitel bis zu den Ohren wird etwa drei- bis viermal durchwandert und gedrückt.

Signaturenlehre (lat. signare = schreiben, unterschreiben, kennzeichnen): theologisch-philosophische Grundauffassung mittelalterlicher Heilkundiger (z. B. des Arztes Theophrastus Bombastus von Hohenheim, genannt Paracelsus, 1493–1541), der zufolge Gott mittels eines aus Farben und Strukturen unterschiedlichster Art bestehenden Zeichensystems diejenigen Dinge kenntlich macht, die der Gesundheit des Menschen dienlich sind. So betrachtete man beispielsweise das Schöllkraut wegen seiner gelben Farbe als geeignetes Heilmittel bei Gelbsucht, das Johanniskraut wegen seiner roten Tupfen als Mittel gegen Blutungen oder die Walnuss als Mittel gegen Kopfschmerzen, weil die Furchungen der Nusshälfte an die des Gehirns erinnern.

Silberweidenrinde → Weide

Simile (lat. similis = ähnlich): homöopathisches Medikament, dessen so genanntes Arzneimittelbild ähnlich beschaffen ist wie das Krankheitsmerkmal beim Patienten.

Sitzbad: den Körper nur teilweise erfassendes Bad, wobei ausschließlich der Unterleib (nicht die Füße und Beine!) von Wasser bedeckt wird.

Beim Sitzbad befinden sich Oberkörper, Arme und Beine nicht im Wasser.

Für Sitzbäder eignen sich am besten Schüsseln bzw. Sitzbadewannen, unter Umständen auch die Duschwanne. Warme Sitzbäder sind zu empfehlen bei Durchfall von Säuglingen (ein- bis zweimal am Tag), während kalte Sitzbäder bei Hämorrhoidalleiden angezeigt sind. Ansteigende Sitzbäder, d. h. Bäder, deren Temperatur nach und nach erhöht wird, empfehlen sich vor allem bei Blasenerkrankungen (z. B. Reizblase oder Harnwegsinfekte), bei Pilzbefall der Scheide oder Genitalherpes.

☛ Das Sitzbad eignet sich sehr gut zur Selbstbehandlung.

Socke, nasse → Fußwickel

Sodabad: Vollbad, bei dem zwischen 250 und 400 Gramm Soda (Natrium carbonicum) ins Wasser gegeben werden. Es folgen mehrere Bäder nacheinander, wobei sowohl die Wassertemperatur als auch die Dauer des Bads allmählich gesteigert werden. Das Sodabad kommt bei manchen Hauterkrankungen (etwa Schuppenflechte) zum Einsatz.

☛ Das Sodabad eignet sich auch zur Selbstbehandlung.

Sodbrennen: brennendes Gefühl hinter dem Brustbein während der Mahlzeiten oder danach, teilweise in Verbindung mit saurem Aufstoßen. Medizinisch betrachtet ist das Sodbrennen ein Zurückfließen von sauren Magensäften in die Speiseröhre, wodurch das brennende Gefühl zwischen Magen und Rachen verursacht wird. Etwa ein Fünftel aller Menschen in den Industriestaaten leiden regelmäßig an Sodbrennen. Ursachen sind zu fette oder zu süße Mahlzeiten, die nur durch die Ausschüttung großer Säuremengen im Magen zu verdauen sind, chronischer Stress, bisweilen auch eine angeborene Überfunktion der Säure produzierenden Drüsen im Magen sowie Übergewicht und Schwangerschaft, die beide eine Einengung des Bauchraums mit Druck auf den Magen bewirken.

! Wenn nach vier Wochen keine Besserung eintritt, müssen Sie zum Arzt gehen.

Hochprozentiger Alkohol, Süßigkeiten, Fettgebackenes und stark gewürzte Speisen sollten bei Sodbrennen gemieden werden • Es ist sinnvoll, das Rauchen und den Kaffeekonsum einzuschränken • Gut kauen und dabei wenig sprechen ist für den Magen eine Wohltat, damit die Speisen schon gut angedaut im Magen ankommen • Kleine Mahlzeiten, über den ganzen Tag verteilt, entlasten den Magen • Wenn man sich nach dem Essen hinlegt, können leichter Magensäfte in die Speiseröhre fließen; deshalb ist es besser, im Sitzen oder beim Gehen zu verdauen • Wenn beim Schlafen Magensäure in die Speiseröhre fließen kann, ist es um die Nachtruhe erst einmal geschehen; deshalb zwei bis drei Stunden vor dem Schlafengehen nichts mehr essen • Hilfreich ist es auch, Stressfaktoren nach und nach abzubauen • Gegebenenfalls sollte das Körpergewicht reduziert werden, um die Enge im Bauchraum zu verringern • Lindernd sind Tees aus Enzian, Kamille, Melisse, Wacholderbeeren und Kümmelfrüchten • Roher Kartoffelsaft beruhigt die Magenwände • Emser Salz und weißer Ton helfen gegen die Übersäuerung des Magens (1 Tablette bzw. 1 TL in Mineralwasser oder Tee auflösen, nach der Mahlzeit trinken)

Kamillentee: 2 gehäufte TL Kamillenblüten mit 1/4 l kochendem Wasser übergießen und 10 Minuten ziehen lassen. Den Tee nicht zu heiß in kleinen Schlucken vor jeder Mahlzeit ungesüßt trinken.

Soja (Glycine max): Pflanze aus der Familie der Schmetterlingsblütler (Fabaceae). Soja kommt ursprünglich aus Ostasien und wird heute auch in Deutschland angebaut. Heilkräftig sind die Samen (Sojabohnen), aus denen ein Phospholipidgemisch (Sojalezithin) gewonnen wird, das die Blutfettwerte senken hilft. Soja ist der hochwertigste pflanzliche Eiweißlieferant und sogar tierischen Eiweißlieferanten überlegen (100 Gramm Soja enthalten 36 Gramm hochwertiges Eiweiß).

Inhaltsstoffe: Phospholipide, Glykolipide, Sojaöl, Kohlenhydrate, Phytosterole, Proteine, Vitamine, Mineralstoffe.

Anwendungen: Durch die lipidsenkende Wirkung hat sich der Verzehr von Sojabohnen oder Tofu bei leichteren Fettstoffwechselstörungen als hilfreich erwiesen.

Solarium (lat. solarium = Sonnenuhr): Einrichtung zur Bestrahlung des menschlichen Körpers mit ultraviolettem Licht, z. B. mittels Quecksilberdampflampen. Die Benutzung des Solariums findet in erster Linie aus kosmeti-

Soja & Co.

Sojabohnen müssen vor dem Kochen bis zu zwölf Stunden eingeweicht werden. Zu den ausgesprochen gesunden Produkten, die aus Soja hergestellt werden und gleich weiterverwendet werden können, gehören:

- Miso: vergorene Paste aus Sojabohnen (mit Milchsäurebakterien, Schimmelpilzen und Getreide). Miso unterstützt den Aufbau einer natürlichen Darmflora; Vorsicht ist allerdings wegen des hohen Salzgehalts geboten.
- Tempeh: vergorene Sojabohnen (mit Hilfe eines Schimmelpilzes). Tempeh hat den Vorteil, dass es noch viel Eiweiß enthält.
- Tofu: quarkähnliches Produkt aus Sojamilch (mit natürlichen Gerinnungsmitteln). Tofu ist fett- und kalorienarm, cholesterinfrei und leicht verdaulich.
- Sufu: Käseart aus Tofu.
- Sojamilch: Milch aus den gequollenen und gekochten Sojabohnen. Sie ist bei Kuhmilchunverträglichkeit als Milchersatz geeignet.

schen Gründen statt (z. B. beim Wunsch nach natürlich aussehender Sonnenbräune), aber auch, um die Haut auf stärkere Sonneneinstrahlung behutsam vorzubereiten. Darüber hinaus werden Solarien im Rahmen der → Lichttherapie bei Hauterkrankungen (etwa bei Schuppenflechte) eingesetzt.

Solbad: Quelle, deren Wasser reich an Natriumchlorid (Kochsalz) ist. Kuren, die mit Solbädern arbeiten, sind angezeigt bei Störungen des Hautstoffwechsels, da sie die Osmose begünstigen, d. h. den Austausch (Diffusion) zweier Flüssigkeiten. Des Weiteren helfen Solbäder bei rheumatischen Erkrankungen und bei Schuppenflechte. Solbäder wirken sich generell positiv auf das vegetative Nervensystem aus (→ Salzwasseranwendungen).

Somatotopie (griech. soma = Körper, topos = Ort): »räumliche Übertragung« oder Projektion innerer Organe des Menschen auf die Oberfläche der Haut (insbesondere auf Zunge, Ohren, Füße sowie Hände) bzw. auf die Regenbogenhaut (Iris). Die Somatotopie geht davon aus, dass zwischen den inneren Organen und der Haut bzw. der Iris Wechselwirkungen bestehen. Sie dient der → Augendiagnostik sowie der so genannten → Segmenttherapie als theoretische Grundlage.

Sonne-Licht-Kost: Ernährungsform, die Nahrungsmittel aus biologischem Anbau bevorzugt, die besonders viel Sonnenlicht speichern. Mit Hilfe der Hochfrequenzfotografie kann die gespeicherte Energie optisch dargestellt werden, wobei auch die Frische von Obst und Gemüse festgestellt werden kann (demnach strahlt z. B. Tiefkühlkost weniger und unregelmäßiger Licht ab als frische Nahrungsmittel; Gleiches gilt für Tomaten aus Hydrokulturen im Vergleich zu Freilandtomaten). Die Sonne-Licht-Kost geht von der Tatsache aus, dass die Zellen Licht produzieren. Diese so genannte Biophotonenstrahlung verstärkt sich unmittelbar vor der Teilung oder dem Tod einer Zelle und nimmt gleichfalls zu, wenn eine Zelle geschädigt ist. Das entstehende Licht wird von der Forschung als elektromagnetische Begleiterscheinung des Zellstoffwechsels angesehen. Die Sonne-Licht-Kost-Anhänger folgern daraus, dass Biophotonen zur Steuerung biochemischer Prozesse dienen, also das Zellsystem seine Informationen gleichsam durch Lichtabstrahlungen übertrage. Ob eine Zelle gesund oder krank sei, lasse sich an ihrer Fähigkeit erkennen, Licht zu speichern und weiterzuleiten. Der für die Sonne-Licht-Kost entscheidende Ansatz ist, dass der Körper das für ihn notwendige Licht nicht nur über Haut und Augen aufnehme, sondern auch über die Nahrung. So komme es nicht allein auf den Nährwert der Lebensmittel an, sondern auch auf ihren »Lichtwert«. Neben regelmäßigen Aufenthalten im Freien soll sonnenverwöhnte, lichtreiche Kost dazu verhelfen, sich wieder fit und vital zu fühlen.

Lebenspender Sonne

Die Sonne-Licht-Kost stützt sich auf eine Erfahrung, die viele Menschen machen müssen: Wenn die Sonne längere Zeit nicht scheint (vor allem in den Wintermonaten), kommen schwermütige Gefühle und Lustlosigkeit auf. Und der erste Sonnenstrahl wird nicht nur als tatsächliche Aufhellung, sondern auch als Erleuchtung des Geistes und der Psyche »gefeiert«. (Übrigens hängt die so genannte Winterdepression, die mit Lichttherapie behandelt wird, mit diesem Phänomen zusammen.) Wenn die Sonne-Licht-Kost wirklich hält, was sie verspricht, könnte sie einen Teil des Lichts in den Organismus einbringen, der bei geringer Sonnenstrahlung fehlt. Sie könnte eine Art von erster Hilfe bei fehlendem Sonnenlicht darstellen, wobei die Sonnenenergie einfach durch eine bestimmte Nahrung »ersetzt« wird.

Sonnenallergie: »allergische« Reaktion der Haut auf Sonnenlicht. An den betroffenen Hautstellen entstehen Rötungen, Knötchen, Bläschen und größere Blasen, die oft stark jucken. Die eigentliche Ursache dieser Hauterkrankung (die keine echte Allergie ist) ist nicht bekannt; Frauen sind viermal häufiger betroffen als Männer. Eine Sonderform ist die Mallorca-Akne. Die Ursache hierfür ist nicht die Verbrennung der Haut, sondern die Reaktion bestimmter Stoffe auf das UV-Licht. Dies können Fette, Emulgatoren, Konservierungs- und Parfümstoffe sowie chemische Lichtschutzfilter in Sonnenschutzmitteln und Kosmetika sein, die sich im Sonnenlicht zu so genannten Photoallergenen entwickeln.

Die empfindlichen Hautpartien müssen vor direkter Sonnenbestrahlung geschützt werden • Generell sollte man Sonnenschutzgele oder -lotionen benutzen, die frei von Fett, Parfümstoffen und Emulgatoren sind und Filtersubstanzen auf physikalischer Basis besitzen • Die Haut sollte langsam an die starke Sonnenbestrahlung gewöhnt werden • Vor einem Urlaub sollte man verstärkt Vitamin C und E sowie Bierhefe zu sich nehmen

! Vorsicht vor Spiegelungen des Sonnenlichts auf großen Wasser- bzw. Schnee- und Eisflächen. Die UV-Strahlung ist hier wesentlich intensiver.

Sonnenblume (Helianthus annuus): Pflanze aus der Familie der Korbblütler (Asteraceae). Die Sonnenblume kommt ursprünglich aus Amerika und wird heute überall in Europa landwirtschaftlich angebaut. Sie wächst auch in Gärten. Die Samen dienen der Ölherstellung; Blüten und Blätter werden arzneilich weiterverarbeitet. Die Sonnenblume wird auch in der Homöopathie verwendet.

Inhaltsstoffe: Cholin, Lezithin, Gerbstoffe.

Anwendungen: Die Sonnenblumenkerne werden meist zu Sonnenblumenöl verarbeitet, das bei erhöhten Cholesterinwerten eingesetzt wird und auch vorbeugend gegen Arteriosklerose wirkt. Die Blüten dienen als Grundstoff für Malariamedikamente.

Gut behütet und beschirmt: Sonnenbrand kann man vorbeugen.

Sonnenbrand: Entzündungsreaktion der Haut infolge von zu viel Ultraviolettstrahlung. Jeder Sonnenbrand führt zu bleibenden Hautschäden, die sich im Lauf des Lebens addieren und zu ernsthaften Hautproblemen (bis hin zu Hautkrebs) führen können. Je nach Länge der ungeschützten Einstrahlungsdauer zeigt sich der Sonnenbrand entweder nur als mehr oder minder starke Hautrötung oder geht zusätzlich mit Bläschenbildung einher.

Der beste Schutz vor Sonnenbrand ist der Schutz der Haut vor direkter Sonnenbestrahlung • Ein luftdurchlässiges T-Shirt aus Baumwolle schützt die Schultern, die meist noch vor dem Rücken die Folgen der Sonnenbestrahlung zu tragen haben • Das Auftragen von Sonnenschutzmitteln sollte 20 bis 30 Minuten vor dem Sonnenbad erfolgen, so dass die Wirkstoffe gut in die Haut eindringen und ihre Wirkung rechtzeitig entfalten können • Am Strand sollte ein Sonnenschirm immer dabei sein, denn die durch den Wind nicht so

Echinacea – der Sonnenhut gehört zu den Immunstimulanzien.

spürbare Sonnenstrahlung kann zu schlimmen Sonnenbränden führen (Vorsicht: Der Stoff mancher Sonnenschirme ist so dünn, dass die UV-Strahlung ihn durchdringen kann!) • Im Hochgebirge ist die UV-Strahlung am größten; deshalb sollten Gesicht und Kopf unbedingt mit stark blockenden Sonnenschutzmitteln, Sonnenbrille und Kopfbedeckung geschützt werden • Ist es zum Sonnenbrand gekommen, hilft ein kühlender Umschlag, der mit dem Sud von Kamille und Schafgarbe getränkt ist • Auch eine Quarkauflage wirkt kühlend und schmerzlindernd (5 EL Quark mit so viel Milch vermengen, dass eine streichfähige Masse entsteht; diese auf ein Leinentuch auftragen und direkt auf die betroffenen Stellen legen) • Auch Umschläge mit Zinklotionen lindern Schmerzen • Bei einem Sonnenbrand sollte viel getrunken werden, am besten Mineralwasser, Kräutertees oder Fruchtsäfte, da bei Verbrennungen der Haut Flüssigkeit verloren geht

Sonnenhut (Echinacea): Pflanze aus der Familie der Korbblütler (Asteraceae), die in den Arten Schmalblättriger (Echinacea angustifolia), Blasser (Echinacea pallida) und Roter Sonnenhut (Echinacea purpurea) vorkommt. Vom Schmalblättrigen Sonnenhut werden die getrockneten Wurzeln, vom Blassen die frischen oder getrockneten Wurzeln, vom Roten Sonnenhut die frischen und getrockneten Wurzeln sowie die oberirdischen Pflanzenteile verwendet. Die Substanzen des Sonnenhuts sind antibakteriell, steigern die Bildung von Abwehrstoffen (Immunglobulinen) und wirken sogar gegen Viren. Der Schmalblättrige Sonnenhut hat zudem eine Krebs hemmende Wirkung und lindert Ödeme; der Rote Sonnenhut fördert außerdem die Wundheilung. Die beiden letzteren Sonnenhutarten werden auch in der Homöopathie verwendet.

Inhaltsstoffe: Schmalblättriger Sonnenhut: Alkamide, Polyine, Kaffeesäurederivate (Echinacosid, Cynarin); Blasser Sonnenhut: ätherische Öle, Polyine, Alkamide, Kaffeesäurederivate (Echinacosid, Cynarin); Roter Sonnenhut: Kaffeesäurederivate (vor allem Zichoriensäure), ätherische Öle (bis zu 0,3 Prozent), Polyine, Alkamide, Polysaccharide.

Anwendungen: Sonnenhut (Teeaufgüsse und Tinkturen des Schmalblättrigen, Frischpflanzenpresssaft des Roten Sonnenhuts) stärkt die körpereigenen Abwehrkräfte, er hilft vor allem vorbeugend gegen Erkältungskrankheiten. Sonnenhut wird auch als Antiseptikum eingesetzt.

Sonnenstich: Temperaturerhöhung im Gehirn und Reizung der Gehirnhäute durch Wärmeeinwirkung infolge starker Sonnenbestrahlung des unbedeckten Kopfes. Ein Sonnenstich macht sich durch heftige Kopfschmerzen und Nackensteifigkeit bemerkbar, manchmal erst einige Zeit nach der Sonneneinwirkung. Zudem hat der Betroffene einen hochroten, heißen Kopf, kühle Haut und zeigt Unruhe; er leidet an Übelkeit und möglicherweise auch an Erbrechen und Bewusstlosigkeit. Ein Sonnenstich bei Kindern zeigt sich meist mit hohem Fieber und auffallender Blässe.

! Falls der Betreffende bewusstlos ist, müssen Sie ihn in die stabile Seitenlage bringen und den Notarzt rufen. Das Zusammentreffen aller oben genannten Symptome kann auch auf einen Hitzschlag hindeuten, vor allem wenn zusätzlich die Schweißbildung aufhört. Falls der Betroffene dann noch bei Bewusstsein ist, sollte er kühle Getränke trinken.

In Gegenden mit starker Sonneneinstrahlung sollte immer eine Kopfbedeckung getragen werden, um die Bestrahlung der Schädeldecke zu vermeiden; die Haare bieten keinen ausreichenden Schutz • Der vom Sonnenstich Betroffene sollte flach im Schatten oder in einem kühlen Raum mit erhöht liegendem Kopf gelagert werden • Feuchte Kopfumschläge lindern die Beschwerden

Sonnentau (Drosera rotundifolia): Pflanze aus der Familie der Sonnentaugewächse (Droseraceae). Der Sonnentau wird bis zu 20 Zentimeter hoch und sieht auch im trockenen Zustand aus, als wenn er mit Wassertröpfchen behängt wäre, was ihm den Namen gab. Es werden sowohl oberirdische Teile (meist nur die Blätter) als auch die unterirdischen Teile der Pflanze zu Heilzwecken verwendet. Der Sonnentau erweitert die Bronchien und wirkt gegen Hustenreiz. Die Pflanze wird auch in der Homöopathie verwendet.

! Der Sonnentau steht nach dem Washingtoner Artenschutzabkommen unter strengem Naturschutz und darf deshalb weder gepflückt noch gehandelt werden. Ersatzweise kommt inzwischen eine verwandte Pflanze, der Afrikanische Sonnentau (Drosera ramentacea), zur Anwendung.

Inhaltsstoffe: Naphthochinonderivate (vor allem Droseron, Plumbagin, Ramentaceon), Flavonoide, Gerbstoffe, Vitamin C.

Anwendungen: Als Teeaufguss ist die Anwendung der Pflanze bei Reiz- und Krampfhusten, Bronchitis und auch Keuchhusten hilfreich. Als Extrakt äußerlich angewendet, ist der Sonnentau ein bewährtes Mittel gegen Warzen.

Soor: gebräuchliche Bezeichnung für die Pilzinfektion Candidiasis, die bevorzugt die Scheide, den Mund und die nässende Haut befällt (→ Candidaerkrankung). Dabei ist der Pilz Candida albicans natürlicherweise sowohl in der Scheide als auch im Mund vorhanden, wird jedoch von einer gesunden Bakterienflora in Schach gehalten. Diese Schutzfunktion kann durch die Einnahme von Antibiotika und durch eine Schwächung der körpereigenen Abwehrkräfte sowie durch die Einnahme der Antibabypille und durch die normalen hormonellen Veränderungen während einer Schwangerschaft gemindert werden, was zur übermäßigen Ausbreitung des Pilzes führen kann. Die Pilzinfektion kann auch durch Geschlechtsverkehr mit infizierten Partnern übertragen werden. Säuglinge werden häufig bei der Geburt mit Soor infiziert, wenn sich die Mutter während der Schwangerschaft eine Pilzinfektion der Scheide zugezogen hat. Bei Kleinkindern tritt Soor zuweilen zusammen mit dem so genannten Windelausschlag (→ Windeldermatitis) auf. Auch erhöht sich das Risiko für Säuglinge und Kleinkinder, an Soor zu erkranken, wenn der Schnuller nicht ausreichend desinfiziert wird. Weiße, krümelige, gröbere oder netzförmige Beläge auf der Mund- und Wangenschleimhaut und/oder Zunge, die wie Milchreste aussehen, sind Zeichen dafür, dass das Kind an Soor erkrankt sein könnte.

Liegt eine Pilzinfektion vor, kann mit natürlichen Mitteln das Gleichgewicht des normalerweise leicht sauren Scheidenmilieus wiederhergestellt werden (die Spitze eines Tampons mit Biojoghurt tränken und in die Scheide einführen); in gleicher Weise kann auch Teebaumöl verwendet werden (Teebaumöl-Olivenöl-Mischung) • Mundsoor beim Säugling oder Kleinkind kann durch das tägliche Desinfizieren (Auskochen) des Schnullers oder Saugers vorgebeugt werden • Im Fall der Infektion kann zum Einpinseln bzw. Betupfen des Mundes und gegebenenfalls des Pos eine stark verdünnte Tinktur aus Ratanhia und Myrrhe verwendet werden • Es kann weiterhin gestillt werden, wenn sich die Mutter vor dem Stillen mit dem Medikament, mit dem der Mund des Säuglings gepinselt wird, die Brustwarzen einreibt • Um die oft mit Soor einhergehende Windeldermatitis in Schach zu halten, sollte der Säugling so oft wie möglich mit nacktem Po strampeln, um dort ein »feuchtes Klima« zu vermeiden

Soziotherapie (lat. socialis = auf die Gesellschaft bezogen): Sammelbegriff für sämtliche therapeutische Methoden, bei denen seelische Erkrankungen durch Änderungen der Einbindungsweisen des Klienten in die Gesellschaft in einem positiven Sinn beeinflusst werden sollen. Dazu ist es unter Umständen erforderlich, auch die Angehörigen des Klienten in die therapeutische Arbeit mit einzubeziehen. Man spricht dann von einer Angehörigengruppe. Eine Variante der Soziotherapie ist die so genannte Milieutherapie, die durch direktes Einwirken auf die Umgebung des Patienten den psychischen Genesungsprozess herbeiführen will.

Spagyrik: nicht anerkannte Variante der → Homöopathie, die mit Pflanzenmitteln, Elektrizitätsmitteln und Geheimmitteln arbeitet. Die Herstellung der spagyrischen Heilmittel (Spagyrika) gründet auf der Annahme, dass sämtliche organische Wesen eine »Lebenskraft« besitzen, die nach ihrer erfolgreichen Freisetzung zu therapeutischen Zwecken eingesetzt werden kann. Um diesen Freisetzungsprozess herbeizuführen, wird beispielsweise eine Pflanze zerkleinert und »potenziert«. Nachdem ihre Bestandteile einem Gärungs-, Destillations- und Veraschungsprozess unterzogen wurden, wird die Asche mit dem zuvor anfallenden Destillat vermischt und anschließend gefiltert. Diese zuletzt gewonnene Substanz ist die spagyrische Urtinktur, die das Immunsystem anregen soll.

Spargel (Asparagus officinalis): Pflanze aus der Familie der Spargelgewächse (Asparagaceae). Spargel wird landwirtschaftlich und in Gärten angebaut. Geerntet werden die Triebe aus dem Wurzelstock, die herkömmlich als Spargel bezeichnet werden, die Wurzeln und das oberirdische Kraut. Die weißliche Spargelsorte wächst unterirdisch und wird aus dem Erdreich »gestochen«, die grüne wächst oberirdisch (auf ebenen Beeten ohne Wall angepflanzt) und kommt durch das Tageslicht zu ihrer grünen Farbe. Grüner Spargel schmeckt intensiver; in Bezug auf die entwässernde und appetitanregende Wirkung gibt es keinen Unterschied zwischen beiden Sorten. Die Pflanze wird auch in der Homöopathie verwendet.

Inhaltsstoffe: Saponine (vor allem Sarsasapogeninderivate), fettes Öl, Gerbstoffe, S-Methyl-3-Thiopropionat (wird in Methylmercaptan umgewandelt und verursacht – bei genetisch prädisponierten Menschen – den typischen Geruch des Harns nach einem Spargelessen).

Anwendungen: Die Krautzubereitungen haben sich als stark harntreibend erwiesen. Die Wurzeltriebe (der eigentliche »Spargel«) haben eine die Harnwege durchspülende Wirkung und eignen sich auch sehr gut zur Vorbeugung gegen Nierengrieß, wegen der von ihnen verursachten Steigerung der Zelltätigkeit der Nieren. Da Spargel arm an Kohlenhydraten ist, ist er als Diätspeise für Zuckerkranke geeignet.

Speicherorgane, fünf: in der → traditionellen chinesischen Medizin Bezeichnung für die Organe Leber, Herz, Milz, Lunge und Nieren. Sie speichern Blut und dienen auch als Speicherorte des → Qi. Die fünf Speicherorgane stehen zudem in Verbindung mit fünf der Hauptmeridiane (→ Meridiane).

Spinat (Spinacia oleracea): Pflanze aus der Familie der Gänsefußgewächse (Chenopodiaceae). Die Blätter (frisch oder getrocknet) sind aufgrund ihrer Inhaltsstoffe als heilende Nahrung von Bedeutung.

Inhaltsstoffe: Chlorophyll, Oxalsäure, Karotinoide, Vitamin C, Vitamine der B-Familie, Nitrat (bis zu 6 Gramm pro Kilogramm je nach Düngung), Eisen (nur 60 Milligramm pro Kilogramm, entgegen früheren falschen Angaben von 600 Milligramm pro Kilogramm).

Anwendungen: Spinat ist ein bewährtes Mittel bei Magen- und Darmbeschwerden sowie bei Wachstumsstörungen. Er wirkt Blut bildend und ist bekannt als Säuglingsernährung und als Krankenkost (insbesondere in der Rekonvaleszenzzeit).

! Bei der Verwendung als Säuglingsnahrung sollte wegen des Nitratgehalts darauf geachtet werden, dass der Spinat aus biologischem Anbau stammt. Die Alternative ist, höchstens zweimal in der Woche Spinat zu füttern oder solchen aus gebrauchsfertiger Babynahrung zu verwenden.

Spitzwegerich (Plantago lanceolata): Pflanze aus der Familie der Wegerichgewächse (Plantaginaceae). Der Spitzwegerich ist wild wachsend weit verbreitet und wird im Allgemeinen als »Unkraut« betrachtet. Er blüht in Weißgrau von Mai bis September; während dieser Zeit wird er auch gesammelt. Der Spitzwegerich stimuliert das Immunsystem und wirkt zellschützend und antibakteriell. Außerdem hat er einen positiven Einfluss auf den Aufbau der Schleimhaut. Die Pflanze wird auch in der Homöopathie bei Hautleiden sowie Kopf- und Zahnschmerzen verwendet.

Inhaltsstoffe: Iridoidglykoside (Aucubin, Catalpol), Gerbstoffe (Tannin), Vitamin C, Kieselsäure, Flavonoide, Phenolkarbonsäure.

Anwendungen: Als Teeaufguss angewendet, hilft der Spitzwegerich bei Entzündungen der Atemwege sowie der Mund- und Rachenschleimhaut. Bei äußerlicher Anwendung als Frischpflanzenpresssaft oder als zehnprozentige Salbe werden Entzündungen von kleinen Verletzungen, Brandwunden oder auch von Insektenstichen gehemmt.

Spontanbericht → Anamnese

Spitzwegerichsaft ist ein altbewährtes Hausmittel bei Husten.

Spontanheilung (lat. spontaneus = freiwillig, von selbst): 1. Fälle von plötzlicher Heilung bei (unheilbar) Kranken ohne Behandlung.
2. Heilung von Krankheiten durch so genannte Geistheiler, die magische Praktiken anwenden. Dabei wird das Böse bzw. Krankmachende entfernt und damit die Harmonie von Körper, Geist und Seele wiederhergestellt.

Sporttherapie: Behandlung von Patienten nach gruppendynamischen, sportpädagogischen und sportwissenschaftlichen Gesichtspunkten. Die Sporttherapie wird vor allem zur Rehabilitation von Patienten mit Herz-Kreislauf-Erkrankungen, Schädigungen des Bewegungsapparats oder psychosomatischen Störungen angewendet.

Sprachtherapie: in der → anthroposophischen Medizin angewendete Therapieform, die auf der so genannten Sprachgestaltung, der Kombination aus Schauspiel- und Rezitationskunst, aufbaut. Die für einen Schauspieler wichtige Atemtechnik wird therapeutisch eingesetzt, indem einzelne Laute, Wörter oder Spruch- und Gedichtformen eine besondere Bedeutung erfahren und einen Bezug zum jeweiligen Krankheitsbild herstellen sollen. Dabei kommt der Anwendung von Sprech- und Gedichtrhythmen eine besonders wichtige Funktion zu.

Sprossen (auch Keime): 1. embryonales Zellgebilde. Dieses embryonale Zellgebilde kann sich zu einem ganzen Organismus auswachsen. Bei ungeschlechtlicher Fortpflanzung spricht man auch von Brutknospen bzw. Sporen. Sprossen aus (Soja-)Bohnen, Alfalfa, Kresse und auch Getreidearten gelten mittlerweile als hochwertige vitamin- und mineralstoffreiche Nahrungsmittel, die öfter verzehrt werden sollten.

2. Auch Krankheitserreger verschiedenster Art werden Sprossen genannt.

Sprue → Zöliakie

Spurenelemente: in der Natur und auch im menschlichen Organismus in sehr geringer Menge vorhandene anorganische Bestandteile, deren Anteil an der Gesamtmasse des Körpers kleiner als 0,01 Prozent ist. Trotz ihres minimalen Anteils erfüllen sie wichtige Funktionen, die vor allem dann offenkundig werden, wenn ein Mangel an ihnen besteht. So führt ein Eisenmangel z. B. zu Blutarmut, ein Zinkmangel im Extremfall zu Haarausfall und Wachstumsstörungen. Essenzielle Spurenelemente – dazu gehören Chrom, Eisen, Jod, Kupfer, Mangan, Molybdän, Selen, Zink – müssen mit der Nahrung aufgenommen werden (zum Vorkommen in der Nahrung siehe jeweils die einzelnen Stichwörter der Spurenelemente).

Stabile Seitenlage (auch NATO-Lage): Erste-Hilfe-Maßnahme für Bewusstlose. Ein Arm des Bewusstlosen wird unter dessen Körper gelegt. Ein Bein (gleiche Seite wie Arm) wird gebeugt; das andere liegt später gestreckt darüber. Der Bewusstlose wird auf die Seite des gebeugten Beins gedreht; der unten liegende Arm wird nach hinten gezogen, um den Körper stabil zu halten. Der oben liegende Arm wird nach vorn unter die Wange gelegt und stützt den leicht zum Nacken hin überdehnten Kopf. Der Mund ist (wegen Erstickungsgefahr) geöffnet.

Die wichtigsten Spurenelemente und ihre Aufgabenbereiche

Spurenelement	Tagesbedarf	Aufgaben im Organismus
Eisen	10 – 12 mg	Sauerstofftransport, Produktion von Blutfarbstoff
Fluor	1,5 – 4,0 mg	Wachstum von Knochen und Zähnen
Zink	12 – 15 mg	Biochemische Verbindung zwischen Nervenzellen, Kohlenhydratstoffwechsel, Immunabwehr, Insulinspeicherung
Kupfer	1,5 mg	Produktion von Nervenfasern, Blutbildung, Bindegewebsstoffwechsel
Selen	50 – 200 µg	Antioxidanz, Zellstoffwechsel
Mangan	2 – 5 mg	Enzymaktivierung, Blutgerinnung
Jod	200 µg	Bestandteil der Schilddrüsenhormone
Molybdän	0,5 mg	Enzymbestandteil, Fluorspeicherung, Zellstoffwechsel
Chrom	50 –200 µg	Regulation des Blutzuckerspiegels
Nickel	0,2 – 0,5 mg	Stoffwechsel, Blutbildung und Regenerationsprozesse

Stanger-Bad: Anwendung der → Elektrotherapie, die auf die Ulmer Gerbermeister Johannes und Heinrich Stanger zurückgeht. Das Stanger-Bad ist ein Vollbad, bei dem der Körper des Patienten unter Beimengung von Gerbstoffen gleichmäßig mit Schwachstrom durchflutet wird. Stanger-Bäder kommen bei rheumatischen Erkrankungen, bei Nervenschmerzen und Nervenlähmungen, bisweilen auch bei bestimmten Rückenleiden zum Einsatz.

! Ein Stanger-Bad darf nicht angewendet werden, wenn sich im Körper Metallteile (Herzschrittmacher, Nägel etc.) befinden oder der Körper offene Hautstellen aufweist.

Star of Bethlehem (engl.): Doldiger Milchstern, Stockbottle Nr. 29 der → Bach-Blüten. Star of Bethlehem spendet Trost, dämpft negative Gefühle und fördert die positive Stimmung, vor allem nach traumatischen Ereignissen wie Schock, Trennungen, Alpträumen und dem Tod eines nahe stehenden Menschen.

Stechapfel, Weißer (Datura stramonium): Pflanze aus der Familie der Nachtschattengewächse (Solanaceae). Der bis zu einem Meter hohe Stechapfel stammt aus Mittelamerika und wächst bei uns vor allem wild auf Ödland. Als Grundstoff für Medikamente wird er angebaut. Vor allem die Blätter und Samen sind von Bedeutung. Die Pflanze wird auch in der Homöopathie verwendet.

Inhaltsstoffe: Tropanalkaloide, Hyoscyamin, fettes Öl, Gerbstoffe.

Anwendungen: Der Stechapfel wurde früher wegen seiner krampflösenden und auswurffördernden Wirkung bei Asthma bronchiale und wegen seiner dämpfenden und schlaffördernden Eigenschaft bei Nervenleiden eingesetzt.

! Sämtliche Teile des Stechapfels sind giftig. Zur Selbstbehandlung darf die Pflanze wegen der erheblichen Vergiftungsgefahr nicht verwendet werden.

Steinklee (Melilotus officinalis): Pflanze aus der Familie der Schmetterlingsblütler (Fabaceae) mit über 25 Arten. Hierzulande findet sich auf Äckern und an Wegen der gelb blühende, nach Honig duftende Echte Steinklee. Die Blätter und blühenden Zweige sind heilkräftig. Der Steinklee wirkt wundheilend und lässt Ödeme abschwellen; außerdem besitzt er eine regulierende Funktion für die Kapillaren (feinen Haargefäße). Die Pflanze wird auch in der Homöopathie verwendet.

Ein Kräuterkissen mit Steinklee kann man auf entzündete Gelenke auflegen.

Inhaltsstoffe: Cumarine, Cumarinderivate, Flavonoide.

Anwendungen: Als Teeaufguss wird Steinklee traditionell bei venösen Leiden eingesetzt. Hilfreich ist er auch bei Hämorrhoidalleiden und Lymphstauungen. Äußerlich als Salbe angewendet, lindert Steinklee Prellungen, Verstauchungen und oberflächliche Blutergüsse.

Steinkohlenteer: durch Trockendestillation aus Steinkohle gewonnene dicke, klebrige schwarze Teermasse. Sie enthält Naphthalin, Phenanthren, Anthrazen, Phenol und Phenolderivate (z. B. Benzol), allerdings auch Krebs erregende Stoffe (z. B. Benzpyrene). Die Wirkung von Steinkohlenteer ist u. a. antimikrobiell und antimykotisch (gegen Pilze). Steinkohlenteer wird in Form von Salben und Lotionen bei Hautkrankheiten (einigen Formen von Dermatitis, Ekzemen, Schuppungen der Haut) und bei Schuppenflechte verwendet.

! Steinkohlenteer darf in keiner Form in der Schwangerschaft und Stillzeit und auch nicht bei Säuglingen angewendet werden.

Sterbeklinik: Einrichtung, in der Todkranke in ihrer letzten Phase durch besonders ausgebildetes Personal betreut werden. Diese speziellen »Krankenhäuser« gibt es in anderen Ländern bereits; hierzulande werden die ersten Versuche gestartet. Die Sterbeklinik ist anders als eine herkömmliche Klinik auf die psychische Betreuung Sterbender und deren Angehöriger ausgerichtet; die Pflegekräfte sind meist psychologisch geschult und haben auch eine größere Erfahrung im Umgang mit von manchen Ärzten nur zögerlich verordneten abhängig machenden Schmerzmitteln (Opiatderivaten).

Stevia (Stevia rebaudiana Bertoni): Pflanze aus der Familie der Chrysanthemengewächse (Asteraceae). Es gibt 154 verschiedene Arten, die im Hochland von Paraguay, in Brasilien und Argentinien wild wachsen. Kultiviert wird Stevia in weiten Teilen Asiens, in Israel, den USA und Kanada. Auch in Spanien und Deutschland werden heute Versuche unternommen, Stevia anzubauen. Bedeutsam sind die Blätter, die zu Beginn der Blütezeit geerntet werden. Die Pflanze wirkt zusammenziehend (adstringierend) und antioxidativ.

Inhaltsstoffe: Steviosid, Rebaudiosid, Tannin, Glykoside, Bitterstoffe, Phytosterine, Terpene, Flavonoide.

Anwendungen: Die Stevioside und Rebaudioside in den Blättern der Pflanze werden vorwiegend als Süßmittel verwendet. Galenische Zubereitungen von Stevia wirken unterstützend beim Abbau von Übergewicht. Außerdem hat die Pflanze einen positiven Effekt auf Herz und Kreislauf, fördert die Verdauung, verhindert Infektionen und hemmt auch die Entstehung von Karies. Stevia beeinflusst den Blutzuckerspiegel positiv und macht zudem eine schöne Haut.

Stiefmütterchen (Viola tricolor): Pflanze aus der Familie der Veilchengewächse (Violaceae). Das Stiefmütterchen kommt bei uns in drei Arten vor: als Ackerstiefmütterchen, Wiesenstiefmütterchen und Gartenstiefmütterchen, wobei für die Pflanzenheilkunde nur das Acker- und das Wiesenstiefmütterchen von Bedeutung sind. Zur Blütezeit (April bis September) werden die oberirdischen Teile gesammelt und anschließend getrocknet. Das Stiefmütterchen hilft bei Ekzemen, es wirkt entwässernd und schweißtreibend. Die Pflanze wird auch in der Homöopathie verwendet.

Inhaltsstoffe: Salizylsäurederivate, Flavonoide, Phenolkarbonsäure, Karotine, Gerbstoffe.

Anwendungen: Auch als innerliche Anwendung ist ein Teeaufguss aus Stiefmütterchen

Stevia – »Zucker« ohne Kalorien

Alternative Süßmittel, die keine Kalorienbomben sind, werden im Zusammenhang mit der Forderung nach Naturbelassenheit der Lebensmittel immer beliebter. Nun wird auch bei uns ein natürliches Süßmittel bekannter – die Stevia rebaudiana Bertoni, die von den Guarani-Indianern in Südamerika schon lang zum Süßen von Speisen und Getränken benützt wird. Stevia gibt es als Steviapulver, als Rohextrakt und auch als isolierten Extrakt. In Deutschland sind zurzeit nur die Blätter erhältlich. Die Süßkraft des Steviapulvers ist etwa 10- bis 15-mal höher als die des Zuckers. Für die Rohextrakte werden die Blätter einem speziellen Verfahren unterworfen, wobei bis zu 50 Prozent Glykoside gewonnen und zu einem weißen Pulver verarbeitet werden, das etwa 100-mal süßer als Zucker ist. Für die isolierten Extrakte werden die Wirkstoffe Steviosid und Rebaudiosid isoliert und zu Pulver gemahlen und dann meist industriell weiterverarbeitet.

bei Hauterkrankungen hilfreich. Traditionell hat sich die Pflanze bei Mund-, Hals- und Rachenentzündungen, Katarrhen und fiebrigen Erkältungskrankheiten bewährt. Äußerlich nimmt man den Aufguss für Umschläge bei Milchschorf von Säuglingen oder bei leichteren Hauterkrankungen (z.B. bei Ekzemen und Juckreiz).

Stimulationstherapie (lat. stimulare = antreiben, anregen): Therapiemethode, die den Patienten zu einer »Umstimmung« seiner individuellen (Lebens-)Ziele im Sinn einer neuen Selbstfindung anregen will. Dabei bedient sich die Stimulationstherapie des naturheilkundlichen Reiz-Reaktions-Prinzips, dem zufolge jede therapeutische Handlung einen unspezifischen Reiz verursacht, der den gesamten Organismus des Patienten zu mehr Eigeninitiative stimulieren soll.

Stockmalve (Alcea rosea): Pflanze aus der Familie der Malvengewächse (Malvaceae). Sie wächst bei uns als Zierpflanze, an Stangen hochgezogen, in den Gärten und blüht von Juni bis Oktober. Bei trockenem Wetter werden die Blüten gesammelt. Die Stockmalve wirkt vor allem schleimlösend (→ Malve, Wilde).

Inhaltsstoffe: saure Schleimpolysaccharide, Anthocyane, Glykoside.

Anwendungen: Der Teeaufguss aus den getrockneten Blüten ist ein traditionelles Mittel bei Entzündungen der Atemwege, des Magen-Darm-Trakts, der Harnwege sowie bei Menstruationsbeschwerden. Wegen ihrer Farbe ist die Stockmalve auch als Zusatz in Teemischungen beliebt.

Stoffleib: aus der → anthroposophischen Medizin stammender Begriff für den physischen Leib des Menschen. Die von Rudolf Steiner (1861–1925) entwickelte Anthroposophie unterscheidet vier Leib-Arten: den Stoffleib bzw. physischen Leib, den Lebensleib (oder Ätherleib), den Seelenleib (Astralleib) sowie den Ich-Leib.

Stevia ist ein natürliches Süßmittel – eine Alternative zu Zucker und Süßstoff.

Stomachikum (griech. stomachus = Magen): bei leichten Verlaufsformen von akuten Ernährungsstörungen (Dyspepsien) angezeigtes, appetitanregendes Mittel, das sich zudem positiv auf die Verdauung auswirkt. Die in Stomachika enthaltenen Wirkstoffe, z.B. aromatische Bittermittel (so genannte Amara) sowie verschiedene weitere Geschmacks- und Geruchssubstanzen, regen vor allem die Sekretion des Magensafts an.

Störfeld: Begriff der → Neuraltherapie, der besagt, dass krankhafte Prozesse, Verletzungen oder Entzündungen in einem Körperbereich störende Impulse an andere Organe senden können. So können chronische Krankheiten ihre Ursachen in ganz anderen Körperbereichen haben als dort, wo sie auftreten. Entzündete Zahnwurzeln, vereiterte Mandeln sowie (schlecht) verheilte Knochenbrüche können solche Störfelder sein (→ Herdlehre).

Streichung (auch Effleurage): zum klassischen Repertoire der Massagetechniken zählende Anwendung. Dabei streicht der Masseur dem Patienten mit der flachen Hand über die Hautoberfläche, wobei er nur leicht Druck ausübt. Streichungen sind bei Durchblutungsstörungen zu empfehlen (→ Massage).

Stress: nervliche Belastung durch Lärm, Überforderung, Erschöpfung, Probleme am Arbeitsplatz und/oder im privaten Bereich. Stress ist an sich keine Krankheit, kann aber zu zahlreichen mehr oder minder schweren Befindlichkeitsstörungen führen, etwa zu unbestimmten Angstgefühlen, innerer Unruhe, Niedergeschlagenheit, Gereiztheit, Apathie, Abgespanntheit, Konzentrationsschwäche, Abnahme der Libido und Verschlechterungen des Wahrnehmungsvermögens. Wenn diese Befindlichkeitsstörungen über einen längeren Zeitraum anhalten, können sie erhebliche funktionelle Störungen auslösen, z. B. Verdauungsprobleme, Atembeschwerden, Herzbeschwerden (Herzjagen, Herzstechen), Kreislaufschwäche, Orgasmusunfähigkeit, bei Frauen schmerzhafte Menstruationen und hormonelle Veränderungen, bei Männern Impotenz oder frühzeitige Ejakulation.

! Gegen andauernden Stress kann nur eine Veränderung der Lebensumstände hin zu mehr Ordnung und Ruhe etwas ausrichten.

Oft reagiert der Körper »selbstständig«, indem eine psychosomatisch ausgelöste Krankheit den Betroffenen zwingt, sich ins Bett zu legen • Ist die Stresssituation nur zeitweise gegeben, sollte man jede freie Minute nützen, um mit Entspannung, Schlaf, Sport, körperlicher Bewegung sowie naturheilkundlichen Mitteln wieder Kraft und Ruhe zu tanken • Entspannung erzielt man einfach mit Nichts-

Was macht Stress?

In den siebziger Jahren stellten die Stressexperten Thomas Holmes und Richard Rahe eine Liste von Stressoren zusammen, die die Gesundheit negativ beeinflussen können. Um Ihren persönlichen Stresslevel herauszufinden, addieren Sie die Punkte hinter den Stressfaktoren. Sie sollten alles berücksichtigen, was sich während der letzten zwölf Monate ereignet hat. Bei einer Punktzahl von über 150 beträgt das Risiko einer Gesundheitsverschlechterung bereits etwa 50 Prozent.

• Tod des Partners	100
• Scheidung	73
• Trennung vom Partner	65
• Inhaftierung	63
• Tod eines nahen Verwandten	63
• Schwere Krankheit	53
• Heirat	50
• Arbeitslosigkeit	47
• Versöhnung mit dem Partner	45
• Ausscheiden aus dem Berufsleben	45
• Krankheit eines Familienmitglieds	44
• Schwangerschaft	40
• Sexuelle Probleme	39
• Geburt eines Kindes	39
• Berufliche Veränderung	39
• Veränderung der finanziellen Lage	38
• Tod eines Freundes	37
• Neuer Arbeitsbereich	36
• Streit mit dem Partner	35
• Verschuldung	31
• Zwangsvollstreckung	30
• Veränderung der Arbeitshierarchie	29
• Kinder verlassen das Haus	29
• Probleme mit Verwandten	29
• Besonderer persönlicher Erfolg	28
• Ende oder Anfang der Berufstätigkeit des Partners	26
• Beginn/Ende einer Ausbildung	26
• Änderung der Lebensbedingungen	25
• Änderung von Gewohnheiten	24
• Ärger mit dem Vorgesetzten	23
• Änderung der Arbeitszeit	20
• Wohnungswechsel	20
• Schulwechsel	20
• Änderung des Freizeitverhaltens	19
• Änderung sozialer Aktivitäten	18
• Kleinere Verschuldungen	17
• Änderung der Schlafgewohnheiten	16
• Änderung der Ernährung	15
• Urlaub	13

tun, mit Spaziergängen, mit Musikhören, kurz gesagt: mit allem, was Spaß macht und nicht neuerlichen Freizeitstress verursacht • Entspannungsprogramme bzw. -übungen kann man erlernen und dann allein oder in einer Gruppe ausüben, etwa autogenes Training, progressive Muskelrelaxation, Feldenkrais, Yoga, Meditation, Tai Chi Chuan und Qi Gong • Schlaf ist die beste Erholung und Entspannung, wenn man nicht schon so gestresst ist, dass Schlafstörungen auftreten • Ein Vollbad, in das ein paar Tropfen Lavendel-, Majoran- oder Neroliöl gegeben werden, wirkt beruhigend auf den Organismus • Sport und körperliche Bewegung beschäftigen den Körper und geben danach ein Gefühl der Befriedigung – man sollte jedoch in der Leistungsanforderung an sich selbst nicht übertreiben, sonst gerät Sport schnell selbst zum Stress • Hypnose und Verhaltenstherapie sind bisweilen hilfreiche Verfahren

Anti-Stress-Tee: 1 TL Hopfen mit 1 Tasse heißem Wasser aufgießen und 10 Minuten ziehen lassen. Jeden Abend 1 Tasse Tee trinken.

Streukügelchen (Globulus): Bezeichnung für eine der Darreichungsformen homöopathischer Arzneimittel. Die Globuli sind kleine Kügelchen, deren Trägersubstanz Milchzucker ist und die man einfach im Mund zergehen lässt. Sie sind für Kinder geeignet, da sie keinen Alkohol enthalten, und sie sind bei Kindern auch recht beliebt. Die Gaben der verschiedenen Darreichungsformen entsprechen sich wie folgt: fünf Globuli = fünf Tropfen = eine Tablette. Pro Gabe sollte man nicht weniger als fünf und nicht mehr als zehn Globuli rechnen (→ Homöopathie).

Sucht: Abhängigkeit von Suchtmitteln oder auch zwanghaften Verhaltensweisen. Sucht ist einerseits ein psychisches Problem, weil man es nicht schafft, von etwas wieder wegzukommen. Andererseits gibt es Suchtstoffe, die körperlich abhängig machen: etwa Rauschgift, Alkohol und Beruhigungsmittel. Die Merkmale einer Sucht sind der übermächtige Wunsch, das Suchtmittel zu beschaffen, eine immer größere Dosis bzw. ein stärkeres Mittel zu konsumieren, und das Eintreten von psychischen und physischen Entzugserscheinungen bei einem Mangel am Suchtstoff. Diese Merkmale einer Sucht können sich auch auf ein bestimmtes Verhalten beziehen. Dass ein Mensch süchtig wird, hängt von mehreren Faktoren ab: Persönlichkeit, Veranlagung, physischer und psychischer Verfassung, sozialem Umfeld, Einfluss von Erziehung, Elternhaus, Schule, Arbeitsplatz und sozialen Gruppen (Freunde, Bekanntenkreis). Es gibt sehr viele Suchtformen; beispielsweise beobachtet man in den USA bereits bei Joggern eine Art Joggingsucht. Die Betroffenen müssen nachts zwanghaft aufstehen und einige Runden laufen, sonst können sie nicht schlafen. Im Folgenden soll nur eine kleine Auswahl der bekanntesten Suchtformen stehen.

Öfter mal tun, was einem Spaß macht – das beste Anti-Stress-Mittel.

Drogensucht: Drogen, d. h. Rauschgifte, werden im Allgemeinen als die gefährlichsten Suchtmittel eingeschätzt. Die Gefährlichkeit liegt dabei in der möglicherweise zunehmenden Dosis und in der qualitativen Steigerung des Rauschgifts. Man unterscheidet zwischen harten (z. B. Heroin) und weichen Drogen (z. B. Haschisch). So genannte Designerdrogen (z. B. Exstasy), die synthetisch hergestellt werden und in ihrer Wirkung schwer einzuschätzen sind, haben die »natürlichen« Drogen in den Industriestaaten abgelöst.

Alkoholismus: Er wird im Vergleich zur Rauschgiftsucht in seiner Suchtwirkung unterschätzt und ist auch sozial eher geduldet. Doch die Zahl der tödlichen Verkehrsunfälle, die von alkoholisierten Verkehrsteilnehmern verursacht wird, übersteigt die Zahl der Drogentoten um ein Vielfaches.

Nikotinabhängigkeit: Erschütternd ist auch die gesundheitspolitische Bilanz bei starken Rauchern: Sie gefährden ihre eigene Gesundheit und die anderer durch das so genannte Passivrauchen, und sie kosten die Krankenkassen viel Geld, wenn die Folgen der Nikotinsucht zu schweren Erkrankungen führen.

Medikamentensucht: Vor allem Schlaf-, Beruhigungs- und Schmerzmittel können eine starke körperliche Abhängigkeit erzeugen.

Spielsucht: Dieses zwanghafte Verhalten ist keine Seltenheit und auch nicht besonders neu, wie in manchen Romanen des 19. Jahrhunderts nachzulesen ist.

Kaufrausch: Kaufen als Sucht dient oft zur Kompensation von negativen Erlebnissen, Misserfolgen und Enttäuschungen.

Workaholics: Diese Wortschöpfung bezeichnet Menschen, die zwanghaft arbeiten, nicht zur Ruhe kommen, nie abschalten und auf andere eingehen können. Bei Arbeitssucht sind Betroffene psychisch und physisch stark gefährdet.

Suchttherapie: Entgiftungs- und Entwöhnungstherapie in Kombination mit psychotherapeutischer (Nach-)Behandlung. Die Suchttherapie wird in der Regel in drei Phasen unterteilt: Entgiftungs-, Entwöhnungs- und Nachsorgephase. Die Therapie findet meist in speziellen, oft geschlossenen Krankenhäusern oder Sanatorien statt, um dem Süchtigen den Kontakt zu Örtlichkeiten, Personen bzw. Situationen zu verwehren, die die Befriedigung der Sucht ermöglichen würden. Manche Suchttherapien werden auch ambulant durchgeführt, um dem Betroffenen die Möglichkeit zu geben, den Kontakt zu seiner Familie aufrechtzuerhalten. Alternative Suchttherapien bedienen sich der Akupunktur, in leichteren Fällen der Homöopathie und der Hypnose.

Sudabad (subaquales Darmbad): heute kaum noch Anwendung findende Behandlung des Darms. Das Sudabad ist eine intensive Einlaufbehandlung mit 20 bis 30 Liter Flüssigkeit in einem Vollbad, wodurch auch höher gelegene Darmabschnitte gespült werden. Hauptziel von Sudabädern ist eine möglichst gründliche Reinigung des Darms (→ Darmeinlauf).

Suggestion (lat. subgerere = unterschieben): Gedanken- und Handlungen bestimmende

Sucht und Entzugssyndrom

Mit dem Begriff »Entzugssyndrom« wird eine Gruppe unangenehmer geistiger und körperlicher Symptome bezeichnet, die beim Absetzen einer Droge auftreten. Bei Alkoholismus beispielsweise beginnen die Entzugserscheinungen nach sechs bis acht Stunden und können bis zu einer Woche dauern. Hände und Zunge zittern. Übelkeit, Schwitzen, Angstzustände, Krämpfe und Erbrechen können sich einstellen. Es kann auch zu ernsteren Erscheinungen kommen, etwa Anfällen (Delirium tremens), Verwirrtheit und Halluzinationen. Die Entzugserscheinungen können in der Folge Angst erregende Ausmaße annehmen, was oft zur Wiederaufnahme des Trinkens führt. Sie erfordern auf jeden Fall ärztliche Behandlung.

Einflussnahme. Bei Fremdsuggestion werden bestimmte Vorstellungen oder Handlungsvorgaben einem anderen Menschen »untergeschoben« (→ Hypnose). Bei der Autosuggestion übernimmt man selbst die Rolle des »Unterschiebers«, z. B. beim autogenen Training. Durch Suggestion lassen sich zahlreiche körperliche und seelische Vorgänge stärker beeinflussen als durch bewusste Absicht.

Suggestivtherapie: Einsatz der Suggestion in einer Therapie. Die bekannteste Suggestivtherapie ist die → Hypnose. Durch sie können unbewusste Konflikte oder Traumata bewusst gemacht werden oder aber auch Selbstheilungskräfte aktiviert werden.

Summationsdiagnostik (lat. summa = Anhäufung, Ansammlung): Kombination verschiedener Testmethoden (spektralanalytische Vollblutuntersuchung, Scheller-Test, Dreifachmessung) zur Erkennung von Krebs. Ziel der Summationsdiagnostik ist es, den Wahrheitswert der diagnostischen Ergebnisse zu erhöhen. Die medizinische Wissenschaft steht der Summationsdiagnostik eher ablehnend gegenüber, da ihrer Meinung nach die Beweiskraft diagnostischer Aussagen keineswegs durch bloße Aneinanderreihung von Testverfahren erreicht werden kann.

Sumpfporst (Ledum palustre): Pflanze aus der Familie der Heidekrautgewächse (Ericaceae). Der Sumpfporst wächst in den Sümpfen Norddeutschlands, Skandinaviens, Russlands, im nördlichen Asien und in Nordamerika. Arzneilich ist das blühende Kraut von Bedeutung. Das Sumpfporstkraut wirkt entwässernd und hustenlösend. Die Pflanze wird auch in der Homöopathie verwendet.

Inhaltsstoffe: ätherische Öle (darunter z. B. Ledol, Palustrol), Ericolin, Catechingerbstoffe, Flavonoide.

Anwendungen: Früher wurde die Pflanze innerlich bei Husten, Keuchhusten und rheumatischen Erkrankungen, äußerlich bei Wunden und Insektenstichen eingesetzt.

Der Stoff für Lakritze: Süßholz sollte nur kurze Zeit eingenommen werden.

! Von der Selbstanwendung, sowohl innerlich als auch äußerlich, muss mittlerweile abgeraten werden, weil starke Nebenwirkungen, beispielsweise Lähmungserscheinungen, auftreten können.

Süßholz (Glycyrrhiza glabra; auch Lakritze): Pflanze aus der Familie der Schmetterlingsblütler (Fabaceae). Der bis zu einem Meter hohe Süßholzstrauch wird vor allem in Russland und China landwirtschaftlich angebaut. Heilkräftig ist der Wurzelstock. Die Pflanze lindert Husten und wirkt entzündungshemmend und krampflösend.

Inhaltsstoffe: Glyzyrrhizinsäure, Flavonoide, Saponine, Triterpene, Sterole, Cumarine, Phytosterole.

Anwendungen: Als Teeaufguss oder Extrakt wird Süßholz zur Abheilung von Magengeschwüren sowie bei Husten- und Bronchialkatarrhen eingesetzt. Aus Süßholz wird außerdem Lakritze hergestellt.

! Süßholz sollte nicht länger als vier bis sechs Wochen angewendet werden, weil Störungen im Wasser- und Salzhaushalt und in der Folge Bluthochdruck und Wassereinlagerungen zu befürchten sind. Gleiches gilt für Lakritze; der tägliche Genuss ist nicht zu empfehlen.

Süßstoff: natürliche oder synthetisch hergestellte Substanz, die üblicherweise stärker als Zucker süßt und diätetisch als Zuckerersatzstoff (z. B. bei Diabetes mellitus) verwendet wird. Einige Süßstoffe sind in Verruf geraten und können bei zu hoher Dosierung zu Gesundheitsschäden führen. Als unbedenklich gelten die neueren → Lebensmittelzusatzstoffe Acesulfan (E 950), Thaumatin (E 957) und Neohesperidin (E 959).

Sweet Chestnut (engl.): Edelkastanie, Stockbottle Nr. 30 der → Bach-Blüten. Sweet Chestnut hilft, neue Lösungen und Auswege aus einer Krisensituation zu finden. Die Blütenessenz stärkt die Psyche und fördert die Neuorientierung im Leben.

Symbiose: Zusammenleben zweier Lebewesen verschiedener Art, was für beide Teile von Vorteil ist. Symbiosen finden sich auch innerhalb des menschlichen Organismus, beispielsweise im Darm, wo Bakterien und Mensch eine Symbiose zugunsten einer funktionierenden Darmflora eingehen.

Symbioselenkung: Verfahren alternativer Heilmethoden, deren Ziel die Stärkung des körpereigenen Abwehrsystems ist. Zu diesem Zweck wird z. B. die Darmflora eines Patienten mit physiologischen Bakterien (→ Eubionten) besiedelt, die die Darmtätigkeit positiv anregen sollen.

Ob subjektive oder objektive Symptome – Arzt und Patient müssen zusammenarbeiten.

Symptom: Krankheitszeichen bzw. Beschwerde, die entweder vom Betroffenen selbst (subjektives Symptom) oder vom Arzt (Krankheitszeichen, objektives Symptom) festgestellt wird. Das gesamte Bild trägt zur Erkennung (Diagnose) einer Krankheit bei. Nicht immer liegen bei der Erkennung einer Krankheit subjektive Symptome vor, die der Betroffene selbst feststellt. Andererseits gibt es Fälle, in denen der Arzt allein auf die Beschreibung der subjektiven Symptome durch den Betroffenen angewiesen ist, um eine Diagnose stellen zu können.

Symptomenerhebung: Begriff der → Homöopathie für die Erhebung aller akuten und chronischen physischen, psychischen und geistigen Beschwerden des Patienten am Beginn einer Behandlung (→ Fallaufnahme).

Symptomverschiebung: Begriff der → Homöopathie für die Veränderung von Symptomen nach einer Arzneimitteleinnahme (→ Erstverschlimmerung).

Syndrom: Gruppe von Symptomen (in der Homöopathie Symptomenkomplex genannt), deren gemeinsames Auftreten einen bestimmten Zusammenhang oder Zustand anzeigt. So ist beispielsweise das depressive Syndrom eine Sammelbezeichnung für die bei Depressionen auftretenden psychischen, somatischen und psychosozialen Symptome. Das psychovegetative Syndrom wiederum bezeichnet ein Beschwerdebild ohne physiologisch oder anatomisch nachweisbare Ursachen oder funktionelle Störungen mit einem ganzen Bündel an Symptomen.

Systemtherapie (ST): Form der → Familientherapie. Alle Familienangehörigen sollen zusammen an Änderungen innerhalb des familiären Bezugsrahmens (familiären Systems) arbeiten, um dem psychisch Erkrankten zu helfen (→ Psychotherapie).

Tabak: getrocknete Blätter der Tabakpflanze (Nicotiana tabacum) aus der Familie der Nachtschattengewächse (Solanaceae). Es gibt etwa 100 Arten der Tabakpflanze, die vor allem im tropischen oder subtropischen Amerika wachsen, aber auch in einigen wenigen Gegenden Deutschlands angebaut werden. Die Blätter werden an der Luft oder in Trocknungsanlagen getrocknet. Heute wird die Tabakpflanze fast ausschließlich für die Produktion von Rauch-, Schnupf- oder Kautabak angebaut. Durch Fermentation (Gärung) werden unerwünschte Stoffe (u. a. proteinhaltige Stoffe) abgebaut und Aromastoffe sowie die braunen Pigmente des Tabaks gebildet. Die Tabakpflanze kommt arzneilich in der Homöopathie bei Angina pectoris und Durchfall zur Anwendung.

Inhaltsstoffe: im Tabakrauch: u. a. Formaldehyd, Blausäure, Schwermetalle, Nikotin, Kohlenmonoxid; im Tabakteer: verschiedene Krebs erregende Stoffe.

! Die im Rauch enthaltenen Stoffe reizen die Schleimhäute und können zu chronischer Gastritis und chronischer Bronchitis führen. Das Kohlenmonoxid im Blut von Rauchern setzt die körperliche Leistungsfähigkeit deutlich herab. Beim Mann kann es zudem zu einer Schädigung der Spermienbildung kommen. Rauchen in der Schwangerschaft erhöht das Risiko einer Frühgeburt und verursacht oft eine Verringerung des Geburtsgewichts.

Tai Chi Chuan (chines. tai chi = das höchste Letzte, chuan = Faust; auch Tai-Ji-Quan; gesprochen: »tai dschi tschüan«): Bewegungsmeditation aus dem Umkreis der → traditionellen chinesischen Medizin und der chinesischen Kampfkünste, die auch als Schattenboxen bezeichnet wird. Tai Chi Chuan hat sowohl meditative als auch gesundheitliche Aspekte und enthält Elemente der Selbstverteidigung. Die von Tai Chi Chuan postulierte Dreiheit Bewusstsein (Shen), Imagination bzw. Vorstellung (Yi) und Lebensenergie (Qi) geht auf die daoistische (taoistische) Philosophie zurück. Die Figuren von Tai Chi Chuan beziehen den ganzen Körper und alle Muskeln mit ein. Richtig ausgeführt bewirken die Figuren, die zusammen die so genannte Form bilden, eine Idealspannung im Körper – zwischen angespannt und entspannt. Die Form (in Europa wird meist der Yang-Stil mit 124 Figuren gelehrt) wird in ruhigen fließenden Bewegungen ausgeführt und vermittelt dem Betrachter eine Leichtigkeit, die u. a. vom fließenden Wechsel der Leere und Gewichtung von Schritten und Bewegungen (gemäß dem Yin-Yang-Prinzip) herrührt. Tai Chi Chuan sollte auf jeden Fall in Kursen erlernt werden; normalerweise dauert es etwa ein bis anderthalb Jahre, bis die komplette Form erlernt (und geübt und korrigiert) ist. Tai Chi Chuan beugt Rückenproblemen vor, verbessert die Atmung, senkt nachweislich den Blutdruck und führt zu einem neuen Körperbewusstsein.

Tamarindenmus (Pulpa tamarindorum): musähnliches Fleisch der Früchte des in den Tropen wachsenden Tamarindenbaums (Tamarindus indica). Die wichtigsten Wirkstoffe des Tamarindenmuses sind organische Säuren (z. B. Äpfel-, Wein- und Zitronensäure), Zucker und Pektin. Tamarindenmus ist ein sanft wirkendes Abführmittel.

Tang (Fucus): Algen aus der Familie der Braunalgen (Fucureae). Der Tang wird auch für homöopathische Arzneimittel verwendet (→ Algen).

Inhaltsstoffe: Gesamtjod (bis zu 80 Prozent organisch gebunden), Polysaccharide (bis zu 30 Prozent Alginsäure), Fucane.

Anwendungen: In Form eines Teeaufgusses hilft Tang bei Verdauungsstörungen, übermäßiger Bildung von Fettgewebe, Arteriosklerose und (unterstützend) bei Schilddrüsenunterfunktion. Äußerlich wird Tang bei Verstauchungen angewendet. Des Weiteren ist er Zusatzstoff in Zahnpasten und in Haarwässern gegen Schuppen.

Tanztherapie: zu den künstlerischen Therapien gehörende Form, die Verbindungen zur → Musiktherapie aufweist. Die Tanztherapie macht sich die Erkenntnis zunutze, dass sich in der Körperhaltung und in den Bewegungen eines jeden Menschen bestimmte psychische Befindlichkeiten ausdrücken. Sie hilft, dass Menschen über ihre Bewegung und Körperhaltung bestimmte Gefühle ausleben und bewältigen können, wozu sie in einer anderen Situation nicht fähig sind.

Tarpana: im Rahmen des indischen → Ayurveda angewendete heilsame Öltherapien.

Taubnessel, Weiße (Lamium album): Pflanze aus der Familie der Lippenblütler (Lamiaceae). Die Taubnessel wächst in ganz Europa an Wegrändern und wird bis zu 40 Zentimeter hoch. Die Blüten sind weiß und in Scheinquirlen angeordnet. Gesammelt werden die oberirdischen Teile während der Blütezeit sowie die Wurzel. Die Taubnessel wirkt schleimlösend und zusammenziehend (adstringierend). Die Pflanze wird auch in der Homöopathie, hauptsächlich bei Infekten der ableitenden Harnwege, verwendet.

Die Bitterstoffdroge Tausendgüldenkraut heißt im Volksmund Magenkraut.

Inhaltsstoffe: Triterpensaponine, Phenolkarbonsäuren, Iridoidglykoside, ätherisches Öl, Gerbstoffe, Flavonoide.

Anwendungen: Als Aufguss hilft die Taubnessel bei Entzündungen der oberen Atemwege und bei leichten Entzündungen der Mund- und Rachenschleimhaut. Traditionell wird sie auch bei Verstopfung, Menstruationskrämpfen und zur Blutreinigung angewendet. Äußerlich hat sich der Einsatz der Pflanze bei leichten Hautentzündungen bewährt.

Tausendgüldenkraut (Centaurium erythraea; auch Magenkraut): Pflanze aus der Familie der Enziangewächse (Gentianaceae). Das Tausendgüldenkraut ist hierzulande nicht sehr verbreitet, kommt aber vereinzelt wild wachsend auf kalkigen Böden, an Bergabhängen, unter Gebüschen und auf Waldwiesen vor. Heilkräftig ist das blühende Kraut. Tausendgüldenkraut wirkt gärungs- und entzündungshemmend und steigert die Speichel- und Magensaftsekretion.

! Tausendgüldenkraut ist geschützt. Es darf nicht gesammelt oder angebaut werden.

Inhaltsstoffe: Bitterstoffe, Xanthone, Triterpene, organische Säuren.

Anwendungen: Die Bitterdroge Tausendgüldenkraut wird erfolgreich bei Appetitlosigkeit und Verdauungsstörungen eingesetzt. Traditionell wird Tausendgüldenkraut auch bei Menstruationsstörungen oder äußerlich für Umschläge bei schlecht heilenden Wunden oder Hautproblemen angewendet.

Tautreten: Anwendung der → Kneipptherapie, bei der man etwa fünf Minuten im nassen Gras barfuß geht. Danach zieht man Socken und Schuhe an und wärmt die Füße durch schnelles Gehen auf. Das Tautreten dient wie das → Schneegehen der Abhärtung und damit der Stärkung des Immunsystems.

TCM → traditionelle chinesische Medizin

Tee: aus Pflanzen hergestellter Aufguss zur innerlichen Einnahme oder zur äußerlichen Anwendung (etwa für Umschläge). Von medizinischem Wert sind Tees aus Heilpflanzen (z. B. aus Kamille, Pfefferminze, Holunderblüten, Lindenblüten, Ginkgo, Kalmuswurzeln, Salbei, Ginsengwurzeln). Die Tees enthalten heilkräftige Substanzen; die wichtigsten sind: Alkaloide, ätherische Öle, Flavonoide, Glykoside, Gerbstoffe, Schleimstoffe und Bitterstoffe (→ Phytotherapie). Durch die verschiedenen Arten der Teezubereitung kommt es zu chemischen Prozessen, die die Wirksamkeit der Inhaltsstoffe unterstützen (siehe zu Tees das Special S. 394ff.).

Teebaumöl: durch Wasserdampfdestillation aus den Blättern des australischen Teebaums (Melaleuca alternifolia) gewonnenes hellgelbes Öl. Es hat einen frischen, würzigen und etwas stechenden, kampferartigen Geruch. Das Aromaöl (→ Aromatherapie) wirkt antibakteriell, antiviral und antimykotisch, also gegen Bakterien, Viren und Pilze. Teebaumöl ist ein ungewöhnlich starkes Antiseptikum. Angewendet wird es bei Infektionen der Atemwege, Hautkrankheiten und Wunden, bei Pilzinfektionen, Insektenstichen (es dient auch der Abwehr von Insekten) sowie Muskelschmerzen. Teebaumöl verträgt sich in Mischungen gut mit den ätherischen Ölen von Rose und Lavendel.

Teilbad: Begriff der → Kneipptherapie. Beim Teilbad wird, im Gegensatz zum Vollbad, nur ein Körperteil ins Wasser eingetaucht. Je nach Körperteil handelt es sich um ein Arm-, Sitz-, Fuß-, Halb- oder Dreiviertelbad.

Temperament: Begriff der Persönlichkeitsforschung. Noch heute bekannt ist die altgriechische Temperamentenlehre (→ Konstitution, → Typenlehre): Sie unterscheidet die Menschen nach vier »Gemütsveranlagungen«, die nach dem griechischen Arzt Hippokrates und dem römischen Arzt Galen von der Mischung der Körpersäfte abhängig sind: sanguinisch (blutvoll, schnell erregbar, reaktionsschnell), cholerisch (leicht aufbrausend, heftig, jähzornig), phlegmatisch (gelassen, gleichgültig, langsam) und melancholisch (schwermütig, trübsinnig, grübelnd).

Temperaturstarre (lat. temperatura = Wärme): Bezeichnung der → anthroposophischen Medizin für eine tagsüber lediglich geringfügig schwankende Körpertemperatur. Die Temperaturstarre spielt vor allem in Bezug auf die Krebsentstehung eine Rolle. Sie kennzeichnet gemäß der anthroposophischen Medizin das Frühstadium einer Krebserkrankung, in dem noch kein Tumor nachweisbar ist.

Tennisarm → Sehnenprobleme

Terminalpunktdiagnostik, energetische (ETD; lat. terminus = Grenze, Ende): auf Peter Mandel zurückgehende Methode der so genannten Elektronografie, eines Verfahrens, bei dem mit Hilfe von Hochfrequenzströmen eine Grafik hergestellt wird, die über den gesundheitlichen Zustand des Patienten Aufschluss geben soll. Die wissenschaftlich umstrittene ETD will die Energieströme, welche Hände und Füße des Menschen durchfluten, bildlich darstellen. Die auftretenden Strahlen lassen sich nach Strahlentypen ordnen und bestimmten Erkrankungsformen zuweisen.

Teebaumöl bei Sportverletzungen

- Zur Vorbeugung gegen Sportverletzungen sind Einreibungen oder Massagen mit Teebaumöl sinnvoll. Man kann sie am ganzen Körper oder gezielt an bestimmten Körperteilen vornehmen. Teebaumöl fördert die Durchblutung und macht die Muskeln warm und geschmeidig.
- Ein Vollbad mit einigen in Milch emulgierten Tropfen Teebaumöl ist eine gute Vorbeugung gegen Muskelkater, dient aber auch zur allgemeinen Entspannung.
- Teebaumöl ist auch ein bewährtes Mittel bei Sehnen- und Sehnenscheidenentzündung. Es lindert die Beschwerden.

Tees

»Blätter des Lebens«

Zahlreiche leichtere Erkrankungen lassen sich mit Tees, die aus Heilpflanzen zubereitet werden, erfolgreich bekämpfen. Wer Heiltees richtig anwendet, kann sie bei vielen Beschwerden – etwa bei Leber- und Gallenwegserkrankungen, Magenproblemen oder Erkältungen – sinnvoll einsetzen. Dazu kommt, dass die sanft wirkenden Heiltees leicht zuzubereiten sind und nicht zuletzt gut schmecken. Dies gilt auch für Tees, die an sich bitter sind: Sie lassen sich beispielsweise mit Honig auf gesunde Weise süßen.

Uraltes Wissen der Menschheit ...

Einer chinesischen Sage zufolge zog vor fast 6000 Jahren der für seine Heilkünste berühmte Kaiser Shin-nong mit seinem Gefolge durch das Reich der Mitte. Mit sich führte er einen bronzenen Kochtopf, in dem er die verschiedensten Pflanzen in Arzneien »verwandelte«, um mit dem jeweiligen Absud erkrankten Untertanen zu helfen.

In der griechischen und römischen Antike war die Pflanzenheilkunde mit ihren Tinkturen, Ölen, Extrakten und vor allem ihren Heiltees die Medizin schlechthin: Berühmte Ärzte wie der griechische Arzt Hippokrates (ca. 460–370 v. Chr.) waren ausgesprochene Pflanzen- und Teespezialisten.

Vorsicht mit Heiltees!

Zwar sind Tees wirksame Arzneimittel – bei gravierenderen Erkrankungen jedoch können sie eine ärztliche Behandlung nur begleiten und unterstützen. Zu beachten ist ferner, dass bestimmte Heiltees nur für die Dauer der Beschwerden eingesetzt werden sollten, da sie bei einem längeren Gebrauch zu Reizungen des Magen-Darm-Trakts sowie der Harnwege führen können.

Und schließlich: Achten Sie darauf, dass Ihre Heilpflanzen aus wirklich verlässlichen Quellen stammen; wer seine heilsamen Pflanzen aus der Apotheke bezieht, kann in der Regel davon ausgehen, dass sie von chemischen Rückständen frei sind.

Hildegard von Bingen (1098–1179) gilt als »europäische Königin« der Pflanzenheilkunde: Die Mystikerin, Komponistin und vor allem Ärztin betrachtete die in ihrem Klostergarten wachsenden Pflanzen als ihre wichtigsten Heilmittel. Hildegard von Bingens »Blättern des Lebens«, wie sie ihre Pflanzen liebevoll nannte, haben wir wertvolle Rezepturen zu verdanken, die bei zahlreichen Gesundheitsproblemen sanft zu helfen vermögen.

... immer noch aktuell

Das Spektrum heilkräftiger Pflanzen stellt eine wertvolle Erweiterung der heute verfügbaren Heilmittel dar. Und es ist noch lange nicht erschöpft, denn bislang ist nur ein relativ kleiner Teil der Pflanzen auf ihre heilkräftigen Substanzen hin untersucht worden. Dabei decken sich Erkenntnisse und Anwendungsformen der heutigen Wissenschaft weitgehend mit dem alten Erfahrungswissen der Volksheilkunde. Dazu zwei Beispiele. Die Salizylsäure (eine Vorstufe der Azetylsalizylsäure, des Hauptwirkstoffs von Aspirin), die bereits Mitte des 19. Jahrhunderts in den Blättern und Blüten des Mädesüß entdeckt und zu Heilzwecken eingesetzt wurde, findet heute auch in der Schulmedizin Anwendung, vor allem bei rheumatischen Erkrankungen sowie bei verschiedenen fiebrigen Krankheiten. Biochemiker konnten beim Roten Fingerhut (Digitalis) Herzglykoside nachweisen, die in standardisierten Präparaten bei Herzkrankheiten eingesetzt werden.

Stark, mittel und schwach wirksam

Man unterscheidet zwischen Pflanzen mit sehr starker Wirkkraft und solchen, die weniger intensiv, also »sanfter«, wirken. Erstere werden als Forte-Phytotherapeutika, Letztere als Mite-Phytotherapeutika bezeichnet. Die meisten bei (Selbst-)Therapien zum Einsatz gelangenden Pflanzen nehmen zwischen diesen beiden Polen eine Mittelstellung ein: Sie werden als Intermediär-Phytotherapeutika bezeichnet. Es sind gerade diese »milden« Kräuter, wie etwa Baldrian, die sich bei der Behandlung vieler Beschwerden (z. B. Schlafstörungen) bewähren – vor allem in der Anwendungsweise als Heiltee.

Teezubereitungsarten

Es gibt drei verschiedene Arten, einen Heiltee zuzubereiten. Für welche man sich entscheidet, hängt davon ab, ob und welche Wirkstoffe dem Tee entzogen werden sollen.

- Heiltee als Aufguss (Infus). Der Aufguss ist die verbreitetste Form der Heilteezubereitung und für sehr viele Pflanzen geeignet.
- Heiltee als Abkochung (Dekokt). Abkochungen sind zu empfehlen, wenn man den Teebestandteilen bestimmte Substanzen wie Mineralien, Gerbstoffe oder Bitterstoffe entziehen möchte. Rinden, Holz und Wurzeln werden oft abgekocht, falls sie nicht als Kaltauszug zubereitet werden sollen.
- Heiltee als Kaltauszug (Mazerat). Kaltauszüge sind angezeigt, wenn man den Kräutern bestimmte Gerbstoffe entziehen will, ohne dass dabei wertvolle ätherische Öle verloren gehen. Kaltauszüge eignen sich vor allem für die härteren Teile von Pflanzen, also für Rinden und Wurzeln.

Der Aufguss ist die verbreitetste Art der Heilteezubereitung.

Teezubereitungsarten

- Aufguss: Die Heilkräuter offen bzw. in einem Teesieb in ein Gefäß geben und mit kochendem Wasser übergießen. Den Tee 5 bis 10 Minuten lang (je nach Rezept) bei geschlossenem Deckel ziehen lassen.
- Abkochung: Die Heilkräuter in einen Topf mit kaltem Wasser geben und bei geschlossenem Deckel langsam zum Kochen bringen. Den Sud bei geringer Hitze so lange ziehen lassen, wie im Rezept angegeben (Kurzabkochungen dauern meist nur 1 bis 3 Minuten, sonstige Abkochungen etwa 20 Minuten). Den Tee anschließend durch ein Sieb gießen.
- Kaltauszug: Die Heilkräuter mit der im Rezept angegebenen Menge kalten Wassers bei geschlossenem Deckel 6 bis 12 Stunden stehen lassen. Dann den Kaltauszug durch ein Sieb gießen und den Tee erwärmen (nicht kochen lassen).

Heiltees bei Gesundheitsproblemen		
Pflanzen(mischung)	**Anwendungsbereiche**	**Anwendungsformen**
Kamille, Salbei	Beginnende Halsentzündung	Aufguss: 2 TL für 125 ml Wasser, 5 Minuten ziehen lassen, alle 2 Stunden warm gurgeln
Bibernelle, Eibisch, Blutwurz	Chronische Mund- und Racheninfektionen	Abkochung: 2 TL für 125 ml Wasser, 10 Minuten kochen, mehrmals täglich Spülungen machen
Augentrost	Entzündungen von Bindehaut und Augenlidern, Ausheilung von Augenverletzungen	Abkochung: 2 TL für 125 ml Wasser, kurz aufkochen, 5 Minuten ziehen lassen, mit abgekühltem Tee 3-mal täglich Auflagen machen
Augentrost (20 g), Stiefmütterchen (20 g), Hirtentäschel (15 g), Schafgarbe (15 g), Eichenrinde (10 g), Blutwurz (10 g)	Heuschnupfen	Aufguss: 2 TL für 125 ml Wasser, 5 Minuten ziehen lassen, 3 Tassen täglich schluckweise nach dem Essen trinken, Anwendungsdauer: 3 Wochen
Weidenblätter (20 g), Weidenrinde (20 g), Mädesüß (20 g), Birke (10 g), Melisse (10 g)	Schmerzlinderung (vor allem bei Zahn- und Kopfschmerzen)	Aufguss: 2 EL für 500 ml Wasser, 10 Minuten ziehen lassen, stündlich 1 Tasse trinken, bis die Schmerzen nachlassen bzw. verschwinden
Löwenzahnwurzel, Löwenzahnkraut, Mariendistel	Zur Behandlung von Leberschäden wie Fettleber, Nachbehandlung von Hepatitis (Leberentzündung)	Abkochung: 1 TL für 125 ml Wasser, kurz aufkochen, 15 Minuten ziehen lassen, täglich 2 bis 3 Tassen mehrere Wochen lang kurmäßig trinken
Erdrauch	Gallenblasenbeschwerden mit Schmerzen im rechten Oberbauch sowie Übelkeit, unterstützt den Gallenfluss	Aufguss: 1 bis 2 TL für 125 ml Wasser, 10 Minuten ziehen lassen, 2 bis 3 Tassen täglich trinken
Gelbwurz (Kurkuma)	Senkung des Cholesterinspiegels	Abkochung: 1 bis 2 TL für 125 ml Wasser, kurz aufkochen, 10 Minuten ziehen lassen, 3 Wochen lang täglich 1 Tasse trinken

Heiltees bei Gesundheitsproblemen		
Pflanzen(mischung)	**Anwendungsbereiche**	**Anwendungsformen**
Benediktenkraut (30 g), Wermut (30 g), Pfefferminze (30 g), Kümmel (20 g)	Appetitlosigkeit	Aufguss: 1 TL für 125 ml Wasser, 15 Minuten ziehen lassen, täglich 3 Tassen (über den Tag verteilt) trinken
Baldrian	Nervosität, Schlafstörungen, nervös bedingte Magen-Darm-Krämpfe	Aufguss: 1 bis 2 TL für 125 ml Wasser, 10 Minuten ziehen lassen, abends vor dem Schlafengehen 1 Tasse trinken
Birke	Rheumatische Erkrankungen	Aufguss: 1 TL für 125 ml Wasser, 10 Minuten ziehen lassen, 3-mal täglich 1 Tasse trinken, empfehlenswert: 3-wöchige Birkensaftkur, bei der man 1 Glas Birkensaft nach dem Essen trinkt
Weißdorn (15 g), Tausendgüldenkraut (10 g), Heidelbeerblätter (10 g), Brombeerblätter (10 g), Salbei (10 g), Brennnessel (10 g), Stiefmütterchen (10 g), Rosmarin (5 g), Wacholderbeeren (5 g)	Altersdiabetes (Diabetes Typ II), Arteriosklerose	Aufguss: 1 TL für 125 ml Wasser, 10 Minuten ziehen lassen, täglich 2 Tassen trinken, 4 Wochen lang anwenden, keine Anwendung bei Schwangerschaft und Nierenproblemen
Holunderblüten	Erkältungskrankheiten	Aufguss: 2 TL für 125 ml Wasser, 5 Minuten ziehen lassen, mehrmals täglich 1 Tasse heiß trinken (bei Bedarf mit Honig süßen)
Fenchelfrüchte (10 g), Kümmelfrüchte (10 g), Sennesblätter (15 g), Pfefferminze (15 g)	Verstopfung mit Blähungen und Völlegefühl	Aufguss: 1 bis 2 TL für 125 ml Wasser, 20 Minuten ziehen lassen, abends und bei Bedarf auch morgens 1 Tasse vor dem Essen trinken
Steinklee (10 g), Melisse (10 g), Frauenmantel (20 g)	Wechseljahrebeschwerden	Aufguss: 1 bis 2 TL für 125 ml Wasser, 10 Minuten ziehen lassen, 2 bis 3 Tassen täglich 4 Wochen lang trinken

Terpene: Substanzen, die aus flüssigen Kohlenwasserstoffeinheiten (Isoprenen) bestehen. Zu den Terpenen zählen beispielsweise die den Pflanzen ihre Farbe verleihenden → Karotine, eine Untergruppe der so genannten sekundären Pflanzenstoffe.

Teufelskralle (Harpagophytum procumbens): Pflanze aus der Familie der Sesamgewächse (Pedaliaceae). Die Teufelskralle kommt ursprünglich aus dem südlichen und südwestlichen Afrika, wo sie schon lange als Heilpflanze bekannt ist. Heilkräftig sind die Speicherknollen der Wurzeln. Teufelskralle wirkt appetitanregend, schmerzstillend, entzündungshemmend und regt die Gallensaftproduktion an. Die Pflanze kommt auch in der Homöopathie zum Einsatz.

Inhaltsstoffe: Glykoside (Harpagosid), Iridoidglykoside, Bitterstoffe.

Anwendungen: Als Teeaufguss hat sich die Teufelskralle bei Appetitlosigkeit und Verdauungsstörungen und sowie bei degenerativen Erkrankungen des Bewegungsapparats (Arthrose) bewährt. Bei Arthrose kommen auch Spritzen mit dem Wirkstoff Harpagosid zum Einsatz.

Thermalquellen wurden schon von den Römern zu Heilzwecken genutzt.

Thalassotherapie (griech. thalassa = Meer): Nutzung der natürlichen Heilfaktoren (Salz- und Mineralstoffgehalt, Plankton) des Meerwassers für eine Badekur. Das dafür verwendete Meerwasser wird oft von weit draußen und aus großer Tiefe aus dem Meer geholt. Die Thalassotherapie kennt verschiedene Anwendungen: Duschen mit hohem Druck, Unterwassermassagen, Wassergymnastik, Packungen mit Algenpaste und auch Trinkkuren. Eine spezielle Behandlung ist ein sprudelndes Massagebad, bei dem das Wasser aus vielen kleinen Düsen kommt, die Algenmischungen transportieren. Die Anwendungen helfen bei Venenproblemen, rheumatischen Beschwerden, Atembeschwerden, Kreislaufproblemen und bei manchen Hauterkrankungen. Eine Thalassotherapie in einem Kurort am Atlantik (zu den wichtigsten gehören die Sanatorien an der französischen Atlantikküste) ist nicht ganz billig, doch man kann sich auch einen Teil davon in die private Badewanne holen. Apotheken und Reformhäuser bieten Thalassobadezusätze an. Auch Kosmetikfirmen stellen verschiedene Badeprodukte auf Algen- und Meersalzbasis her.

Therapie: Behandlung und/oder Pflege von Kranken oder von Menschen mit einem von der Norm abweichenden körperlichen und geistigen Zustand. Die Therapie zielt auf die Heilung der Patienten. Auch bestimmte Heilverfahren und psychische Verfahren werden als Therapien bezeichnet.

Thermalquelle (griech. thermos = Hitze, Wärme; auch Therme): Quellwasser, dessen Temperatur am Ursprung der Quelle mehr als 20 °C beträgt. Wird das Wasser zur Behandlung herangezogen, wird es als Heilwasser bezeichnet. Thermalbäder bieten meist komplette Kurprogramme an. Das Wasser hilft, je nach Zusammensetzung, bei chronischen Beschwerden unterschiedlichster Art.

Theurer-Therapie (auch zytoplasmatische Therapie): Therapie mit Organextrakten nach Karl

E. Theurer. Dabei werden Zellen aus toten oder jugendlichen Organen entnommen und dem Patienten verabreicht. Die zugrunde liegende Idee ist, dass funktionierende Zellbausteine defekte Zellen des kranken bzw. alten Organismus ersetzen bzw. wieder reparieren können. Die Therapie kommt bei Altersbeschwerden, Stoffwechselerkrankungen und zur Stärkung des körpereigenen Immunsystems zum Einsatz. Sie ist wissenschaftlich umstritten. Ein weiteres Verfahren nach Karl E. Theurer ist eine spezielle Eigenblutbehandlung bei Allergien (→ Gegensensibilisierung).

Thiamin (auch Vitamin B1): gehört zu den wasserlöslichen Vitaminen (täglich benötigte Menge: 1,1 bis 1,6 Milligramm). Vitamin B1 wird oft als Psychovitamin bezeichnet, da es seine Wirkung hauptsächlich im Nervensystem entfaltet. Es schließt Traubenzucker (Glukose) auf und trägt zu einer ausreichenden Versorgung der Nervenzellen mit Energie bei. Amerikanischen Untersuchungen zufolge besitzt Thiamin in hohen Dosen auch schmerzlindernde Eigenschaften, weshalb es in den USA z. B. bei der Herstellung von Medikamenten gegen Kopfschmerzen, Gelenk- und Wirbelsäulenbeschwerden und Neuralgien eingesetzt wird (→ Vitamine).

Thuja → Lebensbaum

Thymian (Thymus vulgaris): Pflanze aus der Familie der Lippenblütler (Lamiaceae). Thymian ist bei uns an trockenen sonnigen Orten und Wegrändern zu finden, auch wird er in Gärten angebaut. Gesammelt werden die Laubblätter mit den Blüten und das Kraut von April bis Juli. Thymian wirkt Bronchien erweiternd, hustenlösend und antibakteriell. Die Pflanze wird auch in der Homöopathie verwendet.

Inhaltsstoffe: ätherische Öle (u. a. Thymol, Cymen und Carvacrol), Gerbstoffe, Bitterstoffe, Flavonoide.

Anwendungen: Als Aufguss oder als Extrakt angewendet, ist Thymian ein bewährtes Mittel bei chronischer Bronchitis, Keuchhusten und Katarrhen der oberen Luftwege.

Thymianöl: durch Wasserdampfdestillation aus den blühenden Zweigen des Thymians gewonnenes ätherisches Öl mit einem intensiv würzigen, kräuterartigen Geruch, das große Mengen des antibakteriellen und antiseptischen Wirkstoffs Thymol enthält. Das Aromaöl (→ Aromatherapie) wirkt auf körperlicher Ebene antibakteriell, auf psychischer Ebene stimulierend und anregend. Thymianöl ist für Mundspülungen gut geeignet; es wird bei Erkältungskrankheiten und Halsschmerzen eingesetzt. Für die Duftlampe kann das Öl mit den ätherischen Ölen von Eukalyptus, Rosmarin und Zitrone gemischt werden.

Thymustherapie: in den fünfziger Jahren von dem schwedischen Tierarzt Sandberg entwickelte Therapie, bei der Kranke mit Kälberthymusextrakten (THX) behandelt werden. Die Präparate, die aus der Thymusdrüse von Kälbern (und auch Schafen) gewonnen werden, werden den Patienten injiziert, um die Abwehrkräfte zu stärken und Alterserscheinungen zu lindern. Die Thymustherapie ist wissenschaftlich (vor allem seit BSE) umstritten; sie soll bei Arthrose, chronischer Polyarthritis und Zellfunktionsstörungen aufgrund von Enzymmangel helfen. Zudem wird sie als Krebstherapie eingesetzt.

Tibetische Medizin: traditionelle Naturheilkunde aus Tibet. Hervorgegangen ist die tibetische Medizin aus der Heilkunde der Schamanen, die im 7. Jahrhundert ihre Blüte erlebte. Dieses frühe Medizinsystem wurde auch durch Elemente der chinesischen, griechischen und indischen Heillehren beeinflusst. Zudem erhielt die tibetische Heilkunde wesentliche Impulse durch das Meridiankonzept und die Akupunktur. Tibetische Medizin ist ganzheitliche Medizin. Nicht nur der Körper, sondern auch der Geist muss ausgeglichen sein (Dharma-Prinzip). Nahrung wird als heilkräftig betrachtet; sie sollte sich (ähnlich wie die chinesische

Nahrung) nach den fünf Elementen richten und den Wechsel der Jahreszeiten berücksichtigen. Die tibetische Energielehre unterscheidet drei Energie- bzw. Konstitutionsprinzipien: rLung (Wind, Luft), mKhris-pa (Galle) und Bad-kan (Schleim). Wenn sie ungleichgewichtig sind, wird der Mensch krank (→ Energielehre). Die tibetischen Arzneimittel sind meist pflanzlicher, aber auch tierischer oder mineralischer Herkunft. Sie werden aufgrund der fünf Elemente, ihrer Geschmacksrichtungen und ihrer Eigenschaften eingeteilt und verordnet.

Tinktur (lat. tinctura = Färbung): wässrige, alkoholhaltige (meist 70-prozentiger Äthylalkohol) Lösung von getrockneten Pflanzen, Pflanzenextrakten, Tierstoffen oder auch von chemischen Substanzen. Bekannte Tinkturen sind Kamillen-, Arnika- und Baldriantinktur.

Tinnitus → Ohrgeräusche

TM → Transzendentale Meditation

Tofu: aus Sojabohnen hergestelltes Lebensmittel. Zur Zubereitung von Tofu wird das Eiweiß der Sojamilch bei 70 bis 80 °C durch die Zugabe eines Gerinnungsmittels langsam ausgeflockt und in Formen von der »Molke« abgepresst. Das quarkähnliche Produkt hat einen neutralen Geschmack; aufgrund seiner Beschaffenheit kann man es ganz unterschiedlich zubereiten. Es können sowohl süße als auch pikante Speisen zubereitet werden, und er kann gegrillt, gebacken, gebraten, gedämpft, im Mixer püriert und zu einem cremigen Brotaufstrich, zu Creme oder Sauce verarbeitet werden. Tofu ist eiweiß- und eisenreich und relativ energiearm. Er eignet sich deshalb auch als Alternative zu Fleisch oder Käse. Da er kein Cholesterin enthält, ist er für eine entsprechende Ernährung geeignet (→ Soja).

Tokopherol (auch Vitamin E): gehört zu den fettlöslichen Vitaminen (täglich benötigte Menge: zwölf Milligramm). Vitamin E gehört zu den → Antioxidanzien und dient als Schutzstoff bei vielen biologischen Vorgängen in Zellen und Zellwänden. Zusammen mit Selen fördert es die Bildung von Abwehrzellen des Immunsystems (Antikörper und Fresszellen). Vitamin E ist wichtig für den Energiestoffwechsel, für das Gewebewachstum und die Bildung von roten Blutkörperchen, vor allem bei Babys. Neugeborene, die gestillt werden, haben normalerweise keinen Mangel an Vitamin E, denn die Muttermilch enthält viermal so viel wie Kuhmilch. Das Vitamin kommt in größeren Mengen hauptsächlich in Pflanzen vor. Besonders reich an Vitamin E sind Weizenkeimöl (215 Milligramm auf 100 Gramm), Nüsse und Mandeln, Vollkornprodukte, Schwarzwurzeln, Erbsen, Pistazienkerne, bestimmte Süßwaren (Nougat und Marzipan), Kaviar, Aal (→ Vitamine).

Vitamin E (Tokopherol) – in hohen Dosen ein Medikament

Hoch dosiert (trotz der Fettlöslichkeit ist eine hohe Dosierung von bis zu 200 Internationalen Einheiten täglich möglich) wird Vitamin E zur Vorbeugung und Behandlung verschiedener Krankheiten und Befindlichkeitsstörungen eingesetzt:

- Bei Arteriosklerose zum Schutz der Gefäßinnenwand, zur »Blutverflüssigung« und bei Gefäßentzündungen
- Bei rheumatischen Erkrankungen als entzündungshemmender Wirkstoff
- Bei prämenstruellem Syndrom (PMS) zur Linderung der Symptome
- Bei den so genannten Altersflecken (insbesondere in Kombination mit Vitamin C) zur Besserung der Hyperpigmentierung
- Bei Hautproblemen als biologisch und kosmetisch wirksames Mittel zur Verbesserung der Hautoberfläche

Tollkirsche (Atropa belladonna): Pflanze aus der Familie der Nachtschattengewächse (Solanaceae). Es gibt fünf Arten. Die bekannteste ist die Schwarze Tollkirsche, die bei uns in Laubwäldern wächst. Ihre glänzenden schwarzen Beeren, die eiförmigen Blätter und die Wurzeln enthalten extrem giftige Alkaloide. Medizinisch werden die Blätter und Wurzeln genutzt. Aus der gesamten frischen Pflanze wird eines der klassischen Arzneimittel der Homöopathie (Belladonna) gewonnen.

Inhaltsstoffe: Alkaloide (Hyoscyamin, Atropin, Scopolamin).

Anwendungen: Wegen der Giftigkeit der Pflanze dürfen nur Standardpräparate bei Krämpfen und kolikartigen Schmerzen im Bereich des Magen-Darm-Trakts und der Gallenwege eingesetzt werden. Die Homöopathie setzt Belladonna als Konstitutionsmittel bei fiebrigen Erkrankungen, Mandelentzündung, Koliken und bestimmten Kopfschmerzen ein. In der Augenheilkunde wird die Tollkirsche zur Pupillenerweiterung genützt.

! Das Sammeln der Pflanze kommt wegen ihrer extremen Giftigkeit nicht in Betracht. Schon das versehentliche Zerbeißen der Früchte im Mund, ohne sie hinunterzuschlucken, kann Vergiftungserscheinungen hervorrufen. Für Kinder können die Beeren tödlich sein.

Tollkraut (Scopolia carniolica): Pflanze aus der Familie der Nachtschattengewächse (Solanaceae). Das Tollkraut wächst als etwa 60 Zentimeter hohe Staude in Laubwäldern. Im Mittelalter wurde die Wurzel für Liebes- und Rauschtränke verarbeitet. Arzneilich verwendet werden heute Wurzel und Blätter. Tollkraut wirkt entkrampfend und schmerzlindernd.

Inhaltsstoffe: Alkaloide (Hyoscyamin, Scopolamin), Cumarinderivate, Rutin, Aesculetin, Chlorogen- und Kaffeesäure.

Anwendungen: Innerlich angewendet helfen Präparate bei Krämpfen des Magen-Darm-Trakts, der Gallenwege und der Harnwege.

Das Sojaprodukt Tofu ist in der asiatischen und in der vegetarischen Küche beliebt.

Tolubalsam (Balsamum tolutanum): wohlriechendes Harz, das aus dem zur Familie der Schmetterlingsblütler (Fabaceae) gehörenden südamerikanischen Balsambaum (Myroxylon balsamum) gewonnen wird. Tolubalsam wirkt hustenlösend und gegen Bakterien.

Inhaltsstoffe: Benzoe- und Zimtsäure, ätherisches Öl.

Anwendungen: Der Balsam eignet sich vor allem zur Behandlung von Infektionen der Atemwege. Er wird auch äußerlich bei Verletzungen angewendet.

Ton: Aluminiumsilikat unterschiedlicher Zusammensetzung, je nach Gewinnungsgebiet. Der weiße Ton (Kaolin) wird als Puder oder Paste äußerlich bei Hauterkrankungen angewendet. Als innerliche Anwendung (in Wasser aufgelöst) hilft er bei Durchfall (→ Heilerde).

Tonbad

Bäder mit Ton reinigen sanft und helfen gegen Ekzeme:

- 5 EL weißen Ton ins Badewasser geben.
- Nach dem Bad den Ton nicht abwaschen, da er den Feuchtigkeitspegel der Haut reguliert. Nur vorsichtig abtrocknen.

Tonerde (auch Alaun, essig-weinsaure Tonerdelösung): Aluminiumoxid. Tonerde wird äußerlich in Form von Umschlägen bei Prellungen, Zerrungen, Stauchungen und Insektenstichen angewendet.

Tonikum (griech. tonos = Spannung): Kräftigungsmittel, Stärkungsmittel. Tonika regen die Muskulaturspannung an und steigern den Blutdruck. Sie finden Anwendung, um die Belastbarkeit zu erhöhen und die geistige und körperliche Leistungsfähigkeit zu steigern. Sie beschleunigen den Genesungsprozess. Bekannt sind Zubereitungen aus Enzian, Ginseng und Chinarinde.

Tonsillitis → Mandelentzündung

Tontherapie → Klangtherapie

Torf: dunkel- bis schwarzbraune Masse aus dem Untergrund des Moors, die aus zersetzten Pflanzenteilen besteht. Der so genannte Badetorf, der einen Wassergehalt bis zu 90 Prozent aufweist, enthält bis zu 40 Prozent Huminsäure, des Weiteren Gerbsäure, Östrogene und Mineralsalze (→ Moorbad, → Moorpackung).

Tormentill → Blutwurz

Heilkräftiger Torf wird aus dem Untergrund von Mooren gewonnen.

Traditionelle chinesische Medizin (TCM): altchinesische Heillehre, die auf naturphilosophische Grundlagen zurückgeht und auch Elemente der chinesischen Philosophie, vor allem des Konfuzianismus und des Daoismus (Taoismus), enthält. Das Konzept von Gesundheit und Krankheit war in China anders ausgerichtet als in anderen Kulturen: Ärzte wurden dafür bezahlt, dass die Menschen nicht krank wurden. Deswegen kam der gesunden Lebensführung bzw. der Stärkung der Selbstheilungskräfte entscheidende Bedeutung zu. Hier griffen auch die philosophischen Konzepte vom »richtigen Leben«.

Chinas alte Arzneibücher: Das älteste medizinische Werk Chinas, das »Huang Di Nei Jing« (»Des Gelben Kaisers Klassiker der inneren Medizin«), wurde etwa 300 v. Chr. von verschiedenen Ärzten verfasst und dem sagenhaften Gelben Kaiser zugeschrieben. In ihm finden sich Grundregeln für ein langes Leben: richtige Ernährung, einfaches Leben, Vermeidung von Erschöpfung, (sexuellen) Exzessen und seelischen Erschütterungen sowie Stärkung der Lebenskraft → Qi. Etwa 100 Jahre später entstand das Arzneibuch »Shen Nung Pen Tsao«, in dem die damals geläufigen Heilmittel – pflanzlicher, tierischer und mineralischer Herkunft – katalogisiert wurden. Von besonderer Bedeutung für die Entwicklung der TCM sind die aus dem Jahr 168 v. Chr. stammenden, in Gräbern gefundenen Schriftstücke, die Medikamentenrezepte sowie Diagnoseverfahren festhielten. Darüber hinaus erörtern diese Schriften bereits verschiedene Formen von Meditation sowie Atem- und → Qi-Gong-Übungen. Das in der westlichen Welt bekannteste Heilverfahren der TCM, die Akupunktur, wird namentlich erstmals um 90 v. Chr. erwähnt. Heute stellt sich die TCM als ein System mit unterschiedlichen Heilmethoden und Vorbeugungsmaßnahmen dar. Die wichtigsten sind: → Akupunktur (mit → Moxibustion) und → Akupressur, → Ernährung nach den fünf Elementen, Massagen (etwa → Tuina), Atem- und Bewegungsübungen (etwa → Qi Gong) und TCM-Arzneimittel, oft Teerezepte und Heilnahrung (siehe zu TCM das Special S. 404ff.).

Training, autogenes → autogenes Training

Trance: besonderer Bewusstseinszustand, beispielsweise während einer → Hypnose. Zustände des »Außersichseins« spielen in den Kulturen zahlreicher Naturvölker eine große Rolle. Trancezustände sind auch charakteristisch für die Heiltätigkeit von Schamanen (→ Schamanismus).

Transzendentale Meditation (TM): aus dem Hinduismus hervorgegangene, von dem indischen Mönch Maharischi Mahesch Yogi 1958 gegründete Meditationsbewegung, die hauptsächlich in der westlichen Welt ihre Anhängerschaft hat. Die TM versteht sich als weltanschaulich neutral; ihre Kritiker werfen ihr Sektenverhalten vor (→ Meditation).

Traubenkur: meist einwöchige ausschließliche Ernährung mit Trauben. Trauben enthalten als Energielieferanten Traubenzucker; außerdem wichtige Mineralstoffe wie u. a. Eisen, Kalzium, Magnesium, Phosphor sowie Vitamin A, B und C. Die Kur gilt als entschlackend und kann bei Gicht und rheumatischen Erkrankungen Linderung verschaffen.

Traubensilberkerze (Cimicifuga racemosa; auch Wanzenkraut): Pflanze aus der Familie der Hahnenfußgewächse (Ranunculaceae). Die Pflanze wächst in Nordamerika wild; bei uns wird sie in Gärten kultiviert. Heilkräftig ist der Wurzelstock mit den Wurzeln. Sie enthalten östrogenähnliche Substanzen; die Heilpflanze wirkt schmerzstillend, krampflösend, blutdrucksenkend und entzündungshemmend. Die Traubensilberkerze wird auch in der Homöopathie angewendet.

Inhaltsstoffe: Triterpenglykoside, ätherische Öle, Ranunculin (wird umgewandelt zu Anemonin), Salizylate.

Anwendungen: Als Tinktur oder Fertigpräparat angewendet, leistet die Pflanze als »Östrogenersatz« bei prämenstruellen Beschwerden, bei schwacher und unregelmäßiger Periode und bei Wechseljahrebeschwerden gute Hilfe. Auch bei Platzangst, Schlaflosigkeit und Migräne wird die Pflanze eingesetzt.

Trennkost → Haysche Trennkost

Trinkkur: innerliche Anwendung von Heilwasser oder Mineralwasser über einen längeren Zeitraum (mindestens vier Wochen). Es sollen dabei vor allem Nieren-, Blasen- und Lebererkrankungen geheilt bzw. gebessert werden.

Trockenbürsten: massierende Bürstenbehandlung der trockenen Haut. Sie dient der Durchblutungsförderung und der Massage der oberen Muskelschichten.

Tuina-Massage (chines. tui = schieben, na = greifen): Anwendung der → traditionellen chinesischen Medizin. Bei dieser Heilmassage geht es nicht wie bei der Akupressur um das Drücken bestimmter Punkte, sondern um die Meridiane selbst bzw. um ganze Körperbereiche. Tuina enthält teilweise traditionelle Massagegriffe wie Drücken, Schieben, Reiben, Kneten, aber auch Zwicken und »intuitive« Griffe des Behandlers.

Typenlehre: Systematisierung der körperlichen, seelischen und geistigen Eigenschaften, die eine Persönlichkeitsstruktur ausmachen. Damit soll das Charakteristische (Typische) von Menschen aufgezeigt werden. Eine der bekanntesten Typenlehren ist die altgriechische Einteilung der Menschen in so genannte Temperamente (sanguinisch, cholerisch, phlegmatisch, melancholisch). In der Psychologie stehen vor allem die Unterschiede zwischen Persönlichkeitsstrukturen im Vordergrund. Modernere Typenlehren bzw. Typologien finden sich u. a. bei Kretschmer (→ Konstitution) und bei dem Freud-Schüler und Tiefenpsychologen Carl Gustav Jung (1875–1961). C. G. Jung unterscheidet in seiner Typologie zwischen so genannten extravertierten (nach außen gewandten) und introvertierten (nach innen gerichteten) Menschen.

TCM

Das Qi in Fluss halten

Charakteristisch für die chinesischen Heilmethoden ist ihr ganzheitlicher Ansatz. Während die westliche Weltsicht vom naturwissenschaftlichen, analytischen Denken maßgeblich bestimmt ist, betrachtet die traditionelle chinesische Medizin den Menschen als in den Kosmos eingebundenes Wesen. Die TCM ist ein hoch kompliziertes System und kann hier nur ausschnittsweise dargestellt werden. Da es in diesem Buch schon Specials zu einigen Teilaspekten der TCM wie Akupressur, Akupunktur, Qi Gong und den Meridianen gibt, sollen an dieser Stelle die Ernährung nach den fünf Elementen und die chinesischen Heilkräuter vorgestellt werden.

Im Fließgleichgewicht

Nach Auffassung der TCM ist der Mensch gesund, wenn die Lebensenergie Qi im Gleichgewicht ist. Deswegen muss diese Vitalkraft in Fluss gehalten werden. Sie sollte ungehindert in den Meridianen, den Leitbahnen des Qi, fließen können.

Um die Zeit der chinesischen Reichseinigung (206 v. Chr.) entstand diese Auffassung von der Funktionsweise des menschlichen Organismus. Ärzte beschrieben, dass unser Körper zwölf Funktionszentren (»Organe«) besitzt, die durch ein Netzwerk von Leitbahnen, den Meridianen und Gefäßen, miteinander in Verbindung stehen. Die Meridiane weisen bestimmte Reiz- oder Energiepunkte auf – die Akupunkturpunkte; an ihnen verbindet sich der Kreislauf des Qi mit dem Blutkreislauf. Neues Qi wird ausgetauscht und aufgenommen, altes, verbrauchtes Qi wieder abgegeben. Gemäß dieser Vorstellung entsteht Krankheit, wenn das Qi behindert oder gar blockiert ist.

Von weiblichen und männlichen Polen

Das Fließgleichgewicht des Qi muss auch im Zusammenhang der polaren Kräfte Yin und Yang gesehen werden – wobei Yin das weibliche, Yang das männliche Prinzip verkörpert. Auch sie sollten immer im Fließgleichgewicht sein. Dies bedeutet: Im Yang ist bereits Yin vorhanden. Ist etwas extrem Yin, geht es auch schon wieder in den Yang-Zustand über. Es gibt also niemals reines Yin oder reines Yang. Im einen ist das andere immer schon enthalten, wie das Tai-Chi-Symbol veranschaulicht. Ist allerdings einer dieser Pole zu dominant, hat das negative Auswirkungen.

Chinesische Diagnostik und Therapie

Die chinesische Diagnostik und Therapie steht in Verbindung mit einem naturphilosophischen Weltbild. Wichtig sind Kriterien wie Qi-Fluss, Yin und Yang, Innen und Außen, Wärme und Kälte, Fülle und Leere. Hinzu kommen u. a. die fünf Elemente und die fünf Wandlungsphasen. Krankheit ist ein Prozess, der individuell verläuft. Diagnose und Therapie müssen dem angepasst werden.

▶ ***Beispiel Kopfschmerzen***

Der TCM-Therapeut wird nach Puls-, Augen- und Zungendiagnostik vorgehen und bestimmte Meridiane testen. Die für westliche Ohren merkwürdige Diagnose kann dann lauten: »Leberwind« oder »obere Fülle, untere Leere«. Im Unterschied zur westlichen Medizin sind »Kopfschmerzen« in der TCM nicht ein isoliertes organisches Phänomen, sondern in den Gesamtzusammenhang eines Regulationssystems eingeordnet. Wichtig ist, ob ein Yin-Meridian zu viel Yang aufweist, an welcher Stelle dieser Meridian blockiert, wie sich diese Blockade auf einen Organzusammenhang (etwa auf die Hohlorgane) auswirkt u. a. m.

Entsprechend der Diagnose wird der TCM-Therapeut eine bestimmte Ernährung anordnen, eine Akupunkturbehandlung beginnen, Heiltees mischen und/oder bestimmte Qi-Gong-Übungen empfehlen.

Ernährung nach den fünf Elementen

Die Nahrungsmittel unterliegen – wie der gesamte Kosmos – dem Yin-Yang-Prinzip. Nahrungsmittel sind also mehr Yin oder mehr Yang, bzw. sie können so zubereitet werden.

▶ ***Beispiel Blumenkohl***

Blumenkohl gehört zur Yin-Gruppe der Nahrungsmittel. Er ist gleichzeitig kühlend. Wenn er normal als Gemüse in Wasser gekocht wird, entfaltet er diese Eigenschaften und sollte dann entweder zum Ausgleich von zu viel Yang oder aber im Sommer als kühlendes Nahrungsmittel gegessen werden.
Andererseits kann der Blumenkohl so zubereitet werden, dass ein Yang-Essen entsteht. Er wird z. B. in einem Wok kurz gebraten, mit scharfen Gewürzen (Curry) versehen und mit einer bindenden Sauce serviert. So zubereitet ist er in bestimmten Fällen von Yin-Überschuss oder im Winter als stärkende Mahlzeit geeignet.

Die Nahrung ist aber noch weiter charakterisiert, nämlich nach den fünf Elementen und den Jahreszeiten. Während in der Ideenwelt des antiken Griechenland die Zahl Sieben als heilig und mystisch galt, spielte in China die Zahl Fünf eine vergleichbare Rolle. Sie gilt als »Zahl des Lebens« und besteht aus der Zwei, der Zahl der Erde (Yin), und der Drei, der Zahl des Himmels (Yang). Diese Zahlenmystik bildet das Fundament für die fünf Elemente und die fünf Wandlungsphasen. Sie sind verbunden mit den vier Jahreszeiten. Danach sollte sich die Ernährung ebenfalls richten.

- Die fünf Elemente sind Wasser, Holz, Feuer, Erde, Metall.
- Die fünf Elemente und ihre Wandlungsphasen (erzeugend): Wasser erzeugt Holz (z. B.

Das Tai-Chi-Symbol zeigt Yin und Yang im Fließgleichgewicht.

Die fünf Elemente und einige ihrer Verbindungen

Element	Holz	Feuer	Erde	Metall	Wasser
Himmelsrichtung	Osten	Süden	Mitte	Westen	Norden
Jahreszeit	Frühling	Sommer	Spätsommer	Herbst	Winter
Yin-Organ	Leber	Herz	Milz	Lunge	Nieren
Yang-Organ	Gallenblase	Dünndarm	Magen	Dickdarm	Blase
Geschmack	Sauer	Bitter	Süß	Scharf	Salzig

Das Qi in Fluss halten

lässt Wasser Bäume wachsen), Holz lässt Feuer entstehen, Feuer wird zu Erde, Erde erzeugt Metall, Metall bildet Wasser.

- Die fünf Elemente und ihre Wandlungsphasen (überwindend): Wasser überwindet Feuer, Feuer überwindet Metall (z. B. wird Eisen in Feuer zu Metall geschmiedet), Metall überwindet Holz, Holz überwindet Erde, Erde überwindet Wasser.

▶ ***Holz/sauer/Frühling***
Nahrungsmittel u. a. Lauchzwiebeln, Tomaten, Bohnen, Forelle und Obst wie Litschi, Mango, Pflaumen

▶ ***Feuer/bitter/Sommer***
Nahrungsmittel u. a. Kohlrabi, Sellerie, Salat

▶ ***Erde/süß/Spätsommer***
Nahrungsmittel u. a. Getreidearten, Lamm, Sojabohnen, Austern, alle reifen Früchte

▶ ***Metall/scharf/Herbst***
Nahrungsmittel u. a. Rüben, Kürbisse, Wild, Zwiebeln, Muskat, Knoblauch, Pfeffer

Der chinesische Wok eignet sich zur Zubereitung fettarmer Gerichte.

▶ ***Wasser/salzig/Winter***
Nahrungsmittel u. a. Tang, Algen, Schweinefleisch, Hirse

Ernährung nach den fünf Elementen bedeutet nicht, dass Sie Tabellen auswendig lernen sollten – obwohl dahinter ein komplexes naturphilosophisches System steht. Diese Ernährungsform richtet sich – sofern es nicht um eine Krankheitsbehandlung geht – nach den Produkten der Saison. Im Frühling sollte man aufbauende, die Energie nach oben und außen treibende Nahrungsmittel bevorzugen (z. B. Frühlingszwiebeln), im Sommer kühlende Yin-Nahrungsmittel (etwa eine kalte Fruchtsuppe). Der Herbst ist die ideale Zeit für fast alle Produkte; das Essen sollte harmonisch ausgewogen sein. Im Winter werden wärmende, auch »schwere« Yang-lastige Produkte gegessen.

▶ ***Beispiel Müsli***
Das Müsli im Frühling sollte nicht mit Vollmilch angemacht sein, sondern z. B. mit dem »leichteren« Kefir. Im Sommer sollte es sehr viele frische und kühlende Früchte enthalten, im Herbst die bunte Palette der Ernte. Im Winter darf es mit warmer Vollmilch angerührt sein und viele Nüsse und wärmende Gewürze wie Zimt enthalten.

Chinesische Arzneimittel

Die chinesische Arzneimittelheilkunde kennt über 6000, meist pflanzliche Arzneimittel; hinzu kommen unzählige Mischungen. Während die westliche Phytotherapie auf die genaue Kenntnis der Substanzen von pflanzlichen Heilmitteln setzt, stehen für TCM-Therapeuten andere Kriterien im Vordergrund, etwa die Wandlungsphase, der Geschmack, die Wirkungsrichtung, der Yin-Yang-Aspekt und die Temperatur.

■ So heilen etwa »kühle« Pflanzen Beschwerden, die mit Hitze einhergehen (fiebrige Erkrankungen, Rötungen, Brennen, Verbrennungen). Aloe vera, eine solche Pflanze, wird daher bei Sonnenbrand und leichten Verbrennungen eingesetzt.

■ Oder: Mittel mit aufsteigenden, die Energie hebenden Eigenschaften werden angewendet, wenn blockierte Energie gelöst werden soll. Hier helfen meist süße, scharfe oder bittere Arzneimittel. Beispielsweise wird Muskatnuss, die scharf, warm und aufsteigend wirkt, bei Blähungen und Verdauungsbeschwerden als Heilgewürz eingesetzt.

Die wichtigsten Darreichungsformen von chinesischen Arzneimitteln sind:

- Tee(aufgüsse) und Säfte
- Abkochungen
- Pillen (Wan); ihre Trägersubstanz besteht meist aus Wasser, Honig und Wachs
- Pulver (Tan); hier kommen Veraschungsverfahren von Heilpflanzen zum Einsatz
- Pflaster; sie bestehen meist aus Papier oder Tuch und enthalten Heilpflanzengemische, die auf erkrankte Körperteile aufgelegt werden

▶ *Heilpflanzen*

Zu den chinesischen Heilpflanzen zählen einige exotische Pflanzen wie Chrysanthemen oder Mungbohnen, aber auch uns wohlbekannte wie Weißdorn. Heilpflanzen werden meist als ganze Pflanzen bzw. als Teile verwendet; es werden keine einzelnen Wirkstoffe isoliert, wie das in der westlichen Phytotherapie bisweilen der Fall ist. Und die Pflanzen werden in der Regel mit anderen Pflanzen gemischt, um eine bestimmte Wirkung zu erzielen bzw. um eine toxische (giftige) Pflanze zu neutralisieren. Die Heilpflanzenmischungen sind nicht für den Dauergebrauch gedacht, und sie werden auch meist nur ergänzend eingesetzt.

Bei der TCM kommen über 6000, meist pflanzliche Arzneimittel zum Einsatz.

▶ *Heilmittel tierischen Ursprungs*

Tierische Heilmittel machen nur einen geringen Anteil der Arzneimittel aus. Von TCM-Therapeuten in Europa werden sie meist nicht mehr verwendet (auch aus Tierschutzgründen). In China dagegen werden noch Schlangen, Eidechsen, Regenwürmer u. Ä. arzneilich verarbeitet.

▶ *Heilmittel mineralischen Ursprungs*

Ein sehr altes Heilmittel ist Zinnober, aber auch bestimmte Erden kommen zum Einsatz.

▶ *Heilnahrung*

Zusätzlich zu Heilpflanzenmitteln wird oft eine bestimmte Diät verordnet. Bestimmte Nahrungsmittel sind verboten, während andere Nahrungsmittel (etwa Sojabohnen, Ingwer, Reisschleim) bevorzugt und in bestimmten Zubereitungen gegessen werden sollen.

Übergewicht: wird hauptsächlich durch übermäßiges und/oder zu fettreiches Essen sowie Bewegungsmangel hervorgerufen. Meist ist Übergewicht nicht hormonell bedingt, sondern resultiert aus einer falschen Ernährungsweise, für die die Betroffenen (im Gegensatz zu den Gesundheitsproblemen, die auf Unterernährung zurückzuführen sind) meist selbst verantwortlich sind. Übergewichtige Menschen sind in höherem Ausmaß von Krankheiten bedroht, als es bei weniger fülligen Menschen der Fall ist: So liegt bei ihnen z. B. das Risiko, an Erkrankungen der Herzkranzgefäße zu sterben, 60 Prozent über dem Durchschnitt. Darüber hinaus gilt Übergewicht als Risikofaktor für Brust- und Darmkrebs sowie für den Ausbruch von Gicht.

Wann besteht Übergewicht?

Die Definition von Übergewicht und Fettsucht (Adipositas) wird durch Formeln geleistet, die Körpergröße und Gewicht in ein bestimmtes Verhältnis setzen. Jahrelang galt die so genannte Broca-Formel:

- Normalgewicht (kg) = Körpergröße (cm) – 100
- Idealgewicht (Frauen) = Normalgewicht – 15 %
- Idealgewicht (Männer) = Normalgewicht – 10 %
- Übergewicht = Normalgewicht + 10 % und mehr
- Adipositas = Normalgewicht + 20 % und mehr
- Untergewicht = Normalgewicht – 20 % und mehr

Beim neueren Bodymass-Index (BMI) wird das Körpergewicht durch die Körpergröße im Quadrat geteilt:

- Akzeptables Gewicht: BMI = 20 bis 25
- Übergewicht: BMI = 25 bis 30
- Adipositas: BMI = über 30

Zur Herabsetzung des Körpergewichts werden verschiedene Arten von Reduktionsdiäten angeboten. Die Maßstäbe für Übergewicht haben sich etwas verändert. Früher wurde die strengere Broca-Formel zur Berechnung angewendet. Heute wird die Höhe des Übergewichts meist nach dem → Bodymass-Index (BMI) festgestellt. Der BMI lässt einen bestimmten Grenzbereich als normal zu.

! Bei einer Nulldiät ist Vorsicht geboten: Wer mehrere Tage gänzlich auf Nahrung verzichtet, verliert täglich etwa 400 Gramm Gewicht. Da sich der Stoffwechsel völlig umstellen muss, stellt die Nulldiät eine starke Belastung für den Organismus dar. Aus diesem Grund sollte man unbedingt vor Beginn einer Nulldiät oder auch einer strengen Fastenkur seinen Arzt konsultieren und sie nicht auf eigene Faust durchführen wollen.

Wer sein Körpergewicht auf Dauer reduzieren möchte, sollte sich zunächst klar darüber werden, welche Bedeutung das Essen in seinem Leben spielt (etwa Ausgleich unbefriedigter Wünsche, Verdrängung von Ängsten oder Trost bei Stress) • Möglichkeiten, sich über seine Essmotive klar zu werden, bestehen im Führen eines Esstagebuches, in der Teilnahme an einer Selbsthilfegruppe oder in einer Psychotherapie • Die meisten Schlankheitskuren haben einen Ping-Pong-Effekt; nach der Kur legt man wieder an Gewicht zu; eine bleibende Verringerung des Körpergewichts ist nur durch eine dauerhafte Nahrungsumstellung (am besten fettarme Vollwertkost) möglich • Apfelessigwasser unterstützt eine Reduktionsdiät (jeweils 1 Glas vor dem Essen trinken) • Regelmäßige Bewegung lässt ebenfalls ein paar Pfunde schmelzen • Autogenes Training kann zur »innerlichen Umprogrammierung« genützt werden (beim Training werden Zusatzformeln wie »Ich fühle mich wohl und satt« eingebaut)

Abführender und harntreibender Tee gegen Übergewicht: Je 15 g Sennesblätter und Faulbaumrinde, je 10 g Löwenzahnwurzel und -kraut, Petersilien- und Fenchelfrüchte sowie Pfefferminzblätter mischen. 1 bis 2 TL der Mischung mit 1/4 l kochendem Wasser übergießen und 30 Minuten ziehen lassen. Den Tee morgens vor dem Frühstück kalt trinken.

Überwärmungsbad: Vollbad mit einer Wassertemperatur zwischen 39 und 43 °C. Überwärmungsbäder dienen der → Hyperthermie, d.h. der künstlichen Erhöhung der Körpertemperatur durch Wärmezufuhr von außen. Das Bad wird zur Entspannung der Muskulatur und zum Ausschwitzen von »Schlacken« (schädlichen Substanzen) angewendet. Zur Steigerung der schweißtreibenden Wirkung empfiehlt es sich, Lindenblütentee ins Badewasser zu geben. Nach dem Überwärmungsbad ist Bettruhe (möglichst in einer Schwitzpackung) angezeigt.

Überwärmungstherapie: Überwärmungsbad oder wärmender Ganzkörperwickel, der die äußeren Schichten des Körpers erwärmt und die Körperkerntemperatur um 1 °C erhöhen soll. Der Körper reagiert mit Schwitzen, um die Temperaturerhöhung wieder auszugleichen. Die Überwärmungstherapie ist eine Form der Wärmetherapie, die meist in Verbindung mit Kältetherapien die Vorteile von Wechselanwendungen (Reinigung und Abhärtung) nutzt.

Umstimmungstherapie: Behandlungsmethode alternativer Medizinsysteme (z. B. der → Homöopathie) und auch der Erfahrungsheilkunde. Bei der Umstimmungstherapie werden dem Patienten Wirkstoffe verabreicht, die der Unterstützung des Immunsystems und/oder der Verbesserung des Reaktionsvermögens des vegetativen Nervensystems dienen. Der Organismus soll auf diese Weise angeregt werden, seine Selbstheilungskräfte zu entfalten. Umstimmungstherapien sind beispielsweise auch die → Eigenurinbehandlung, die → Eigenblutbehandlung, bestimmte Wasseranwendungen der → Kneipptherapie, alle → Reiztherapien (von Neuraltherapie bis Klimatherapien) und die hauptsächlich als → Krebstherapie eingesetzte Fiebertherapie.

Chemische Substanzen in Möbeln und Fußböden können krank machen.

Umweltgifte: Gruppe von chemischen Verbindungen in unserer Umwelt, die den menschlichen Organismus schädigen können. Die Stof-

Umweltgifte – häufige Giftstoffe

- Formaldehyd: Vorkommen in Leimen, Lacken, Spanplatten, Schäumen
- Lösungsmittel (Benzol, Dichloräthan): Vorkommen in Wandfarben, Lacken, Polituren, Reinigungsmitteln
- Kohlendioxid, Stickoxide, Schwefeldioxid: Vorkommen in Heizungen, Gasherden, offenen Öfen
- Polychlorierte Biphenyle (PCB), Phenol, Styrol: Vorkommen in Schmierstoffen und weichen Kunststoffen
- Radon: Vorkommen in Natursteinen, Ziegeln, Erdgas
- Dioxin, Asbest: Vorkommen in Möbeln und Wandverkleidungen

fe kommen sowohl in Außenräumen als auch in Innenräumen vor. Mittlerweile gibt es bereits ein Krankheitsbild, das auf Umweltgifte zurückzugehen scheint: Multiple Chemical Sensitivity (Chemikalienüberempfindlichkeit), kurz: MCS. Von einigen Ärzten wird die Krankheit noch als Modeerscheinung abgetan, doch MCS ist mittlerweile auch Gegenstand ernsthafter Forschungen. Die Symptome sind sehr diffus; sie reichen von Augenbrennen über Kopfschmerzen bis zu Hauterkrankungen und erhöhter Infektanfälligkeit. Unstrittig ist, dass die Umweltbelastung zugenommen hat, ob sie sich nun als saurer Regen oder in Form von »Asbestskandalen« bemerkbar macht.

Universalmittel (lat. universalis = allgemein, gesamt, die ganze Welt betreffend): 1. »Allheilmittel«, d. h. Medikamente mit einem sehr breiten Wirkungsspektrum (z. B. Ginseng).
2. Heilmittel, die in der → Spagyrik zur Anwendung gelangen.

Unterguss: Anwendung der → Kneipptherapie. Es handelt sich um eine Erweiterung des Schenkelgusses. Der Wasserstrahl wird dabei in gleicher Weise wie beim Schenkelguss bis zu den Lenden bzw. bis zum Magen hinauf- und auf der anderen Seite des Beins wieder hinabgeführt.

! Der Unterguss sollte nicht bei Reizblase, Harnwegsinfektionen und Ischiasschmerzen zur Anwendung kommen.

Der Unterguss eignet sich sehr gut zur Selbstbehandlung.

Unterkörperwaschung: Wasseranwendung in der → Kneipptherapie, bei der der Unterkörper kalt abgewaschen wird. Die Unterkörperwaschung hat sich bei Kreislaufproblemen, Krampfadern und Hämorrhoidalleiden gut bewährt.

Unterschenkelgeschwür: schlecht heilende, mitunter schon viele Jahre bestehende Wunde an den Unterschenkeln, häufig im Bereich der Innenknöchel. Die Erkrankung wird landläufig auch als offenes Bein bezeichnet. Die Geschwüre, die sich in der Haut der Unterschenkel bilden, können schmierig, krustig und sehr schmerzhaft sein, sind aber in der Regel eher kleinflächig. Sie sind fast immer die Folge einer starken »Verschlackung« des gesamten Organismus, die sich durch einen gestörten Blutrückfluss in den Beinvenen bemerkbar macht. Neben entzündlichen Venenerkrankungen können auch Diabetes mellitus sowie Infektionen durch Bakterien oder Pilze die Unterschenkelgeschwüre hervorrufen. In seltenen Fällen treten »offene Beine« auch als Begleiterscheinung von Syphilis und Hautkrebs auf.

! »Offene Beine« sind ein Fall für den Arzt; vor allem muss eine zusätzliche Infektion oder ein Kontaktekzem vermieden werden.

Diabetiker, Menschen mit Schaufensterkrankheit und venösen Beinleiden müssen vorbeugend bei der Nagelpflege sehr vorsichtig sein; an Unterschenkel und Fuß dürfen keine Verletzungen auftreten • Zur Therapie eines venösen Unterschenkelgeschwürs empfiehlt sich das Anlegen eines Druckverbands, der täglich morgens vor dem Aufstehen angelegt wird • Auflagen mit entzündungshemmenden Kräutern wie Beinwell, Huflattich, Goldrute und Steinklee haben sich bewährt; bereiten Sie sich täglich zwei Auflagen, beispielsweise mit Huflattichtee; die erste legen Sie morgens auf, die zweite abends

Huflattichtee: 2 TL Huflattichblätter mit 1 Tasse kochendem Wasser übergießen und 5 Minuten ziehen lassen. Täglich 1 Tasse Tee trinken; dies unterstützt die äußerliche Behandlung mit Huflattich.

Unterwassergeburt: sanfte Form der Geburt in einem Wasserbecken. Die Methode wurde in Russland entwickelt. Die zugrunde liegende Idee ist, dass der Säugling im Wasser noch die »Schwerelosigkeit« des Fruchtwassers nachempfinden kann und nicht sofort mit greller Helligkeit und der irdischen Schwerkraft konfrontiert wird. Auch für die Mutter ist der Aufenthalt im Wasser oft angenehm. Sie empfindet das Gewicht weniger stark und kann in beliebige Hockstellungen gehen, die die Geburt erleichtern.

Unterwassergymnastik: Therapie der → Krankengymnastik. Bei der Unterwassergymnastik werden die Wassertemperatur und der Auftrieb für ein Bewegungsprogramm zu Heilzwecken genutzt. Man kann auch selbst Unterwassergymnastik betreiben. Beliebt ist mittlerweile das Aquajogging, das Gehen bzw. Laufen im Wasser, das für Menschen mit Venenproblemen, Übergewicht und Rückenschmerzen sehr erholsam ist.

Nach entsprechender Einweisung eignet sich die Unterwassergymnastik auch zur Selbstbehandlung.

Unterwassermassage: (auch Unterwasserdruckstrahlmassage): den Auftrieb und Druck des Wassers nützende Massagetechnik. Der zu Behandelnde liegt entspannt in 35 bis 38 °C warmem Wasser, während er mit einem steuerbaren, bis zu 60 °C heißen Wasserstrahl massiert wird. Die Unterwassermassage ist eine Kombination von Druck- und Saugmassage. Wenn der Wasserstrahl direkt auf die Haut trifft, wird das Gewebe darunter kräftig massiert; es kommt aber auch durch Wasserwirbel zu Saugwirkungen. Diese Art der Massage ist zur Nachbehandlung nach Prellungen und Zerrungen, Knochenbrüchen sowie Operationen angebracht.

Nach entsprechender Einweisung eignet sich die Unterwassermassage auch zur Selbstbehandlung.

Unterwickel: Wärme entziehender, Wärme stauender oder schweißtreibender Wickel der → Kneipptherapie, der von den Achseln bis zu den Knien reicht, ohne die Arme mit einzubeziehen.

Urintherapie → Eigenurintherapie

Urschreitherapie → Primärtherapie

Urtinktur: Lösung (oder Essenz bzw. Tinktur) aus pflanzlichen, tierischen oder mineralischen Stoffen, die die Grundlage für die Herstellung homöopathischer Arzneimittel bildet. Die Urtinktur, die hoch konzentriert bzw. direkt giftig ist, wird dazu nach genauen Vorschriften verdünnt und verschüttelt (→ Potenzierung).

Unterwassergymnastik eignet sich bei Venen- und Rückenleiden.

Usninsäure: chemische Verbindung, die aus Flechten (Lichenes) der Pflanzenart Usnea gewonnen wird. Zu Heilzwecken eignet sich Usninsäure, weil sie sowohl Bakterien als auch Pilze zu zerstören vermag. Ihr kommen somit eine antibakterielle und eine antimykotische Wirkung zu.

Uzara (Xysmalobium undulatum): Pflanze aus der Familie der Schwalbenwurzgewächse (Asclepiadaceae). Heilkräftig sind die Wurzeln der in Südamerika beheimateten Pflanze. Sie hemmen die Darmbewegung, lösen Krämpfe und haben auch eine schwach digitalisartige (die Kontraktionskraft des Herzes fördernde) Wirkung.

Inhaltsstoffe: Cardenolidglykoside (mit Uzarigenin), Gerbstoffe, Phytosterine.

Anwendungen: Kaltauszüge und Trockenextrakte (auch Uzaradragees) sind bei unspezifischen, akuten Durchfallerkrankungen und bei Menstruationsbeschwerden hilfreich.

! Während einer Therapie mit herzwirksamen Glykosiden sollte Uzara nicht verwendet werden.

Vajikarana (sanskrit vaji = Kraft, karana = Erzeugung): bezeichnet den ausschließlich auf Männer bezogenen Teil des indischen → Ayurveda. Vajikarana ist eine Form der Sexualtherapie und soll vor allem der Steigerung der Potenz dienen.

Veganer: Vegetarier, die überhaupt keine Tierprodukte (auch keine Milchprodukte) zu sich nehmen. Veganer lehnen jegliche Verwertung von Tieren ab, bei der die Tiere getötet oder beeinträchtigt werden; sie tragen z. B. auch keine Lederschuhe.

Vegetarier: sich ausschließlich oder vorwiegend von pflanzlicher Nahrung ernährender Mensch. Produkte von toten Tieren werden entweder aus ethisch-religiösen, medizinisch-ernährungsphysiologischen oder ökonomisch-ökologischen Gründen nicht verzehrt. Die meisten Vegetarier essen jedoch im Gegensatz zu Vegetariern im strengen Sinn (Veganern) die Produkte von lebenden Tieren, etwa Eier und Milch. Vegetarier lassen sich in drei Gruppen einteilen: streng vegetarisch oder vegan (es werden keinerlei Tierprodukte gegessen), lakto-vegetarisch (Milch und Milchprodukte werden verzehrt) und ovo-lakto-vegetarisch (Milchprodukte und Eier werden verzehrt).

Wohlriechend und heilend – Veilchensirup, gegen Husten ist ein altes Hausmittel.

Veilchen (Viola odorata): Pflanze aus der Familie der Veilchengewächse (Violaceae), die hierzulande wild und in Gärten wächst. Von Bedeutung sind sowohl Blüten und Kraut als auch die Wurzeln. Das Veilchen wirkt hustenlösend, antiseptisch, hilft gegen Verstopfung und bei Nervenbeschwerden. Die Pflanze wird auch in der Homöopathie verwendet.

Inhaltsstoffe: Saponine, Bitterstoffe, Schleimstoffe, ätherische Öle.

Anwendungen: Veilchenblüten und -kraut haben sich als Teeaufguss bzw. Tinktur bei Bronchialbeschwerden und Husten sowie als Gurgelmittel bei Entzündungen des Mund- und Rachenraums bewährt. Äußerlich hilft Veilchen bei Wunden und Hautproblemen.

Verbrennungen: Schädigungen der Haut durch Hitze, die man nach Schweregraden (erster bis dritter Grad) einteilt. Die bedrohlichste Form ist eine Verbrennung dritten Grades (Zerstörung der Haut in allen Schichten). Danach folgen Verbrennungen zweiten Grades, bei denen sich auf den geröteten Hautstellen Bläschen mit klarer Flüssigkeit bilden können, welche später aufbrechen; nach Abheilung der Verbrennungen können Narben zurückbleiben. Verbrennungen ersten Grades zeigen sich durch schmerzende gerötete Haut (z. B. bei Sonnenbrand). Nach einiger Zeit kommt es zur Ablösung der obersten Hautschicht.

! Verbrennungen dritten Grades sind ein Fall für den Notarzt. Auch bei Verbrennungen zweiten Grades muss ein Arzt verständigt werden. Dies gilt auch für Fälle, in denen der Betroffene einen Schock erlitten hat. Bis zum Eintreffen des Notarztes müssen Puls und Atmung des Patienten ständig überprüft werden. Wichtig ist auch, dass auf den Verletzten beruhigend eingeredet wird. Zudem sollte man ihn vorsichtig auf eine Decke legen und ihn warm zudecken, damit kein Wärmeverlust eintritt. Auch die Beine des Verletzten sollten hochgelagert werden. Um einem Schock vorzubeugen, kann man Brandopfern eine salzhaltige Flüssigkeit (z. B. kohlensäurefreies Mineralwasser) verabreichen. Kleidungsreste dürfen keinesfalls entfernt werden, um weitere Verletzungen zu vermeiden.

Bei Verbrennungen ersten Grades hält man die betroffene Körperpartie unter fließend kaltes Wasser, bis der Schmerz nachlässt • Dann gibt man 5 Tropfen Teebaum- oder Johanniskrautöl auf ein Tuch, das auf die betroffene Stelle gelegt wird (3-mal täglich wiederholen) • Zur Nachbehandlung kann auch ein Wickel aus kalten Leinentüchern lose über die betroffene Stelle gelegt werden

Verdauungsprobleme, nervöse (Dyspepsie): unklare Verdauungsstörungen, meist ohne organische Ursache. Typische Beschwerden sind Völlegefühl, Blähungen, Schmerzen im Magen-Darm-Trakt und Sodbrennen, verursacht durch eine Veränderung der Enzymproduktion (Gärungs- oder Fäulnisdyspepsie), ebenso → Durchfall oder → Verstopfung.

Autogenes Training, Biofeedback, Yoga und andere fernöstliche Entspannungstechniken wirken sich beruhigend auf das vegetative Nervensystem aus, das für die Steuerung der Verdauungsstörungen zuständig ist • Zur Regeneration der Darmflora, auch nach Einnahme von Antibiotika, verhilft eine Darmreinigung; im Anschluss daran werden physiologische Bakterien (Eubionten) oder milchsäurehaltige Nahrungsmittel wie Kefir, Kombucha oder Sauerkraut eingenommen bzw. verzehrt • Altbewährt sind bitterstoffhaltige und andere appetit- und verdauungsanregende Heilkräuter, wie Andorn, Anis, Basilikum, Benediktenkraut, Brunnenkresse, Enzian, Fenchel, Galgant, Gelbwurz, Ingwer, Kalmus, Kamille, Kümmel, Pfefferminze, Pomeranzenschalen, Rosmarin, Salbei, Tausendgüldenkraut, Thymian, Wacholder, Wermut und Zimt • Als heilende Nahrungsmittel eignen sich Artischocke, Löwenzahnblätter und Rettich

Verdauungstee: Je 30 g Pfefferminzblätter, Wermut- und Tausendgüldenkraut mischen. 1 TL der Mischung mit 1 Tasse kochendem Wasser aufgießen und 5 Minuten ziehen lassen. 2 Wochen lang täglich 1 bis 2 Tassen des Tees trinken.

Verhaltenstherapie (VT): auf den russischen Wissenschaftler Iwan Pawlow zurückgehende Therapie. Bekannt sind die »Pawlowschen Hunde«, mit denen Verhaltensweisen getestet wurden: Den Hunden wurde immer bei einem Klingelzeichen Futter verabreicht; in der Folge musste nur noch das Klingeln ertönen, und schon sonderten die Hunde Speichel ab, obwohl das Futter noch gar nicht in Sicht war. Das Wissen um eine solche Beeinflussung bzw. Konditionierung wird auch therapeutisch eingesetzt: Man versucht eine beispielsweise in der Kindheit erworbene Konditionierung aufzubrechen und damit ein schädliches oder asoziales Verhalten zu ändern. Die Therapie wird zur Raucherentwöhnung, bei Alkoholismus, zwanghaftem Verhalten, aber auch bei kindlichen Verhaltensstörungen wie Bettnässen oder Schulangst eingesetzt.

Verstauchung: Überdehnung der Bänder. Im Extremfall kommt es zum Bänderriss. Verursacht werden Verstauchungen beispielsweise durch Umknicken eines Fußes bzw. durch Hinfallen auf ein Knie. Die Beschwerden reichen vom kurzen, stechenden Schmerz bis zu lang andauernden, mit Schwellungen einhergehenden Schmerzen. In ernsten Fällen kann eine Verstauchung sogar dazu führen, dass das Gelenk nicht mehr belastet werden kann. Besonders gefährdet sind Menschen, deren Bänder bereits durch mehrmalige Verletzungen »ausgeleiert« wurden, wie dies häufig bei Sportlern (vor allem bei Vertretern der Laufdisziplinen) der Fall ist.

! Man sollte Verstauchungen nicht auf die leichte Schulter nehmen, da sie zu schweren Komplikationen führen können. So kann durch die Verstauchung beispielsweise Blut in das Gewebe eintreten, was unter Umständen eine Gelenkentzündung verursachen kann. Wenn das Gelenk anzuschwellen beginnt und sich nicht mehr wie gewohnt bewegen lässt, sollte man auf jeden Fall zum Arzt gehen.

Um Verstauchungen vorzubeugen, empfiehlt sich das Tragen bequemer Schuhe mit flachen Absätzen und weicher Sohle (vor allem beim Sport) • Wenn ein Gelenk bereits häufiger umgeknickt ist, sollte man es mit einem elastischen Verband umwickeln • Bei einer akuten Verstauchung sollte man das Gelenk hochlagern und ruhig stellen • Empfehlenswert für die Selbstbehandlung sind ferner Kältebehandlungen (aus der Apotheke) sowie kalte Umschläge • Bei Verstauchungen, die von Sportverletzungen herrühren, empfiehlt sich ein kalter Umschlag aus Arnikablüten, Beinwellwurzeln und Ackerschachtelhalmkraut (Kräuter zu gleichen Teilen mischen, 2 bis 3 EL der Mischung mit 3 Tassen kochendem Wasser übergießen, anschließend 15 Minuten ziehen und abkühlen lassen); die Umschläge sollten stündlich gewechselt werden • Man kann auch 10 Tropfen reine Arnikatinktur auf einen kalten Wickel geben • Eine Einreibung mit Aromaölen (Ysopöl, Majoranöl) lindert ebenfalls Schwellungen bzw. Blutergüsse

Verstopfung: unregelmäßiger, seltener und harter Stuhlgang über einen längeren Zeitraum, bisweilen verbunden mit unangenehmem Völlegefühl. Verstopfung ist eine typische Zivilisationskrankheit, die durch ungesunde Ernährungsweise, Bewegungsmangel, Stress, aber auch durch seelische Probleme verursacht werden kann. Verstopfungen zählen (ebenso wie Blähungen) zu den verbreitetsten Verdauungsproblemen. Weniger bekannt ist, dass als Symptom einer Verstopfung auch chronische Kopfschmerzen auftreten können, wenn bestimmte Abbau- und Schlackenprodukte nicht ausgeschieden werden, sondern in den Blutkreislauf gelangen. Verstopfung verschlimmert auch → Hämorrhoidalleiden.

Man kann den Darm »erziehen«, indem man regelmäßig zu einer bestimmten Zeit (etwa morgens nach dem Frühstück) die Toilette aufsucht • Zur Anregung der Verdauung empfehlen sich Aprikosen, Datteln, Feigen und Pflaumen, die man abends einweicht und morgens mit dem Einweichwasser verzehrt • Geeignet sind auch Holunder- und Pflaumensaft sowie Fruchtmus (z. B. Tamarindenmus) • Warmes Heilwasser, auf nüchternen Magen getrunken (gegebenenfalls 1 EL Karlsbader Salz zugeben), regt die Darmbewegung an • Bei hartnäckiger Verstopfung hilft Rizinusöl (1 EL genügt) • Eine Leinsamenkur ist bei chronischer Verstopfung angezeigt (viel trinken)

Tee gegen Verstopfung: Je 30 g Pfefferminzblätter und Faulbaumrinde sowie je 20 g Kümmelfrüchte und Sennesblätter mischen. 1 bis 2 TL der Mischung mit 1 Tasse kochendem Wasser übergießen und 10 Minuten ziehen lassen. 1 Tasse Tee abends und bei Bedarf auch morgens trinken.

! Auch pflanzliche Abführmittel der sanfteren Art sollten nicht über einen längeren Zeitraum eingenommen werden. Sinnvoller ist es, die Ernährung auf eine ballaststoffreiche Vollwertkost umzustellen.

Vervain (engl.): Eisenkraut, Stockbottle Nr. 31 der → Bach-Blüten. Vervain motiviert zur Mäßigung und verhilft zur Entspannung nach emotionalen Anstrengungen. Auch bei trotzigen und überaktiven Kindern wirkt Vervain beruhigend.

Very-point-Methode (engl. very = sehr, point = Punkt): auf den Mediziner und Verfechter der Akupunktur Jochen Gleditsch zurückgehendes Verfahren. Die Very-point-Methode versucht, die Akupunkturpunkte ganz genau zu lokalisieren. Dies geschieht durch eine Vorlokalisation, bei der die Hautbereiche entlang einem Meridian sorgfältig abgetastet und mit einer Kanüle »abgeklopft« werden. Beim genau richtigen Punkt dringt die Nadel ohne Widerstand in die Haut ein.

Vesikation (lat. vesica = Blase): als Blasenzug bekannte, von Bernhard Aschner entwickelte Methode (→ Aschner-Methode). Zu den wichtigsten Behandlungsmitteln der Vesikation, die bei schmerzenden Gelenken, Ohrerkrankungen und Bauchschmerzen Anwendung findet, zählt das → Kantharidenpflaster.

Vetiveröl: durch Wasserdampfdestillation aus den Wurzeln des Vetivergrases (Vetiveria zizanoides) gewonnenes zähflüssiges, rötlich braunes ätherisches Öl. Der Geruch des Öls ist intensiv herb, erdig, modrig und etwas holzig. Das Aromaöl (→ Aromatherapie) wirkt stärkend auf das Immunsystem, regulierend auf den Menstruationszyklus, und es entfaltet hautregenerierende und hautpflegende Eigenschaften. Im psychischen Bereich wirkt das Öl je nach Situation einerseits beruhigend und entspannend, andererseits erotisierend und anregend. Das Vetiveröl in der Duftlampe am richtigen Ort zur rechten Zeit kann dem Leben den entscheidenden positiven Anstoß geben. Das »männliche« Vetiveröl verträgt sich in Mischungen gut mit den Aromaölen von Sandelholz, Bergamotte und dem »weiblichen« Ylang-Ylang.

Viersäftelehre: auf den griechischen Arzt Hippokrates, den Begründer der Medizin, zurückgehende Theorie. Danach sind Erkrankungen das Ergebnis falscher Zusammensetzungen der vier Hauptsäfte des Organismus: Blut, Schleim, gelbe und schwarze Galle. Diese Auffassung fand u. a. Eingang in die Humoraltherapie, die von dem Arzt Bernhard Aschner entwickelt wurde (→ Aschner-Methode).

Vierzellenbad (lat. cella = Kammer; auch Zellenbad): bei rheumatischen Erkrankungen und Störungen des vegetativen Nervensystems zum Einsatz kommende hydrotherapeutische Anwendung. Arme und Beine des Patienten liegen dabei in verschiedenen Wannen, durch die Gleichstrom geleitet wird.

Vine (engl.): Weinrebe, Stockbottle Nr. 32 der → Bach-Blüten. Vine fördert Toleranz und Kooperation mit den Mitmenschen; Nörgler, Besserwisser und »kleine Tyrannen« werden so verständnisvoller.

Das bis zu zwei Meter hoch wachsende Vetivergras kommt aus Madagaskar.

Visualisierung (auch Visualisation): Therapieform, bei der man lernt, durch die intensive Vorstellung von Bildern eine positive psychische Befindlichkeit herzustellen. Der Visualisierung liegt die Annahme zugrunde, dass bestimmte Bilder bestimmte Gefühle wecken und dass sich Gefühle körperlich ausdrücken. Ändert man die »Gefühlsbilder«, wirkt dies auf die Gefühle zurück. Zudem soll die Visualisierung eine Harmonisierung der Gehirnhälften erreichen, indem die rechte Hälfte, die eher für intuitive kreative Prozesse zuständig ist, durch die Vorstellung von Bildern aktiviert wird. Die Visualisierung bewährt sich vor allem zur Unterstützung von Atem- und Entspannungsübungen oder in Kombination mit → Biofeedback, → autogenem Training und → Hypnose. Sie wird von Therapeuten bei psychischen Problemen, Asthma und Herzerkrankungen teilweise sehr erfolgreich eingesetzt.

☛ Die Visualisierung eignet sich – am besten nach einer Einführung durch einen Therapeuten – auch zur Selbstbehandlung.

Vitamine: für den Stoffwechsel von Mensch und Tier unentbehrliche (essenzielle) Stoffe, die dem Organismus meist über die Nahrung zugeführt werden müssen. Es wird zwischen wasserlöslichen (nicht speicherbaren) und fettlöslichen (speicherbaren) Vitaminen unterschieden. Dieser Unterschied muss auch bei der Zubereitung der Nahrungsmittel beachtet werden: Die wasserlöslichen Vitamine gehen zu einem Großteil verloren, wenn man z. B. Gemüse, das B- und C-Vitamine enthält, in Wasser kocht und das Wasser dann wegschüttet. Fettlösliche Vitamine sollten immer mit etwas Fett verzehrt werden (z. B. sollte Karottensalat mit etwas Öl angemacht werden). Je frischer und naturbelassener ein Nahrungsmittel ist, desto mehr Vitamine enthält es. Vitamine können durch Erhitzen, Licht, Kälte, Lagerung oder durch Verarbeitungsprozesse verloren gehen. Die so genannten Provitamine (z. B. Provitamin A = Beta-Karotin) sind Vorstufen von Vitaminen, die im Körper umgewandelt werden können (siehe Kasten S. 417; zum Vorkommen in der Nahrung siehe jeweils die einzelnen Stichwörter zu den aus dem Lateinischen abgeleiteten Namen der Vitamine).

Vogelbeere → Eberesche

Zusammensetzung der Vollwertkost

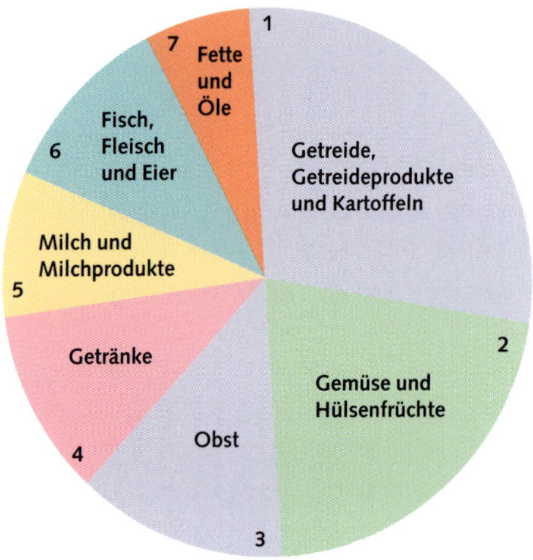

Volksmedizin: traditionelle, oft auf Erfahrung im Umgang mit Kräutern beruhende Krankheitsbehandlung seit frühester Zeit. Bei Naturvölkern wurde das Wissen um Heilmethoden von Medizinmännern und Schamanen tradiert; im Mittelalter gab es in Europa weise Frauen, die Rezepte und Anwendungen weitergaben. Später entwickelte sich ein bäuerlich geprägtes Wissen über Hausmittel, Diäten oder Wasseranwendungen. Durch die in den letzten Jahren erfolgte Rückbesinnung auf sanfte Natur- und Hausmittel empfehlen mittlerweile auch Ärzte bei Allgemeinerkrankungen und leichteren Beschwerden wieder einige Mittel und Methoden der Volksmedizin.

Vollbad: den gesamten Körper (mit Ausnahme des Kopfs) erfassendes Bad.

! Aufgrund der starken Belastung des Kreislaufs sollten Menschen mit mangelhafter Herztätigkeit (Herzinsuffizienz) und erhöhtem Blutdruck auf warme Vollbäder verzichten.

Vollguss: Wasseranwendung der → Kneipptherapie für den ganzen Körper mit Ausnahme des Kopfs. Der Guss beginnt herzfern am rechten Fuß; dann wird der Strahl hinten am Bein über Po und Rücken bis zu den Schultern geleitet und auf der anderen Rückenseite wieder bis zum Fuß hinab. Derselbe Ablauf wird auch auf der Vorderseite durchgeführt.

Vollwertkost: Kost, die im engeren Sinn die → Bruker-Kost, im weiteren Sinn eine ausgewogene Ernährung meint. Als Vollwertkost wird von der Deutschen Gesellschaft für Ernährung (DGE) eine Kost bezeichnet, die alle notwendigen Nährstoffe in der richtigen Menge enthält und alle Nahrungsmittelgruppen berücksichtigt. Wichtig sind sieben Gruppen (siehe nebenstehende Illustration): Gruppe 1 mit Getreideprodukten und Kartoffeln stellt den größten Anteil; Gruppe 2 mit Gemüse und Hülsenfrüchten den zweitgrößten. Sie machen die Hälfte der Gesamtnahrungszufuhr aus. Die weiteren fünf Gruppen stellen in verschiedenen kleineren Anteilen die andere Hälfte.

Vitamine – Tagesbedarf, Funktion und Mangelerscheinungen

Fettlösliche Vitamine: Sie können im Körper gespeichert werden. Bei einer Überdosierung kann es im Extremfall (vor allem bei Vitamin A und D) zu Vergiftungserscheinungen kommen.

Vitamin A (Retinol)
• Tagesbedarf: ca. 1 mg
• Funktion: Antioxidanz, Bestandteil von Sehstoffen, schützt Haut und Schleimhaut
• Bei Mangel: Nachtblindheit, trockene Haut, Infektanfälligkeit

Vitamin D (Kalziferol)
• Tagesbedarf: 5 µg
• Funktion: wird im Körper bei Aufnahme von Sonnenlicht gebildet; wichtig für die Kalziumresorption und -einlagerung
• Bei Mangel: Knochendeformationen, Rachitis

Vitamin E (Tokopherol)
• Tagesbedarf: 12 mg
• Funktion: Antioxidanz, Zellschutz, Energiestoffwechsel, Blutbildung
• Bei Mangel: hormonelle Probleme, Unfruchtbarkeit, Muskelschwäche, Hautalterung

Vitamin K (Phyllochinon)
• Tagesbedarf: 70 µg
• Funktion: wird vom Körper selbst hergestellt, wichtig für Blutgerinnung
• Bei Mangel: schlecht verheilende Wunden, Hautunreinheiten

Wasserlösliche Vitamine: Eine Überdosierung ist eigentlich kaum möglich, weil überschüssige Mengen in der Regel wieder ausgeschieden werden.

Vitamin B1 (Thiamin)
• Tagesbedarf: 1,1 – 1,6 mg
• Funktion: »Nervenvitamin«, Enzymbestandteil, Kohlenhydratstoffwechsel
• Bei Mangel: Krämpfe, Nervosität

Vitamin B2 (Riboflavin)
• Tagesbedarf: 1,5 – 1,8 mg
• Funktion: Enzymbestandteil, Energiestoffwechsel
• Bei Mangel: rissige Haut, Müdigkeit, Muskelschwäche, Unkonzentriertheit

Vitamin B3 (Niazin)
• Tagesbedarf: 15 – 20 mg
• Funktion: Enzymbestandteil, Energiestoffwechsel, gefäßerweiternd
• Bei Mangel: Nervosität, Schlafstörungen

Vitamin B5 (Pantothensäure)
• Tagesbedarf: 5 – 15 mg
• Funktion: Enzymbestandteil, Hormonvorstufe, wichtig für Stoffwechsel
• Bei Mangel: schlecht verheilende Wunden

Vitamin B6 (Pyridoxin)
• Tagesbedarf: 1,6 – 2,1 mg
• Funktion: Enzymbestandteil, Blutbildung, Eiweißstoffwechsel, Zellwachstum und Zellregeneration
• Bei Mangel: Infektanfälligkeit, Blutarmut

Vitamin B7 (Biotin, auch Vitamin H)
• Tagesbedarf: 100 µg
• Funktion: wird vom Körper selbst hergestellt, Enzymbestandteil
• Bei Mangel: Hautprobleme

Vitamin B9 (Folsäure)
• Tagesbedarf: 300 µg
• Funktion: »Nervenvitamin«, Enzymbestandteil, Bildung von Antikörpern
• Bei Mangel: Unausgeglichenheit

Vitamin B12 (Kobalamin)
• Tagesbedarf: 3 µg
• Funktion: »Nervenvitamin«, Enzymbestandteil, schützt Gefäße vor Ablagerungen
• Bei Mangel: Nervosität, Gefäßablagerungen

Vitamin C (Askorbinsäure)
• Tagesbedarf: 75 mg
• Funktion: Antioxidanz, Zellschutz, wichtigstes Körperabwehrvitamin
• Bei Mangel: Infektanfälligkeit, Muskeldegeneration, Blutarmut, Skorbut

Wacholder (Juniperus communis): Pflanze aus der Familie der Zypressengewächse (Cupressaceae). Der aromatisch duftende, gelb blühende Wacholderstrauch wächst in lichten Nadelwäldern, an Berghängen und auf Heiden. Die Inhaltsstoffe der Beerenzapfen wirken durchblutungsfördernd, appetitanregend, harntreibend, entblähend und krampflösend. Die Pflanze wird auch in der Homöopathie verwendet.

Inhaltsstoffe: ätherische Öle (Juniperin und Terpinen-4-ol), Flavonglykoside, Gerbstoffe.

Anwendungen: Wacholder kommt vor allem bei Nieren- und Harnwegserkrankungen zur Anwendung. Allerdings ist die Einnahme inzwischen umstritten, weil die Pflanze bei längerfristiger Einnahme auch Nierenschäden hervorrufen kann. Deshalb sollte die Einnahme auf einige wenige Tage begrenzt bleiben. Wacholder hat sich auch äußerlich in Form von Einreibungen bei rheumatischen Erkrankungen, Gicht und zur Förderung der Durchblutung bewährt.

! Während der Schwangerschaft dürfen Nierenerkrankungen nicht mit Wacholder behandelt werden, da die Pflanze Kontraktionen der Gebärmutter auslösen kann. Von einer längerfristigen Einnahme ist generell abzuraten.

Hausmittel Wacholder: Beeren zur Appetitsteigerung, Tee gegen Husten und Blasenleiden.

Wacholderöl: durch Wasserdampfdestillation aus getrockneten Wacholderbeeren gewonnenes hellgelbes ätherisches Öl, das einen rauchig würzigen, fruchtigen Duft hat. Das Aromaöl (→ Aromatherapie) wird insbesondere bei Verdauungsproblemen angewendet und hat eine beruhigende Wirkung. Wacholderöl verträgt sich in Mischungen gut mit den ätherischen Ölen von Angelika, Bergamotte, Cajeput, Zeder und Zypresse.

Wachs: fettartige, rasch schmelzende Substanz aus komplexen Fettsäuren und verschiedenen Alkoholen. Man unterscheidet zwischen Pflanzenwachsen, die hauptsächlich von Palmen und anderen tropischen Gewächsen stammen, tierischen Wachsen (z. B. Bienenwachs, Wachsen bestimmter Schildlausarten), aus Mineralien gewonnenen Wachsen (Ceresin) sowie dem so genannten Wollwachs (Adeps lanae), das für die Produktion von Salben eingesetzt wird.

Wachstumsschmerzen: Gliederschmerzen im Kleinkindalter. Am häufigsten sind Waden und Schienbeine von dumpfen bis zu heftig brennenden Schmerzen betroffen, wobei die Beschwerden bisweilen nur ein einziges Mal, im Normalfall aber ein paarmal auftreten können. Bis heute sind die Ursachen dieser Beschwerden nicht völlig geklärt: Wissenschaftler vermuten jedoch, dass die Schmerzen von der Knochenhaut, von den so genannten Wachstumsfugen bzw. von Muskeln und Sehnen hervorgerufen werden. Mit einigen Ausnahmen müssen Wachstumsschmerzen nicht von einem Arzt behandelt werden.

! Dauern die Schmerzen länger als sieben Tage an, sollte ein Arzt aufgesucht werden. Hinter diesen Beschwerden können sich rheumatische Krankheiten, ein Bänderriss oder sogar eine Entzündung der Knochenhaut oder eines Gelenks verbergen.

Zur Linderung der Wachstumsschmerzen sind sanfte Massagen zu empfehlen, bei denen das schmerzende Bein mit streichenden Bewegungen von unten nach oben behandelt wird • Als wohltuend empfinden die kleinen Patienten eine Einreibung mit Franzbranntwein • Zur Schmerzlinderung eignen sich auch kalte Umschläge mit Zitronensaft

Wadenwickel: Wickel der → Kneipptherapie, der von den Knöcheln bis unterhalb der Knie um die Waden angelegt wird. Wadenwickel entziehen bei Fieber und/oder Venenentzündung Wärme und wirken Lymphstauungen und Ödemen entgegen. Wadenwickel kommen auch bei Krampfadern zum Einsatz, wobei meist Auflagen mit Heilerde oder Quark gemacht werden.

Waldmeister (Galium odoratum): Pflanze aus der Familie der Rötegewächse (Rubiaceae). Der Waldmeister wird bis zu 30 Zentimeter hoch und wächst in schattigen Buchenwäldern, aber auch in gebirgigen Gegenden. Gesammelt werden die oberirdischen Teile der Pflanze kurz vor oder während der Blütezeit im Mai. Waldmeister wirkt durchblutungsfördernd, entzündungshemmend und die Venen stärkend.

Inhaltsstoffe: fette und ätherische Öle, Cumaringlykoside, Bitterstoffe, Iridoide, Phenolkarbonsäuren.

Anwendungen: Traditionell wird Waldmeister als Aufguss bei Magen-Darm-Beschwerden, Erkrankungen der Leber und Gallenblase, der Nieren und der ableitenden Harnwege sowie bei Venenleiden angewendet.

! Der Waldmeister ist auch ein beliebter Bestandteil der Maibowle, kann allerdings zu Kopfschmerzen führen. Schuld daran ist nicht der Alkohol, sondern die Substanzen des Waldmeisters, die in hoher Dosierung möglicherweise Krebs erregend sein können. Für Bowlenzubereitungen sollte man nicht mehr als drei Gramm frischen Waldmeister zu einem Liter Getränk geben.

Walken (auch Wringen oder Petrissage): Massagemethode, die meist zusammen mit Kneten angewendet wird. Beim Walken führt der Masseur beide Hände ständig zueinander und wieder auseinander; dabei verschiebt er das Gewebe des massierten Körperteils in umgekehrter Richtung.

Walnuss (Juglans regia): Pflanze aus der Familie der Walnussgewächse (Juglandaceae). Der bis zu 20 Meter hohe Baum kommt aus Südosteuropa, wächst aber auch bei uns sowohl wild als auch in Anpflanzungen. Gesammelt werden im Frühjahr und Herbst Blätter und Früchte. Beide wirken zusammenziehend (adstringierend). In der Homöopathie werden Blätter und Fruchtschalen verwendet.

Inhaltsstoffe: ätherische Öle, Gallussäure, Ellagsäure, Gerbstoffe, Juglon (Naphthochinonderivat).

Anwendungen: Traditionell werden Blätter und frische Nussschalen bei Ekzemen und bei Milchschorf von Säuglingen angewendet. Das Nussöl dient auch zur Hautpflege und als Sonnenschutzmittel. Der Aufguss (als Zusatz für Fußbäder) hat sich als Mittel gegen Fußschweiß bewährt.

! Wegen des Gehalts an Juglon, das im Verdacht steht, die Erbinformationen beeinflussen zu können, wird von einer Anwendung mittlerweile abgeraten.

Walnut (engl.): Walnuss, Stockbottle Nr. 33 der → Bach-Blüten. Walnut hilft bei der Selbstverwirklichung und gibt in entscheidenden Umbruchsphasen des Lebens Vertrauen in die Zukunft. Der Leitsatz zu dieser Bach-Blüte lautet: »Alles wird gut.«

Wannenbad: in einer Badewanne vorgenommenes Voll-, Dreiviertel- oder Halbbad entsprechend der Wasserhöhe (→ Bädertherapie, → Wasseranwendungen).

Warmbad: Vollbad mit einer Temperatur von 35 bis 38 °C, Teilbäder können höhere Temperaturen aufweisen (→ Bädertherapie, → Überwärmungsbad, → Kneipptherapie).

Wärmetherapie: Anwendung von Wärme zu Heilzwecken. Es lassen sich zwei Arten von Wärmetherapie unterscheiden: die Hochfrequenztherapie und die → Hyperthermie. Bei der Hochfrequenztherapie wird Wechselstrom in den Organismus geleitet, wo er in kinetische Energie (d. h. Wärme) umgewandelt wird. Ziel der Hyperthermie ist die künstliche Erhöhung der Körpertemperatur, wobei sie sich verschiedener Methoden, beispielsweise des → Überwärmungsbades, bedient.

Warzen: gutartige Knotenbildungen der Haut. Sie werden durch so genannte Papillomaviren verursacht und sind ansteckend. Übertragen werden Warzen meist durch Hautkontakt, in Ausnahmefällen auch durch Gegenstände. Der Zeitraum, der zwischen Ansteckung und Krankheitsausbruch liegt, beträgt zwischen vier Wochen und acht Monaten. Zwar ist das Auftreten von Warzen virusbedingt, doch kann ihre Entstehung durch Vererbung oder ein mangelhaft funktionierendes Abwehrsystem begünstigt werden. Am häufigsten leiden Menschen an den so genannten gewöhnlichen Warzen, rundlichen grauen bis gelbschwarzen Knötchen, die vorwiegend die Streckseiten der Hände und Finger, die Nagelränder sowie Handflächen und Fußsohlen befallen. Ihre Oberfläche besteht aus einer verdickten Hornschicht. Die Bildung gewöhnlicher Warzen wird durch unzureichende Durchblutung, heftiges Schwitzen und durch Ekzeme der Haut begünstigt. Neben den gewöhnlichen Warzen kommen noch Dorn-, Feig- und Dellwarzen sowie die flachen juvenilen Warzen vor.

! Wer an Feigwarzen leidet, sollte auf alle Fälle zum Arzt gehen, da bei diesem Warzentyp ein Zusammenhang mit der Entwicklung bestimmter Krebsarten bestehen kann. Feigwarzen, die hauptsächlich den Genital- und Afterbereich in Mitleidenschaft ziehen und meist beim Geschlechtsverkehr übertragen werden, erkennt man an ihrer rosaroten Färbung und ihrer blumenkohlartigen Form.

Die meisten Warzen sind harmlos und verschwinden nach einiger Zeit von selbst • Ein altes Hausmittel ist der frische Milchsaft des Schöllkrauts; er wird auf die Warze aufgetragen und muss dort trocknen • Einreibungen mit Teebaumöl haben sich bisweilen als hilfreich erwiesen

! Vorsicht bei der Anwendung von Schöllkraut. Es darf nicht in den Mund gelangen, weil es giftig ist.

Waschung: Methode der → Kneipptherapie. Die Waschung stellt die sanfteste Ausprägung der Kaltanwendung von Wasser dar und wird im Verlauf einer Kneippkur in der Regel gleich nach dem Aufstehen durchgeführt. Waschungen dienen der Abhärtung; sie helfen bei Kreislaufproblemen und bei psychosomatischen Erkrankungen.

Wasseranwendungen (Wasserheilkunde, Hydrotherapie): auf der Wirkung von thermischen Reizen (Temperatur), Wasserdruck und Hautberührung beruhende Therapieformen. Die bekannteste Form der Hydrotherapie ist die → Kneipptherapie. Auch sie macht sich die Tatsache zunutze, dass die Reize des Wassers auf die Haut und tiefer gelegene Schichten an innere Körperbereiche und Organe weitergeleitet werden. Dies hat zur Folge, dass Immunsystem, Kreislauf und Stoffwechsel stimuliert werden, der Organismus abgehärtet wird und Schmerzen gelindert werden. Um allen Bedürfnissen und Beschwerden gerecht werden zu können, wurden zahlreiche Wasseranwendungen entwickelt. Wasserbehandlungen können Teil der → Physiotherapie sein; beispielsweise werden Patienten mit Muskelschwäche oder Patienten in der Rekonvaleszenzphase oft in warmem Wasser behandelt, weil sich Muskeln und Gelenke leichter entspannen. Auch → Unterwassermassagen werden so meist durchgeführt. In Kurorten (→ Kur) werden – je nach heilkräftiger Quelle oder heilsamem Meerwasser – ganz unterschiedliche Wassertherapien durchgeführt (→ Kneipptherapie,

→ Schwefelbad, → Solbäder, → Thalassotherapie, → Thermalquelle). Schließlich findet eine Art der sanften Geburt im Wasser statt (→ Unterwassergeburt).

Waschungen: Unter leichtem Druck werden mit einem groben, feuchten Leinentuch Oberkörper, Unterkörper oder der ganze Körper abgerieben. Waschungen dienen der Abhärtung und der Durchblutungsförderung.

Güsse: Mit viel Wasser, aber mit nur sehr wenig Druck werden Güsse durchgeführt. Dazu kann man nur die Schlauchöffnung benützen oder eine kleine Düse aufstecken, so dass das Wasser sprudelt. Güsse können kalt, warm oder wechselwarm durchgeführt werden. Die Kneipptherapie kennt viele Gussarten.

Teil- und Vollbäder: Diese Bäder reichen vom Vollbad bis zum Armbad. Sie können kalt, warm oder wechselwarm durchgeführt werden. Bäder können ebenso mit pflanzlichen Zusätzen wie Aromaölen, Heilkräuteraufgüssen, Extrakten, Salzen oder anderen Zusätzen (Moor, Erde etc.) versehen werden.

Duschen: Praktisch ist am Duschen, dass schnell und unkompliziert die Temperatur verändert werden kann. Wechselduschen als Abhärtungsmaßnahme kann jeder durchführen.

Kopfdampfbäder: Hier kommt nicht das Wasser direkt, sondern der warme Wasserdampf (versehen mit heilkräftigen Zusätzen) zum Einsatz – entweder für die Haut oder als Inhalation bei Atemwegsbeschwerden.

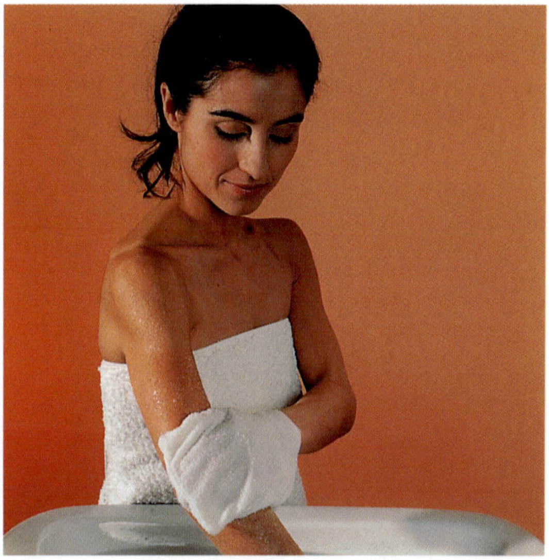

Waschungen mit kaltem Wasser fördern die Durchblutung und härten ab.

Wickel: Wickel können kalt oder warm oder mit Zusätzen versehen angewendet werden.

Kompressen: Kalt oder warm dienen Kompressen meist der Erstversorgung von akuten Beschwerden – vor allem in der Form kalter Auflagen bei Kopfweh, Schwellungen, Entzündungen, Blutergüssen.

Dampfbad und Sauna: Im Gegensatz zum Kopfdampfbad kommen hierbei Wasserdampf

Wasser heißt Leben, Gesundheit und Wohlbefinden

• Wasser ist für die allermeisten Organismen lebenswichtig; ohne Wasser oder Flüssigkeitszufuhr stirbt ein Mensch innerhalb weniger Tage.

• Wasser ist heilkräftig. Schon in der Antike wurden Thermalquellen für die Gesundheit genutzt. In vielen Völkern gab es regelrechte Badekulturen, die einerseits der Körperreinigung dienten, andererseits aber auch der Heilung.

• Wasseranwendungen bildeten im 19. Jahrhundert die Speerspitze der sich entwickelnden Naturheilkunde. Die »Wasserdoktoren« Hahn, Prießnitz und vor allem Kneipp waren Vorläufer ganzheitlicher Therapien.

• Ein weiterer Pluspunkt des Wassers: Ein Bad wirkt erfrischend oder entspannend – je nachdem, ob man im Sommer in einem kühlen Badesee schwimmt oder sich nach einem anstrengenden Arbeitstag in das wohlig warme Wasser der Badewanne legt.

und Hitze dem ganzen Körper zugute. Beim Dampfbad ist die Luftfeuchtigkeit höher als in der Sauna und für manche Menschen besser verträglich. Beide können in ihrer gesundheitlichen Wirkung durch Kaltanwendungen gesteigert werden.

☛ Wasseranwendungen sind hervorragend zur Selbstbehandlung geeignet.

Wassereinlagerung (Ödem): Flüssigkeitsansammlung im Gewebe. Ödeme treten häufig bei Frauen kurz vor der Menstruation und auch während einer Schwangerschaft auf. Langes Stehen oder heißes Wetter begünstigt die Wassereinlagerungen. In der ersten Woche nach der Geburt wird die überschüssige Flüssigkeit normalerweise wieder ausgeschieden. Ödeme können aber auch Folge von Funktionsstörungen des Organismus sein, etwa von Herz-, Schilddrüsen- und Nierenerkrankungen. Chronischer Eiweißmangel und Leberzirrhose können ebenfalls zu Ödemen führen. Bei Herzproblemen sind meist Beine, Füße bzw. Fußknöchel angeschwollen. Schilddrüsen- und Nierenerkrankungen zeigen sich eher in Ödemen der Augenlider (→ Lidödem). Wasseransammlungen können bisweilen auch Anzeichen einer Allergie oder einer immunologisch vegetativen Disharmonie sein.

! Da Ödemen schwer wiegende Erkrankungen zugrunde liegen können, gehören immer wiederkehrende Schwellungen in ärztliche Behandlung.

Wer infolge einer Schwangerschaft an Wassereinlagerung leidet, sollte möglichst oft mit hochgelegten Beinen ruhen • Wenn vor allem Beine und Füße von der Schwellung betroffen sind, haben sich Stützstrümpfe bewährt • Viel trinken, am besten stilles Mineralwasser, bei salzarmer Kost, fördert die Ausscheidung • Bei Wassereinlagerungen vor der Menstruation helfen diätetische Maßnahmen und viel Bewegung • Viele Heilkräuter regen die Wasserausscheidung an, etwa Birke, Brennnessel, Brunnenkresse, Goldrute, Hagebutte, Holunder, Huflattich, Löwenzahn, Petersilie, Quecke, Schachtelhalm, Schafgarbe, Steinklee und Wacholder; eine längerfristige Einnahme muss mit dem Arzt abgesprochen werden • Auch regelmäßige Reistage dienen der Entwässerung des Körpers • Bei Rechtsherzschwäche eignet sich Schafgarbentee zur unterstützenden Behandlung, bei schwachem Herz Weißdorntee

Tee zur Entwässerung: 30 g Birkenblätter mit 20 g Schachtelhalm, 20 g Goldrutenkraut und 20 g Beinwellwurzeln mischen. 2 TL der Mischung mit 1 Tasse Wasser ansetzen und etwa 15 Minuten leicht kochen lassen. Täglich 2 Tassen des Tees trinken.

! Nur der behandelnde Arzt kann entscheiden, ob Tees als Begleitmaßnahme herangezogen werden dürfen. Schwangere sollten zur Linderung der Beschwerden grundsätzlich auf jede Kräuteranwendung verzichten.

Wasserfasten: strengste Form des Fastens, wobei in der Fastenzeit nur Mineralwasser getrunken wird (→ Fasten, → Nulldiät).

Wasser, ozonisiertes: hauptsächlich zur Behandlung von Entzündungen eingesetztes Wasser, dem Ozon beigegeben wurde. Es hat eine desinfizierende Wirkung, denn das bei elektrischen Entladungen entstehende Ozon (ein aus drei Atomen bestehendes Sauerstoffmolekül) wirkt keimtötend. Eingesetzt wird ozonisiertes Wasser in der Zahnmedizin.

Wassertreten: Anwendung der → Kneipptherapie. Man geht dabei wenige Minuten in einem Becken (oder in einer Badewanne) auf und ab, das bis zu den Waden mit kaltem Wasser gefüllt ist. Bei jedem Schritt wird ein Bein ganz aus dem Wasser gezogen (Storchenschritt). Varianten des Wassertretens sind → Tautreten oder → Schneegehen.

Water Violet (engl.): Sumpfwasserfeder, Stockbottle Nr. 34 der → Bach-Blüten. Water Violet hilft vereinsamten Menschen oder Menschen mit Kontaktstörungen, sich anderen Menschen gegenüber zu öffnen.

Wechselbad/Wechseldusche/Wechselguss: Wasseranwendungen mit zwischen warm und kalt wechselnder Temperatur (→ Kneipptherapie, → Wasseranwendungen).

Wechseljahrebeschwerden: körperliche und seelische Beschwerden während der Zeit, in der die Eierstöcke ihre Produktion einstellen (Klimakterium). Das Aufhören der Menstruation wird als Menopause bezeichnet; statistisch liegt sie bei 51 Jahren. In der hormonellen Umstellungsphase, die sich 10 bis 15 Jahre hinziehen kann, kommt es bei einem Drittel der Frauen zu heftigeren Beschwerden, bei einem Drittel zu leichten und beim Rest zu keinerlei Beschwerden. Zu den häufigsten Symptomen gehören Hautveränderungen, Trockenwerden der Scheide, → Hitzewallungen, Schwindel und Kopfschmerzen, → Schlafstörungen, Stimmungsschwankungen und Inkontinenz (→ Blasenerkrankungen). Durch die Verringerung der Östrogenproduktion kann sich verstärkt Osteoporose entwickeln.

! Bei stärkeren Beschwerden sollten Sie sich von Ihrem Frauenarzt oder Ihrer Frauenärztin untersuchen und beraten lassen.

Da der hormonelle Regelkreis in starkem Maß von psychischen Faktoren beeinflusst wird, sollte man Stresssituationen meiden • Positives Denken und die Akzeptanz der Veränderung sind sehr hilfreich • Zur allgemeinen Entspannung, auch bei Schlafstörungen, hat sich die Aromatherapie bewährt (Lavendelöl, Melissenöl, Orangenöl, Rosenöl und Ylang-Ylang-Öl) • Bei trockener Scheide helfen Rizinusöl, Vitamin-E-Öl und Sesamöl • Bei beginnender Inkontinenz sollten Frauen ein Beckenbodentraining machen • Die Farbtherapie kann eine zusätzliche Begleitmaßnahme zur Linderung der Symptome sein: Gelb und Orange wirken drüsenanregend und verlangsamen so den hormonellen Umstellungsprozess • Einige Kräuter wirken hormonregulierend, vor allem die »östrogenähnlichen« Pflanzen Traubensilberkerze und Mönchspfeffer; auch Nachtkerzenöl und Johanniskrautöl tun gute Dienste • Wichtig ist eine fettarme vollwertige Nahrung mit Milchprodukten oder kalziumreichem Gemüse • Auch Bewegung (am besten leichte Ausdauersportarten) sollte in den Wechseljahren regelmäßig auf dem Programm stehen • Bei starken Regelblutungen haben sich Tees aus Frauenmantel, Schafgarbe, Mönchspfeffer, Stechwinde, Himbeeren und Schwarzen Johannisbeeren bewährt, ebenso das Einlegen eines Fastentags • Akupressur bzw. Akupunktur und Massagen wirken generell lindernd

Sauna tut bei den vegetativen Beschwerden der Wechseljahre gut.

Tee bei Wechseljahrebeschwerden: Salbei und Johanniskraut zu gleichen Teilen mischen. 3 TL der Mischung mit 1 Tasse kochendem Wasser übergießen und anschließend 10 Minuten zugedeckt ziehen lassen. Täglich 3 Tassen des Tees trinken.

Wechselwirkung: 1. Begriff der → Homöopathie. Wechselwirkung wird als Art der Reaktion auf ein bestimmtes Medikament verstanden, welches erst durch wiederholte Gaben zum gewünschten Ergebnis führt.

2. Beziehung zwischen Medikamenten, die verstärkend, störend, aufhebend oder weiterführend sein kann.

Weglassdiät: Bei Verdacht auf Nahrungsmittelallergie (→ Allergie) eingesetzte Diät, um das Allergen ausfindig zu machen. Dabei werden bestimmte verdächtige Nahrungsmittel erst weggelassen und dann einzeln nach und nach wieder dem Essen hinzugefügt.

Wegwarte (Cichorium intybus): Pflanze aus der Familie der Korbblütler (Asteraceae). Die bis zu 1,5 Meter hohe Pflanze findet sich an Wegrändern und Ackerrainen. Gesammelt werden im Herbst die oberirdischen Teile. Die Wegwarte kommt hauptsächlich in der Homöopathie zur Anwendung.

Inhaltsstoffe: Flavonoide, Sesquiterpenlaktone; in den Blüten: Zichoriin.

Anwendungen: Traditionell wird die Wegwarte bei Appetitlosigkeit eingesetzt. Von der Wegwarte stammt der Zichorienkaffee, der früher als Kaffeeersatz verwendet wurde.

Weichteilrheumatismus: krankhafte Prozesse entzündlicher oder auch nichtentzündlicher Art an Sehnen und Sehnenscheiden, Bändern, Schleimbeuteln und Muskeln. Je nachdem, welche Weichteile des Bewegungsapparats betroffen sind, können die Symptome von Steifheit in den Gelenken über Verspannungen bis hin zu starken Schmerzen bei bestimmten Bewegungen (oder im Ruhezustand) reichen. Neben Infektionen können vor allem Verletzungen und Überlastungen, Nervenschädigungen, Einflüsse von Kälte und Feuchtigkeit, aber auch hormonelle und psychische Faktoren Weichteilrheumatismus verursachen.

! Die Ursachen von chronischen Schmerzen des Bewegungsapparats müssen ärztlich abgeklärt werden.

Wärme- und Kälteanwendungen sind oft hilfreich, wobei (grob) gilt: Wärme wird bei chronischen rheumatischen Leiden, Kälte im akuten Entzündungsfall angewendet • Rotlichtbehandlungen, Heublumensack, Fangopackungen bzw. kühle Wickel und kalte Kompressen haben sich bei starken Schmerzen bewährt • Kneippanwendungen, ob als Guss, Wickel oder Bad, ob mit oder ohne Zusatz von Heilkräutern, sind empfehlenswert • Regelmäßige Bäderkuren (Schwefel-, Sol-, Moorbäder) oder auch Elektrobehandlungen (z. B. Stangerbad) können helfen • Massagen, Bewegungsübungen und Wassergymnastik tragen zur Schmerzlinderung bei • Die Boswelliasäuren des Weihrauchs helfen bei entzündlichen Prozessen • Als Heilpflanzen kommen u. a. Weidenrinde, Teufelskralle, Arnika, Königskerze, Sarsaparille infrage

Weide (Salix alba; auch Silberweide): Baum aus der Familie der Weidengewächse (Salicaceae). Die Weide ist bei uns an Flussläufen, Bächen und Seeufern zu finden. Gesammelt wird die Rinde. Sie wirkt schmerzstillend und entzündungshemmend. Die Weide wird auch in der Homöopathie angewendet.

Inhaltsstoffe: Salizylsäureverbindungen, Gerbstoffe, Flavonoide.

Anwendungen: Traditionell werden Abkochungen und Fertigarzneimittel bei Kopfschmerzen und bei Fieber, auch bei rheumatischen Erkrankungen angewendet.

Weidenröschen (Epilobium parviflorum): Pflanze aus der Familie der Nachtkerzengewächse (Oenotheraceae). Das Weidenröschen kommt bevorzugt an Wegrändern vor. Gesammelt werden kurz vor oder während der Blüte die oberirdischen Teile der Pflanze. Sie wirken entzündungshemmend.

Inhaltsstoffe: Flavonoide, Beta-Sitosterol und Beta-Sitosterolester, Sterole.

Anwendungen: Die Pflanze hilft als Teeaufguss bei Entleerungsschwierigkeiten der Blase, beispielsweise im Zusammenhang mit Prostataproblemen.

Weihrauch (Boswellia serrata): Pflanze aus der Familie der Balsambaumgewächse (Burseraceae). Der knorrige Baum wächst an Berghängen und in Wüstenregionen in Ostafrika, auf der Arabischen Halbinsel und in Teilen Indiens. Heilkräftig ist das Harz, vor allem das der indischen Art des Balsambaums.

Inhaltsstoffe: Harz (bis zu 70 Prozent), Gummi, ätherische Öle, Boswelliasäuren, Bitterstoffe, Terpene.

Anwendungen: Vor allem die Boswelliasäuren des indischen Harzes haben eine entzündungshemmende Wirkung bei speziellen Entzündungsprozessen, wie sie z. B. bei entzündlich rheumatischen Erkrankungen vorliegen. Zurzeit gibt es viel versprechende Versuche zu einer Anwendung bei Arthritis, bestimmten Gehirntumoren und entzündlichen Darmerkrankungen. Traditionell wird Weihrauch bei Bronchialasthma, Hautentzündungen und Kopfschmerzen eingesetzt.

Weißdorn, Gemeiner (Crataegus oxyacantha): Pflanze aus der Familie der Rosengewächse (Rosaceae). Der Strauch, dessen Blüten bereits im April und Mai stark duftend blühen, wächst bevorzugt in lichten Wäldern, an Waldrändern und in Hecken. In Europa gibt es viele verschiedene Weißdornarten. Meist sind die Blüten weiß und die Früchte rot. Sowohl Blüten als auch Früchte und Blätter des Weißdorns sind heilkräftig. Die Pflanze wirkt sich lindernd auf krankhafte Muskelkontraktionen, vor allem des Herzmuskels, aus; sie beeinflusst die Herzfrequenz positiv und begünstigt die Durchblutung der Herzkranzgefäße. Weißdorn wird auch in der Homöopathie verwendet.

Inhaltsstoffe: Herzglykoside, Flavonoide, Crataegussäure, Saponine, Gerbstoffe, ätherische Öle.

Anwendungen: Weißdorn dient zur Herzkräftigung, beschleunigt die Herzfrequenz und setzt die Erregbarkeit der Herzmuskelfasern herab, weshalb er bei Herzschwäche und beim so genannten Altersherz eingesetzt wird. Er wirkt auch blutdruckregulierend. Traditionell wird er zur Behandlung von Husten sowie äußerlich als Umschlag bei Nieren- und Blasenbeschwerden angewendet.

Wenn Ihr Arzt einverstanden ist – Weißdorntee kann längere Zeit getrunken werden.

! Weißdorntee sollte bei Herz- und Blutdruckerkrankungen nur unter ärztlicher Kontrolle angewendet werden.

Weizengrassaft: Der Saft aus frisch gepresstem grünem Weizengras enthält Vitamine, Mineralstoffe und Spurenelemente in hoher Konzentration; hinzu kommt ein extrem hoher Chlorophyllgehalt, der im Gegensatz zu anderen Arten des Blattgrüns nicht giftig ist. Weizengrassaft ist ein ausgezeichnetes Mittel zur Stärkung des Immunsystems und wird sogar zur Krebstherapie eingesetzt.

Wermut (Artemisia absinthium): Pflanze aus der Familie der Korbblütler (Asteraceae). Die bis zu einem Meter hohe Pflanze wächst auf steinigen Böden, z. B. Kiesbänken. Gesammelt werden die Blätter und Blüten von Juli bis September. Wermut ist ein aromatisches Bittermittel. Die Pflanze wird auch in der Homöopathie verwendet.

Inhaltsstoffe: ätherische Öle (z. B. Thujon), Bitterstoffe (Absinthin, Artabsin, Matrizin).

Anwendungen: Wermut eignet sich zur Behandlung von Appetitlosigkeit und Verdauungsstörungen, ebenso bei Funktionsstörungen der Gallenblase und der Gallengänge, da er den Gallenfluss anregt.

Wertigkeit, biologische: dient als Maß für den Wert bzw. die Qualität eines bestimmten Nahrungsmittels im Hinblick auf den Gehalt an → Eiweiß (Protein). Beeinflusst wird die biologische Wertigkeit durch die Menge der enthaltenen essenziellen → Aminosäuren, die für den Aufbau von Eiweiß verantwortlich sind. Zudem wird sie durch die Beziehungen der Aminosäuren untereinander bestimmt. Vollei, Kartoffeln, Milch, Soja, Rindfleisch, Roggen sowie Weizen weisen eine besonders hohe biologische Wertigkeit auf.

Wetterfühligkeit: Unwohlsein bei Wetterumschwüngen. Dabei unterscheidet man zwischen zwei Beschwerdebildern: Müdigkeit, Apathie, depressive Verstimmungen, Konzentrationsschwäche kennzeichnen den einen Typ, während Unrast, Reizbarkeit, Nervosität, Migräne, Übelkeit, Schlaflosigkeit, Herzklopfen, Herzschmerzen, Hitzewallungen, Schwindel, Muskelzittern, Sehstörungen, Atemnot und Schleimhautreizungen für den anderen charakteristisch sind. Darüber hinaus gibt es den Mischtyp. Wetterfühligkeit ist in der Regel eine harmlose Befindlichkeitsstörung, die aber für Betroffene sehr lästig sein kann, wobei Frauen stärker betroffen sind als Männer. Gesundheitliche Gefahren bei Wetterumschwüngen bestehen für Menschen mit Herz-Kreislauf-Problemen und Thromboseneigung.

Johanniskrauttee hilft den Betroffenen, die unter Symptomen des ersten Typs leiden, Weißdorntee denjenigen, die von Beschwerden des zweiten Typs betroffen sind • Akupressur hilft (die Punkte, die rechts und links der Wirbelsäule im Nacken liegen, mit beiden Fingern 3 Minuten akupressieren) • Alle Abhärtungsmaßnahmen und kneippschen Anwendungen stärken die körperliche Leistungsfähigkeit und machen weniger anfällig • Bisweilen hilft eine kaliumreiche Ernährung (kaliumreich sind Avocados, Brokkoli, Kohl, Hülsenfrüchte, Nüsse, Bananen) • Yoga und Atemübungen bessern Beschwerden

White Chestnut (engl.): Weiße Kastanie oder Rosskastanie, Stockbottle Nr. 35 der → Bach-Blüten. White Chestnut hilft bei Konzentrations- und Schlafstörungen, befreit aus endlosen Grübeleien und macht Mut für die Zukunft.

Wickel: Wasseranwendung, bei der ein heißes, temperiertes oder kaltes mit Wasser getränktes Tuch (dem eventuell Heilpflanzen oder heilkräftige Stoffe beigesetzt sind) um bestimmte Körperbereiche gewickelt wird (→ Kneipptherapie).

Wiedemann-Kur (auch kombinierte Serumtherapie): von dem Mediziner Fritz Wiedemann entwickelte Therapie zur Regeneration, also Neubildung erkrankten oder zerstörten menschlichen Körpergewebes. Charakteristisch für die Wiedemann-Kur ist die Verbindung → Zelltherapie, → Sero- bzw. Serumtherapie und Behandlung durch hoch dosierte Vitaminpräparate. Die Therapie ist umstritten.

Wild Oat (engl.): Waldtrespe, Stockbottle Nr. 36 der → Bach-Blüten. Wild Oat hilft in Entscheidungssituationen und depressiven Phasen, die richtigen Ziele zu finden.

Wertigkeit von Nahrungsmitteln

Die biologische Wertigkeit zeigt an, wie viel Körperprotein aus 100 Gramm Nahrungsprotein gewonnen werden kann. Beim Vollei werden 100 Gramm Nahrungsprotein zu 100 Gramm Körperprotein. Die folgenden Nahrungsmittel haben eine biologische Wertigkeit von:

• Vollei	100
• Kartoffeln	86
• Milch	84
• Soja	84
• Rindfleisch	83
• Roggen	83
• Weizen	58

Eine Essenszusammenstellung aus 65 Prozent Kartoffeln und 35 Prozent Eiern ergibt eine Wertigkeit von 136.

Wild Rose (engl.): Heckenrose, Stockbottle Nr. 37 der → Bach-Blüten. Wild Rose stärkt die Lebensfreude, wirkt gegen apathische Stimmungen und macht Lust, das Leben wieder aktiv zu genießen.

Willow (engl.): Gelbe Weide, Stockbottle Nr. 38 der → Bach-Blüten. Willow stärkt den Sinn für die Realität und eignet sich vor allem für Menschen, die sich in der Rolle des Opfers sehen.

Windeldermatitis: meist in Zusammenhang mit → Soor bei Säuglingen und Kleinkindern auftretende Veränderung der Haut im Bereich der Windeln. Die Haut ist gerötet und teilweise wund, und es kommt zur Bildung von kleinen Bläschen, die sich vergrößern und dann abschuppen.

Der Säugling sollte so oft wie möglich mit nacktem Po strampeln, um dort ein »feuchtes Klima« zu vermeiden • Nach Möglichkeit sollte man luftdurchlässige Stoffwindeln ohne Gummihose verwenden • Der Pobereich kann mit einer stark verdünnten Tinktur aus Ratanhia und Myrrhe oder mit Lavendelöl betupft werden • Auflagen mit Kamillentee (2 TL Kamillenblätter auf 1/4 l Wasser) lindern den Juckreiz

Winterdepression → depressive Verstimmung

Wirkstoff: körpereigene (Hormon, Enzym) oder körperfremde (Vitamin, Pflanzenwirkstoff) Substanz, die auf Zellen, Gewebe, Organe positiv oder negativ einwirken kann. Synthetisch hergestellte Wirkstoffe in Arzneimitteln sollen möglichst gezielt an bestimmten Stellen des Organismus angreifen. Die in Heilpflanzen enthaltene Wirkstoffkombination wirkt meist unspezifischer.

Wirkungsdauer: Anhalten der Wirkung eines Medikaments. Der Begriff wird insbesondere in der → Homöopathie verwendet. Bei der Ermittlung der Wirkungsdauer spielen die folgenden Punkte eine Rolle. Je akuter bzw. »dramatischer« der Krankheitsverlauf ist, desto kürzer ist die Wirkungsdauer, weshalb die Medikamentengabe (öfter) zu wiederholen ist.

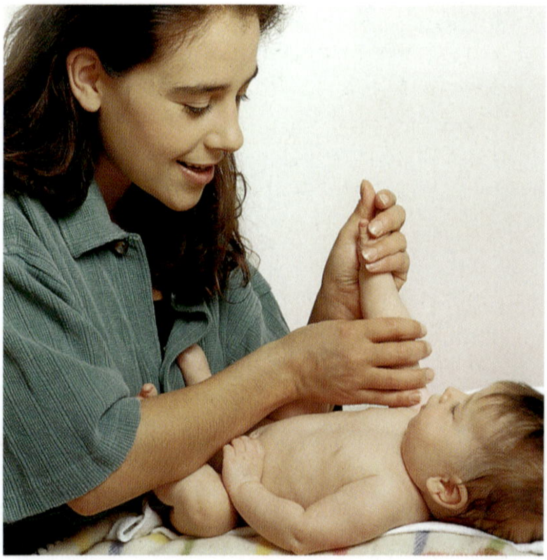

Windeldermatitis heilt schneller, wenn das Baby nackt strampeln kann.

Außerdem verkürzt sie sich, wenn Patienten aus seelischen oder mentalen Gründen gegen die Einnahme einer bestimmten Arznei eingestellt sind (Compliance). Die Wirkungsdauer ist jedoch umso länger, je höher die dem Patienten verabreichte Potenz des Medikaments ist.

Wolfstrapp (Lycopus europaeus): Pflanze aus der Familie der Lippenblütler (Lamiaceae). Wolfstrapp findet man vor allem an Wegrändern, in Hecken, auf Schutt und trockenen Weiden. Von Juni bis September blüht er blassrot und duftet aromatisch. Wolfstrapp wirkt belebend, anregend und blutzuckersenkend. Die Pflanze wird auch in der Homöopathie verwendet.

Inhaltsstoffe: Phenolkarbonsäuren, Alkaloide, Flavonoide, Gerbstoffe.

Anwendungen: Die Pflanze kommt in Fertigpräparaten bei der Behandlung von leichter Schilddrüsenüberfunktion sowie bei Schwellungen und Spannungsgefühl in den Brüsten vor oder während der Menstruationsblutung zum Einsatz.

! Wolfstrapp ist nicht für die Selbstbehandlung geeignet.

Eine uralte Tradition: Wünschelrutengänger auf der Suche nach Wasseradern.

Wollblume → Königskerze

Wundscheuern: Hauptsächlich betroffen sind die Schultern, die Gesäßgegend, die Innenseiten der Oberschenkel und Knie, die Ellbogen, die seitlichen Hüftpartien, Knöchel und Fersen und – etwa bei Druckgeschwüren durch Wundliegen – auch der Rücken zwischen den Schulterblättern und der Bereich der Lendenwirbel. Die Wunde oder das Geschwür beginnt mit einer Hautrötung. Es bilden sich Blasen, oder die Haut wird regelrecht weggescheuert. Meist entstehen die Verletzungen, wenn (harte, faltenreiche) Kleidungsstücke zu lange auf einer bestimmten Hautpartie scheuern und die Durchblutung der betroffenen Stelle eingeschränkt ist.

Eng anliegende oder harte, scheuernde Bekleidung bzw. Schuhe sollte man meiden • Bei den ersten Anzeichen sollte die gefährdete Hautpartie sofort freigelegt werden • Bettlägrige Kranke müssen etwa alle 2 Stunden umgelagert werden • Zur direkten Behandlung von Wunden bzw. Druckgeschwüren sollte man die betroffenen Stellen zunächst sorgfältig säubern, dann kann man 5 Tropfen Teebaumöl auf ein sauberes Mulltuch träufeln und die betroffenen Stellen betupfen

Wünschelrute: Anzeigegerät von Rutengängern. Die Wünschelrute ist meist ein Haselnusszweig, bisweilen auch ein Pendel, das Wasseradern und andere »Reizzonen« in der Erde sowie kranke Organe, Erkrankungen und Arzneimittel im Körper auffinden soll. Die Wünschelrute hat oft die klassische V-Form, kann aber auch andere, etwa gebogene Form haben (→ Erdstrahlen, → Geopathie).

Wurmbefall: Ansiedlung von Maden-, Band- oder Spulwürmern im feuchtwarmen Klima des Darms. Madenwürmer sind weiß, ein bis zwei Zentimeter lang, während die graurosa Spulwürmer bis zu 25 Zentimeter lang werden können. Es gibt zahlreiche Varianten dieses Wurmtypus. Beschwerden wie Afterjucken, Bauchschmerzen, schlechtes Befinden, blasses Aussehen und Schlafstörungen können auf einen Wurmbefall hindeuten. Verursacht wird ein Befall von Madenwürmern meist durch Einführung von Wurmeiern in den Mund mit stuhlbeschmutzten Fingern, weshalb vor allem bei Kleinkindern Gefahr besteht. Der Befall mit Maden- und Spulwürmern kann auch durch ungewaschenes Obst, rohe Gemüse und Salate erfolgen. Einen Bandwurm zieht man sich dagegen durch den Genuss von rohem oder nicht durchgegartem Fleisch zu.

! Bei Maden-, Spul- und Bandwürmern sollte man zum Arzt gehen. Vor allem der Bandwurm kann zu Komplikationen führen.

Ein bewährtes Anti-Wurm-Mittel der Volksmedizin ist der Bärlauch (zerquetschte Zwiebeln in Milch einlegen; von der Bärlauchmilch schluckweise den ganzen Tag über trinken) • Die Bettwäsche sollte einmal täglich gewechselt und ausgekocht werden, die Unterwäsche öfter • Extrakte aus Wurmfarn (Farnwurzel) helfen gegen Bandwürmer, müssen allerdings unter ärztlicher Aufsicht in genauer Dosierung angewendet werden

Wurmfarn → Farnwurzel

Xue (chines.; gesprochen »schüe«): Bezeichnung der → traditionellen chinesischen Medizin für das Blut. Blut entsteht nach Vorstellung der TCM in Milz, Leber und Magen durch Umwandlung von Nahrungs-Qi (→ Qi). Das Blut wird vom Herz in die Blutgefäße gepumpt, über die es den Organismus ernährt. In der Leber und in der Milz wird es kontrolliert. Es steht in engem Zusammenhang mit der Lebensenergie Qi, die übergeordnet den Blutfluss reguliert. In den Akupunkturpunkten der → Meridiane verbindet sich der Blutkreislauf mit dem Qi-Kreislauf. Störungen oder Blockaden dieses Kreislaufs führen auch zu Störungen des Blutes, des Blutkreislaufs bzw. zu Krankheiten.

Yi (chines. Vorstellungskraft; gesprochen »ji«). Begriff der → traditionellen chinesischen Medizin und der chinesischen Philosophie. Mit der Vorstellungskraft kann die Lebensenergie Qi beeinflusst werden, mehr noch: Sie kann direkt zu Organen und Bereichen im Körperinneren gelenkt werden. Die Vorstellungskraft Yi ist vor allem im Zusammenhang mit Qi-Gong-Übungen von Bedeutung (→ Qi Gong).

Yin-Yang (chines.; gesprochen »jin-jang«): Prinzip der chinesischen Philosophie, das auch der → traditionellen chinesischen Medizin zugrunde liegt. Demnach ist das Dao (Tao) das höchste Letzte (ungeteilte Ganze), in dem die beiden polaren Kräfte Yin und Yang wirken. Yang steht für das männliche lichte Prinzip, während Yin den dunklen weiblichen Pol verkörpert. Das ständige Wechselspiel von Yin und Yang symbolisiert das Leben. Denn diese beiden Kräfte sind ständig in Bewegung: Aus Yin wird Yang und umgekehrt. Reines Yin oder Yang gibt es also nicht; im einen ist immer schon der Beginn oder das Ende des anderen enthalten.

Yin und Yang in der TCM: Yin und Yang dienen der traditionellen chinesischen Medizin zur Bezeichnung von Funktionen und Veränderungen des Organismus. Eine Krankheit kann eher Yang (z. B. Fieber) oder Yin (z. B. kalte Hände und Füße) sein. Der gesunde Normalzustand des Organismus beruht auf der harmonischen Einheit von Yin und Yang, auf deren Fließgleichgewicht. Störungen haben Erkrankungen zur Folge. Deshalb zielt die Therapie immer darauf ab, die Harmonie von Yin und Yang wiederherzustellen. Yin-Yang gilt für chinesische Medikamente genauso wie für die Akupunktur (Yin- und Yang-Meridiane). Der Tod tritt ein, wenn die völlige Trennung von Yin und Yang vollzogen wird.

Ylang-Ylang-Öl: durch Wasserdampfdestillation aus den frischen Blüten des Ylang-Ylang-Baums (Cananga odorata) gewonnenes klares bis gelbliches ätherisches Öl. Das Aromaöl (→ Aromatherapie) hat einen beruhigenden Einfluss auf die Psyche; körperlich zeigt es hautregenerierende, blutdrucksenkende und antiseptische Eigenschaften. Deshalb findet es häufig Anwendung bei Stress, Angespanntheit und Nervosität; auch hat es sich bei Herzrasen in beruhigender Weise bewährt. Was die psychische Wirkung betrifft, so steht Ylang-Ylang-Öl in dem Ruf, nicht nur entspannend und aus-

Yin und Yang

Ursprünglich war Yin die schattige Nordseite eines Bergs, Yang dagegen die sonnenbeschienene Südseite. Weitere Aspekte sind:

- Yin: Erde, Nacht, Herbst/Winter, Kälte, weiblich, schwer, dunkel, unten
- Yang: Himmel, Tag, Frühling/Sommer, Wärme, männlich, leicht, hell, oben

gleichend, sondern darüber hinaus erotisierend zu sein. In Mischungen verträgt sich das Öl gut mit den ätherischen Ölen von Jasmin, Rose, Sandelholz und Zitrone.

Yoga (sanskrit Vereinigung): jahrtausendealtes, buddhistisch geprägtes Übungssystem aus Indien, das Körperhaltungen, Atemtraining, Ernährung, Meditation und geistige Erleuchtung umfasst. Höchstes Ziel aller Yogasysteme (zu den bekanntesten zählen Hatha- und Raja-Yoga) ist die Harmonie von Körper, Seele und Geist mit dem Urgrund des Seins. Um dieses Ziel zu erreichen, muss der Yogaschüler acht Entwicklungsphasen (Stufen) durchlaufen, deren letzte die Loslösung des menschlichen Geistes von der materiellen Welt ist. In der westlichen Welt wird Yoga hauptsächlich als Entspannungsmethode gesehen (siehe zu Yoga das Special S. 431ff.).

☛ Yogaübungen eignen sich nach einem Kurs zur Selbstbehandlung.

Yohimbe (Pausinystalia yohimbe): Pflanze aus der Familie der Rötegewächse (Rubiaceae). Der bis zu 20 Meter hohe Baum wächst im westlichen Afrika. Heilkräftig ist die Rinde. Yohimbe wirkt blutdrucksenkend, sexuell stimulierend und schleimhautanästhesierend.

Inhaltsstoffe: Alkaloide (vor allem Yohimbin), Gerbstoffe.

Anwendungen: Die Pflanze hatte früher den Ruf, potenzstärkend zu sein. Traditionell wird sie auch bei Schwäche- und Erschöpfungszuständen und bei Prostataproblemen angewendet. Das aus der Rinde gewonnene Yohimbin wird in Fertigpräparaten zur Blutdrucksenkung, bei Angst und Erschöpfungszuständen sowie bei Schlafstörungen eingesetzt.

! Bei Erkrankungen der Leber und der Gallenblase, chronischen Herzproblemen sowie bei Bluthochdruck darf Yohimbe nicht angewendet werden

Ysop, früher als Heil- und Gewürzpflanze kultiviert, wird heute wieder entdeckt.

Ysopöl: durch Wasserdampfdestillation aus den oberirdischen Teilen des blühenden Ysopstrauchs (Hysoppus officinalis) gewonnenes goldgelbes ätherisches Öl, das sehr aromatisch, würzig und frisch duftet. Das Aromaöl (→ Aromatherapie) wirkt schleimlösend, entkrampfend, blutdruckregulierend, herzstärkend und hautregenerierend. Im psychischen Bereich zeigt es eine aufmunternde und kräftigende Wirkung. Anwendungen mit Ysopöl (häufig auch in Form von Teeaufgüssen) sind bei Erkältungskrankheiten, Bronchitis, Funktionsstörungen des Magen-Darm-Trakts, Menstruationsbeschwerden und Kreislaufproblemen zu empfehlen. Bei Heiserkeit kann man Ysopöl als Gurgelmittel (ein paar Tropfen auf ein Glas Wasser) einsetzen. Äußerlich kommt Ysopöl bei Prellungen und Verstauchungen sowie bei Hautentzündungen, Ekzemen und Akne hilfreich zur Anwendung. Ysopöl verträgt sich in Mischungen gut mit den ätherischen Ölen von Salbei und Thymian.

! Bei der Dosierung ist Vorsicht angebracht, denn in größeren Mengen ist Ysopöl giftig und kann zu krampfartigen Anfällen führen. Bei Neigung zu epileptischen Anfällen ist die Anwendung nicht ratsam.

Yoga Special

Der indische Weg zur Selbstverwirklichung

Yoga ist in der indischen Kultur fest verwurzelt und besitzt eine mehr als 2000-jährige Tradition. Schon seit der Zeitenwende sind Buddhastatuen überliefert, die sich in Yogastellungen präsentieren. Yoga war schon sehr früh mit der Idee einer spirituellen Selbstverwirklichung verbunden. Später entstanden verschiedene Yogawege, um dieses Ziel zu erreichen – etwa Bhakti-Yoga, Karma-Yoga, Raja-Yoga, Hatha-Yoga, Tantra-Yoga.

»Yoga-Sutra« – acht Stufen des Yoga

Vermutlich im 2. Jahrhundert v. Chr. verfasste der indische Denker Patanjali ein Regelwerk mit dem Titel »Yoga-Sutra«, das als klassisches Yogalehrbuch schlechthin gilt. Aus Patanjalis Lehre entwickelten sich die unterschiedlichen Yogasysteme wie das spirituell ausgerichtete Raja-Yoga (gesprochen »Radscha«) oder die im abendländischen Kulturkreis am häufigsten praktizierte Form des Hatha-Yoga aus dem 11. und 12. Jahrhundert.

Nach Patanjali führt der Yogaweg über die folgenden acht Stufen:

- Verhaltensregeln im Umgang mit anderen (Yama)
- Selbstdisziplin (Niyama)
- Körperübungen (Asanas)
- Atemübungen (Pranayama)
- Reinheit der Sinne (Pratyahara)
- Kontemplation und ein Sichzurückziehen (Dharana)
- Meditation (Dhyana)
- Erlebnis des Einsseins, Lösung von der materiellen Welt (Samadhi)

Auch wenn man sich lediglich für Yoga als Entspannungstechnik interessiert, sollte man dennoch auch über die spirituellen und philosophischen Hintergründe Bescheid wissen.

Yoga als Entspannungstechnik

Viele Menschen entscheiden sich heutzutage für Yoga als Entspannungstechnik, da ihnen bewusst ist, wie sehr der heutige Lebensstil von einer wirklichen Verwurzelung, einem Insichruhen entfernt ist. Yoga vermag hier effektive Hilfe zu leisten, da die Übungen Wege zu innerer Ruhe und Stabilität, zu Ausgeglichenheit und Erlebnistiefe, vor allem aber zur Bewusstwerdung und Aktivierung der uns innewohnenden kreativen Kräfte aufzeigen. Sri Aurobindo, einer der bedeutendsten Yogavertreter unserer Zeit, formulierte dies so: »Nicht weltverneinendes Asketentum, sondern glutvoll bejahtes Leben, das ist Yoga.«

Hatha-Yoga – natürliche Atempflege

Hatha-Yoga ist aufgrund seiner positiven Wirkungen auf die menschliche Gesundheit das bei uns am weitesten verbreitete Yogasystem. Es führt durch bestimmte Körperübungen und -haltungen (Asanas) zur Bewusstwerdung körperlicher und seelischer Kräfte sowie zu ihrer Entfaltung und Harmonisierung. Zudem gilt Hatha-Yoga als Weg zur richtigen Atmung und Entspannung und auch als sinnvolle Vorbereitung für Meditationsübungen.

Asanas – für mehr Beweglichkeit

Die Asanas sind bestimmte Körperhaltungen, die der Entspannung, der Beweglichkeit und dem freien Atemfluss dienen. Regelmäßiges Üben der klassischen Asanas kommt nicht nur der Beweglichkeit der Wirbelsäule und Gelenke, sondern auch der Blutzirkulation zugute. Im Hatha-Yoga kennt man an die 200 unterschiedliche Asanas. Es kommt jedoch nicht darauf an, möglichst viele Stellungen zu beherrschen. Wichtig ist, regelmäßig und konzentriert zu üben – ohne dabei das Training mit Leistungssport zu verwechseln.

Der indische Weg zur Selbstverwirklichung

Übungen zur Entspannung

Im Folgenden sollen ein paar der klassischen Asanas vorgestellt werden, die sich gut zur Entspannung eignen. Bevor Sie beginnen, setzen Sie sich auf eine Decke auf den Boden. Sie können einfach im Schneidersitz sitzen; den Lotossitz (linker Fuß in der rechten Leistenbeuge, rechter Fuß in der linken Leistenbeuge) müssen Sie als Anfänger noch nicht beherrschen. Schließen Sie die Augen, und konzentrieren Sie sich eine Weile auf Ihren Körper.

▶ *Pranayama zu Beginn*

Diese Atemübung kräftigt die Lunge, reinigt die Nase und macht den Kopf frei.

- Sie sitzen im Schneider- oder Fersensitz. Mit der rechten Hand formen Sie ein Vishnu-Mudra. Dazu knicken Sie Zeige- und Mittelfinger der geöffneten Hand zur Handfläche hin ab. Drehen Sie die Handfläche zum Gesicht, und legen Sie den Daumen an der rechten Nasenseite an, den Ringfinger an der linken.
- Drücken Sie nun mit dem rechten Daumen das rechte Nasenloch zu, und atmen Sie langsam durch das linke aus.
- Atmen Sie durch das linke Nasenloch wieder ein, verschließen Sie es dann mit dem Ringfinger. Öffnen Sie gleichzeitig das rechte Nasenloch, und atmen Sie durch dieses langsam aus.
- Wiederholen Sie das wechselseitige Atmen mehrmals.

▶ *Fersensitz*

Diese Übung kräftigt den Rücken und löst Verspannungen.

- Sie sitzen auf beiden Fersen. Die Knie sind geschlossen, die Fersen zeigen nach außen, und die großen Zehen liegen über Kreuz.
- Der Rücken ist gerade (kein Hohlkreuz!).
- Ihre Hände liegen mit den Handflächen nach oben in Ihrem Schoß. Die rechte Hand liegt dabei in der linken.
- Denken Sie an etwas Schönes.

Pranayama mit Vishnu-Mudra: Die Wechselatmung wird harmonisiert.

Der meditative Fersensitz fördert auch die Durchblutung und die Verdauung.

▶ ***Der Schulterstand***

Diese Übung wird auch als Kerze bezeichnet. Sie fördert die Durchblutung und hilft bei geistiger Erschöpfung. Sie wirkt auch vorbeugend gegen Schulterverspannungen.

- Sie liegen mit geschlossenen Beinen auf dem Rücken; die Arme liegen ausgestreckt neben dem Körper.
- Nun drücken Sie sich beim Einatmen mit den Händen vom Boden ab und heben gleichzeitig beide Beine an, bis diese einen 90-Grad-Winkel zum Oberkörper bilden.
- Dann stützen Sie mit den Händen die Hüften ab und heben die Beine und den Oberkörper weiter an – so weit Sie können.
- Anschließend rollen Sie sich Wirbel für Wirbel wieder in die Rückenlage zurück.
- Wiederholen Sie den Schulterstand einige Male, ohne etwas erzwingen zu wollen.

! Wenn Sie Probleme mit der Halswirbelsäule haben, sollten Sie die Übung nicht machen.

▶ ***Der Kniekuss***

Diese Übung entspannt und stärkt den Rücken und hilft auch bei Konzentrationsstörungen, da sie die Kopfdurchblutung verbessert.

- Sie stehen aufrecht mit geschlossenen Beinen. Die Arme hängen locker seitlich am Körper herab.
- Beim Einatmen heben Sie die gestreckten Arme nach oben über den Kopf. Dehnen und strecken Sie sich weit nach oben.
- Mit dem Ausatmen beugen Sie die ausgestreckten Arme und den Oberkörper nach vorn und unten. Der Kopf bleibt zwischen den Armen.
- Umfassen Sie nun mit den Händen den unteren Teil der Beine – je nachdem, wie weit Sie nach unten kommen –, und holen Sie Kopf und Oberkörper so nah wie möglich an die Beine heran. Die Knie bleiben dabei durchgestreckt, und der Oberkörper bleibt möglichst gerade.
- Nach einigen Atemzügen richten Sie sich Wirbel für Wirbel wieder langsam auf.

Der maximale Schulterstand gelingt erst nach einiger Übung.

Dehnen Sie sich beim Kniekuss zunächst nur so weit, wie Sie kommen.

Zahnfleischentzündung: entzündliche Veränderungen des Zahnfleischs, bisweilen mit Zahnfleischbluten. Das Zahnfleisch verliert seine blassrosa Farbe und wird stattdessen bläulich rot. Zwischen den Zähnen schwillt es an und blutet meist leicht, vorwiegend beim Zähneputzen. Die betroffenen Stellen reagieren überaus empfindlich auf Berührungen. Die Ursachen einer Zahnfleischentzündung sind unterschiedlich: Sie reichen von Zahnbelag und Zahnstein (oberhalb und vor allem unterhalb des Zahnfleischrands) über schlecht sitzende Zahnprothesen bis hin zu Vitaminmangel, Zuckerkrankheit (Diabetes mellitus), Erkrankungen der Leber und Allergien. Das Risiko einer Zahnfleischentzündung steigt, wenn die Zahnhygiene über einen längeren Zeitraum hinweg vernachlässigt wird.

! Wer längere Zeit entzündetes Zahnfleisch mit Zahnfleischbluten hat, sollte nicht nur den Zahnarzt, sondern auch einen Allgemeinarzt aufsuchen, um die Ursache klären zu lassen. Chronische Infektionen des Zahnfleischs können zu Zahnausfall führen.

Die richtige Mundhygiene beugt Zahnfleischentzündung vor • Der Zahnarzt sollte regelmäßig zur Kontrolle und zur Entfernung des Zahnsteins aufgesucht werden • Gegen die Schmerzen träufeln Sie etwas Nelkenöl oder Teebaumöl auf ein Wattestäbchen und betupfen damit das Zahnfleisch • Mundspülungen können Sie mit Teebaumöl oder mit Propolis (5 Tropfen Teebaumöl bzw. Propolis auf 1 Glas lauwarmes Wasser, vermischen und etwas ziehen lassen) durchführen

Tee zur Spülung: 30 g Brombeerblätter und je 20 g Salbei, Malve und Rosmarin mischen. 3 EL der Mischung mit 1/2 l Wasser aufkochen. Mit dem lauwarmen Tee mehrmals täglich den Mund spülen.

Die Zähne pflegen und schützen

- Kinder sollten mit der Rotationstechnik, Erwachsene mit der Rütteltechnik dreimal täglich die Zähne putzen. Zahnseide entfernt Reste aus den Zahnzwischenräumen.
- Fluoridhaltige Zahnpasten kräftigen den Zahnschmelz.
- Kauen Sie Speisen gründlich; dies verbessert die Mundflora. Nach dem Essen kauen Sie einen zuckerfreien Kaugummi.
- Vitamin C (z. B. in Zitrusfrüchten) und Kalzium (z. B. in Milchprodukten und grünen Gemüsen) schützen Zähne und Zahnfleisch.

Zaubernuss (Hamamelis virginiana): Pflanze aus der Familie der Zaubernussgewächse (Hamamelidaceae), die in mehreren Arten verbreitet ist. Der Strauch bzw. kleine Baum kommt ursprünglich aus Nordamerika und aus Ostasien, wird aber inzwischen auch in Europa als Gartenzierstrauch angepflanzt. Auffällig sind die gelben Blütenbüschel, die nach dem Fall der Blätter im Herbst oder auch im Winter erscheinen. Heilkräftig sind allerdings nicht die Blüten, sondern die frisch geschnittenen Blätter und Zweige sowie die Rinde von Hamamelis virginiana, der Virginischen Zaubernuss. Sie sind auch für die Kosmetikindustrie von Bedeutung. Zaubernuss wirkt zusammenziehend (adstringierend), entzündungshemmend und außerdem blutstillend. Die Pflanze wird auch in der Homöopathie verwendet.

Inhaltsstoffe: in der Rinde: Gerbstoffe (Hamamelitannin), Catechinderivate, Gallussäure; in den Blättern: Gerbstoffe, Flavonoide, ätherische Öle.

Anwendungen: Die Zaubernuss ist vor allem als äußerliches Heilmittel (Absud, Tinktur oder als Bestandteil von Lotionen und Salben) bei Entzündungen und Verletzungen, Verbrennungen und Hautschwellungen sowie bei Krampfadern und Hämorrhoidalleiden bekannt. Außerdem wird sie zur Blutstillung angewendet. Traditionell wird die Pflanze auch zur Linderung von Durchfall eingesetzt.

Zedernöl: durch Wasserdampfdestillation aus Holzabfällen und Sägemehl des Zedernbaums (Juniperus virginiana) gewonnenes honigfarbenes Öl mit süßlich warmem, leicht holzigem Duft. Das Aromaöl (→ Aromatherapie) wirkt antiseptisch, schleimlösend, entkrampfend und harntreibend. Es kommt bei Haut- und Haarproblemen, Erkältungskrankheiten und Harnwegserkrankungen sowie bei depressiven Verstimmungen, Angstzuständen und Nervosität zur Anwendung. In Mischungen verträgt sich Zedernöl gut mit den ätherischen Ölen von Rose, Zitrone und Wacholder.

Zeitkrankheit: offiziell (noch) nicht anerkannte Erkrankung, bei der die Betroffenen an einem unerklärlichen Mangel an Zeit leiden. Verbunden ist dies mit Symptomen wie Unansprechbarkeit, Gereiztheit, Vergesslichkeit, Gehetztheit, bleierner Müdigkeit, Unfähigkeit, zur Arbeit zu erscheinen, nicht enden wollendem Selbstmitleid – unterbrochen von Anfällen von Arbeitswut. Die Erkrankten vernachlässigen ihre Familie, ihre Kollegen sowie ihren Freundes- und Bekanntenkreis. Die Ursache dieser zunehmend häufiger auftretenden Beschwerden ist noch nicht restlos geklärt. Verdächtigt werden u. a. Klimaanlagen, Sommer- und Winterzeit, unbekannte afrikanische Mikroben, Computerviren und fusionierende Firmen. Anderen Vermutungen zufolge sollen kleine graue Zeitdiebe im Umlauf sein, die die Zeit einfach »stehlen«.

Sowohl Schulmedizin als auch Naturheilkunde stehen der Erkrankung ratlos gegenüber; da auch die Krankenkassen keinerlei Behandlung bezahlen, ist Hilfe zur Selbsthilfe notwendig • Unabdingbar ist, sich wieder Zeit zu nehmen oder in konzertierten Gemeinschaftsaktionen Zeit »zurückzustehlen«

Zellenbad → Vierzellenbad

Zelltherapien (auch Zellregenerationstherapien, Zellulartherapien, Frischzelltherapien): Übertragung von fremden Gewebezellen in den menschlichen Organismus, meist durch

Hamamelis – die Zaubernuss blüht, wenn andere Pflanzen Winterschlaf halten.

Injektion. Die Zelltherapie hatte jahrelang den Ruf, dass man sich mit ihrer Hilfe nahezu beliebig verjüngen könne. Die Euphorie wurde in letzter Zeit gebremst, denn es kam immer wieder zu unangenehmen Begleiterscheinungen, die sogar tödlich endeten. Bei den übertragenen Zellen handelt es sich meist um Extrakte, die aus tierischen Geweben oder Organen hergestellt werden. Lässt man den Wunsch nach Verjüngung außer Acht, hat die Zelltherapie bei der Behandlung von Erkrankungen und der Stärkung des Immunsystems durchaus ihre Bedeutung. Das grundsätzliche Problem von Zellübertragungen liegt in den dabei häufig auftretenden allergischen Reaktionen; der Körper »identifiziert« die neuen Zellen wegen ihres fremden Eiweißes als nicht zum eigenen Organismus gehörig (und damit als Schadstoffe) und leitet eine Abstoßungsreaktion ein. Diese Reaktion kann unter Umständen sogar zum anaphylaktischen Schock führen. Auch besteht die Gefahr, dass sich – auf längere Sicht – Autoimmunkrankheiten entwickeln können, weil das Immunsystem körpereigene Zellen zu zerstören beginnt. Angesichts der

BSE-Gefahr birgt die Übertragung von Rinderzellen nicht geklärte Risiken. In Deutschland wurde eine Reihe von Maßnahmen erlassen, die die Gefahren einer Zelltherapie begrenzen sollen (→ Organotherapie).

Zellulite (Orangenhaut): großporige Haut mit dellenartigen Verformungen, meist an den Außenseiten der Oberschenkel, der Hüften und des Gesäßes. Die Hautoberfläche ähnelt der Haut einer Orange – daher der volkstümliche Name der Zellulite. Tatsächlich ist sie eine Fettverteilungsstörung, deren Ausbildung durch Bindegewebsschwäche bzw. die weichere Bindegewebestruktur bei Frauen gefördert wird. Es bilden sich Fettzellen; bestimmte Hautareale bekommen so weniger Nährstoffe. Zellulite ist keine eigentliche Erkrankung; die betroffenen Frauen (Männer sind kaum betroffen) bringen eine entsprechende Veranlagung mit. Risikofaktoren sind Übergewicht, zu fettes Essen und Mangel an Bewegung.

Regelmäßiger Ausdauersport strafft Bindegewebe und Haut • Der Abbau von Übergewicht (keine Radikalkuren) kann gegebenenfalls eine Besserung bewirken • Kneippanwendungen fördern generell die Durchblutung; besonders geeignet sind kalte und wechselwarme Güsse in den Problembereichen • Auch Bürstenmassagen (Trockenbürsten) können hilfreich sein • Sinnvoll ist eine Entsäuerungstherapie des Körpers

Teemischung: Schachtelhalm und Spitzwegerich zu gleichen Teilen mischen. 2 TL der Mischung aufkochen und 10 Minuten ziehen lassen. Täglich 1 Tasse des Tees 4 Wochen lang kurmäßig trinken.

Zen-Meditation: Meditationsform, die sich in Japan unter dem Einfluss des Zen-Buddhismus entwickelte. Die Zen-Meditation dient der Ergründung des Selbst. Sie wird schweigend im Sitzen durchgeführt. Bei Meditationsgruppen überwacht ein Lehrer die Meditierenden. Er schlägt ihnen bisweilen mit einem Stock auf die Schultern, um sie an die Konzentrationsabsicht zu erinnern bzw. sie bei Ermüdung oder nachlassender Konzentration wieder zu »wecken«. Im Mittelpunkt der Zen-Meditation steht das völlige »Entleeren« des Geistes von Gedanken, um aus diesem Zustand heraus einerseits die Welt so zu akzeptieren, wie sie ist, und andererseits für die Erleuchtung fähig zu sein (→ Meditation).

Zilgrei-Methode: Heilmethode, die von dem Therapeuten Hans Greissing zusammen mit seiner Patientin Adriana Zillo entwickelt wurde. Sie enthält Elemente der manuellen Therapie, der Bewegungs- und Atemtherapie sowie Elemente von Yogaübungen. Das Ziel waren ursprünglich die Linderung von Rückenbeschwerden und die Beseitigung von Haltungsproblemen. Mittlerweile wird die Methode auch bei allgemeinen Schmerzzustän-

Zilgrei-Vogelübung

Um in der Fülle von gymnastischen und atemtechnischen Übungen der Zilgrei-Methode nicht die Übersicht zu verlieren, erhielten die Übungen Vogelnamen. Ein Beispiel ist die Turteltaubenübung, die bei Rückenschmerzen helfen kann.

- Sie stellen sich gerade und aufrecht hin, strecken beide Arme nach oben, atmen tief ein und halten die Luft etwa 5 Sekunden lang an.
- Anschließend atmen Sie langsam aus und nehmen dabei einen Arm nach vorn, den anderen nach hinten. Die Arme bleiben in dieser Position, und Sie atmen innerhalb von 5 Sekunden 4-mal ein und aus.
- Nach diesen kurzen Atemstößen strecken Sie die Arme wieder nach oben und beginnen von vorn. Die Turteltaubenübung wird ein paarmal wiederholt.

den, psychosomatisch bedingten Krankheiten sowie bei Erkrankungen der Bewegungsorgane angewendet.

Zimt (Cinnamomum aromaticum; Cinnamomum verum): Pflanze aus der Familie der Lorbeergewächse (Lauraceae). Der bis zu zwölf Meter hohe Zimtbaum ist in China und in Ceylon beheimatet. Zu Heilzwecken werden die Rinde und die Blüten, bei Ceylonzimt auch die Schösslinge verwendet. Zimt wirkt antimikrobiell und belebend. Er gehört zu den ältesten heilkräftigen Gewürzen und wird im indischen Ayurveda in dieser Weise gebraucht. Auch in der Homöopathie kommt Zimt zum Einsatz.

Inhaltsstoffe: ätherische Öle (Zimtaldehyd), Diterpene, Gerbstoffe, Phenolkarbonsäure.

Anwendungen: Zimt hat sich zur Linderung von Erbrechen und Durchfall bewährt. Aber auch bei Erschöpfungszuständen und bei gewünschter Gewichtszunahme hilft die Pflanze. Ceylonzimt wurde früher zur Bekämpfung von Wurmerkrankungen eingesetzt.

! Schwangere sollten auf den übermäßigen Genuss von Ceylonzimt verzichten.

Zink: Spurenelement im Organismus (täglich benötigte Menge: 12 bis 15 Milligramm). Zink ist ein bläulich weiß glänzendes, sprödes Metall, das sich in Säuren unter Wasserstoffentwicklung löst. In der Natur findet es sich z. B. in Kieselzinkerz. Im menschlichen Organismus ist Zink Bestandteil von Enzymen. Er ist vor allem an der biochemischen Verbindung zwischen Nervenzellen und an der Insulinspeicherung sowie an der Spermienbildung beteiligt. Zink stärkt das Immunsystem, wirkt unterstützend bei Hautkrankheiten und kräftigt die Haare. Zur Deckung des Grundbedarfs eignen sich zinkhaltige Lebensmittel wie Hülsenfrüchte (vor allem Soja), Getreide (vor allem Haferflocken), Bierhefe, Innereien und Milchprodukte.

Zinnkraut → Schachtelhalm

Zirbelkiefernöl: durch Wasserdampfdestillation aus den zerkleinerten Zweigen des Zirbelkiefernbaums (Pinus cembra) gewonnenes hellgelbes Öl, das einen würzig harzigen Duft verströmt. Das Aromaöl (→ Aromatherapie) wirkt auf körperlicher Ebene schleimlösend, antiseptisch und durchblutungsfördernd, darüber hinaus anregend auf den Geist. Vor allem bei Erkältungen und Atemwegserkrankungen sowie bei Hautunreinheiten kann das Öl seine Heilkraft entfalten. Auch bei Angstzuständen, Minderwertigkeitsgefühlen und Mutlosigkeit wird das Aromaöl eingesetzt. In Mischungen verträgt sich Zirbelkiefernöl gut mit den ätherischen Ölen von Angelika, Eukalyptus und Wacholder.

Zen-Meditation – buddhistische Mönche bei der »Entleerung« des Geistes.

Zistrosenöl: aus dem Labdanumharz der Blätter des Zistrosenstrauchs (Cistus labdaniferus) gewonnenes honigfarbenes Öl, das eine balsamische, ambraartige Duftnote hat – was es zu einem beliebten Parfümbestandteil macht. Das Aromaöl (→ Aromatherapie) wirkt im seelischen Bereich ausgleichend und entspannend. Auf körperlicher Ebene wirkt es krampflösend und wundheilend. Es kann bei Ekzemen und Wunden angewendet werden. In Mischungen verträgt sich Zistrosenöl gut mit den ätherischen Ölen von Bitterorange (Neroliöl), Jasmin und Zeder.

Zitronengras → Lemongras

Zitronenkur: Kur mit Zitronen zur Stärkung des Immunsystems, die zweimal pro Jahr für vier bis sechs Wochen durchgeführt wird. Pro Tag werden dabei – über den Tag verteilt – sechs Zitronen verzehrt – als Frucht und in Form von Zitronenessig.

Zitronenöl: aus den Schalen der Zitrone (Citrus limonum) durch Kaltpressung gewonnenes hellgelbes bis grünliches ätherisches Öl, das den typischen frischen Zitronenduft aufweist. Das Aromaöl (→ Aromatherapie) hat herzstärkende, antibakterielle und antiseptische Wirkung. Auf die Psyche wirkt es anregend. In Mischungen verträgt sich Zitronenöl gut mit den ätherischen Ölen von Eukalyptus, Lavendel und Zeder.

Zitwer (Curcuma zedoaria): Pflanze aus der Familie der Ingwergewächse (Zingiberaceae). Zu Heilzwecken werden nur die knollenartigen Teile der Wurzeln verwendet. Zitwer wirkt entkrampfend und regt den Gallenfluss an.

Inhaltsstoffe: ätherische Öle (Cineol, Borneol), Stärke, Eiweiße.

Zwiebeln: Schon die Ägypter schätzten sie; die Römer führten sie im Marschgepäck mit.

Anwendungen: Zitwer wird bevorzugt zur Förderung der Verdauung und zur Linderung von Koliken und Krämpfen eingesetzt. Außerdem hat sich die Heilpflanze bei der Behandlung von Bronchitis bewährt.

Zivilisationskrankheiten: Gruppe von Krankheiten, die in allen westlichen Industriestaaten zunimmt. Dazu gehören Erkrankungen des Bewegungsapparats (chronische Rückenleiden sind die Hauptursache für Frühverrentungen in Deutschland), Erkrankungen des Magen-Darm-Trakts, Herz-Kreislauf-Erkrankungen, Infektanfälligkeit und Stoffwechselerkrankungen (Diabetes mellitus, Gicht). Die Ursachen sind oft einseitige und falsche Ernährung, mangelnde körperliche Bewegung und Stress. Weiterhin wird eine Zunahme an Allergien beobachtet.

Zöliakie (auch Sprue): Unverträglichkeit von Klebereiweiß (Gluten), das in den meisten Getreidearten vorkommt (→ Getreide). Die Symptome sind schwere wässrige Durchfälle oder Fettstühle. Die Betroffenen haben meist starke Blähungen und verlieren rasch an Gewicht. Die Zöliakie tritt auch schon bei Säuglingen auf, oft nachdem sie von der Muttermilch auf getreidehaltige Nahrung umgestellt wurden. Bisweilen verschwindet die Zöliakie bei Kindern, kann aber im Erwachsenenalter (dann Sprue genannt) wieder auftreten.

Die einzige Möglichkeit zur Besserung besteht in einer glutenfreien Ernährung
• Bisweilen werden Getreidesorten, die wenig Gluten (Dinkel) enthalten, als Ersatz vertragen
• Ansonsten muss Getreide konsequent durch getreideähnliche Produkte, die kein Gluten enthalten, wie Amarant, Buchweizen, Mais oder Reis ersetzt werden

Zuckerkrankheit → Diabetes mellitus

Zungendiagnostik: diagnostisches Verfahren der → traditionellen chinesischen Medizin, der → tibetischen Medizin und des → Ayurveda. Beschaffenheit, Belag, Farbe u. Ä. der Zunge werden zusammen mit anderen Kriterien (etwa Puls) zur Diagnose verwendet. Beispielsweise deuten in der traditionellen chinesischen Medizin eine blasse Zunge, die einen dicken weißen Belag zeigt, und ein unsteter Puls auf eine Herzerkrankung hin (zusammen mit beschleunigter Atmung, kalten Händen und Füßen, kaltem Schweiß, grauer Gesichtsfarbe und Reizbarkeit).

Zwiebel (Allium cepa): Pflanze aus der Familie der Liliengewächse (Liliaceae), die ursprünglich aus Persien stammt. Die Zwiebelknollen wirken antibakteriell, blutdrucksenkend, verdauungsfördernd, harntreibend und magenstärkend. Die Pflanze wird auch in der Homöopathie verwendet.

Inhaltsstoffe: Alliin, Flavonoide, Karotinoide, Sulfide, Mineralstoffe.

Anwendungen: Zwiebelknolle und -saft helfen bei Appetitlosigkeit und dienen der Stärkung und Regulierung des Magen-Darm-Trakts. Des Weiteren regen sie die Durchblutung (vor allem der Schleimhäute) an, wirken blutdrucksenkend, beugen Gefäßkrankheiten vor und werden auch bei Atemwegserkrankungen, Heiserkeit und Harnverhaltung eingesetzt. Zwiebeln sollen auch einen positiven Einfluss auf die Blutfette haben.

Zypressenöl: durch Wasserdampfdestillation aus den Nadeln und Zapfen der Zypresse (Cypressus sempervirens) gewonnenes klares bis hellgelbes ätherisches Öl mit würzig harzigem Duft. Das Aromaöl (→ Aromatherapie) wirkt gefäßverengend, antiseptisch sowie krampf- und schleimlösend. Auf Psyche und Geist hat es eine beruhigende und konzentrationsfördernde Wirkung. In Mischungen verträgt sich das Öl gut mit den ätherischen Ölen von Bergamotte, Lavendel, Wacholder und Zitrone.

! Zypressenöl darf nicht bei Bluthochdruck angewendet werden.

Über die Autoren

Dr. med. Annette Eiden ist Ärztin, Dozentin für Pädiatrie und Mutter zweier Töchter. Sie arbeitete in einer Universitätsklinik. Als Fachautorin liegen ihre Themenschwerpunkte auf Kinderheilkunde, Naturheilkunde und Homöopathie.

Gernot Lehmann studierte Psychologie. Er arbeitet als freier Fachautor und Journalist. Sein spezielles Interesse gilt im medizinischen Bereich den alternativen Therapieformen, der Krankheitsvorbeugung und der Psychosomatik.

Christine Pitzke M.A. ist gelernte Krankenschwester und studierte Germanistik und Psychologie. Als Medizinjournalistin sind ihre Themenschwerpunkte Innere Medizin, Präventivmedizin und Ernährung.

Dr. med. Barbara Pose ist praktische Ärztin. Die Schwerpunkte ihrer klinischen Tätigkeit sind Naturheilverfahren und Chirotherapie. Darüber hinaus ist sie als Gesundheitswissenschaftlerin ausgebildet und hat zuletzt in der Homöopathieforschung gearbeitet. Als Autorin liegt ihr die Vermittlung von schulmedizinischen Themen und alternativen Therapien am Herzen.

Dr. Nicole Schaenzler arbeitet als Journalistin und Fachautorin. Ihr besonderes Interesse gilt der Krankheitsvorbeugung, der Psychosomatik und alternativen Therapien.

Dr. med. Frank Schwebke ist Arzt und Journalist. Seine Spezialgebiete sind Kardiologie, Neurologie und Psychiatrie, Infektiologie und Immunologie sowie alternative Heilverfahren. Er war Chefredakteur verschiedener Gesundheitsmedien und arbeitet derzeit als freier Wissenschafts- und Medizinjournalist für Printmedien und Fernsehproduktionen.

Herbert Schwinghammer ist wissenschaftlicher Mitarbeiter und Redakteur, freier Journalist und Fotograf. Seine journalistischen Schwerpunkte sind Gesundheit, Psychologie, ganzheitliche Heilmethoden, Politik und Technik.

Impressum
Der Südwest Verlag ist ein Unternehmen der Verlagshaus Goethestraße GmbH & Co. KG.

2. Auflage 1999

Projektleitung:
Dr. Elfi Ledig
Redaktion:
Dr. Elfi Ledig, Dr. Bertram J. Ganzfelder
Redaktionsleitung:
Dr. med. Christiane Lentz
Medizinische Fachberatung:
Dr. med. Anke Joas, Dr. med. Christiane Lentz
Bildredaktion:
Ute Schoenenburg
Produktion:
Manfred Metzger
Umschlag:
Kraxenberger KommunikationsHaus, München, unter Verwendung von Bildmaterial von Siegfried Sperl, München
Layout:
Wolfgang Lehner
DTP:
Mihriye Yücel, Wolfgang Lehner, Wendelin Lomeg

Printed in Italy

Gedruckt auf chlor- und säurearmem Papier

ISBN 3-517-07786-0

Hinweis
Das vorliegende Buch ist sorgfältig erarbeitet worden. Dennoch erfolgen alle Angaben ohne Gewähr. Weder Autoren noch Verlag können für eventuelle Nachteile oder Schäden, die aus den im Buch gemachten praktischen Hinweisen resultieren, eine Haftung übernehmen.

Bildnachweis
AKG, Berlin: 41, 110, 195; Bavaria, Gauting: 116 (Benelux Press), 310 (FPG), 321 (TCL); Bilderberg, Hamburg: 12 (Klaus Bossemeyer), 96, 229 (Wolfgang Kunz), 158 (H. J. Burkhard), 162 (M. Engler), 183, 268 (Aurora), 186, 437 (E. Grames), 238 (Dorothea Schmid), 244 (F. Blickle), 289 (T. Ernsting), 322 (H. J. Ellerbrock), 390 (S. Elleringmann); Botanik Bildarchiv Laux, Biberach a. d. Riß: 19, 26, 49 (Nr. 2, 6, 10), 50 (Nr. 13, 15, 17, 22, 23), 51 (Nr. 25, 29, 33, 34, 35, 37, 38), 53, 57, 58, 76, 108, 125, 143, 147, 156, 170, 198, 207, 209, 243, 253, 254, 256, 261, 283, 296, 308, 342, 381, 383, 389, 392, 415, 418; Karin de Cuveland, Bornheim: 366; Das Fotoarchiv, Essen: 74 (Oswald Baumeister), 141 (B. Kirst), 203 (K. Müller), 51 (Nr. 30), 277, 428 (Andreas Riedmiller), 411 (Dirk Eisermann); Focus, Hamburg: 66 (Science Photo Library); Rolf Hayo, Heimstetten: 362; IFA-Bilderteam, Taufkirchen: 126 (P. Graf), 134 (Selma), 279 (E. Pott), 377 (Eckardt); Image Bank, München: 247 (Anthony Edwards), 267 (N. N.); Jump, Hamburg: 42 (K. Vey); Ulrich Kerth, München: 28; klett floradruck, Filderstadt: 430 (S. Eigstler); Lavendelfoto, Hamburg: 211 (Höfer); Mauritius, Mittenwald: 88 (de Foy), 165 (Torino), 251 (Mio), 312 (Hubatka), 369, 438 (Rosenfeld), 409 (Pöhlmann); Okapia, Frankfurt: 172 (Hans Reinhard); Alfred Pasieka, Hilden: 304; Prof. Dr. H. Schmutterer, Gießen: 294; Tony Stone, München: 64 (T. Brase), 119, 175 (Michael Busselle), 121 (Rick Rusing), 136 (Gary Yeowell), 161 (David Madison), 188 (Hans Kuczka), 201 (Sacks), 220 (Christel Rosenfeld), 315 (C. Burki), 378 (Martin Barraud), 387 (T. Vine), 398 (A. & L. Sinibaldi), 407 (Chave/Jennings); Südwest Verlag, München: 7, 37, 72, 83, 92, 94, 113, 122, 149, 231, 240, 264, 271, 317, 352, 357, 371–373, 423 (K. Vey/Jump), 10–11 (Bettina Kammerer), 20, 84 (Kargl/Schoenenburg), 23, 45, 91, 99, 176, 181, 217, 222, 292, 365, 395, 405, 406 (Karl Newedel), 25, 29, 35, 226, 232, 233, 241, 299, 421, 432–433 (M. Nagy), 30, 179, 214, 301, 325 (M. Tunger), 33, 71, 191 (Rehm), 39, 340 (M. Zuche), 46, 142, 275, 297 (Roger Kausch), 49 (Nr. 1, 4, 5, 8, 9), 50 (Nr. 14, 16, 18, 20, 21), 51 (26, 27, 28, 31, 32), 79, 106, 114, 144, 169, 184, 193, 213, 218, 236, 259, 281, 286, 302, 307, 332, 354, 361, 435 (J. Heller), 62, 129, 167, 272, 318 (Sperl), 90 (Nada Gotovac), 101 (R. Hofmann), 102, 155 (Chr. Kargl), 104, 385 (Posselt/Schoenenburg), 145, 151, 153 (Gerhard Prokop), 225 (Parzinger), 326–329 (Moritz Teichmann), 330, 349 (P. Rees), 335–338, 427 (Astrid Eckert), 346 (Dirk Albrecht), 374 (E. v. Kempen); Transglobe, Hamburg: 16 (H. Tschanz), 133 (R. König), 401 (Otto Stadler); Wildlife, Hamburg: 9, 49 (Nr. 3, 7), 51 (Nr. 36), 61, 87, 138, 205, 285, 344, 351, 402, 425 (Harms), 15 (HPH Photograpers), 50 (Nr.11) (D. Usher), 50 (Nr. 12) (Greulich), 50 (Nr. 19) (Marcus Siebert), 50 (Nr. 24), 234 (G. Czepluch), 54 (B. Zoller), 69 (S. Peterle), 81 (W. Fiedler), 131 (O. Diez), 262 (J. Mallwitz), 291 (R. Gardner), 358 (D. L. Bükel), 412 (Bianca Frey)